LES

OBLIGATIONS EN DROIT ROMAIN.

OUVRAGES DU MÊME AUTEUR :

Droit d'accroissement entre colégataires, Bruxelles, 1866.
Traité de la possession en droit romain, Gand, 1868.
Droit civil en vigueur en Belgique, annoté d'après le droit romain, Gand, 1872.
Cours élémentaire de droit romain, Gand, 1875-1876, 2de édition.

LES OBLIGATIONS

EN

DROIT ROMAIN,

PAR

P. VAN WETTER,

PROFESSEUR ORDINAIRE A L'UNIVERSITÉ DE GAND.

———

TOME PREMIER.

———

GAND,
AD. HOSTE, LIBRAIRE-ÉDITEUR,
rue des Champs, 49.

PARIS,
A. DURAND et PEDONE-LAURIEL,
rue Cujas, 9.

1883.

GAND, IMP. C. ANNOOT-BRAECKMAN.

AVANT-PROPOS.

———

La théorie des obligations est celle que les jurisconsultes de l'ancienne Rome ont élevée au plus haut degré de perfection. C'est elle qui a laissé les traces les plus profondes dans la législation moderne; c'est la partie vivante du droit romain. Aussi fournit-elle un certain contingent à chacun des trois cours de Pandectes enseignés dans les Universités belges.

Les obligations ont attiré mon attention à ces divers titres. Je publie aujourd'hui un premier volume sur la matière; le second et le troisième volume paraîtront respectivement en 1884 et en 1885.

J'ai voulu faire avant tout un livre pour l'enseignement; je me suis constamment efforcé d'être au niveau de simples élèves. Dans le corps de l'ouvrage on trouvera un exposé des principes fondamentaux sur les obligations. Les notes contiennent des observations d'une importance secondaire ainsi que les explications de textes. Cette répartition des matières se justifie par les développements considérables que nécessitaient des controverses malheureusement fort nombreuses et parsemées de difficultés exégétiques. Grâce à la division adoptée, il sera plus aisé d'embrasser l'ensemble de chaque question et d'en saisir les différents points particuliers.

Toutefois, mon ouvrage dépasse le cadre des connaissances qu'on est en droit d'exiger des élèves qui se présentent à l'examen de Pandectes. L'enseignement n'a pas pour but direct de faire des savants ; il doit seulement initier les élèves aux principes généraux de la science et leur fournir ainsi le moyen d'acquérir des connaissances approfondies. *L'examen ne comprendra donc les notes de mon travail que pour autant qu'elles se rapportent à des lois romaines dont je donne la traduction.*

Je n'ai pas cru devoir me restreindre à la législation de Justinien ; l'ancien droit romain, si précieux pour la complète intelligence du droit de Justinien, occupe sa place légitime dans le présent ouvrage.

Les citations des lois romaines sont faites d'après l'édition du *Corpus juris* de Théodore Mommsen et de Paul Krüger ; les Pandectes sont dues au premier, les Instituts et le Code au second. Des Novelles que publie en ce moment Rodolphe Schœll, il n'a paru jusqu'ici qu'un seul fascicule ; je continue donc à les citer d'après l'édition dite Kriegel, où les Novelles sont dues à Osenbrüggen. En outre, comme la publication Kriegel est généralement répandue en Belgique, j'ai indiqué, le cas échéant, pour les Instituts, le Digeste et le Code, les numéros différents des titres, lois et paragraphes de l'édition Kriegel.

Gand, le 1 juin 1883.

LES OBLIGATIONS

DROIT ROMAIN.

BIBLIOGRAPHIE.

Bücher, *Das Recht der Forderungen*, Leipzig, 1830, 2de édition; 1re édition de 1815.

Koch, *Das Recht der Forderungen nach gemeinem und nach Preussischem Rechte*, 3 vol., Breslau, 1836-1843.

Unterholzner, *Quellenmässige Zusammenstellung der Lehre des römischen Rechts von den Schuldverhältnissen*, 2 vol., Leipzig, 1840, ouvrage publié après le décès de l'auteur par Huschke.

Molitor, *Les obligations en droit romain*, 2 vol., Gand, 1866-1867, 2de édition; 1re édition de 1851-1853. Ouvrage posthume.

De Savigny, *Das Obligationenrecht als Theil des heutigen römischen Rechts*, 2 vol. Berlin, 1851-1853 (inachevé). Traduit en français par Gérardin et Jozon, Paris, 1863, et par Hippert, Bruxelles, 1873. Nous citons d'après l'œuvre originale.

Mommsen (Friedrich), *Beiträge zum Obligationenrecht*, 3 vol., Brunswick, 1853-1855.

Le même, *Erörterungen aus dem Obligationenrecht*, Brunswick, 1859 (une seule livraison a paru).

Les autres citations d'auteurs qui ne sont pas accompagnées d'une indication du titre de l'ouvrage, sont celles des cours de droit romain, Institutes ou Pandectes.

TITRE I.

DES OBLIGATIONS EN GÉNÉRAL,

I. 3, 13, *de obligationibus*. — D. 44, 7, *de obligationibus et actionibus*. — C. 4, 10, *eod.*

§ 1. *Notions.*

I. L'obligation est un rapport juridique en vertu duquel une
personne est astreinte à une prestation au profit d'une autre ;
*obligatio est juris vinculum, quo necessitate adstringimur alicujus
solvendæ rei* (1). Elle a pour antithèse le droit réel. L'un et l'autre
droit se rapportent au patrimoine. Mais le droit réel s'y rapporte
directement ; il confère un pouvoir direct sur une chose. Frappant
immédiatement une chose, il existe vis-à-vis de tous les membres
de la société ; tous doivent le respecter ; c'est un droit absolu. De
même, l'action qu'il produit, se donne contre un tiers quelconque
qui porte atteinte au droit ; c'est une action réelle. L'obligation ne
se rapporte qu'indirectement au patrimoine. Elle ne confère pas
un pouvoir immédiat sur la chose due ; le débiteur en demeure
pleinement propriétaire et conserve sur elle toutes les prérogatives
de la propriété. Quelqu'un me promet un cheval ou une somme
de 1000 ; il me vend un fonds de terre ; il reste propriétaire de
la chose due, et peut en transférer la propriété à un autre ou bien
concéder sur elle des droits réels de toute nature. L'obligation se
rapporte indirectement au patrimoine, en ce sens que le créancier
a droit à une prestation de la part du débiteur ; elle a pour objet le

---

(1) I. *de obligat.*, pr. Le texte ajoute à la définition donnée ci-dessus les mots
secundum nostræ civitatis jura. Il entend définir exclusivement l'obligation civile.

fait du débiteur. S'il s'agit d'une chose corporelle, le créancier peut exiger du débiteur la tradition de cette chose; l'obligation tend à la lui procurer. Comme on l'a dit, c'est un *jus ad rem*, et non un *jus in re*. Le jurisconsulte Paul développe cette idée dans les termes suivants : *Obligationum substantia non in eo consistit, ut aliquod corpus nostrum aut servitutem nostram faciat, sed ut alium nobis obstringat ad dandum aliquid vel faciendum vel præstandum* [2]. Ainsi, d'après Paul, le *dare*, le *facere* et le *præstare* constituent le triple objet de l'obligation. Dans le sens propre, le *dare* comprend le transfert de la propriété d'une chose [3] et la concession d'un autre droit réel [4]; le *facere* embrasse tous les autres faits de l'homme [5], donc aussi les faits négatifs, le *non facere* [6], et de plus la remise d'une chose dans un but autre que celui de concéder un droit réel, c'est-à-dire le *tradere* [7] ou le *præstare* [8]. Mais parfois on attribue au *dare* un sens plus large; on comprend sous ce mot la remise d'une chose à un titre quelconque, donc aussi le *tradere* [9], et alors le *facere* ne s'applique plus qu'aux faits proprement dits. Comme on le voit, le *dare* et le *facere* épuisent complètement l'objet de l'obligation; le *præstare* est inutile; mais nos sources se servent spécialement de ce troisième terme pour la prestation de dommages et intérêts (*præstare id, quod interest* [10]). Par sa nature même, l'obligation n'est qu'un droit relatif; elle n'a d'existence que vis-à-vis du débiteur; tous les autres membres du corps social y restent étrangers et on ne conçoit pas qu'ils y portent atteinte. Aussi ne résulte-t-il

---

(2) D. 44, 7, *de O. et A.*, L. 3, pr. — (3) D. 45, 1, *de V. O.*, L. 75, § 10, L. 103.

(4) D. *eod.*, L. 56, § 6, L. 136, § 1; D. 20, 1, *de pignor.*, L. 5, § 2.

(5) D. 45, 1, *de V. O.*, L. 2, pr., L. 72, pr. initio.

(6) D. 50, 16, *de V. S.*, L. 189; cf. D. 45, 1, *de V. O.*, L. 75, § 7.

(7) D. 45, 1, *de V. O.*, L. 72, pr. initio, L. 75, § 7 initio.

(8) D. 19, 1, *de A. E. et V.*, L. 11, § 2 initio; D. 19, 2, *locati*, L. 15, § 1-2, L. 19, § 2.

(9) I. 3, 14, *quib. mod. re contr. oblig.*, § 2 initio; I. 3, 22, *de cons. oblig.*, § 1; D. 6, 3, *si ager vectig , il est emphyt., pet.*, L. I pr. i. f.; D. 16, 3, *depos.*, L. 1, pr. initio; D. 19, 2, *locati*, L. 60, pr. i. f.; D. 43, 26, *de prec.*, L. 12, pr. initio.

(10) D. 19, 1, *de A. E. et V.*, L. 11, § 18; D. 19, 2, *locati*, L. 33.

de l'obligation qu'une action personnelle, qui se donne exclusivement contre le débiteur et contre ses héritiers; ceux-ci succédant à la personne, sont débiteurs eux-mêmes.

II. Dans l'ancienne terminologie romaine, l'obligation s'appelait *nexum* ou *nexus* (11); le mot *obligatio* n'apparut que plus tard, et il finit par demeurer seul d'un usage régulier. On remarquera que les deux expressions sont l'équivalent du mot français lien; *nexum* vient de *nectere*, nouer, lier; *obligatio*, de *ob* et *ligare*, lier. Paul rend la même idée quand il définit l'*obligatio* un *vinculum juris, quo necessitate adstringimur* (12). De là encore les expressions de *contrahere obligationem* et de *contractus*.

III. L'obligation comprend une face active, le droit de créance ou la créance, et une face passive, la dette. Elle suppose aussi un créancier (*creditor*) (13) et un débiteur (*debitor*); l'un et l'autre sont désignés par le nom de *rei* (14); le créancier est le *reus stipulandi*, le débiteur le *reus promittendi* (15).

IV. Indépendamment du rapport juridique entre le débiteur et le créancier, le mot *obligatio* désigne encore :

1° l'une des faces de ce rapport, la créance (16) ou la dette (17),

2° la source de l'obligation, le fait qui lui donne naissance (18),

3° l'écrit qui sert à la prouver (*instrumentum*) (19).

4° l'hypothèque, qui est une *obligatio rei* (20).

(11) D. 12, 6, *de condict. indeb.*, L. 26, § 7; D. 46, 4, *de acceptil.*, L. 1. Nous rencontrerons encore le même mot dans un sens plus spécial (T. II, § 76).

(12) D. 44, 7, *de O. et A.*, L. 3, pr.

(13) D. 50, 16, *de V. S.*, L. 10, L. 11, L. 12, pr.

(14) Festus, *de verbor. signific.*, v° Reus ; D. 45, 1, *de V. O.*, L. 5, pr., v^{is} ex conventione reorum; Rubrique D. 45, 2, *de duobus reis constituendis.*

(15) D. 45, 2, *de duob. reis constit.*, L. 1.

(16) I. 3, 19, *de inutil. stipul.*, § 4; Rubrique I. 3, 28, *per quas personas nobis obligatio adquiritur;* cf. I. 2, 2, *de reb. incorpor.*, § 2. v^{is} jus obligationis.

(17) D. 12, 7, *de condict. sine causa*, L. 3; D. 16, 1, *ad sctum Vell.*, L. 19, § 2; cf. D. 3, 3, *de procur.*, L. 67, v^{is} obligationis tamen onere.

(18) D. 44, 7, *de O. et A.*, L. 53, pr.; cf. D. 50, 16, *de V. S.*, L. 19.

(19) C. 4, 30, *de non numer. pec.*, L. 7. — (20) D. 20, 1, *de pignor.*, L. 23, § 1.

CHAPITRE I. — DES EFFETS DES OBLIGATIONS.

§ 2. *Aperçu de la matière.*

Tout débiteur doit payer; le payement est l'effet nécessaire de
l'obligation. Il fera l'objet de la section I du présent chapitre.
Mais il se peut que le payement n'ait pas lieu ou bien qu'il se
fasse d'une manière tardive, qu'il y ait demeure. Les sections
II et III seront consacrées respectivement à l'inexécution de
l'obligation et à la demeure. Enfin, il est certains moyens accessoires d'assurer l'exécution de l'obligation. Nous nous en occuperons dans la section IV.

SECTION 1. — DU PAYEMENT.

D. 46, 3, *de solutionibus et liberationibus.* — C. 8, 42 (43, édition Kriegell), *eod.*

§ 3. *Généralités.*

1° Le payement (*solutio*) est la prestation de ce qui fait l'objet
de l'obligation; celui-là paye qui fait ou omet ce qu'il est tenu de
faire ou d'omettre; *solvere dicimus eum, qui fecit quod facere
promisit*[1]. En droit on paye toute espèce de choses, de l'argent
monnayé, d'autres choses mobilières, des immeubles, voire même
des faits de l'homme, bien que, dans le langage vulgaire, on ne
parle guère que du payement d'une somme d'argent. Le mot *solutio*
a parfois une portée encore plus large; on l'applique à toutes les
causes d'extinction des obligations; en effet, il signifie grammati-
calement rupture, dissolution du lien obligatoire; *solvere,* c'est
défaire ce lien, délier[2].

2° Avant l'introduction de la monnaie, le payement d'une
somme d'argent se faisait par un mode analogue à la mancipation,
per æs et libram; en présence de cinq témoins, un *libripens* pesait
le lingot de métal donné en payement par le débiteur; après

(1) D. 50, 16, *de V. S.*, L. 176 i. f. — (2) D. *h. t.*, L. 54; D. 45, 2, *de duob. reis*, L. 2.

quoi, le créancier déclarait le débiteur libéré [3]. Lorsque la monnaie apparut à Rome, ce pesage solennel fut remplacé par la simple numération des espèces [4].

§ 4. *De la personne qui paye.*

I. Le débiteur seul *doit* payer; mais toute personne *peut* faire un payement valable; un tiers quelconque peut payer à la place du débiteur, contre le gré du créancier et contre le gré du débiteur.

1° Il peut payer contre le gré du créancier, car celui-ci n'a aucun intérêt à refuser le payement [1]. Mais la règle cesse avec son motif lorsqu'un pareil intérêt existe, et notamment lorsque le créancier a contracté en vue de l'habileté personnelle du débiteur ; c'est ce qui arrivera souvent dans les obligations de faire, par exemple je stipule de quelqu'un qu'il me fera un tableau; je ne suis pas tenu d'accepter un tableau d'un tiers [2]. Au reste, si le créancier est en général tenu d'accepter le payement offert par un tiers, il est libre de ne pas lui céder ses actions relatives à la dette ; le tiers n'a aucun titre pour réclamer cette cession ; si on la lui refuse, il lui est loisible de ne pas payer [3]. Le bénéfice de cession d'actions appartient exclusivement aux codébiteurs solidaires et au tiers détenteur de bonne foi d'une chose hypothéquée. Pour les codébiteurs solidaires il se fonde sur ce qu'ils sont tenus de payer solidairement la dette, bien qu'ils l'aient contractée conjointement avec d'autres [4]. Et quant au tiers détenteur de bonne foi d'un bien hypothéqué, il se justifie par la considération qu'il paye la dette pour échapper à la restitution de la chose acquise dans l'ignorance de l'hypothèque.

2° Le tiers peut également payer contre le gré du débiteur ; l'op-

§ 3—(3) Cf. GAIUS, III, 174.

(4) Toutefois nous voyons que, encore à l'époque de Gaïus, on recourait à un payement fictif *per æs et libram* pour remettre certaines dettes au débiteur. (GAIUS, III, 173-175; cf. ci-après T. III, § 228). On peut donc supposer qu'on aura continué pendant quelque temps à faire un pesage symbolique à l'occasion des payements de monnaie, du moins pour certaines dettes (Cf. NAMUR, II, § 361).

§ 4 —(1) Arg. D. *h. t.*, L. 72, § 2 i. f. cbn. avec l'initium. — (2) D. *h. t* , L. 31 initio.

(3) C. *h. t.*, L. 5. — (4) Cf. ci-après T. I, § 52, I, B.

position de celui-ci est dépourvue d'intérêt (5). Et la règle est absolue, comme le motif sur lequel elle repose. Il suffit que le tiers paye pour compte du débiteur, comme mandataire, tuteur, curateur, ou même comme simple gérant d'affaires. Autre chose est de savoir si le tiers qui paye pour compte du débiteur, a un recours contre ce dernier. Certainement ce recours lui appartiendra s'il a fait le payement en qualité de mandataire, tuteur ou curateur du débiteur. Mais en principe il en sera de même lorsqu'il a payé comme gérant d'affaires. Le recours ne cesse que si le tiers a payé dans l'intention de faire une libéralité au débiteur ou bien malgré l'opposition de celui-ci; car cette opposition exclut l'action contraire de gestion d'affaires. Encore, si le débiteur s'est opposé au payement, le tiers se crée-t-il un recours, s'il obtient du créancier la cession volontaire de ses actions (6). Le recours s'exercera par les actions contraires de mandat, de tutelle (7) ou de gestion d'affaires ou bien par les actions cédées du créancier, telles que l'*actio mutui* et l'action hypothécaire.

II. Lorsque la dette a pour objet une dation, c'est-à-dire un transfert de propriété ou la constitution d'un autre droit réel, le payement, pour être valable, requiert dans la personne du payant deux conditions spéciales; il doit être propriétaire de la chose payée et capable d'aliéner; car il n'y a que le propriétaire capable d'aliéner qui puisse faire la dation. Si l'une de ces conditions fait défaut, le payement est nul; la dation était de son essence et elle n'a pas eu lieu. Mais cette nullité du payement n'est pas toujours également absolue, et pour en déterminer le caractère exact,

(5) I. 3, 29, *quib. mod. oblig. toll.*, pr. initio; D. 3, 5, *de neg. gest.*, L. 38 (L. 39, édition Kriegell); D. *h. t.*, L. 23, L. 53.

(6) A défaut de cette cession, le débiteur ne sera soumis à aucun recours, parce qu'en général on n'est pas obligé contre son gré; le tiers est censé avoir voulu faire une libéralité au débiteur. On ne saurait accorder au tiers une action *in factum*, car il est lésé par son propre fait. Une action *de in rem verso* est également impossible; cette action ne s'accorde pas au *gérant d'affaires* contre le maître, mais *aux tiers* qui ont contracté avec le gérant, contre le maître (C. 4, 26, *quod cum eo*, L. 7, § 3 (§ 1, édition Kriegell). MAYNZ, II, § 288, note 3, accorde à tort l'action *de in rem verso*.

(7) Cette dernière action se donne utilement au curateur (D. 27, 4, *de contraria tutelæ et utili actione*).

il convient de considérer séparément les deux conditions prémentionnées.

1° Le payant n'était pas propriétaire de la chose payée; celle-ci appartenait à autrui. — Ici le payement dans son principe est complètement nul. Il s'ensuit que la dette subsiste et que le créancier conserve son action contre le débiteur[8]. Le débiteur d'un corps certain devra donc s'efforcer de l'acquérir pour compte du créancier; le débiteur d'un genre devra se procurer la propriété de la chose payée, ou bien encore faire la dation d'une autre chose du même genre; s'il prend le second parti, il pourra répéter comme indue la chose qu'il a payée en premier lieu. Néanmoins le payement de la chose d'autrui se confirme par l'usucapion de la chose[9], par sa consommation [10] et par son mélange avec des choses de même nature appartenant au créancier, de telle façon que la séparation soit impossible [11]. En effet, l'usucapion rendant le créancier propriétaire, efface le vice du payement; il en est de même du mélange, puisqu'il fait acquérir au créancier la propriété exclusive des corps mélangés, par application des règles sur l'acquisition de la propriété par confusion; quant à la consommation, elle procure au créancier tous les avantages matériels d'un payement régulier et partant elle doit aussi valider le payement. Il va de soi que l'ancien maître des choses consommées ou mélangées a un recours contre le débiteur qui s'est libéré et enrichi à ses dépens. Le débiteur est soumis de ce chef à une action *in factum* pour l'émolument ou bien à une action *ad exhibendum* en dommages ou intérêts, selon qu'il a été de bonne ou de mauvaise foi, pour ne pas parler des actions naissant du vol [12].

2° Le payant était propriétaire de la chose payée, mais incapable d'aliéner; c'était un mineur par exemple. — Le payement est encore nul [13]. Mais il n'e l'est que vis-à-vis du mineur; lui seul peut se prévaloir de la nullité. A l'égard du créancier le payement

---

(8) D. *h. t.*, L. 46, pr initio. — (9) Arg. D. *h. t.*, L. 60.

(10) Arg. D. *h. t.*, L. 78. — (11) L. 78 cit. — (12) L. 78 i. f cit.

(13) l. 2, 8, *quib. alienare licet*, § 2 i. f.; D. 26, 8, *de auctor. et cons. tut. et curat.*, L. 9, § 2 initio; D. *h. t.*, L. 14, § 8 initio.

est valable, car pour lui il ne renferme aucun vice ; il n'est donc pas admis à invoquer la nullité du payement. Le payement étant réputé non avenu vis-à-vis du mineur, celui-ci demeure propriétaire et peut revendiquer [14], du moins aussi longtemps que les choses ne sont pas consommées ; sa propriété et sa revendication s'éteignent, faute d'objet, par suite de la consommation. Mais même alors il peut, sur le fondement du payement indu, exercer une *condictio sine causa*, en restitution d'une quantité égale de choses de même espèce et qualité [15], et si la consommation a eu lieu de mauvaise foi, agir en dommages et intérêts par l'action *ad exhibendum* [16]. Toutefois, si le mineur n'avait payé que ce qu'il devait à tous les points de vue, il n'aurait aucun intérêt à la restitution ; s'il l'obtenait, il pourrait immédiatement être contraint de payer une seconde fois la même chose, d'une manière régulière ; c'est pourquoi son action serait, dans l'espèce, repoussée faute d'intérêt [17]. D'autre part, si la chose payée a péri fortuitement chez le créancier, le mineur a intérêt à considérer le payement comme valable ; il se gardera donc d'en invoquer la nullité, et comme le créancier ne peut pas l'invoquer, le payement produira tous ses effets ; le mineur sera libéré.

§ 5. *De la personne à qui l'on paye.*

I. Le payement doit être fait au créancier ou à son représentant.

1° Le créancier qui reçoit le payement, doit être capable d'aliéner ; un mineur n'a pas cette capacité ; on ne paye donc pas valablement entre ses mains. La raison du principe énoncé est que la réception du payement implique une aliénation de la créance, puisqu'elle a pour effet de l'éteindre [1]. Si le créancier est incapable d'aliéner, le payement doit être fait, soit au créancier avec l'autorisation de son tuteur ou le consentement de son curateur [1], soit au tuteur ou au curateur [2]. Dans le cas où le créancier est mineur,

---

(14) L. 14, § 8, cit.—(15) L. 14, § 8 i. f , cit.; I. 2, 8, *quib. alienare licet*, § 2 initio.
(16) § 2 initio, cit.

(17) Arg. D. 26, 8, *de auctor. et cons. tut. et curat.*, L. 9, § 2 i. f.

(1) I. 2, 8, *quib. alienare licet*, § 2, v^is ideoque si debitor.. .... alioquin non liberabitur; D. *h. t.*, L. 15 initio. — (2) D. *h. t.*, L. 14, § 7, cf. L. 14, § 1 et 6.

il faut en outre une homologation judiciaire, toutes les fois qu'il s'agit de recevoir des capitaux quelconques [3] ou bien des revenus extraordinaires, c'est-à-dire des revenus excédant à la fois deux années et 100 solides (environ 1,500 fr.)[4]; le tuteur ou le curateur ne peut recevoir seul que des revenus d'un ou de deux ans, quel qu'en soit l'import, et des revenus de plus de deux ans qui ne dépassent pas 100 solides [5]. Mais *quid* si un créancier incapable d'aliéner a reçu seul un payement? Le payement est nul, parce qu'il n'a pas été fait dans les conditions requises; la dette subsiste donc et le débiteur peut être contraint de payer une seconde fois [6]. Néanmoins, le créancier est toujours tenu jusqu'à concurrence du profit qu'il a retiré du premier payement, car personne ne doit s'enrichir aux dépens d'autrui; pour le montant de ce profit, le créancier qui réclame un second payement, sera repoussé par l'exception de dol [7]. Le créancier aura profité du premier payement s'il a encore par-devers lui la chose reçue, ou bien s'il en a fait un bon emploi, mais non s'il en a fait un mauvais emploi ou bien s'il l'a perdue. L'emploi sera utile si le mineur a, par exemple, avec l'argent reçu acheté des livres indispensables à ses études; il sera inutile si le mineur a dépensé l'argent dans un voyage de plaisir ou de toute autre manière frivole. Il peut l'avoir perdu au jeu ou à la suite d'un vol [8].

2° Le représentant du créancier, admis à recevoir le payement à sa place, peut être, comme nous l'avons déjà dit, un tuteur ou un curateur. Ce peut être aussi un mandataire du créancier [9], pourvu que le mandat porte spécialement sur la réception du payement ou bien que cette réception rentre dans les limites naturelles du mandat; tel est le cas du mandataire qui a été chargé de l'administra-

---

(3) I. 2, 8, *quib. alienare licet*, § 2, v^is Sed etiam hoc....... securitas; C. 5, 37, *de admin. tut.*, L. 25. — (4) C. *eod.*, L. 25, § 2 (L 25 i. f., édition Kriegell), L. 27.

(5) L. 27, cit — (6) I. 2, 8, *quib. alienare licet*, § 2, v^is alioquin non liberabitur.

(7) I. 2, 8, *quib. alienare licet*, § 2, v^is Sin autem aliter........ solverit; D. *h. t.*, L. 15 i. f.

(8) I. 2, 8, *quib. alienare licet*, § 2 v^is cit^is; D. *h. t.*, L. 15 i f., L. 47, § 1. Cf. D. *h. t.*, L. 47, pr , et D. 44, 1, *de except* , L. 4.

(9) D. 50, 17, *de R. J.*, L. 180; D. *h. t.*; L. 12, pr. initio.

tion de tous les biens du créancier (10). Mais le mandataire *ad litem* comme tel n'a pas qualité pour recevoir le payement (11). Enfin, le représentant du créancier peut être un *adjectus solutionis causa* (12). On appelle ainsi la personne que le débiteur et le créancier ont désignée de commun accord à l'effet de recevoir le payement. Pareille désignation peut avoir lieu d'une manière tacite; notamment, lorsqu'on stipule pour soi ou pour un tiers, le tiers, qui n'est pas intervenu au contrat, n'est point créancier; mais les parties ont voulu que le débiteur pût se libérer en lui faisant le payement, comme en payant le créancier (13). Les parties sont d'ailleurs libres de faire, au sujet de l'*adjectio solutionis causa,* telles conventions qu'elles jugent convenables. Le débiteur peut se réserver la faculté de payer à l'*adjectus* une chose autre que celle qu'il doit à son créancier (*Spondesne mihi* 10 *aut Titio Stichum dare?*) (14); il y a dans ce cas une véritable obligation facultative, de telle sorte que le débiteur peut payer à un *tiers* la chose qui ne fait pas l'objet de l'obligation (15). Les parties peuvent aussi changer, en ce qui concerne l'*adjectus,* les autres conditions du payement, et notamment le temps (16) et le lieu (17) du payement. Il est encore en leur pouvoir de subordonner l'*adjectio* à une condition (18). Dans tous ces cas, le débiteur qui veut user du droit de faire le payement à l'*adjectus*, doit se conformer aux arrangements intervenus; il ne

(10) L. 12, pr., cit. — (11) D. *h. t.*, L. 86. — (12) Cf. D. *h. t.*, L. 12, § 1.

(13) I. 3, 19, *de inutil. stipul.*, § 4, vis Plane solutio....... mandati actionem; D. *h. t.*, L. 12, § 1. A la vérité, il est possible qu'en stipulant pour soi ou pour un tiers, on ait seulement voulu stipuler pour soi d'une manière conditionnelle, notamment pour le cas où le tiers ne serait pas payé (*Si Titio* 10 *non dederis, spondesne mihi* 10 *dare?*; D. *h. t.*, L. 98, § 5 initio), et alors on se trouve en présence d'une stipulation simplement conditionnelle (L. 98, § 5 initio, cit). Mais la stipulation faite pour soi ou pour un tiers n'a cette portée qu'en vertu d'une convention spéciale (L. 98, § 5, cit., vᶦˢ quod ita......... solutum non esset).

(14) D. 44, 7, *de O. et A.*, L. 44, § 4.

(15) Mais le payement de l'autre chose entre les mains de l'*adjectus* ne libère le débiteur que par voie d'exception (D. 44, 7, *de O. et A.*, L. 44, § 4 i. f.; D. 45, 1, *de V. O.*, L. 141, § 5). — (16) D. *h. t.*, L. 98, § 4; D. 45, 1, *de V. O.*, L. 141, § 6.

(17) D. *h. t.*, L. 98, § 6.

(18) D. 45, 1, *de V. O.*, L. 141, § 7 initio; D. *h. t.*, L. 98, § 4 initio.

peut payer à l'*adjectus* que la chose convenue, au jour ou au lieu convenus, ou bien pour autant que la condition ajoutée à l'*adjectio* se sera réalisée, sinon le payement est nul [19]. — Pour déterminer les effets de l'*adjectio solutionis causa*, il faut partir de ce double principe, puisé dans la nature même de l'*adjectio*, que c'est un mandat donné par le créancier à un tiers, à l'effet de recevoir le payement, et que le débiteur a le droit acquis de se libérer en payant l'*adjectus*. Ainsi d'un côté, l'*adjectus* ne peut faire qu'une chose, recevoir le payement; tous autres actes lui sont interdits ; il n'a pas qualité pour poursuivre le débiteur en justice, pour lui remettre la dette, pour conclure une novation [20]. Par là il se sépare essentiellement du costipulant, de l'*adstipulator*, lequel est créancier en titre et jouit de tous les droits inhérents à cette qualité. Son mandat, comme tout autre, s'éteint par son décès; il ne passe pas à ses héritiers [21]. Il doit rendre compte au créancier de l'exécution du mandat et lui restituer ce qu'il a reçu du débiteur; il peut y être contraint par l'*actio mandati directa* [22]. D'un autre côté, le débiteur a le droit acquis de se libérer de sa dette en payant l'*adjectus*. Il s'ensuit que le créancier n'a pas le droit de révoquer l'*adjectus* ; cette révocation n'empêche pas le débiteur de payer entre les mains de ce dernier ; car le créancier ne peut le dépouiller d'un droit contractuel [23].

II. Mais le payement fait à un tiers autre que le créancier ou son représentant est nul [24].

A) Tel est le payement fait au possesseur d'une hérédité. Il ne libère point le débiteur vis-à-vis de l'héritier véritable. Peu importe la bonne foi du débiteur; si celui-ci a cru payer le véritable héritier

(19) Toutefois, le créancier ne pourra forcer le débiteur à payer une seconde fois que si la prestation faite à l'*adjectus* diffère essentiellement de celle qui devait être faite; par exemple, le débiteur a payé à l'*adjectus* une chose autre que celle qu'il devait lui payer. Dans l'hypothèse contraire, par exemple, s'il a payé 10 à Éphèse, au lieu de faire le payement à Smyrne, le créancier n'aura droit qu'à des dommages et intérêts (D. 13, 4, *de eo quod certo loco*, L. 2, § 7).

(20) D. *h. t.*, L. 10. — (21) D. *h. t.*, L. 81, pr.

(22) I. 3, 19, *de inutil. stipul.*, § 4, v¹ˢ sed ille adversus Seium habeat mandati actionem. — (23) D. *h. t.*, L. 12, § 3.

(24) D. 3, 5, *de neg. gest.*, L. 38 (L. 39, édition Kriegell).

et créancier, il n'en est pas moins vrai qu'en réalité le payement a été fait à une personne qui n'avait pas qualité pour le recevoir. Le débiteur, contraint de payer une seconde fois, peut seulement exercer contre le possesseur de l'hérédité la *condictio indebiti* [25], puisqu'il lui a fait un payement qui ne lui était pas dû [26]. Mais l'héritier véritable peut aussi, par la pétition d'hérédité, forcer le possesseur de la succession à lui rendre compte de ce qu'il a reçu du débiteur héréditaire, soit pour le tout, s'il a été de mauvaise foi, soit au moins jusqu'à concurrence de son enrichissement, s'il a été de bonne foi [27]. Or, dans le cas où cette restitution totale ou partielle a lieu, le débiteur est libéré vis-à-vis de l'héritier, soit en tout, soit en partie; car la restitution implique de la part du possesseur de l'hérédité payement de la dette d'autrui; ce payement libère le débiteur *ex post facto*, en tout ou en partie [28].

B) Le payement fait à un gérant d'affaires est aussi frappé de nullité, malgré la bonne foi du débiteur, qui a considéré le gérant comme un mandataire; le gérant d'affaires n'est point un représentant du créancier au point de vue de la réception du payement, sinon le premier venu pourrait dépouiller le créancier de son droit [29]. Mais comme la ratification de la gestion d'affaires équivaut à un mandat, elle rend le payement valable [30]. Le payement étant nul, sauf ratification, le débiteur pourra-t-il le répéter contre le gérant? Il faut distinguer. Si le débiteur a considéré le gérant comme un mandataire, il peut immédiatement répéter par la *condictio indebiti*, aussi longtemps que la ratification n'a pas eu lieu [31]; car jusque-là le payement est fait à quelqu'un qui n'avait aucune qualité pour le recevoir [32]. Si, au contraire, le débiteur a

---

(25) D. 12, 6, *de condict. indeb.*, L. 26, § 11. — (26) D. *eod.*, L. 65, § 9 initio.

(27) D. 5, 3, *de heredit. petit.*, L. 31, § 5 initio, cbn. avec L. 20, § 6ᵉ i. f. (L. 20, § 6 i. f , édition Kriegell).

(28) D. *eod.*, L. 25, § 17, vⁱˢ Nam et si quod........, L. 31, § 5 i. f. En sens inverse, l'héritier payé par le débiteur ne peut plus forcer le possesseur de l'hérédité à restituer ce qu'il a reçu du débiteur.

(29) D. 3, 5, *de neg. gest.*, L. 38 (L. 39, édition Kriegell); C. *h. t.*, L. 12 initio.

(30) D. *h. t.*, L. 12, § 4; C. *h. t.*, L. 12 i. f. — (31) D. *h. t.*, L. 58, pr.

(32) D. 12, 6, *de condict. indeb.*, L. 65, § 9 initio.

su qu'il payait à un simple gérant d'affaires, il n'est autorisé à répéter qu'après que le créancier a refusé de ratifier la gestion et il répètera par la *condictio causa data causa non secuta*. En effet, il a payé en vue de la ratification de la gestion, et dès lors il n'y a payement sans cause qu'après le refus de ratifier [33].

C) Est encore nul en principe le payement fait au créancier du créancier. Le débiteur qui a fait ce payement, n'est pas libéré vis-à-vis de son propre créancier; on ne saurait considérer le créancier du créancier comme un représentant de ce dernier, ayant qualité pour recevoir le payement en son lieu et place. Mais la règle énoncée doit être entendue sous les réserves suivantes :

1° Il va de soi que le payement fait au créancier du créancier est valable dès l'origine ou le devient après coup, lorsque le créancier direct a donné à son créancier l'autorisation de le recevoir ou bien l'a approuvé dans la suite. Un tel payement est fait au mandataire du créancier direct, ou bien, ce qui revient au même, à un gérant d'affaires approuvé [34].

2° Pas de doute non plus que le débiteur ne soit libéré si le créancier du créancier restitue à ce dernier la chose reçue. Il y a dans l'espèce un payement de dette de la part d'un tiers pour compte du débiteur [35].

3° Mais surtout le payement fait au créancier du créancier peut constituer, de la part du payant, une gestion des affaires de son propre créancier. En effet, ce dernier peut par ce payement se trouver libéré de sa dette ; supposons que A doive 1000 à B, et que B doive aussi 1000 à C ; A paye 1000 à C pour compte de B ; celui-ci sera libéré envers C. Or cette gestion d'affaires de A le rendra créancier réciproque de B toutes les fois qu'il aura voulu l'obliger, que B ne se sera pas opposé au payement, et que la gestion lui aura été utile ; elle n'aurait pas ce troisième caractère si la dette de B envers C n'était que naturelle. Moyennant le concours de ces diverses conditions, le débiteur aura acquis contre son créan-

---

(33) D. *h. t.*, L. 58, pr. i. f., L. 14, pr., cbn. avec D. 12, 6, *de condict. indeb.*, L. 52 i. f. — (34) Arg. D. 44, 4, *de doli mali et met. exc.*, L. 6 i. f.

(35) Arg. D. 5, 3, *de heredit. petit.*, L. 31, § 5; D. *h. t.*, L. 34, § 9, L. 28.

cier une créance réciproque résultant de la gestion d'affaires ; cette créance il peut l'opposer en compensation à son créancier, qui le poursuit plus tard en payement, et se libérer par cette voie [36]. C'est ainsi que le sous-locataire peut se libérer envers le locataire principal en payant le prix de la sous-location entre les mains du bailleur originaire [37].

Nombreux sont les points de vue sur la valeur du payement fait au créancier du créancier [38]. Beaucoup d'auteurs soutiennent qu'il libère indistinctement le débiteur [39], ce qui est injustifiable en théorie [40]. D'autres reconnaissent qu'en général le débiteur n'est pas libéré ; mais, allant trop loin dans cette voie, ils repoussent le bénéfice de la compensation fondée sur la gestion d'affaires [41], on se demande vainement pourquoi. Quelques-uns enfin pensent que le sous-locataire qui paye le bailleur originaire, est libéré envers le locataire principal, indépendamment de la compensation ; il le serait de plein droit en vertu d'une disposition exceptionnelle [42].

§ 6. *De l'objet du payement.*

I. Un premier principe sur l'objet du payement est que le débiteur doit payer la chose même qui fait l'objet de son obligation ; le créancier n'est tenu d'en accepter aucune autre, quelle qu'en soit la valeur ; la convention fait la loi des parties [1]. Mais il est évident que si le débiteur ne peut pas contraindre le créancier à recevoir une chose autre que celle qui est due, le créancier est cependant

(36) Arg. D. 44, 4, *de doli mali et met. exc.*, L. 6 i. f.

(37) D 13, 7, *de pignor. act.*, L. 11, § 5.

(38) Nous avons suivi VANGEROW, III, § 582, *Anm.* 1.

(39) LEYSER, *Meditationes ad Pandectas, Species* 528, *Med.* 3. — PUCHTA, *Pand.*, § 288, et *Vorles.* II, § 288 initio. — SINTENIS, II, § 103, *Anm.* 75. — ARNDTS, § 263. On se fonde sur le D. 44, 4, *de doli mali et met. exc.*, L. 6.

(40) La loi 6 citée à la note précédente doit être interprétée en ce sens que le débiteur qui paye le créancier de son créancier, est admis à compenser comme gérant d'affaires. — (41) MÜLLER, *Archiv für die zivil. Praxis* XV, n° 12, p. 263.

(42) MOLITOR, cité, II, n° 966. — WINDSCHEID, II, § 342, 6°, d, et note 42.

(1) D. 12, 1, *de reb. cred.*, L. 2, § 1 i. f.; C. h. t., L. 16.

libre de l'accepter ; il y a alors dation en payement (*datio in solutum*) [2]. Celle-ci est une convention à titre onéreux [3], qui est soumise à la théorie ordinaire de cette catégorie de conventions et qui notamment donne lieu à la garantie [4] ; d'après les circonstances ce sera une vente ou un échange, et on lui appliquera les règles qui régissent l'un ou l'autre de ces contrats [5]. Au surplus la dation en payement, comme le payement, libère le débiteur de plein droit [6]. Par dérogation à la règle énoncée, le créancier est, dans deux cas, forcé d'accepter en payement une chose autre que celle que lui est due :

1° Il existe des obligations dites facultatives, où, en vertu d'une convention ou d'une disposition de la loi, le débiteur a le droit de payer, au lieu et place de la chose due, une autre chose qui est seulement *in solutione* et non *in obligatione* [7].

2° Le débiteur d'une somme d'argent peut forcer son créancier à accepter des immeubles sur une estimation judiciaire, lorsqu'il ne possède ni numéraire, ni d'autres meubles, et que pour ses immeubles il ne trouve pas d'acheteur sérieux [8] ; mais le créancier a le choix des immeubles [9]. A la rigueur, le débiteur devrait vendre ses immeubles à tout prix. C'est une disposition d'équité, contraire aux principes ; elle est due à Justinien et connue sous le nom de bénéfice de dation en payement.

II. Le débiteur doit payer toute la dette en une fois ; le créancier n'est pas tenu d'accepter un payement partiel. En effet, la

(2) I. 3, 29, *quib. mod. oblig. toll.*, pr. initio.

(3) Arg. C. 8, 44 (45, édition Kriegell), *de evict.*, L. 4.

(4) L. 4 cit. ; D. *h. t.*, L. 46, pr. et § 1.

(5) C. 8, 44 (45, édition Kriegell), *de evict.*, L. 4 ; D. 13, 7, *de pignor. act.*, L. 24, pr. Si la loi 4 citée dit d'une façon générale que la dation en payement vaut vente, c'est que dans l'espèce les caractères de la vente étaient réunis. Il pourrait aussi y avoir un contrat innomé autre que l'échange.

(6) Arg. I. 3, 29, *quib. mod. oblig. toll.*, pr. initio, et C. *h. t.*, L. 17. La question était douteuse à l'époque classique. Les Proculéiens défendaient l'extinction par voie d'exception, les Sabiniens l'extinction de plein droit (GAIUS, III, 168). L'opinion Sabinienne prévalut.

(7) D. 42, 1, *de re judic.*, L. 6, § 2. — Cf. ci-après T. I, § 45.

(8) Nov. 4, c. 3, pr. initio. — (9) Nov. 4, c. 3, pr., v^is Res vero....... habere liceat.

chose due a été promise purement et simplement, donc pour être payée en une fois et non en plusieurs fois (10). Néanmoins :

1° Le juge peut, eu égard à la position du débiteur, l'admettre à payer en plusieurs fois, avec des délais modérés (11).

2° En vertu d'un bénéfice dit de compétence, certains débiteurs ont le droit de garder de quoi suffire à leurs besoins; le créancier doit se contenter de l'excédant; il ne peut faire condamner le débiteur que *in quantum facere potest* (12). Mais le débiteur qui jouit de ce bénéfice, n'est pas admis à réserver les biens nécessaires au payement d'autres dettes (13), de telle sorte que son bénéfice n'est pleinement efficace que lorsqu'il n'a pas d'autres créanciers ou qu'il dispose aussi contre eux de la même faveur. Ont ce privilège, les père et mère du créancier (14), ses frères et sœurs (15), les époux entre eux (16), le beau-père du mari, pour le payement de la dot (17), le mari, son père et ses enfants issus du mariage, pour la restitution de la dot (18), les associés entre eux (19), le donateur à l'égard du donataire (20) et le débiteur qui a fait cession de biens, quant à ses acquisitions ultérieures (21). Le privilège étant fondé sur la qualité du débiteur est personnel à celui-ci; il ne profite ni à ses coobligés (22), ni à ses héritiers (23). Il arrivera ainsi que, malgré la solvabilité du débiteur, le créancier devra se contenter d'un payement

---

(10) Arg. D. 22, 1, *de usur.*, L. 41, § 1.

(11) D. 12, 1, *de reb. cred.*, L. 21 i. f. cbn. avec l'initium.

(12) D. 50, 17, *de R. J.*, L. 173, pr.

(13 Sauf le donateur (D. 42, 1, *de re judic.*, L. 19, L. 49, L. 50). Voyez encore le D 14, 5, *quod cum eo, qui in al. pot.*, L. 3. — (14) I. 4, 6, *de action.*, § 38 initio.

(15 Arg. D. 17, 2, *pro socio*, L. 63, pr. — (16) D. 42, 1, *de re judic.*, L. 20.

(17) D. 24, 3, *sol. matrim.*, L. 17, pr., cbn. avec L. 15, § 2.

(18) I. 4, 6, *de action.*, § 37 initio; D. 24, 3, *sol. matrim.*, L. 15, § 2, L. 16, L. 18, pr.

(19) D. 17, 2, *pro socio*, L. 63, pr. — (20) D. 39, 5, *de donat.*, L. 12 initio.

(21) D. 42, 3, *de cess. bonor.*, L. 4, pr., encore le patron, ses père et mère et ses enfants vis-à-vis de l'affranchi (D. 42, 1, *de re judic.*, L. 17), le fils de famille devenu *sui juris*, à raison des contrats conclus pendant qu'il était sous puissance, à moins qu'il ne soit arrivé à l'hérédité paternelle (D. 14, 5, *quod cum eo, qui in al. pot.*, L. 2, L. 4, pr.), et les soldats (D. 42, 1, *de re judic.*, L. 6, pr., L. 18).

(22) D. 44, 1, *de except.*, L. 7, pr.

(23) D. 42, 1, *de re judic.*, L. 24, § 1, L. 25; D. 17, 2, *pro socio*, L. 63, § 2.

partiel, sauf à reprendre plus tard les poursuites si le débiteur fait de nouvelles acquisitions (24).

III. Le débiteur doit payer la chose due avec tous ses accessoires ; car l'accessoire suit toujours la condition du principal (25). Le créancier a aussi droit au *commodum rei*, c'est-à-dire aux profits provenant de la chose à partir du jour de l'obligation. En effet, ce *commodum* constitue un accessoire de la chose. Il est vrai qu'il est postérieur à la formation de la dette ; mais le créancier en eut joui si l'obligation avait été immédiatement exécutée, et la circonstance qu'elle n'a été exécutée que plus tard ne doit pas modifier son droit (26). En particulier le *commodum rei* comprend :

(24) C. 5, 18, *sol. matrim.*, L. 8 initio. Cf. C. 7, 71, *qui bon. ced. poss.*, L. 1 initio. Dans le droit classique, la novation contenue dans la *litis contestatio* s'opposait à la reprise des poursuites ; mais le débiteur devait fournir caution pour le cas de meilleure fortune (D. 15, 1, *de pec.*, L. 47, § 2 ; D. 17, 2, *pro socio*, L. 63, § 4). En droit nouveau la reprise des poursuites ne rencontre plus aucun obstacle (Cf. C. 5, 13, *de rei ux. act.*, L. un., § 7 (§ 7 initio, édition Kriegell)). Cf VANGEROW, I, § 174, *Anm.* 1, n° 1, MAYNZ, II, § 170, note 12, et DE SAVIGNY, cité, I, § 12, 4°, et note i. — (25) D. 19, 1, *de A. E. et V.*, L. 13, § 31, L. 14-18.

(26) PUCHTA, *Pand.*, § 272 initio et *Vorles.* II, § 272 initio. — I. 3, 23, *de empt. et vendit.*, § 3 i. f. (§ 3, édition Kriegell) ; D. 50, 17, *de R. J.*, L. 10 ; C. 4, 49, *de A. E. et V.*, L. 12 initio ; C. 6, 2, *de furt.*, L. 22, § 3ª i. f. (§ 3 i. f., édition Kriegell). Ces textes fondent le droit du créancier au *commodum* sur ce qu'il supporte le *periculum* ; commodum ejus esse debet, cujus periculum est, dit Justinien dans le passage précité de ses Institutes. Le motif n'est pas exact, et dans bien des cas, le *commodum* et le *periculum* dans les obligations ne sont pas pour la même personne. Dans la vente conditionnelle, le *periculum* de la perte totale est supporté par le vendeur (D. 18, 6, *de P. et C. R. V.*, L. 8, pr. i. f.), et cependant c'est l'acheteur qui profite incontestablement du *commodum*. De même le bailleur d'une chose supporte les risques et périls de la chose louée (D. 19, 2, *locati*, L. 19, § 6 initio) et il n'est pas moins certain que le *commodum* est pour le preneur. Enfin si, par une convention spéciale, un débiteur assume les risques et périls, il n'est pas douteux qu'en principe le créancier ne conserve son droit au *commodum*, et dans les obligations génériques, le créancier, qui ne supporte pas le *periculum*, n'en profite pas moins de l'augmentation de prix des choses stipulées. Ces idées ont été bien défendues par MOMMSEN, *Erörterungen*, § 1 initio et 3 initio. Voyez dans le même sens ARNDTS, § 253, *Anm.* 1. IHERING, *Abhandlungen aus dem römischen Recht*, Leipzig, 1844, 1ᵗᵉ *Abhandlung*, n° I, admet en thèse générale la règle *commodum ejus est debet, cujus periculum est.* Il en est de même de PUCHTA, *Pand.*, § 272, et *Vorles.* II, § 272, et de SINTENIS, II, § 101 i. f., p. 355-357.

1° L'augmentation de prix que la chose due a acquise dans le commerce (27);

2° L'alluvion (28) et l'avulsion (29) qui ont accru le fonds, le lit abandonné d'un fleuve (30) et l'île qui s'y est formée (31);

3° Les différents cas d'accession résultant du fait de l'homme, tels que les constructions et les plantations, la *ferruminatio* et l'*adplumbatio* ainsi que l'écriture (32);

4° Les fruits. Mais ici il importe de faire une distinction entre les fruits naturels et les fruits civils.

(27) C. 4, 49, *de A . E. et V.*, L. 1?.

(28) I. 3, 23, *de empt et vendit.*, § 3 i. f. (§ 3, édition Kriegell); D. 32, *de leg. III*, L. 16.

(29) Arg. C. 4, 48, *de P. et C. R. V.*, L. 1 initio, et des deux textes cités à la note précédente.— (30) Arg. D. 32, *de leg. III*, L. 16; cf. D. 41, 1, *de A. R. D.*, L. 30, pr.

(31) Arg. D. 32, *de leg. III*, L. 16; cf. D. 41, 1, *de A. R. D.*, L. 30, pr. Il est vrai qu'en dehors des rapports obligatoires, nous rencontrors dans nos sources une disposition en vertu de laquelle l'usufruitier d'un fonds de terre n'a aucun droit sur l'île qui se forme dans le fleuve (D. 7, 1, *de usufr.*. L. 9, § 4, v^{is} Sed si insula........). Mais cette décision, qui doit être étendue par analogie au lit abandonné du fleuve, est spéciale à l'usufruit. Elle se fonde sur la considération que, lors de l'établissement de l'usufruit, le testateur ou les parties n'ont pas prévu un accroissement aussi anormal et n'ont pas voulu qu'il fût compris dans l'usufruit, surtout parce que les servitudes étant des limitations de la propriété sont de stricte interprétation. Ce motif ne s'applique pas au louage de choses, et par conséquent nous pensons que le fermier a droit à la jouissance de l'*insula nata* et de l'*alveus derelictus* (Arg. D. 32, *de leg. III*, L. 16). IHERING (*Abhandlungen*, 1te *Abhandlung*, n° II, p. 7, note 1) et MOMMSEN (*Erörterungen*, § 4, p. 27-28) refusent au fermier la jouissance de l'*insula nata*. IHERING se prononce en ce sens par analogie de l'usufruit; mais nous venons de constater que cette analogie n'existe point. Il se trompe, d'ailleurs, en fondant la règle relative à l'usufruit sur ce que l'*insula nata* n'est pas un *fructus;* l'alluvion n'est pas non plus un *fructus* et néanmoins l'usufruit s'étend à elle; il s'agit de savoir non pas si l'usufruitier acquiert l'*insula nata* comme un *fructus*, mais bien s'il a l'*ususfructus* de l'île. MOMMSEN invoque la considération que le fermier ne supporte pas les risques et périls; mais cette circonstance ne l'empêche pas de profiter de l'alluvion; pourquoi donc ne jouirait-il pas de l'*insula nata?* c'est ce que l'auteur ne nous apprend pas.

(32) *Quid* de l'indemnité qui peut être due au maître de la chose accessoire? Elle incombe au créancier, pour autant qu'il s'enrichit aux dépens d'autrui, sinon vis-à-vis du maître de la chose accessoire, au moins à l'égard du débiteur qui a payé le maître (Cf. ARNDTS, § 253 initio).

A) En principe, le créancier d'une chose frugifère, et notamment celui d'un fonds de terre, peut réclamer tous les fruits qui étaient encore pendants au moment de la formation du rapport obligatoire [33]. En effet, les fruits étant des produits organiques d'une chose constituent éminemment un *commodum rei*. Mais il est nécessaire que les fruits fussent encore pendants au moment du contrat; s'ils étaient séparés, ils forment des choses propres et indépendantes de la chose frugifère, et par conséquent le créancier de cette dernière ne saurait y avoir aucun droit. Il est indifférent, au reste, que les fruits pendants fussent déjà mûrs ou seulement en herbes; leur degré de maturité n'influe en aucune façon sur leur nature [34]. Il va de soi que le créancier doit tenir compte

---

(33) D. 22, 1, *de usur.*, L. 38, § 8; C. 4, 49, *de A. E. et V.*, L. 13 initio, L. 16 initio (vente). — D. 17, 2, *pro socio*, L. 38, § 1 (société).

(34) *Vatic. fragm.* 15. « Fructus pendentes, etsi maturi fuerunt, si eos venditor « post venditionem ante diem solvendi pretii percepit, emptori restituendos esse « convenit, si non aliud inter contrahentes placuit. » En accordant à l'acheteur les fruits alors même qu'ils sont mûrs, ce texte lui attribue aussi virtuellement les fruits en herbes.

D. 19, 1, *de A. E. et V.*, L. 13, § 10. ULPIANUS *libro XXXII ad edictum.* « Si « fructibus jam maturis ager distractus sit, etiam fructus emptori cedere, nisi « aliud convenit, exploratum est. »

Un fonds portant des fruits déjà mûrs avait été vendu; les fruits sont pour l'acheteur. On n'est évidemment pas autorisé à conclure de là *a contrario* que l'acheteur n'a pas droit aux fruits en herbes.

Les fruits de la chose vendue sont dus à l'acheteur, alors même qu'il n'a pas payé le prix de vente. Seulement l'acheteur qui réclame les fruits, doit payer de son côté les intérêts du prix; puisqu'il jouit de la chose à partir du jour de la vente, il est tenu de faire jouir le vendeur du prix (*Vatic. fragm.* 2, v^is ante traditam autem possessionem emptori quoque fructus rei *vice mutua* præberi necesse est). Cf. PAUL, 11, 17, § 7 « Ex die emptionis, si pars pretii numerata sit, « et fructus et operæ servorum et fetus pecorum et ancillarum partus ad empto- « rem pertinent. » HUSCHKE dans sa *Jurisprudentia antejustiniana* propose de reje- ter dans le § 8 les mots « si pars pretii numerata sit », et sa conjecture ne manque pas de vraisemblance. En admettant la leçon commune, rien ne prouve que les compilateurs de la loi romaine des Visigoths, par laquelle nous ont été trans- mises les Sentences de Paul, aient reproduit sans altération la doctrine du juris- consulte romain, d'autant plus que dans le D. 22, 1, *de usur.*, L. 38, § 8, Paul attri- bue sans réserve à l'acheteur les fruits de la chose vendue (Ex causa etiam emptionis fructus restituendi sunt). Dans tous les cas, les Sentences de Paul ne

au débiteur des frais de culture postérieurs au contrat (35). Par dérogation à la règle énoncée, lorsqu'il s'agit d'un rapport obligatoire à titre gratuit, le créancier n'a droit aux fruits de la chose qu'à partir de la demeure (36) et dans les obligations de droit strict seulement à dater de la *litis contestatio* (37).

B) Passons aux fruits civils. A cette catégorie appartiennent les fermages, les loyers et les intérêts. En ce qui concerne les fermages des biens ruraux, ils sont pleinement acquis au débiteur du bien rural; le créancier n'y a aucun droit. Le débiteur ne doit, ni restituer au créancier les fermages dont il a reçu le payement, ni céder au créancier son *actio locati* pour lui permettre d'en poursuivre le payement contre le fermier. Il doit se contenter des fruits naturels du fonds de terre. En effet, les fermages constituent moins un produit du bien rural qu'un produit du contrat du bail. D'ailleurs, si le créancier peut s'en tenir aux fruits naturels lorsque ceux-ci ont une valeur supérieure aux fermages, il est juste

faisant pas partie du recueil de Justinien, ne peuvent prévaloir contre ce dernier. Voyez en ce sens MOMMSEN, *Erörterungen*, § 5, note 4 initio. Contra MOLITOR, cité, I, nº 418, qui, à défaut de payement du prix, n'accorde à l'acheteur que les fruits déjà mûrs lors du contrat et lui refuse les fruits en herbes.

(35) C. 4, 49, *de A. E. et V.*, L. 16 i. f.

(36) Arg. C. 5, 12, *de jur. dot.*, L. 31, § 5 et 8 (§ 2 initio et i. f., édition Kriegell) (constitution de dot). — PAUL, III, 8, § 4; D. 22, 1, *de usur.*, L. 8; D. 30, *de leg. I*, L. 23; D. 32, *de leg. III*, L. 26; Cf. C. 6, 47, *de usur. et fruct. legat. v. fideic.*, L. 4, et PAUL, III, 6, § 46 (legs et fidéicommis).

(37) D. 22, 1, *de usur.*, L. 38, § 7. — Cf. ci-après T. I, § 21, II, et § 50, 3º. Voyez, sur l'ensemble de la question relative aux fruits naturels, MOMMSEN, *Erörterungen*, § 4, ARNDTS, § 253, et BRINZ, I, § 145 initio. MOMMSEN, cité, § 4, p. 27-28, 42 et 50, fait une autre exception pour les obligations qui n'ont pas pour objet un transfert de propriété, comme l'obligation du bailleur d'un bien rural; ARNDTS, l. c., paraît se rallier à cette manière de voir. MOMMSEN se fonde sur la considération que c'est seulement dans les obligations qui ont pour objet un transfert de propriété que la chose due peut être censée appartenir au créancier dès le jour du contrat (§ 4, p. 29-30, et 42). Nous répondons que, dans le louage comme dans la vente, le créancier doit avoir tous les droits qu'il aurait eus si le contrat avait reçu son exécution immédiate. Et puis, est-ce que le bail à ferme ne contient pas précisément une vente des fruits que le fonds doit produire? Pourquoi donc ne pas appliquer la règle de la vente? (Cf. IHERING, *Abhandlungen*, 1ᵗᵉ *Abhandlung*, nº IV, p. 64.).

qu'il ne puisse pas prétendre aux fermages qui dépassent la valeur des fruits naturels. Nous supposons que l'immeuble était déjà loué au moment de la formation du rapport obligatoire. Si le débiteur l'avait loué plus tard, le créancier aurait le droit d'exiger la cession de l'*actio locati* ou bien la restitution du fermage payé. Dans ce cas, la conclusion du bail postérieurement au contrat serait un acte de gestion d'affaires de la part du débiteur pour compte du créancier [38]. Ce que nous venons de dire des fermages des biens ruraux s'applique aussi aux loyers des autres choses données en location par le débiteur, sauf qu'ici le droit du créancier aux fruits naturels vient à tomber pour les choses non frugifères. Ce système est consacré par les dispositions les plus formelles. Il n'en est pas moins vivement contesté et plusieurs interprètes accordent à l'acheteur les loyers et fermages de la chose vendue [39]. Quant aux intérêts

[38] Pour que le maître dispose de l'action directe de gestion d'affaires, il n'est pas indispensable que le gérant ait eu l'intention de gérer les affaires d'autrui.

[39] D. 19, 1, *de A . E. et V.*, L. 13, § 11. ULPIANUS *libro XXXII ad edictum.* « Si « in locatis ager fuit, pensiones utique ei cedent qui locaverat : idem et in prædiis « urbanis, nisi si quid nominatim convenisse proponatur. »

« Si le fonds (vendu) était loué, les fermages appartiendront d'une manière « absolue au bailleur; il en sera de même des propriétés bâties, à moins qu'on ne « suppose une convention spéciale. »

On a voulu écarter ce passage de deux manières. On a soutenu d'abord que la seule portée de la décision d'Ulpien était d'attribuer au vendeur l'*actio locati*; le jurisconsulte ne s'occuperait pas de la question de savoir si le vendeur doit oui ou non céder cette action à l'acheteur. Mais alors les mots « nisi si quid nominatim convenisse proponatur » sont vides de sens; si de plein droit et par le seul effet du contrat de vente, l'acheteur profite des loyers et fermages, quel est l'objet de la clause spéciale qui les lui attribue? On a prétendu aussi qu'Ulpien n'entendait parler que des loyers et fermages échus lors de la vente. C'est introduire dans le texte une distinction que rien n'autorise à admettre, et même contre laquelle protestent le mot « utique » et le futur « cedent »; le présent « cedunt » aurait seul convenu à des revenus présents. C'est, de plus, prêter à Ulpien une décision oiseuse, puisqu'il était de toute évidence que les loyers et fermages échus au moment de la vente étaient acquis au vendeur.

D. 7, 1, *de usufr.*, L. 59, § 1. PAULUS *libro III senten'iarum.*

« Quidquid in fundo nascitur vel quidquid inde percipitur, ad fructuarium « pertinet, pensiones quoque jam antea locatorum agrorum, si ipsæ quoque « specialiter comprehensæ sint. Sed ad exemplum venditionis, nisi fuerint « specialiter exceptæ, potest usufructuarius conductorem repellere. »

des capitaux, ils ne sont pas davantage dus au créancier, si ce
n'est à partir de la demeure dans les obligations de bonne foi ou

Ainsi, moyennant une disposition spéciale, l'usufruitier a droit aux fermages des
biens ruraux loués avant l'ouverture de son usufruit. Mais à défaut d'une disposition spéciale, il ne peut pas prétendre à ces fermages; il peut seulement, comme
l'acheteur, expulser le fermier. Paul assimile donc l'acheteur à l'usufruitier, au
point de vue de l'expulsion du fermier, et, dans sa pensée, cette assimilation
s'étendait ouvertement aux fermages; l'acheteur n'y a pas plus droit que l'usufruitier; c'est même parce qu'il n'y a pas droit qu'il est question de la faculté
d'expulser le fermier.

D. 49, 14, *de jure fisci*, L. 50. Hermogenianus *libro III decretorum*. Cette loi
suppose la vente d'un immeuble fiscal donné à ferme. Hermogénien admet que
l'acheteur peut réclamer les fermages, mais uniquement sur le fondement d'une
convention tacite intervenue à cet égard entre le vendeur et l'acheteur (atque si
hoc ipsum in emendo convenisset). Il s'ensuit qu'à défaut de convention spéciale,
l'acheteur n'a pas droit aux fermages.

D. 19, 1, *de A. E. et V.*, L. 13, § 13. Ulpianus *libro XXXII ad edictum*.

« Item si quid ex operis servorum vel vecturis jumentorum vel navium
« quæsitum est, emptori præstabitur, et si quid peculio eorum accessit, non
« tamen si quid ex re venditoris. »

Ulpien oblige ici le vendeur à tenir compte à l'acheteur du produit de la location des esclaves, des bêtes de somme ou de trait et des navires. Mais il a en
vue une location postérieure au contrat de vente. En effet, dans le même passage,
il parle aussi de ce qui est venu s'ajouter au pécule de l'esclave postérieurement
à la vente, et dans le § 12 de ladite loi 13, il venait de s'occuper du dommage
causé après la vente à la chose vendue (Sed et si quid præterea rei venditæ
nocitum est). De plus, si on rapportait le § 13 de la loi 13 à des baux antérieurs
à la vente, il serait en contradiction avec le § 11 de la même loi, que nous avons
expliqué au commencement de la présente note.

On nous oppose que les loyers et fermages sont des fruits (D. 22, 1, *de usur.*,
L. 36, Prædiorum urbanorum pensiones pro fructibus accipiuntur). Mais on n'est
pas autorisé à conclure de là qu'il faille appliquer aux loyers et fermages
toutes les règles relatives aux fruits naturels. Le D. 22, 1, *de usur.*, L. 34, porte
également : Usuræ vicem fructuum optinent et merito non debent a fructibus
separari, ce qui n'empêche pas le D. 50, 16, *de V. S.*, L. 121, de dire « Usura
« pecuniæ, quam percipimus, in fructu non est, quia non ex ipso corpore, sed ex
« alia causa est, id est nova obligatione », et l'on peut dire identiquement la même
chose des loyers et fermages.

Voyez en notre sens Ihering, *Abhandlungen*, 1te *Abhandlung*, n° IV, p. 63-66,
Mühlenbruch, II, § 395 i. f., et Mommsen, *Erörterungen*, § 10. Cf. Puchta,
Pand., § 272, note e, et *Vorles.* II, § 272 initio.

Contra Molitor, cité, I, n°s 419-420, Sintenis, II, § 101, *Anm.* 89, n° 2, et
Maynz, II, § 210 et note 13. Cf. Arndts, § 253, *Anm.* 2 i. f.

bien de la *litis contestatio* dans les obligations de droit strict. La raison en est que les intérêts ne sont pas non plus un produit proprement dit du capital; par lui-même celui-ci est impuissant à les produire; l'intérêt résulte du placement que fait le propriétaire du capital (40).

5° Les enfants de la femme esclave, *partus ancillæ*. Lorsque la femme esclave qui faisait l'objet d'une obligation, met au monde un enfant après la formation du rapport obligatoire, cet enfant est dû au créancier; il constitue éminemment un produit de la chose, bien que, par respect pour la dignité humaine, il ne fût pas considéré comme un fruit (41).

6° L'extinction d'une servitude qui grevait la chose due. Lorsque la chose qui fait l'objet de l'obligation, était grevée d'une servitude personnelle ou prédiale, et que cette servitude vient à s'éteindre, le créancier profite de l'extinction; il acquiert la liberté de la chose. Cette libération est encore un émolument de la chose, un émolument tellement naturel qu'il ne fait que rétablir le droit commun (42). Il faut en décider ainsi quelle que soit la cause

(40) C'est ce que dit très-nettement le D. 50, 16, *de V. S.*, L. 121 « Usura pecu-« niæ, quam percipimus, in fructu non est, quia non ex ipso corpore, sed ex alia « causa est, id est nova obligatione. » Peu importe qu'ailleurs les intérêts soient rangés parmi les fruits (D. 22, 1, *de usur.*, L. 34); cette assimilation n'a rien d'absolu.

Voyez en ce sens Ihering, cité, n° IV, p. 60-61, et Mommsen, *Erörterungen*, § 2, p. 9-13.

Cf. ci-après T. I, § 21, 1, 1° i. f. et II.

(41) D. 23, 3, *de jure dot.*, L. 10, § 2, L. 69, § 9; C. 5, 13, *de rei ux. act.*, L. un., § 9ᵃ (§ 9, édition Kriegell); C. 5, 18, *sol. matrim.*, L. 1. Il résulte de ces lois que si une esclave a été donnée en dot, et qu'elle accouche d'un enfant, celui-ci appartient au mari, non pas d'une manière définitive comme fruit, mais comme bien dotal sujet à restitution à la fin du mariage; c'est un *commodum ancillæ*. Au contraire, d'après le D. 7, 1, *de usufr.*, L. 68, pr., l'usufruitier n'a pas même l'usufruit du *partus ancillæ;* c'est qu'on interprète strictement l'usufruit en sa qualité de servitude dérogeant au droit commun de la propriété (Cf. ci-dessus note 31 initio du présent paragraphe).

(42) D. 23, 3, *de jure dot.*, L. 4. « Si proprietati nudæ in dotem datæ usus fruc-« tus accesserit, incrementum videtur dotis, non alia dos, quemadmodum si quid « alluvione accessisset. »

d'extinction de la servitude, à moins qu'il ne résulte du contrat que les parties ont voulu exclure du *commodum* certaines causes d'extinction (43). Il va de soi que l'extinction d'une hypothèque, d'une emphytéose ou d'une superficie profite aussi au créancier.

7° Le bénéfice de l'adjudication. Lorsque le débiteur d'une part indivise dans une chose commune est poursuivi en partage par son copropriétaire et que la chose entière lui est adjugée, le créancier peut la réclamer, moyennant de rembourser au débiteur la somme qu'il a dû payer à son copropriétaire. En effet, l'adjudication est une conséquence juridique de la copropriété ; car celle-ci impose l'obligation de se soumettre à l'action en partage et à l'adjudication opérée par le juge (44).

8° Le bénéfice de l'accroissement. Lorsqu'un cohéritier ou un colégataire est tenu à un titre quelconque, tel qu'un fidéicommis ou une vente, de faire avoir à un tiers l'hérédité ou la chose léguée, et que la part d'un coappelé vient à lui accroître, le tiers créancier a

D. 18, 6, *de P. et C. R. V.*, L. 19, pr. (L. 18, pr., édition Kriegell).

« Habitationum oneribus morte libertorum finitis emptor domus ob eam causam
« venditori non tenebitur, si nihil aliud convenit, quam ut habitationes secun-
« dum defuncti voluntatem super pretium libertis præstarentur. »

(43) D. 19, 1, *de A. E. et V.*, L. 7.

Voyez sur cette question IHERING, cité, n° II, p. 9, et MOMMSEN, *Erörterungen*,
§ 3. p. 19-24.

(44) D. 10, 3, *comm. divid.*, L. 7, § 13. « Si debitor communis prædii partem
« pignori dedit et a domino alterius partis provocatus creditor ejus aut ab alio
« creditore alterius debitoris licendo superavit et debitor ejus cui res fuit adjudi-
« cata velit partem suam prædii reciperare soluto eo quod ipse debuit : eleganter
« dicitur non esse audiendum, nisi et eam partem paratus sit reciperare, quam
« creditor per adjudicationem emit. Nam et si partem vendideris rei et prius, quam
« traderes emptori, communi dividundo judicio provocatus fueris aliaque pars
« tibi adjudicata sit, consequenter dicitur ex empto agi non posse, nisi totam
« rem suscipere fuerit paratus, quia *hæc pars beneficio alterius venditori accessit* :
« quin immo etiam ex vendito posse conveniri emptorem, ut recipiat totum :
« solum illud spectandum erit, num forte fraus aliqua venditoris intervenit. Sed
« et si distracta parte cesserit victus licitatione venditor, æque, pretium ut resti-
« tuat, ex empto tenebitur. Hæc eadem et in mandato ceterisque hujus generis
« judiciis servatur. »

Voyez encore le D. 19, 1, *de A. E. et V.*, L. 13, § 17, v^{is} Quod si tibi........
communi dividundo, et le D. 23, 3, *de jure dot.*, L. 78, § 4, v^{is} Quod si marito.......

IHERING, cité, n° II, p. 9-11. — MOMMSEN, *Erörterungen*, § 5, p. 56-57.

droit à la part qui à accru, à moins qu'une volonté contraire du testateur ou des contractants ne résulte du testament ou du contrat. Cette solution, très-contestée, se fonde sur ce que le droit d'un cohéritier ou d'un colégataire s'étend en principe à l'hérédité entière ou à toute la chose léguée, et dès lors l'obligation de restituer qui lui est imposée par testament ou par contrat, doit avoir le même objet, jusqu'à preuve contraire (45). Il est indifférent que le testament ou le contrat ne parle que de la restitution de la portion héréditaire ou bien de la part dans le legs ; car cette part n'est fixée que par le concours des cohéritiers ou des colégataires. Mais il en serait autrement si la restitution ne portait que sur une part déterminée, telle que la moitié ; dans l'espèce, le débiteur ne doit jamais restituer que cette part ; il garde pour lui le bénéfice de l'accroissement (46).

9° Le trésor. Lorsque, après la naissance de l'obligation et avant la tradition, un trésor est trouvé dans l'immeuble, soit par le débiteur, soit par un tiers, le créancier peut en réclamer la moitié. En effet, la loi attribue la moitié du trésor au propriétaire du fonds, en sa seule qualité de propriétaire ; cette moitié constitue donc un profit du fonds ; c'est un émolument qu'il procure au proprié-

(45) On pourrait croire que la règle que nous avons énoncée, doit cesser dans le cas d'un legs fait conjointement à plusieurs, puisque Justinien part ici du point de vue que chaque légataire n'est appelé directement qu'à une portion de la chose, et seulement d'une manière indirecte aux parts des colégataires défaillants (C. 6, 51, *de cad toll.*, L. un., § 11ᵃ et § 11ᵍ (§ 11 initio et i. f., édition Kriegell)). Mais, même dans ce cas, le droit du légataire considéré dans son ensemble porte sur la totalité de la chose, peu importe qu'il comprenne deux libéralités distinctes. On n'est admis à limiter l'obligation du légataire à l'une de ces libéralités que s'il existe à cet égard une volonté spéciale du testateur ou des contractants.

(46) Nos sources sont muettes sur la question. Le bénéfice de l'accroissement de la part héréditaire est attribué au fidéicommissaire et à l'acheteur par IHERING, cité, n° II, p. 11-20, THIBAUT, II, § 1014, 1° initio, MÜHLENBRUCH, *Glück's Pandekten* XLIII, § 1498-1499, p. 348-360, GLASSON, *Du droit d'accroissement entre cohéritiers et entre colégataires*, Strasbourg, 1862, p. 26-32, SINTENIS, III, § 203 i. f. et *Anm.* 16, VANGEROW, II, § 494, *Anm.*, n°ˢ 5-6, MAYNZ, III, § 404, II, 1° i. f., § 413, note 40, et § 447, note 14, et BRINZ, II, § 196, p. 828-829.

Contra GLÜCK, XVI, § 1014, p. 341-367, GŒSCHEN, III (2), § 957, I, 5°, et § 1067, 3°, MOMMSEN, *Erörterungen*, § 6, et WINDSCHEID, III, § 603, 4°, et note 14.

taire, et à ce titre le débiteur en doit compte au créancier, peu importe que la trouvaille ait été faite par lui ou par un tiers. Si elle a été faite par lui, il en gardera la moitié comme inventeur et restituera l'autre moitié au créancier. Si l'inventeur est un tiers, la moitié appartiendra au tiers comme inventeur ; l'autre moitié devra être restituée au débiteur propriétaire, qui de son côté en devra compte au créancier. Mais si le tiers inventeur avait fait des fouilles à l'effet de découvrir le trésor, celui-ci reviendrait pour la totalité au débiteur en vertu de son droit de propriété ; la trouvaille entière formerait alors un profit de l'immeuble et partant serait due au créancier (47). Contrairement à ce qui vient d'être enseigné, on accorde souvent la totalité du trésor au débiteur (48).

10° Les actions relatives à la chose due. Le débiteur doit enfin céder au créancier les actions qu'il a acquises relativement à la chose depuis la naissance de l'obligation, soit à raison d'actes illicites de tiers, soit par l'effet de ses propres actes juridiques. Si le débiteur a déjà lui-même exercé ces actions, il doit tenir compte au créancier de leur produit. Toutefois, l'obligation dont il s'agit n'est pas absolue. En ce qui concerne les actions naissant d'actes illicites de tiers, le débiteur n'est tenu d'en faire la cession au créancier que s'il n'est pas responsable de la perte ou de la

----

(47) D. 24, 3, *sol. matrim.*, L. 7, § 12, ULPIANUS *libro XXXI ad Sabinum.*

« Si fundum viro uxor in dotem dederit isque inde arbores deciderit, si hæ « fructus intelleguntur, pro portione anni debent restitui (puto autem, si arbores « cæduæ fuerunt vel gremiales, dici oportet in fructu cedere), si minus, quasi « deteriorem fundum fecerit, maritus tenebitur. Sed et si vi tempestatis ceciderunt, « dici oportet pretium earum restituendum mulieri nec in fructum cedere, non « magis, quam si thesaurus fuerit inventus : in fructum enim non computabitur, « sed pars ejus dimidia restituetur quasi in alieno inventi. »

Ainsi, lorsqu'un fonds de terre a été donné en dot au mari et que celui-ci y découvre un trésor, la moitié seulement du trésor lui est acquise comme inventeur ; l'autre moitié, celle qui est attribuée à la propriété, doit être restituée à la femme. Il en sera de même toutes les fois que le débiteur d'un fonds y trouvera un trésor avant la tradition et notamment lorsqu'un trésor sera découvert par un vendeur dans le fonds vendu.

(48) Voyez les auteurs cités par GLÜCK, XVII, § 1038, note 60. En notre sens GLÜCK, XVII, § 1038, p. 190-193, IHERING, cité, n° II, p. 8-9, et MOMMSEN, *Erörterungen*, § 5, p. 55-56, et note 5.

détérioration de la chose ; dans ce cas, l'action acquise contre les tiers tient lieu de la chose elle-même ; elle forme en ce sens un *commodum rei.* Au contraire, lorsque le débiteur répond de la perte ou de la détérioration, le créancier n'a pas droit à la cession des actions naissant des faits illicites des tiers ; il peut seulement poursuivre son débiteur en dommages et intérêts ; lui accorder en outre le bénéfice des actions contre les tiers, serait lui accorder deux fois la même chose. Sous la condition prémentionnée, le débiteur devra donc céder la revendication et les interdits possessoires, l'*actio furti*, la *condictio furtiva*, l'*actio legis Aquiliæ*, etc. (49). D'un autre côté, le débiteur doit céder au créancier les actions résultant d'actes juridiques qu'il a conclus avec les tiers, toutes les fois que ces actes juridiques peuvent être considérés comme une gestion des affaires du créancier, ce qui n'exige point que le débiteur ait eu l'intention de gérer les affaires du créancier ; car l'action directe de gestion d'affaires est indépendante de cette condition. Tel est le cas, déjà cité (50), où le débiteur d'une chose la donne en location ; le créancier a droit à la cession de l'*actio locati* acquise contre le preneur (51). Mais, en général, il n'y a pas gestion des affaires du créancier lorsque le débiteur d'une chose la vend à un tiers ; en effet, cette vente est directement contraire au droit du créancier ; elle tend à le dépouiller de la chose due, ce qui est incompatible avec l'idée d'une gestion des affaires d'autrui (52). Néanmoins, la

---

(49) I. 3, 23, *de empt. et vendit.*, § 3ᵃ (§ 3 i. f., édition Kriegell) ; D. 18, 1, *de contr. empt.*, L. 35, § 4 i. f. ; D. 18, 6, *de P. et C. R. V.*, L. 14 (L. 13, édition Kriegell) ; D. 19, 1, *de A. E. et V.*, L. 13, § 12 ; D. 47, 2, *de furt.*, L. 14, pr., L. 81, pr. (L. 80, pr., édition Kriegell). Voyez encore le D. 18, 4, *de H. v. A. V.*, L. 21, vⁱˢ Quid si rem quam vendidi........ ; la 1ʳᵉ partie de ce passage suppose que le vendeur a perdu la possession par sa faute ; la fin se rapporte à une perte de la possession survenue sans la faute du vendeur.

Voyez sur cette question IHERING, cité, n° III, p. 30-58, et MOMMSEN, *Erörterungen*, § 8. — (50) n° III, 4°, B, du présent paragraphe.

. (51) D. 19, 1, *de A. E. et V.*, L. 13, § 13 (Cf. ci-dessus note 39 i. f. du présent paragraphe).

(52) Ainsi le décide le D. 18, 4, *de H. v. A. V.*, L. 21, vⁱˢ Sed hoc in re singulari........ non actionem. Les mots « pretium enim hominis venditi non ex re, sed propter negotiationem percipitur » doivent être entendus en ce sens que la vente

vente de la chose due impliquerait une gestion des affaires du créancier si elle était forcée [53] ou bien si elle avait un caractère conservatoire [54]. De même, il n'y a pas gestion d'affaires lorsque le débiteur d'une part indivise intente lui-même l'action en partage contre son copropriétaire, et que la chose entière est adjugée à l'un ou à l'autre. Ce débiteur ne fait qu'acquérir volontairement pour son compte personnel la part de son copropriétaire ou bien aliéner volontairement sa propre part en faveur de ce dernier ; le créancier conserve son droit à la part stipulée et à cette part seulement [55].

Voilà les principales applications du *commodum rei*. Par contre,

constitue l'affaire personnelle du débiteur et que son produit n'est point un *commodum rei*.

(53) Par exemple, quelqu'un vend sa part indivise dans une chose; mais, avant d'avoir effectué la tradition, il est poursuivi en partage par son copropriétaire, à qui toute la chose commune est adjugée, moyennant de payer une certaine somme d'argent à l'autre communiste. L'acheteur de la part indivise a droit à cette somme, au lieu et place de la chose due (D. 10, 3, *comm. divid.*, L. 7, § 13 i. f.; D. 19, 1, *de A. E. et V.*, L. 13, §.17 initio; D. 23, 3, *de jure dot.*, L. 78, § 4 initio). Cf. D. 19, 1, *de A. E. et V.*, L. 13, § 17, vⁱˢ Sed si certis regionibus........, et le nᵒ III, 7ᵒ du présent paragraphe.

(54) C'est ce qui arrivera lorsque la chose due est menacée de détérioration et que le débiteur la vend pour sauvegarder les intérêts de son créancier (IHERING, cité, nᵒ IV, p. 76).

Si l'héritier, après avoir vendu la succession, vend un bien déterminé de celle-ci à un tiers, l'acheteur de la succession peut poursuivre son vendeur en livraison du bien frauduleusement vendu. Mais il peut aussi, s'il le préfère, considérer la vente particulière comme une gestion des affaires de l'hérédité, et partant de ses propres affaires, et il aura intérêt à prendre le dernier parti si la chose vendue a péri, puisqu'il profitera de cette manière du prix de vente, tandis que autrement il n'obtiendrait rien du chef du bien vendu (D. 18, 4, *de H. v. A. V.*, L. 21, vⁱˢ Venditor ex hereditate........ nisi si culpa ejus argueretur). POTHIER, *Pandectæ Justinianeæ*, 18, 4, *de H. v. A. V.*, nᵒ 7, et MOMMSEN, *Erörterungen*, § 9, p. 111-112.

Le D. 16, 3, *depos.*, L. 1, § 47, L. 2, appartient à un autre ordre d'idées. Si l'héritier du dépositaire vend la chose déposée, croyant qu'elle fait partie de la succession, cette circonstance, qui ne lui est pas imputable, le libère de son obligation de restituer la chose; mais il est au moins tenu de céder au déposant son action en payement du prix de vente.

(55) IHERING, cité, nᵒ II, p. 10, note 3. — MOMMSEN, *Erörterungen*, § 5, p. 60-61. — Cf. ci-dessus nᵒ III, 7, et note 53, du présent paragraphe.

le *commodum* ne comprend pas les animaux sauvages que le débiteur d'un immeuble a capturés sur celui-ci ; ces animaux ne sont nullement un profit provenant du fonds, mais un produit de l'occupation et de l'activité personnelle du débiteur [56]. Le débiteur ne doit les restituer au créancier que si l'immeuble était destiné à la chasse, auquel cas les parties ont envisagé la chasse comme un profit du fonds [57].

§ 7. *Du lieu du payement.*

I. La question de savoir où le payement doit se faire ne se présente point pour les immeubles, qui se payent nécessairement là où ils sont situés. Quant aux choses mobilières, il faut voir avant tout si les parties sont convenues ou non d'un lieu pour le payement.

1° Dans le premier cas, la convention fait la loi des parties ; le débiteur doit payer à l'endroit convenu [1] et le créancier ne peut se faire payer qu'à cet endroit [2]. Si la convention indique plusieurs endroits conjointement (Smyrne et Éphèse), la dette est payable par parts égales à chacun des lieux désignés [3]. Si les endroits sont indiqués alternativement (Smyrne ou Éphèse), le débiteur doit payer à l'un ou à l'autre, à son choix. Il conserve ce choix lorsqu'il est poursuivi devant le juge de son domicile [4] ; mais lorsque le créancier l'actionne au lieu du payement, comme il en a le droit, l'intentement de l'action fait, par la nature des choses, passer le choix du débiteur au créancier [4a]. Il y a plus : lorsque l'alternative quant au lieu se combine avec une alternative quant à la chose (1000 à Smyrne ou bien un cheval à Éphèse), le créancier qui actionne le débiteur au lieu du payement, acquiert par voie de conséquence le choix de la chose ; le choix du lieu du payement implique celui de la chose à payer [5].

(56) D. 22, 1, *de usur.*, L. 26 initio. — (57) L. 26 i. f. cit.

(1) D. 13, 4, *de eo quod certo loco*, L. 9 ; D. 45, 1, *de V. O.*, L. 122, pr.

(2) I. 4, 6, *de action.*, § 33ᶜ initio (§ 33, édition Kriegell).

(3) D. 13, 4, *de eo quod certo loco*, L. 2, § 4.

(4) L. 2, § 2, cit. — POTHIER, *Pandectæ Justinianeæ*, 13, 4, *de eo quod certo loco*, n° 8, note *f.* — (4ᵃ) L. 2, § 3, cit., vⁱˢ Scævola libro........ ante petitionem.

(5) L. 2, § 3, cit., vⁱˢ Proinde mixta........

2° A défaut de convention spéciale sur le lieu du payement, il faut faire une distinction entre les dettes de corps certains et les dettes de choses fongibles. Les corps certains sont naturellement payables là où ils se trouvent lors du payement; le débiteur est tenu de payer à cet endroit et le créancier ne peut demander d'être payé ailleurs (⁶). Il est indifférent qu'au moment du contrat la chose se trouvât à un autre endroit et qu'elle ait été déplacée depuis (7), pourvu que le débiteur ne l'ait pas déplacée frauduleusement, car il ne peut nuire au créancier par son dol (8). Quant aux choses fongibles, elles n'ont pas d'assiette fixe; elles se trouvent généralement partout et par conséquent le débiteur peut en faire la prestation à un endroit quelconque, s'il est convenable, ce qui est une question de fait (9). Notamment, le débiteur peut offrir de payer à son domicile et le créancier est tenu d'accepter un pareil payement; il n'est pas en droit d'exiger que la prestation soit exécutée ailleurs (10).

(6) D. 5, 1, *de judic.*, L. 38 initio; D. 6, 1, *de rei vindic.*, L. 10 initio; D. 10, 4, *ad exhib.*, L. 11, § 1 initio; D. 30, *de leg. I*, L. 47, pr. initio. Le créancier qui désire être payé au lieu de la poursuite, supporte les frais de transport (D. 16, 3, *depos.*, L. 12, § 1 i. f.; D. 10, 4, *ad exhib.*, L. 1¹, § 1, vⁱˢ Quo autem loco....... potest non recusare; Arg. D. 6, 1, *de rei vindic.*, L. 10 i. f., L. 11.)

(7) D. 16, 3, *depos.*, L. 12, § 1 initio; D. 30, *de leg. I*, L. 47, pr. i. f.

(8) D. 5, 1, *de judic.*, L. 38 initio; D. 10, 4, *ad exhib.*, L. 11, § 1 i. f.; D. 16, 3, *depos.*, L. 12, § 1 initio; D. 30, *de leg. I*, L. 47, pr. i. f. En cas de déplacement frauduleux, le débiteur doit payer au lieu de la poursuite (D. 5, 1, *de judic.*, L. 38 initio; D. 10, 4, *ad exhib.*, L. 11, § 1 i. f.; D. 30, *de leg. I*, L. 47, pr. i. f). Aux dettes de corps certains il faut ici assimiler celles qui ont pour objet des choses fongibles à prendre dans une masse déterminée (100 hectolitres du froment qui se trouve dans tel grenier); cette masse est à un endroit fixe, tout comme un corps certain, et il en est de même de ce qui doit être pris sur elle (D. 5, 1, *de judic.*, L. 38, vⁱˢ nisi si....... ex illo dolio; D. 30, *de leg. I*, L. 47, § 1 initio).

(9) Arg. D. 5, 1, *de judic.*, L. 38, vⁱˢ præterea quod....... ubi petitur; D. 30, *de leg. I*, L. 47, § 1 i. f., cbn. avec D. *h. t.*, L. 39, vⁱˢ quid enim, si inopportuno tempore vel loco optulerim?

(10) Des auteurs (Bᴇᴛʜᴍᴀɴɴ-Hᴏʟʟᴡᴇɢ, *Versuche über einzelne Theile der Theorie des Civilprozesses*, n° I, p. 18, et note 55, Berlin et Stettin, 1827, et Mᴀʏɴᴢ, II, § 178 initio) ajoutent que le créancier a le droit réciproque de se faire payer à tout endroit convenable. Mais ce droit est incompatible avec celui qu'a le débiteur de payer en tout lieu opportun; si le débiteur a la faculté de payer à son domicile, le créancier ne peut le forcer à payer ailleurs.

Cependant, le débiteur de choses fongibles ne conserve la faculté de payer partout que jusqu'à l'intentement de l'action; une fois que l'action est intentée, la dette devient naturellement payable au lieu de la poursuite [11]. Il en est de même des dettes de corps certains, lorsqu'elles sont de droit strict [12].

II. A la question du lieu du payement se rattache intimement celle de savoir quel est le juge compétent pour connaître de l'action en payement.

1° Il faut partir du principe que le débiteur peut être poursuivi là où il a lésé le droit du créancier; en effet, c'est par cette lésion que l'action est née; c'est aussi au lieu de la lésion qu'elle est née; or le juge naturel d'une action est celui du lieu où l'action a pris naissance [13]. On pourrait appeler ce *forum* le *forum læsionis vel natæ actionis*. Mais où le débiteur lèse-t-il le droit du créancier ? Si les parties ont déterminé par leur convention le lieu du payement, c'est évidemment là que le débiteur, en ne payant pas, manque à son obligation [14]. Lorsqu'il s'agit d'immeubles ou de corps certains, payables là où ils se trouvent, c'est encore en ce lieu que le débiteur en défaut de payer lèse le droit du créancier [15]. Mais les choses fongibles étant payables à un endroit quelconque, il est matériellement impossible de considérer le lieu du payement comme le lieu de la lésion de l'obligation; on est alors amené à réputer tel le lieu où l'obligation a pris naissance, donc le lieu du contrat [16], du quasi-contrat [17], du délit, etc. [18].

(11) D. 5, 1, *de judic.*, L. 38, v^{is} præterea quod....... ubi petitur; D. 12, 1, *de reb. cred.*, L. 22; D. 13, 3, *de condict. tritic.*, L. 4; D. 30, *de leg.* I, L. 47, § 1 i. f.

(12) Arg. D. 16, 3, *depos.*, L. 12, § 1 initio. — GŒSCHEN, II (2), § 414 i. f.

(13) Arg. Nov. 69, c. 1, pr.

(14) D. 5, 1, *de judic.*, L. 19, § 4; D. 42, 5, *de reb. auctor. jud. possid.*, L. 1, L. 3; D. 44, 7, *de O. et A.*, L. 21. — (15) Arg. des mêmes textes.

(16) D. 5, 1, *de judic.*, L. 19, § 2 initio.

(17) D. *eod.*, L. 19, § 1, L. 36, § 1, L. 45, pr., cf. L. 20.

(18) La dernière règle cesse lorsqu'il résulte des circonstances que les parties n'ont pas voulu obliger le débiteur à se défendre au lieu du contrat. Tel est le cas où le débiteur était simplement de passage au lieu du contrat; alors le droit du créancier est censé lésé au domicile du débiteur (D. 5, 1, *de judic.*, L. 19, § 2).

2º Le créancier peut en outre poursuivre le débiteur devant le juge du domicile de ce dernier, *actor sequitur forum rei* [19]. Mais il ne peut réclamer le payement devant ce juge que de la manière dont le débiteur est tenu de le faire. Donc si la dette est payable à un endroit autre que le domicile du débiteur, soit en vertu du contrat, soit parce qu'il s'agit d'immeubles ou de corps certains [20], le créancier peut seulement demander à être payé à cet autre endroit. Tel sera aussi l'objet de la condamnation, et dans le cas où il y a lieu à des dommages et intérêts, il faudra, en procédant à leur estimation, tenir compte de l'intérêt qu'avait le débiteur ou le créancier à faire ou à recevoir le payement au lieu indiqué par la convention ou par la situation de la chose [21].

III. Quant aux actions par lesquelles s'exercent les poursuites aux endroits prémentionnés, il faut séparer les obligations de bonne foi des obligations de droit strict.

1º Si l'obligation est de bonne foi, l'action qui en naît, peut être indistinctement employée. Le créancier est libre de l'intenter, soit devant le juge du lieu où son droit a été lésé, soit devant le juge du domicile du débiteur. Cette dernière poursuite était possible alors même que la dette avait été stipulée payable ailleurs; il suffisait de mentionner dans l'*intentio* de l'action le lieu qui avait

---

(19) D. 5, 1, *de judic.*, L. 19, § 4; D. 42, 5, *de reb. auctor. jud. possid.*, L. 1, L. 2; C. 3, 13, *de jurisd. omn. judic.*, L. 2. Le débiteur peut même être actionné devant le juge de sa cité (D. 50, 1, *ad municip.*, L. 29), et comme la ville de Rome était la cité commune de tous les citoyens romains, le débiteur qui était citoyen romain et qui jouissait encore ailleurs du droit de cité, pouvait être poursuivi, soit dans sa cité spéciale, soit à Rome (D. 4, 6, *ex quib. caus. majores*, L. 28, § 4, cbn. avec D. 50, 1, *ad municip.*, L. 33), pourvu qu'il se trouvât actuellement à Rome (D. 4, 6, *ex quib. caus. majores*, L. 28, § 4). Nous nous abstiendrons, dans notre exposé ultérieur, de mentionner le *forum civitatis* à côté du *forum domicilii*; il sera sous-entendu.

(20) S'il s'agit de choses fongibles ou bien d'une dette de droit strict portant sur un corps certain, l'intentement de l'action rend la dette payable au lieu de la poursuite (Cf. ci-dessus nº I, 2º i. f., du présent paragraphe).

(21) D. 13, 4, *de eo quod certo loco*, L. 2, pr. et § 8, L. 3; D. 19, 1, *de A. E. et V.*, L. 3, § 4; C. 3, 18, *ubi conv. qui certo loco*, L. un.

3.

été convenu pour le payement, ce qui était parfaitement compatible avec la nature d'une action de bonne foi [22].

2° Si l'obligation était de droit strict, l'action qu'elle produisait, était seulement susceptible d'être intentée devant le juge du lieu où le payement devait se faire. En effet, la rigueur de l'action ne permettait pas de modifier l'*intentio*, en y insérant le lieu du payement, et d'autre part, si le lieu du payement n'était pas indiqué dans l'*intentio*, il y avait *plus petitio loco* [23]. Le principe ne donnait lieu à aucun inconvénient lorsque la convention n'avait pas fixé le lieu du payement; car alors, comme nous l'avons dit [23a], la dette de droit strict était toujours payable au lieu de l'intentement de l'action. Mais si la convention avait désigné le lieu du payement, l'action de droit strict ne pouvait être exercée que devant le juge de ce lieu. Et cependant il importait d'ouvrir une poursuite au domicile du débiteur ; car celui-ci pouvait ne pas se rencontrer au lieu du payement et n'y rien posséder, auquel cas le droit de l'actionner en ce lieu était dérisoire. Le préteur combla cette lacune. Il disposa que si, à l'occasion d'une obligation de droit strict, les parties avaient déterminé un lieu pour le payement, le créancier n'en serait pas moins admis à poursuivre le débiteur à son domicile ; il lui accorda à cette fin l'action *de eo quod certo loco dari oportet* [24]. Cette action est arbitraire [25]. L'*arbitrium* avait pour objet le payement de la dette là où il devait se faire ; il ne devint d'une exécution forcée que vers la fin de la période classique ou sous le bas-empire. S'il était exécuté, le défendeur était absous [26]; dans le cas contraire, il y avait lieu à une condamnation proprement dite. Celle-ci, à l'époque classique, était toujours pécuniaire ; le juge, en en fixant le montant, avait égard à l'intérêt qu'avait le débiteur ou le créancier à faire ou à recevoir le payement là où il

---

[22] D. 13, 4, *de eo quod certo loco*, L. 7, pr.; D. 13, 5, *de pec. constit.*, L. 16, § 1; D. 10, 4, *ad exhib.*, L. 11, § 1 initio.

[23] I. 4, 6, *de action.*, § 33ᶜ initio et i. f. (§ 33, édition Kriegell).

[23a] n° I, 2° i. f., du présent paragraphe.

[24] I. 4, 6, *de action.*, § 33ᶜ vⁱˢ propter quam causam........ fenerantur (§ 33, édition Kriegell); D. 13, 4, *de eo quod certo loco*, L. 1.

[25] § 33ᶜ, cit. et *iisdem verbis;* D. 13, 4, *de eo quod certo loco*, L. 2, pr.

[26] Cf. D. *eod.*, L. 4, § 1.

devait s'effectuer, et il diminuait ou majorait de ce chef la condamnation pécuniaire [27]. Dans la législation de Justinien, la condamnation a pour objet le payement de la dette elle-même au lieu convenu [28], à moins que l'obligation ne se soit résolue en dommages et intérêts, auquel cas le juge doit encore tenir compte de l'intérêt résultant du lieu du payement [29].

IV. Il nous reste à rencontrer quelques opinions divergentes.

1° On confond souvent le lieu du payement avec celui de la poursuite judiciaire. Les deux notions sont bien distinctes. Non-seulement un débiteur quelconque peut être poursuivi à son domicile, quoique sa dette soit payable ailleurs ; mais le débiteur de choses fongibles a en principe le droit de payer partout, tandis qu'il ne peut être poursuivi qu'à des endroits déterminés; toutefois, s'il est poursuivi à l'un de ces endroits, c'est le lieu de la poursuite qui détermine celui de l'exécution ultérieure de son obligation [30]. Cette confusion du lieu du payement avec le lieu de la poursuite judiciaire a provoqué le système suivant. On a enseigné [31] que l'obligation devait être à la fois payée et judiciairement poursuivie là où elle avait pris naissance; on obtenait ainsi un *forum natæ obligationis*, qui aurait compris comme espèces particulières le *forum contractus*, le *forum gestæ administrationis* et le *forum delicti commissi*. Ce système est erroné. Prenons une dette d'un corps certain. L'obligation se forme au lieu du contrat, du quasi-contrat, etc. ; mais c'est au lieu où se trouve la chose due que doivent se faire en principe le payement et la poursuite en justice. D'autre part, une dette de choses fongibles se forme encore au lieu du contrat, du quasi-contrat, etc., tandis qu'elle est payable partout et que la poursuite judiciaire ne sera pas nécessairement exercée au lieu de contrat ou du quasi-contrat [31a]. En outre, un *forum læsionis vel natæ actionis*

---

(27) I. 4, 6, *de action.*, § 33, vⁱˢ propter quam causam........ fenerantur; D. 13, 4, *de eo quod certo loco*, L. 2, pr. et § 8; C. 3, 18, *ubi conven. qui certo loco*, L. un.

(28) Arg. I. 4, 6, *de action.*, § 32.

(29) Cf. I. *eod.*, § 33, vⁱˢ propter quam causam .... fenerantur.

(30) Cf. ci-dessus n° I, 2° i. f., et n° II du présent paragraphe.

(31) Voyez entre autres DONEAU, *Commentarii juris civilis XVII*, c. 14.

(31a) Cf. ci-dessus note 18 du présent paragraphe.

nous paraît beaucoup plus rationnel qu'un *forum natæ obligationis*. En effet, l'action ne suppose pas seulement l'existence de l'obligation, mais encore la lésion de l'obligation de la part du débiteur; elle naît donc au lieu de la lésion, et le juge naturel d'une action est celui du lieu où l'action a pris naissance.

2° On soutient encore [32] qu'indépendamment des dettes de choses fongibles, les dettes de corps certains, si elles sont de droit strict, sont payables à un endroit quelconque [33]. Mais ce système manque de fondement. Il est seulement vrai que l'intentement de l'action rend les dettes prémentionnées payables au lieu de la poursuite [34].

3° D'après un éminent interprète moderne [35], le juge compétent pour connaître de l'action en payement serait d'une manière tout-à-fait générale celui du domicile du débiteur [36]. Ce *forum domicilii* ne céderait que devant une volonté contraire des parties, devant un *forum prorogatum vel pactitium* [37]. Celui qui par sa libre volonté s'oblige en un certain lieu, se soumettrait tacitement au juge de ce lieu [37], sauf que si un autre lieu a été fixé pour le payement,

(32) Bethmann-Hollweg, *Versuche über einzelne Theile der Theorie des Civilprozesses*, n° I, p. 18-19. — Windscheid, II, § 282, 1°, a, et note 6. — Mommsen, *Beiträge* III, § 22 et note 6, incline dans le même sens.

(33) Arg. D. 45, 1, *de V. O.*, L. 137, § 4; D. 12, 1, *de reb. cred.*, L. 22, et D. 13, 3, *de condict. tritic.*, L. 4.

(34) Cf. ci-dessus le n° I, 2° i. f., du présent paragraphe. Les textes viennent à notre appui. L'obligation d'exécuter un legs était de droit strict à l'époque classique; or le D. 5, 1, *de judic.*, L. 38 initio, et le D. 30, *de leg. I*, L. 47, pr. initio, décident que si on a légué une chose déterminée, le payement doit se faire là où elle se trouve.

Tout ce qui résulte du D. 45, 1, *de V. O.*, L. 137, § 4, c'est qu'il ne revient pas au même pour un habitant de Rome, de promettre de payer Stichus à Éphèse ou bien de promettre Stichus qui est à Éphèse; en effet, dans le dernier cas, Stichus devra être payé là où il se trouve lors du payement, donc pas nécessairement à Éphèse.

Quant au D. 12, 1, *de reb. cred.*, L. 22, et au D. 13, 3, *de condic. tritic.*, L. 4, il y s'agit de dettes de choses fongibles.

Molitor, cité, I, n° 308 i. f., pose la règle générale que les corps certains sont payables là où ils se trouvent.

(35) Bethmann-Hollweg, cité, n° I, p. 16-53. — (36) Le même, l. c., p. 20.

(37) Le même, l. c., p. 20-23.

il se soumettrait plutôt au juge de ce dernier lieu[38]. Tel serait le *forum contractus*. Mais comme celui-ci n'a qu'un caractère exceptionnel, le *forum domicilii* reprendrait son empire, d'abord dans toutes les obligations qui ne naissent point de contrats ou de causes analogues et où partant on ne saurait admettre une volonté tacite du débiteur d'accepter une juridiction spéciale[39], ensuite dans les obligations résultant de contrats ou de causes analogues, mais où la chose due est payable à un endroit déterminé, en dehors de la volonté des parties[40], ou bien lorsque les circonstances prouvent que le débiteur n'a pas voulu se soumettre à une juridiction spéciale, par exemple s'il était seulement de passage au lieu du contrat[41]. Ce système est ingénieux. Mais il rend difficilement compte de la compétence du juge du lieu convenu pour le payement. En effet, si le créancier peut porter son action devant ce juge, c'est bien plutôt parce que le débiteur est en défaut de payer au lieu convenu que parce qu'il aurait tacitement accepté le juge de ce lieu[42]. Plusieurs lois sont d'ailleurs inexplicables par l'hypothèse d'un *forum prorogatum*[43] et aucune ne vient la confirmer[44].

(38) Le même, l. c., p. 35-37. — (39) Le même, l. c., p. 23, 27 à 35.

(40) Le même, l. c., p. 47-50. — (41) Le même, l. c., p. 23-27. L'auteur s'appuie sur le D. 5, 1, *de judic.*, L. 19, § 2.

(42) Aussi Bethmann-Hollweg, l. c., p. 36-37, reconnaît-il que, dans l'espèce, la compétence du juge a encore un motif plus profond et plus général que celui d'un *forum prorogatum*. L'action, dit-il, n'est autre chose qu'une demande judiciaire de la chose due; d'où il résulterait que si le payement doit se faire en un endroit convenu, il ne peut être demandé, soit extrajudiciairement, soit judiciairement qu'à cet endroit.

(43) Ainsi l'héritier peut être poursuivi en payement des legs là où se trouvent en majeure partie les biens héréditaires (D. 5, 1, *de judic.*, L. 50-52; C. 3, 17, *ubi fideic. pet.*, L. un.), et l'héritier fidéicommissaire peut être actionné au même endroit en payement des dettes héréditaires (D. 36, 1, *ad sctum Trebell.* L. 68, § 4 (L. 66, § 4, édition Kriegell)). Il ne peut être question ici d'un *forum prorogatum*. Pour Bethmann-Hollweg, l. c., p. 30-35, ces lois sont en effet exceptionnelles. Pour nous, elles s'expliquent parfaitement par la considération que le droit des légataires et des créanciers héréditaires est lésé là où se trouve la majeure partie de la succession.

(44) Le D. 5, 1, *de judic.*, L. 19, § 2, se borne à dire que le débiteur se défend au lieu du contrat, à moins qu'il n'ait été convenu qu'il se défendrait ailleurs.

Enfin 4° on a prétendu que si une dette de droit strict a pour objet un *incertum*, l'action *de eo quod certo loco* est inutile ; l'action naissant de l'obligation de droit strict pourrait être intentée contre le débiteur au lieu de son domicile[45]. Nous pensons que, alors même qu'il s'agissait d'un *incertum*, la rigueur de l'action de droit strict, ne permettait point d'insérer dans l'*intentio* de la formule le lieu convenu pour le payement, et il n'était pas davantage possible d'omettre la mention de ce lieu sans s'exposer à la *plus petitio loco*[46].

§ 8. *Du temps du payement.*

L'époque à laquelle le débiteur est tenu de payer, varie selon que l'obligation est à terme ou bien pure et simple.

I. Si elle est à terme, en général le débiteur ne peut être contraint de payer qu'après l'échéance ; car le terme est régulièrement établi dans son intérêt, *diei adjectio pro reo est:* il a pour but de suspendre l'exigibilité de l'obligation[1]. Le créancier ne peut pas même réclamer le payement le dernier jour du terme ; le débiteur dispose de ce jour tout entier pour faire le payement[2]. Le débiteur est d'ailleurs libre de payer avant l'échéance, puisque chacun peut renoncer à un droit établi en sa faveur[3]. Ces règles cessent avec leur motif si le terme a été établi dans l'intérêt du créancier ou bien des deux parties. Quelqu'un dépose une chose

(45) Bethmann-Hollweg, l. c., p. 45. — Molitor, cité, I, n° 309 i. f. On invoque le D. 5, 1, *de judic.*, L. 43, le D. 12, 1, *de reb. cred.*, L. 22, et le D. 13, 3, *de condict. tritic.*, L. 4.

(46) Le D. 5, 1, *de judic.*, L. 43, prouve seulement que si une dette de droit strict, portant sur un fait de l'homme à prester en un certain endroit (construction d'une maison à Capoue), se résout en dommages et intérêts, ceux-ci peuvent être réclamés par l'action naissant de la dette, soit au lieu du contrat, soit au domicile du débiteur. C'est que les dommages et intérêts sont des choses fongibles payables au lieu de la poursuite.

Quant au D. 12, 1, *de reb. cred.*, L. 22, et au D. 13, 3, *de condict. tritic.*, L. 4, ils ont en vue une *condictio incerti* exercée non pas au domicile du débiteur, mais au lieu convenu pour le payement.

(1) I. 3, 15, *de V. O.*, § 2 initio ; D. 45, 1, *eod.*, L. 41, § 1 i. f.

(2) I. 3, 15, *de V. O.*, § 2 i. f. — (3) D. *h. t.*, L. 70.

pour le terme d'un an; ce délai est fixé à l'avantage du déposant (du créancier), à l'effet de contraindre le dépositaire à garder la chose pendant une année entière. Il s'ensuit que le déposant peut agir en restitution du dépôt avant l'expiration de l'année [4], et que le dépositaire n'a pas le droit de restituer plus tôt [5]. Ou bien quelqu'un place de l'argent à intérêt pour un terme de 5 ans. A raison des intérêts, ce délai a été fixé aussi bien à l'avantage du prêteur que de l'emprunteur; il lui assure le placement de ses fonds pendant 5 ans. En conséquence le prêteur ne peut pas réclamer le remboursement avant 5 ans, et l'emprunteur n'est pas autorisé à rembourser par anticipation, à moins de payer les intérêts jusqu'à l'échéance, auquel cas le prêteur est désintéressé [6].

II. Si l'obligation est pure et simple, le débiteur doit payer à la première demande du créancier [7]. Un prêt d'argent se fait sans que l'on convienne de l'époque de la restitution; le prêteur est libre de réclamer le remboursement à tout instant. Toutefois :

1° L'héritier qui fait inventaire, peut repousser les créanciers de la succession pendant les délais qui lui sont accordés pour la confection de l'inventaire [8].

2° Le débiteur peut être admis par le juge à payer en plusieurs fois, avec des délais modérés; ce sont des délais de grâce [9].

3° Le bénéfice de compétence procure un autre délai de grâce jusqu'à ce que le débiteur ait fait de nouvelles acquisitions [10].

---

(4) D. 16, 3, *depos.*, L. 1, § 45-46.

(5) Cf. D. 31, *de leg. II*, L. 43, § 2, et D. 33, 1, *de ann. leg.*, L. 15.

(6) Le Digeste 45 1, *de V. O.*, L. 122, pr., suppose que, par un contrat conclu à Rome, quelqu'un avait emprunté de l'argent à intérêt, en promettant de le restituer après trois mois dans une province éloignée; les intérêts avaient été payés par anticipation. Quelques jours après le prêt, l'emprunteur offrit de rembourser à Rome le capital emprunté, déduction faite des intérêts payés. Scævola décide qu'il peut être assigné en province après l'échéance. Dans l'espèce, les offres du débiteur étaient doublement défectueuses; elles n'étaient pas faites au lieu convenu, et comme le débiteur déduisait les intérêts du capital, il privait en outre le créancier du bénéfice du terme qui était stipulé à l'avantage des deux parties (Cf. MOLITOR, cité, I, n° 147). — (7) I. 3, 15, *de V. O.*, § 2 initio.

(8) C. 6, 30, *de jure deliber.*, L. 22, § 11. — (9) Cf. ci-dessus § 6, II, 1°.

(10) Cf. ci-dessus § 6, II, 2°.

§ 9. *De la preuve du payement.*

La preuve du payement est soumise à la théorie générale de la preuve. Elle incombe au débiteur; car il se prétend libéré, il oppose une exception à l'action du créancier et tout défendeur doit établir le fondement de ses exceptions [1]. D'autre part, la preuve du payement se fait par les modes ordinaires, par la production d'une quittance, par témoins, etc. [2]. Mais, sous le dernier rapport, il y a lieu de relever les règles suivantes :

1° Une quittance ne fait foi du payement que trente jours après sa date. C'est que le créancier remet souvent une quittance au débiteur, non pas pour constater la réception du payement, mais dans l'attente de celui-ci, comme invitation de payer. C'est seulement après un certain délai, que le droit romain fixe à trente jours, que la possession de la quittance de la part du débiteur prouvera d'une manière certaine le payement; car le créancier qui ne reçoit pas le payement, se fera restituer la quittance [3]. Tant que le délai de trente jours n'est pas expiré, le créancier à qui l'on oppose la quittance, peut forcer le débiteur à prouver le payement d'une autre manière; ce moyen est appelé par nos sources *exceptio non numeratæ pecuniæ*, bien que le créancier ne supporte pas la charge de la preuve [4]. Le créancier a aussi le droit pendant trente jours, soit de répéter la quittance par une *condictio sine causa* [5], soit de perpétuer par une protestation judiciaire son droit de nier le payement [6]. Les quittances délivrées par une autorité publique ne sont pas soumises à ces règles; elles font immédiatement foi, parce qu'elles ne sont jamais données au débiteur qu'après le payement effectué [7].

2° La preuve du payement résulte de ce que le créancier a remis

---

(1) C. *h. t.*, L. 25 initio. — (2) Cf. C. 4, 21, *de fide instrum.*, L. 19.
(3) C. 4, 30, *de non numer. pec.*, L. 14, § 2.
(4) L. 14, § 2, cit. Cette prétendue *exceptio* est d'ailleurs plutôt une *replicatio*.
(5) L. 14, § 4 initio, cit. — (6) L. 14, § 4 i. f., cit.
(7) C. 10, 22, *de apochis publ.*, L. 5 (L. 4, édition Kriegell).

au débiteur le titre de créance[8] ou bien a détruit ou biffé ce titre[9]; dans l'espèce, le créancier s'est dépouillé de la preuve de son droit; dès lors il faut supposer qu'il a été payé. Ce sera naturellement au débiteur d'établir que le créancier a remis, détruit ou biffé le titre. Le créancier peut d'ailleurs combattre la preuve fournie par le débitenr, soit en établissant que la remise du titre de créance n'a pas été volontaire, qu'il y a eu violence[10], soit de toute autre manière[11]. Mais en admettant que la remise du titre ne puisse pas valoir comme preuve du payement, elle vaudra comme remise tacite de dette, à moins qu'elle n'ait pas été volontaire[12].

3° S'il s'agit de prestations périodiques, de payements d'intérêts, de loyers, etc., le payement de trois termes successifs fait présumer le payement des termes antérieurs. Si donc le débiteur établit qu'il a payé les intérêts des années 4, 5 et 6, il sera présumé avoir payé aussi les intérêts des années 1, 2 et 3. Cette présomption est fondée sur la nature des choses; le créancier ne donnera pas des quittances pour les années 4, 5 et 6 sans avoir été payé pour les années précédentes[13].

4° Si une dette est constatée par écrit, la preuve testimoniale du payement exige cinq témoins (au lieu de deux); ainsi le décide une bizarre constitution de Justinien[14],

§ 10. *De l'effet du payement.*

Le payement a pour effet d'éteindre la dette de plein droit[1] et avec tous ses accessoires[2]. Donc les hypothèques qui garantissaient l'obligation, s'éteignent[3], et tous ceux qui y intervenaient

---

(8) Arg. C. *h. t.*, L. 14, L. 15. — (9) Arg. D. 22, 3, *de probat.*, L. 24.

(10) C. *h. t.*, L. 15. — (11) D. 22, 3, *de probat.*, L. 24; cf. C. *h. t.*, L. 14.

(12) D. 2, 14, *de pact.*, L. 2, § 1. — Cf. ci-après T. III, § 229.

(13) C. 10, 22, *de apoch. publ.*, L. 3, et arg. de cette loi. La loi 3 ne statue que pour les contributions publiques, mais comme la présomption qu'elle établit, est des plus naturelles, elle doit être généralisée dans le sens indiqué (WINDSCHEID, II, § 344, 3°. Cf. UNTERHOLZNER, cité, I, § 224, II. Contra SINTENIS, II, § 103, et *Anm.* 93, MOLITOR, cité, II, n° 984 i. f., et MAYNZ, II, § 289 i. f.).

(14) C. 4, 20, *de testib.*, L. 18; cf. Nov. 90, c. 2.

(1) I. 3, 19, *de inutil. stipul.*, § 4, v^is ut liberatio ipso jure contingat.

(2) D. *h. t.*, L. 43 initio. — (3) L. 43 cit.

comme codébiteurs ou cocréanciers solidaires, sont libérés ou bien perdent leur créance(4). Une seule difficulté se présente. Quelqu'un est débiteur d'une autre personne de plusieurs chefs; il lui doit par exemple 2000 fr. *ex mutuo* et 1000 fr. *ex empto*; il lui fait un payement insuffisant pour couvrir ces deux dettes; il ne lui paye que 1500 fr. Sur quelle dette se fera l'imputation du payement? L'intérêt pratique de la question résultera suffisamment de la solution qui lui sera donnée.

1° Tout d'abord c'est au débiteur qu'appartient lors du payement le droit de faire l'imputation comme il le juge convenable; car il est le maître de la chose qu'il paye(5). Ce droit est seulement tempéré par celui du créancier de refuser un payement partiel pour l'une de ses créances(6). Ainsi, dans l'espèce indiquée ci-dessus, le débiteur ne pourrait pas contre le gré du créancier imputer 1000 sur la dette de 2000, et 500 sur la dette de 1000. Voici une application spéciale du même principe. Les deux dettes prémentionnées sont productives d'intérêts; le débiteur ne peut contraindre le créancier à accepter 1000 sur le capital de 1000, et 500 sur le capital de 2000; ce sont là deux imputations partielles, la première comme la seconde; le capital et les intérêts ne forment qu'une seule dette. On comprend l'avantage qu'a le débiteur à imputer les 1500 exclusivement sur les deux capitaux; de cette manière 1500 cesseraient d'être productifs d'intérêts(7).

2° Si le débiteur ne fait pas l'imputation lors du payement, le créancier peut la faire à sa place(8), au même moment(9), notamment dans la quittance. Mais il doit consulter avant tout l'intérêt du débiteur(10). Il est tenu d'imputer d'abord le payement sur les dettes échues, de préférence à celles qui ne le sont pas(11); si toutes les dettes sont également échues ou non échues, il doit faire l'impu-

---

(4) I. 3, 29, *quib. mod. oblig. toll.*, pr. i. f.; I. 3, 16, *de duob. reis*, § 1 i. f.; D. *h. t.*, L. 43. — (5) D. *h. t.*, L. 1 initio; C. *h. t.*, L. 1 initio.

(6) Arg. C. *h. t.*, L. 1 i. f.

(7) L. 1 i. f., cit.; cf. D. *h. t.*, L. 5, § 2 i. f. et 3, L. 6. — VANGEROW, III, § 589, *Anm.*, n° I, 1° i. f. — (8) D. *h. t.*, L. 1, v^{is} Quotiens vero non dicimus.........

(9) D. *h. t.*, L. 1 i. f., L. 2, L. 3, pr. initio.

(10) D. *h. t.*, L. 1, v^{is} Quotiens vero non dicimus........., L. 3, pr. — (11) L. 1 cit.

tation sur la dette la plus onéreuse à raison des intérêts, d'une clause pénale, d'une hypothèque, d'une fidéjussion, etc. [12]. Lorsque le débiteur est désintéressé sous ces deux rapports, le créancier peut imputer le payement sur la dette qui doit se prescrire la première, donc généralement sur la dette la plus ancienne [13]; il peut aussi faire l'imputation de toute autre manière.

3° Si aucune des parties ne fait l'imputation, celle-ci a lieu de plein droit sur les dettes échues [14], puis sur les dettes les plus onéreuses [15], plus subsidiairement sur la dette qui doit se prescrire la première [16], et, toutes choses étant égales, sur les différentes dettes proportionnellement à leur montant respectif; dans l'exemple donné ci-dessus, on imputera 1000 sur la dette de 2000 et 500 sur celle de 1000 [17].

§ 11. *Des droits du débiteur empêché de payer par des circonstances relatives au créancier.*

MÜLLER (F.), *De depositione judiciali juris romani*, Berlin, 1847.

Le débiteur peut vouloir se libérer le plus tôt possible d'une dette qui produit des intérêts onéreux ou bien qui est garantie par une peine sur le point d'être encourue. Le créancier peut empêcher le payement, soit en refusant les offres de payer du débiteur, soit en refusant de procéder à certaines opérations préliminaires au payement, telles que la liquidation de la créance, le compte, la pesée ou le mesurage des marchandises qu'il s'agit de livrer. Le créancier peut encore être absent ou inconnu, par exemple si le créancier originaire est venu à décéder sans laisser d'héritiers connus. Enfin, le créancier peut être un incapable non pourvu du tuteur ou du curateur nécessaires. Dans ces différents cas, le débiteur dispose de deux moyens pour sauvegarder ses intérêts.

(12) Arg. D. *h. t.*, L. 1, L. 4, L. 5, pr., L. 7.
(13) Arg. D. *h. t.*, L. 5, pr. i. f., cf. L. 24, L. 97 i. f. — (14) D. *h. t.*, L. 3, § 1.
(15) D. *h. t.*, L. 4, L. 5, pr., L 97 initio. — (16) D. *h. t.*, L. 24, L. 97 i. f.
(17) D. *h. t.*, L. 8; cf. C. *h. t.*, L. 1 i. f.

I. Il peut constituer le créancier en demeure, en lui faisant des offres qui réunissent toutes les conditions d'un payement valable[1], ou bien si ces offres sont impossibles par des circonstances relatives au créancier, au moyen d'une protestation judiciaire[2]. Nous devons nous référer à la théorie de la demeure pour les conditions précises ainsi que pour les effets de la demeure du créancier[3].

II. Le débiteur peut recourir à un autre moyen beaucoup plus énergique que le précédent, puisqu'il entraîne sa libération : il peut déposer la chose due.

1° La condition fondamentale de la validité de ce dépôt est l'offre de la chose due[4], et cette offre doit elle-même réunir toutes les conditions d'un payement valable, à part l'acceptation du créancier; une telle offre suivie de consignation peut seule être considérée comme l'équivalent d'un payement. L'offre doit donc porter sur la totalité de la dette[5], se faire en un lieu convenable[6], et si un terme a été ajouté à l'obligation dans l'intérêt du créancier, pas avant l'expiration de ce terme[6]. Mais il n'est pas nécessaire que le créancier ait été constitué en demeure par suite des offres; car indépendamment de cette demeure, les offres accompagnées de consignation imitent le payement et doivent en tenir lieu; tel est le cas où le créancier a été empêché d'accepter les offres par des circonstances qui ne lui sont pas imputables. Si des causes relatives au créancier rendent les offres impossibles, par exemple si le créancier refuse de procéder à des opérations indispensables au payement, s'il est absent, inconnu, si c'est un incapable non pourvu de tuteur ou de curateur, le débiteur est admis à remplacer les offres par une protestation judiciciaire; à l'impossible nul n'est tenu[7].

(1) C. 4, 32, *de usur.*, L. 19, pr. (L. 19 initio, édition Kriegell).

(2) C. *eod.*, L. 6 i. f. cbn. avec l'initium; D. 4, 4, *de minor.*, L. 7, § 2, initio; D. 17, 1, *mand.*, L. 56, § 1. — (3) Cf. ci-après T. I, § 20 et 22.

(4) C. 4, 32, *de usur.*, L. 2, L. 19, pr. (L. 19 initio, édition Kriegell).

(5) D. 22, 1, *de usur.*, L. 41, § 1.

(6) D. 46, 3, *de solut.*, L. 39, vis quid enim, si inopportuno tempore vel loco optulerim?

(7) C. 4, 32, *de usur.*, L. 6 i. f. cbn. avec l'initium; D. 4, 4, *de minor.*, L., 7, § 2 initio; D. 17, 1, *mand.*, L. 56, § 1.

2° Il paraît que, dans les premiers siècles de Rome, le débiteur se bornait à déposer dans sa propre maison les espèces offertes, en les plaçant sous cachet [8]. Plus tard le dépôt se fit dans un lieu sacré, temple ou église [9]. Sous Justinien, le débiteur doit déposer dans une église ou à tout autre endroit désigné par le juge compétent pour connaître de l'action en payement [10]. Par la nature même des choses, le dépôt doit être notifié au créancier, pour qu'il lui soit possible de se payer d'une manière effective. Les espèces doivent être mises sous cachet ; de là l'expression de *consignare* et d'*obsignare* [11], ainsi que le terme français de consignation.

3° Le dépôt ainsi effectué vaut payement et en produit tous les effets ; car il réunit tous les caractères d'un payement proprement dit, à part l'acceptation du créancier, laquelle est d'ailleurs remplacée par la consignation [12]. Donc la dette est immédiatement éteinte avec tous ses accessoires ; les intérêts de toute nature cessent de courir [13] ; la peine ne peut plus être encourue ; les hypothèques qui garantissaient la dette, s'éteignent [14] ; les codébiteurs solidaires et les cautions sont libérés et ne peuvent pas plus être poursuivis que le débiteur qui a consigné [15]. Mais le débiteur demeure propriétaire de la chose déposée, puisqu'il n'y a pas eu tradition ; il conserve donc aussi l'action revendicatoire, et en outre peut, comme déposant, exiger du dépositaire la restitution de la chose par l'*actio depositi directa*. Lorsque plus tard le créancier retire les choses déposées, les effets de la consignation deviennent définitifs ; la dette est irrévocablement éteinte avec tous ses accessoires à dater du jour du dépôt. De plus, le créancier qui retire les choses déposées, en devient propriétaire, sur le fondement de la tradition à lui faite par le dépositaire pour compte du

---

(8) Arg. D. 22, 1, *de usur.*, L. 7. — (9) D. 4, 4, *de minor.*, L. 7, § 2 initio.

(10) C. 4, 32, *de usur.*, L. 19, pr. et § 1 (L. 19 initio, édition Kriegell).

(11) C. *eod.*, L. 6, L. 19, pr. (L. 19 initio, édition Kriegell).

(12) C. *h. t.*, L. 9 initio.

(13) D. 22, 1, *de usur.*, L. 7 initio ; C. 4, 32, *eod.*, L. 19, pr. (L. 19 initio, édition Kriegell) ; D. 26, 7, *de admin. tut.*, L. 28, § 1.

(14) C. 4, 32, *de usur.*, L. 19, § 2 (L. 19, édition Kriegel).

(15) Cf. D. 17, 1, *mand.*, L. 56, § 1.

débiteur[16]. Si au contraire le débiteur, comme il en a le droit, reprend la chose déposée, le dépôt est considéré comme non avenu et la dette comme n'ayant jamais été éteinte[17]. Il suit de là que le créancier recouvrera son action contre les codébiteurs solidaires et les cautions, et qu'il pourra de nouveau se prévaloir des hypothèques consenties en sûreté de la dette, soit par le débiteur, soit par des tiers. En effet, le dépôt n'a pas définitivement libéré les cooobligés, ni éteint les hypothèques, pas plus qu'il n'a irrévocablement libéré le débiteur qui a consigné; il ne devait définitivement éteindre la dette avec ses accessoires que si le créancier retirait la chose déposée; dans le cas oontraire il est réputé non avenu[18]. A un point de vue cependant, le retrait fait par le débiteur n'a pas d'effet rétroactif. Le dépôt avait arrêté le cours des intérêts conventionnels ou légaux. Lorsque le débiteur retire la chose déposée, ces intérêts recommencent sans doute à courir, mais seulement à partir de la reprise de la chose; ils demeurent perdus pour toute la durée du dépôt. La raison en est que les intérêts sont essentiellement dus au créancier pour la privation de l'usage de son capital; or, si pendant le dépôt le créancier a été privé de cet usage, c'est par son fait et par conséquent il n'a aucun droit aux intérêts[19].

4° Le dépôt dont il s'agit s'applique principalement à l'argent

(16) Si le dépositaire refuse de remettre la chose au créancier, celui-ci a contre lui l'*actio depositi directa utilis* (C. 4, 32, *de usur.*, L. 19, § 4 (L. 19 i. f., édition Kriegell)); il peut même revendiquer utilement la chose (L. 19, § 4, cit.). Ces actions utiles reposent sur une cession fictive de la part du débiteur qui a déposé.

(17) L. 19, § 4 initio, cit. (L. 19 i. f., édition Kriegell).

(18) En ce sens MOLITOR, cité, II, n° 983 i. f.

(19) Le D. 22, *de usur.*, L. 7 i. f., ne fait courir de nouveau les intérêts qu'à partir de la demeure du débiteur. Mais cette loi se rapporte à l'ancien dépôt, qui se faisait au domicile du débiteur, et ici l'on comprend que la demeure du débiteur fût nécessaire pour que les intérêts recommençassent à courir (MOMMSEN, *Beiträge* III, § 32, et note 3).

Quant aux intérêts moratoires, ils cessent déjà de courir à dater des offres préalables à la consignation; car ces offres purgent la demeure. Après le retrait du dépôt, le débiteur ne doit de nouveaux intérêts moratoires qu'en vertu d'une nouvelle demeure.

monnayé et nos sources n'en parlent guère que sous ce rapport.
Mais on peut déposer encore d'autres choses mobilières susceptibles
d'être aussi facilement gardées que de la monnaie, par exemple des
objets précieux [20]. Il n'en reste pas moins beaucoup de meubles
soustraits au dépôt à raison de la difficulté de la garde [21]. Quant
aux immeubles, on ne les dépose pas davantage [22]. Lorsqu'il s'agit
de choses mobilières dont la consignation est impossible, le débiteur peut prendre trois partis. Il peut d'abord garder la chose et
demander plus tard au créancier en demeure la réparation du dommage causé par cette garde [23]; il obtiendra le remboursement des
impenses légitimes faites à la chose, ou bien encore, dans le
cas d'une dette de vin, le payement de la valeur locative des
barriques contenant le vin refusé, s'il aurait pu utiliser ces barriques pour y mettre son propre vin ou bien pour les donner en
location [24]. En second lieu, il est en droit de vendre la chose de
bonne foi pour compte du créancier [25]. Enfin et surtout, il lui est
permis d'abandonner la chose, de laisser couler le vin par exemple,
après avoir averti le créancier qu'à défaut par lui d'enlever la
chose, celle-ci serait délaissée [26], et après lui avoir accordé un
délai suffisant pour procéder à cet enlèvement [26]. Afin qu'il n'y eût
pas de doute sur la quantité abandonnée, le débiteur devait avoir
soin de faire, devant témoins et lors du délaissement, le compte, la
pesée ou le mesurage des choses abandonnées [27]. Ce droit d'abandon est rigoureusement fondé; le créancier ne peut pas aggraver la
position du débiteur par son fait, lui imposer la garde de la
chose au delà des limites naturelles de l'obligation. Le créancier
prévenu de l'abandon et demeuré inactif ne saurait d'ailleurs se
plaindre de la perte qu'il a lui-même voulue. La prérogative accordée au débiteur n'en a pas moins un caractère exorbitant, et elle a

(20) D. 16, 3, *depos.*, L. 1, § 36 i. f. et 37; Nov. 91, c. 2 initio.
(21) MOMMSEN, *Beiträge* III, § 32, p. 308.
(22) Cf. WINDSCHEID, II, § 347. — Contra MOLITOR, cité, II, nᵒ 983.
(23) D. 33, 6, *de tritico vino vel oleo leg.*, L. 8 i. f.
(24) D. 18, 6, *de P. et C. R. V.*, L. 1, § 3, vⁱˢ ea propter mercedem........ reddatur.
(25) L. 1, § 3, cit., vⁱˢ aut vendere vinum........ — (26) L. 1, § 3 initio, cit.
(27) L. 1, § 4, cit.

paru telle aux jurisconsultes romains, ce qui ne l'empêcha pas d'être admise (28). Le droit de délaisser la chose due s'applique à toute

(28) D. 18, 6, *de P. et C. R. V.*, L. 1, § 3-4. Ulpianus *libro XXVIII ad Sabinum.* L. 1, § 3. « Licet autem venditori vel effundere vinum, si diem ad metiendum
« præstituit nec intra diem admensum est : effundere autem non statim poterit,
« priusquam testando denuntiet emptori, ut aut tollat vinum aut sciat futurum,
« ut vinum effunderetur. Si tamen cum posset effundere, non effudit, laudandus est
« potius : ea propter mercedem quoque doliorum potest exigere, sed ita demum,
« si interfuit ejus inania esse vasa in quibus vinum fuit (veluti si locaturus ea
« fuisset) vel si necesse habuit alia conducere dolia. Commodius est autem con-
« duci vasa nec reddi vinum, nisi quanti conduxerit ab emptore reddatur, aut ven-
« dere vinum bona fide : id est quantum sine ipsius incommodo fieri potest operam
« dare, ut quam minime detrimento sit ea res emptori. »
L. 1, § 4. « Si doliare vinum emeris nec de tradendo eo quicquam convenerit, id
« videri actum, ut ante evacuarentur quam ad vindemiam opera eorum futura sit
« necessaria : quod si non sint evacuata, faciendum, quod veteres putaverunt, per
« corbem venditorem mensuram facere et effundere : veteres enim hoc propter
« mensuram suaserunt, si, quanta mensura esset, non appareat, videlicet ut appa-
« reret, quantum emptori perierit. »
« Au reste, il est même permis au vendeur de verser le vin, s'il a fixé un délai
« pour le mesurage et que celui-ci n'ait pas eu lieu dans ce délai. Toutefois, il ne
« pourra pas le verser immédiatement, avant d'avoir notifié à l'acheteur devant
« témoins d'enlever le vin ou de s'attendre à le voir verser; et si pouvant le verser,
« il ne l'a pas fait, il mérite plutôt des éloges. C'est pourquoi il peut aussi
« réclamer la valeur locative des barriques, mais seulement s'il avait intérêt à
« avoir vides les barriques contenant le vin (par exemple s'il les eût données en
« location), ou bien s'il a dû en prendre d'autres en location. Mais il vaut mieux,
« soit de prendre des futailles en location et de ne livrer le vin qu'après la resti-
« tution du prix de location de la part de l'acheteur, soit de vendre le vin de
« bonne foi, c'est-à-dire de faire en sorte que la vente cause aussi peu de dom-
« mage que possible à l'acheteur, si la chose est faisable sans inconvénient pour
« le vendeur lui-même. »
« Si vous avez acheté du vin en barriques et que rien n'ait été convenu au sujet
« de sa délivrance, l'intention des parties paraît avoir été que les barriques fus-
« sent rendues libres avant qu'on en eût besoin pour les vendanges. Si elles n'ont
« pas été vidées, il y a lieu pour le vendeur, comme le pensèrent les anciens, de
« mesurer le vin et de la verser; car s'il n'apparaît pas combien le vin mesure, les
« anciens conseillèrent de le mesurer parce que l'on sût quelle quantité avait péri
« pour l'acheteur. »
D. *eod.*, L. 13 (L. 12, édition Kriegell). Paulus *libro III Alfeni epitomarum.*
« Lectos emptos ædilis, cum in via publica positi essent, concidit : si traditi
« essent emptori aut per eum stetisset quo minus traderentur, emptoris periculum
« esse placet. »

espèce de choses mobilières, à l'exception de celles qui sont susceptibles de consignation ; car le délaissement supplée précisément à la

« Un édile brisa des lits achetés, parce qu'ils étaient placés sur la voie publique :
« s'ils avaient été livrés à l'acheteur ou bien si celui-ci était en demeure de les
« recevoir, il est admis que le risque est pour lui. »

D. 33, 6. *de tritico vino vel oleo leg.*, L. 8. POMPONIUS *libro VI epistularum.*

« Si heres damnatus sit dare vinum, quod in doliis esset, et per legatarium
« stetit quo minus accipiat, periculose heredem facturum, si id vinum effundet :
« sed legatarium petentem vinum ab herede doli mali exceptione placuit sum-
« moveri, si non præstet id, quod propter moram ejus damnum passus sit
« heres. »

« Si l'héritier a été chargé de donner le vin qui se trouvait en barrique, et que
« le légataire ait été en demeure de le recevoir, l'héritier fera chose dangereuse
« en versant le vin. Mais il a été admis que le légataire qui réclame le vin de
« l'héritier, sera repoussé par l'exception de dol, s'il ne paye pas à l'héritier ce
« que celui-ci a éprouvé de dommage à cause de la demeure du légataire. »

Dans le premier passage, Ulpien s'occupe *ex professo* et en détail du droit de
délaissement appartenant au débiteur, et il est des plus explicites en faveur de
ce droit. Sans doute, vers la fin du § 3, il recommande la prise en location
d'autres barriques aux frais de l'acheteur en demeure, ainsi que la vente du vin
dont l'acheteur refuse de prendre livraison. Mais il n'admet pas moins comme constant, au commencement du § 3, que le vendeur peut verser le vin moyennant
une notification préalable, et il se laisse si peu ébranler par la considération que
le vendeur peut sauvegarder autrement ses intérêts, qu'immédiatement après, au
§ 4, il pose de nouveau le principe du droit d'abandon, en nous apprenant qu'il
était déjà reconnu par les anciens jurisconsultes.

Le même principe sert de base à notre seconde loi (L. 13, *eod.*). Des lits avaient
été vendus ; l'acheteur était en demeure de les recevoir et le vendeur les avait
laissés sur la voie publique. Les trouvant là, un édile municipal, chargé de la
police des chemins publics (D. 43, 10, *de via publ.*, L. un.), les fit briser. Ils ont
péri pour le compte de l'acheteur, décide Paul. Le jurisconsulte regarde donc
comme valable l'abandon des lits de la part du vendeur.

Tout au contraire dans la troisième loi relative à un legs de vin en barrique,
Pomponius répute dangereux pour l'héritier l'abandon du vin que le légataire est
en demeure de recevoir (periculose heredem facturum). Il n'est guère possible
d'entendre ces mots en ce sens que le vendeur supporterait les conséquences de
l'abandon s'il ne l'avait pas fait précéder d'une notification. Non, le jurisconsulte admet que le vendeur qui a fait l'abandon, en supporte purement et simplement les conséquences.

On ne saurait appliquer les deux premiers textes aux obligations de bonne foi
et le troisième aux obligations de droit strict, sinon le droit romain se serait
montré plus rigoureux pour la première catégorie d'obligations que pour la
seconde ! On ne peut pas non plus restreindre les décisions d'Ulpien et de

consignation. C'est sans motif qu'on a voulu le restreindre aux dettes de vin (29).

SECTION II. — DE L'INEXÉCUTION DES OBLIGATIONS.

VON LŒHR, *Theorie der Culpa*, Giessen, 1806, *Beiträge zu der Theorie der Culpa*, Giessen et Darmstadt, 1808, et *Magazin* IV, n° 25, Giessen, 1844.

HASSE (J. CHR.), *Die Culpa des römischen Rechts*, Bonn, 1838, 2de édition publiée après le décès de l'auteur par BETHMANN-HOLLWEG, 1re édition de 1815, et *Zeitschrift für geschichtliche Rechtswissenschaft* IV, n° 5, Berlin, 1818.

§ 12. *Des causes d'inexécution des obligations.*

Les causes d'inexécution des obligations sont au nombre de deux principales, à savoir la faute et le cas fortuit ; l'inexécution de l'obligation est ou bien imputable au débiteur, ou bien elle ne

Paul aux contrats et celle de Pomponius aux legs ; car aucun motif ne milite en faveur de cette distinction. Il faut donc admettre l'antinomie et donner la préférence à l'opinion d'Ulpien. Elle est en effet exposée *ex professo* et d'une manière développée ; elle est de plus représentée comme celle des anciens jurisconsultes romains.

(29) Cette restriction est insoutenable, puisque c'est précisément pour le vin que le Digeste de Justinien contient des lois contradictoires (D. 18, 6, *de P. et C. R. V.*, L. 1, § 3-4 ; D. 33, 6, *de tritico vino vel oleo leg.*, L. 8) ; de plus, le droit d'abandon est consacré pour les lits (D. 18, 6, *de P. et C. R. V.*, L. 13). Qu'importe dès lors que, dans les Basiliques, le fragment du Digeste 18, 6, *de P. et C. R. V.*, L. 1, § 3, soit placé sous une rubrique spéciale : περὶ ἀγορασίας καὶ πρασεως οἴνου ! Les Basiliques ne peuvent détruire l'autorité des Pandectes.

On pourrait dire encore que, dans l'ancienne Rome, le vendeur de vin avait l'habitude de se réserver le droit de faire du vin ce qu'il voulait, s'il n'était pas enlevé avant le 1er octobre qui suivait la vente (CATON, *de re rustica* 148, vis Locus vinis ad kalendas Octobres primas dabitur ; si ante non deportaverit, dominus vino quod volet faciet). Mais le D. 18, 6, *de P. et C. R. V.*, L. 1, § 3-4, ne fonde nullement le droit d'abandon de la chose due sur une clause tacitement sous-entendue comme étant usuelle, et d'autre part la loi 13 *eod.*, admet le délaissement pour les lits.

En ce sens MÜHLENBRUCH, II, § 357, II, 3° et MOMMSEN, *Beiträge* III, § 32, note 10.

Contra MADAI, *Die Lehre von der Mora*, Halle, 1837, § 64, 3°, p. 466-471, et apparemment aussi MOLITOR, cité, II, n° 983 initio.

Cf. WINDSCHEID, II, § 346, 3°, et note 6.

lui est pas imputable. A vrai dire, le dol n'est pas une troisième cause; il rentre dans la faute. Cependant il importe de considérer séparément le dol, la faute proprement dite et le cas fortuit.

I. Il y a dol (*dolus*) lorsque le débiteur manque volontairement à son obligation[1]. Ce qui caractérise donc le dol, c'est la volonté arrêtée du débiteur de ne pas remplir son engagement. D'abord le débiteur a prévu qu'en faisant ou en omettant ce qu'il a fait ou omis, il allait manquer à son obligation; s'il n'a pas prévu ce résultat, évidemment il ne l'a pas voulu. Mais il ne suffit pas qu'il l'ait prévu, il doit l'avoir voulu; il peut l'avoir prévu, sans l'avoir voulu, du moins s'il n'était qu'une conséquence accidentelle de l'action ou de l'omission; car s'il en était une suite nécessaire ou habituelle, il doit avoir voulu le résultat par cela seul qu'il est entré dans ses prévisions. Seront entre autres coupables de dol le dépositaire qui met le feu à la chose déposée dans le but de la détruire, et le mandataire qui, chargé d'acheter une chose, ne l'achète point, pour permettre à un ami d'en faire l'acquisition[2].

II. Il y a faute proprement dite (*culpa*) lorsqu'on ne peut reprocher au débiteur qu'un défaut de soins[3]. Le caractère distinctif de la faute est une simple négligence; le débiteur n'a pas prévu la conséquence de son fait ou de son omission, ou bien s'il l'a prévue, il ne l'a point voulue; mais il n'a pas apporté à l'exécution de son obligation la somme de soins nécessaire. L'antithèse de la faute est donc la diligence. Par suite d'une imprudence du dépositaire, la chose déposée est incendiée; c'est une simple faute[4]. Mais la négligence qui constitue la faute, peut être plus ou moins grave; de là une faute lourde et une faute légère.

(1) D. 17, *mand.*, L. 8, § 9, L. 44.

(2) A la vérité, le D. 17, 1, *mand.*, L. 8, § 10 initio, dit qu'un pareil mandataire ne commet qu'une faute lourde (Voyez encore D. 16, 3, *depos.*, L. 7, pr.). Mais il n'a en vue que l'infamie qui frappait le mandataire coupable de dol; pour que cette infamie fût encourue, on exigeait un dol commis dans une intention méchante ou frauduleuse; or, dans l'espèce, le dol était commis dans un but désintéressé (MOMMSEN, *Beiträge* III, *Beitrag* I, p. 348, note 1)

(3) D. 9, 2, *ad leg. Aquil.*, L. 31, vis culpam autem esse, quod, cum a diligente provideri poterit, non esset provisum.

(4) I. 3, 25, *de societ.*, § 9; D. 50, 17, *de R. J.*, L. 132.

1° La faute lourde consiste à négliger les soins que le père de famille le moins diligent apporte encore à ses affaires ; *lata culpa est non intellegere quod omnes intellegunt*[5]. On prend ici pour point de comparaison un père de famille médiocrement soigneux, d'une diligence inférieure à la diligence ordinaire ; le débiteur qui ne preste pas même les soins d'un pareil homme, est coupable de faute lourde. Par exemple un dépositaire laisse ouverte, la nuit, la porte de sa maison et on lui vole la chose déposée. Ou bien un débiteur apporte dans un cas particulier moins de soins à l'exécution de son obligation qu'à ses propres affaires ; un incendie éclate chez un dépositaire, et celui-ci sauve ses effets personnels, en laissant périr dans les flammes la chose déposée, alors que le sauvetage de celle-ci pouvait se faire d'une manière également commode[6]. Dans ces différents cas, il y a certainement une négligence excessive, mais il n'y a pas dol ; car le débiteur, s'il a prévu la suite de son action ou de son inaction (le vol ou l'incendie de la chose déposée), ne l'a point voulue ; il a pu espérer qu'elle ne se serait pas produite (que la chose déposée ne lui serait pas volée, qu'elle aurait pu être sauvée des flammes). Il faut donc maintenir la distinction du dol et de la faute lourde : quand nos sources disent que la faute lourde est assimilée au dol[7], cette assimilation signifie seulement que tout débiteur répond de la faute lourde aussi bien que du dol[8].

2° La faute légère (*culpa levis* ou simplement *culpa*) consiste à négliger les soins d'un bon père de famille, c'est-à-dire d'un homme d'une diligence ordinaire[9]. Mais tantôt cette responsabilité est appliquée d'une manière absolue, tantôt elle admet un tempérament, en ce sens que le débiteur qui a omis les soins d'un bon père de famille, est excusé s'il a apporté aux affaires d'autrui autant de soins qu'il en apportait habituellement à ses propres affaires

(5) D. 50, 16, *de V. S.*, L. 213, § 2, L. 223, pr. — (6) Cf. D. 16, 3, *depos.*, L. 32.

(7) D. 11, 6, *si mensor*, L. 1, § 1 ; D. 44, 7, *de O. et A.*, L. 1, § 5 i. f. ; D. 50, 16, *de V. S.*, L. 226 ; D. 16, 3, *depos.*, L. 32.

(8) MOMMSEN, *Beiträge* III, *Beitrag* I, p. 354-556.

(9) D. 9, 2, *ad leg. Aquil.*, L. 31, v^{is} culpam autem esse, quod, cum diligente provideri poterit, non esset provisum.

(*diligentia qualem suis rebus adhibere solet*)[10]. Dans le premier cas, pour déterminer si le débiteur est en faute, on prend comme point de comparaison le type abstrait d'un bon père de famille; l'on examine si le débiteur a été aussi soigneux que ce type. Dans le second cas, on s'en rapporte au type-concret du débiteur lui-même, tel qu'il est d'habitude. De là les expressions modernes de faute légère *in abstracto* et de faute légère *in concreto*. Ainsi la faute légère *in concreto* constitue une faute légère avec une excuse. Cette excuse est essentiellement établie dans l'intérêt du débiteur; il ne l'invoquera que si sa diligence habituelle est inférieure à celle d'un bon père de famille; s'il est habituellement plus soigneux, l'excuse n'a pas d'objet. D'autre part, le débiteur tenu de la faute légère *in concreto* répond pleinement de la faute lourde; s'il a négligé les soins les plus ordinaires, il n'est pas admis à soutenir qu'il avait l'habitude d'être d'une négligence grossière; son excuse ne lui profite point[11]. Au reste, c'est au débiteur qui allègue l'excuse, qu'incombe naturellement la charge de la preuve; c'est à lui d'établir son peu de diligence habituelle. Par contre, si un débiteur ne répond que de la faute lourde, c'est au créancier de l'établir; car elle constitue une exception et les exceptions ne se présument point[12]. Il résulte de cet aperçu que la faute légère *in concreto* est distincte de la faute lourde quant à la somme de soins négligés et quant à la preuve. A la vérité il y a faute lourde lorsque, dans un cas particulier, un débiteur soigne moins son obligation que ses propres affaires[13]; mais cette négligence est beaucoup plus grave que celle du débiteur qui n'apporte pas à l'exécution de l'obligation ses soins habituels[14]. Il faut aussi se garder de consi-

(10) I. 3, 25, *de societ.*, § 9 ; D. 17, 2, *pro socio*, L. 72.

(11) D. 24, 3, *sol. matrim.*, L. 24, § 5.

(12) Arg. D. 22, 3, *de probat.*, L. 18, § 1, et D. 16, 3, *depos.*, L. 32. — (13) L. 32 cit.

(14) MOLITOR, cité, I, n°ˢ 204 et 210, identifie la *culpa levis in concreto* et la *culpa lata*. Il voit même (n° 204 i. f.) dans le *rebus suis consuetam diligentiam non adhibere* le seul élément essentiel de la faute lourde; le *non intellegere quod omnes intellegunt* ne serait que secondaire, de telle façon que le fait de laisser ouverte pendant la nuit la porte de sa maison ne formerait pas une faute grave, si pareille négligence était habituelle! Puis l'auteur assimile encore les deux notions prémentionnées au dol.

dérer la *culpa levis in concreto* comme un degré distinct de faute, à côté de la faute lourde et de la faute légère ordinaire, de telle sorte qu'il y aurait trois degrés de fautes. S'il en était ainsi, un débiteur d'une diligence supérieure à celle de la moyenne des hommes serait tenu plus étroitement en vertu de la faute légère *in concreto* qu'en vertu de la faute légère *in abstracto*. Or nos sources représentent toujours la première responsabilité comme une atténuation de la seconde, comme exigeant une somme moindre de soins [15]. Il n'y a donc que deux degrés de faute, la *culpa lata* et la *culpa levis,* sauf que celle-ci comporte parfois un tempérament.

3° D'après la théorie qui a dominé jusqu'au commencement de ce siècle, le droit romain aurait connu, indépendamment de la faute lourde et de la faute légère, une faute très-légère, une *culpa levissima*. Cette faute aurait consisté à omettre les soins d'un très-bon père de famille, d'un *optimus paterfamilias*, c'est-à-dire d'un homme très-diligent. En vertu de cette responsabilité on aurait été tenu des moindres soins, des soins les plus minutieux. On enseignait que si un rapport obligatoire présentait de l'intérêt pour les deux parties, elles répondaient l'une et l'autre de la faute légère; mais que, dans les rapports obligatoires offrant de l'avantage pour une seule partie, celle-ci était tenue de la faute très-légère, tandis que la partie désintéressée était seulement responsable de la faute lourde. Ainsi le donateur, le déposant et le commodataire retirant un avantage exclusif de la convention, auraient été tenus de la faute très-légère [16]. Cette division tripartite des fautes (*culpa lata, culpa levis, culpa levissima*) avait été combattue sans succès par Doneau [17] et par un obscur jurisconsulte français du 18ᵐᵉ siècle, Lebrun [18]. Elle

---

(15) I. 3, 25, *de societ.*, § 9; D. 17, 2, *pro socio*, L. 72; D. 10, 2, *fam. ercisc.*, L. 25, § 16.

(16) Si un dommage injuste avait été causé en dehors d'une obligation préexistante, on soutenait que l'on répondait également de la négligence la plus légère, et à ce point de vue, l'on invoquait le Digeste 9, 2, *ad leg. Aquil.*, L. 44, pr., vᶦˢ In lege Aquilia et levissima culpa venit.

(17) *Commentarii juris civilis* XVII. c. 6-7.

(18) *Essai sur la prestation des fautes, où l'on examine combien les lois romaines en distinguent d'espèces*, Paris, 1764; réimprimé en 1813 avec une dissertation de Pothier.

ne fut renversée qu'au commencement de ce siècle par le travail classique de Hasse sur la théorie de la faute; depuis lors elle n'a plus rencontré de défenseurs. Elle est totalement étrangère au droit romain, qui ne connaît point la faute très-légère. En théorie les lois doivent être faites pour la masse des hommes, et celle-ci ne se compose nullement de pères de famille supérieurs; il s'ensuit qu'exiger du débiteur les soins d'un père de famille supérieur, c'est lui imposer, dans la plupart des cas, une responsabilité qui dépasse ses forces. En matière de contrats une pareille responsabilité est en opposition ouverte avec la volonté des parties. De plus, il est illogique d'admettre que la partie qui retire un avantage du contrat, serait tenue seulement de la faute légère, si le cocontractant y a un intérêt réciproque, et qu'elle serait tenue de la faute très-légère dans le cas où cette réciprocité d'intérêt n'existe point; l'existence ou l'absence d'un intérêt réciproque pour le cocontractant ne doit raisonnablement avoir aucune influence sur la responsabilité du débiteur. En fait l'ancienne théorie imposait au commodataire la responsabilité de la faute très-légère; or il est certain qu'il n'est tenu que de la faute légère[19]. Un seul texte parle de *culpa levissima*[20], mais au point de vue de la loi *Aquilia;* et encore s'agit-il ici de l'omission des soins d'un bon père de famille; une autre loi le prouve[21]; le superlatif *levissima culpa* n'a que la valeur d'un positif, comme il arrive si souvent dans la littérature latine. Il faut en dire autant de l'*exactissima diligentia* exigée du commodataire[22], puisque ailleurs on lui impose seulement la responsabilité de la faute légère[23].

---

(19) D. 18, 6, *de P. et C. R. V.*, L. 3 ; D. 13, 7, *de pignor. act.*, L. 13, § 1. Ces passages assimilent la responsabilité du commodataire à celle du vendeur et du créancier gagiste; or ceux-ci sont, sans contestation, tenus seulement de la faute légère.

(20) D. 9, 2, *ad leg. Aquil.*, L. 44, pr., v^is In lege Aquilia et levissima culpa venit.

(21) D. *eod.*, L. 31, v^is culpam autem esse, quod, cum a *diligente* provideri poterit, non esset provisum. L'*homo diligens* est un homme d'une diligence ordinaire, donc un *bonus paterfamilias.* — (22) D. 44, 7, *de O. et A.*, L. 1, § 4.

(23) D. 18, 6, *de P. et C. R. V.*, L. 3; D. 13, 7, *de pignor. act.*, L. 13, § 1 (Cf. ci-dessus note 19 du présent paragraphe). Aussi cette *exactissima diligentia* est-elle exigée du gérant d'affaires (I. 3, 27, *de obligat. quasi ex contr.*, § 1 i. f.), qui, de l'aveu de tous, n'est tenu que de *culpa levis* (PAUL, I, 4, § 1; C. 2, 18 (19, édition

III. Il y a cas fortuit (*casus, vis major*) lorsque l'inexécution de l'obligation n'est pas imputable au débiteur, ni à son dol, ni à sa faute [24]. Dès lors il ne peut être question de cas fortuit lorsque le débiteur manque à son obligation par suite d'un événement accidentel en lui-même, mais amené par son dol ou par sa faute; ce débiteur est coupable de dol ou de faute, et c'est d'une manière peu exacte que l'on parle ici d'un *casus dolo vel culpa determinatus* [25]. Examinons quelques espèces particulières.

1" Le vol de la chose due est généralement imputable au débiteur; car le plus souvent on prévient le vol en gardant la chose avec les soins d'un bon père de famille [26]. Le vol ne constitue un événement accidentel que lorsqu'il a lieu malgré les soins d'un bon père de famille apportés par le débiteur à la garde de la chose, ce qui sera toujours le cas si le vol a été commis avec violence [27], et se produira parfois aussi à l'occasion d'un vol ordinaire [28].

2° L'incendie de la chose due est tantôt un cas fortuit, tantôt le résultat d'une faute du débiteur. S'il a été provoqué par le feu du ciel, ce sera un pur accident, et il pourra avoir le même caractère en d'autres circonstances [29]. Mais souvent aussi l'incendie de la chose due proviendra d'une négligence du débiteur; ce sera même une faute lourde si le débiteur a sauvé ses propres effets de préférence à la chose due [30].

3° De même la mort de l'animal dû est un événement qui

Kriegell), L. 20, § 1 (L. 20, édition Kriegell). C'est encore dans le même sens que le preneur d'une chose doit se gérer comme un *diligentissimus paterfamilias* (I. 3, 24, *de loc. et cond.*, § 5 i. f.; D. 19, 2, *locati*, L. 25, § 7 i. f.).

(24) D. 13, 6, *commod.*, L. 5, § 4, L. 18, pr. initio.

(25) L. 5, § 4, cit., v^{is} nisi aliqua culpa interveniat, L. 18, pr., cit., v^{is} mortes servorum, quæ sine dolo et culpa ejus accidunt.

(26) D. 18, 6, *de P. et C. R. V.*, L. 15, § 1 (L. 14, § 1, édition Kriegell).

(27) D. 19, 1, *de A. E. et V.*, L. 31, pr.; D. 13, 6, *commod.*, L. 5, § 4 initio, L. 18, pr. initio.

(28) D. 18, 1, *de contr. empt.*, L. 35, § 4 initio; I. 3, 23, *de empt. et vendit.*, § 3" initio (§ 3, édition Kriegell).

(29) Cf. D. 13, 6, *commod.*, L. 5, § 4 i. f., L. 18, pr. initio, et I. 3, 23, *de empt. et vendit.*, § 3 initio. — (30) D. 13, 6, *commod.*, L. 5, § 4 i. f.

sera, d'après les circonstances, accidentel ou imputable au débiteur (31).

4° Il faut en dire autant de la fuite de l'animal (32). Remarquons à ce sujet que s'il s'agit d'animaux qui n'ont pas l'habitude d'être gardés, leur fuite est naturellement accidentelle (33).

IV. La *custodia* ne constitue point une responsabilité spéciale. C'est l'application de la responsabilité générale du débiteur à la garde et à la conservation de la chose due, pour prévenir sa disparition, sa perte matérielle ou sa détérioration (34). Il résulte de là que, pour connaître le degré de soins que comporte la *custodia,* il faut consulter la responsabilité générale du débiteur; cette responsabilité peut être la faute légère *in abstracto* ou *in concreto* ou bien seulement la faute lourde avec le dol; il est aussi possible que par une convention spéciale, le débiteur ait assumé les risques et périls, et il est même censé les assumer tacitement par cela seul qu'étant déjà tenu de plein droit des soins d'un bon père de famille, il se charge encore spécialement de la *custodia* de la chose, sauf qu'il ne supporte pas le vol commis avec violence(35). C'est ainsi que la *custodia* du vendeur et du preneur exige les soins d'un bon père de famille(36); celle de l'associé réclame les mêmes soins dans les limites des habitudes de l'associé (faute légère *in concreto*)(37). Si un vendeur a assumé les risques de la chose, il sera tenu de la *custodia* y compris le cas fortuit(38). Par contre, le dépositaire satisfait à la *custodia,* en s'abstenant d'un dol et de fautes lourdes(39). Cette dernière *custodia* étant très relachée, nos sources disent communément que le dépositaire ne doit pas la *custodia*(40); mais cette dispense de la *custodia* signifie seulement que le dépositaire

---

(31) D. 13, 6, *commod.,* L. 5, § 4 initio, L. 18, pr. initio; I. 3, 23, *de empt. et vendit.,* § 3 initio. — (32) I. *eod.,* § 3 initio (§ 3, édition Kriegell).

(33) D. 13, 6, *commod.,* L. 18, pr. v^{is} fugas servorum qui custodiri non solent.

(34) D 36, 4, *ut in poss. legat.,* L. 5, § 22 i. f. — (35) Cf. ci-après T. I, § 14, II, 1°.

(36) D. 18, 1, *de contr. empt.,* L. 35, § 4 initio; I. 3, 24, *de loc. et cond.,* § 5 i. f.

(37) D. 17, 2, *pro socio,* L. 52, § 3 i. f., cbn. avec L. 72.

(38) I. 3, 23, *de empt. et vendit.,* § 3 initio (§ 3, édition Kriegell ; cf. D. 19, 1, *de A. E. et V.,* L. 31. pr. — (39) D. 44, 7, *de O. et A.,* L. 1, § 5.

(40) GAIUS, III, 207 initio ; I. 4, 1, *de oblig. quæ ex del. nasc.,* § 17 initio.

n'est pas tenu de garder la chose avec les soins d'un bon père de famille.

§ 13. *Règles générales sur la responsabilité du débiteur.*

1° Le débiteur qui a un intérêt à l'obligation, répond de la faute légère *in abstracto:* s'il n'y a aucun intérêt, il ne répond que du dol et de la faute lourde[1]. En conséquence, lorsque les deux parties retirent un avantage du rapport obligatoire, elles sont responsables toutes les deux de la faute légère *in abstracto*[2]. Lorsque l'une d'elles seulement est intéressée au rapport obligatoire, la même responsabilité lui incombe[3]; mais la partie désintéressée ne répond que du dol et de la faute lourde[4]. Cette théorie est rationnelle. Lorsqu'un débiteur retire un profit de l'obligation, il est juste qu'il apporte à son exécution les soins d'un bon père de famille, qu'il se montre aussi diligent que la généralité des hommes. Mais lorsqu'un débiteur n'a aucun intérêt au rapport obligatoire, il serait injuste de le rendre responsable d'une négligence ordinaire; il n'a pas voulu s'imposer une pareille responsabilité à l'occasion d'un simple service; il n'a voulu rendre qu'un service tel quel, et son créancier aurait mauvaise grâce à se plaindre d'une faute ordinaire. C'est par un motif analogue que le donateur ne doit aucune garantie au donataire, ni du chef d'éviction, ni pour vices cachés; il n'a voulu transférer que la chose telle quelle[5]. Tout ce que l'on peut exiger d'un débiteur qui ne profite pas du rapport obligatoire, c'est qu'il s'abstienne d'un dol et de fautes lourdes. Les règles énoncées s'appliquent d'ailleurs aux obligations d'un corps certain et aux obligations génériques. Mais pour ces dernières il est évident qu'il ne peut être question de faute quant à l'objet de l'obligation; on ne peut pas apporter des soins à un genre; celui-ci ne peut périr, ni par la faute du débiteur, ni accidentellement. Mais il

---

(1) D. 13, 6, *commod.*, L. 5, § 2 ; D. 30, *de leg. I*, L. 108, § 12.
(2) D. 13, 6, *commod.*, L. 5, § 2 i. f.; D. 30, *de leg. I*, L. 108, § 12 i. f.
(3) D. 13, 6, *commod.*, L. 5, § 3 initio.
(4) L. 5, § 2 initio, cit. ; D. 30, *de leg. I*, L. 108, § 12.
(5) Cf. ci-après T. II, § 105, I, 1°, et § 107, I, 1°.

est possible que le débiteur soit en faute quant au lieu et au temps du payement. De plus, s'il a droit à une prestation réciproque, on comprend qu'il soit en demeure de la recevoir; par exemple l'acheteur, qui est débiteur d'un genre, peut être en demeure de recevoir la chose vendue. Enfin, le débiteur qui est créancier réciproque, sera parfois obligé de restituer la chose reçue; par exemple l'acheteur devra rendre la chose vendue dont il a obtenu la rédhibition pour vices cachés. A tous ces points de vue, le débiteur générique a la même responsabilité que le débiteur d'un corps certain.

2° Conformément aux principes que nous venons d'indiquer, les deux parties répondent de la faute légère *in abstracto* dans la vente[6], le louage[¹], le contrat emphytéotique et l'échange. Par contre, le donateur est seulement tenu de la faute lourde et du dol[7], tandis que le donataire est tenu de la faute légère ordinaire. De même le déposant répond de toute faute, le dépositaire de la faute lourde seulement[8]. Quant à la personne chargée d'un legs, elle est tenue de la faute légère ou de la faute lourde, selon que, le legs étant exécuté, elle retire ou non un avantage du testament[9]. Dans le contrat de gage, la responsabilité du créancier gagiste s'étend évidemment à la faute légère. En ce qui concerne celui qui constitue le gage, il faut voir si c'est le débiteur ou un tiers. Le débiteur répond de toute faute; car c'est le contrat de gage qui détermine le créancier à contracter l'obligation principale, à prêter par exemple, ou du moins à accorder au débiteur des conditions plus avantageuses, une échéance plus reculée, un taux d'intérêts plus modéré, etc.; le débiteur retire donc un profit de la constitution du gage[10]. On ne peut pas en dire autant de celui qui constitue un gage pour la dette d'autrui; aussi ne répond-il que de la faute lourde. Enfin, dans le commodat, le commodant n'est généralement tenu que de la faute lourde; le contrat étant essentiellement gra-

---

(6) D. 13, 6, *commod.*, L. 5, §. 2 i. f. — (7) D. 39, 5, *de donat.*, L. 18, § 3.
(8) D. 13, 6, *commod.*, L. 5, § 2 initio; I. 3, 14, *quib. mod. re contr. oblig.*, § 3.
(9) D. 30, *de leg. I*, L. 108, § 12, L. 47; § 5.
(10) D. 13, 6, *commo l.*, L. 5, § 2 i. f.; I. 3, 14, *quib. mod. re contr. oblig.*, § 4.

tuit, le commodant n'a droit à aucun prix et le plus souvent il n'a pas non plus d'autre avantage ; seul le commodataire doit les soins d'un bon père de famille [11]. Mais il arrive que le prêt à usage est avantageux pour les deux contractants ; par exemple je prête mon cheval à un amateur pour qu'il le dresse, je prête ma vaisselle à un ami pour l'aider à recevoir des connaissances communes ; alors les contractants apparaissent comme des quasi-associés, et à l'instar des associés, ils répondent de la faute légère *in concreto* [12]. Parfois même le commodant est l'unique intéressé ; tel est le cas où je prête mon cheval à un ami pour qu'il adresse, ce qu'il accepte de faire par pure complaisance pour moi [13] ; ici, par un renversement de la responsabilité normale dans le commodat, le commodant est tenu de toute faute, et le commodataire de la faute lourde seulement [14].

§ 14. *Modifications de la responsabilité ordinaire du débiteur.*

I. Les règles exposées dans le paragraphe précédent admettent plusieurs exceptions :

1° D'après le droit commun, le mandataire, le gérant d'affaires, le tuteur et le curateur ne devraient répondre que de la faute lourde ; car leur gestion est gratuite. Mais il n'en est pas ainsi ; le mandataire est tenu de toute faute. Pourquoi? On peut dire que la gestion des affaires d'autrui est d'une importance capitale ; elle suppose une confiance illimitée ; lorsqu'on confie à quelqu'un le soin d'une affaire, on compte sur toute la diligence, sur toute la prudence d'un bon père de famille [1]. Le gérant d'affaires a la même responsabilité, pour un motif analogue [2] ; toutefois, s'il est

(11) I. 3, 14, *quib. mod. re contr. oblig.*, § 2, vis At is qui utendum..........; D. 13, 6, *commod.*, L. 18, pr. initio. (12) L. 18, pr., cit., vis At si utriusque...........
(13) Ou bien, dit le D. 13, 6, *commod.*, L. 5, § 10, quelqu'un prête des ornements à sa fiancée ou à sa femme, non pas dans l'intérêt de celle-ci, mais exclusivement dans le sien « quo honestius culta ad se deduceretur ». — (14) L. 5, § 10, cit.
(1) D. 50, 17, *de R. J.*, L. 23 initio ; C. 4, 35, *mand.*, L. 11, L. 13.
(2) D. 50, 17, *de R. J.*, L. 23 initio ; Paul, I, 4, § 1 ; C. 2, 18 (19, édition Kriegell), *de neg. gest.*, L. 20, § 1 (L. 20, édition Kriegell) ; I. 3, 27, *de oblig. quasi ex contr.*, § 1 i. f.

uniquement intervenu pour éviter une perte au maître, par exemple s'il a réparé une maison qui menaçait ruine, sa responsabilité se réduit à la faute lourde; c'est une disposition d'équité[3]. Quant aux tuteur et curateur, ils répondent de la faute légère *in concreto;* la tutelle et la curatelle sont en effet à un degré éminent des charges de confiance; si on se montre plus indulgent que pour le mandataire, c'est que les fonctions de tuteur et de curateur sont obligatoires [4].

2° Les associés devraient être tenus de toute faute, de même que le mari dans l'administration de la dot, de la contre-dot (*donatio propter nuptias*) et des biens paraphernaux de la femme, ainsi que les communistes entre lesquels une chose est commune en dehors d'un contrat de société (communauté accidentelle); à cette dernière catégorie appartiennent les cohéritiers. Tous ces débiteurs retirent un profit de l'obligation. Cependant ils ne sont responsables que de la faute légère *in concreto* [5]. Pour les associés le motif principal de cette responsabilité exceptionnelle est que la société est d'une nature telle que tous ses membres sont personnellement intéressés à une bonne gestion; si donc l'un d'eux se montre aussi soigneux qu'il l'est d'habitude dans ses propres affaires, sans s'élever précisément jusqu'aux soins d'un bon père de famille, il faut supposer qu'il est incapable de prester ces soins; les exiger de lui, serait lui imposer une charge au-dessus de ses forces; ce qui serait injuste, d'autant plus que, d'après le point de vue romain, il règne entre associés une sorte de fraternité[6]. On peut dire encore que si un associé est d'une diligence inférieure à celle de la moyenne

(3) D 3, 5, *de neg. gest* , L. 3, § 9. Si le gérant entreprend des opérations hasardeuses auxquelles le maître ne se livrait point, il en supporte les risques (D. *eod.*, L. 10 (L. 11, édition Kriegell)). Mais dans l'espèce il y a faute; c'est un *casus culpa determinatus.*

(4) D. 50, 17, *de R. J.*, L. 23 initio; D. 27, 3, *de tut. act.*, L. 1, pr., et arg. de ce texte.

(5) I. 3, 25, *de societ.*, § 9; D. 17, 2, *pro socio*, L. 72. — D. 23, 3, *de jure dot.*, L. 11, pr.; Arg. C. 5, 3, *de donat. ante nupt.*, L. 20, § 2 (pr. initio, édition Kriegell), v^{is} quæ (scilicet donatio propter nuptias) quasi antipherna possit intellegi; C. 5, 14, *de pact. conv.*, L. 11, § 4 (L. 11 i. f., édition Kriegell). — D. 10, 2, *fam. ercisc.*, L. 25, § 16. — (6) D. 17, 2, *pro socio*, L. 63, pr. i. f.

des hommes, le contrat de société a dû avoir égard à cette circonstance lors de la fixation des parts sociales; ses coassociés sont donc indemnisés d'avance de sa médiocre diligence. Nos sources invoquent cette considération que celui qui a pris comme associé un homme peu soigneux, doit s'imputer à lui-même de ne pas avoir fait un meilleur choix [7]; le motif prouve trop; on pourrait l'invoquer dans tous les contrats pour abaisser la responsabilité du débiteur à la faute légère *in concreto* [8]. En ce qui concerne le mari et les communistes accidentels, eux aussi sont intéressés à une bonne administration; s'ils gèrent médiocrement bien, c'est qu'ils ne peuvent mieux faire, et dès lors ce serait leur demander l'impossible que de les soumettre d'une manière absolue aux soins d'un bon père de famille.

3° Enfin le précariste, c'est-à-dire celui qui a obtenu l'usage d'une chose à titre précaire, est seulement responsable de la faute lourde, bien qu'il retire un avantage exclusif du contrat [9]. C'est que, pendant des siècles, le précaire ne constitua pas un contrat à Rome; c'était un simple état de fait; le précariste n'était pas civilement obligé de restituer; on comprend que dans ce système le précariste ne fût pas tenu d'une faute ordinaire [10] Sous l'empire le précaire devint un contrat obligeant civilement le précariste [10]; mais, par suite d'une réminiscence historique, le rapport obligatoire auquel il donne naissance, est très-affaibli; le précariste n'est pas soumis aux règles rigoureuses du droit, notamment au point de vue de la prestation des fautes [11].

On cite encore une autre exception. Dans le cas du contrat verbal de stipulation, le débiteur serait seulement tenu de la faute consistant en un acte positif, de la *culpa in faciendo*, et non de la

---

(7) I. 3, 25, *de societ.*, § 9 i. f.; D. 17, 2, *pro socio*, L. 72 i. f.

(8) Les Institutes de Justinien (3, 14, *quib. mod. re contr. oblig.*, § 3 i. f.) usent du même argument pour justifier la responsabilité du dépositaire, lequel n'est tenu que de la faute lourde.

(9) D. 50, 17, *de R. J.*, L. 23 initio; D. 43, 26, *de prec.*, L. 8, § 3.

(10) Cf. ci-après T. II, § 81.

(11) Cum totum, dit Ulpien (D. 43, 26, *de prec.*, L. 8, § 3), ex liberalitate descendat ejus qui precario concessit. — Cf. ci-après T. III, § 152.

faute par omission, de la *culpa in non faciendo;* le fait de laisser mourir l'animal promis ou bien de le laisser succomber à une maladie ne serait pas imputable au débiteur par stipulation. L'on s'appuie sur une décision de Paul[12]. Nous repoussons ce système. La distinction qu'on établit, est complètement insoutenable en théorie, et plusieurs textes admettent d'une manière générale que celui qui a promis une chose par stipulation, est responsable de sa faute[13]. Quant à la décision de Paul, elle peut s'expliquer par la conception de la formule de l'*actio ex stipulatu* à l'époque classique[14]; elle doit être considérée comme dépourvue de valeur pratique dans le nouveau droit romain[15]. Conformément au prin-

[12] D. 45, 1, *de V. O.*, L. 91, pr. PAULUS *libro XVII ad l'Iautium.*

« Si servum stipulatus fuero et nulla mora intercedente servus decesserit : si « quidem occidat eum promissor, expeditum est. Sin autem neglegat infirmum, « an teneri debeat promissor, considerantibus, utrum, quemadmodum in vindi- « catione hominis, si neglectus a possessore fuerit, culpæ hujus nomine tenetur « possessor, ita et cum dari promisit, an culpa, quod ad stipulationem attinet, in « faciendo accipienda sit, non in non faciendo ? quod magis probandum est, quia « qui dari promisit, ad dandum, non faciendum tenetur. »

« Lorsque j'ai stipulé un esclave et que celui-ci est mort, sans qu'il y ait eu « demeure, si le promettant l'a tué, la question est claire. Mais s'il l'a négligé « dans une maladie, est-ce qu'il est tenu ? Faudra-t-il dire que celui qui a promis « de donner l'esclave, demeure obligé, de même qu'à la revendication d'un esclave, « si celui-ci a été négligé par le possesseur, le possesseur répond de cette faute, ou « bien, lorsqu'il s'agit de la stipulation, la faute doit-elle consister dans un fait « positif et non dans une omission ? C'est la dernière règle qui doit être admise, « parce que celui qui a promis de donner, est obligé à donner et non à faire. »

[13] D. 45, 1, *de V. O.*, L. 51. « Is qui alienum servum promisit, perducto eo « ad libertatem ex stipulatu actione non tenetur : sufficit enim, si dolo culpave « careat. »

Voyez encore le D. *eod.*, L. 37, et le D. 46, 3, *de solut.*, L. 107 initio.

D'ailleurs Paul lui-même, dans la loi 91, pr. initio, citée, admet la pleine responsabilité du débiteur en vertu d'une stipulation s'il a été constitué en demeure; or la demeure n'est autre chose qu'une *culpa in non faciendo.*

[14] En ce sens BETHMANN-HOLLWEG, *Anhang IV au traité de Hasse*, p. 559, note 1. Il n'est pas même constant que l'opinion de Paul fût universellement acceptée par ses contemporains; la loi 91, pr., cit., tend à prouver le contraire.

[15] Voyez en ce sens BETHMANN-HOLLWEG, *Anhang IV au traité de Hasse*, p. 559, note 1, et MAYNZ, II, § 246, et note 19.

Contra HASSE, cité, § 34 initio, et WINDSCHEID, II, § 265, note 13. HASSE, § 35 initio et 96, 6°, étend même le système de la loi 91, pr., citée, à toutes

cipe général sur la prestation des fautes, le débiteur en vertu d'une stipulation répond de la faute légère *in abstracto* ou seulement de la faute lourde, selon qu'il retire ou non un avantage du rapport obligatoire qui a été revêtu de la forme de la stipulation. Que si ce rapport obligatoire comporte une responsabilité exceptionnelle, cette responsabilité sera aussi exigée dans la stipulation. C'est ainsi que le donateur qui a promis par stipulation, n'est tenu que de la faute lourde(16), et le mari qui a promis par stipulation de restituer la dot, répond seulement de la faute légère *in concreto* (17).

II. D'un autre côté la responsabilité du débiteur, telle qu'elle

les obligations qui ont pour objet une dation et à celles qui sont de droit strict. Cette extension est absolument impossible. La décision de Paul est des plus anormales et partant n'admet pas d'extension analogique, peu importe que le jurisconsulte fonde sa décision relative à la stipulation sur ce que *« qui dari promisit, ad dandum, non faciendum tenetur »*; le motif allégué à l'appui d'une disposition législative ne saurait nous lier, et surtout dant l'espèce il ne saurait justifier l'extension analogique d'une disposition exceptionnelle (Cf. Maynz, II, § 174, III). — (16) Arg. D. 39, 5, *de donat.*, L. 18, § 3.

(17) Arg. D. 23, 3, *de jure dot.*, L. 17, pr. — En ce sens Maynz, II, § 173, Observation 2, n° 2. Contra Betmann-Hollweg, *Anhang IV au traité de Hasse*, p. 557-563, d'après lequel le débiteur en vertu d'une stipulation répond toujours de *culpa levis*. Maynz, II, § 173, Observation 2, n° 2, enseigne que, à l'époque classique, les règles sur la prestation des fautes n'étaient pas en général appliquées à la stipulation; elles ne l'auraient été d'une manière pleine et entière qu'après la disparition de la procédure formulaire. Il ne nous paraît guère possible que, pendant des siècles, on ait admis à Rome que le débiteur en vertu d'une stipulation ne serait pas responsable de sa faute. La nature de la *condictio certi* ne s'y opposait point, puisque Maynz, II, § 173, note 39 et 40, reconnaît que, déjà du temps des jurisconsultes classiques, on tenait compte de la faute du débiteur dans la *condictio certi ex testameno* (D. 30, *de leg. I*, L. 108, § 11), et que, d'une façon générale, dans les *condictiones certi* on avait égard à la perte accidentelle de la chose, arrivée après la demeure du débiteur, donc par sa faute (D. 12, 1, *de reb. cred.*, L. 5). Aucun texte ne confirme au reste, pour la période classique, l'irresponsabilité du débiteur en vertu d'une stipulation. Plusieurs lois sont même conçues en sens opposé (D. 45, 1, *de V. O.*, L. 37, L. 151; D. 46, 3, *de solut.*, L. 107 initio). Nous pensons avec Bethman-Hollweg, *Anhang IV au traité de Hasse*, p. 553-579, surtout p. 557-573, que la prestation des fautes fut admise immédiatement pour la stipulation, comme elle le fut, en principe du moins, pour les autres rapports obligatoires.

résulte des différentes règles prémentionnées, peut être modifiée par des conventions spéciales (18). Il est loisible aux parties d'étendre ou de restreindre la responsabilité ordinaire (19); le vendeur par exemple peut assumer les risques et périls de la chose vendue ou bien, en sens contraire, stipuler qu'il ne répondra que de son dol ; le dépositaire peut s'engager à répondre de sa faute légère, voire même à supporter le cas fortuit (20). Ces conventions ont souvent lieu d'une manière tacite, et principalement dans les cas suivants :

1° Lorsque le débiteur se charge spécialement de la garde (*custodia*) de la chose due, sa responsabilité s'élève d'un degré : elle est portée de la faute légère au cas fortuit ou bien de la faute lourde à la faute légère. C'est le seul moyen de faire produire un effet à la convention des parties; si on n'admettait pas cette interprétation de la clause relative à la *custodia*, elle serait complètement inutile. En conséquence, le vendeur qui assume la garde de la chose, supportera les risques et périls (21) et le dépositaire qui s'engage à garder la chose déposée, sera tenu de la faute légère (22). Toutefois, le débiteur qui répond de plein droit de la faute légère et qui se charge encore de la garde de la chose, ne supportera pas le vol avec violence; car la clause relative à la *custodia* produit déjà suffisamment d'effet sous d'autres rapports et partant il n'y avait pas lieu de l'étendre à la violence (23). — On suit les mêmes règles lorsque le débiteur s'offre spontanément à l'obligation ; il s'engage virtuellement par là à garder la chose due. Je m'offre à

(18) D. 50, 17, *de R. J.*, L. 23, v^{is} Sed hæc ita........ contractus dedit ; D. 13, 6, *commod.*, L. 5, § 2, v^{is} aut si hoc........ penes quem deponitur.

(19) D. 50, 17, *de R. J.*, L. 23, v^{is} vel plus vel minus.

(20) D. 16, 3, *depos.*, L. 1, § 6; D. 13, 6, *commod.*, L. 5, § 2, v^{is} aut si hoc........ penes quem deponitur.

(21) I. 3, 23, *de empt. et vendit.*, 3ª initio (§ 3, édition Kriegell).

(22) Arg. D. 16, 3, *depos.*, L. 1, § 35 i. f.

(23 Arg. D. 19, 1, *de A. E. et V.*, L. 31, pr. Dans ce passage Neratius se fonde sur le motif que la garde ne peut pas grand'chose contre la violence : quia custodia adversus vim parum proficit. Cette raison n'est pas concluante ; on pourrait dire aussi d'une manière générale : *adversus* casum *custodia parum proficit*, ce qui prouverait contre la règle elle-même qui oblige le vendeur à supporter les risques et périls, lorsqu'il a assumé la garde de la chose vendue.

l'effet de vendre une pierre précieuse à vous appartenant; je supporterai le risque de la chose, tandis que, si je ne m'étais pas offert, je n'aurais été tenu que de la faute légère [24]; mais la violence sera pour le compte du maître [25]. Ainsi encore le dépositaire qui se présente au déposant à l'effet de recevoir le dépôt, répondra de la faute légère [26].

2° En principe, le débiteur qui doit restituer une chose reçue sur estimation, ne s'engage pas pour cela à en supporter le risque; l'estimation peut avoir bien d'autres buts que celui d'imposer au débiteur le *periculum* de la chose due [27]. Pour qu'elle ait ce dernier but, il faut qu'il résulte des circonstances que l'intention des parties a été d'obliger le débiteur à rendre d'une manière absolue une valeur égale à l'estimation, en nature ou en argent [28]. Et il faudra évidemment s'arrêter à cette interprétation, s'il est impossible d'attribuer une autre portée à l'estimation. Supposons que le bailleur d'un bien rural ait remis sur estimation à son fermier les objets nécessaires à l'exploitation de la ferme (*instrumentum fundi*); alors même qu'il n'y aurait pas vente des objets estimés [29], le fermier supportera les diminutions accidentelles de valeur, comme il profite des augmentations [30].

[24] D. 19, 5, *de præscr. verb.*, L. 17, § 1.

[25] Arg. D. 19, 1, *de A. E. et V.*, L. 31, pr. — [26] D. 16, 3, *depos.*, L. 1, § 35 i. f.

[27] Elle peut impliquer la vente de la chose pour le montant de l'estimation, et alors la dette ne porte plus sur la chose estimée, mais sur l'estimation, qui est due comme prix de vente (D. 19, 2, *locati*, L. 3; C. 5, 12, *de jure dot.*, L. 1, § 1 (L. 1, édition Kriegell), L. 5, L. 10). Elle peut tendre à fixer le montant des dommages et intérêts à payer par le débiteur, dans le cas de faute (C. *eod.*, L. 21). Elle peut encore avoir but de déterminer la valeur d'un apport social au point de vue du partage du bénéfice ou de la perte et quant aux dommages et intérêts qui pourraient être dus (D. 17, 2, *pro socio*, L. 52, § 3). Sans doute, dans le premier cas, le débiteur supportera le *periculum* de la chose estimée (C. 5, 12, *de jure dot.*, L. 10); mais ce sera comme acheteur ou propriétaire et nullement comme débiteur; il est débiteur d'une somme d'argent et non de la chose estimée.

[28] Cf. D. 13, 6, *commod.*, L. 5, § 3 i. f. Dans l'espèce de ce passage, le commodataire avait reçu la chose sur estimation, et il s'était engagé à payer l'estimation (æstimationem se præstaturum recepit). Ulpien décide qu'il supporte le *periculum.*

[29] Cf. D. 19, 2, *locati*, L. 3.

[30] D. *eod.*, L. 54, § 2. — Cf. ci-après T. II, § 132, 1°. — Voyez sur les effets de l'estimation MAYNZ, II, § 173, et note 25.

Une seule convention est prohibée en cette matière; il n'est pas permis de stipuler qu'on ne répondra pas de son dol (*pactum ne dolus præstetur*); une telle stipulation est immorale; elle favorise le dol (31). Mais le créancier peut renoncer aux dommages et intérêts qui lui sont dus à raison d'un dol déjà commis; il n'y a alors qu'une simple renonciation à un droit acquis, et non un encouragement du dol (32).

Le débiteur peut-il stipuler valablement qu'il ne sera pas tenu de la faute lourde, tout en demeurant responsable de son dol? La question se présente entre autres pour le dépositaire. Elle doit être résolue affirmativement. En effet, la faute lourde ne constituant qu'une négligence et non un dol, nous ne voyons aucun motif de ne pas reconnaître la convention prémentionnée. Et qu'on n'objecte point que la faute lourde est assimilée au dol; cette assimilation n'a pas pour but d'identifier des notions distinctes; elle signifie uniquement que, par la nature de l'obligation, tout débiteur répond de la faute lourde comme du dol (33).

(31) D. 50, 17, *de R. J.*, L. 23, v^is excepto eo........ et ita utimur; D. 2, 14, *de pact.*, L. 27, § 4 initio; D. 13, 6, *commod.*, L. 17, pr. ; D. 16, 3, *depos.*, L. 1, § 7 et 10 i. f.

(32) D. 2, 14, *de pact.*, L. 27, § 4, v^is sed post admissa hæc pacisci possumus ; C. 2, 4, *de transact.*, L. 34 (L. 33, édition Kriegell).

(33) Cf. ci-dessus § 12, II, 1° i. f. C'est par cette distinction entre le dol et la faute lourde que nous rendons aisément compte de deux passages des Pandectes qui ont été l'objet d'explications de toute nature.

D. 2, 14, *de pact.*, L. 7, § 15. « Sed et si quis paciscatur, ne depositi agat, « secundum Pomponium valet pactum. »

D. *eod.*, L. 27, § 3. « Illud nulla pactione effici potest, ne dolus præstetur : « quamvis si quis paciscatur ne depositi agat, vi ipsa id pactus videatur, ne de « dolo agat : quod pactum proderit. »

Le *pactum ne depositi agat* implique qu'on ne répondra ni de son dol ni de sa faute lourde; sous le premier rapport il est nul; sous le second, il est valable. Il est vrai que nous introduisons dans les lois précitées une distinction qui n'y est pas indiquée; mais c'est le seul moyen d'écarter, soit une antinomie avec d'autres lois condamnant positivement le *pactum ne dolus præstetur*, soit une exception injustifiable pour le cas de dépôt. Nous avons suivi ici l'opinion de M. Haus, notre éminent prédécesseur dans la chaire de Pandectes de l'Université de Gand (Cf. Hasse, cité, § 60, note 1, et Maynz, II § 173, note 22). D'après Hasse, cité, § 60, il ne serait pas permis au débiteur de stipuler qu'il ne répondra pas de la faute lourde.

§ 15. *De la preuve.*

En général, le débiteur est tenu d'établir que l'inexécution de
l'obligation ne lui est pas imputable ; car en soutenant qu'il a apporté
à son obligation la somme de soins nécessaire, il se prétend libéré ;
il oppose une exception et le défendeur doit prouver ses exceptions [1].
Notamment le vendeur qui soutient que la chose vendue a péri accidentellement, est tenu d'établir le cas fortuit. De même l'associé doit
justifier de l'accident qu'il invoque, ou tout au moins établir qu'il
n'était pas d'habitude plus diligent dans ses propres affaires. La
règle énoncée cesse lorsque le débiteur n'est responsable que du dol
et de la faute lourde ou bien de son dol seulement; ici c'est le
créancier qui supporte la charge de la preuve ; en effet le dol et la
faute lourde sont des exceptions et partant ne sauraient se présumer [2]. Dans le cas d'un dépôt, ce sera donc au déposant d'établir
le dol ou la faute lourde du dépositaire [3].

§ 16. *Effets de l'inexécution coupable de l'obligation.*

Schœmann, *Lehre vom Schadenersatz*, 2 vol., Giessen, 1807.

Hænel, *Versuch einer kurzen und fasslichen Darstellung der Lehre vom Schadenersatz, nach heutigem römischen Rechte*, Leipzig, 1823.

von Wening-Ingenheim (junior), *Die Lehre vom Schadensersatze nach römischem
Rechte*, Heidelberg, 1841.

Cohnfeldt, *Die Lehre vom Interesse nach römischem Recht*, Leipzig, 1865.

I. Principes fondamentaux. A) Lorsque l'obligation est inexécutée par une circonstance imputable au débiteur, il faut, en ce qui
concerne les effets de cette inexécution, poser le principe général
que le débiteur doit réparer tout le dommage que l'inexécution de
l'obligation a causé au créancier [1]. Les dommages et intérêts
représentent la moins-value du patrimoine du créancier à cause de

§ 15—(1) C. 4, 24, *de act. pignor.*, L. 5.
(2) D. 22, 3, *de probat.*, L. 18, § 1, et arg. D. 16, 3, *depos.*, L. 32.
(3) Hasse, cité, § 57. — Molitor, cité, I, n° 213. — Cf. Maynz, II, § 173 i. f.
§ 16—(1) D. 19, 1, *de A. E. et V.*, L. 1, pr.

l'inexécution de l'obligation ; ils constituent le déficit du patrimoine du créancier par suite de cette inexécution. Cette idée les Romains la rendent d'une manière très-expressive par les mots *id quod inter-est*, ou *quanti mea interest* [2]. Ils emploient aussi les termes *quanti ea res est* [3] ou *utilitas* [3]. Toutefois, l'expression *quanti ea res est* sert souvent à désigner exclusivement la valeur de la chose due [4]. Ainsi, l'obligation de réparer le dommage causé par l'inexécution de l'obligation est tout à fait générale :

1° Il n'y a pas lieu de distinguer entre un dommage direct et un dommage indirect, c'est-à-dire entre le préjudice qui résulte immédiatement de l'inexécution de l'obligation, et celui qui n'en est qu'une conséquence médiate. Non seulement cette distinction n'est pas précise et partant elle est inapplicable dans la pratique, mais elle est arbitraire ; il n'existe en effet aucun motif de restreindre la responsabilité du débiteur au dommage direct et de l'exclure quant au dommage indirect, lorsque celui-ci a été réellement causé par l'inexécution de l'obligation. Il n'est pas plus rationnel de tenir compte du dommage indirect lorsque le débiteur a été de mauvaise foi et de le négliger dans le cas de bonne foi du débiteur. La distinction entre le dol et la faute du débiteur sert, jusqu'à un certain point, à déterminer si le débiteur est ou non responsable de l'inexécution de l'obligation, d'après les règles ci-dessus exposées sur la prestation des fautes ; mais du moment qu'en vertu de ces règles, le débiteur est reconnu responsable de l'inexécution de l'obligation, il doit réparer tout le préjudice qui en est résulté pour le créancier, ce préjudice fût-il seulement indirect et malgré sa bonne foi [5]. Telle est la doctrine romaine [6].

(2) D. *eod.*, L. 1, pr., L. 4, pr. ; C. 4, 49, *eod.*, L. 4, L. 10, L. 12 ; C. 7, 47, *de sent., quæ pro eo quod interest profer.*, L. un., pr. et § 1 initio.

(3) D. 39, 2, *de damno inf.*, L. 4, § 7 ; D. 43, 4, *ne vis fiat ei*, L. 1, § 5 initio.

(4) D. 50, 16, *de V. S.*, L. 193 ; D. 2, 3, *si quis jus dic. non obtemp.*, L. un., § 4 initio.

(5) Sans doute, il se peut que le débiteur n'en soit pas responsable, parce qu'il ne l'a ni prévu, ni dû prévoir ; mais alors c'est pour cette dernière raison qu'il n'est pas tenu (Cf. ci-après n° II du présent paragraphe).

(6) D. 19, 2, *locati*, L. 19, § 1 initio. ULPIANUS *libro XXXII ad edictum.* « Si quis

2° Il est aussi indifférent que le dommage causé par l'inexécution de l'obligation soit intrinsèque, relatif à la chose due elle-même

« dolia vitiosa ignarus locaverit, deinde vinum effluxerit, tenebitur in id quod
« interest nec ignorantia ejus erit excusata : et ita Cassius scripsit. »

« Si quelqu'un a de bonne foi donné en location des futailles vicieuses et que
« plus tard le vin ait coulé, il sera tenu à des dommages et intérêts et son igno-
« rance ne sera pas excusée; c'est ce qu'a écrit Cassius. »

D. 13, 4, *de eo quod certo loco*, L. 2, § 8. Ulpianus *libro XXVII ad edictum.*

• « Nunc de officio judicis hujus actionis loquendum est, utrum quantitati contrac-
« tus debeat servire an vel excedere vel minuere quantitatem debeat, ut, si, inter-
« fuisset rei Ephesi potius solvere quam eo loci quo conveniebatur, ratio ejus
« haberetur. Julianus Labeonis opinionem secutus etiam actoris babuit rationem,
« cujus interdum potuit interesse Ephesi recipere : itaque utilitas quoque actoris
« veniet. Quid enim si trajectitiam pecuniam dederit Ephesi recepturus, ubi sub
« pœna debebat pecuniam vel sub pignoribus, et distracta pignora sunt vel pœna
« commissa mora tua? vel fisco aliquid debebatur et res stipulatoris vilissimo
« distracta est? in hanc arbitrariam quod interfuit veniet et quidem ultra legiti-
« mum modum usurarum. Quid si merces solebat comparare : an et lucri ratio
« habeatur, non solius damni? puto et lucri habendam rationem. »

« Il nous faut parler maintenant de la mission du juge de cette action ; doit-il
« s'en tenir à la quantité du contrat, ou bien doit-il augmenter ou diminuer cette
« quantité, de telle façon que si le débiteur avait intérét à payer à Éphèse, plutôt
« qu'au lieu de la poursuite, on aurait égard à ce lieu? Julien ayant suivi l'opinion
« de Labéon a pris aussi en considération le demandeur, qui parfois a pu avoir
« intérêt à recevoir le payement à Éphèse; il faudra donc aussi tenir compte de
« l'intérêt du demandeur. En effet, que décider s'il a prêté de l'argent à transpor-
« ter au delà de la mer, pour qu'il fût restitué à Éphèse, où il devait de l'argent
« sous une clause pénale ou sur hypothèque, et que, par votre demeure, les biens
« hypothéqués aient été vendus ou la peine encourue? Ou bien il devait quelque
« chose au fisc, et une chose du stipulant a été vendue à vil prix? Dans cette action
« arbitraire sera compris le dommage et notamment au delà du taux légal des
« intérêts. *Quid* si le créancier avait l'habitude d'acheter des marchandises ?
« aura-t-on aussi égard au gain et non pas seulement à la perte? je crois qu'il faut .
« aussi avoir égard au gain. »

Ces lois ne laissent aucun doute sur la responsabilité du débiteur de bonne ou
de mauvaise foi quant au dommage indirect. Le locataire de futailles y met du vin,
et celui-ci coule, parce que les barriques sont défectueuses. Voilà certes un dommage indirect, et cependant la première loi n'hésite pas à le mettre à la charge du
bailleur de bonne foi. La seconde loi s'occupe de l'action d'arbitraire *de eo quod
certo loco dari oportet,* par laquelle, si une dette de droit strict avait été stipulée
payable à un endroit déterminé, il était possible de poursuivre le débiteur à son
domicile (Cf. ci-dessus § 7, III, 2°). Le créancier, faute d'avoir été payé au jour
convenu, avait lui-même encouru une peine vis-à-vis d'un créancier qu'il n'avait

(*circa rem*), ou extrinsèque, relatif à d'autres biens du créancier (*extra rem*). Cette distinction est non moins irrationnelle que la précédente, et nos sources n'y ont aucun égard [7].

3° Le débiteur doit réparer non seulement le dommage positif, celui qui consiste dans une diminution réelle du patrimoine du créancier, mais encore le dommage négatif, la privation d'un gain auquel le créancier était en droit de s'attendre. Les anciens commentateurs du droit romain ont désigné ces deux dommages par les expressions *damnum emergens* et *lucrum cessans*. Supposons qu'un commerçant achète des marchandises à l'effet de les revendre; elles ne lui sont pas livrées. Si elles lui avaient été livrées, il aurait pu les revendre avec bénéfice; le défaut de livraison l'a empêché de les revendre et de réaliser le bénéfice. Le vendeur lui doit compte du gain dont il l'a privé par l'inexécution de son obligation [8].

Enfin 4° le dommage résultant de l'inexécution de l'obligation est sujet à réparation alors même que, dans la suite, il se produit un autre événement qui eût amené la perte dont il s'agit si elle n'avait déjà été causée par l'inexécution de l'obligation. En effet, au moment de cette inexécution, le créancier avait un droit acquis à des dom-

pu payer, ou bien il avait vu vendre ses biens à vil prix. Autant d'espèces de dommage indirect. Et néanmoins le débiteur est tenu d'indemniser le créancier.

Le Digeste 19, 1, *de A. E. et V.*, L. 13, pr. et § 1, et le D. 19, 2, *locati*, L. 19, § 1 i. f., ne sont pas contraires. Ces textes restreignent ou excluent, dans des cas particuliers, la responsabilité du débiteur de bonne foi. Mais le motif de leurs décisions est que le débiteur, à raison de sa bonne foi, n'avait ni prévu ni dû prévoir le dommage (Cf. ci-après notes 33 et 34 du présent paragraphe).

Voyez sur cette question MOMMSEN, *Beiträge* II, § 15, p. 143-145, et § 24-26, p. 265-297, et VANGEROW, III, § 571, *Anm.* 3, n° 4.

(7) D. 19, 2, *locati*, L. 19, § 1 initio; D. 13, 4, *de eo quod certo loco*, L. 2, § 8 (Cf. la note précédente).

Non obstat D. 19, 1, *de A. E. et V.*, L. 21, § 3. L'utilitas quæ circa ipsam rem consistit, dont parle Paul dans ce passage, désigne le dommage qui a sa véritable cause dans l'inexécution de l'obligation (Cf. ci-après *ad not.* 18 du présent paragraphe).

(8) D. 13, 4, *de eo quod certo loco*, L. 2, § 8 i. f. (Cf. ci-dessus note 6); D. 19, 1, *de A. E. et V.*, L. 21, § 3, vis quamvis crescat.........

Nous supposons d'ailleurs que le gain était vraisemblable, sinon on ne peut pas dire que l'inexécution de l'obligation ait causé un préjudice réel au créancier (Cf. ci-après *ad not.* 12 du présent paragraphe).

mages et intérêts, et ce droit acquis ne peut lui être enlevé par une circonstance subséquente(9). Ainsi le débiteur endommage la chose due; plus tard celle-ci périt par une autre cause ; le débiteur demeure tenu de la détérioration(10). En particulier, si le débiteur d'un animal le blesse, mortellement ou non, il sera responsable de cette blessure, bien que l'animal ait été postérieurement tué par un tiers(11).

Mais quelque générale que soit l'obligation de réparer le dommage amené par l'inexécution de l'obligation, il est nécessaire :

1° Que le créancier ait éprouvé réellement un préjudice. D'après cela il n'aura droit à des dommages et intérêts du chef de la privation d'un gain que si ce gain était sinon certain, au moins vraisemblable dans l'ordre naturel des choses; on n'a pas égard à des bénéfices hypothétiques; car ceux-ci, par leur nature même, ne pourraient être prouvés, et partant doivent être considérés en droit comme n'existant pas. Si donc quelqu'un a vendu des filets de pêche, la non-livraison de ceux-ci ne donne lieu à aucune indemnité pour le poisson qui aurait pu être pris à l'aide de ces filets(12). — D'autre

(9) D. 43, 24, *quod vi aut clam*, L. 7, § 4, v[is] quia non ex post facto.......
Cf. MOMMSEN, *Beiträge* II, § 16, p. 146-156, VANGEROW, III, § 571, *Anm.* 3, n° 2 i. f., et WINDSCHEID, II, § 258, note 15.

(10) Arg. L. 7, § 4, v[is] Quod si nullo incendio.........

(11) Arg. D. 9, 2, *ad leg. Aquil.*, L. 11, § 3. *Non obstat* D. 6, 1, *de rei vindic.*, L. 27, § 2. Ce texte libère le défendeur à l'action revendicatoire lorsqu'il a endommagé l'esclave revendiqué et que celui-ci décède plus tard en vertu d'une autre cause non imputable au défendeur. C'est qu'on n'est soumis à la revendication qu'à raison de la possession ; si celle-ci cesse sans la faute du défendeur, la revendication n'a plus d'objet et le défendeur doit être absous. Aussi le jurisconsulte réserve-t-il au propriétaire de l'esclave l'action de la loi *Aquilia* contre l'auteur du dommage (Contra MOMMSEN, *Beiträge* II, § 16, p. 149 et note 5, p. 154 et note 15 i. f.)

(12) Arg. D. 9, 2, *ad leg. Aquil.*, L. 29, § 3. ULPIANUS *libro XVIII ad edictum.* « Plane si culpa nautarum id factum esset, lege Aquilia agendum. Sed ubi damni « injuria agitur ob retia, non piscium, qui ideo capti non sunt, fieri æstimationem, « cum incertum fuerit, an caperentur. Idemque et in venatoribus et in aucupibus « probandum. »

« Si au contraire le fait est arrivé par la faute des matelots, on agira en vertu « de la loi *Aquilia*. Mais lorsqu'on agit du chef de dommage illicite relativement « aux filets, on n'estimera pas les poissons qui n'ont pas été pris par voie de con- « séquence; car leur capture est incertaine. Il faut en dire autant des chasseurs « et des oiseleurs. »

Dans l'espèce de ce passage, une barque avait été jetée, par la faute des matelots, sur des filets de pêche et ceux-ci avaient été endommagés.

part, si quelqu'un s'est chargé de transporter des marchandises par le vaisseau A, et qu'il les ait placées sur le vaisseau B, les deux vaisseaux périssant, il ne doit rien au créancier. En effet, en mettant les marchandises sur le vaisseau B, contrairement au contrat, il n'a causé aucune perte au créancier; car les marchandises eussent également péri sur le vaisseau A [13].

2° Ce qu'il importe surtout de remarquer, c'est que le dommage éprouvé par le créancier doit avoir été véritablement causé par l'inexécution de l'obligation; il doit y avoir entre l'un et l'autre fait un lien de *causalité*. Si en définitive le préjudice a une autre cause que l'inexécution de l'obligation, le débiteur n'est pas tenu de le réparer. Le débiteur d'un animal le blesse légèrement; l'animal n'en périt pas moins chez le créancier par suite de l'incapacité de l'homme de l'art appelé à le soigner; le débiteur n'est tenu que du chef de la blessure [14]. — Le débiteur n'est pas astreint à réparer la perte résultant d'une autre cause que l'inexécution de l'obligation, alors même que cette inexécution, si elle avait pu développer tous ses effets, aurait amené le dommage dont il s'agit; car en fait ce n'est pas elle qui l'a amenée. Un usufruitier néglige de réparer la maison usufructuaire, de telle façon que, par suite de sa négligence, elle aurait nécessairement fini par s'écrouler; mais avant son écroulement, la foudre la détruit. L'usufruitier n'est pas responsable [15]. De même, le débiteur d'un animal le blesse mortellement par sa faute; la mort devait suivre; mais avant qu'elle survienne, l'animal est tué par la foudre ou par un tiers. Le débiteur ne sera tenu qu'à raison de la blessure, et non pas à raison de la mort; ce sera le

---

(13) D. 14, 2, *de lege Rhodia de jactu*, L. 10, § 1 initio. Voyez aussi le D. 43, 24, *quod vi aut clam*, L. 7, § 4, v^is Est et alia exceptio.......... æque perituris ædibus.

(14) Arg. D. 9, 2, *ad leg. Aquil.*, L. 52, pr.

(15) Arg. D. 25, 1, *de imp. in res dot. fact.*, L. 4. Il résulte de cette loi que l'usufruitier n'est pas même tenu comme ayant détérioré la maison usufructuaire. La question de savoir si l'usufruitier a fait les réparations nécessaires et si, par suite d'un défaut de réparation, la maison s'est détériorée, cette question doit, par la nature des choses, être appréciée à la fin de l'usufruit. *Non obstat* D. 7, 9, *usufruct. quemadm. cav.*, L. 1, § 5, qui doit être appliqué à un acte de mauvaise gestion autre qu'un défaut de réparation.

troisième chapitre de la loi *Aquilia* qui sera applicable[16]. ═ Une application importante du principe que le débiteur ne doit pas réparer le dommage ayant une cause autre que l'inexécution de l'obligation, concerne le cas où le dommage est le résultat de la faute du créancier[17]. Quelqu'un achète des vivres pour ses animaux; les vivres ne sont pas livrés et les animaux meurent de faim. Le vendeur n'est pas responsable de ce dommage. En effet, la véritable cause de la mort des animaux, ce n'est pas le défaut de livraison des vivres vendus, c'est la faute de l'acheteur qui aurait pu se procurer d'autres vivres et qui a négligé de le faire[18]. Ou

[16] Arg. D. 9, 2, *ad leg. Aquil.*, L. 11, § 3, L. 15, § 1 initio. Cf. D. *eod.*, L. 13, pr., L. 15, § 1, v^is sed si manumissus.........., L. 16. Contra D. *eod.*, L. 51, pr.

La loi 11, § 3, et la loi 15, § 1 initio parlent d'un esclave mortellement blessé par la faute d'un tiers, et qui périt plus tard par suite d'un événement accidentel ou par la faute d'une autre personne. Le maître ne peut agir contre le premier tiers que *de vulnerato servo* en vertu du troisième chapitre de la loi *Aquilia*.

Les L. 13, pr., L. 15, § 1, v^is sed si manumissus.........., et L. 16 s'occupent de quelques difficultés relatives à l'esclave mortellement blessé par la faute d'un tiers. Si l'esclave meurt de sa blessure, le maître agira *de occiso servo* sur le fondement du premier chapitre de la loi *Aquilia*, l'esclave ne fût-il venu à décéder qu'après son affranchissement ou son aliénation (L. 15, § 1, cit. v^is Si servus.......... an sit occisus). Que si le maître a donné la liberté à cet esclave et qu'il l'ait institué son héritier, l'action Aquilienne ne passera pas à l'esclave héritier, comme *actio directa*, parce qu'elle n'appartient rigoureusement qu'au propriétaire de la chose endommagée et qu'on n'est pas propriétaire de son corps (L. 13, pr., cit.); après le décès de l'esclave, elle ne passera donc pas à ses héritiers (L. 15, § 1, v^is Sed si vulneratum.........., L. 16, cit.). Toutefois l'esclave blessé et ses héritiers disposeront de l'action Aquilienne utile (Arg. L. 13, pr., cit.).

La loi 51, pr., contient une décision de Julien qui ne peut guère se concilier avec les passages précédents. D'après Julien, si A blesse mortellement un esclave, et que celui-ci soit plus tard encore mortellement frappé par B, l'action *de occiso servo* se donne contre A comme contre B. Il faut y voir une opinion personnelle de Julien (Pothier, *Pandectæ Justinianeæ*, 9, 2, *ad leg. Aquil.*, nᵒˢ 4-5. — Mommsen, *Beiträge* II, § 15, note 7. — Windscheid, II, § 258, note 15, a. — Contra Vangerow, III, § 681, *Anm.* 2, nᵒ 2).

[17] D. 50, 17, *de R. J.*, L. 203. Quod quis ex culpa sua damnum sentit, non intellegitur damnum sentire.

[18] D. 19, 1, *de A. E. et V.*, L. 21, § 3, v^is Cum per venditorem steterit....... quod tardius agitur. Que si, dans un cas exceptionnel, il a été réellement impossible à l'acheteur de se procurer d'autres vivres, le vendeur ne serait pas encore tenu; car il n'a pas dû prévoir une perte provenant de circonstances aussi insolites

bien l'acheteur de la chose d'autrui étant poursuivi par l'action revendicatoire, néglige d'y faire valoir les impenses qu'il a faites à la chose revendiquée; il n'est pas autorisé à les réclamer ensuite de son vendeur[19]. Ou bien encore l'animal légèrement blessé par le débiteur périt chez le créancier par suite d'un défaut de soins : le débiteur n'est responsable que de la blessure[20]. Toutefois, si l'inexécution de l'obligation a été amenée par le dol du débiteur, il est responsable même du dommage que le créancier a éprouvé par suite de sa faute[21].

Enfin 3° le créancier qui allègue qu'un dommage lui a été causé par l'inexécution de l'obligation, doit fournir la double preuve du dommage et du lien de causalité. Un créancier soutient que, faute d'avoir été payé, il n'a pu se libérer lui-même et que partant il a encouru une peine ou que son créancier a vendu ses biens à vil prix [22]. Il supportera la charge de la preuve : il devra établir qu'il n'a pu se procurer d'autres fonds pour se libérer, par exemple à raison de l'éloignement des lieux[23]. De même, le créancier qui soutient qu'il aurait réalisé un bénéfice sur la revente des marchandises si elles lui avaient été livrées, et que, par le défaut de livraison, il a été empêché de revendre, doit fournir la preuve de ces faits [24].

(Cf. ci-après n° II du présent paragraphe). Voyez sur cette espèce MOMMSEN, *Beiträge* II, § 26, p. 285-293, VANGEROW, III, § 571, *Anm.* 3, n° 5, p. 42-45, et WINDSCHEID, II, § 258, note 17). MOMMSEN, l. c., note 4, admet la responsabilité du vendeur si l'acheteur a été empêché de se procurer d'autres vivres. Mais son opinion est mal fondée, en théorie comme au point de vue de la loi 21, § 3, cit., qui ne distingue point.

(19) D. 19, 1, *de A. E. et V.* L. 45, § 1. Cf. D. 21, 1, *de ædil. ed.*, L. 23, § 8.

(20) Arg. D. 9, 2, *ad leg. Aquil.*, L 52, pr.

(21) D. 19, 1, *de A. E. et V.*, L. 45, § 1 i. f.; D. 9, 2, *ad leg. Aquil.*, L. 9, § 4. Cf. MOMMSEN, *Beiträge* II, § 16, p. 157-164, et § 23, p. 257-259.

(22) D. 13, 4, *de eo quod certo loco*, L. 2, § 8.

(23) MOMMSEN, *Beiträge* II, § 26, p. 286-287.

(24) Le D. 13, 4, *de eo quod certo loco*, L. 2, § 8, v^is merces solebat comparare, suppose cette preuve fournie. Elle n'avait pas été fournie au D. 18, 6, *de P. et C. R. V.*, L. 20 (19 édition Kriegell), v^is consequi *potuit*, et quærere *potuit*, ni au D. 19, 1, *de A . E. et V.*, L. 21, § 3, v^is *potuit* ex vino puta negotiari et lucrum facere.

Voyez MOMMSEN, *Beiträge* II, § 17, p. 184-187, et § 26, p. 285-295, et VANGEROW, III, § 571, *Anm.* 3, n° 5, p. 42-45.

B) Nous avons admis que le dommage sujet à réparation de la part du débiteur, était celui qui avait sa *cause* dans l'inexécution de l'obligation. Beaucoup d'auteurs enseignent que le dommage doit être la suite *nécessaire* de cette inexécution [25]. Ou bien ils veulent simplement exprimer par là que le dommage doit être une conséquence *véritable* de l'inexécution de l'obligation [26], et alors leur doctrine est irréprochable. Ou bien, dans leur pensée, le préjudice devait résulter forcément, inévitablement, de l'inexécution de l'obligation, et dans ce cas leur opinion doit être condamnée sans réserve. En effet, on se demande pourquoi un dommage qui a été bien réellement causé par l'inexécution de l'obligation, ne serait pas soumis à réparation parce qu'il aurait pu ne pas être causé; le fait qu'il a été causé est suffisamment décisif. Le système contraire exclurait de la responsabilité du débiteur une foule de faits dommageables dont il doit évidemment répondre. Il suffira de citer, comme n'étant pas nécessaires, le dommage consistant dans la privation d'un gain, le dommage éprouvé par le créancier qui, faute d'avoir été payé, a encouru une peine ou vu vendre ses biens à vil prix, etc. Aussi nos sources se bornent-elles à exiger que le dommage soit la suite véritable de l'inexécution de l'obligation [27], et admettent-elles le créancier, dans une série de cas, à demander la réparation de pertes qui ne devaient nullement résulter d'une manière forcée de l'inexécution de l'obligation [28].

C) On pose parfois la règle que le débiteur coupable doit réparer tout dommage que le créancier n'eût pas éprouvé si l'obligation avait été remplie [29]. Cette règle est trop large. Prenons des cas parti-

---

(25) Voyez entre autres Bücher, cité, § 38, p. 124, Thibaut, I, § 167, I, Mühlenbruch, II, § 367, Wening-Ingenheim, cité, § 172-173, Molitor, cité, I, nᵒˢ 298 et 299, 1ᵒ, Sintenis, II, § 86 et *Anm.*, 19-20, et Maynz, II, § 175, p. 31.

(26) Nous n'avons pas voulu dire autre chose dans notre *Cours élémentaire de droit romain*, II, § 298, en employant la même expression.

(27) C. 7, 47, *de sent.*, *quæ pro eo quod interest profer.*, L. un., § 1, vⁱˢ ut, quod *re vera* inducitur damnum, hoc reddatur.

(28) D. 13, 4, *de eo quod certo loco*, L. 2, § 8. Voyez sur cette question Mommsen, *Beiträge*, II, § 15, p. 141-143, § 16, p. 157 et 165, et Windscheid, II, § 258, 2ᵒ, et notes 11 à 13.

(29) C'est ce que fait Windscheid, II, § 258, 2ᵒ.

culiers. Un débiteur n'ayant pas livré les vivres qui devaient servir
à l'alimentation des animaux du créancier, ceux-ci sont morts de
faim; si le débiteur avait tenu son engagement, le créancier n'aurait pas perdu ses animaux, et néanmoins le débiteur ne doit pas
l'indemniser de ce chef [30]. Le débiteur d'un animal le blesse
légèrement; l'animal livré au créancier périt par la négligence
de celui-ci ou par l'incapacité des hommes de l'art; la mort
de l'animal ne serait pas survenue sans la blessure, et cependant
la responsabilité du débiteur se réduit à la blessure [31]. Dans
l'un et l'autre cas, le créancier non payé éprouve une perte qu'il
eût évitée s'il avait été payé; mais la perte a été causée par un
autre fait que l'inexécution de l'obligation, peu importe que cet
autre fait ne se fût pas produit si le débiteur avait rempli son
engagement. Le créancier doit agir, en réparation de ce dommage,
contre le tiers qui l'a amené par sa faute, et si une pareille faute
n'existe point, le dommage aura un caractère accidentel; le créancier devra le supporter, comme il eût dû supporter les accidents qui
se seraient produits malgré l'exécution de l'obligation [32].

II. DE LA RESPONSABILITÉ DU DÉBITEUR DANS LES OBLIGATIONS
CONTRACTUELLES OU QUASI-CONTRACTUELLES. A) Quand l'obligation
demeurée sans exécution par la faute du débiteur résulte d'une convention ou d'un quasi-contrat, la responsabilité du débiteur admet
une importante restriction. Il n'est tenu alors que du dommage
qu'il a prévu ou que tout au moins il aurait pu et dû prévoir au
moment où il a contracté son obligation. Ce système est rationnel.
Les obligations contractuelles ou quasi-contractuelles ont pour base
la volonté des parties; dès lors, dans la détermination de leurs
effets, il faut tenir compte de cette volonté. Or, s'il est conforme à
la volonté des parties d'avoir égard à tout dommage que le débiteur a prévu ou dû prévoir en contractant, il serait contraire à cette
volonté d'étendre la responsabilité du débiteur à des pertes qu'il

----

(30) D. 19, 1, *de A. E. et V.*, L. 21, § 3, vᵇⁱˢ Cum per venditorem steterit........ ..
quod tardius agitur. — (31) Arg. D. 9, 2, *ad leg. Aquil.*, L. 52, pr.

(32) Voyez en ce sens VANGEROW, III, § 571, *Anm.* 3, n° 1. Cf. MOMMSEN,
Beiträge II, § 15-16, qui paraît contraire au commencement du § 15.

n'a pas prises, ni dû prendre en considération. L'équité conduit au même résultat; il serait injuste de rendre le débiteur responsable d'un dommage complètement imprévu. Ces motifs ne s'appliquent, d'ailleurs, qu'aux obligations naissant de conventions ou de quasi-contrats; dans les autres, le débiteur est tenu d'une manière absolue. La règle que nous venons de poser, aura bien souvent pour conséquence d'imposer au débiteur de mauvaise foi une responsabilité plus étendue qu'au débiteur de bonne foi, parce que le premier, à raison de son dol, aura prévu un dommage que le second n'aura pas prévu et qu'il sera excusable de ne pas avoir prévu. Voici des applications :

Quelqu'un vend un cheval atteint d'une maladie contagieuse. Ce cheval communique sa maladie à celui que l'acheteur possédait déjà, et les deux chevaux périssent. Si le vendeur ignorait la maladie du cheval vendu, il ne sera tenu que de la perte de ce cheval et non de celle de l'autre cheval de l'acheteur; car convaincu que l'animal vendu était sain, il n'a pu supposer qu'il aurait fait périr par contagion celui de l'acheteur. Mais il a dû prévoir cette conséquence s'il connaissait l'existence de la maladie contagieuse, et partant il sera responsable de la perte des deux chevaux [33].

Il en sera de même si quelqu'un a vendu des matériaux de construction vicieux et que la bâtisse élevée par l'acheteur à l'aide de ces matériaux soit venue à s'écrouler. Le vendeur de bonne foi devra seulement une indemnité à raison de la mauvaise qualité des matériaux. Le vendeur coupable du dol répondra même de la chute du bâtiment [33].

---

(33) D. 19, 1, *de A. E. et V.*, L. 13, pr. ULPIANUS *libro XXXII ad edictum.* « Julianus libro quinto decimo inter eum, qui sciens quid aut ignorans vendidit, « differentiam facit in condemnatione ex empto : ait enim, qui pecus morbosum « aut tignum vitiosum vendidit, si quidem ignorans fecit, id tantum ex empto « actione præstaturum, quanto minoris essem empturus, si id ita esse scissem : si « vero sciens reticuit et emptorem decepit, omnia detrimenta, quæ ex ea emptione « emptor traxerit, præstaturum ei : sive igitur ædes vitio tigni corruerunt, ædium « æstimationem, sive pecora contagione morbosi pecoris perierunt, quod interfuit « idonea venisse erit præstandum. »

Quelqu'un vend une prairie qui renferme des herbes vénéneuses ;
les bestiaux de l'acheteur ayant mangé de ces herbes périssent. Le
vendeur de bonne foi ne supportera en aucune façon la responsabilité de cette perte ; il ne l'a pas prévue et n'a pas dû la prévoir ;
il est excusable d'avoir ignoré que des herbes vénéneuses croissaient dans sa prairie. Mais le vendeur de mauvaise foi sera tenu
de payer la valeur des bestiaux qui ont péri, puisqu'il a prévu cette
perte[34].

Quelqu'un vend des barriques destinées à contenir des liquides ;
elles ferment mal et le liquide qu'y met l'acheteur, le vin par
exemple, coule. Le vendeur sera tenu de réparer ce préjudice,
alors même qu'il aurait ignoré le défaut des barriques ; étant donné
que les futailles avaient pour destination de recevoir des liquides,
il devait vérifier si elles fermaient bien ; il est inexcusable d'avoir
ignoré leur défaut ; il aurait dû prévoir le dommage qu'il allait

« Julien dans le livre quinzième établit une différence, quant à la condamnation
« en vertu de la vente, entre celui qui a vendu quelque chose (de vicieux) en con-
« naissance de cause et celui qui a ignoré (le défaut). Il dit en effet que celui qui
« a vendu du bétail malade ou des matériaux de construction vicieux, doit, s'il a
« ignoré le vice, payer seulement à l'action naissant de ia vente ce que j'aurais
« payé de moins si j'avais connu la vérité. Mais s'il s'est tu sciemment et qu'il ait
« trompé l'acheteur, il devra payer tout le dommage que l'acheteur a éprouvé par
« suite de cette vente. Par conséquent, si l'édifice s'est écroulé à cause du vice
« des matériaux, il devra payer la valeur de l'édifice ; si des bestiaux ont péri au
« contact du bétail malade, il devra payer l'intérêt qu'avait (l'acheteur) à acheter
« du bétail sain. »

(34) D. 19, 2, *locati*, L. 19, § 1 i. f. ULPIANUS *libro XXXII ad edictum*.

« Aliter atque si saltum pascuum locasti, in quo herba mala nascebatur : hic
« enim si pecora vel demortua sunt vel etiam deteriora facta, quod interest præsta-
« bitur, si scisti, si ignorasti, pensionem non petes, et ita Servio Labeoni Sabino
« placuit. »

« Il en est autrement lorsque vous avez donné en location un pâturage dans
« lequel croissaient des herbes vénéneuses ; en effet, dans ce cas, si des bestiaux
« (du preneur) sont morts ou bien ont perdu de leur valeur, vous payerez des
« dommages et intérêts, si vous connaissiez la vérité ; si vous l'ignoriez, vous ne
« réclamerez pas le fermage, et tel est l'avis de Servius, de Labéon et de Sabinus. »

Ce texte, dans le cas de bonne foi du bailleur, libère au moins le preneur de
l'obligation de payer le fermage. C'est l'application de la théorie des risques et
périls en matière de louage de choses : le preneur ne doit le prix convenu que
pour autant qu'il a obtenu la jouissance.

causer à l'acheteur[35]. Il en serait autrement si les futailles étaient destinées à contenir des matiéres sèches et que l'acheteur y eût placé des liquides ; ici le vendeur n'a ni prévu ni dû prévoir le dommage éprouvé par l'acheteur[36].

Quelqu'un prend un esclave en location dans le but expressément convenu de s'en servir pour conduire un mulet. Par suite de l'inexpérience de l'esclave, le mulet s'emporte et subit une détérioration. Le bailleur est tenu de réparer ce dommage; car il a dû le prévoir, à raison de la destination spéciale de l'esclave[37]. Mais le bailleur serait à l'abri de toute responsabilité si l'esclave avait été loué en dehors de la destination prémentionnée; dans ce cas, il n'aurait pas dû s'attendre à un dommage résultant de ce que l'esclave n'était pas suffisamment habile pour conduire un mulet.

B) Le système dont nous venons de faire connaître les éléments, était professé par Du Moulin[38] et on le retrouve chez plusieurs interprètes modernes du droit romain[39]. Mais d'autres le combattent d'une manière générale[40] ou bien proposent la distinction suivante[41]. Ils admettent que le débiteur n'est responsable du fait de l'inexécution de son obligation, par exemple du vice de la chose, que s'il a pu le prévoir. Mais d'après eux, dès que cette responsabilité existe, elle serait absolue dans son étendue; elle comprendrait toutes les conséquences de l'inexécution, alors même que le débiteur

----

(35) D. 19, 2, *locati*, L. 19, § 1 initio (Cf. ci-dessus note 6); D. 19, 1, *de A. E. et V.*, L. 6, § 4, vᶦˢ Sed si vas mihi vendideris ita.......... refert.

(36) Arg. L. 6, § 4, cit., vᶦˢ nisi in contrarium id actum sit.

(37) D. 9, 2, *ad leg. Aquil.*, L. 27, § 34.

(38) *De eo quod interest*, nᵒˢ 49-56, 63-65 et 178.

(39) IHERING, *Das Schuldmoment im römischen Privatrecht*, p. 55 sq. — MAYNZ, II, § 175, p. 31-32, et notes 13-14. — NAMUR, I, § 231, 3º et 4º. Cf. UNTERHOLZNER, cité, I, § 131, III, 1º, et note f, et VANGEROW, III, § 571, *Anm.* 3, nº 5, p. 44-45.

(40) MOLITOR, cité, I, nº 306. — COHNFELDT, cité, § 3, I, a, p. 16-18, et § 12, p. 137.

(41) MOMMSEN, *Beiträge* II, § 16, p. 165-171. — WINDSCHEID, II, § 258, 2º, et note 14. Ce dernier écarte cependant les dommages et intérêts imprévus si le créancier avait le devoir d'appeler sur leur possibilité l'attention du débiteur et qu'il ait omis de le faire. On peut se demander si le créancier n'a pas toujours ce devoir.

n'a pas dû les prévoir. En ce qui concerne la première opinion divergente, nous nous référons à la justification présentée ci-dessus de notre doctrine. Quant à la seconde opinion contraire, la distinction qu'elle établit, ne nous paraît nullement rationnelle. S'il est vrai que la responsabilité du débiteur n'existe en aucune façon lorsqu'il n'a dû s'attendre en rien au fait de l'inexécution de l'obligation, sa responsabilité doit être aussi écartée lorsqu'il s'agit des conséquences imprévues de cette inexécution. Sans doute il est coupable de faute et il doit en supporter les conséquences; mais il ne le doit que conformément à la volonté des parties; c'est celle-ci qui est décisive et nos adversaires n'en tiennent pas compte. Les textes viennent à notre appui. Rappelons une espèce que nous venons de citer Quelqu'un vend un cheval atteint d'une maladie contagieuse ou bien des matériaux de construction vicieux. Il est tenu envers l'acheteur; il lui doit des dommages et intérêts dans tous les cas. Mais l'étendue de son obligation varie selon qu'il a dû prévoir ou non les conséquences du vice de la chose vendue. Dans la première hypothèse, il est tenu sans réserve de toutes ces conséquences : de la mort de l'autre cheval que l'acheteur possédait déjà et qui a péri par contagion, de l'écroulement de l'édifice élevé avec les matériaux vicieux. Dans la seconde hypothèse, il ne répond que du vice qui infectait la chose vendue et non des conséquences de ce vice.

III. De l'évaluation des dommages et intérêts. Il résulte de l'essence même des dommages et intérêts que, dans leur estimation, le juge doit avoir égard au dommage concret éprouvé par le créancier, à raison des circonstances spéciales dans lesquelles il se trouvait; les dommages et intérêts seront plus ou moins élevés selon la personne du créancier; car celui-ci a droit à la réparation du préjudice qui *lui* a été causé par l'inexécution de l'obligation. Les différentes espèces que nous avons citées ci-dessus, établissent suffisamment ce point. Mais le juge ne doit pas tenir compte d'un simple intérêt d'affection; l'estimation d'un pareil intérêt est impossible; l'affection est de nature morale et à ce titre n'admet point d'estimation pécuniaire. Telle est l'affection que l'on porte à un animal, ou bien, pour prendre l'exemple romain, l'intérêt qu'un esclave inspire à son maître à raison

de sa qualité de concubine ou d'enfant naturel[42]. En ce qui concerne
le moment auquel le juge doit se référer en procédant à l'estimation
des dommages et intérêts, c'est celui du jugement, à moins que
l'obligation ne soit de droit strict, auquel cas l'instant de la *litis
contestatio* est décisif[43]; en effet, si l'obligation avait été remplie,
le créancier aurait joui de la valeur de l'obligation au moment de la
sentence[43a]. Le lieu de l'estimation est, pour un motif analogue,
celui où le payement devait se faire [44]. Il nous reste à mentionner une limitation apportée par Justinien à l'évaluation des dommages et intérêts dus pour inexécution d'une obligation. Justinien
dispose que ces dommages et intérêts ne pourront jamais dépasser
la double valeur de la chose due[45]. Ainsi, quelqu'un vend de mauvaise foi un cheval infecté d'une maladie contagieuse ou bien des
matériaux de construction vicieux ; le cheval infecté communique sa
maladie à dix autres chevaux de l'acheteur et tous périssent; la
bâtisse élevée par l'acheteur avec les matériaux vicieux s'écroule.
Le juge ne peut allouer à l'acheteur comme dommages et intérêts
que la double valeur du cheval ou des matériaux vendus[46]. Pour

(42) D. 9, 2, *ad leg. Aquil.*, L. 33, pr.; D. 35, 2, *ad leg. Falc.*, L. 63, pr.; D. 7, 7,
de oper. servor., L. 6, § 2. *Non obstat* D. 17, 1, *mand.*, L. 54, pr. initio. Ce dernier
texte se borne à décider qu'un intérêt d'affection suffit à la validité d'une convention et donne lieu à une action en justice. Un esclave s'était vendu à un tiers, à
condition d'être affranchi par lui. Son maître a droit au prix de vente, et de plus,
si l'esclave est son enfant ou son frère naturels, cet intérêt d'affection l'autorise à
réclamer l'affranchissement de l'esclave. Il n'est pas question ici de l'évaluation
d'un intérêt d'affection.

(43) D. 13, 6, *commod.*, L. 3, § 2; D. 12, 1, *de reb. cred.*, L. 22; D. 13, 3, *de condict. tritic.*, L. 4. Contrairement à ces décisions positives, le D. *eod.*, L. 3, veut que
dans la *condictio triticiaria* on s'en rapporte au *condemnationis tempus*. DE SAVIGNY
(*System* VI, § 276) et VANGEROW (I, § 160, *Anm.*, n° IV, 3°) pensent que ces mots
visent la *condemnatio* considérée comme élément de la formule (Arg. D. 44, 1, *de
except.*, L. 2, pr.); il s'agirait donc de l'époque de la délivrance de la formule,
c'est-à-dire de la *litis contestatio*. En aucun cas, la loi 3 citée ne saurait prévaloir
contre les textes prémentionnés.

(43a) D. 19, 1, *de A. E. et V.*, L. 21, § 3 i. f. — Cf. MOMMSEN, *Beiträge* II, § 20,
p. 217-230, et WINDSCHEID, II, § 258, 1°, et notes 7-8.

(44) Cf. MOMMSEN, cité, § 20, p. 230, cbn. avec § 19, p. 210-211.

(45) C. 7, 47, *de sent., quæ pro eo quod interest profer.*, L. un.

(46) Déjà à l'époque classique, pareille règle était suivie dans un cas particu-

justifier cette règle, on pourrait dire que les dommages et intérêts, en tant qu'ils dépassent le montant de l'obligation originaire, ont un caractère accessoire, et que l'accessoire ne doit pas l'emporter sur le principal[47]. Mais cette explication est plus subtile que rationnelle. Les dommages et intérêts dus pour cause d'inexécution d'une obligation tiennent purement et simplement lieu de cette obligation: ils la remplacent, et dès lors une limitation au double de la dette primitive n'a pas de raison d'être. On pourrait encore se prévaloir de l'équité; mais cette considération ne paraît pas non plus décisive. Dans tous les cas, la restriction du double établie par Justinien ne s'applique pas à la réparation d'un dommage causé par un délit ou un quasi-délit. Si quelqu'un tue un cheval d'une valeur de 2000, les dommages et intérêts dus de ce chef peuvent dépasser 4000; par exemple si le cheval tué faisait partie d'un attelage qui, par suite de la perte du cheval, a subi une dépréciation considérable[48]. Pour le surplus, la disposition de Justinien est absolue : elle s'applique à tous les dommages et intérêts dus pour cause d'inexécution d'une obligation [49]. Quant au maximum

lier : le recours en garantie du chef d'éviction de la chose vendue ne pouvait jamais entraîner pour le vendeur une condamnation supérieure au double de la valeur de la chose à l'époque de la vente (D. 19, 1, *de A. E. et V.*, L. 43, vis De sumptibus vero......, L. 44, L. 45, pr. initio). Justinien a généralisé cette règle dans le sens indiqué.

(47) Cf. VANGEROW, III, § 571, *Anm.* 4, n° I initio et 1° i. f.

(48) Le motif en est que le *duplum* établi par Justinien suppose un *simplum* préexistant en dehors des dommages et intérêts; or ce *simplum* fait défaut lorsqu'on est tenu à des dommages et intérêts sur le fondement d'un délit ou d'un quasi-délit; de pareils dommages et intérêts sont dus principalement. D'ailleurs, Justinien déclare lui-même qu'il ne dispose que pour les « casus, qui certam habent quantitatem vel naturam, veluti in venditionibus et locationibus et omnibus contractibus. » Voyez en ce sens MOMMSEN, *Beiträge* II, § 21, p. 235, VANGEROW, III, § 571, *Anm.* 4, n° I, WINDSCHEID, II, § 258, 1°, et note 9 initio, et SINTENIS, II, § 86, et *Anm.* 31-32. Contra MÜHLENBRUCH, II, § 370, et COHNFELDT, cité, § 5, 4°, p. 46-54, et § 15, p. 207-208. Cf. MAYNZ, II, § 176, 1°.

(49) Peu importe que le débiteur se soit rendu coupable d'un dol ou d'une simple faute, qu'il y ait eu inexécution totale ou inexécution partielle. La constitution de Justinien ne distingue point (MOMMSEN, *Beiträge* II, § 21, p. 235-236. — VANGEROW, III, § 571, *Anm.* 4, n° III-IV). D'autre part, il est indifférent qu'il s'agisse de l'obligation d'un corps certain ou bien d'une obligation générique. Cette distinction

qu'elle établit, c'est la double valeur de l'obligation originaire, de l'obligation telle qu'elle a été contractée [50].

§ 17. *Effets de l'inexécution non coupable de l'obligation.*

D. 18, 6, *de periculo et commodo rei venditæ.* — C. 4, 48, *eod.*

Lorsque l'inexécution de l'obligation n'est pas imputable au débiteur, et notamment lorsqu'il y a cas fortuit, le débiteur est libéré; il ne doit pas la valeur de la chose qui faisait l'objet de son obligation. Les risques et périls sont donc pour le créancier; *res perit creditori* [1]. En effet, à raison de l'accident, l'obligation n'a plus d'objet, et personne ne répond du cas fortuit [2]; l'exécution de l'obligation est devenue impossible sans la faute du débiteur, et à l'impossible nul n'est tenu [3]. De même, si, par suite d'un accident, le débiteur ne peut exécuter qu'en partie son obligation, par exemple livrer seulement une chose diminuée ou détériorée, il sera libéré dans les limites de l'impossibilité dans laquelle il se trouve; il ne sera tenu que pour le surplus; il pourra se borner à livrer une chose diminuée ou détériorée, puisqu'il est dans l'impossibilité de faire autrement [4]. Enfin, si la chose due est demeurée à la vérité intacte, mais qu'un

---

serait injustifiable en théorie. Il est vrai que Justinien statue pour les « casus, qui certam habent quantitatem vel naturam », et qu'il maintient l'ancien droit pour les « casus, qui incerti esse videntur ». Mais il explique lui-même les « casus certi » par les « mots veluti in venditionibus et locationibus et omnibus contractibus »; il a en vue les dommages et intérêts dus pour cause d'inexécution des obligations où il y a un *simplum* certain, la chose due; il veut exclure les dommages et intérêts dus d'une manière principale en vertu d'un délit ou d'un quasi-délit. Voyez en ce sens VANGEROW, III, § 571, *Anm.* 4, n° II. Contra MOMMSEN, *Beiträge* II, § 21, p. 238.

(50) D'après MOMMSEN, *Beiträge* II, § 21, p. 236-238, si une prestation réciproque est due par le créancier et qu'elle consiste en une somme d'argent, le maximum légal des dommages et intérêts serait le double de la somme d'argent prémentionnée. Il est bien plus naturel et plus conforme au texte de la loi de prendre toujours pour base l'obligation elle-même du débiteur. Seulement la prestation réciproque et pécuniaire à faire par le créancier sera un élément d'estimation de l'obligation inexécutée.

(1) D. 45, 1. *de V. O.*, L. 37; D. 18, 5, *de rescind. vendit.*, L. 5, § 2.

(2) D. 50, 17, *de R. J.*, L. 23 i. f. — (3) D. *eod.*, L. 185.

(4) I. 3, 23, *de empt et vendit.*, § 3 (§ 3 initio, édition Kriegell).

accident ait mis le débiteur dans l'impossibilité d'en faire la délivrance, par exemple si la chose due a été volée, si l'esclave ou l'animal s'est enfui, sans dol ni faute de la part du débiteur, celui-ci devra seulement céder ses actions par rapport à la chose. Telles sont les actions revendicatoire ou Publicienne, les interdits possessoires, les actions naissant du vol, l'action Aquilienne, etc. (5). Toutefois ces règles ne sont vraies que pour les dettes de corps certains ; elles sont inapplicables aux dettes génériques, c'est-à-dire à celles qui ont pour objet, soit une chose déterminée seulement quant à son genre, soit une quantité de choses fongibles. Ici c'est le débiteur qui supporte tous les accidents relatifs aux choses qu'il se proposait de livrer au créancier ; il n'est jamais libéré par le cas fortuit. Si un corps certain peut périr, un genre tel que les chevaux ou le froment ne périt point; malgré la perte de certains individus du genre convenu, l'obligation conserve son objet ; son exécution n'est pas devenue impossible, et dès lors le débiteur devait demeurer tenu (6). De là les deux maximes : *debitor speciei interitu rei liberatur*, et *genus aut quantitas nunquam perit*.

Les règles qui viennent d'être exposées, s'appliquent aux conventions unilatérales et aux conventions bilatérales, à celles qui obligent une seule des parties contractantes et à celles qui créent des obligations réciproques pour les deux parties. Dans ces dernières aussi le cas fortuit libère de l'obligation contractée; il peut même libérer chacun des contractants, puisque chacun est débiteur. Mais dans ces conventions bilatérales se présente une grave difficulté. Est-ce que la partie libérée par l'accident conserve son droit à la prestation réciproque de l'autre partie, ou bien celle-ci est-elle également libérée? Le vendeur est libéré par la perte accidentelle de la chose vendue; mais l'acheteur demeure-t-il tenu au payement du prix ? Le bailleur est libéré si la chose louée vient à périr accidentellement; mais le preneur doit-il payer le prix de la jouissance? La question n'admet pas de solution absolue. Il y a lieu de distinguer entre les conventions qui ont pour objet un transfert de propriété et celles qui ont pour objet la jouissance d'une chose ou

(5) § 3ª cit. (§ 3 i. f., édition Kriegell). — (6) D. 23, 3, *de jure dot.*, L. 42.

des services. Le type des conventions de la première espèce est la vente; le type des secondes est le louage de choses ou d'ouvrage. En règle générale, dans les premières la prestation réciproque demeure due, tandis que dans les secondes les deux contractants sont libérés. Mais il importe de considérer séparément les principales conventions bilatérales.

I. DE LA VENTE. La chose vendue et non encore livrée périt par accident; le vendeur est libéré, mais l'acheteur n'en est pas moins tenu de payer le prix. C'est donc l'acheteur qui supporte les risques et périls de la chose vendue; celle-ci venant à périr, il perd à la fois la chose et le prix. Cette règle est fondée en droit et en équité. Si immédiatement après la perfection du contrat, le vendeur avait livré la chose, il aurait pleinement satisfait à son obligation, et dès lors la perte subséquente de la chose n'aurait pas dispensé l'acheteur du payement du prix; il aurait dû remplir son obligation comme le vendeur aurait rempli la sienne. Or, il doit en être de même lorsque le vendeur n'a apporté aucun retard à la tradition de la chose, lorsqu'il n'a dépendu que de l'acheteur de recevoir la délivrance; le retard de l'acheteur ne doit pas améliorer sa condition. La règle énoncée est également équitable. L'acheteur a droit à tous les profits provenant de la chose vendue à partir du jour du contrat, et en particulier, s'il est vrai que le fonds vendu peut être diminué par une avulsion, il peut aussi être augmenté par une alluvion, qui constitue un profit pour l'acheteur; si donc celui-ci supporte le *periculum*, il profite aussi du *commodum;* ses chances de perte sont compensées par des chances de gain (7). Cette doctrine s'appuie sur les textes les plus formels (8), de telle sorte qu'elle

---

(7) I. 3, 23, *de empt. et vendit.*, § 3 i. f. (§ 3, 1re partie, édition Kriegell). — Cf. pour le *commodum* ci-dessus § 6, III.

(8) I. 3, 23, *de empt. et vendit.*, § 3 (§ 3, 1re partie, édition Kriegell).

« Cum autem emptio et venditio contracta sit (quod effici diximus simulatque de
« pretio convenerit, cum sine scriptura res agitur), periculum rei venditæ statim
« ad emptorem pertinet, tametsi adhuc ea res emptori tradita non sit. Itaque si
« homo mortuus sit vel aliqua parte corporis læsus fuerit, aut ædes totæ aut aliqua
« ex parte incendio consumptæ fuerint, aut fundus vi fluminis totus vel aliqua ex
« parte ablatus sit, sive etiam inundatione aquæ aut arboribus turbine dejectis

n'est guère contestable. A la vérité, elle fut combattue pendant
quelque temps par Cujas, qui enseigna que la perte accidentelle de

« longe minor aut deterior esse cœperit : emptoris damnum est, cui necesse est,
« licet rem non fuerit nactus, pretium solvere. Quidquid enim sine dolo et culpa
« venditoris accidit, in eo venditor securus est. Sed et si post emptionem fundo
« aliquid per alluvionem accessit, ad emptoris commodum pertinet : nam et com-
« modum ejus esse debet, cujus periculum est. »

« Lorsque la vente est conclue (ce que nous avons dit se faire dès qu'on est con-
« venu du prix, si la vente a lieu sans écrit), le risque de la chose vendue est
« immédiatement pour l'acheteur, bien que cette chose ne lui ait pas encore été
« livrée. En conséquence, si l'esclave est mort ou a été lésé à une partie quel-
« conque du corps, ou bien si le bâtiment a été consumé en tout ou en partie par
« un incendie, ou bien si le fonds a été enlevé en tout ou en partie par la violence
« du fleuve ou bien que, par une inondation ou par une tempête qui a renversé des
« arbres, il se trouve considérablement diminué ou détérioré, le dommage est
« pour l'acheteur, qui, bien qu'il n'ait pas obtenu la chose, doit payer le prix. En
« effet, quoi qu'il arrive sans dol ni faute du vendeur, celui-ci peut être tranquille.
« Mais aussi lorsque, après la vente, quelque chose s'est ajouté au fonds par allu-
« vion, le profit en revient à l'acheteur; car le profit doit être pour celui qui sup-
« porte le risque. »

D. 18, 1, *de contr. empt.*, L. 34, § 6. PAULUS *libro XXXIII ad edictum.*

«Si emptio ita facta fuerit : ' est mihi emptus Stichus aut Pamphilus ' in potes-
« tate est venditoris, quem velit dare, sicut in stipulationibus, sed uno mortuo
« qui superest dandus est : et ideo prioris periculum ad venditorem, posterioris
« ad emptorem respicit. Sed et si pariter decesserunt, pretium debebitur : unus
« enim utique periculo emptoris vixit. Idem dicendum est etiam, si emptoris fuit
« arbitrium quem vellet habere, si modo hoc solum arbitrio ejus commissum sit,
« ut quem voluisset emptum haberet, non et illud, an emptum haberet. »

« Si une vente a été faite en ces termes (j'achète Stichus ou Pamphilus), il
« est au pouvoir du vendeur de donner celui qu'il veut, comme dans les stipula-
« tions. Que si l'un des esclaves est décédé, celui qui reste doit être donné; et
« partant le risque du premier regarde le vendeur, le risque du second regarde
« l'acheteur. Mais alors même que les deux esclaves sont décédés ensemble, le
« prix sera dû; car l'un au moins vivait au risque de l'acheteur. Il faut encore en
« dire autant si l'acheteur pouvait choisir l'un ou l'autre des esclaves, pourvu
« qu'on lui ait seulement permis de décider que celui des esclaves qu'il voudrait
« serait acheté, et non pas qu'il y aurait vente ou non. »

Ainsi, lorsque les deux esclaves vendus alternativement périssent, soit l'un
après l'autre, soit en même temps, que le choix appartienne au vendeur ou à
l'acheteur, le prix de vente doit être payé. Comme il est dit à la fin du passage, il
en serait autrement si l'acheteur était libre d'acheter ou de ne pas acheter; alors
la vente ne serait pas parfaite, et le risque serait pour le vendeur.

D. 18, 5, *de rescind. vendit.*, L. 5, § 2. JULIANUS *libro XV digestorum.* « Mortuo

la chose vendue libérait à la fois le vendeur de l'obligation de la livrer et l'acheteur de l'obligation de payer le prix (9) ; mais l'illustre jurisconsulte français revint plus tard sur son opinion (10), et aujourd'hui la question dont il s'agit peut être considérée comme résolue.

Nous allons rencontrer brièvement les objections qu'on a fait valoir contre la doctrine actuellement constante. On a opposé d'abord la règle *res perit domino ;* le vendeur demeure propriétaire

« autem homine perinde habenda est venditio ac si traditus fuisset, utpote cum « venditor liberetur et emptori homo pereat : quare nisi justa conventio inter- « venerit, actiones ex empto et vendito manebunt. »

« Mais lorsque l'esclave (vendu) décède, la vente doit être considérée comme si « l'esclave avait été livré, de telle façon que le vendeur est libéré et que l'esclave « périt pour l'acheteur ; c'est pourquoi les actions naissant de la vente demeureront « debout, à moins qu'une convention légitime ne soit intervenue. »

D'après Julien, la mort de l'esclave vendu libère le vendeur et la perte est pour l'acheteur. Il veut certainement nous apprendre par là que l'acheteur demeure tenu au payement du prix. D'ailleurs il ajoute que les actions de la vente subsistent, et notamment le vendeur dispose de l'*actio venditi* en payement du prix, à moins qu'il n'en ait fait la remise, par exemple par la voie de la stipulation Aquilienne (POTHIER, *Pandectæ Justinianeæ*, 18, 5, *de rescind. vendit.*, n° 7, note *b*). Cf. ci-après T. III, § 227.

D. *h. t.*, L. 8, pr. initio. PAULUS *libro XXXIII ad edictum.*

« Necessario sciendum est, quando perfecta sit emptio : tunc enim sciemus, « cujus periculum sit : nam perfecta emptione periculum ad emptorem respiciet. »

C. *h. t.*, L. 4. *Imp. Gordianus A. Silvestro militi.*

« Cum inter emptorem et venditorem contractu sine scriptis inito de pretio « convenit moraque venditoris in traditione non intercessit, periculo emptoris « rem distractam esse in dubium non venit. »

C. *h. t.*, L. 6. *Impp. Diocletianus et Maximianus AA. et CC. Aurelio Cyrillo.*

« Mortis casus ancillæ distractæ etiam ante traditionem sine mora ven- « ditoris dilatam non ad venditorem, sed ad emptorem pertinet, et hac non ex « præterito vitio rebus humanis exempta solutionem emptor pretii non recte recusat. »

Les trois derniers textes mettent encore les risques et périls de la chose vendue à la charge de l'acheteur, et le troisième a soin d'ajouter expressément qu'il faut entendre par là que l'acheteur est tenu de payer le prix.

(9) CUJAS, *Ad Africanum tractatus VIII, ad l. 33 locati*, et *Observationes* XXIII, 29.

(10) *Comment. in lib. XXXIII Pauli ad Edictum, ad l. 8 de per. et comm. rei vend.* — *Paratitla in lib. IV Codicis Justiniani, tit.* 48. — *Recitationes solemnes in lib. IV Codicis, ad tit.* 48.

de la chose vendue et non encore livrée ; on en conclut que c'est pour
lui que la chose doit périr. La maxime que l'on invoque, est vraie
en dehors des obligations ; elle est même ici d'une vérité triviale ; il
va de soi que la propriété s'éteint avec la chose sur laquelle elle porte.
Mais la règle ne saurait être appliquée aux rapports obligatoires ; à
ce point de vue, sa fausseté résulte des décisions multiples de nos
sources, non seulement en matière de vente, mais aussi en matière
de stipulation et de payement indu. Celui qui a promis une chose par
stipulation, est libéré par la perte accidentelle de la chose due[11];
celle-ci périt donc pour le stipulant, c'est-à-dire pour un non-
propriétaire. De même, si quelqu'un reçoit de bonne foi un payement
indu, il acquiert la propriété de la chose payée ; lui également est
libéré par le cas fortuit[12], lequel retombe par conséquent sur le
payant, sur le non-propriétaire. — On objecte encore que l'obligation
de payer le prix n'a plus de cause si la chose vendue n'est pas livrée.
Mais la cause, le motif juridique de l'obligation de payer le prix, ce
n'est nullement la tradition, c'est la promesse faite par le vendeur
de livrer la chose, et cette cause subsiste après la perte de la chose.
— Pareillement on a soutenu que si, après la perte de la chose, le
vendeur réclamait le payement du prix, il serait repoussé par
l'*exceptio doli vel non adimpleti contractus*. Mais on perd de vue que
le vendeur a été libéré de son obligation par la perte accidentelle de
la chose ; dès lors l'acheteur poursuivi en payement du prix ne peut
lui reprocher ni un dol ni l'inexécution du contrat. — Enfin les
textes qu'on a invoqués, ne sont pas plus concluants[13].

(11) D. 45, 1, *de V. O.*, L. 37. — (12) Arg. 12, 6, *de condict. indeb.*, L. 3 i. f.

(13) D. *h. t.*, L. 13 (L. 12, édition Kriegell). PAULUS *libro III Alfeni epitomarum.*

  « Lectos emptos ædilis, cum in via publica positi essent, concidit : si traditi
« essent emptori aut per eum stetisset quo minus traderentur, emptoris periculum
« esse placet. »

L. 14 (L. 13, édition Kriegell). JULIANUS *libro III ad Urseium Ferocem.*

  « Eumque cum ædili, si id non jure fecisset, habiturum actionem legis Aquiliæ :
« aut certe cum emptore ex empto agendum esse, ut is actiones suas, quas cum
« ædile habuisset, ei præstaret. »

L. 15 (L. 14, édition Kriegell). PAULUS *libro III epitomatorum Alfeni*, pr.

  « Quod si neque traditi essent neque emptor in mora fuisset quo minus trade-
« rentur, venditoris periculum erit. »

La règle sur les risques et périls en matière de vente admet des modifications dans la vente conditionnelle et dans la vente de choses fongibles.

§ 1. « Materia empta si furto perisset, postquam tradita esset, emptoris periculum « esse respondit, si minus, venditoris : videri au*em trabes traditas, quas emptor « signasset. »

« Un édile brisa des lits achetés, parce qu'ils étaient placés sur la voie publique. « S'ils avaient été livrés à l'acheteur ou bien s'il était en demeure de les recevoir, « il est admis que le risque est pour lui, et qu'il aura l'action de la loi *Aquilia* « contre l'édile dans le cas où celui-ci a agi injustement ; ou tout au moins il pour- « suivra le vendeur en vertu de la vente pour qu'il lui cède les actions qui lui com- « pètent contre l'édile. Mais si les lits n'avaient pas été livrés et que l'acheteur ne « fût pas non plus en demeure de les recevoir, le risque sera pour le vendeur. Si du « bois de construction acheté a été perdu par suite d'un vol, après avoir été livré, « il (Paul) a répondu que l'acheteur supporte le risque, que dans le cas contraire « c'est le vendeur ; qu'au reste les poutres que l'acheteur a cachetées, sont réputées « livrées. »

Examinons ces différentes décisions.

Quelqu'un avait acheté des lits ; ceux-ci ayant été placés sur la voie publique, un édile municipal, c'est-à-dire un édile chargé de la police des chemins publics (D. 43, 10, *de via publ.*, L. un.), les fit briser. Question de savoir qui supportera cette perte. Paul distingue. Si, dit-il, les lits avaient été livrés à l'acheteur ou que celui-ci fût en demeure de les recevoir, c'est lui qui supportera le risque, soit parce que le vendeur aura satisfait à son obligation de les livrer, soit comme conséquence de la demeure de l'acheteur (L. 13).

Mais *qui l*, dit Julien dans la loi 14, si l'édile a fait briser injustement les lits ? Dans le cas d'une tradition déjà effectuée, l'acheteur étant devenu propriétaire des lits, aura personnellement l'action Aquilienne contre l'édile. Dans le cas d'une simple demeure de l'acheteur, l'action Aquilienne sera acquise au vendeur demeuré propriétaire ; mais elle devra être cédée par lui à l'acheteur.

Si au contraire il n'y avait eu ni tradition des lits, ni demeure de l'acheteur, c'est le vendeur qui supportera la perte (L. 15, pr.). Pourquoi ? A raison du carac- tère accidentel de la perte ? Nullement ; le vendeur qui avait laissé les lits sur la voie publique, était manifestement en faute ; c'est de cette faute que Paul le rend responsable.

De même le vendeur se rend coupable de faute lorsqu'il laisse voler le bois vendu, alors qu'il n'était pas encore livré et que l'acheteur n'était pas non plus en demeure de le recevoir ; en général on peut prévenir le vol en gardant la chose avec les soins d'un bon père de famille.

Voyez en ce sens MOLITOR, cité, I, n° 425 i. f., et MAYNZ, II, § 210, note 8. — Cf. VANGEROW, III, § 591, *Anm.*, n° IV, 1°.

D. 19, 2, *locati*, L. 33. AFRICANUS *libro VIII quæstionum.*

« Nam et si vendideris mihi fundum isque priusquam vacuus traderetur publi-

A) *De la vente conditionnelle.* 1° La question des risques et périls dans une vente faite sous condition *suspensive* doit être résolue par une distinction. Si toute la chose a péri pendant que la condition était en suspens, la perte retombe sur le vendeur, bien que la condition s'accomplisse plus tard et nonobstant la rétroactivité de la condition accomplie. En effet, un contrat sans objet ne se comprend

« catus fuerit, tenearis ex empto : quod hactenus verum erit, ut pretium restituas, « non ut etiam id præstes, si quid pluris mea intersit eum vacuum mihi tradi. »

« En effet, si vous m'avez vendu un fonds de terre et que celui-ci ait été confisqué « avant que vous m'en ayez transféré la libre possession, vous serez tenu en vertu « de la vente; ce qui ne sera (toutefois vrai qu'en ce sens que vous devrez me res- « tituer le prix, et non en ce sens que vous devriez aussi me prester l'intérêt plus « élevé que j'avais au transfert de la libre possession du fonds. »

Voici l'explication de cette loi fameuse d'Africain.

Quelqu'un avait vendu de bonne foi un fonds appartenant à un tiers qui avait commis un crime puni de la confiscation des biens, et il avait reçu le prix de vente. Avant d'avoir été livré, le fonds fut confisqué au profit du trésor public. Africain décide que l'acheteur a droit à la restitution du prix, mais non à des dommages et intérêts. Le jurisconsulte considère le crime du propriétaire comme un vice de la chose; c'est même un vice qui empêche d'avoir la chose; il en détruit toute l'utilité. Le vendeur était certes excusable d'avoir ignoré un pareil défaut; il ne devait pas le prévoir; c'est pourquoi il n'est pas tenu à des dommages et intérêts. Mais comme le vice rend le fonds complètement inutile, l'acheteur peut, déjà en vertu du droit civil, poursuivre la rescision du contrat ainsi que la restitution du prix; car il n'eût pas contracté s'il avait connu l'existence du vice. Nous rencontrons dans nos sources une disposition tout à fait analogue. Quelqu'un vend de bonne foi un esclave fuyard, un *servus fugitivus.* Voilà encore un vice qui ne permet guère d'avoir la chose, qui en détruit presque toute l'utilité. Ulpien décide que l'acheteur d'un tel esclave a droit sinon à des dommages et intérêts, au moins à une réduction du prix proportionnée à l'impor- tance du vice (D. 19, 1, *de A. E. et V.*, L. 13, § 1); le prix devra même être intégra- lement restitué si l'acheteur connaissant le défaut n'eût pas contracté (Cf. ci-après T. II, § 108). Il est vrai qu'Africain semble considérer la confiscation du fonds vendu comme équivalant à sa perte accidentelle; car, en parlant au commencement de la loi 33 de la confiscation d'un fonds donné en bail, il la compare à un mou- vement du sol qui aurait détruit une maison dont la construction faisait l'objet d'une entreprise (quemadmodum, inquit, si insulam ædificandam locasses et solum corruisset). Mais il n'y a ici de la part du jurisconsulte qu'une simple comparaison entre la confiscation d'une chose et sa perte matérielle; cette compa- raison n'est pas une assimilation, et elle ne pouvait avoir ce caractère; car le fonds confisqué n'est point un fonds perdu.

Voyez sur cette loi MOLITOR, cité, I, n° 425, MOMMSEN, *Beiträge*, I, § 28, p. 334-336, VANGEROW, III, § 591, *Anm.*, n° IV, 1°, et MAYNZ, II, § 210, note 8.

pas ; l'obligation de livrer ne peut plus arriver à l'existence faute d'objet ; dès lors, la condition ne peut plus s'accomplir utilement et encore moins rétroagir[14]. Par contre, si la chose vendue conditionnellement n'a péri qu'en partie ou bien a subi de simples détériorations, ces accidents doivent être supportés par l'acheteur, en vertu de l'effet rétroactif de la condition. Ici la vente continue d'avoir un objet ; la condition peut s'accomplir utilement, et elle rétroagit jusqu'au jour du contrat, c'est-à-dire que la vente est réputée avoir été conclue d'une manière pure et simple ; or, dans la vente pure et simple le risque est pour l'acheteur[14]. On a l'habitude de résumer ces règles en disant que le vendeur supporte le *periculum interitus* et l'acheteur le *periculum deteriorationis;* on comprend sous ce dernier la perte partielle.

2° On suit les mêmes règles dans la vente faite sous condition

---

(14) D. *h. t.*, L. 8, pr. i. f. PAULUS *libro XXXIII ad edictum.*

« Quod si pendente condicione res tradita sit, emptor non poterit eam usucapere « pro emptore, et quod pretii solutum est repetetur et fructus medii temporis « venditoris sunt (sicuti stipulationes et legata condicionalia peremuntur), si « pendente condicione res exstincta fuerit : sane si exstet res, licet deterior effecta, « potest dici esse damnum emptoris. »

« Si la chose a été livrée pendant que la condition était en suspens, l'acheteur « ne pourra pas l'usucaper comme acheteur, et si la chose a péri, la condition « étant encore en suspens, ce qui aura été payé sur le prix sera sujet à répétition « et les fruits de l'époque intermédiaire appartiennent au vendeur (de même que « les stipulations et les legs conditionnels s'éteignent). Mais si la chose existe « encore, bien que détériorée, on peut dire que le dommage est pour l'acheteur. »

Le jurisconsulte pose bien la distinction que nous avons faite nous-même. La détérioration de la chose vendue conditionnellement est pour l'acheteur. Mais s'il y a eu perte totale, la vente est réputée non avenue, comme les stipulations ou les legs conditionnels, et le vendeur doit restituer ce qu'il a touché sur le prix.

Nous avons suivi la leçon Florentine, qui est adoptée par Mommsen; elle donne un sens très acceptable. La Vulgate porte ce qui suit après les mots venditoris sunt: « *Plane si pendente conditione res interierit, perimitur emptio,* sicuti stipulationes et « legata conditionalia perimuntur, si pendente conditione res extincta fuerit : sane « si.......... ». Cette leçon présente l'inconvénient de placer dans une première phrase les mots « et quod pretii solutum est repetetur et fructus medii temporis venditoris sunt » et de rejeter dans une seconde proposition les mots « si pendente condicione res exstincta fuerit. » Il en résulte que les premiers mots deviennent inintelligibles; on se demande vainement à quoi ils se rapportent.

Cf. VANGEROW, III, § 591, *Anm.*, n° V, et MAYNZ, II, § 205, note 31.

résolutoire, mutatis mutandis. Les rôles des parties sont intervertis : l'acheteur est devenu débiteur de restitution sous condition suspensive, et le vendeur est le créancier conditionnel. La perte totale sera donc supportée par l'acheteur malgré la réalisation subséquente de la condition ; l'acheteur perdra la chose et le prix ; la convention relative à la restitution de la chose n'a plus d'objet. Mais la perte partielle et la détérioration seront pour le vendeur, si la condition s'accomplit ; le vendeur ne recevra qu'une chose réduite ou détériorée et néanmoins devra restituer la totalité du prix. C'est que la condition accomplie rétroagit jusqu'au jour de la vente ; la convention relative à la restitution de la chose est réputée avoir été conclue d'une manière pure et simple.

3° Lorsque les parties sont convenues que le prix de vente serait fixé par un tiers, la vente est faite sous condition suspensive ; elle est conclue sous la condition : si le tiers fixe le prix[15]. De même, la vente faite à l'essai ou moyennant dégustation est conditionnelle, et la condition est généralement suspensive ; la vente est conclue sous la condition : si l'acheteur agrée la chose après l'avoir essayée ou dégustée[16]. Mais dans les deux cas, par dérogation à la règle générale suivie dans la vente conditionnelle, tous les risques, même celui de la perte partielle ou de la détérioration, sont supportés par le vendeur. La raison en est que, si la fixation du prix a été abandonnée à un arbitre, celui-ci prendra naturellement pour base de son estimation la valeur de la chose au moment où il est appelé à l'estimer ; il tiendra donc compte de la perte partielle et de la détérioration. Que si la vente a été faite à l'essai ou moyennant dégustation, l'acheteur refusera d'agréer la chose réduite ou détériorée ; son refus fera défaillir la condition apposée à la vente et partant la vente elle-même, ce qui rejettera nécessairement le risque sur le vendeur[17].

B) *De la vente de choses fongibles*. Au point de vue des risques

---

(15) I. 3, 23, *de empt. et vendit.*, § 1. — Cf. ci-après T. II, § 90.

(16) Cf. ci-après T. II, § 116.

(17) D. *h. t.*, L. 1, pr., v^is Sed si venditor........ usque ad degustationem sustinebit. — Cf. ci-après T. II, § 116.

et périls, la vente de choses fongibles peut se présenter sous cinq formes différentes.

1° On peut vendre une certaine quantité de choses de telle espèce et qualité, sans autre désignation, par exemple 100 hectolitres de froment, 10 hectolitres de tel vin. C'est là une vente générique pure et simple, où l'acheteur supporte tous les risques[18].

2° En sens contraire, on peut vendre une masse entière de choses fongibles pour un prix unique, ou bien, comme disent nos sources, *per aversionem* (en bloc). Tel est le cas où je vous vends tout le froment que renferme mon grenier, tout le vin qui se trouve dans ma cave, pour 1000 fr. Pareille vente porte sur un corps certain, au même titre que celle d'un cheval déterminé, et, conformément au principe général, tout le risque est pour l'acheteur[19].

3° On peut vendre une masse entière de choses fongibles à tant

(18) *Valicana Fragmenta* 16 i. f.

(19) Arg. D. 18, 1, *de contr. empt.*, L. 35, § 5 initio. Gaius *libro X ad edictum provinciale.*

« In his quæ pondere numero mensurave constant, veluti frumento vino oleo
« argento, modo ea servantur quæ in ceteris, ut simul atque de pretio convenerit,
« videatur perfecta venditio, modo ut, etiamsi de pretio convenerit, non tamen
« aliter videatur perfecta venditio, quam si admensa adpensa adnumeratave sint.
« Nam si omne vinum vel oleum vel frumentum vel argentum quantumcumque
« esset uno pretio venierit, idem juris est quod in ceteris rebus. »

« En ce qui concerne les choses qui se pèsent, se comptent ou se mesurent,
« telles que le froment, le vin, l'huile, l'argent, tantôt on observe les mêmes
« règles que pour les autres choses, c'est-à-dire que la vente est considérée comme
« parfaite dès qu'on est convenu du prix, tantôt on admet que, bien qu'on soit
« d'accord sur le prix, la vente n'est réputée parfaite que si les choses ont été
« mesurées, pesées ou comptées. En effet, si on a vendu pour un seul prix tout le
« vin ou l'huile ou le froment ou l'argent, quelle qu'en soit la quantité, la règle de
« droit est la même que pour les autres choses. »

Gaius s'occupe de la perfection de la vente au point de vue des risques et périls
(Cf. D. *h. t.*, L. 8, pr. initio). Si on a vendu tout le vin, l'huile, le froment ou
l'argent pour un prix global, il déclare la vente parfaite dès qu'on est convenu du
prix; cela veut dire qu'à partir de ce moment les marchandises vendues sont au
risque de l'acheteur.

C. *h. t.*, L. 2, § 1 (L. 2, édition Kriegell). *Imp. Alexander A. Gargilio Juliano.*

« Cum autem universum quod in horreis erat postea venisse sine mensura et
« claves emptoribus traditas adlegas, perfecta venditione quod vino mutato dam-
« num accidit, ad emptorem pertinet. »

l'unité de nombre, de poids ou de mesure, par exemple tout le grain que j'ai dans mon grenier à 20 fr. l'hectolitre, tout le vin de ma cave à 100 fr. l'hectolitre. Ici une distinction est nécessaire. Les risques de la perte totale ou partielle des marchandises sont pour le vendeur; ceux de la détérioration sont pour l'acheteur. Ces règles sont des conséquences logiques du contrat. Aux termes de celui-ci, l'acheteur ne doit payer que les unités qui lui seront comptées, pesées ou mesurées ; mais aussi il doit payer toutes ces unités. Il s'ensuit que si une partie des marchandises a péri, comme cett epartie ne sera pas comprise dans le compte, la pesée ou le mesurage, le vendeur n'en touchera pas le prix; la perte partielle des marchandises retombera donc sur lui. Pour le même motif il supportera la perte totale. Mais les risques de la détérioration seront pour l'acheteur; car la détérioration est sans influence sur le compte, la pesée ou le mesurage, et l'acheteur doit payer tout ce qui lui est compté, pesé ou mesuré [20]. La plupart des auteurs n'admettent pas la distinction

[20] Cf. D. 18, 1, *de contr. empt.*, L. 35, § 5 i. f. et 6. GAIUS *libro X ad edictum provinciale.*

§ 5 i. f. « Quod si vinum ita venierit, ut in singulas amphoras, item oleum, ut in « singulos metretas, item frumentum, ut in singulos modios, item argentum, ut « in singulas libras certum pretium diceretur, quæritur, quando videatur emptio « perfici. Quod similiter scilicet quæritur et de his quæ numero constant, si pro « numero corporum pretium fuerit statutum. Sabinus et Cassius tunc perfici « emptionem existimant, cum admunerata admensa adpensave sint, quia venditio « quasi sub condicione videtur fieri, ut in singulos metretas aut in singulos « modios quos quasve admensus eris, aut in singulas libras quas adpenderis, aut « in singula corpora quæ admuneraveris. »

§ 6. « Ergo et si grex venierit, si quidem universaliter uno pretio, perfecta « videtur, postquam de pretio convenerit : si vero in singula corpora certo pretio, « eadem erunt, quæ proxime tractavimus. »

« Mais si l'on a vendu du vin, de l'huile, du froment, de l'argent, de telle sorte « qu'un prix déterminé a été fixé pour chaque bouteille, fût, boisseau, livre, on « demande quand la vente doit être considérée comme parfaite. La même question « se pose en ce qui concerne les choses qui se comptent, si le prix a été fixé « d'après le nombre des individus. Sabinus et Cassius pensent que la vente se « parfait au moment où les choses sont comptées, mesurées ou pesées, parce que « la vente est censée faite sous cette condition que (le prix serait fixé) pour chaque « fût ou boisseau qui serait mesuré, ou pour chaque livre qui serait pesée, ou pour « chaque individu qui serait compté. »

« Donc aussi, lorsqu'un troupeau a été vendu, s'il l'a été globalement pour un

que nous venons d'établir : ils font supporter par le vendeur indistinctement tous les risques, même celui de la simple détérioration, et ils citent plusieurs lois qui leur paraissent favorables(?1). Ce système est contraire aux principes généraux et les textes invoqués peuvent être interprétés autrement(22).

« prix unique, la vente est réputée parfaite après qu'on est convenu du prix ; mais « si chaque tête a été vendue pour un prix déterminé, l'espèce sera le même que « celle que nous avons traitée tantôt. »

Ainsi, d'après Gaius, lorsque les choses fongibles ont été vendues à tant l'unité de nombre, de poids ou de mesure, la vente n'est parfaite, au point de vue des risques et périls, que si les choses ont été comptées, pesées ou mesurées (Cf. D. *h. t.*, L. 8, pr. initio); en d'autres termes le vendeur supporte le risque jusqu'au moment du compte, de la pesée ou du mesurage. Malgré cette décision générale, il faut admettre que l'acheteur supporte au moins la détérioration des choses vendues. Cela résulte du motif sur lequel se fonde Gaius : le prix, dit-il, est censé fixé pour chaque unité qui sera comptée, pesée ou mesurée « quia venditio quasi sub condicione videtur fieri, ut in singulos metretas, etc. »(L. 35, § 5 i. f.); or la détérioration est sans influence sur le compte, la pesée, le mesurage.

Cf. encore D. *h. t.*, L. 11 (L. 10, § 1, édition Kriegell). *In libro VII digestorum* Juliani Scævola *notat :* Fundi nomine emptor agere non potest, cum, prius-« quam mensura fieret, inundatione aquarum aut chasmate aliove quo casu pars « fundi interierit. »

« L'acheteur ne peut pas agir à raison du fonds, lorsque, avant le mesurage, une « partie du fonds a péri par une inondation, un tremblement de terre ou quelque « autre accident. »

Cette loi est étrangère à notre question. Un fonds de terre avait été vendu à tant la mesure et avait péri partiellement avant le mesurage. Scævola décide que cette perte n'autorise pas l'acheteur à agir en dommages et intérêts. Devra-t-il payer les arpents qu'il n'obtient pas ? le jurisconsulte ne s'occupe pas de ce point. Mais, dans le passage prémentionné, Gaius d'accord avec les principes répond que non (Feust et Sintenis, traduction allemande du *Corpus juris, ad h. l.* — Vangerow, III, § 635, *Anm ,* n° I, 1° i. f.).

(21) D. 18, 1, *de contr. empt.*, L. 35, § 5 i. f., 6 et 7; D. *h. t.*, L. 5; C. *h. t.*, L. 2, pr. (L. 2 initio, édition Kriegell).

(22) Nous avons déjà rendu compte, à la note précédente, du D. 18, 1, *de contr. empt.*, L. 35, § 5 i. f. et 6. Quant aux trois autres textes, ils ont en vue, non pas la vente à tant la mesure d'une masse entière de choses fongibles, mais la vente à tant la mesure d'une certaine quantité de choses fongibles à prendre dans une masse déterminée. Le Digeste 18, 1, *de contr. empt.*, L. 35, § 7, vis ex doleario pars vini, et le D. *h. t.*, L. 5, vis amphoræ centum ex eo vino, quod in cella esset, sont aussi précis que possible. Le Code *h. t.*, L. 2, pr , l'est moins (vis singulæ amphoræ vini certo pretio); mais il faut l'appliquer à la même espèce. Cela résulte

4° On peut encore vendre une certaine quantité de choses fongibles à prendre dans une masse déterminée et pour un prix fixé à tant l'unité de nombre, de poids ou de mesure, par exemple 100 hectolitres du froment qui se trouve dans mon grenier à 20 fr. l'hectolitre, ou bien 10 hectolitres du vin que j'ai dans ma cave à 100 fr. l'hectolitre. En ce qui concerne les risques et périls, cette vente est généralement soumise aux mêmes règles que la précédente ; les motifs sont aussi les mêmes. Il faut toutefois en excepter le cas où une partie seulement de la masse aurait subi des détériorations. Dans l'espèce, l'acheteur peut exiger avant tout la partie de la masse demeurée intacte, et ce n'est que pour autant que cette partie est insuffisante qu'il est forcé d'accepter des marchandises détériorées. En effet, le vendeur n'a le droit de forcer l'acheteur à supporter la détérioration que s'il lui est impossible de fournir des marchandises intactes; or cette impossibilité n'existe point pour la partie de la masse restée intacte. En résumé, la perte totale ou partielle retombera toujours sur le vendeur. Celui-ci supportera encore la détérioration des marchandises s'il lui en reste une quantité intacte supérieure ou égale à la quantité vendue. Si la quantité intacte est inférieure à la quantité vendue, l'acheteur supportera la détérioration pour la différence entre les deux quantités, et si la détérioration a affecté toute la masse, elle retombera pleinement sur l'acheteur.

de la combinaison du *principium* avec le § 1 de la loi 2 (v^{is} Cum autem *universum* quod in horreis erat postea venisse sine mensura...adlegas); cette antithèse prouve que le *principium* de la loi 2 vise la vente d'un certain nombre de bouteilles à prendre dans le vin que renfermait le grenier du vendeur. Bien que ces trois textes ne s'occupent pas de la vente à tant la mesure d'une masse entière de choses fongibles, on pourrait cependant les invoquer ici par analogie. Mais quand nous parlerons (note 24) de la vente à tant la mesure d'une certaine quantité de choses fongibles à prendre dans une masse déterminée, nous verrons qu'il y a lieu de refuser aux lois précitées la portée qu'on leur attribue.

Voyez en notre sens MOMMSEN, *Beiträge* I, § 28, 2°, p. 338-339, et WINDSCHEID, II, § 390, 1°, c.

Contra VANGEROW, III, § 635, *Anm.*, n° I, p. 432-433, et MAYNZ, II, § 210, note 12.

Cf. UNTERHOLZNER, cité, II, § 454, III, 2°, et MOLITOR, cité, I, n°s 282, 2° et i. f., et 427 initio.

7

L'opinion commune se prononce en sens contraire : elle met à la charge du vendeur tous les risques, même celui d'une détérioration quelconque. Plusieurs textes paraissent la confirmer[23] ; mais il est possible de leur donner une autre portée[24].

5° Enfin, on peut vendre une certaine quantité de choses fongibles à prendre dans une masse déterminée, mais en faisant la vente pour un prix unique. Je vends 100 hectolitres du froment que j'ai dans mon grenier, pour la somme de 2000 fr. ; je vends 10 hectolitres du vin de ma cave, pour 1000 fr. En réalité cette vente ne diffère pas de la précédente : les parties ont voulu contracter au nombre, au poids ou à la mesure. Sans doute elles ont fixé un prix global, 2000 ou 1000 fr., mais en vue d'une quantité déterminée de choses, en vue de 100 hectolitres de froment ou de 10 hectolitres de vin ; c'est comme si la vente avait été faite à raison de 20 fr. l'hectolitre de froment ou de 100 fr. l'hectolitre de vin. Dès lors la question des risques et périls doit se résoudre de la même manière [25].

(23) D. 18, 1, *de contr. empt.*, L. 35, § 7; D. *h. t.*, L. 5; C. *h. t.*, L. 2, pr. (L. 2 initio, édition Kriegell).

(24) Les deux premiers passages (D. 18, 1, *de contr. empt.*, L. 35, § 7; D. *h. t.*, L. 5) mettent à la charge du vendeur « omne periculum ». Mais malgré la généralité de ces mots, rien ne prouve que le jurisconsulte ait eu en vue autre chose qu'une perte totale ou partielle des marchandises. D'abord c'est ce risque qui attire principalement l'attention (Arg. D. *h. t.*, L. 8, pr.). Ensuite, la loi 35, § 7, citée, n'est qu'une application du principe posé dans la loi 35, § 5 i. f., que le prix est fixé pour chaque unité qui sera comptée, pesée ou mesurée (quia venditio quasi sub condicione videtur fieri, ut in singulos metretas, etc.); or, s'il en est ainsi, l'acheteur doit le prix convenu pour toutes les unités qui lui sont comptées, pesées ou mesurées, peu importe qu'il y ait détérioration.

La troisième loi (C. *h. t.*, L. 2, pr.) fait supporter par le vendeur le risque du vin qui a tourné (periculum vini mutati). On peut restreindre cette décision à une détérioration partielle de la masse de vin, d'autant plus qu'il arrivera assez rarement que tout le vin du vendeur aura tourné.

Ces interprétations étant possibles, c'est à elles qu'il convient de s'arrêter, parce qu'elles sont seules satisfaisantes au point de vue des principes généraux.

En ce sens MOMMSEN, *Beiträge* I, § 28, 3°, b, p. 340-342, et, apparemment aussi, WINDSCHEID, II, § 390, 1°, c.

Contra VANGEROW, III, § 635, *Anm.*, n° I, p. 432-433, et MAYNZ, II, § 210, note 12. Cf. UNTERHOLZNER, cité, II, § 454, III, 2°.

(25) Cf. D. 18, 1, *de contr. empt.*, L. 35, § 7 i. f.

II. Du LOUAGE. A) La chose louée périt accidentellement après
la conclusion du bail. Le bailleur est libéré de son obligation de faire
jouir le preneur ; mais celui-ci ne doit le prix convenu que pour la
durée de la jouissance ; il est libéré pour la période postérieure à
la perte (26). Quelle est la raison de ce principe tout différent de
celui qui est suivi en matière de vente ? L'obligation du vendeur
s'exécute en un seul instant par la tradition de la chose vendue ;
si cette tradition avait eu lieu immédiatement après le contrat, le
risque eût été certainement pour l'acheteur, et dès lors il doit en
être de même lorsqu'il n'a dépendu que de ce dernier de recevoir
la délivrance. L'obligation du bailleur est continue ; il doit faire
jouir le preneur pendant toute la durée du bail ; son obligation a
donc pour objet une chose future, la prestation de la jouissance
pendant le délai convenu. Or, dans un contrat portant sur une chose
future, le prix de cette chose ne saurait être dû que si la chose
future arrive à l'existence et dans les limites dans lesquelles elle
arrive à l'existence ; c'est ce qui est admis même dans la vente de
choses futures (*emptio rei speratæ*)(27). De là la conséquence que si
la chose louée vient à périr, le preneur ne saurait être contraint de
payer le prix pour la période postérieure à la perte ; en un mot, le
contrat est dissous. De même, si la chose louée a péri en partie ou
bien a subi des détériorations, le preneur a droit pour l'avenir à une
réduction proportionnelle du prix (28). Il y a plus : si, à raison de la
perte partielle ou de la détérioration, la chose ne pouvait plus servir
à l'usage auquel elle était destinée, le preneur aurait l'option entre
une réduction du prix et la résiliation du bail; car il peut considérer
le contrat comme n'ayant plus d'objet(29 . Une application spéciale du
même principe a été faite au bail à ferme, dans le cas d'une récolte
manquée. Le fermier peut, du chef de récolte manquée, réclamer
une réduction proportionnelle du fermage de la mauvaise année, par
exemple une réduction de la moitié s'il n'a fait qu'une demi-récolte .

____

(26) D. 19, 2, *locati*, L. 19, § 6 initio, L. 30, § 1, L. 33, L. 34.

(27) Cf. ci-après T. II, § 115, II. — Voyez sur cette question MOLITOR, cité, I,
n° 283, et MOMMSEN, *Beiträge* I, § 29, p. 345-352.

(28) D. 19, 2, *locati*, L. 25, § 2. — (29) L. 25, § 2 initio, cit.

moyenne [30], et par voie de conséquence, la remise complète du fermage si la récolte a été nulle. Mais il faut à cet effet le concours des conditions suivantes :

1° la perte de la récolte doit être due à un événement non seulement accidentel, mais de plus imprévu lors du bail. Le fermier supporte la perte produite par un accident qu'il a prévu ou dû prévoir; dans l'espèce il ne saurait se plaindre de la perte qui le frappe; car il l'a prise ou bien a dû la prendre en considération lors de la fixation du prix. Si donc la perte est due à des intempéries telles que la gelée, la pluie, la sécheresse, le fermier n'aura droit à une réduction du fermage que si les intempéries ont été insolites, si elles ont été en dehors du cours ordinaire des saisons [31]. Le fermage devra toujours être réduit si la récolte a péri à la suite d'une invasion de l'ennemi [32] ou bien d'un incendie accidentel [33].

2° Une partie considérable de la récolte doit avoir péri. On n'a pas égard à des pertes légères; en effet si, dans le cours du bail, le fermier fait des récoltes même d'une abondance exceptionnelle, il en profite, et dès lors il est juste qu'il supporte une perte légère, fût-elle imprévue [34]. Quant à la quote-part de la récolte qui doit avoir péri, le droit romain s'en réfère à l'appréciation du juge.

3° La perte doit être antérieure à la perception des fruits. Si elle survient après cette perception, par exemple après que le blé a été coupé, bien qu'il se trouve encore sur le champ, le bailleur a satisfait à son obligation de faire jouir le fermier et partant ce dernier doit remplir la sienne, payer le prix convenu.

4° Il faut que le fermier ne soit pas déjà indemnisé par de bonnes récoltes antérieures, sinon il n'a subi aucune perte à l'occasion du bail [35]. D'autre part, le fermage d'abord remis à raison d'une mauvaise année peut être réclamé plus tard si la perte est réparée par une année d'abondance [36]. En résumé, le bailleur est admis à

(30) D. 19, 2, *locati*, L. 15, § 7.
(31) D. *eod.*, L. 15, § 2; cf. C. 4, 65, *de loc* ; L. 8.
(32) D. 19, 2, *locati*, L. 15, § 2 i. f. — (33) D. *eod.*, L. 15, § 3, cf. § 5.
(34) D. 19, 2, *locati*, L, 25, § 6 initio.
(35) D. *eod.*, L. 15, § 4 i. f.; C. 4, 65, *de loc.*, L. 8.
(36) D. 19, 2, *locati*, L. 15, § 4 initio.

compenser la perte de la mauvaise année par l'excédant des bonnes années, antérieures ou postérieures.

Enfin 5° il faut que le prix du bail consiste en une somme d'argent ou bien en une quantité déterminée de fruits [37]. Le colon partiaire, c'est-à-dire le fermier qui paye à titre de fermage une quote-part de la récolte de chaque année, la moitié, un tiers, un quart, etc., ne peut jamais réclamer une réduction de cette quote-part pour récolte manquée. Car si l'année est mauvaise, il obtient, déjà par l'effet naturel du contrat, une réduction proportionnelle du fermage; il ne paye que la moitié, le tiers, le quart de ce qu'il paye pour une année ordinaire. Une ferme rapportant en moyenne 200 hectolitres de blé est louée moyennant partage égal de la récolte entre le bailleur et le fermier; si la récolte s'élève à 200 hectolitres, le fermier en payera 100; mais si la récolte ne donne que 100 hectolitres, il ne devra en payer que 50, et il ne devra rien dans le cas d'une perte totale de la récolte [38].

B) On suit la même règle dans le louage d'ouvrage, que ce contrat ait pour objet des services en général (*locatio conductio operarum*) ou bien un ouvrage déterminé (*locatio conductio operis*). Si, par suite d'un accident, le travail promis n'est pas fourni ou n'est fourni que d'une manière partielle, l'ouvrier ou l'entrepreneur sera libéré dans les limites de l'impossibilité qui s'est produite, mais il n'aura pas droit au prix convenu ou tout au moins ne pourra le réclamer que pour autant qu'il aura satisfait à son obligation. Ainsi l'ouvrier est empêché par une maladie de prester ses services en tout ou en partie; il sera libéré pour la durée de sa maladie; mais il ne pourra exiger le salaire correspondant à cette période. Le navire par lequel devait se faire un transport de marchandises, périt accidentellement; le voiturier sera libéré; mais le prix du transport ne sera pas dû, pas même en partie; car l'obligation de transporter des marchandises est indivisible; elle n'est remplie en aucune façon aussi longtemps qu'elle n'est pas complètement remplie. Ou bien quelqu'un s'est engagé à construire une maison, et la bâtisse commencée est détruite par un tremblement de terre; l'entrepreneur devra en

(37) C. 4, 65, *de loc.*, L. 8. — (38) D. 19, 2, *locati*, L. 25, § 6 i. f.

construire une autre si la chose est possible, et dans le cas contraire sera libéré; du chef du travail déjà fourni, il n'aura droit à aucune partie du prix convenu, encore parce que son obligation était indivisible. Il en serait autrement si l'entreprise avait pour objet la construction de plusieurs bâtiments distincts et indépendants et que l'un de ces bâtiments, après son entier achèvement, eût été renversé par un tremblement de terre; dans l'espèce il y aurait exécution partielle de l'obligation de l'entrepreneur, et la partie correspondante du prix serait due. Quel est le fondement de ce système? Ici également il s'agit d'une obligation continue; le contrat a pour objet une prestation prolongée dans le cours du temps, en un mot une chose future; or, le prix d'une pareille chose n'est dû que si la chose arrive à l'existence et dans les limites dans lesquelles elle arrive à l'existence (39). Tel étant le motif de la règle, il faut aussi

(39) D. 19, 2, *locati*, L. 15, § 6. Ulpianus *libro XXXII ad edictum.*

« Item cum quidam nave amissa vecturam, quam pro mutua acceperat, repetere-
« tur, rescriptum est ab Antonino Augusto non immerito procuratorem Cæsaris
« ab eo vecturam repetere, cum munere vehendi functus non sit : quod in omnibus
« personis similiter observandum est. »

« De même, comme quelqu'un voulait retenir, après la perte du navire, le prix
« du transport qu'il avait reçu à titre de prêt, il fut répondu par un rescrit de
« l'empereur Caracalla que le *procurator Cæsaris* répétait à juste titre le prix du
« transport, puisque le batelier n'avait pas rempli son obligation relative au
« transport; la même règle doit être suivie à l'égard de toutes autres personnes. »

Un *procurator Cæsaris* (magistrat investi d'une compétence fiscale dans les
provinces) avait chargé un batelier du transport soit de sa personne, soit d'objets
à lui appartenant. Il lui avait payé par anticipation le prix, pour qu'il le gardât
provisoirement comme argent prêté; le prix n'étant dû qu'après que le transport
a été effectué, constitue tout naturellement, jusqu'à ce moment, de l'argent prêté.
Le navire vint à périr et sa perte rendit le transport impossible. La décision est
que le prix doit être restitué et le jurisconsulte ajoute qu'elle s'applique à des
personnes quelconques (Mommsen, *Beiträge* I, § 31, p. 383. — Vangerow, III,
§ 591, *Anm.*, n° VII initio, p. 214-215. — Contra Maynz, II, § 218, note 15 i. f.

D. 14, 2, *de lege Rhodia de jactu*, L. 10, pr. Labeo *libro I pithanon a* Paulo
epitomatorum.

« Si vehenda mancipia conduxisti, pro eo mancipio, quod in nave mortuum est,
« vectura tibi non debetur. Paulus : immo quæritur, quid actum est, utrum ut
« pro his qui impositi an pro his qui deportati essent, merces daretur : quod si hoc
« apparere non potuerit, satis erit pro nauta, si probaverit impositum esse
« mancipium. »

décider que si la chose future qui fait l'objet du contrat, c'est-à-dire l'ouvrage, arrive à l'existence, l'entrepreneur acquiert un droit absolu au prix, tout comme dans la vente, et ce droit ne peut plus lui être enlevé par la perte subséquente de l'ouvrage. La maison à construire par l'entrepreneur est achevée ; un tremblement de terre la détruit ; le prix de l'entreprise est dû [40]. De même, en cas

« Si vous vous êtes chargé de transporter des esclaves par eau, le prix du trans-
« port ne vous est pas dû pour un esclave qui est décédé sur le navire. PAUL : il
« faut plutôt se demander ce qui a été convenu, si le prix devait être donné pour
« les esclaves qui auraient été embarqués ou pour ceux qui auraient été débar-
« qués ; si ce point ne peut être éclairci, il suffit que le batelier prouve que
« l'esclave a été embarqué. »

Il résulte de ce passage que le prix convenu pour un transport à faire jusqu'à un endroit déterminé n'est dû que pour autant que ce transport a été effectué ; si la chose qu'il s'agit de transporter, périt en route, le fret ne peut pas être réclamé.

Voyez encore le D. 45, 1, *de V. O.*, L. 15, qui prouve qu'une maison partiellement achevée est au risque de l'entrepreneur, en ce sens que si elle périt accidentellement, l'entrepreneur doit recommencer la bâtisse.

Ces textes sont relatifs au louage qui a pour objet un ouvrage déterminé. Il faut les étendre par analogie au louage de services en général.

Non obstat D. 19, 2, *locati*, L. 61, § 1. Quelqu'un avait pris un navire en location pour transporter des marchandises de la province de Cyrène à Aquilée. Ce contrat constitue moins une *locatio operis* qu'une *locatio navis* en vue d'un transport déterminé. Le navire loué fut livré au preneur, mais après qu'il eut été retenu neuf mois dans la province de Cyrène, le chargement fut confisqué. Scævola décide que le prix convenu doit être payé, et avec raison ; le bailleur ayant mis son navire pendant 9 mois à la disposition du preneur et le transport n'ayant été empêché que par le fait de ce dernier, le bailleur avait satisfait à son obligation de faire jouir le preneur conformément au contrat ; dès lors le prix était dû.

(40) D. 19, 2, *locati*, L. 36. FLORENTINUS *libro VII institutionum*.

« Opus quod aversione locatum est donec adprobetur, conductoris periculum est :
« quod vero ita conductum sit, ut in pedes mensurasve præstetur, eatenus conduc-
« toris periculo est, quatenus admensum non sit : et in utraque causa nociturum
« locatori, si per eum steterit, quo minus opus adprobetur vel admetiatur. Si
« tamen vi majore opus prius interciderit quam adprobaretur, locatoris periculo
« est, nisi si aliud actum sit : non enim amplius præstari locatori oporteat, quam
« quod sua cura atque opera consecutus esset. »

L. 37. JAVOLENUS *libro VIII ex Cassio*.

« Si, priusquam locatori opus probaretur, vi aliqua consumptum est, detrimen-
« tum ad locatorem ita pertinet, si tale opus fuit, ut probari deberet. »

« Un ouvrage entrepris en bloc est au risque de l'entrepreneur jusqu'à ce qu'il
« soit approuvé ; mais celui qui a été entrepris à condition d'être presté au pied ou

d'exécution partielle de l'ouvrage, l'entrepreneur peut réclamer la partie correspondante du prix, nonobstant la perte subséquente;

à la mesure, est (seulement) au risque de l'entrepreneur pour autant qu'il n'a pas
« été mesuré; (d'ailleurs) dans les deux cas le dommage retombera sur le maître,
« s'il a dépendu de lui d'approuver ou de faire mesurer l'ouvrage. Au contraire,
« si l'ouvrage a péri par suite d'un événement de force majeure avant d'être
« approuvé, il est au risque du maître, sauf convention contraire; en effet,
« l'on ne doit prester au maître que ce qu'il eût obtenu par ses soins et efforts
« personnels. »

« Si l'ouvrage a été détruit par quelque accident avant d'être approuvé par le
« maître, le dommage frappe ce dernier si l'ouvrage était de telle nature qu'il
« devait être approuvé. »

Dans la première partie de la loi 36, Florentin suppose que l'ouvrage entrepris vient à périr par la faute de l'entrepreneur; cela résulte nettement de l'antithèse établie entre le commencement et la fin de la loi (Si tamen *vi majore* opus... interciderit). Pas de doute que pareille perte ne retombe sur l'entrepreneur, peu importe qu'elle survienne avant ou après la réception de l'ouvrage, sauf que le maître qui a reçu l'ouvrage ou qui est en demeure de le recevoir, supportera la charge de la preuve. L'hypothèse de la perte accidentelle est examinée par Florentin dans la seconde partie de la loi 36 et par Javolène dans la loi 37. Les jurisconsultes supposent un ouvrage *achevé;* car il était dans les conditions voulues pour être approuvé (si tale opus fuit, ut probari deberet, L. 37); or il ne saurait être question d'approuver un ouvrage inachevé. Et ils sont d'accord pour mettre la perte accidentelle à la charge du maître. Javolène en décide ainsi bien que l'ouvrage n'eût pas encore été approuvé; il se contente de son achèvement régulier (MOLITOR, cité, I, n° 285 i. f. — Contra MOMMSEN, *Beiträge* I, § 31, p. 371-375).

Cf. D. 19, 2, *locati*, L. 62. LABEO *libro I pithanorum.*

« Si rivum quem faciendum conduxeras et feceras, antequam eum probares,
« labes corrumpit, tuum periculum est. PAULUS : immo si soli vitio id accidit,
« locatoris erit periculum, si operis vitio accidit, tuum erit detrimentum. »

« Si une crevasse a détruit avant l'approbation un fossé que vous aviez entre-
« pris et creusé, le risque est pour vous. PAUL : au contraire il sera pour le maître
« si l'accident est arrivé par suite du vice du sol; (mais) s'il est survenu par le
« vice de l'ouvrage, le dommage est pour vous. »

A vrai dire, cette loi ne contient aucune disposition relative à la perte accidentelle de l'ouvrage entrepris. Labéon avait mis une perte quelconque à la charge de l'entrepreneur. Paul le reprend à cette occasion. La perte, dit-il, sera pour l'entrepreneur si elle est due au vice de l'ouvrage; évidemment, car alors elle est imputable à l'entrepreneur. Mais si la perte provient du vice du sol, elle sera pour le maître; en effet, celui-ci est responsable du vice de la matière première qu'il livre à l'entrepreneur. Paul ne nous apprend pas ce qu'il faudrait admettre dans le cas d'une perte véritablement accidentelle, par exemple dans l'hypothèse d'un

nous supposons une exécution partielle de l'ouvrage, dans le sens juridique. Tel serait le cas où quelqu'un se serait chargé de la construction de plusieurs bâtiments propres et distincts; l'un de ces bâtiments venant à périr après avoir été achevé, le maître en devrait le prix (41).

Contrairement à ce que nous venons d'enseigner, plusieurs auteurs sont d'avis que, dans le louage d'ouvrage, l'ouvrier ou l'entrepreneur qu'un accident met dans l'impossibilité de fournir son travail, n'en

tremblement de terre. Pareille perte serait pour le maître si elle survenait après l'achèvement de l'ouvrage; les lois 36 et 37 citées le prouvent. Donc ici encore l'opinion de Labéon ne devrait pas être suivie (Cf. Mommsen, *Beiträge* I, § 31, p. 375-377). Le principe énoncé ci-dessus est admis par Molitor, cité, I, n° 285 i. f., Mommsen, *Beiträge* I, § 31, p. 377, et Windscheid, II, § 401, p. 511-512.

(41) D. 19, 2, *locati*, L. 59. Javolenus *libro V Labeonis posteriorum*.

« Marcius domum faciendam a Flacco conduxerat: deinde operis parte effecta « terræ motu concussum erat ædificium. Massurius Sabinus, si vi naturali, veluti « terræ motu hoc acciderit, Flacci esse periculum. »

« Marcius avait entrepris pour compte de Flaccus la construction d'une maison; « plus tard, une partie de l'ouvrage étant achevée, le bâtiment fut détruit par un « mouvement du sol. Massurius Sabinus (est d'avis) que si l'accident était sur- « venu par suite d'une force naturelle telle qu'un mouvement du sol, le risque est « pour Flaccus. »

Dans l'espèce de la loi 59 Javolène met à la charge du maître la perte accidentelle d'une partie de la maison qu'il s'agissait de construire. Il faut supposer que cette partie de maison formait un bâtiment distinct dont l'entrepreneur était en droit d'exiger la réception. Autrement Javolène serait en contradiction avec lui-même; car, à la loi 37 *locati*, il décide que le maître ne supporte le risque que pour autant que l'ouvrage était achevé au moment de la perte « si tale opus fuit, ut probari deberet » (Cf. ci-dessus note 40 du présent paragraphe). Voyez encore le D. 45, 1, *de V. O.*, L. 15, et ci-dessus note 39 i. f.

Cf. sur le principe énoncé ci-dessus Molitor, cité, I, n° 285 i. f., Mommsen, *Beiträge* I, § 31, p. 378-379, p. 385-386, et Windscheid, II, § 401, p. 512, et note 10. Nous avons suivi Mommsen. Molitor et Windscheid admettent d'une manière générale que si l'ouvrage partiellement exécuté périt par accident, l'entrepreneur a droit à la partie correspondante du prix.

On suivait une règle spéciale pour les avocats. Lorsque la prestation de leurs services avait été empêchée par une circonstance qui ne leur était pas imputable, ils avaient, sinon le droit de réclamer des honoraires en justice, au moins celui de garder les honoraires reçus (D. 19, 2, *locati*, L. 38, § 1; D. 50, 13, *de variis et extraord. cognit.*, L. 1, § 13, v^{is} Divus Severus.........; cf. C. 4, 6, *de condict. ob caus. dat.*, L. 11).

a pas moins droit au prix convenu (42). Ce système serait consacré par plusieurs textes (43). Mais il est à la fois contraire aux principes généraux et à des lois positives (44) ; il a également contre lui l'analogie du louage de choses, et les textes sur lesquels on le fonde, ne lui prêtent aucun appui (45). L'opinion commune nous est favorable (46).

C) Dans un cas particulier, le bailleur, l'ouvrier ou l'entrepreneur empêché par un accident de fournir la jouissance ou ses services peut néanmoins réclamer le prix, à savoir lorsque l'accident est relatif à la personne du preneur ou du maître de l'ouvrage et que, à la même époque, la chose ou les services n'ont pas été louées ni

(42) Voyez en ce sens Mühlenbruch, II, § 365, 4°, et Maynz, II, § 218 et note 15.

(43) D. 19, 2, *locati*, L. 19, § 9-10, L. 33, v^is quemadmodum, inquit,.......... nihilo minus teneberis, L. 38, pr. et § 1, L. 59; D. 1, 22, *de off. adsess.*, L. 4; D. 50, 13, *de variis et extraord. cognit.*, L. 1, § 13, v^is Divus Severus..... ...

(44) Voyez la note 39 du présent paragraphe.

(45) Nous écartons tout d'abord le D. 19, 2, *locati*, L. 38, § 1, et le D. 50, 13, *de variis et extraord. cognit.*, L. 1, § 13, v^is Divus Severus.........., qui concernent les honoraires des avocats. On ne saurait en déduire une règle générale pour le louage d'ouvrage. Les services des avocats ne faisaient pas l'objet d'un véritable louage d'ouvrage; ils donnaient seulement lieu à une *cognitio extraordinaria* en payement des honoraires. La profession d'avocat était d'ailleurs fortement privilégiée sous l'empire (Cf. note 41 i. f. du présent paragraphe).

Le Digeste 19, 2, *locati*, L. 59, a été expliqué ci-dessus note 41 du présent paragraphe, et nous rendrons compte à la note 47 du D. 19, 2, *locati*, L. 19, § 9-10, L. 38, pr.. et du D. 1, 22, *de off. adsess.*, L. 4.

Reste le D. 19, 2, *loca'i*, L. 33, v^is quemadmodum, inquit, si insulam ædificandam locasses et solum corruisset, nihilo minus teneberis. Voici, à notre avis, le sens de cette observation obscure d'Africain. Quelqu'un avait entrepris la construction d'une maison. Par suite d'un vice du sol, la maison s'était écroulée. La perte est pour le maître, parce qu'il répond du vice de la matière première fournie à l'entrepreneur. Ainsi entendue la loi 33 ne fait que reproduire la décision catégorique de la loi 62 *locati* (Cf. ci-dessus note 40 i. f. du présent paragraphe). On pourrait encore l'appliquer au cas où la maison *achevée* aurait péri par suite d'un accident tel qu'un tremblement de terre ; c'est l'espèce des lois 36 et 37 *locati* (Cf. ci-dessus note 40 initio du présent paragraphe). Voyez sur la loi 33 Mommsen, *Beiträge* I, § 31, p. 379-381.

(46) Voyez en notre sens Puchta, *Pand.*, § 302 i. f., et *Vorles.* II, § 302 i. f., Molitor, cité, I, n°s 284-285, Mommsen, *Beiträge* I, § 30-31, p. 352-387, Vangerow, III, § 591, *Anm.*, n° VII, et Windscheid, II, § 401, p. 509-512.

Cf. Namur, II, § 280, 2°, et § 281, 2°.

pu être louées à d'autres. En effet, dans l'espèce, le contrat cause un dommage au bailleur, à l'ouvrier ou à l'entrepreneur ; car si ceux-ci n'avaient pas contracté avec A, ils auraient pu en général contracter avec X ou Y ; A pouvait et devait prévoir lors du contrat que des circonstances à lui personnelles pourraient empêcher la prestation de la jouissance ou du travail [47].

III. DE LA SOCIÉTÉ. La question des risques et périls dans le contrat de société se résout par une distinction : il faut voir si l'apport que l'accident a empêché de fournir, avait pour objet la propriété d'une chose ou bien la jouissance d'une chose ou des services. Dans le premier cas, on suit la règle de la vente ; dans le second on se conforme à la règle du louage ; les motifs de décider sont les mêmes.

1° Lorsqu'un associé doit mettre en commun la propriété d'un

---

(47) D. 19, 2, *locati*, L. 19, § 9. ULPIANUS *libro XXXII ad edictum.*

« Cum quidam exceptor operas suas locasset, deinde is qui eas conduxerat deces-
« sisset, imperator Antoninus cum divo Severo rescripsit ad libellum exceptoris in
« hæc verba : ' Cum per te non stetisse proponas, quo minus locatas operas
« ' Antonio Aquilæ solveres, si eodem anno mercedes ab alio non accepisti, fidem
« ' contractus impleri æquum est. »

« Comme un tabellion avait loué ses services et qu'ensuite celui qui les avait
« loués, était décédé, l'empereur Caracalla avec feu Sévère répondit à la requête du
« tabellion en ces termes : ' Puisque vous alléguez qu'il n'a pas dépendu de vous de
« ' prester à Antonius Aquila les services loués, si la même année vous n'avez pas
« ' reçu un salaire d'une autre personne, il est équitable que le contrat soit
« ' exécuté. ' »

Le § 10 de la loi 19 citée applique le même principe au cas où les assesseurs d'un *legatus Cæsaris* (gouverneur d'une province impériale) ont été empêchés par le décès de ce dernier de fournir leurs services. Ils ont droit à leur salaire pour le temps qui restait encore à courir, pourvu que, pendant ce temps, ils n'aient pas assisté un autre magistrat

Le Digeste 1, 22, *de off. adsess.*, L. 4, reproduit la loi 19, § 10, citée, en ajoutant que les assesseurs ne pourraient réclamer le salaire si le *legatus Cæsaris* avait été remplacé avant terme, peut-être parce que leurs services n'étaient loués que jusqu'au remplacement (POTHIER, *Pandectæ Justinianeæ*, 1, 22, *de off. adsess.*, n° 9, note *h*).

Le Digeste 19, 2, *locati*, L. 38 pr., doit être aussi appliqué à un cas où l'ouvrer avait été empêché de fournir son travail par un accident relatif au maitre (si *per eum* non stetit, quo minus operas præstet).

Le principe établi ci-dessus est reconnu par MOMMSEN, *Beiträge* I, § 30, p. 354-359, et VANGEROW, III, § 591, *Anm.*, n° VII, du moins pour la *locatio operarum*. Il doit être étendu par analogie à un louage quelconque.

corps certain(48) et que celui-ci périt par accident avant la tradition, l'associé est libéré et malgré sa libération conserve ses droits sociaux ; il peut pleinement réclamer sa part dans les bénéfices de la société. En effet, si la tradition de la chose avait eu lieu immédiatement après la conclusion du contrat, l'associé aurait satisfait à son obligation vis-à-vis de la société, et partant la perte subséquente de la chose ne l'aurait bien certainement pas privé de ses avantages sociaux. Or il doit en être de même lorsqu'il n'a dépendu que de ses coassociés de recevoir immédiatement la délivrance ; le retard de ces derniers ne doit pas améliorer leur condition. A plus forte raison en sera-t-il ainsi lorsque la chose dont la propriété devait être communiquée à la société, a péri accidentellement après avoir été mise en commun, et ici il n'y a pas lieu de se demander si l'apport avait ou non primitivement pour objet un corps certain ; car l'apport réalisé est toujours un corps certain(49).

2° Lorsque, au contraire, un associé doit fournir à la société la jouissance d'une chose ou des services, et qu'un accident le met dans l'impossibilité totale ou partielle de remplir cette obligation, il est à la vérité libéré dans les limites de l'impossibilité, mais il perd proportionnellement ses droits sociaux ; il est exclu du partage des bénéfices de la société en proportion de l'inexécution de son obligation. C'est que l'obligation de procurer la jouissance ou de prester des services pendant la durée de la société étant continue, porte sur une chose future, et le prix de cette chose, dans l'espèce la part sociale, n'est dû que si la chose future arrive à l'existence et dans les limites dans lesquelles elle parvient à l'existence(50).

---

(48) Si l'apport a pour objet une chose qui est seulement déterminée quant à son genre ou bien une quantité de choses fongibles, l'associé débiteur n'est jamais libéré par le cas fortuit (D. 17, 2, *pro socio*, L. 58, § 1, vis si vero ante collationem...........)

(49) D. 17, 2, *pro socio*, L. 58, pr., vis Ceterum si id actum dicatur.........., et § 1, vis Item Celsus tractat......... ad mercem emendam, periit.

(50) D. 17, 2, *pro socio*, L. 58, pr., vis Si id quod.......... coitam societatem.

D. 17, 2, *pro socio*, L. 53, pr. et § 1. ULPIANUS *libro XXXI ad edictum*, pr.

« Si id quod quis in societatem contulit exstinctum sit, videndum, an pro socio « agere possit. Tractatum ita est apud Celsum libro septimo digestorum ad « epistulam Cornelii Felicis : cum tres equos haberes et ego unum, societatem

Il est d'ailleurs évident que si la réalisation du but social est devenue impossible à raison du cas fortuit, la société sera dis-

« coimus, ut accepto equo meo quadrigam venderes et ex pretio quartam mihi
« redderes. Si igitur ante venditionem equus meus mortuus sit, non putare se
« Celsus ait societatem manere nec ex pretio equorum tuorum partem deberi : non
« enim habendæ quadrigæ, sed vendendæ coitam societatem. Ceterum si id actum
« dicatur, ut quadriga fieret eaque communicaretur tuque in ea tres partes
« haberes, ego quartam, non dubie adhuc socii sumus. »

§ 1. « Item Celsus tractat, si pecuniam contulissemus ad mercem emendam et
« mea pecunia perisset, cui perierit ea. Et ait, si post collationem evenit, ut pecu-
« nia periret, quod non fieret, nisi societas coita esset, utrique perire, utputa si
« pecunia, cum peregre portaretur ad mercem emendam, periit : si vero ante
« collationem, posteaquam eam destinasses, tunc perierit, nihil eo nomine conse-
« queris, inquit, quia non societati periit. »

« Si ce que quelqu'un a apporté à la société, a péri, voyons s'il peut intenter
« l'action *pro socio*. La question est traitée comme suit par Celsus au livre septième
« de son Digeste, en réponse à une lettre de Cornelius Felix. Comme vous aviez
« trois chevaux et moi un seul, nous avons conclu une société, afin que, après
« avoir reçu mon cheval, vous vendiez un quadrige et me rendiez le quart du prix.
« Si donc mon cheval est mort avant la vente, Celsus dit qu'il ne pense pas que la
« société subsiste, ni qu'il me soit dû une partie du prix de vos trois chevaux ; car la
« société a été conclue non pas dans le but d'avoir un quadrige en commun, mais
« pour le vendre. Au contraire, si l'intention des parties avait été qu'un quadrige
« fût formé et devînt commun, que vous en eussiez les trois quarts et moi un
« quart, sans nul doute nous sommes encore associés. »

« De même Celsus se demande si nous avons mis de l'argent en commun pour
« acheter des marchandises et que mon argent ait péri, pour qui il a péri. Il dit que
« si l'argent a péri après la mise en commun, alors qu'il n'aurait pas péri sans la
« conclusion de la société, la perte est pour les deux associés, par exemple si
« l'argent a péri après qu'on l'avait emporté à l'étranger pour acheter des mar-
« chandises. Mais s'il a péri avant la mise en commun, après que vous lui aviez
« donné cette destination, vous n'obtiendrez rien de ce chef, dit-il, parce que
« l'argent n'a point péri pour la société. »

Le *principium* de la loi 58 s'occupe spécialement d'un apport en jouissance ; la fin du *principium* et le § 1 supposent un apport en propriété.

Le jurisconsulte, parlant de l'espèce principale du *principium*, dit en termes positifs que le but de la société était de vendre le quadrige et non de l'avoir en commun (non enim habendæ quadrigæ, sed vendendæ coitam societatem); il s'agissait donc d'un apport *quoad usum*. Et quelle est sa décision pour le cas de perte accidentelle d'un pareil apport? Elle n'est pas moins nette : la société est dissoute (non putare se Celsus ait societatem manere), et l'associé dont le cheval a péri, n'a pas droit à une partie du prix des chevaux de son coassocié (nec ex pretio equorum tuorum partem deberi); il a donc perdu avec son apport ses avantages sociaux.

soute(51), et alors, selon que l'associé empêché de fournir son apport conserve ou non ses avantages sociaux, il obtiendra ou non sa part sociale(52).

Vers la fin du *principium* de la loi 58, Ulpien passe à l'hypothèse d'un apport en propriété; il est encore très explicite (Ceterum si id actum dicatur, ut quadriga fieret eaque communicaretur tuque in ea tres partes haberes, ego quartam'. Ici il décide que la société subsiste (non dubie adhuc socii sumus). Cette persistance de la société entre les deux associés ne peut signifier qu'une chose, à savoir que l'associé dont le cheval a péri, conserve ses droits sociaux.

Telle étant la signification certaine du *principium* de la loi 58, la portée du § 1 de la même loi ne saurait être douteuse. Il s'agit encore d'un apport en propriété; l'apport consistait en argent monnayé; or un apport de pièces de monnaie est sans utilité si on ne peut les dépenser, et pour pouvoir les dépenser, il faut en être propriétaire (Cf. ci-après T. III, § 153). L'un des associés avait mis en commun son apport pécuniaire, et celui-ci avait péri accidentellement. D'après Ulpien, la perte est pour les deux associés (utrique perire). Cette décision ne signifie pas seulement que les deux associés devenus copropriétaires de l'argent le perdent, ce qui n'est qu'une vérité triviale, mais surtout que l'associé dont l'apport a péri, conserve ses droits sociaux. Si on rapproche le § 1 de la fin du *principium* de la loi 58, il ne subsiste aucun doute sur ce point : dans les deux cas il s'agit d'un apport en propriété, et par conséquent dans l'un comme dans l'autre, l'associé devait conserver ses avantages sociaux malgré la perte accidentelle de son apport.

Cf. D. 17, 2, *pro socio*, L. 52, § 3. Voici l'explication de ce passage. Deux personnes avaient conclu une société (L. 52, § 3 i. f.) : l'une d'elles avait fourni du bétail, que l'autre s'était engagée à garder et à entretenir; le bétail avait été estimé (L. 52, § 3 initio). Il devait être vendu plus tard, et le produit de la vente devait se partager dans une certaine proportion entre les deux associés. Le bétail fut enlevé par des voleurs ou périt dans un incendie (L. 52, § 3 initio). S'il y a faute de la part de l'associé gardien du troupeau, certainement il sera responsable (L. 52, § 3 i. f.); mais, dans le cas d'un accident, la perte du bétail sera supportée par les deux associés « commune damnum est » (L. 52, § 3 initio). L'espèce de la loi 52, § 3, est analogue à celle de la loi 58, pr. initio. Seulement, dans la loi 52, § 3, tout l'avoir spécial avait péri et par conséquent il ne pouvait être question de la conservation des droits sociaux pour aucun des associés. Il s'ensuit que chacun perdra son apport purement et simplement et sans compensation; l'un perdra son bétail, l'autre ses frais d'entretien (Cf. MOMMSEN, *Beiträge* I, § 33, p. 411).

Par dérogation à la règle générale sur les risques et périls dans la société, les droits sociaux demeureraient intacts, si l'accident qui a empêché la prestation de la jouissance ou du travail, était relatif à la personne des coassociés et que l'associé débiteur de l'apport ne fût pas parvenu à louer à d'autres sa chose ou ses services (Arg. D. 19, 2, *locati*, L. 19, § 9. — Cf. ci-dessus n° II, C du présent paragraphe).

(51) D. 17, 2, *pro socio*, L. 63, § 10 i. f.

(52) Cf. D. *eod.*, L. 58, pr. Sur les risques et périls dans le contrat de société

IV. Des contrats innomés. On appelle contrats innomés tous les contrats qui consistent dans une prestation faite en vue d'une prestation réciproque, sauf qu'on ne donne pas cette qualification au prêt de consommation, au commodat, au dépôt et au contrat de gage. Les principaux contrats de cette espèce sont l'échange, le contrat estimatoire, la transaction et le précaire. Le contrat innomé n'est point parfait par le seul consentement des parties ; la simple convention consensuelle ne constitue qu'un pacte dépourvu d'action, à moins qu'elle n'ait été complétée par la forme de la stipulation. Le contrat innomé n'existe que lorsque l'une des parties a exécuté la prestation qui lui incombe ; alors seulement il y a une obligation civile. La partie qui a exécuté son obligation, peut maintenant poursuivre l'exécution de la prestation réciproque par l'action générale ou innomée *præscriptis verbis*. Mais elle a encore un autre droit. Elle peut demander la résolution du contrat contre le cocontractant qui serait en défaut de faire sa prestation réciproque, et répéter ce qu'elle a payé elle-même; elle dispose à cette fin de la *condictio causa data causa non secuta*[53]. Qui supporte les risques et périls à l'occasion de ces contrats? Trois hypothèses se présentent.

1° Pas de difficulté si, avant toute exécution du contrat, l'une des parties est empêchée par un accident d'exécuter sa prestation. Il est évident que cette partie est devenue impuissante à parfaire le contrat réel ; mais la partie adverse ne le peut pas davantage en faisant la prestation qui lui incombait ; car elle ne peut plus faire cette prestation en vue d'une prestation réciproque ; le *facio ut facias* est devenu impossible. De là la conséquence que si, par erreur, elle avait exécuté sa prestation, elle serait autorisée à la répéter[54].

voyez Molitor, cité, I, n° 287, Mommsen, *Beiträge* I, § 33, p. 405-414, Maynz, II, § 226, 3° i. f., § 228 i. f. et note 17, et Windscheid, II, § 406, 1°.

(53) Pour les règles générales relatives aux contrats innomés voyez ci-après T. II, § 83, II, 3°, et § 101, 1°.

(54) D. 12, 4, *de condictione causa data causa non secuta*, L. 16 initio. Celsus *libro III digestorum.*

" Dedi tibi pecuniam, ut mihi Stichum dares : utrum id contractus genus pro " portione emptionis et venditionis est an nulla hic alia obligatio est quam ob rem

2° L'une des parties a fait la prestation qui lui incombe ; le contrat innomé est arrivé à l'existence ; un cas fortuit subséquent fait périr la chose reçue. Il faut considérer la nature de la prestation reçue ; il faut voir si elle consiste dans un transfert de propriété ou bien dans la jouissance d'une chose ou dans des services. S'il y a eu transfert de propriété, la prestation réciproque demeurera due malgré la perte accidentelle de la chose reçue ; en effet, le contractant qui a fait la dation, a satisfait à son obligation, et dès lors la partie adverse doit faire de son côté la prestation à laquelle elle s'est engagée ; elle supporte la perte accidentelle de la chose reçue. Il en est de même si la prestation reçue a pour objet la jouissance d'une chose ou des services, et que cette jouissance ou ces services aient été complètement fournis ; le motif est identique. Mais si la prestation de la jouissance ou des services n'a été que partielle, la prestation réciproque ne sera due que dans la même proportion ; en effet, la prestation réciproque constituait le prix de la jouissance ou des services qu'il s'agissait de fournir ; c'était le prix d'une chose future ; or ce prix ne saurait être dû que pour autant que la chose future arrive à l'existence.

« dati re non secuta? In quod proclivior sum : et ideo si mortuus est Stichus, « repetere possum quod ideo tibi dedi, ut mihi Stichum dares. »

« Je vous ai donné de la monnaie pour que vous me donniez Stichus ; est-ce que « cette espèce de contrat vaut comme vente, ou bien n'y a-t-il ici aucune autre « obligation que celle résultant d'une dation faite en vue d'une prestation qui ne « s'est pas réalisée? J'incline dans le dernier sens, et par conséquent si Stichus « est décédé, je puis répéter ce que je vous ai donné pour que vous me donniez « Stichus. »

Il faut entendre ce passage comme suit. Nous nous étions engagés l'un envers l'autre, moi à vous *donner* une somme d'argent, vous à me *donner* Stichus. Cette convention ne constituait pas une vente ; car le vendeur n'est pas tenu *ad dandum*, mais seulement *ad tradendum ;* il y avait plutôt convention d'échange à raison de la dation réciproque imposée aux contractants. L'esclave Stichus vint à décéder ; puis, dans l'ignorance de ce décès, je vous avais donné l'argent promis. Je puis le répéter, par le motif que le contrat *do ut des* n'a pu arriver à l'existence. Par contre, s'il y avait eu vente dans l'espèce, la perte de Stichus postérieure au contrat ne m'aurait pas dispensé de l'obligation de payer le prix, ni permis de le répéter. Nous avons supposé que Stichus était déjà mort le jour du payement de l'argent ; les mots « si mortuus est Stichus » militent en ce sens ; le décès postérieur au payement de l'argent aurait exigé le futur « mortuus erit », au lieu du présent « mortuus est ».

3° Après l'exécution de l'une des prestations, la partie qui l'a reçue, est empêchée par un accident de faire sa propre prestation, en tout ou en partie. Cette dernière obligation sera certainement éteinte dans les limites de l'impossibilité qui s'est produite ; mais la prestation reçue pourra-t-elle être gardée ou bien sera-t-elle sujette à restitution [55] ? Il y a lieu de faire la même distinction que dans l'hypothèse précédente. Si la prestation devenue impossible consistait en un transfert de propriété, la chose reçue pourra être gardée, au même titre que le prix de vente payé au vendeur peut être retenu par celui-ci nonobstant la perte accidentelle de la chose vendue. Mais si la prestation réciproque avait pour objet la jouissance d'une chose ou bien des services, la prestation reçue sera sujette à répétition, en tout ou en partie, comme le prix du bail qui aurait été payé par anticipation, peut être répété en tout ou en partie, si la jouissance ou les services n'ont pas été fournis ou bien ne l'ont été que partiellement. Prenons des cas particuliers. A convient avec B de lui donner son cheval en échange d'un bœuf ; A donne son cheval ; puis le bœuf de B périt avant d'avoir été livré. B sera libéré, et néanmoins pourra retenir le cheval qu'il a reçu [56]. — A s'engage

---

(55) Nous nous plaçons dans l'hypothèse d'une restitution possible ; si elle est impossible à raison de la nature de la prestation reçue, ce qui arrivera souvent si cette prestation consiste en un pur fait, la question posée ci-dessus vient à tomber (MOMMSEN, *Beiträge* I, § 32, p. 391).

(56) D. 19, 5, *de præscr. verbis*, L. 5, § 1. PAULUS *libro V quæstionum*.

« Sed si scyphos tibi dedi, ut Stichum mihi dares, periculo meo Stichus erit ac « tu dumtaxat culpam præstare debes. »

« Mais si je vous ai donné des coupes pour que vous me donniez Stichus, celui-ci « sera à mes risques, et vous devez seulement répondre de votre faute. »

C. 4, 6, *de condict. ob caus. dat.*, L. 10. *Impp. Diocletianus et Maximianus A A. et CC. Cononianæ*.

« Pecuniam a te datam, licet causa, pro qua data est, non culpa accipientis, sed fortuito casu secuta non est, minime repeti posse certum est. »

« Il est certain que la monnaie donnée par vous ne peut nullement être répétée, « bien que l'éventualité en vue de laquelle elle a été donnée, ne se soit pas réalisée, « non par la faute de celui qui l'a reçue, mais par suite d'un cas fortuit. »

Ces deux textes sont catégoriques. Quant au Digeste 12, 4, *de condict. c. d. c. n. s.*, L. 16 initio, il contient sans doute une autre décision, mais pour une autre espèce (Cf. ci-dessus note 54 du présent paragraphe).

8

à payer 100 hectolitres de froment à B, à condition que celui-ci lui fournisse la jouissance d'une maison ou bien des services ; il paye les 100 hectolitres de froment, tandis qu'un accident empêche B de s'acquitter de son obligation réciproque. B sera libéré, mais il devra rendre le froment qu'il a reçu[57]. — Enfin, A remet une chose à B sur estimation, pour qu'il la vende au prix estimé et lui tienne compte de l'estimation (contrat estimatoire) ; la chose périt fortuitement avant la vente. B sera libéré, mais il ne pourra rien réclamer de A[58].

Contrairement à ce que nous venons d'enseigner, beaucoup d'auteurs admettent d'une manière générale et sans distinction que si, à l'occasion d'un contrat innomé, la prestation réciproque devient impossible par suite d'un accident, la chose reçue peut être gardée, alors même que la prestation réciproque avait pour objet la jouissance d'une chose ou des services[59]. D'autres défendent d'une manière

---

[57] D. 12, 4, *de condict. c. d. c. n. s.*, L. 5, pr., § 3-4, cf. L. 3, § 3-4.

D'après la loi 5, pr., quelqu'un avait reçu de l'argent pour faire un voyage à Capoue dans l'intérêt du payant ; mais l'état de sa santé ou le mauvais temps l'avait empêché de se mettre en route. Ulpien décide que l'argent donné peut être répété, après déduction des débours légitimes faits en vue du voyage.

Dans la loi 5, § 3-4, Ulpien suppose que le maître d'un esclave avait reçu quelque chose pour l'affranchir. L'affranchissement devint impossible par suite du décès ou de la fuite de l'esclave, sans que le maître fût en retard d'affranchir. Le jurisconsulte, tout en refusant la répétition dans plusieurs cas particuliers, l'accorde cependant en thèse générale (L. 5, § 3 i. f., v^{is} oportet id quod accepit restitui. — L. 5, § 4 i. f., v^{is} ipsi adhuc servum obisse).

La loi 3, § 3-4, paraît contredire la loi 5, § 4. Le maître d'un esclave avait reçu ou stipulé de l'argent pour l'affranchir dans un certain délai, et l'esclave était décédé dans le cours de ce délai. La loi 3, § 3-4, statue d'une manière absolue que l'argent est dû. Nous pensons qu'elle doit être complétée par la loi 5, § 4 ; l'argent ne sera dû que dans les divers cas particuliers indiqués dans la loi 5, § 4. En effet, le dernier texte traite la question en détail, tandis que la loi 3, § 3-4, ne fait que la toucher ; c'est donc la loi 5, § 4, qui contient la véritable pensée du législateur.

[58] et notamment pas le salaire fixe qu'il a pu stipuler, indépendamment de l'excédant du prix de vente sur l'estimation (Cf. D. 19, 3, *de æstimat.*, L. 2). En effet, le D. 19, 5, *de præscr. verb.*, L. 17, § 1, décide que le commissionnaire ne répond pas de la perte accidentelle de la chose, à moins qu'il ne se soit offert pour la vendre ; d'une rémunération pour son travail il n'est pas question.

[59] Arg. D. 12, 4, *de condict. c. d. c. n. s.*, L. 3, § 3-4, L. 5, pr. — Voyez en ce

non moins absolue la règle inverse que la chose reçue est toujours sujette à répétition, la prestation réciproque consistât-elle en un transfert de propriété[6']. L'un et l'autre système nous paraissent contraires aux principes généraux et aux textes [61].

V. *Du contrat emphytéotique.* Le contrat emphytéotique a la même nature que le louage de choses : comme celui-ci, il a pour objet la jouissance d'une chose. Aussi, lorsque tout le fonds emphytéotique vient à périr accidentellement, l'emphytéote est-il libéré, pour la période subséquente, de l'obligation de payer la rente convenue[62]. Mais, à la différence du fermier ordinaire, il n'a droit à aucune réduction de la rente, ni du chef d'une perte partielle ou d'une détérioration de l'immeuble, ni pour récolte manquée. La raison en est qu'il est assimilé au propriétaire pour les risques comme pour les avantages de la chose, du moins aussi longtemps que son droit conserve un objet[62].

SECTION III. — DE LA DEMEURE.

D. 22, 1, *de usuris et fructibus et causis et omnibus accessionibus et mora.*

VON MADAI, *Die Lehre von der Mora*, Halle, 1837.
WOLFF, *Zur Lehre von der Mora*, Gœttingen, 1841.
HEIMBACH (senior), *Weiske's Rechtslexikon* XII, p. 840-1044, Leipzig, 1858.
KNIEP, *Die Mora des Schuldners nach römischem und heutigem Recht*, 2 vol., Rostock, 1871-1872.

§ 18. *Observations générales.*

1° La demeure (*mora*) est un retard coupable apporté à l'exécution de l'obligation, soit par le débiteur, soit par le créancier. Ainsi, une

sens MOMMSEN, *Beiträge* I, § 32, p. 390-396, VANGEROW, III, § 591, *Anm.*, n° IV, 2°, p. 208-211, et WINDSCHEID, *Die Lehre des römischen Rechts von der Vorauszetzung*, Dusseldorff, 1850, n° 110, p. 179-182. — Cf. MAYNZ, II, § 243, II, p. 338-340.

(60) DONEAU, *Commentarii juris civilis* XIV, c. 21. — GLÜCK, *Pand.* XIII, § 823, p. 46-48. — ROSSHIRT, *Zeitschrift für Zivil- und Kriminalrecht* II, p. 392 sq.

(61) Nous avons rendu compte, à la note 57 du présent paragraphe, des lois qu'on nous oppose. Voyez en notre sens MOLITOR, cité, 1, n°⁸ 288-289, et ERXLEBEN, *Die condictiones sine causa, Abhandlung II, Die condictio causa data causa non secuta*, T. II, § 17, p. 386-463, Gœttingen, 1853.

(62) I. 3, 24, *de locat. et conduct.*, § 3 i. f. ; C. 4, 66, *de emphyteutico jure*, L. 1 i. f.

demeure est possible de la part du débiteur et de la part du créancier ; le premier peut être en demeure de faire le payement, le second en demeure de le recevoir ; on distingue une *mora debitoris vel solvendi* et une *mora creditoris vel accipiendi*. Mais une condition essentielle de la demeure est la faute ; la demeure est plus qu'un simple retard matériel apporté à l'exécution de l'obligation ; c'est un retard coupable, imputable à l'une des parties[1]. Le débiteur ou le créancier ne sera donc pas en demeure, s'il a été empêché de se rendre au lieu du payement par suite d'un accident, tel qu'une maladie, l'interruption des communications, un naufrage ou la privation de la liberté[2]. Le débiteur ne sera pas davantage en demeure s'il a été dépouillé de l'argent destiné au payement et qu'il n'ait pu en emprunter d'autre immédiatement, ou bien s'il avait de justes motifs de douter, soit de l'existence de la créance, soit de la qualité du créancier ou de son représentant[3], etc.[4]. Nous nous fondons sur les considérations suivantes. En premier lieu, personne ne répond des cas fortuits ; cette règle n'est pas seulement vraie pour l'inexécution complète de l'obligation ; elle doit s'appliquer aussi à l'exécution tardive ; il serait illogique de l'admettre sous le premier rapport et de l'exclure sous le second. Le débiteur ou le créancier en demeure est tenu de réparer tout le dommage que par son retard il a causé à la partie adverse, et en particulier le débiteur en demeure doit, dans certaines limites, payer la valeur de la chose qui a péri fortuitement après sa demeure[5] ; or cette responsabilité ne se comprend que sur le fondement d'une

(1) Sans doute le mot *mora* est parfois appliqué au simple retard de l'une des parties (D. *h. t.*, L. 9, § 1 i. f., L. 38, § 6), et ce simple retard produit aussi des effets juridiques ; pour n'en citer qu'un seul, si le débiteur est en retard de payer, le créancier peut exercer tous les droits attachés à sa créance. Mais cette acception du mot *mora* est impropre.

(2) D. *h. t.*, L. 23, pr. Ce texte mentionne encore le cas où le débiteur a dû faire une absence pour cause d'utilité publique, d'une manière tellement subite qu'il n'a pas eu le temps de constituer un mandataire.

(3) Cf. D. 16, 3, *depos.*, L. 13, pr., et D. 50, 17, *de R. J.*, L. 42.

(4) D. 16, 3, *depos.*, L. 1, § 22 i. f. ; D. *h. t.*, L. 21-22.

(5) Cf. ci-après T. I, § 21, I, 1°.

faute. Un second argument nous est fourni par la nécessité d'une sommation pour constituer le débiteur en demeure[6]; cette sommation est précisément requise parce que la demeure du débiteur suppose une faute ; que l'on supprime la condition de la culpabilité et la sommation n'a plus de raison d'être. En troisième lieu, pour caractériser la demeure du débiteur ou du créancier, nos sources emploient habituellement les locutions : *per eum stetit ou factum est quo minus daret, traderet, solveret* ou *acciperet*[7]; il faut qu'il ait été au pouvoir du débiteur ou du créancier que le payement se fît ; en un mot le débiteur ou le créancier doit être coupable de faute; telle est la signification tout à fait générale des locutions prémentionnées[8]. De plus, un texte dit que la question de savoir si le débiteur se trouve en demeure est de fait plutôt que de droit, qu'elle ne peut être résolue par une règle juridique et que, dans chaque cas particulier, elle doit être appréciée par le juge, eu égard aux circonstances[9]; or ces observations n'acquièrent leur pleine portée que si, à l'occasion de la demeure du débiteur, le juge doit s'enquérir de la culpabilité du débiteur. Enfin notre doctrine est confirmée d'une façon directe par plusieurs lois romaines[10]. Néan-

(6) Cf. ci-après T. I, § 19, II.

(7) D. 17, 1, *mand.*, L. 37 i. f.: D. 19, 1, *de A. E. et V.*, L. 51, § 1; D. 45, 1, *de V. O.*, L. 49, § 3, L. 114.

(8) D. 38, 1, *de oper. libert.*, L. 15, pr.; D. 50, 13, *de var. et extraord. cognit.*, L. 1, § 13.

(9) D. *h. t.*, L. 32, pr. « Mora fieri intellegitur non ex re, sed ex persona, id est « si interpellatus oportuno loco non solverit : quod apud judicem examinabitur : « nam ut et Pomponius libro duodecim epistularum scripsit, difficilis est hujus rei « definitio. Divus quoque Pius Tullio Balbo rescripsit, an mora facta intellegatur, « neque constitutione ulla neque juris auctorum quæstione decidi posse, cum sit « magis facti quam juris. „

(10) D. 12, 1, *de reb. cred.*, L. 5. Pomponius *libro XXII ad Sabinum.*

« Quod te mihi dare oporteat si id postea perierit, quam per te factum erit quo-« minus id mihi dares, tuum fore id detrimentum constat. Sed cum quæratur, an « per te factum sit, animadverti debebit, non solum in potestate tua fuerit id nec « ne aut dolo malo feceris quominus esset vel fuerit nec ne, sed etiam si aliqua « justa causa sit, propter quam intellegere deberes te dare oportere. »

Le débiteur supporte la perte accidentelle de la chose due si elle se produit après sa demeure (si id postea perierit, quam per te factum erit quominus id mihi dares). Que faut-il entendre par ces derniers mots? se demande Pomponius.

moins beaucoup d'auteurs enseignent que la demeure est seulement exclue par un empêchement absolu de payer, tel que la perte accidentelle de la chose due, ou bien par un empêchement relatif à la partie adverse; que si le débiteur ou le créancier était empêché de faire ou de recevoir le payement par des circonstances à lui personnelles, il serait en demeure alors même que ces circonstances ne lui seraient pas imputables; en ce sens la demeure serait indépendante de la culpabilité de la partie en retard; le simple retard matériel

On ne peut, dit-il, les appliquer à un débiteur empêché de payer, ni même à un débiteur qui avait de justes motifs d'ignorer sa dette.

D. 45, 1, *de. V. O.*, L. 91, § 3. Paulus *libro XVII ad Plautium.*

« Sequitur videre de eo, quod veteres constituerunt, quotiens culpa intervenit
« debitoris, perpetuari obligationem, quemadmodum intellegendum sit. Et quidem
« si effecerit promissor, quo minus solvere possit, expeditum intellectum habet
« constitutio : si vero moratus sit tantum, hæsitatur, an, si postea in mora non
« fuerit, extinguatur superior mora. Et Celsus adulescens scribit eum, qui moram
« fecit in solvendo Sticho quem promiserat, posse emendare eam moram postea
« offerendo; esse enim hanc quæstionem de bono et æquo : in quo genere
« plerumque sub auctoritate juris scientiæ perniciose, inquit, erratur. Et sane
« probabilis hæc sententia est, quam quidem et Julianus sequitur : nam dum
« quæritur de damno et par utriusque causa sit, quare non potentior sit qui
« teneat, quam qui persequitur? »

Au commencement du passage Paul pose le principe que l'obligation est perpétuée (c'est-à-dire que le débiteur doit l'estimation de la chose qui périt accidentellement) toutes les fois qu'il est en faute (quotiens culpa intervenit debitoris). Mais quand le débiteur sera-t-il en faute? Il le sera d'abord si par son fait il s'est mis dans l'impossibilité de faire le payement; il le sera encore s'il a été constitué en demeure (si... moratus fuerit). Le jurisconsulte considère donc ouvertement la demeure comme le résultat d'une faute.

D. 16, 3, *depositi*, L. 1, § 22. Ulpianus *libro XXX ad edictum.*

« Est autem et apud Julianum libro tertio decimo digestorum scriptum eum qui
« rem deposuit statim posse depositi actione agere : hoc enim ipso dolo facere
« eum qui suscepit, quod reposcenti rem non reddat. Marcellus autem ait non
« semper videri posse dolo facere eum, qui reposcenti non reddat : quid enim si
« in provincia res sit vel in horreis, quorum aperiendorum condemnationis tem-
« pore non sit facultas? vel condicio depositionis non exstitit? »

Un dépositaire ne restitue pas sur-le-champ la chose déposée, parce qu'il l'a laissée en province ou placée dans un grenier momentanément inaccessible. Il ne commet aucun dol, décide Ulpien, et il veut certainement nous apprendre par là que le dépositaire n'est pas en demeure de restituer. La demeure est exclue malgré l'existence d'un empêchement personnel au débiteur, parce que celui-ci n'a commis aucune faute.

serait suffisant. Mais cette théorie doit être repoussée pour les
motifs que nous venons de développer, et les textes sur lesquels on
la fonde, ne la confirment en aucune façon (11).

(11) D. 45, 1, *de V. O.*, L. 137, § 4. VENULEIUS *libro I stipulationum.*

« Illud inspiciendum est, an qui centum dari promisit confestim teneatur an
« vero cesset obligatio, donec pecuniam conferre possit. Quid ergo, si neque domi
« habet neque inveniat creditorem? Sed hæc recedunt ab impedimento naturali et
« respiciunt ad facultatem dandi. Est autem facultas personæ commodum incom-
« modumque, non rerum quæ promittuntur. Et alioquin si quis Stichum dari
« spoponderit, quæremus, ubi sit Stichus : aut si non multum referre videatur
« ' Ephesi daturum se ', an, quod Ephesi sit, cum ipse Romæ sit, dare spondeat :
« nam hoc quoque ad facultatem dandi pertinet, quia in pecunia et in Sticho
« illud commune est, quod promissor in præsentia dare non potest. Et generaliter
« causa difficultatis ad incommodum promissoris, non ad impedimentum stipula-
« toris pertinet, ne incipiat dici eum quoque dare non posse, qui alienum servum
« quem dominus non vendat, dare promiserit. »

Voici l'explication de ce passage : Quelqu'un avait promis de donner 100, sans
avoir les fonds chez lui. Est-ce que cette promesse est pure et simple, se demande
Venuleius, ou bien est-elle faite à terme, de telle façon que la dette ne serait
exigible qu'après que le promettant serait parvenu à se procurer les fonds? La
promesse est pure et simple, répond le jurisconsulte; l'impossibilité de se procurer les fonds est purement personnelle au débiteur et il en supporte les conséquences; il doit s'imputer à lui-même d'avoir promis sans terme des fonds qu'il
n'avait pas chez lui. Si la promesse dont il s'agit contenait un terme, alors il
faudrait aussi considérer comme étant à terme la promesse de celui qui, se trouvant à Rome, se serait engagé à payer l'esclave Stichus, qui était à Éphèse, et il
n'existerait plus de différence entre cette promesse et la promesse de payer
Stichus à Éphèse. Il y a plus; à raison d'une impossibilité relative, on arriverait
à libérer de son obligation celui qui a vendu l'esclave d'autrui et qui ne parvient
pas à déterminer le propriétaire à le lui vendre. La loi de Venuleius est donc
étrangère à la question de la demeure; le jurisconsulte se borne à décider qu'un
empêchement temporaire qu'éprouve le débiteur d'exécuter son obligation, par
suite d'une cause relative à sa personne, ne diffère point l'exigibilité de la dette;
celle-ci reste pure et simple. Autre chose est de savoir si le débiteur sera immédiatement en demeure; il ne le sera que si le retard lui est imputable, ce qui
suppose au moins qu'il ait été sommé de payer.

D. 19, 1, *de A. E. et V.*, L. 3, § 4. POMPONIUS *libro IX ad Sabinum.*

« Quod si per emptorem mora fuisset, æstimari oportet pretium quod sit cum
« agitur, et quo loco minoris sit. Mora autem videtur esse, si nulla difficultas
« venditorem impediat, quo minus traderet, præsertim si omni tempore paratus
« fuit tradere. Item non oportet ejus loci pretia spectari, in quo agatur, sed ejus,
« ubi vina tradi oportet: nam quod a Brundisio vinum venit, etsi venditio alibi
« facta sit, Brundisi tradi oportet. »

2º La demeure du débiteur ou du créancier suppose donc une faute. Mais quelle est cette faute? Nous pensons que c'est la faute légère ou la faute lourde, conformément aux règles sur la prestation des fautes, telles qu'elles ont été déterminées ci-dessus pour le cas d'inexécution totale de l'obligation (12). On se demande en effet pourquoi une partie serait traitée plus ou moins sévèrement dans le

D'après Pomponius, pour que l'acheteur soit en demeure de recevoir la chose vendue, il faut que le vendeur n'ait apporté aucun obstacle à la tradition, et surtout il doit avoir été prêt en tout temps à livrer; en un mot des offres de payement sont nécessaires de la part du vendeur. On en conclut que ces offres suffisent pour constituer l'acheteur en demeure de recevoir; on n'aurait pas égard à un empèchement légitime de l'acheteur. La conclusion est ouvertement fausse. Pomponius cite une condition de la demeure du créancier; il ne résulte pas de là qu'il n'y en ait qu'une seule.

D. 13, 5, *de pecunia constituta*, L. 18, pr. ULPIANUS *libro XXVII ad edictum.*

« Item illa verba prætoris ' neque per actorem stetisse ' eandem recipiunt « dubitationem. Et Pomponius dubitat, si forte ad diem constituti per actorem « non steterit, ante stetit vel postea. Et puto et hæc ad diem constituti referenda. « Proinde si valetudine impeditus aut vi aut tempestate petitor non venit, ipsi « nocere Pomponius scribit. »

Un créancier en vertu d'un constitut avait été empêché de recevoir le payement au jour convenu, par suite d'une maladie, du mauvais temps ou de la violence. C'est lui qui en souffre, décide Ulpien. On pense que le jurisconsulte entend dire par là que le créancier est en demeure de recevoir. C'est une erreur. Le créancier souffrira déjà de l'empêchement en ce sens qu'il n'aura pas été payé au jour convenu, et il ne pourra pas soutenir que le débiteur est en demeure de payer, ni même invoquer le bénéfice des conventions faites pour le cas de non-payement (Cf. D. 18, 3, *de leg. commiss.*, L. 8, et D. *h. t.*, L. 9, § 1).

Voyez en notre sens MADAI, cité, § 2 et 13, WOLFF, cité, § 19-21 et 23, MOLITOR, cité, I, nº 347, HEIMBACH, cité, p. 866-875, VANGEROW, III, § 588, *Anm.* 1, BRINZ, II (1), § 272 initio, ARNDTS, § 251, 1º i. f., et *Anm.* 7, BARON, § 240, I, 3º, et § 241, I, MAYNZ, II, § 179, et notes 3 et 4, enfin WINDSCHEID, II, § 276, et note 2, § 277, 4º, et notes 7-9, § 345, 3º, et note 8.

MOMMSEN, *Beiträge* I, § 23, p. 263-267, et T. III, § 2, 8 et 17, défend la même opinion, sauf qu'il n'admet pas que le créancier puisse se prévaloir d'une erreur pour justifier son refus des offres. Cette exception est insoutenable.

KNIEP, cité, I, § 37, est aussi d'accord en principe.

Contra SCHŒMANN, *Lehre vom Schadenersatz* II, p. 10 sq., GLÜCK, VIII, § 606, p. 426-427, HÆNEL, *Vom Schadenersatz*, § 70, MACKELDEY, II, § 345, 3º (éditions personnelles de l'auteur), PUCHTA, *Pand.*, § 268, note a, § 269 et note h, *Vorles.* II, § 269 initio, et SINTENIS, II, § 93 et *Anm.* 50 et 76.

(12) § 13-14.

cas d'un retard apporté à l'exécution de l'obligation que lorsqu'il s'agit d'une inexécution complète ; la responsabilité doit évidemment être la même dans les deux hypothèses, et une distinction quelconque serait arbitraire. Il a été prétendu cependant que la demeure exige toujours un dol ou bien une faute lourde, qu'une faute légère est insuffisante[13].

3° En ce qui concerne les effets de la demeure, soit du débiteur, soit du créancier, le principe général est que la partie en demeure doit réparer tout le dommage qu'elle cause à la partie adverse. Ce principe n'est qu'un corollaire de cet autre que toute demeure implique une faute, et chacun est tenu de réparer le dommage résultant de sa faute[14]. Nous nous bornons à constater ici l'effet général de la demeure. Nous allons maintenant examiner en détail les conditions et les effets de la demeure du débiteur ou du créancier (§ 19-22) et nous terminerons par sa cessation (§ 23).

§ 19. *Conditions de la demeure du débiteur.*

I. La demeure du debiteur suppose avant tout une dette susceptible d'être efficacement poursuivie en justice ; dans le cas contraire, le débiteur qui refuse de payer, n'est pas coupable de faute, et une faute est de l'essence de la demeure[1]. Donc une dette nulle de plein droit, telle qu'une dette de jeu ou une dette d'intérêts usuraires,

(13) Le D. 12, 1, *de reb. cred.*, L. 5, et le D. *h. t.*, L. 21-22, ne sont nullement contraires. Sans doute la première loi considère le dol du débiteur comme donnant lieu à la demeure ; mais elle assimile à ce cas celui où le débiteur avait de justes motifs de comprendre qu'il devait payer ; tout en étant de bonne foi et même sans avoir commis une faute lourde, on peut avoir de pareils motifs (Cf. ci-dessus note 10 initio du présent paragraphe). Aux termes du D. *h. t.*, L. 21-22, le débiteur qui refuse de payer, en alléguant une exception, n'est pas en demeure, pourvu qu'il soit de bonne foi. Le motif est bien simple ; ce débiteur est aussi exempt de faute ; sa bonne foi excuse complètement son refus de payer.

Voyez en notre sens MADAI, cité, § 2 et 13, WINDSCHEID, II, § 277, 4°, et note 7, et MAYNZ, II, § 179, note 4. Cf. ARNDTS, § 251, *Anm.* 7.

Contra WOLFF, cité, § 23, MOLITOR, cité, I, n° 347 i. f., et HEIMBACH, cité, p. 873-874. Cf. MOMMSEN, *Beiträge* III, p. 23-24, et § 8, p. 67-68.

(14) D. 45, 1, *de V. O.*, L. 114 ; D. 33, 6, *de tritico vino vel oleo leg.*, L. 8 i. f.

(1) Cf. D. 50, 17, *de R. J.*, L. 88.

ne peut pas donner lieu à une demeure[2]. Il faut en dire autant d'une dette paralysée par une exception péremptoire comme l'exception de dol ou de violence[3]. Enfin n'admettent pas de demeure les obligations naturelles[4], conditionnelles ou à terme, ces deux dernières du moins tant que la condition est en suspens ou que le terme n'est pas expiré[5].

II. Pour que le débiteur soit en demeure, le créancier doit l'avoir inutilement sommé de payer (*interpellari, interpellatio*) ; en effet, aussi longtemps qu'on ne lui demande pas le payement, le débiteur peut s'abstenir de payer sans commettre aucune faute, et sans faute pas de demeure[6].

A) La sommation dont il s'agit n'est autre chose qu'une invitation de payer; le créancier doit manifester d'une manière certaine l'intention d'être payé et cette seule manifestation suffit. D'après cela :

1° On ne peut considérer comme une sommation une déclaration vague et générale du créancier relativement à la dette; un simple rappel de la dette est insuffisant[7]. L'envoi d'un compte non acquitté n'est qu'un rappel de la dette et partant n'implique pas une sommation. Par contre, l'envoi d'un compte acquitté manifeste clairement la volonté d'être payé sur-le-champ, et dès lors constitue une sommation. La sommation n'exige pas d'ailleurs une menace de poursuites. Elle ne requiert aucune forme et peut se faire judiciairement par la notification d'un exploit ou bien extrajudiciairement, par écrit ou de vive voix, sauf que, dans ce dernier cas, il y aura lieu de prouver la sommation par témoins[8].

2° La sommation doit être faite par le créancier ou par son représentant[9]. Le créancier doit être capable de recevoir le payement, sinon une invitation de payer n'a pas d'objet; lorsque le créancier est incapable de recevoir le payement, l'interpellation doit se faire, soit

(2) D. 50, 17, *de R. J.*, L. 88.

(3) D. 12, 1, *de reb. cred.*, L. 40, v[is] non enim in mora est is, a quo pecunia propter exceptionem peti non potest; Cf. D. 31, *de leg. II*, L. 78, pr.

(4) D. 45, 1, *de V. O.*, L. 127. — (5) D. *eod.*, L. 49, § 3.

(6) D. *h. t.*, L. 32, pr. initio. — (7) Cf. L. 32, § 1 i. f., cit.

(8) Arg. D. 45, 1, *de V. O.*, L. 122, § 3, v[is] testato convenerit.

(9) Arg. D. *h. t.*, L. 32, § 1 initio; cf. D. *h. t.*, L. 24, § 2 initio et i. f.

avec l'autorisation du tuteur ou le consentement du curateur, soit par le tuteur ou le curateur lui-même (10). Indépendamment de ceux-ci, la sommation peut être faite par un mandataire, pourvu que le mandat porte spécialement sur la sommation ou que celle-ci rentre dans les limites du mandat (11). Le droit de sommer appartient donc au mandataire investi de l'administration de tous les biens du créancier ainsi qu'à celui que le créancier a chargé de poursuivre le débiteur en justice ou bien d'encaisser la dette (12). Il faut au reste que le créancier ou son représentant établisse sa qualité, si elle peut être douteuse pour le débiteur, par exemple si le créancier n'est qu'un héritier ou un cessionnaire, s'il y a doute sur la tutelle, la curatelle, le mandat; le débiteur qui ignore la qualité de l'auteur de la sommation, ne commet aucune faute en refusant de payer (13). Mais l'interpellation faite par un simple gérant d'affaires est inopérante, par le motif que le débiteur ne doit pas y voir une invitation de payer faite d'après la volonté du créancier (14), peu importe que la gestion d'affaires ait été ratifiée plus tard par le créancier; car le motif de la règle subsiste. La sommation faite par le gérant d'affaires n'est valable que lorsque la dette dont il s'agit résulte de la gestion même; dans ce cas, le gérant étant personnellement créancier, somme valablement le débiteur et le constitue en demeure vis-à-vis de lui; or le maître profite de cette demeure comme de l'ensemble de la gestion (15).

3° La sommation doit être faite au débiteur ou à son représentant (16). Le débiteur doit être capable de payer, autrement la sommation de payer n'a pas d'objet; s'il est incapable, il a besoin d'être interpellé avec l'autorisation de son tuteur ou le consentement de

(10) D. *h. t.*, L. 17, § 3.

(11) Cf. D. *h. t.*, L. 24, § 2. Il n'y a pas ici, d'après la remarque de Paul, acquisition d'une créance par une personne libre, mais un simple service rendu par le mandataire, de même que celui qui, agissant pour compte d'une personne volée, surprend un voleur en flagrant délit, acquiert au volé l'*actio furti manifesti*.

(12) MOMMSEN, *Beiträge* III, § 7, p. 51-52.

(13) Cf. D. 16, 3, *depos.*, L. 13, pr., et D. 50, 17, *de R. J.*, L. 42.

(14) Cf. D. 3, 5, *de neg. gest.*, L. 5 (L. 6, édition Kriegell), § 12 i. f.

(15) D. *h. t.*, L. 24, § 2 initio. — (16) D. 45, 1, *de V. O.*, L. 24.

son curateur, ou bien l'interpellation doit se faire au tuteur ou au curateur lui-même [16]. Peut encore être interpellé le mandataire du débiteur, pourvu qu'il ait reçu un mandat spécial à l'effet de payer, ou que cette autorisation résulte implicitement d'un autre mandat, par exemple d'un mandat général ; faite à un mandataire qui n'est pas chargé de payer, la sommation de payer manque d'objet [17]. Un simple gérant d'affaires du débiteur n'est pas valablement interpellé.

4° La sommation doit se faire là où le créancier peut exiger le payement [18]. Toutefois, par la nature des choses, la sommation judiciaire se fait valablement au lieu de la poursuite.

5° Enfin la sommation peut se faire immédiatement, si la dette est pure et simple, et seulement après l'échéance, si la dette est à terme [19].

B) Dans trois cas le débiteur est constitué en demeure indépendamment d'une sommation ; on appelle alors la demeure *mora ex re*, en lui opposant sous le nom de *mora ex persona* la demeure qui résulte d'une sommation [20].

1° Il se peut qu'un terme ait été ajouté à l'obligation dans le but de forcer le débiteur à payer précisément au jour convenu, de manière que l'obligation ne soit susceptible d'être utilement exécutée que ce jour. J'achète des chevaux en stipulant qu'ils me seront livrés à la foire prochaine ; le vendeur est tenu de m'en faire la délivrance à cette époque ; elle ne peut se faire utilement qu'alors ; la tradition postérieure manquerait le but du contrat. Ici le débiteur sera en demeure par cela seul qu'il ne paye pas à l'échéance ; une

(16) D. 45, 1, *de V. O.*, L. 24.

(17) C'est pourquoi la sommation ne peut se faire à un mandataire *ad litem* du débiteur. Il résulte seulement du D. *h. t.*, L. 23, pr., que si le debiteur s'est absenté pour service public, sans avoir laissé un mandataire *ad litem*, il sera en demeure moyennant une protestation judiciaire, s'il a pu constituer un mandataire, tandis que, dans le cas contraire, la protestation judiciaire ne le constituera pas en demeure (Cf. ci-après n° II, B, 3°, du présent paragraphe). Contra MOLITOR, cité, I, n° 315.

Cf. sur l'ensemble de la question MOMMSEN, *Beiträge* III, § 7 i. f. et 28.

(18) Arg. D. *h. t.*, L. 32, pr. — (19) D. 45, 1, *de V. O.*, L. 49, § 3.

(20) D. *h. t.*, L. 32, pr. initio.

interpellation n'est pas nécessaire. En effet, si le débiteur tenu de payer à jour fixe ne paye pas à ce jour, il est manifestement en faute; il y a de sa part un retard coupable apporté à l'exécution de l'obligation; le retard est tellement coupable qu'il équivaut à l'inexécution totale de l'obligation; cette faute existe en dehors d'une sommation et partant le débiteur doit être en demeure de plein droit. Au reste une sommation n'aurait pas d'objet dans l'espèce; car elle ne peut se faire qu'après l'échéance et en ce moment l'exécution de l'obligation a perdu son utilité[21]. Mais, sauf ce cas particulier, la seule expiration du terme ne constitue pas le débiteur en demeure; une sommation est nécessaire dans les obligations à terme, comme dans les obligations pures et simples. Nous nous fondons avant tout sur ce que la demeure exige une faute; or, si le terme n'impose pas au débiteur l'obligation de payer à jour fixe, le débiteur n'est pas en faute en ne payant pas à l'expiration du terme convenu. Prenons un exemple. Quelqu'un a fait un prêt remboursable après cinq ans; les cinq années s'écoulent sans que le remboursement se fasse. On ne saurait guère soutenir que ce non-remboursement implique une faute de la part de l'emprunteur; celui-ci est en droit de croire que le prêteur qui ne réclame pas la restitution du prêt, n'entend pas l'exiger et même qu'il désire maintenir un placement avantageux. L'abstention de l'emprunteur est parfaitement légitime; on ne peut exiger de lui qu'il aille au-devant d'une demande de son créancier; la raison veut qu'avant d'adresser un reproche au débiteur, le créancier l'invite à payer. A cette première considération vient s'en ajouter une seconde. Le terme est très

---

(21) C. 4, 49, *de A. E. et V.*, L. 10. *Impp. Diocletianus et Maximianus Titio Attalo.*

« Cum venditorem carnis fide conventionis rupta tempore placito hanc non « exhibuisse proponas, empti actione eum quanti interest tua tunc tibi præstitam « fuisse apud præsidem provinciæ convenire potes. »

De la viande avait été vendue pour être livrée à jour fixe (tempore placito); le vendeur ne l'avait pas livrée à ce jour; l'acheteur peut agir en dommages et intérêts. Ces dommages et intérêts sont dus par le seul effet de l'échéance; or ils ne peuvent avoir leur cause que dans la demeure du vendeur; donc celle-ci avait été encourue de plein droit.

généralement établi dans l'intérêt du débiteur; les parties n'ont d'autre but que de différer l'exigibilité de la dette; or, si le débiteur à terme se trouvait en demeure par la seule expiration du terme, le bénéfice du terme se retournerait contre lui : sa position serait plus défavorable que dans l'obligation pure et simple, contrairement à la volonté des parties [22]. On objecte que la fixation d'un terme pour l'exécution de l'obligation implique déjà une invitation de payer à l'échéance, c'est-à-dire une sommation, et que partant une interpellation spéciale manque d'objet; de là la maxime *dies interpellat pro homine;* le terme interpelle au lieu et place du débiteur. Le raisonnement est très exact lorsque le terme impose au débiteur l'obligation de payer à jour fixe; c'est parce qu'un pareil terme contient une sommation que nous avons admis nous-même que, dans ce cas, le débiteur en retard est aussitôt en faute et en demeure. Mais lorsque le débiteur n'est pas tenu de payer à jour fixe, il est impossible de voir dans le terme une invitation de payer à jour fixe; loin que le terme implique alors une sommation de payer, il contient une défense pour le créancier de réclamer le payement avant l'échéance, toutes les fois qu'il est établi dans l'intérêt du débiteur, ce qui est la règle. On objecte encore qu'une interpellation faite à terme constitue le débiteur en demeure à l'arrivée du terme fixé par le créancier et qu'à plus forte raison un terme contractuel, accepté par le débiteur, doit avoir pour effet de mettre le débiteur en demeure le jour de l'échéance. L'argument n'est que spécieux. Nous contestons que la fixation d'un terme contractuel contienne une invitation de payer, ce qui le sépare essentiellement de la sommation faite à terme. Aucun texte ne consacre formellement notre système; mais aucun passage non plus n'est décisif en faveur de la règle *dies interpellat pro homine.* Or,

(22) A l'appui du même système, on pourrait dire encore que le seul effet de l'expiration du terme est de rendre l'obligation pure et simple, et que le débiteur conditionnel n'est pas non plus constitué en demeure par le seul accomplissement de la condition. Mais ces arguments contiennent une pétition de principe; il s'agit précisément de prouver que l'obligation devenue exigible ne diffère point de l'obligation pure et simple dès l'origine ou bien devenue telle par l'accomplissement d'une condition suspensive.

ce silence des lois romaines vient à notre appui. D'abord les principes généraux, tels que nous les avons déterminés ci-dessus, nous sont favorables. Ensuite nos sources posent la règle fondamentale que la demeure n'a pas lieu de plein droit, qu'elle exige une sommation [23]; si cette règle ne s'appliquait pas à l'ensemble des dettes à terme, il serait étrange que l'on n'eût pas mentionné une exception d'une pareille importance; dans tous les cas, l'exception ne se présume point; elle ne peut se fonder que sur un texte positif, et celui-ci fait défaut. Nous pouvons d'ailleurs invoquer une loi, tout au moins par analogie [24]. Quant aux décisions qu'on nous oppose, aucune d'elles n'est concluante [25]. A la vérité, le droit byzantin

[23] D. *h. t.*, L. 32, pr., v^{is} Mora fieri intelligitur non ex re, sed ex persona, id est, si interpellatus oportuno loco non solverit.

[24] D. *h. t.*, L. 17, § 4. PAULUS *libro singulari de usuris.*

« Ex locato qui convenitur, nisi convenerit ut tardius pecuniæ illatæ usuras « deberet, non nisi ex mora usuras præstare debet. »

« Celui qui est poursuivi en vertu d'un bail, s'il n'a pas été convenu qu'il « devrait les intérêts de l'argent tardivement payé, doit seulement prester les « intérêts à raison de la demeure. »

Le preneur est débiteur à terme du prix convenu, et cependant en principe il ne doit pas les intérêts par cela seul qu'il ne paye pas à l'échéance; il ne les doit que s'il a été mis en demeure, donc après la sommation. On objecte qu'il s'agit ici d'un terme légalement fixé; mais l'époque à laquelle le prix du bail est payable, est fort souvent déterminée par la convention, et alors même que, par hypothèse, Paul n'aurait eu en vue que le terme légal pour le payement du loyer ou du fermage, encore faudrait-il étendre sa décision par analogie au terme contractuel, d'autant plus que le terme légal prémentionné se fonde sur la volonté présumée des parties.

Nous nous abstenons d'invoquer à notre appui le D. 45, 1, *de V. O.*, L. 49, § 3. D'après ce passage, le débiteur à terme d'un esclave n'est pas tenu lorsqu'il a été interpellé avant l'échéance et que l'esclave est décédé après l'interpellation. Le motif de la décision est qu'il n'y a pas eu demeure, l'interpellation faite avant l'échéance étant nulle. On pourrait tirer un argument de ce texte s'il était dit que l'esclave est décédé *après* l'expiration du terme convenu ; alors le jurisconsulte partirait de ce point de vue que la seule arrivée du terme ne produit pas la demeure. Mais l'esclave n'est pas *in terminis* supposé mort après l'échéance, et dès lors le passage ne prouve point contre la règle *dies interpellat pro homine.*

[25] D. 45, 1, *de V. O.*, L. 33. POMPONIUS *libro XXV ad Sabinum.*

« Si Stichus certo die dari promissus ante diem moriatur, non tenetur pro- « missor. »

« Si Stichus, qu'on avait promis de donner à un jour déterminé, décède avant « ce jour, le promettant n'est point tenu. »

paraît avoir bien positivement accepté la règle *dies interpellat pro*

On argumente *a contrario* de cette loi. De ce que le débiteur à terme est libéré lorsque Stichus décède avant l'arrivée du terme, on conclut que si le décès est postérieur à l'échéance, la perte est pour le débiteur; donc celui-ci serait en demeure par la seule expiration du terme. Cette argumentation *a contrario* n'a pas de valeur.

D. 45, 1, *de V. O.*, L. 114. ULPIANUS *libro XVII ad Sabinum.*

« Si fundum certo die præstari stipuler et per promissorem steterit, quo minus « ea die præstetur, consecuturum me, quanti mea intersit moram facti non esse. »

« Si je stipule la prestation d'un fonds de terre à un jour convenu et qu'il ait « dépendu du promettant de prester le fonds audit jour, j'obtiendrai la réparation « du dommage causé par la demeure. »

Ainsi, dit-on, par cela seul que la tradition du fonds n'a pas eu lieu au jour convenu (ea die), le débiteur est en demeure ; or il doit l'être en dehors d'une sommation, puisque la sommation n'est possible qu'après l'échéance. Il faut reconnaître que la loi 114, interprétée littéralement, a cette portée. Mais il existe une autre interprétation tout aussi acceptable. La demeure du débiteur exige d'abord que le fonds n'ait pas été livré au jour convenu ; elle exige en outre que ce défaut de tradition soit imputable au débiteur; le jurisconsulte insiste même beaucoup plus sur le second point que sur le premier, qu'il mentionne d'une façon tout à fait accessoire, à l'occasion de l'autre, par les deux mots « ea die » ; or la non-tradition ne peut pas être reprochée au débiteur, s'il n'a pas été sommé de livrer. Cette explication s'écarte du sens littéral de la loi 114. Mais à un autre point de vue encore, il faut abandonner ce sens littéral : lorsque le débiteur d'un fonds de terre ne le livre pas à l'échéance, il n'est en demeure que si le créancier s'est présenté pour recevoir la délivrance de l'immeuble (Cf. ci-après T. I, § 20, II), ce qu'il ne peut faire qu'après l'échéance; la demeure est donc impossible à l'instant de l'expiration du terme (Cf. MOMMSEN, *Beiträge* III, § 10, p. 88-90, et § 11, p. 109, et note 25).

On veut encore étayer la règle *dies interpellat pro homine* sur le Code 4, 49, *de A. E. et V.*, L. 10, sur le C. 8, 37 (38, édition Kriegell), *de contr. et committ. stipul.*, L. 12, et sur le C. 4, 66, *de emphyt. jure*, L. 2, § 1.

Nous reconnaissons que la première loi fait résulter la demeure de la seule expiration du terme; mais elle s'applique à une espèce où le débiteur devait payer à jour fixe et ne pouvait payer utilement que ce jour (Cf. ci-dessus note 21 du présent paragraphe).

Passons au Code 8, 37, *de contr. et committ. stipul.*, L. 12. Un débiteur à terme promet une peine pour le cas où il n'exécuterait pas son obligation à l'époque convenue; il laisse passer cette époque sans payer. Justinien décide que la peine est aussitôt encourue, sans qu'une sommation soit nécessaire. En effet, dit l'empereur, le débiteur doit se rappeler lui-même ses promesses; il ne faut pas que le créancier les lui rappelle. On invoque à la fois le dispositif et le motif de cette loi, mais à tort. On ne peut tirer aucun argument de la décision; car, pour que la peine soit encourue, une demeure du débiteur n'est pas requise; la règle procla-

homine [26]; mais on n'est pas autorisé à tirer de ce droit une conclusion au point de vue de la législation de Justinien.

Jusqu'au commencement de ce siècle, la règle *dies interpellat pro homine* avait été très généralement admise par les interprètes du droit romain; on la retrouve entre autres chez Cujas [27] et Doneau [28]. Glück l'énonce comme constante [29]. de Savigny, dans ses leçons, s'éleva contre elle avec toute l'autorité de son talent, et la majorité des auteurs modernes s'est ralliée à son opinion [30]. Mais, parmi les interprètes qui exigent une sommation pour que le

mée par la loi 12 est donc étrangère à la théorie de la demeure. Quant au motif sur lequel Justinien base sa décision, il ne saurait s'appliquer qu'au cas dont l'empereur s'occupe dans la loi 12; il serait très hasardé de donner une portée générale aux considérations par lesquelles Justinien motive ses lois. D'ailleurs la véritable raison pour laquelle le débiteur à terme encourt la peine par cela seul qu'il ne paye pas à l'échéance, c'est qu'il a promis la peine pour cette éventualité (Cf. ci-après T. I, § 26, 1°).

Enfin, d'après le Code 4, 66, *de emphyt. jure*, L. 2, § 1, l'emphytéote est déchu de son droit si, pendant trois ans, il s'est abstenu de payer la rente ou les impôts, sans qu'il soit besoin d'une interpellation; car, dit Justinien, tout débiteur doit payer spontanément. Ici encore il n'est pas question de demeure, et le motif de la loi, bien qu'il soit emprunté à la loi 12 précitée et que l'empereur le représente comme tout à fait général (L. 2, § 1 i. f.), ne saurait nous lier dans la théorie de la demeure. Il faut d'autant plus en décider ainsi que le motif, pris à la lettre, s'applique même aux obligations pures et simples, et qu'on n'en tient aucun compte dans le louage, où le preneur n'est en demeure qu'en vertu d'une sommation (D. *h. t.*, L. 17, § 4; cf. ci-dessus note 24 initio du présent paragraphe).

(26) *Scholion ad Basilica* XXIII, 1, c. 5 (Heimbach, II, p. 593, *Scholion* 4), et *Scholion ad Harmenopoulum* III, 3, § 43 (Heimbach, p. 354).

(27) *Recitationes solemnes in lib. VIII Codicis, ad tit. 37, de contr. et committ. stipul., ad* L. 12.

(28) *De mora*, n° 10 sq.

(29) IV, § 329, b, p. 404.

(30) Voyez en ce sens Wolff, cité, § 27-29, Gœschen, II (2), § 417, A i. f., Unterholzner, cité, I, § 55, VII, Puchta, *Pand.*, § 269, et *Vorles.* II, § 269, Molitor, cité, I, n° 348-357, Mommsen, *Beiträge* III, § 10, Sintenis, II, § 93, et *Anm.* 71, Arndts, § 251, 1°, et *Anm.* 6, Maynz, II, § 179 i. f., Brinz, II (1), § 272 i. f., et note 40, Keller, § 252, et au fond aussi, du moins au point de vue du droit romain, Windscheid, II, § 278, 1°, et surtout note 5.

Contra Mackeldey, II, § 345, 1°, b, Thibaut, I, § 99 initio, Madai, cité, § 16-24, Mühlenbruch, II, § 355, et note 8, Schilling, III, § 237, et note r, Vangerow, III, § 588, *Anm.* 2, et Ortolan, III, n° 1657 initio.

débiteur à terme soit en demeure, les uns posent cette règle d'une manière absolue (31), les autres exceptent, comme nous l'avons fait, le cas où le terme est de telle nature qu'il oblige le débiteur de payer à jour fixe et que le payement ne peut se faire utilement que ce jour(32); quelques-uns proposent encore d'autres modifications(33). Enfin, entre les auteurs qui admettent et ceux qui repoussent en thèse générale la règle *dies interpellat pro homine* s'est formée une opinion intermédiaire; les défenseurs de ce système s'abstiennent d'établir un principe général; la question de savoir si le débiteur à terme est en demeure par la seule expiration du terme ou bien si une interpellation est nécessaire, cette question devrait être résolue d'après les circonstances (34). Une pareille solution n'est pas satisfaisante; en principe et abstraction faite de cas particuliers, le terme doit contenir ou non une invitation de payer et dès lors il faut se prononcer pour ou contre l'adage *dies interpellat pro homine* (35).

2° Les possesseurs en vertu d'un délit sont de plein droit en demeure. Une sommation est inutile pour les constituer en faute; ils sont coupables par le seul effet de leur délit. Tels sont le voleur(36) et le possesseur violent(37). Mais le simple possesseur de mauvaise foi a besoin d'être sommé par le propriétaire; jusque-là il n'est pas en faute, s'il ne restitue pas la chose à ce dernier, qu'il peut même ne pas connaître(38).

3° La demeure a encore lieu indépendamment d'une sommation lorsque celle-ci est impossible par suite de circonstances relatives au débiteur; le créancier ne doit pas souffrir d'une pareille impossibilité. Mais il faut au moins qu'il fasse une protestation judiciaire,

(31) Tels sont Unterholzner, Puchta, Molitor, Sintenis et Brinz.

(32) Cette modification est admise par Maynz. Cf. Wolff, cité, § 27-29, Mommsen, *Beiträge* III, § 10, p. 88, Keller, § 252, Arndts, § 251, 1°, et Windscheid, II, § 278, note 2. — (33) Maynz, II, § 179, et note 18.

(34) Namur, I, § 227, 5°.

(35) Voyez encore Anspach (Jules), *De l'adage dies interpellat pro homine*, Bruxelles, 1853.

(36) D. 13, 1, *de condict. furt.*, L. 8, § 1, L. 20.

(37) D. 43, 16, *de vi*, L. 1, § 34 i. f. et 35.

(38) Mommsen, *Beiträge* III, § 9 i. f. — Contra Molitor, cité, I, n° 312.

qui manifeste sa volonté d'être payé[39]. En parlant d'un empêchement de sommer résultant de circonstances relatives au débiteur, nous supposons d'ailleurs la culpabilité de celui-ci ; s'il est exempt de faute, la protestation, comme la sommation, est impuissante à le constituer en demeure[40]. On peut donc mettre en demeure par une protestation judiciaire un débiteur absent, c'est-à-dire un débiteur qui ne se re,contre pas au lieu où la sommation doit lui être faite[41], et qui n'y a pas laissé de mandataire, alors qu'il aurait pu en nommer un[42]. Il faut en dire autant d'un débiteur inconnu par sa faute, ce qui arrivera lorsque l'héritier du débiteur originaire s'est abstenu sans motifs, pendant un certain temps, d'accepter la succession à laquelle il était appelé[43]. Mais le créancier ne peut pas remplacer la sommation par une protestation à l'égard d'un débiteur incapable d'être valablement sommé et n'ayant pas de tuteur ou de curateur; la culpabilité du débiteur fait défaut dans l'espèce[44].

On a en outre voulu admettre une demeure de plein droit en faveur des mineurs[45] et du fisc[46] à raison de créances quelconques, en faveur des établissements de bienfaisance dans le cas où un legs leur a été fait[47], ainsi que en faveur de la dot[48] et de l'affranchissement fidéicommissaire[49]. Ces différentes exceptions

(39) D. *h. t.*, L. 23, § 1; D. 22, 2, *de naut. fœn.*, L. 2.

(40) Cf. D. 36, 4, *ut in possess. legat.*, L. 5, § 20.

(41) Ce lieu est celui du payement (Cf. ci-dessus n° II, A, 4°, du présent paragraphe). — (42) D. *h. t.*, L. 23, § 1 cbn. avec le pr.

(43) Cf. D. 36, 4, *ut in possess. legat.*, L. 5, § 20 i. f.

(44) Arg. L. 5, § 20 initio, cit. — WINDSCHEID, II, § 278, 4°, et note 12, combat à juste titre MOMMSEN, *Beiträge* III, § 9, note 6, lequel restreint la protestation judiciaire au cas d'absence du débiteur.

(45) Arg. D. 34, 4, *de adim. v. transf. leg.*, L. 3, § 2, D. 40, 5, *de fideic. libert.*, L. 26, § 1 i. f., et C. 2, 40 (41 édition Kriegell), *in quib. caus. in integr. restit.*, L. 3. — Voyez en ce sens WINDSCHEID, II, § 278, 3°, et note 11.

(46) Arg. D. *h. t.*, L. 17, § 5, et D. 39, 4, *de public.*, L. 10, § 1.

(47) Arg. C. 1, 3, *de episc. et cler.*, L. 45 (L. 46, édition Kriegell), § 4, et Nov. 131, c. 12.

(48) Lorsqu'il s'agit du payement d'une dot adventice (Arg. C. 5, 12, *de jure dot.*, L. 31, § 5-8 (§ 2, édition Kriegell)) ou bien de la restitution d'une dot quelconque (Arg. C. 5, 13, *de rei uxor. act.*, L. un., § 7*b* initio (§ 7 i. f., édition Kriegell)).

(49) Arg. D. 40, 5, *de fideic. libert.*, L. 26, § 1, L. 53, pr.

sont mal fondées; dans tous les cas indiqués, une interpellation est indispensable pour qu'il y ait demeure (50).

III. Lorsque le créancier a sommé le débiteur de payer une dette susceptible d'être efficacement poursuivie en justice ou bien qu'il a remplacé cette sommation par une protestation judiciaire, conformément aux règles exposées ci-dessus, le débiteur n'est pas nécessairement en demeure. Le retard qu'il a apporté à l'exécution de l'obligation, peut ne pas lui être imputable; il est admis à produire de justes causes d'excuses, des *excusationes a mora*. Pour ne pas parler du cas où l'exécution de son obligation est devenue accidentellement impossible, ce qui amènerait l'extinction de la dette, le débiteur ne sera pas en demeure s'il a été empêché de payer par une circonstance relative au créancier, alors même qu'elle se serait pas imputable à ce dernier, par exemple le débiteur n'a trouvé au lieu du payement ni le créancier, ni son représentant(51), le créancier était inconnu, ou bien incapable de recevoir le payement et dépourvu du tuteur ou du curateur nécessaires. Mais de plus, comme nous l'avons démontré ci-dessus (52), la demeure du débiteur sera exclue s'il a été empêché de payer par des circonstances à lui

(50) En ce qui concerne les mineurs, le fisc et les établissements de bienfaisance, les textes sur lesquels on base la *mora ex re* (notes 45-47), parlent seulement d'une obligation légale de payer les intérêts pour cause de simple retard; les établissements de bienfaisance ont de plus droit aux fruits. Mais tous les autres effets de la demeure sont exclus, parce que les conditions de celle-ci ne se rencontrent pas. Si ces textes emploient le mot *mora*, ils ont en vue un retard matériel; aussi d'autres lois déclarent-elles qu'il n'y a pas *mora*, c'est-à-dire demeure dans le sens technique (D. 31, *de leg. II*, L. 87, § 1; C. 4. 49, *de A. E. et V.*, L. 5 (mineurs)). — Quant à la dot, les lois citées à la note 48 n'établissent non plus qu'une simple obligation légale de payer des intérêts; le promettant d'une dot adventice consistant en meubles non estimés est en outre soumis aux effets de la *litis contestatio* (C. 5, 12, *de jure dot.*, L. 31, § 7 (§ 2 i. f. édition Kriegell)). — Enfin, la *mora ex re* dont il est question relativement aux affranchissements fidéicommissaires (textes cités à la note 49), est aussi un simple retard, qui produit certains effets particuliers quant à l'ingénuité des enfants de la femme, mais nullement les effets de la demeure.

Voyez en ce sens MOMMSEN, *Beiträge* III, § 12-13, MAYNZ, II, § 179, note 12, et, sauf pour les mineurs, WINDSCHEID, II, § 278 i. f., et note 13.

(51) D. 18, 3, *de leg. commiss.*, L. 4, § 4; D. 13, 5, *de pec. constit.*, L. 18, pr.

(52) § 18, 1°. — (53) D. *h. t.*, L. 23, pr.

personnelles et qui ne peuvent pas lui être reprochées, notamment s'il a été empêché de se rendre au lieu du payement par suite d'un accident tel qu'une maladie, l'interruption des communications, un naufrage ou la privation de la liberté (53), s'il a été dépouillé de l'argent destiné au payement et qu'il n'ait pu en emprunter d'autre immédiatement, enfin s'il avait de justes motifs de douter de l'existence de la créance ou bien de la qualité du créancier ou de son représentant (54), etc. (55).

§ 20. *Conditions de la demeure du créancier.*

I. Pour que le créancier soit en demeure, il faut que le débiteur ait fait inutilement des offres de payer qui réunissent toutes les conditions requises pour un payement valable, à part, évidemment, l'acceptation du créancier. En effet, ce n'est que lorsque ces conditions concourent, que le créancier est coupable de faute pour avoir refusé les offres; l'une d'elles manquant, le refus du créancier est légitime, ce qui exclut la demeure. Mais aussi lorsque les offres réunissent les différentes conditions d'un payement valable, le créancier qui les refuse, est en faute et partant en demeure. D'après cela :

1° L'offre peut être faite par toute personne capable de payer (1) et à toute personne capable de recevoir le payement. La règle n'admet qu'une seule modification fondée sur la nature des choses. Tandis que le payement est valablement reçu par un représentant ayant qualité à cet effet, le refus d'un représentant de recevoir le payement ne constitue le créancier en demeure que si le représentant avait qualité pour refuser les offres. Il suit de là que le créancier sera en demeure si les offres sont refusées par son tuteur ou curateur, ou bien par son mandataire général ; car ceux-ci peuvent faire toute sorte d'actes d'administration, et le refus du payement est un pareil acte. Il en serait autrement si le refus émanait, soit

---

(54) Cf. D. 16, 3, *depos.*, L. 13; pr., et D. 50, 17, *de R. J.*, L. 42.
(55) D. 16, 3, *depos.*, L. 1, § 22 i. f. ; D. *h. t.*, L. 21-22.
(1) D. 46, 3, *de solut.*, L. 72, § 2 i. f.

d'un mandataire spécialement autorisé à recevoir le payement dont il s'agit, ce mandataire fût-il un *adjectus solutionis causa*, soit d'un mandataire chargé de toutes les recettes de son principal; un tel mandataire n'a pas qualité pour refuser le payement; en le refusant, il excède son mandat, et partant son refus est nul et ne peut donner lieu à une demeure du créancier [2].

2° L'offre doit porter sur la chose due elle-même et sur cette chose tout entière [3]. Mais suffit-il que le débiteur fasse des offres verbales de payer, ou bien doit-il faire des offres réelles, c'est-à-dire des offres accompagnées de la présentation matérielle de la chose due? La question se présente pour les choses mobilières et pour les faits de l'homme. L'offre doit réunir toutes les conditions d'un payement valable. Donc, si la dette est payable au domicile du créancier, le débiteur est tenu de faire des offres réelles à ce domicile [4]. De même, si la dette est payable à un endroit déterminé, distinct des domiciles du créancier et du débiteur, des offres réelles doivent être faites à cet endroit [5]. Mais lorsque le débiteur peut payer à son propre domicile et que le créancier est obligé d'y accepter le payement, des offres réelles sont inutiles; il suffit que le débiteur

---

(2) Voyez MOLITOR, cité, I, n° 322, MOMMSEN, *Beiträge* III, § 33, p. 314-315, et WINDSCHEID, II, § 345, 2°.

(3) D. 12, 1, *de reb. cred.*, L. 21; D. *h. t.*, L. 41, § 1.

(4) Arg. D. 46, 3, *de solut.*, L. 72, § 3 i. f. Voyez en ce sens KOCH, cité, I, § 33, p. 353-354, et MOMMSEN, *Beiträge* III, § 15, p. 142. — Mais *quid* si le débiteur a notifié au créancier son intention de lui présenter la chose et que le créancier ait répondu qu'il ne l'accepterait pas? Cette circonstance ne dispense pas le débiteur de la présentation matérielle de la chose due. Le refus réel prouve l'intention arrêtée du créancier d'empêcher l'exécution de l'obligation; il le constitue en faute et en demeure. Un refus verbal n'a pas la même signification; ce n'est qu'une simple parole (En ce sens KOCH, cité, I, § 33, p. 354, et note 3. — Contra MOMMSEN, *Beiträge* III, § 15, p. 144-145, et note 6).

(5) Arg. D. 19, 1, *de A. E. et V.*, L. 3, § 4 i. f. Il ne suffit donc pas que l'exécution de l'obligation ait été préparée au lieu où elle devait se faire et que le créancier en ait été informé, comme paraît l'admettre MOMMSEN, *Beiträge* III, § 15, p. 141-142. Le débiteur doit se présenter au lieu du payement; car autrement le créancier, eût-il été présent, n'aurait pu se payer (Cf. KOCH, cité, I, § 33, p. 354).— Un refus verbal du créancier n'a pas plus d'importance que dans l'espèce précédente (note 4).

fasse savoir au créancier que la chose due est à sa disposition, et qu'elle le soit effectivement. De pareilles offres, bien que simplement verbales, réunissent toutes les conditions d'un payement valable, sauf que le créancier a refusé d'être payé; ce refus est ouvertement une faute, qui doit constituer le créancier en demeure. Si dans l'espèce on décidait que le débiteur doit présenter la chose au créancier, il serait dépouillé de son droit contractuel de payer chez lui, et il en serait dépouillé par le refus injuste du créancier de recevoir le payement là où il doit le recevoir[6]. Néanmoins plusieurs auteurs semblent admettre que les offres de payer doivent toujours être réelles pour constituer le créancier en demeure [7]. En supposant des offres réelles obligatoires, le débiteur est tenu de présenter la chose à un endroit où le créancier doit en accepter le payement [8]; si donc il s'agit de choses fongibles, l'offre réelle ne peut pas se faire en un lieu inopportun[9].

3° Lorsqu'un terme a été ajouté à l'obligation dans l'intérêt du créancier, le débiteur ne peut faire des offres valables qu'après l'expiration du terme [9].

Par dérogation aux règles que nous venons d'établir, la demeure du créancier a lieu de plein droit ou indépendamment d'une offre de payer, lorsque cette offre est impossible par suite de circonstances relatives au créancier; pareille impossibilité ne doit pas nuire au débiteur. Pour le créancier comme pour le débiteur il y a une *mora ex re*. Mais ici également le débiteur doit remplacer l'offre de payer par un équivalent, une protestation judiciaire[10], et, comme l'offre, cette protestation ne constitue le créancier en demeure que

---

(6) Arg. D. 18, 6, *de P. et C. R. V.*, L. 4, § 2 i. f. — Voyez en ce sens KOCH, cité, I, § 33, p. 354, et MOMMSEN, *Beiträge* III, § 15, p. 141-142.

(7) Entre autres MOLITOR, cité, II, n° 983 initio, et MAYNZ, II, § 290 initio. Voyez contre la nécessité générale des offres réelles KOCH, cité, I, § 33, MÜLLER, *De depositione judiciali juris romani*, § 4, I, p. 41-61, MOMMSEN, *Beiträge* III, § 15, p. 141-145, et au fond aussi WINDSCHEID, II, § 345, 1°, et note 3.

(8) C. 8, 42 (43, édition Kriegell), *de solut.*, L. 9.

(9) D. 46, 3, *de solut.*, L. 39, v^is quid enim, si inopportuno tempore vel loco optulerim?

(10) C. 4, 32, *de usur.*, L. 6 i. f.

pour autant qu'une faute lui est imputable; sa non-culpabilité doit exclure sa demeure[11]. La demeure du créancier peut donc résulter d'une protestation judiciaire lorsqu'il est absent, c'est-à-dire ne se trouve pas au lieu du payement, et qu'il a négligé d'y laisser un représentant [12], ou bien lorsqu'il est inconnu par sa faute, par exemple le créancier originaire étant décédé, celui qui est appelé à sa succession, s'abstient sans motifs pendant un certain temps d'en faire l'acceptation, ou bien encore lorsque le créancier refuse de procéder à certaines opérations préliminaires aux offres telles que la liquidation de la créance [13], le compte, la pesée ou le mesurage des marchandises qu'il s'agit de livrer. Mais la protestation serait impuissante vis-à-vis d'un créancier incapable de recevoir le paye-ment et dépourvu du tuteur ou du curateur nécessaires; l'absence de faute chez l'incapable exclut sa demeure [14].

II. La demeure du créancier ne résulte pas nécessairement de son refus d'accepter les offres de payement ou bien de la protesta-tion judiciaire qui tient lieu des offres. Même alors le créancier peut ne pas se trouver en faute; il peut avoir de justes causes d'excuse, des *excusationes a mora*. Notamment le créancier ne sera pas en demeure s'il avait de justes motifs de refuser le payement tel qu'il lui était offert [15], ou bien s'il a été empêché de se rendre au lieu du payement par suite d'un accident tel qu'une maladie,

(11) Arg. C. 8, 27 (28, édition Kriegell), *de distract. pignor.*, L. 5.

(12) C. 4, 32, *de usur.*, L. 6 i. f.

(13) C. 8, 27 (28, édition Kriegell), *de distract. pignor.*, L. 5; C. 5, 56, *de usur. pupill.*, L. 4. Dans l'espèce le créancier devra être sommé de liquider la créance et, à défaut de le faire, il sera en demeure.

(14) Arg. D. 36, 4, *ut in possess. legat.*, L. 5, § 20 initio. Que décider lorsque le créancier a déclaré à l'avance qu'il refuserait les offres si elles lui étaient faites? Le débiteur n'en doit pas moins faire des offres ordinaires, réelles ou verbales (Cf. ci-dessus note 4 du présent paragraphe); le refus, de la part du créancier, des offres qui ne lui sont pas encore faites, ne prouve pas nécessairement qu'il refu-sera le payement quand il lui sera dûment présenté; on n'a donc pas le droit de dire que l'offre de payer constitue une vaine formalité (En ce sens MOMMSEN, *Beiträge* III, § 18, p. 176-177. — Contra WOLFF, cité, § 31-32, MOLITOR, cité, I, n° 328 i. f., et SINTENIS, II, § 93, p. 218-219).

(15) Arg. D. 13, 5, *de pec. constit.*, L. 17, et D. 46, 3, *de solut.*, L. 72, pr.

l'interruption des communications, un naufrage ou la privation de la liberté [16]. Lorsque le débiteur et le créancier ont fait défaut au lieu du payement, le jour où celui-ci devait se faire, nous pensons qu'aucune des parties n'est en demeure. Le créancier ne l'est point, puisqu'on ne saurait lui reprocher de ne pas avoir accepté des offres qui ne lui ont pas été faites [17]. Le débiteur ne l'est pas non plus; car il n'est pas coupable de ne pas avoir fait des offres qui n'eussent pas été acceptées si elles avaient été faites. En d'autres termes, la demeure suppose que le retard apporté à l'exécution de l'obligation ait été causé par l'une des parties seulement, et, dans l'espèce, il a été causé par le débiteur et le créancier. Beaucoup d'auteurs admettent une demeure simultanée des deux parties, mais en ajoutant que les deux demeures se compensent [18], ce qui conduit au même résultat pratique que si on exclut toute demeure. Il convient de mettre la théorie d'accord avec les faits et de décider que ni le débiteur, ni le créancier ne se trouvent en demeure [19]. Telle est aussi l'opinion générale [20].

(16) Arg. D. *h. t.*, L. 23, pr. — Cf. ci-dessus § 18, 1°.

(17) La demeure du créancier absent au lieu du payement exige une protestation judiciaire (C. 4, 32, *de usur.*, L. 6 i. f.). Cf. ci-dessus n° I i. f. du présent paragraphe.

(18) Voyez en ce sens GLÜCK, IV, § 330, p. 424-425, MACKELDEY, II, § 346, 3° (éditions personnelles), THIBAUT, I, § 98 i. f., MÜHLENBRUCH, II, § 358, note 6, et MAYNZ, II, § 180 i. f.

(19) Les sources sont muettes sur la question. Le D. 19, 1, *de A. E. et V.*, L. 51, pr., et le D. 1°, 6, *de P. et C. R. V.*, L. 18 (L. 17, édition Kriegell), v° Quod si......., sont relatifs à des demeures *successives* du vendeur et de l'acheteur, et ils consacrent la règle que la seconde demeure purge la première et subsiste seule (Cf. ci-après T. I, § 23, I, 2°). Cela ne paraît pas douteux pour la seconde loi, qui à trois reprises parle d'une « posterior mora ». Labéon est moins précis dans le premier texte; mais son opinion est reproduite dans le second, uniquement au point de vue de deux demeures successives.

(20) Voyez en notre sens MADAI, cité, § 70, UNTERHOLZNER, cité, I, § 52, III, 1°, et § 60, I, 1°, et note d, WOLFF, cité, § 46, A, 4°, p. 513-514, PUCHTA, *Pand.*, § 270 i. f., et *Vorles.* II, § 270 i. f., MOLITOR, cité, I, n° 339, MOMMSEN, *Beiträge* III, § 36, p. 340-343, et SINTENIS II, § 93, et *Anm.* 148.

§ 21. *Effets de la demeure du débiteur.*

I. Conformément au principe général sur les effets de la demeure [1], le débiteur en demeure est tenu de réparer tout le dommage causé au créancier par son retard coupable; c'est la conséquence naturelle de sa faute [2]. D'après cela :

1° A partir de sa demeure, le débiteur répond indistinctement de la faute légère en ce qui concerne la garde et la conservation de la chose, alors même que précédemment il n'était tenu que de la faute lourde; si donc la chose périt ou se détériore par sa faute, il doit toujours indemniser le créancier. Il y a plus : jusqu'à un certain point, il supporte les risques et périls et doit payer la valeur de la chose qui a péri accidentellement, et tenir compte des détériorations fortuites. Il supporte la perte ou la détérioration accidentelles, d'abord si l'accident arrivé chez lui ne fût pas survenu chez le créancier. Tel est le cas où la foudre détruit la maison du débiteur et la chose due qui s'y trouvait; la maison du créancier a été épargnée et partant la chose due l'eût été également chez le créancier [3]. Mais alors même que l'accident se serait aussi produit chez le créancier, par exemple si la foudre a détruit les deux maisons du débiteur et du créancier avec tout leur contenu, le risque retombera encore sur le débiteur en demeure si le créancier eût vendu la chose avant l'accident, en supposant qu'il l'eût eue entre les mains. tandis que, faute de la posséder, il n'a pu la vendre [4]. En effet, dans les deux cas, la demeure du débiteur cause un préjudice au créancier; dans le premier, elle le prive de la chose d'une manière absolue; dans le second, elle le prive de la chose au point de vue de la vente et des avantages de celle-ci; car il est de principe que si la chose vendue périt ou se détériore fortuitement après la vente, le vendeur n'en a pas moins droit au prix convenu [5]. A vrai

(1) Cf. ci-dessus § 18, 3°. — (2) D. 45, 1, *de V. O.*, L. 114.

(3) D. 4, 2, *quod metus causa*, L. 14, § 11, v⁹ Sed et si non culpa.......... observatur; D. 10, 4, *ad exhib.*, L. 12, § 4.

(4) D. 4, 2, *quod metus causa*, L. 14, § 11, v⁹ Itaque interdum..........; D. 6, 1, *de rei vindic.*, L. 15, § 3. — (5) Cf. ci-dessus § 17, I.

dire, le débiteur ne supporte pas ici un accident; sa demeure implique une faute; c'est de celle-ci et de ses conséquences qu'il est responsable; il y a dans l'espèce un *casus culpa determinatus* (6). Nos sources expriment cet effet de la demeure du débiteur en disant que l'obligation est perpétuée par la demeure; *mora perpetuatur obligatio* (7); cela signifie que le débiteur en demeure reste obligé malgré la perte fortuite de la chose due; comme il ne peut plus livrer la chose elle-même, il en doit la valeur. Mais l'obligation du débiteur en demeure n'est perpétuée que sous les deux rapports que nous avons indiqués (8). — En ce qui concerne la preuve, elle incombe pleinement au débiteur; c'est au débiteur d'établir que l'accident se serait aussi produit chez le créancier et que celui-ci n'eût pas vendu la chose avant l'accident. Le motif est le suivant. Le débiteur doit prouver le cas fortuit sur le fondement duquel il se prétend libéré (9); or, quand il a été mis en demeure, la perte et la détérioration casuelles lui sont imputables toutes les fois que l'accident ne fût pas survenu chez le créancier ou bien que celui-ci eût vendu la chose avant l'accident; il n'y a vraiment cas fortuit que si

(6) Cf. ci-dessus § 12, III. — (7) D. 45, 1, *de V. O.*, L. 91, § 3 initio et 4.

(8) On l'a néanmoins contesté et soutenu que le débiteur en demeure supportait d'une manière absolue les risques et périls (MADAI, cité, § 44-47, et SCHILLING, III, § 238, 1° initio). Cette opinion n'est certainement pas fondée en raison. Peu importe que plusieurs lois énoncent sans réserve le principe de la responsabilité du débiteur en demeure; elles doivent être complétées par les autres qui contiennent les restrictions. Voyez en ce sens WOLFF, cité, § 40, p. 461-466, THIBAUT, I, § 97, I, 1°, MOLITOR, cité, I, n° 332, VANGEROW, III, § 588, *Anm.* 3, WINDSCHEID, II, § 280, 2°, et note 15, MAYNZ, II, § 180, et note 6, et en principe aussi DE SAVIGNY, *System* VI, § 274, et MOMMSEN, *Beiträge* III, § 20. Mais on a surtout voulu soumettre à une responsabilité absolue le voleur et le possesseur violent (GŒSCHEN, II (2), § 418, I, 2°, MÜHLENBRUCH, II, § 357, I, 1°, PUCHTA, *Pand.*, § 268, note c, MOLITOR, cité, I, n° 332, KELLER, § 252 i. f.). Ce soutènement est aussi erroné que le précédent et pour les mêmes motifs. Il est en effet certain que c'est uniquement à raison de la demeure que le voleur et le possesseur violent supportent les risques (D. 13, 1, *de condict. furt.*, L. 8, § 1, L. 20); dès lors les textes relatifs aux débiteurs en demeure leur sont applicables. De plus, une loi exclut directement la responsabilité absolue du défendeur à l'interdit *Unde vi* (D. 4, 2, *quod metus causa*, L. 14, § 11 i. f.). Voyez en ce sens WOLFF, THIBAUT, MOMMSEN, VANGEROW, WINDSCHEID et MAYNZ, ll. cc.

(9) Cf. ci-dessus § 15.

la perte ou la détérioration aurait aussi atteint la chose chez le créancier et que ce dernier n'aurait pas vendu la chose plus tôt; le débiteur doit donc établir ce double point, puisqu'il constitue le double élément du cas fortuit qu'il allègue. Une présomption qui dispense de l'une ou de l'autre de ces preuves, n'est pas possible; on ne peut présumer ni que la perte ou la détérioration serait survenue aussi chez le créancier, ni que celui-ci n'eût pas vendu la chose avant l'accident; la question de savoir s'il l'eût vendue dépend souverainement des circonstances. Beaucoup d'auteurs sont d'un avis différent. D'après eux le débiteur devrait seulement établir que l'accident serait aussi survenu chez le créancier; que si le créancier objectait qu'il aurait vendu la chose avant l'accident, ce serait à lui de fournir la preuve de cette allégation (10).

S'il est vrai que la demeure du débiteur met jusqu'à un certain point à sa charge les risques et périls, d'autre part le créancier conserve pleinement son droit à tous les avantages provenant de la chose due, au *commodum rei* (11). Parmi ces avantages, les fruits méritent une attention spéciale. Pas de doute que le débiteur ne

(10) Les sources ne s'occupent pas directement de la question; mais les indications qu'elles contiennent, nous sont favorables. Le D. 30, *de leg. I*, L. 47, § 6, et le D. 5, 3, *de hered. petit.*, L. 40, pr., posent le principe général que le débiteur en demeure doit la valeur de la chose qui a péri fortuitement, *parce que* le créancier aurait pu la vendre avant sa perte; dès lors c'est au débiteur de prouver que la règle ne lui est pas applicable, parce que son motif n'existe point. Il est vrai que le D. 6, 1, *de rei vindic.*, L. 15, § 3 i. f., et le D. 4, 2, *quod metus causa*, L. 14, § 11 i. f., n'accordent au créancier l'estimation de la chose qui a péri accidentellement après la demeure, que *s'il* l'eût vendue. Mais le D. 4, 2, *quod metus causa*, L. 14, § 11 i. f., et le D. 10, 4, *ad exhib.*, L. 12, § 4, n'obligent non plus le débiteur en demeure à supporter le risque que *si* la perte ne fût pas survenue chez le créancier; et cependant il est certain que, sous ce dernier rapport, la preuve incombe au débiteur. Il s'ensuit que, dans ces différentes lois, le jurisconsulte n'entend pas résoudre la question de la preuve; il se borne à décider que le débiteur en demeure ne supporte le cas fortuit que sous certaines conditions.

Voyez en notre sens UNTERHOLZNER, cité, I, § 58, I, et note 1, DE SAVIGNY, *System* VI, § 274, MOLITOR, cité, I, n° 332 i. f., MOMMSEN, *Beiträge* III, § 20, p. 196-197, VANGEROW, III, § 588, *Anm.* 3, p. 200, et WINDSCHEID, II, § 280, 2°.

Contra WOLFF, cité, § 40, p. 466-467, COHNFELDT, *Die Lehre vom Interesse*, § 14, p. 196-197, SINTENIS, II, § 93, *Anm.* 44 i. f., et MAYNZ, II, § 180, A, 1°, et note 6. — (11) D. 6, 1, *de rei vindic.*, L. 17, § 1; D. *h. t.*, L. 8, L. 14.

doive restituer tous les fruits perçus (12). Il est non moins évident qu'il doit compte des fruits qu'il a négligé de percevoir, puisqu'il en a aussi privé le créancier (13). Mais sa responsabilité ne s'arrête pas là ; il doit encore compte au créancier des fruits que celui-ci aurait perçus par des soins supérieurs à ceux d'un bon père de famille, lorsque le créancier était effectivement d'une diligence supérieure à celle de la moyenne des hommes et partant avait l'habitude de retirer de ses biens plus de fruits que les autres ; car alors il lui a causé par sa demeure un préjudice spécial ; il l'a privé des fruits prémentionnés (14). La règle s'applique aux fruits civils comme aux fruits naturels (15). Lorsqu'il s'agit de dettes d'argent, le créancier peut même réclamer, à titre de dédommagement, les intérêts de la somme due, sans avoir l'obligation de justifier d'un préjudice correspondant ; les intérêts sont dus de plein droit ; on les appelle intérêts moratoires. Leur taux est déterminé par l'usage des lieux (16). Le motif de la règle énoncée est que la preuve du préjudice causé par le payement tardif d'une somme d'argent présente de grandes difficultés ; il n'est guère possible d'établir que si on avait eu des fonds à sa disposition, on aurait perçu tel ou tel intérêt, et cependant il est probable que le créancier aurait retiré des fonds les intérêts usuels dans la localité ; on lui accorde dès lors ces intérêts de plein droit, en le dispensant de la preuve. Mais, à notre avis, le créancier qui justifie d'un dommage supérieur aux intérêts légaux, a droit à sa réparation. En effet, lorsque ce dommage supérieur est constant, il n'existe aucun motif de ne pas en imposer la répara-

(12) D. 6, 1, *de rei vindic.*, L. 17, § 1 ; D. *h. t.*, L. 8, L. 14, L. 38, § 7.

(13) I. 4, 17, *de off. jud.*, § 2.

(14) D. 4, 2, *quod metus causa*, L. 12, pr. ; D. 30, *de leg. I*, L. 39, § 1 initio. Si la chose due a péri et que le débiteur soit responsable de cette perte, les fruits sont dus même pour la période postérieure à la perte, jusqu'au moment du jugement ; car, sans la demeure, le créancier eût profité des fruits jusqu'à ce moment (D. 6, 1, *de rei vindic.*, L. 17, § 1 initio).

(15) D. *h. t.*, L. 32, § 2 ; D. 30, *de leg. I*, L. 39, § 1 initio.

(16) D. *h. t.*, L. 1, pr., D. 30, *de leg. I*, L. 39, § 1. Mais les intérêts ne peuvent pas dépasser le maximum de 6 °/o établi pour les intérêts conventionnels (D. *h. t.*, L. 1, pr.) ; car on n'a pas égard à une coutume locale qui déroge à une loi générale (C. 8, 52 (53, édition Kriegell), *quæ sit longa consuet.*, L. 2).

tion au débiteur qui en a été la cause. Sans doute le créancier est avantagé par la loi en ce sens qu'il a droit aux intérêts légaux, quoique, en fait, il ait subi un dommage moindre; mais cet avantage est déjà compensé par le préjudice qu'il éprouve lorsque, en fait, il a subi un dommage supérieur sans pouvoir le prouver. Supposons que j'aie stipulé à Rome une certaine somme payable à Éphèse, où je devais moi-même de l'argent sous une clause pénale; par suite de la demeure de mon débiteur, les fonds que je destinais au payement de ma propre dette, m'ont fait défaut; à raison de l'éloignement des lieux, je n'ai pu me procurer de l'argent à Éphèse et j'ai encouru la peine (17). Ou bien un commerçant stipule une somme d'argent, en vue d'acheter des marchandises; les fonds ne lui sont pas payés et partant il est empêché d'acheter les marchandises et de les revendre avec bénéfice (18). Dans les deux cas, le créancier qui prouve qu'il a subi un dommage dépassant les intérêts légaux, devra être indemnisé. Quelques auteurs contestent cette solution; ils admettent seulement que le taux légal des intérêts peut être dépassé lorsqu'une somme d'argent était payable en un lieu déterminé (19). Mais il est arbitraire de restreindre le principe à ce cas particulier et de l'exclure dans d'autres espèces où le créancier fournit la même preuve d'un dommage supérieur au taux légal des intérêts (20).

(17) D. 13, 4, *de eo quod certo loco*, L. 2, § 8. — (18) L. 2, § 8 i. f., cit.

(19) MADAI, cité, § 54, 1°. — MÜHLENBRUCH, II, § 367 i. f. — MOLITOR, cité, I, n° 299, 3°.

(20) Nous nous fondons sur le D. 13, 4, *de eo quod certo loco*, L. 2, § 8. Ulpien reconnaît qu'à l'action *de eo quod certo loco dari oportet*, le défendeur peut être condamné au delà du taux légal des intérêts (in hanc arbitrariam quod interfuit veniet et quidem ultra legitimum modum usurarum) Le jurisconsulte applique notamment ce principe au cas où quelqu'un avait stipulé à Rome de l'argent payable à Éphèse; faute d'avoir été payé, il avait encouru une peine ou vu vendre ses biens à vil prix. De même Ulpien décide que si le stipulant avait l'habitude d'acheter des marchandises, et qu'il eût été empêché d'en acheter et de réaliser un bénéfice sur leur revente, il faut lui tenir compte de la privation de ce gain, et il paraît certain que, ici également, le jurisconsulte n'admet pas une limitation résultant du taux légal des intérêts (Cf. ci-dessus § 16, notes 6, 8 et 24).

De même au D. 12, 3, *de in litem jurando*, L. 3, Ulpien observe que le serment *in litem* pourra aussi être déféré à l'occasion d'une dette pécuniaire, en vue

2° Lorsque la chose due diminue ou augmente de prix après la demeure du débiteur, indépendamment d'une détérioration ou d'une amélioration intrinsèques, cette diminution et cette augmentation de valeur ne constituent autre chose qu'un *periculum* et un *commodum rei*, et dès lors les règles prémentionnées sur les risques et les avantages de la chose due sont généralement applicables. Le créancier aura droit à la plus haute valeur qu'a atteinte la chose pendant la période de la demeure, s'il l'eût vendue à ce prix dans le cas où il l'eût possédée [21]; en effet, dans cette hypothèse, la demeure du débiteur a empêché le créancier de retirer de la chose un prix avantageux, tandis que maintenant il doit se con-

d'estimer l'intérêt qu'avait le créancier à être payé au jour convenu, surtout s'il devait de l'argent sous clause pénale ou sous hypothèque. Or ce serment *in litem* manque d'objet si le créancier est absolument limité aux intérêts légaux.

Lorsque, dit Papinien au D. 45, 1, *de V. O.*, L. 118, § 2, j'ai stipulé 10 pour moi ou pour Titius, je fais une *stipulatio incerti* à raison de ma stipulation en faveur de Titius; car il se peut que je doive de l'argent à Titius sous clause pénale, auquel cas j'aurai un intérêt indéterminé à ce que mon débiteur paye entre les mains de Titius. Or cet *incertum* ne se comprend que si la condamnation peut dépasser l'intérêt légal de la somme due.

Il faut voir dans ces diverses décisions l'application du principe général que nous défendons.

Le Digeste 18, 6, *de P. et C. R. V.*, L. 20 (L. 19, édition Kriegell) paraît contraire.

Hermogenianus *libro II juris epitomarum.* « Venditori si emptor in pretio sol-« vendo moram fecerit, usuras dumtaxat præstabit, non omne omnino, quod ven-« ditor mora non facta consequi potuit, veluti si negotiator fuit et pretio soluto ex « mercibus plus quam ex usuris quærere potuit. »

Ainsi, l'acheteur est en demeure de payer le prix; le vendeur qui est un négociant, soutient que s'il avait pu disposer de l'argent qui lui était dû, il en aurait retiré plus que l'intérêt légal. Il doit d'après la décision d'Hermogénien, se contenter de cet intérêt. Nous concilions cette loi avec les trois précédentes en l'appliquant au cas où le vendeur n'établit point le dommage allégué (Arg. des mots « consequi *potuit* » et « quærere *potuit* »). Cf. ci-dessus § 16, note 24.

Voyez en notre sens Mommsen, *Beiträge* II, § 26, p. 286-287, et 292-295, Sintenis, II, § 86, et *Anm.* 21 et 24, § 93 et *Anm.* 35, Vangerow, III, § 571, *Anm.* 3, n° 5, p. 42-45, Maynz, II, § 180, note 9, et Windscheid, II, § 280, note 8 initio. Cf. Wolff, cité, § 38, p. 451-452.

(21) La moins-value survenue chez le débiteur se serait aussi produite chez le créancier si la chose lui avait été livrée, et par conséquent il ne peut être question d'une responsabilité du débiteur en demeure à raison de la moins-value que si le créancier possédant la chose l'eût vendue au moment où elle avait le plus de valeur, tandis qu'il a été empêché d'en faire la vente, faute d'en avoir la possession.

tenter de la valeur réduite de la chose (22). — De même lorsque la chose due a péri accidentellement après la demeure du débiteur et qu'elle n'eût pas péri chez le créancier, le débiteur devra payer la plus haute valeur qu'aurait atteinte la chose pendant la période de la demeure si elle avait été conservée (23). Que si la chose eût également péri chez le créancier, mais que celui-ci l'eût vendue avant sa perte, il pourra réclamer le plus haut prix auquel s'est élevée la chose s'il l'eût vendue à ce prix (24).

(22) Si donc la chose a haussé de valeur jusqu'au jugement, le créancier obtiendra le prix de la chose lors du jugement; il en profitera comme de tout autre *commodum rei* (D. 19, 1, *de A. E. et V.*, L. 21, § 3 i. f.). Si la chose a baissé de valeur jusqu'au jugement, le débiteur devra tenir compte de son prix au commencement de la demeure, en supposant que le créancier, dans le cas où il l'eût possédée, l'eût vendue à cette époque (D. *eod.*, L. 3, § 3), et ici encore la preuve incombe au débiteur. De là la règle que le créancier peut opter soit pour la valeur de la chose à l'origine de la demeure, soit pour sa valeur lors du jugement (L. 3, § 3, cit.). Mais nous pensons, par identité de motif, que si la chose atteint sa plus haute valeur à un moment intermédiaire. le créancier peut aussi y prétendre. Ce système est consacré d'une manière positive par nos sources en ce qui concerne le voleur (D. 13, 1, *de condict. furt*, L. 8, § 1); il ne faut voir dans cette loi que l'application d'un principe général, d'autant plus qu'elle se fonde sur la demeure du voleur. Voyez en ce sens Glück, XIII, § 844, Wolff, cité, § 39, p. 456-458, Thibaut, I, § 97, II, 6°, Puchta, *Pand.*, § 268 i. f., et *Vorles.* II, § 268 i. f., Buchka, *Einfluss des Prozesses* I, § 7, p. 187-198, Arndts, § 251, 1° initio, et Maynz, II, § 180, A, 4°. Plusieurs auteurs restreignent au cas de vol la disposition qui permet au créancier de réclamer la plus haute valeur de la chose à un moment quelconque de la demeure du débiteur; dans les autres cas le créancier ne pourrait opter que pour la valeur de la chose à l'un des deux points extrêmes de la période de la demeure (Madai, cité, § 48. — de Savigny, *System* VI, § 275-277. — Mommsen, *Beiträge* III, § 21. — Sintenis, II, § 93 et *Anm.* 41. — Windscheid, II, § 280, 3°, et note 19).

(23) Cf. D. 13, 3, *de condict. tritic.*, L. 3. Le sens de la disposition finale de cette loi est le suivant. Que la chose due existe encore ou bien que le débiteur soit responsable de sa perte (In utroque autem), le créancier peut demander qu'il soit tenu compte de la valeur de la chose à l'origine de la demeure, par exemple si l'esclave dû a été éborgné après la demeure. On ne peut pas conclure des mots « si vero desierit........ vulnerato », qu'il est interdit au créancier de se reporter à un moment postérieur à la perte de la chose pour rechercher une valeur supérieure; le jurisconsulte ne prévoit pas le cas où la chose aurait augmenté de valeur si elle avait été conservée (Cf. Mommsen, *Beiträge* III, § 21, note 5). Quant à la disposition initiale de la loi 3, voyez ci-dessus § 16, note 43.

(24) En ce qui concerne le lieu par rapport auquel doit se faire l'estimation,

II. Les règles énoncées admettaient des modifications en ce qui concerne les obligations de droit strict. Ici les fruits, y compris les intérêts, n'étaient dus par le débiteur qu'à partir de la *litis contestatio*[25]. D'un autre côté la valeur de la chose due se déterminait d'une manière absolue au même moment[26].

§ 22. *Effets de la demeure du créancier.*

Le créancier aussi, lorsqu'il est en demeure, doit supporter toutes les conséquences dommageables de sa faute; il ne peut résulter de celle-ci aucune perte, aucun désavantage pour le débiteur[1]. Notamment :

1° Le débiteur qui répondait précédemment de la faute légère, n'est plus tenu que du dol et de la faute lourde. Si sa responsabilité

c'est le lieu du payement (D. 13, 4, *de eo quod certo loco*, L. 2, § 8). Néanmoins le D. 19, 1, *de A. E. et V.*, L. 3, § 3, décide que l'acheteur peut exiger du vendeur en demeure le plus haut prix de la chose, soit au lieu du payement, soit au lieu de la poursuite; à raison de la demeure du vendeur, l'acheteur serait donc autorisé à réclamer l'estimation plus élevée du lieu de l'action. Cette règle était sans doute une conséquence du principe classique que le défendeur devait toujours être condamné à une somme d'argent payable au lieu de la poursuite. Elle ne doit plus être suivie en droit nouveau, où le débiteur est condamné à payer la chose due elle-même, et seulement d'une manière subsidiaire un équivalent en argent; aussi avait-elle déjà été abandonnée dans l'action arbitraire *de eo quod certo loco* (D. 13, 4, *de eo quod certo loco*, L. 2, § 8). Cf. WINDSCHEID, II, § 280, note 20 i. f., et MOMMSEN, *Beiträge* III, § 22, p. 219-222.

(25) D. *h. t.*, L. 3, § 1, L. 38, § 7; C. 4, 5, *de condict. indeb.*, L. 1, § 1 (L. 1 i. f., édition Kriegell); C. 4, 7, *de condict. ob turp. caus.*, L. 4.

(26) D. 13, 6, *commod.*, L. 3, § 2; D. 12, 1, *de reb. cred.*, L. 22; D. 13, 3, *de condict. tritic.*, L. 4, cf. L. 3. — Cf. ci-dessus § 16, note 43.

Le D. 17, 1, *mand.*, L. 59, § 5, indique encore un effet tout spécial de la demeure du débiteur. Lorsque quelqu'un ne s'est engagé que pour un certain temps et que, avant l'expiration de celui-ci, il a été mis en demeure, il reste tenu bien que le terme soit venu à expirer plus tard. Évidemment; sinon la demeure du débiteur nuirait au créancier, en lui faisant perdre sa créance. Des interprètes ont conclu à tort de la loi 59, § 5, que la demeure du débiteur perpétuait les actions temporaires, ce qui serait inexplicable. Voyez en notre sens MOLITOR, cité, I, n° 331; cf. MOMMSEN, *Beiträge* III, § 27, et note 22. — Contra MÜHLENBRUCH, II, § 357, I, 4°.

(1) D. 33, 6, *de tritico vino vel oleo leg.*, L. 8 i. f.

antérieure persistait, la demeure du créancier lui causerait un dommage; tout ce qu'on peut encore raisonnablement exiger du débiteur, c'est qu'il s'abstienne de nuire au créancier par dol ou faute lourde[2]. A plus forte raison, le débiteur qui supportait jusque-là les risques et périls, en sera-t-il déchargé, et la chose due périra pour le créancier en demeure. En général, ce dernier principe n'aura pas d'objet; car la chose est déjà aux risques du créancier indépendamment de sa demeure, par la nature même de l'obligation; la demeure du créancier n'apportera donc aucun changement aux risques et périls. Mais il y a deux cas dans lesquels, abstraction faite de la demeure du créancier, la chose périt pour le débiteur, à savoir lorsque celui-ci a assumé les risques par une convention spéciale et lorsqu'il s'agit de dettes génériques. Or, dans ces cas, la demeure du créancier aura pour effet de transférer les risques du débiteur au créancier. Dans le cas spécial d'une obligation générique, la chose que le débiteur aura inutilement offerte au créancier, sera au risque de ce dernier, ce qui sera possible, puisque c'est un corps certain; du moins il en sera ainsi tant que le débiteur maintiendra l'offre du corps certain[3]. — Si la chose due périt pendant la demeure du créancier par suite du dol ou de la faute lourde du débiteur, celui-ci ne doit que la moindre valeur de la chose, soit au commencement de la demeure du créancier [4], soit au moment de la poursuite [5]; en effet, une augmentation de valeur survenue depuis le commencement de la demeure ne peut pas aggraver la condition du débiteur, et une diminution de prix constitue un risque que le créancier doit supporter [6].

(2) D. 18, 6, *de P. et C. R. V.*, L. 5 initio, L. 18 initio (L. 17 initio, édition Kriegell); D. 24, 3, *sol. matrim.*, L. 9.

(3) D. 30, *de leg. I*, L. 84, § 3; D. 44, 4, *de doli mali except.*, L. 6 initio; D. 46, 3, *de solut.*, L. 72, pr. — (4) D. 17, 1, *mand.*, L. 37 i. f.

(5) D. 19, 1, *de A. E. et V.*, L. 3, § 4 initio.

(6) D'un autre côté, quant au lieu auquel la chose doit être estimée, c'est le lieu du payement (D. 19, 1, *de A. E. et V.*, L. 3, § 4 i. f.). Que si la dette était fongible et partant payable à un endroit quelconque, le débiteur peut exiger que l'estimation se fasse soit à l'endroit où il a inutilement offert un corps certain au créancier, soit au lieu où ce corps certain a péri, pourvu qu'il ne l'ait pas déplacé frauduleusement. Sauf ce cas, le déplacement ne doit pas aggraver l'obligation du

2° Le créancier est tenu de rembourser au débiteur les impenses légitimes faites depuis la demeure pour la garde et la conservation de la chose due(7).

débiteur si la chose a gagné en valeur, et si elle a perdu de son prix, le risque est pour le créancier. Cf. L. 3, § 4 initio, cit., et POTHIER, *Pandectæ Justinianeæ*, 19, 1, *de A. E. et V.*, n° 81. MOMMSEN, *Beiträge* III, § 30, note 19, interprète tout autrement la loi 3, § 4, cit. — En général sur l'époque et le lieu de l'estimation cf. le même, § 30, p. 293-296.

En ce qui touche le droit d'abandon qui peut appartenir au débiteur, par suite de la demeure du créancier, nous nous référons à ce qui a été dit ci-dessus § 11, II, 4°.

(7) D. 18, 6, *de P. et C. R. V.*, L. 1, § 3 i. f.; D. 19, 1, *de A. E. et V.*, L. 38, § 1. Il va de soi qu'à partir de la demeure du créancier, les intérêts moratoires qui couraient jusque-là contre le débiteur en demeure, cessent de courir; car la demeure du créancier met fin à la demeure du débiteur. Mais tous les autres intérêts, volontaires ou légaux, continuent pleinement de courir; la consignation est indispensable pour en arrêter le cours. En effet, le débiteur qui se borne à faire des offres sans consigner, conserve en réalité l'usage du capital d'autrui, peu importe que le créancier eût pu en user lui-même, s'il l'avait voulu. Voyez, pour les intérêts volontaires le D. *h. t.*, L. 7 initio, et le C. 4, 32, *de usur.*, L. 6, L. 19, pr. (L. 19 initio, édition Kriegell), et pour les intérêts légaux, le D. *h. t.*, L. 1, § 3 i. f., L. 18, § 1, le D. 26, 7, *de admin. tut.*, L. 28, § 1, et le C. 4, 32, *de usur.*, L. 9 i. f. *Non obstat* C. *eod.*, L. 2, qui se borne à décider que le cours des intérêts n'est pas arrêté par une consignation faite sans offre préalable. Du D. *h. t.*, L. 17, § 3, et du C. 5, 56, *de usur. pupill.*, L. 4, il résulte seulement que les intérêts légaux dus aux mineurs cessent de courir lorsque le payement est empêché par des circonstances relatives aux mineurs (Cf. D. 45, 1, *de V. O.*, L. 122, § 5, et C. 4, 32, *de usur.*, L. 9 initio). Enfin, si d'après le Code 4, 32, *de usur.*, L. 12 (L. 11, édition Kriegell), le créancier gagiste qui est en demeure de recevoir son capital, perd son droit aux fruits de la chose engagée, quoique ces fruits lui tiennent lieu d'intérêts, il faut supposer que le capital avait été déposé.

En notre sens WOLFF, cité, § 44, 3°, p. 493, KELLER, § 253, 4°, et WINDSCHEID, II, § 346, 4°, et note 7.

Cf. MADAI, cité, § 68, 2°, p. 499-503, UNTERHOLZNER, cité, I, § 61, III, et SINTENIS, II, § 93, p. 217.

Contra, quant aux intérêts moratoires, GLÜCK, IV, § 330, p. 419-421, dont l'opinion est incompréhensible, quant aux intérêts volontaires ou légaux, MAYNZ, II, § 290, et note 6, et quant aux intérêts légaux, MOMMSEN, *Beiträge* III, § 30, p. 288-289.

§ 23. *De la cessation de la demeure.*

I. *Des causes qui font cesser la demeure.* La demeure cesse :

1° par l'extinction de la dette ; le dette étant éteinte, la demeure n'a plus d'objet. La demeure prendra donc fin par le payement, la remise de la dette, la compensation, la novation (1), etc.

2° par l'offre du débiteur de payer (2) ou par l'offre du créancier de recevoir le payement (3), selon que c'est le débiteur ou le créancier qui est en demeure ; l'offre de payer ou de recevoir le payement fait cesser la faute, et celle-ci est la base de la demeure (4). Mais il n'est pas nécessaire que l'offre prémentionnée ait eu pour résultat de constituer l'adversaire en demeure. Ainsi le débiteur qui est en demeure, offre de payer ; le payement n'a pas lieu, sans qu'on puisse reprocher une faute au créancier ; celui-ci ne sera pas en demeure ; mais la demeure du débiteur aura été purgée, en même temps que sa faute. Toutefois, le plus souvent l'offre de la partie en demeure aura le double effet de purger sa propre demeure et de produire la demeure de l'adversaire ; la seconde demeure effacera la première (5).

3° par la renonciation de la part de l'adversaire au bénéfice de la demeure, ce qui peut avoir lieu tacitement, par exemple le créancier accorde au débiteur en demeure un nouveau délai de payement (6). Lorsque le créancier conclut avec son débiteur en demeure une novation conditionnelle, il lui accorde implicitement un délai pour le payement de l'ancienne dette ; il s'engage à ne poursuivre celle-ci que pour autant que la condition opposée à la nouvelle obligation viendra à défaillir (7).

(1) D. 46, 2, *de novat.*, L. 8, pr. ; D. 13, 1, *de condict. furt.*, L. 17 ; D. 45, 1, *de V. O.*, L. 29, § 1.

(2) D. 18, 6, *de P. et C. R. V.*, L. 18 (L. 17, édition Kriegell), vis Quod si.......... mihi deberet ; D. 45, 1, *de V. O.*, L. 73, § 2, L. 91, § 3.

(3) D. 18, 6, *de P. et C. R. V.*, L. 18 (L. 17, édition Kriegell), vis Sed si..........

(4) Il faut naturellement que les offres du débiteur comprennent tout ce qu'il doit en vertu de la demeure.

(5) D. 19, 1, *de A. E. et V.*, L. 51, pr. ; D. 18, 6, *de P. et C. R. V.*, L. 18 (L. 17, édition Kriegell). — (6) Cf. D. 2, 14, *de pact.*, L. 54.

(7) Si donc la chose qui faisait l'objet des deux dettes, périt accidentellement

II. *Des effets de la cessation de la demeure.* La demeure venant à cesser, il est évident que ses effets cessent également pour l'avenir ; le débiteur qui purge sa demeure, sera donc déchargé des risques et périls[8], les intérêts moratoires cesseront de courir, etc. Mais, en principe, les effets que la demeure avait déjà produits au moment où elle a pris fin, demeurent pleinement acquis à la partie adverse et en particulier les intérêts moratoires qui ont déjà couru, restent dus au créancier [9]. Pour que l'adversaire de la partie en demeure perde le bénéfice des effets déjà produits par la demeure, il faut qu'il y renonce d'une façon spéciale, expressément ou tacitement ; par exemple le créancier reçoit le payement de son débiteur, il lui remet la dette ou fait une novation avec lui, sans réserver son droit aux intérêts moratoires ; l'absence de cette réserve implique une renonciation tacite [10].

SECTION IV. — DES MOYENS ACCESSOIRES D'ASSURER L'EXÉCUTION DES OBLIGATIONS.

§ 24. *Énumération.*

Les moyens accessoires d'assurer l'exécution des obligations sont :
1° la clause pénale (§ 25-27),
2° la dation d'arrhes (§ 28-29),
3° les intercessions (§ 30-38bis),
et 4° dans certains cas, le serment. En général, le serment dit promissoire n'a qu'une force morale ; il n'ajoute rien à la valeur juri-

---

pendente condicione, le débiteur sera libéré de l'ancienne dette, et la nouvelle ne pourra plus arriver à l'existence faute d'objet (D. 46, 3, *de solut.*, L. 72, § 1-3; D. 46, 2, *de novat*, L. 14, pr. — Contra D. 45, 1, *de V. O.*, L. 56, § 8, et D. 46, 2, *de novat.*, L. 31, pr.). Les deux dernières lois admettent que la demeure du débiteur subsiste malgré la novation conditionnelle, que partant il n'est pas libéré par la perte accidentelle de la chose et que si la condition s'accomplit plus tard, l'obligation ancienne est novée, du moins si la novation a lieu entre les mêmes personnes. Il faut accorder la préférence aux deux premières décisions comme étant les plus rationnelles. Voyez en ce sens MOMMSEN, *Beiträge* III, § 35, p. 332-335, et VANGEROW, III, § 619, *Anm.* 2.

(8) D. 24, 3, *sol. matrim.*, L. 25; D. 46, 2. *de novat.*, L. 8, pr.

(9) Cf. C. 4, 8, *de condict. furt.*, L. 2. — (10) Cf. WINDSCHEID, II, § 281, 4°.

dique d'une promesse [1]. Ce n'est que dans certaines hypothèses tout à fait exceptionnelles que le droit romain déroge à cette règle. Les mineurs peuvent renoncer valablement à la restitution en entier sous la foi du serment [2]. De même sont valables, pourvu qu'elles soient garanties par serment, les promesses unilatérales de services ou de cadeaux faites par un affranchi à son patron à l'occasion de son affranchissement [3]. Enfin, si une transaction a été confirmée par le serment d'un contractant majeur, sa violation entraîne l'infamie [4].

I. De la clause pénale.

KERSTEN, *De pœna conventionali*, Leipzig, 1839.

§ 25. *Notions générales.*

1° La clause pénale (*pœnæ stipulatio*) est une convention accessoire par laquelle un débiteur promet quelque chose pour le cas où il manquerait à son obligation [1]. Cette clause présente un double avantage. Elle assure d'abord l'exécution de l'obligation principale par la menace d'une peine; le débiteur sait qu'à défaut de s'acquitter de sa dette, il encourra une peine; cette menace doit le déterminer d'une manière spéciale à exécuter son obligation [2]. Ensuite la clause pénale dispense le créancier de la preuve difficile des dommages et intérêts dans le cas où le débiteur ne satisfait pas à son engagement; elle le soustrait à une estimation de ces dommages et intérêts de la

---

§ 24—(1) D. 2, 14, *de pact.*, L. 7, § 16; C. 1, 14, *de leg.*, L. 5, § 2 (§ 1, édition Kriegell).

(2) C. 2, 27 (28, édition Kriegell), *si adv. vendit.*, L. 1. Mais le serment du mineur ne l'empêche pas d'attaquer les conventions qu'il a conclues irrégulièrement sans son tuteur ou curateur ou bien sans un décret du magistrat; le mineur est protégé ici en dehors de la restitution en entier.

(3) Loi romaine des Visigoths, GAIUS, II, 9, 4; D. 38, 1, *de oper. libert.*, L. 7, pr. — Cf. ci-après T. III, § 224, 4°.

(4) C. 2, 4, *de transact.*, L. 41, pr. (L. 41 initio, édition Kriegell). Au sujet de l'invocation du nom de l'empereur voyez le D. 12, 2, *de jurejur.*, L. 13, § 6, et C. 2, 4, *de transact.*, L. 41, § 1.

§ 25—(1) I. 3, 19, *de inutil. stipul.*, § 19; D. 2, 14, *de pact.*, L. 10, § 1.

(2) C. 2, 55 (56, édition Kriegell), *de recept.*, L. 1.

part du juge, estimation éminemment subjective et partant quelque
peu arbitraire[3]. La peine peut d'ailleurs consister en une chose
quelconque[4]; mais presque toujours elle est pécuniaire[5]. Son
montant dépend aussi souverainement de la volonté des parties[6],
pourvu qu'il n'y ait pas de convention usuraire[7]. Un caractère
essentiel de la clause pénale est qu'elle forme une convention
accessoire; elle garantit l'exécution d'une autre obligation. Il en
résulte que si cette dernière obligation est nulle, la clause pénale
l'est également; l'accessoire suit toujours la condition du principal.
Ainsi on vend par erreur un cheval mort le jour du contrat, en
ajoutant une clause pénale à la vente; les deux conventions sont
frappées de la même nullité[8]. Mais il va de soi que la nullité de la
clause pénale n'empêche pas la validité de l'obligation principale;
l'accessoire n'influe pas sur le principal. En ce qui concerne la
forme de la clause pénale, il suffit d'un simple pacte si la clause est
ajoutée à un contrat de bonne foi; mais si elle est ajoutée à un
contrat de droit strict, une stipulation est nécessaire[9]. En fait les
Romains n'employaient guère que la stipulation, même à l'occasion
des contrats de bonne foi.

2° Nous venons d'envisager la stipulation pénale comme convention accessoire; elle se présente alors sous la forme suivante : « je
vous promets un cheval, et pour le cas où je ne vous le livrerais
point, je m'engage à vous payer 100 ». On devrait réserver à cette
espèce le nom de *clause pénale* [10]. Mais la stipulation pénale peut
être aussi une convention principale; elle a ce caractère lorsqu'elle
ne tend point à garantir l'exécution d'une autre obligation. Il
en sera évidemment ainsi lorsque aucune autre convention ne sera

---

(3) I. 3, 15, *de V. O.*, § 7. — (4) D. 4, 8, *de recep'.*, L. 11, § 2, L. 28.

(5) I. 3, 15, *de V. O.*, § 7. — (6) D. 4, 8, *de recept.*, L. 32, pr.

(7) D. 19, 1, *de A. E. et V.*, L. 13, § 26; D. 22, 1, *de usur.*, L. 9, pr.; C. 4, 32,
eod., L. 15, L. 16.

(8) D. 45, 1, *de V. O.*, L. 69; C. 8, 38 (39, édition Kriegell), *de inutil. stipul.*, L. 2.

(9) Cf. ci-après T. I, § 50, 2°, et T. III, § 185.

(10) Papinien la désigne par les mots « stipulatio quæ non a condicione cœpit »;
la stipulation conditionnelle de la peine est en effet précédée d'une stipulation
principale (D. 45, 1, *de V. O.*, L. 115, § 2 i. f.).

intervenue entre parties, par exemple je m'engage directement à vous payer 100 si je ne vous livre point tel cheval, sans vous promettre en aucune façon le cheval lui-même [11]. Mais il faudra en dire autant lorsque, une autre convention étant intervenue, celle-ci est nulle, et que les parties connaissant cette nullité, auront voulu précisément couvrir, par la stipulation pénale, le vice de leur première convention; dans ce cas, c'est comme si les parties s'étaient bornées à faire la stipulation pénale. Je stipule de vous que vous ne labourerez pas votre fonds, et en outre que si vous le cultivez, vous me payerez 100. La première stipulation est nulle parce que je n'y ai aucun intérêt. La stipulation pénale a pour but de couvrir ce vice; elle me crée un intérêt [12]. Cette stipulation pénale principale devrait seule être appelée *stipulation pénale* [13]. Pour le moment nous nous bornerons à indiquer une seule différence entre la clause pénale et la stipulation pénale ; les autres différences seront mentionnées à l'occasion de la théorie de la clause pénale. Dans le cas d'une clause pénale, il existe une double obligation, l'une principale, l'autre accessoire et conditionnelle; le stipulant a un double droit : il peut ou bien poursuivre l'exécution de l'obligation principale, ou bien réclamer la peine encourue. Toutefois la nullité de l'obligation principale entraîne celle de la clause pénale [14]. Par contre, la stipulation pénale n'engendre qu'une obligation unique, celle de payer la peine ; le stipulant n'a jamais droit à autre chose. Mais aussi c'est un droit propre et indépendant de tout autre [15].

(11) D. 45, 1, *de V. O.*, L. 115, § 2 i. f.

(12) Voici deux espèces analogues. Je stipule de vous que X me fera un tableau, et que s'il ne le fait point, vous me payerez 100. Je stipule de vous que vous ferez un tableau au profit de X, et que, dans le cas contraire, vous me payerez 100. Dans chaque espèce, la première convention est nulle; on ne peut promettre le fait d'un tiers, ni stipuler pour un tiers. Mais la stipulation pénale couvre le vice, puisqu'on y promet pour soi-même, qu'on y stipule pour soi-même (I. 3, 19, *de inutil. stipul.*, § 19 et 21). Cf. ci-après T. II, § 111, I.

(13) Papinien dit d'elle que c'est une « stipulatio quæ a condicione cœpit », parce qu'elle est indépendante de toute autre convention (D. 45, 1, *de V. O.*, L. 115, § 2 i. f.). — (14) C. 2, 3, *de pact.*, L. 14 initio.

(15) Cf. D. 45, 1, *de V. O.*, L. 115, § 2.

§ 26. *A quel moment la peine est encourue.*

La clause pénale, considérée d'une manière générale, est certainement une promesse conditionnelle; la condition consiste dans l'inexécution d'une obligation principale. Dès lors, pour savoir quand la peine est encourue, il faut se reporter avant tout à la théorie des conditions. Mais la condition impliquée dans la clause pénale est d'une nature particulière; elle suppose l'inexécution d'une obligation principale. De là des modifications de la théorie commune des conditions. Pour déterminer le moment auquel la peine est encourue, il faut distinguer si l'obligation principale est à terme ou bien pure et simple.

1° Si elle est à terme, la peine est encourue par cela seul que le terme échoit sans que le débiteur exécute son obligation; il n'est pas nécessaire qu'il ait été sommé de payer. En effet, le débiteur a promis la peine pour le cas d'inexécution de l'obligation, donc pour le cas où il ne payeraitpoint dans le délai convenu; or cette condition est réalisée lorsque, le jour de l'échéance, le payement n'a pas été effectué, peu importe qu'il n'y ait pas eu sommation; la convention fait la loi des parties (1). Toutefois, la peine n'est pas encourue, si la chose due principalement a péri par accident avant l'arrivée du terme; ici l'obligation principale s'est éteinte avant l'échéance, et partant l'obligation accessoire de payer la peine a eu le même sort; le débiteur ne peut plus encourir une peine du chef d'inexécution d'une obligation éteinte (2). Quelque certaine que paraisse cette règle au point de vue des principes généraux et des textes, on l'a

(1) D. 4, 8, *de recept.*, L. 23, pr.; D. 44. 7, *de O. et A.*, L. 23, v^{is} Trajectitiæ pecuniæ.......... et hoc rectius dicitur. La question avait soulevé quelques doutes parmi les jurisconsultes romains; mais Justinien la trancha dans le sens indiqué (C. 8, 37 (38, édition Kriegell), *de contr. et committ. stipul.*, L. 12).

(2) D. 4, 8, *de recept.*, L. 21, § 9; D. 2, 11, *si quis caut. in jud. sistendi*, L. 2, § 1-9, L. 4, pr., § 1-4. *Non obstant* D. 45, 1, *de V. O.*, L. 77, et D. 22, 2, *de naut. fœn.*, L. 9. Il résulte seulement des deux dernières lois que la peine est encourue, bien que, le jour de l'échéance, l'hérédité du débiteur soit jacente; ici l'obligation principale subsiste pleinement.

contestée et enseigné que la peine est due à l'échéance, alors même que l'exécution de l'obligation principale est devenue impossible sans la faute du débiteur[3]. Il en est autrement s'il s'agit d'une stipulation pénale principale; ici la peine est due, nonobstant la perte accidentelle de la chose; car la condition s'est réalisée, peu importe qu'on ne puisse rien reprocher au promettant[4].

2° Lorsque l'obligation principale est pure et simple, la peine est encourue dès que le débiteur est en faute quant à l'exécution de son obligation, en d'autres termes, dès que, ayant pu l'exécuter, il se trouve en défaut de le faire. En effet, la peine a été promise pour le cas d'inexécution de l'obligation, donc pour le cas où il y manquerait par sa faute; ici encore la convention fait la loi des parties. Ainsi, je vous vends un cheval, et pour le cas où je ne vous le livrerais point, je m'engage à vous payer une peine de 100; du moment que je suis en défaut de vous livrer le cheval, la peine de 100 est encourue[5]. Donc, pour que la peine soit encourue, il n'est pas nécessaire que le débiteur ait été sommé de payer. Il ne faut pas non plus que l'exécution de l'obligation principale soit devenue impossible, par exemple que le cheval promis ait péri par la faute du débiteur. Nous constatons ici une nouvelle différence avec la stipulation pénale principale. Je vous promets 100 si je ne vous livre pas tel cheval; la peine n'est due que si la tradition du cheval est devenue impossible, si le cheval a péri. La raison en est que les conditions négatives ne sont accomplies que lorsque l'événement auquel elles se réfèrent, ne peut plus se réaliser[6]. Mais, s'il

---

(3) On écarte arbitrairement les textes sur lesquels nous nous fondons, en les représentant comme des décisions spéciales aux clauses pénales relatives à un procès ou à un compromis.

Voyez en notre sens MOLITOR, cité, I, nᵒˢ 159, 161 et 162, MAYNZ, II, § 258, p. 416-417, et, du moins pour les obligations de bonne foi, DE SAVIGNY, cité, II, § 80, B, p. 279-281.

Contra UNTERHOLZNER, cité, I, § 123, WOLFF, *Mora*, § 2, p. 19-35, et § 3, p. 38-64, VANGEROW, III, § 614, *Anm.*, nᵒ III, 1ᵒ, et WINDSCHEID, II, § 285, 1ᵒ, et note 2.

(4) Cf. ci-après T. II, § 97. — (5) D. 45, 1, *de V. O.*, L. 115, § 2.

(6) Papinien explique bien cette différence dans la loi 115, § 2, cit. Il prend pour exemple la stipulation « si Pamphilum non dederis, centum dari spondes? » Quand les 100 sont-ils dus? Seulement quand Pamphilus ne peut plus être

est vrai que, dans le cas d'une clause pénale, la peine est encourue
dès que le débiteur est en faute, elle n'est encourue non plus que
pour autant que cette faute existe. De là une conséquence importante. La chose due principalement périt par suite d'un accident,
avant toute faute de la part du débiteur; la peine n'est pas due.
En effet, l'obligation principale s'est éteinte par la perte accidentelle
de la chose, et il en a été de même de l'obligation accessoire de
payer la peine; le débiteur ne peut plus être en défaut d'exécuter
une obligation éteinte. Il en serait autrement si la perte accidentelle
de la chose due était postérieure à la faute: alors la peine a été
encourue par l'effet de la faute et elle demeure due nonobstant la
perte accidentelle subséquente. On suit des régles toutes différentes
pour la stipulation pénale principale. Je promets de vous payer 100
si je ne vous livre pas tel cheval; le cheval périt, peu importe comment; la peine est due; car la condition négative sous laquelle elle
a été promise, s'est accomplie; l'événement auquel se rapportait la
condition, ne peut plus se réaliser. — Nous avons dit que, dans les
obligations pures et simples, la peine est encourue du moment que
le débiteur est en faute. La règle admet toutefois ce tempérament
que le débiteur peut, jusqu'à la *litis contestatio*, se soustraire au
payement de la peine en exécutant l'obligation principale [7].

Au reste il est indifférent, dans les obligations pures et simples
ou à terme, que l'obligation n'ait reçu aucune exécution ou bien qu'il
y ait eu exécution partielle. La peine est stipulée pour le cas où
l'obligation ne serait pas exécutée; or elle n'est pas exécutée par
un payement partiel [8]. Non seulement l'exécution partielle de l'obligation n'empêche pas la peine d'être encourue, mais elle est encou-

donné, disait Pegasus; dès que Pamphilus a pu être donné, répondait Sabinus.
Papinien se prononce en faveur de la dernière opinion lorsqu'il s'agit d'une
stipulation pénale accessoire. Dans le cas d'une stipulation pénale principale, il
admet virtuellement la doctrine de Pegasus. D'ailleurs Sabinus lui-même semblait
restreindre son système à la clause pénale; car il se fondait sur ce qui était admis
dans le legs de provisions de bouche (penus) lorsque, pour le cas d'inexécution de
ce legs, on avait légué une somme d'argent.

[7] D. 4, 8, *de recept.*, L. 21, § 12, L. 22, L. 52; D. 45, 1, *de V. O.*, L. 122, § 2.

[8] D. 19, 1, *de A. E. et V.*, L. 47.

rue pour le tout; le débiteur ne peut pas réclamer une réduction proportionnelle de la peine; pareille prétention est contraire au contrat[9]. Pour que la peine ne soit encourue qu'en partie, à raison d'une exécution partielle de l'obligation, il faut une convention spéciale[10].

Dans ce qui précède nous avons eu particulièrement en vue une obligation principale consistant à faire. Si elle consiste à ne pas faire, il est évident que la peine est encourue lorsque le débiteur a fait ce dont il devait s'abstenir[11].

§ 27. *Effets de la peine encourue.*

I. La peine étant encourue, le créancier est généralement libre de poursuivre, à son choix, l'obligation principale ou la peine[1]. Il va de soi qu'il a le droit de réclamer la peine; s'il le fait, le débiteur ne peut pas offrir d'exécuter l'obligation principale[2], ni réclamer une réduction de la peine, pas même pour exécution partielle de l'obligation[3]. D'autre part, le créancier a aussi le droit de s'en tenir à l'obligation principale; la peine est établie dans son intérêt et partant il doit lui être permis d'y renoncer; alors le débiteur ne peut pas offrir le payement de la peine[4]. Le créancier prendra le second parti si les dommages et intérêts dus de plein droit du chef de l'inexécution de l'obligation principale sont supérieurs au montant de la peine[5]. Mais le créancier ne peut pas cumuler la poursuite de l'obligation principale et celle de la peine; en effet, la peine est stipulée pour le cas d'inexécution de l'obligation principale, et il est évident qu'on ne peut demander à la fois l'exécution

(9) Arg. D. 19, 1, *de A. E. et V.*, L. 47.

(10) Cf. D. 2, 11, *si quis caut. in jud. sistendi*, L. 9, § 1. Voyez en ce sens VANGE-ROW, III, § 614, *Anm.*, nᵒ III i. f., et WINDSCHEID, II, § 285, 2ᵒ. MOLITOR, cité, I, nᵒ 164, autorise de plein droit le juge à réduire la peine lorsque l'obligation a été exécutée en partie; son opinion est erronée. — (11) D. 45, 1, *de V. O.*, L. 122, § 6.

(1) C. 2, 3, *de pact.*, L. 14 initio; C. 2, 4, *de transact.*, L. 40.

(2) Arg. des mêmes lois. — (3) Cf. ci-dessus § 26 i. f.

(4) Arg. D. 19, 1, *de A. E. et V.*, L. 28, vⁱˢ Præstia mihi vendidisti.......... agere potest, et D. 17, 2, *pro socio*, L. 41. — (5) Arg. L. 41 cit.

de cette obligation et la peine stipulée pour le cas d'inexécution[6].
Par dérogation à ces règles :

1º Le créancier est admis à poursuivre cumulativement l'obligation principale et la peine, lorsque celle-ci a été stipulée pour le simple retard apporté à l'exécution de l'obligation principale. Rien ne s'oppose alors au cumul dont il s'agit; la peine n'est pas destinée à tenir lieu de l'exécution de l'obligation principale, mais de son exécution à l'époque convenue[7]. Seulement, ce caractère de la peine ne saurait se présumer, et partant, pour qu'on puisse l'admettre, une convention spéciale est indispensable[8].

2º Les parties peuvent encore convenir que la peine aura le caractère d'un dédit, c'est-à-dire que le débiteur aura le droit de se désister de l'obligation principale par le payement de la peine. Dans ce cas, le principal est seul dû; encore ne l'est-il pas absolument, puisque le débiteur peut se libérer en payant la peine convenue. En un mot, il y a ici une obligation dite facultative, où le principal est dû, avec faculté de payer la peine. Les interprètes du droit romain parlent dans l'espèce d'une *mulcta pœnitentialis*. Mais, à vrai dire, si le débiteur peut se désister, ce n'est pas à cause de la peine, mais parce qu'il a stipulé le droit de se désister; la peine entrave le désistement, car sans elle le débiteur serait libre de se désister impunément. Ici comme ailleurs la peine considérée en elle-même est confirmatoire et non pénitentielle. Il va de soi que la peine ne constitue un dédit que moyennant une convention spéciale, un pacte de désistement (*pactum displicentiæ*).

3º Enfin, il se peut que l'intention des parties ait été de nover l'obligation principale par l'obligation conditionnelle de payer la peine, en cas d'inexécution de la dette primitive[9]. Dans cette

----

(6) D. 19, 1, *de A. E. et V.*, L. 28, vᵢˢ si consecutus fuerit.......; D. 17, 2, *pro socio*, L. 42.

(7) D. 45, 1, *de V. O.*, L. 115, § 2 i. f., L. 122, § 6; C. 2, 4, *de transact.*, L. 17; D. 2, 15, *eod.*, L. 16. Dans les deux dernières lois, les mots « manente transactionis placito », et « rato manente pacto » signifient que la peine avait été stipulée sans préjudice de l'observation de la transaction (VANGEROW, III, § 614, *Anm.*, nᵒ IV, 3, c, et MAYNZ, II, § 258, A i. f., et note 21).

(8) Arg. des textes cités à la note précédente.

(9) D. 44, 7, *de O. et A.*, L. 44, § 6; D. 45, 1, *de V. O.*, L. 115, § 2 i. f.

hypothèse, conformément aux principes généraux sur la novation, aussi longtemps que la condition apposée à la nouvelle dette (l'inexécution de l'ancienne) demeure en suspens, le créancier ne peut réclamer le payement ni du principal, ni de la peine (10). Si le débiteur paye spontanément le principal, la condition de la novation ét partant la novation elle-même sont défaillies. S'il est en défaut de payer le principal, la condition de la novation se réalise; la dette primitive s'éteint et est remplacée par l'obligation de payer la peine (11). Comme la novation ne se présume point, la stipulation pénale n'impliquera une novation que s'il résulte d'une clause du contrat ou bien des circonstances que les parties ont eu l'intention de nover (12).

II. Comment la peine est-elle encourue lorsque, dans l'obligation garantie par la clause pénale, interviennent plusieurs débiteurs ou plusieurs créanciers? Dans la solution de la question nous supposons une obligation principale divisible et non solidaire; les cas où l'obligation est soit indivisible, soit solidaire, appartiennent aux théories de l'indivisibilité et de la solidarité des obligations (13). Pas de difficulté si, au moment de l'inexécution de l'obligation, celle-ci ne comprenait encore qu'un seul débiteur et un seul créancier et que plus tard le débiteur ou le créancier soit venu à décéder en laissant plusieurs héritiers. Dans l'espèce, la peine est due par chaque héritier du débiteur ou à chaque héritier du créancier, en proportion de sa part héréditaire. En effet, la peine a été encourue pour le tout par le débiteur décédé ou vis-à-vis du créancier décédé; par suite du décès, l'obligation de payer la peine est devenue une dette ou une

---

(10) Arg. I. 3, 28, *quib. mod. oblig. toll.*, § 3 i. f., et D. 46, 2, *de novat.*, L. 14, pr. initio.

(11) D. 44, 7, *de O. et A.*, L. 44, § 6; D. 45, 1, *de V. O.*, L. 115, § 2 i. f. Toutefois, comme dans le cas d'une clause pénale proprement dite, jusqu'à la *litis contestatio* il est loisible au débiteur de payer le principal (D. 45, 1, *de V. O.*, L. 84).

(12) Arg. D. 17, 2, *pro socio*, L. 71, pr. Nos sources admettent une novation tacite lorsque le principal et la peine sont promis par une stipulation unique: *Stichum dari spondes? si Stichum non dederis, centum dari spondes? — Spondeo.* (D. 44, 7, *de O. et A.*, L. 44, § 6; D. 45, 1, *de V. O.*, L. 115, § 2 i. f.; Arg. D. 17, 2, *pro socio*, L. 71, pr.). Voyez VANGEROW, III, § 614, *Anm.*, n° IV, 1°; cf. DE SAVIGNY, cité, I, § 31 i. f. — (13) Cf. ci-après T. I, § 52, III i. f., et 56, III.

créance héréditaire; or les dettes et les créances héréditaires se divisent entre les héritiers en proportion de leurs parts respectives dans la succession, à moins qu'elles ne soient indivisibles, ce qui n'est pas le cas pour l'obligation de payer une peine consistant en une somme d'argent ou bien en d'autres choses corporelles [14]. Mais que décider si lors de l'inexécution de l'obligation, il y avait déjà plusieurs débiteurs ou créanciers, soit originaires, soit en vertu de l'hérédité, et que l'inexécution n'ait eu lieu que de la part d'un seul débiteur ou vis-à-vis d'un seul créancier? En principe, la peine n'est due que par ce débiteur ou à ce créancier et seulement pour sa part individuelle ou héréditaire. La règle se fonde sur ce que, au moment où il a été manqué à l'obligation principale, divisible et non solidaire, cette obligation et celle de payer une peine consistant en une chose corporelle étaient parfaitement partagées entre les différents débiteurs ou créanciers; à ce double point de vue, chacun n'était débiteur ou créancier que pour sa part et portion, par application du principe général que les obligations se divisent activement et passivement entre les cointéressés [15]. Ce système est consacré, pour les débiteurs, par le D. 45, 1, *de V. O.*, L. 4, § 1 [16], et,

(14) Arg. D. 45, 1, *de V. O.*, L. 72, pr. i. f.

(15) On pourrait objecter que, étant donné un débiteur unique et un créancier unique, un payement partiel de la dette n'empêche pas la peine d'être encourue pour le tout. Mais c'est là l'effet du contrat par lequel le débiteur unique s'est engagé vis-à-vis du créancier unique à lui payer la peine dans le cas où il n'exécuterait pas son obligation. S'il y a une pluralité de débiteurs ou de créanciers originaires ou bien d'héritiers du débiteur ou du créancier, chacun ne promet ou ne stipule ou bien n'est censé avoir promis ou stipulé qu'une partie de l'obligation principale, et, par voie de conséquence, seulement une partie de la peine.

(16) D. 45, 1, *de V. O.*, L. 4, § 1. PAULUS *libro XII ad Sabinum.*

« Cato libro quinto decimo scribit pœna certæ pecuniæ promissa, si quid aliter
« factum sit, mortuo promissore si ex pluribus heredibus unus contra quam cau-
« tum sit fecerit, aut ab omnibus heredibus pœnam committi pro portione here-
« ditaria aut ab uno pro portione sua : ab omnibus, si id factum, de quo cautum
« est, individuum sit, veluti ' iter fieri ', quia quod in partes dividi non potest, ab
« omnibus quodammodo factum videretur : at si de eo cautum sit, quod divisionem
« recipiat, veluti ' amplius non agi ', tum eum heredem, qui adversus ea fecit, pro
« portione sua solum pœnam committere. Differentiæ hanc esse rationem, quod in
« priore casu omnes commisisse videntur, quod nisi in solidum peccari non poterit,
« illam stipulationem ' per te non fieri, quo minus mihi ire agere liceat? ' Sed

pour les créanciers, par le D. *eod.*, L. 2, § 6, L. 3, pr. et § 1,

« videamus, ne non idem hic sit, sed magis idem quod in illa stipulatione ' Titium
« heredemque ejus ratum habiturum ' : nam hac stipulatione et solus tenebitur,
« qui non habuerit ratum, et solus aget, a quo fuerit petitum : idque et Marcello
« videtur, quamvis ipse dominus pro parte ratum habere non potest. »

« Caton écrit au quinzième livre que si une peine d'une certaine somme d'argent
« a été promise pour le cas où il serait fait quelque chose de contraire à une con-
« vention, et que, après la mort du promettant, l'un de ses héritiers ait agi con-
« trairement à la convention, la peine est encourue, tantôt par tous les héritiers
« en proportion de la part héréditaire de chacun, tantôt par un seul pour sa part :
« par tous, si le fait promis est indivisible, par exemple si on a promis « qu'un
« *iter* sera fourni, » par le motif que ce qui ne peut être divisé en parts et portions,
« est considéré comme fait en quelque sorte par tous. Mais si la promesse porte
« sur quelque chose qui admet une division, par exemple si on a promis « qu'on
« n'agira pas à l'avenir en justice », alors l'héritier qui a manqué à cette promesse,
« encourt seulement la peine pour sa portion. La raison de cette différence est
« que, dans le premier cas, tous les héritiers sont censés avoir manqué à la stipu-
« lation « vous n'apporterez aucun obstacle à ce que je puisse exercer l'*iter* et
« l'*actus* », parce qu'on ne peut y manquer que pour le tout. Mais, dans le dernier
« cas (c'est-à-dire dans le cas de la stipulation « *amplius non agi* »), il semble que
« l'on doive suivre une autre règle, à savoir celle que l'on admet dans la stipula-
« tion « Titius et son héritier ratifieront ». Car, dans cette stipulation, celui-là
« seul sera tenu qui n'aura pas ratifié, et celui-là seul aura action à qui on aura
« réclamé quelque chose. Et tel est aussi l'avis de Marcellus, bien que le maître
« lui-même ne puisse pas ratifier partiellement. »

Ce passage comprend deux parties. Dans la première, Paul rapporte l'opinion de
Caton ; dans la seconde, qui commence aux mots « Sed videamus », il présente des
observations personnelles. Caton est des plus explicites. Si l'obligation garantie
par la clause pénale est indivisible, comme la stipulation « *iter fieri* », son inexécution de la part d'un seul des héritiers du promettant fait encourir la peine à
tous en proportion de leurs parts héréditaires respectives. L'obligation principale
est-elle divisible, et tel est le cas de la stipulation « *amplius non agi* », l'héritier
coupable sera seul tenu et pour sa part. En effet, continue Paul, la stipulation
« *amplius non agi* » est divisible comme la stipulation « *ratam rem habiturum* »,
qui se divise activement et passivement entre les héritiers des parties. Paul considère donc comme constante la distinction établie par Caton entre les obligations
divisibles et les obligations indivisibles ; il l'applique même à une autre espèce,
à la stipulation « *ratam rem habiturum* », qui est certainement divisible (D. 46, 5,
de stipul. præt., L. 2, § 2). La conclusion à déduire du passage est donc que si une
obligation divisible est garantie par une clause pénale, et que l'un des héritiers
du débiteur vienne à y manquer, lui seul sera tenu de la peine et pour sa part
héréditaire seulement. Par voie d'analogie, si l'un des débiteurs originaires manque
à l'obligation, lui seul encourra la peine pour une part virile.

MAYNZ, II, § 258, Observation i. f. et notes 34 et 37, se basant sur deux manu-

L. 4, pr. (17). Mais, en ce qui concerne les débiteurs, le droit romain y apporte une grave dérogation lorsque l'obligation principale consiste à donner. Ici le non-payement de la dette de la part de l'un des débiteurs ou héritiers du débiteur fait encourir la peine à tous, même à ceux qui ont payé leur portion de la dette ; chacun est tenu de la peine pour sa part individuelle ou héréditaire, sauf le recours des débiteurs non coupables contre celui qui a fait encourir la peine. Pour rendre compte de cette différence entre les obligations de donner et les obligations de faire, on a allégué que si chaque débi-

scrits du Digeste, propose de lire : *ut in illa stipulatione* per te non fieri, quo minus mihi ire agere liceat, au lieu de : *illam stipulationem* per te non fieri, etc. D'après cette leçon, Caton comparerait la stipulation « *iter fieri* » à la stipulation « *per te non fieri, quo minus mihi ire agere liceat* », tandis que, d'après la leçon commune, il continue de s'attacher à la stipulation « *iter fieri* ». Il semble que si Caton avait voulu recourir à une analogie, il aurait choisi des stipulations plus différentes que les stipulations « *iter fieri* » et « *per te non fieri, quo minus mihi ire agere liceat* ». Le sens général du texte demeure d'ailleurs le même, que l'on adopte l'une ou l'autre leçon.

On a soutenu d'un autre côté que les mots « Sed videamus ne non idem hic sit » se rapportaient non pas à la stipulation « *amplius non agi* », comme nous l'avons admis, mais à la stipulation « *dolum abesse* », dont il est question au *principium* de la loi 4. Cette corrélation est manifestement forcée.

(17) La loi 2, § 6 s'occupe de la stipulation indivisible de ne pas troubler dans l'exercice d'un *actus* (*sibi heredique suo agere licere*). Le promettant avait troublé l'un des héritiers du stipulant dans l'exercice de l'*actus*. A défaut de clause pénale, l'héritier troublé pourra seul agir pour sa part. Si une peine a été stipulée, rigoureusement, dit Paul, la peine est encourue pour le tout, c'est-à-dire que chaque héritier du stipulant pourrait agir pour sa part. Mais, ajoute le jurisconsulte, les héritiers qui n'ont pas été troublés, seront repoussés par une exception de dol ; donc en définitive la peine n'est due que pour partie à l'héritier troublé. Or, si telle est la règle à suivre dans le cas d'une obligation principale indivisible, on ne saurait se montrer plus sévère pour une obligation divisible. Il faut même dire ici (contra VANGEROW, III, § 567, *Anm*. 2, n° II, p. 14) que la peine n'est rigoureusement encourue que pour partie vis-à-vis de l'héritier troublé.

La loi 3, pr. et la loi 4, pr., appliquent la décision de la loi 2, § 6, à deux autres stipulations indivisibles (*mihi heredique meo habere licere. — dolum abesse a te heredeque tuo*). Quant à la loi 3, § 1, elle n'a d'autre but que de nous expliquer pourquoi, en l'absence d'une clause pénale, le débiteur est tenu seulement pour partie vis-à-vis de celui des héritiers du stipulant qu'il a troublé, tandis que si l'un des héritiers du promettant trouble, chaque héritier est tenu pour sa part (Cf. L. 2, § 5-6, *eod.*).

teur ne peut prester que son propre fait et non le fait de ses coobligés, il lui est au contraire possible de donner une chose pour le tout. Mais cette possibilité n'est pas concluante; si chaque débiteur *peut* donner toute la chose, il ne le *doit* point; il devrait donc être à l'abri de la peine lorsqu'il a donné sa part et portion (18).

III. Quelle est l'influence de la clause pénale sur l'obligation principale? Lorsque le débiteur unique exécute en partie l'obligation principale vis-à-vis du créancier unique, il n'encourt pas moins la

(18) Les textes sont décisifs (D. 10, 2, *fam. ercisc.*, L. 25, § 13; D. 45, 1, *de V. O.*, L. 5, § 3ᵃ (§ 3 i. f., édition Kriegell) et 4, L. 85, § 6).

D'après le D. 10, 2, *fam. ercisc.*, L. 25, § 13, si de l'argent a été promis sous clause pénale, l'obligation principale se divise entre les héritiers du promettant; mais celui d'entre eux qui paye sa part dans la dette, n'échappe point à la peine.

Le D. 45, 1, *de V. O.*, L. 5, § 3ʻ, suppose que quelqu'un a promis un capital sous clause pénale; l'un de ses héritiers paye seul sa part du capital; il n'encourt pas moins la peine.

La loi 5, § 4, applique la même règle au compromis avec clause pénale, quand un seul des héritiers d'un contractant se conforme à la sentence arbitrale.

Enfin, d'après la loi 85, § 6, du même titre, quelqu'un avait promis 100 s'il ne donnait pas le fonds Titien. A sa mort, certains de ses héritiers firent la tradition partielle du fonds; un seul resta en défaut; la peine de 100 est encourue (pœna committitur centum), c'est-à-dire qu'elle est due par chaque héritier pour sa part. MOLITOR, cité, I, n° 164 i. f., applique la loi 85, § 6, à une stipulation pénale principale. Les mots : Item si ita stipulatio facta sit : ʻ si fundus Titianus datus non erit, centum dari? ' viennent à son appui. Mais, dans ce système, la décision de Paul est inexplicable; les 100 ne pourraient être dus que si la tradition du fonds était devenue impossible; or Paul admet qu'ils sont dus dès que l'un des héritiers est en faute (Cf. L. 115, § 2, *eod.*). Nous devons donc supposer dans la loi 85, § 6, l'existence d'une obligation principale et rapporter sa décision à une clause pénale proprement dite (Arg. L. 85, § 5, *eod.*). C'est aussi l'opinion commune (VANGEROW, III, § 614, *Anm.*, n° III i. f.).

D'après MOLITOR, cité, I, nᵒˢ 163, 165 à 167 et 250, *a*, le débiteur coupable serait seul tenu pour sa part dans les contrats de bonne foi et les stipulations prétoriennes, tandis que dans les contrats de droit strict et les stipulations conventionnelles les débiteurs non coupables devraient également leur part de la de la peine. La première règle serait dictée par l'équité, la seconde par la forme de l'engagement. Mais cette forme est la même, qu'il s'agisse d'une stipulation conventionnelle ou d'une stipulation prétorienne. Qu'importe que le D. 45, 1, *de V. O.*, L. 4, § 1, cite la stipulation prétorienne « *amplius non agi* »; il ne la cite que comme exemple et n'en pose pas moins une règle tout à fait générale.

MAYNZ, II, § 258, Observation, p. 420, ne mentionne pas l'exception relative aux obligations de donner.

peine pour le tout [19]. De même, s'il s'agit d'une obligation de donner, le fait que l'un des débiteurs donne en partie la chose due n'empêche pas la peine d'être encourue par tous, par chacun pour sa part [20]. C'est pourquoi l'on a dit que la clause pénale rendait en quelque sorte indivisible l'obligation principale [21]. Cette appréciation est inexacte. Les caractères essentiels de l'obligation indivisible font défaut dans l'espèce. S'il est vrai que, pour éviter la peine, il est nécessaire de payer toute la dette, il est non moins certain qu'on ne *doit* pas la payer tout entière ; on est parfaitement libéré de l'obligation principale par un payement partiel. On constate quelque chose d'analogue à l'occasion d'une dette hypothécaire ; un payement partiel laisse subsister l'hypothèque pour le tout ; si on veut libérer la chose frappée d'hypothèque, il faut payer la dette entière. Or on n'a jamais conclu de là que l'obligation devenait indivisible à raison de l'hypothèque ; dès lors on doit dire aussi que lorsqu'une obligation divisible est garantie par une clause pénale, elle demeure divisible [22].

II. De la dation d'arrhes.

ZUMBACH, *De arrha contrahentium*, Iéna, 1828.
HESSDOERFER, *De arrha*, Hanovre, 1856.

§ 28. *Notions générales.*

La dation d'arrhes est une convention accessoire par laquelle l'une des parties donne une chose à l'autre, afin de prouver l'existence et d'assurer l'exécution d'une convention principale. L'arrhe (*arrha*) a donc un double but. Elle atteste d'abord l'existence d'une convention ; elle prouve qu'une convention principale est inter-

(19) D. 19, 1, *de A. E. et V.*, L. 47.
(20) D. 10, 2, *fam. ercisc.*, L. 25, § 13 ; D. 45, 1, *de V. O.*, L. 5, § 3ᵃ et 4, L. 85, § 6.
(21) MOLITOR, cité, I, nᵒ 250, *a.* — VANGEROW, III, § 567, *Anm.* 2, nᵒ II, p. 14.
(22) Il serait plus exact de représenter la peine comme indivisible, de même qu'on parle de l'indivisibilité de l'hypothèque. Nous mentionnons pour mémoire une autre opinion d'après laquelle la clause pénale rendrait purement et simplement indivisible l'obligation principale, de telle façon qu'il y aurait lieu de lui appliquer les diverses règles de l'indivisibilité des obligations (Cf. MAYNZ, II, § 258, Observation).

venue entre parties. Ce rôle de l'arrhe est relevé de préférence dans nos sources [1]. Ensuite l'arrhe assure l'exécution d'une convention principale [2] et sous ce rapport elle se rapproche de la peine stipulée; c'est une peine réalisée d'avance pour le cas d'inexécution d'une obligation. Elle constitue même une peine éventuelle pour les deux contractants, et pour celui qui la donne et pour celui qui la reçoit, ainsi qu'il sera expliqué tantôt [3]. Comme la peine proprement dite, l'arrhe peut consister en une chose quelconque; à Rome, c'était généralement une somme d'argent [4] ou un anneau [5]. Bien que la dation d'arrhes fût possible à l'occasion de toute espèce de conventions, elle était surtout usuelle dans la vente [6] et dans les fiançailles [7]; l'arrhe était fournie par l'acheteur [8] et par le futur [9]. La dation d'arrhes est aussi une convention accessoire, puisqu'elle prouve et assure une autre convention, et partant elle est nulle si la convention principale est nulle. Enfin, et c'est là une différence marquée avec la clause pénale, elle constitue un contrat réel innomé; elle n'est donc parfaite que par la dation de l'arrhe [10] et les règles des contrats innomés lui sont applicables [11].

---

(1) Gaius, III, 139; I. 3, 23, *de empt. et vendit.*, pr. initio; D. 18, 1, *de contr. empt.*, L. 35, pr.

(2) Varron, *de lingua lat.* V, 175 (édition Bruns), v⁰ Arrabo, (pecunia) sic dicta, *ut reliquom reddatur.* — Isidore, *Origines* V, 25, 20 et 21 (édition Bruns), v⁰ Arra vero, quæ primum pro re bonæ fidei contractu empta ex parte datur et postea completur. *Est enim arra complenda*, non auferenda; inde qui habet arram, non reddet *sicut pignus*, sed desiderat plenitudinem.

(3) Cf. ci-après T. I, § 29.

(4) D. 19, 1, *de A. E. et V.*, L. 11, § 6 initio; D. 18, 3, *de lege commiss.*, L. 8 initio; C. 4, 45, *quando lic. ab empt. discedere*, L. 2, § 1 (L. 2, édition Kriegell).

(5) D. 19, 1, *de A. E. et V.*, L. 11, § 6 i. f.; D. 14, 3, *de instit. act.*, L. 5, § 15.

(6) Voyez les textes cités aux deux notes précédentes.

(7) Rubrique C. 5, 1, *de sponsalibus et arris sponsaliciis.*

(8) Voyez les textes des notes 4 et 5. — (9) C. 5, 1, *de sponsal.*, L. 5.

(10) Arg. D. 19, 5, *de præscr. verb.*, L. 17, § 5 initio. *Non obstat* C. 4, 49, *de A. E. et V.*, L. 3, où par les mots « ex arrali pacto » on veut désigner la dation d'arrhes.

(11) Cf. ci-après T. I, § 29.

§ 29. *Effets des arrhes.*

I. Pour déterminer les effets des arrhes, il convient de distinguer deux cas : celui où l'arrhe est donnée après la perfection du contrat et celui où elle est donnée avant cette perfection.

1° Lorsque l'arrhe est donnée *après* la perfection du contrat, elle doit être rendue si le contrat reçoit son exécution [1], ou bien si son inexécution ne peut être reprochée à aucune des parties [2]. Dans l'un et l'autre cas, l'arrhe a rempli sa mission, en prouvant et assurant autant que possible la convention principale. On peut se la faire restituer, soit par l'action naissant du contrat principal s'il est de bonne foi, par exemple par l'*actio empti* [3], soit par une *condictio sine causa*, puisque la cause de la dation de l'arrhe est venue à cesser [4]. Il va de soi que l'arrhe peut être aussi imputée sur la prestation à faire par la partie qui l'a donnée ; c'est ainsi que, consistant en argent monnayé, elle sera régulièrement imputée sur le prix de vente [5]. — Mais si le contrat demeure sans exécution par la faute de l'un des contractants, l'arrhe manifeste son caractère pénal. Comme dans l'hypothèse d'une clause pénale, le créancier peut, à son choix, poursuivre l'obligation principale, en renonçant au bénéfice de la convention arrhale [6], ou bien profiter de celle-ci, en renonçant aux droits naissant du contrat principal [7]. Si le créancier s'arrête au second parti, le débiteur coupable de faute perd l'arrhe donnée [7] ou bien doit rendre l'arrhe reçue et de plus en payer la valeur, en d'autres termes la rendre au double [8]. Ainsi, dans le cas de vente, l'acheteur coupable de faute perdra l'arrhe donnée, le vendeur coupable sera tenu de rendre au double l'arrhe reçue [8]. Dans le but de conserver l'arrhe reçue, le créancier

(1) D. 19, 1, *de A. E. et V.*, L. 11, § 6, v[is] Ego illud quæro...........; D. 14, 3, *de instit. act.*, L. 5, § 15.

(2) C. 5, 1, *de sponsal.*, L. 3. Cette hypothèse comprend aussi celle où le contrat a été résilié de commun accord (D. 19, 1, *de A. E. et V.*, L. 11, § 6 initio ; C. 4, 45, *quando lic. ab empt. discedere*, L. 2, pr. et § 1 (L. 2 initio, édition Kriegell).

(3) D. 19, 1, *de A. E. et V.*, L. 11, § 6. — (4) L. 11, § 6, cit., v[is] Ego illud quæro.......

(5) Cf. D. 18, 3, *de lege commiss.*, L. 8. — (6) Arg. D. *eod.*, L. 6, pr.

(7) L. 6, pr., cit.

(8) Arg. C. 4, 21, *de fide instrum.*, L. 17, § 2 (L. 17 i. f., édition Kriegell).

disposera d'une exception de dol contre une demande en restitution de l'arrhe; pour obtenir la restitution du double de l'arrhe donnée, il recourra à l'action naissant du contrat de bonne foi, à l'*actio empti* par exemple [9] ou bien à l'action *præscriptis verbis* résultant des contrats innomés, car la dation d'arrhes appartient à cette catégorie de contrats [10]. Mais, pas plus qu'à l'occasion d'une clause pénale, le créancier n'est admis à cumuler la poursuite de l'obligation principale et celle de la peine arrhale; il serait contradictoire de demander à la fois l'exécution de l'obligation principale et la peine donnée pour le cas d'inexécution. Les parties peuvent déroger à ces règles et surtout convenir que les arrhes auront le caractère d'un dédit, c'est-à-dire que chacun des contractants aura la faculté de se désister du contrat par l'abandon de l'arrhe donnée ou par la restitution du double de l'arrhe reçue. Il se forme alors une obligation dite facultative; chaque partie ne doit exécuter que son obligation principale, avec ce tempérament qu'il lui est loisible de s'y soustraire en abandonnant l'arrhe donnée ou en restituant le double de l'arrhe reçue. Le vendeur ne pourra être actionné qu'en livraison de la chose vendue et il aura la faculté de rompre le contrat en rendant le double de l'arrhe reçue; l'acheteur ne pourra être poursuivi qu'en payement du prix de vente, et il sera libre de se dégager en abandonnant l'arrhe donnée. Mais, pour que les arrhes constituent un dédit d'un contrat parfait, une convention spéciale est indispensable. Ce système est seul conforme aux principes généraux du droit et à la volonté des parties. On ne voit pas pourquoi un contrat qui serait parfait abstraction faite d'une dation d'arrhes, deviendrait imparfait parce que des arrhes ont été données; l'intention des parties, dans la dation d'arrhes, est bien plutôt de garantir l'exécution du contrat par la menace d'une peine que d'en affaiblir la force obligatoire.

2° Il arrive aussi que l'arrhe soit donnée *avant* la perfection du contrat, à l'occasion d'une simple promesse de contracter. D'abord il se peut que les parties soient convenues de mettre le contrat par

---

(9) Arg. D. 19, 1, *de A. E. et V.*, L. 11, § 6.
(10) D. 19, 5, *de præscr. verb.*, L. 17, § 5.

écrit; alors le droit romain admet que le contrat ne devient parfait que par la rédaction de l'écrit; jusque-là chaque partie est libre de se rétracter en refusant de signer l'écrit; il n'y a provisoirement qu'une simple promesse de faire un contrat écrit [11]. Il se peut encore que les parties aient fait une simple promesse de contracter oralement [12]. Lorsque l'arrhe a été donnée ainsi avant la perfection du contrat, elle est sujette à restitution si le contrat se parfait, car elle a atteint son but; elle peut être répétée par l'action naissant du contrat de bonne foi ou par une *condictio sine causa* [13]. Mais si l'une des parties se refuse à parfaire le contrat, l'arrhe produit son effet pénal; le contractant qui se désiste, perd l'arrhe donnée ou bien doit rendre le double de l'arrhe reçue [14]; dans la première hypothèse, l'adversaire se défendra par une exception de dol; dans la seconde, il exercera l'action *præscriptis verbis* en vertu du contrat innomé résultant de la dation d'arrhes [15].

II. D'après cet exposé, l'arrhe par sa nature est toujours confirmatoire; elle assure dans tous les cas l'exécution du contrat. Il n'y a pas d'arrhe pénitentielle par elle-même, c'est-à-dire que l'arrhe comme telle n'a jamais le caractère d'un dédit; elle n'est jamais donnée pour permettre à une partie de se désister d'un contrat par l'abandon de l'arrhe donnée ou par la restitution du double de l'arrhe reçue. Cette proposition est évidente lorsque l'arrhe a été donnée avant la perfection du contrat; l'arrhe empêche alors les parties de se dégager impunément, ce qu'elles pourraient faire à défaut d'arrhe. Mais le principe n'est pas moins certain lorsque l'arrhe a été donnée à l'occasion d'un contrat parfait. Sans doute il se peut ici qu'un désistement soit permis moyennant l'abandon de l'arrhe donnée ou la restitution du double de l'arrhe reçue; seulement ce sera en vertu d'une convention spéciale, d'un *pactum displicentiæ*, et non en vertu de la dation d'arrhe; loin de permettre le désistement, l'arrhe l'entravera, puisque, sans elle, on

(11) C. 4, 21, *de fide instrum.*, L. 17, § 2 (L. 17 initio, édition Kriegell).
(12) L. 17, § 2, cit. (L. 17 i. f., édition Kriegell).
(13) Arg. D. 19, 1, *de A. E. et V.*, L. 11, § 6.
(14) C. 4, 21, *de fide instrum.*, L. 17, § 2 (L. 17 i. f., édition Kriegell).
(15) Arg. D. 19, 5, *de præscr. verb.*, L. 17, § 5.

pourrait se désister impunément. Néanmoins, on a soutenu que la dation d'arrhe à l'occasion d'un contrat parfait permet aux parties de se désister par l'abandon de l'arrhe donnée ou la restitution du double de l'arrhe reçue, et l'on fonde cette doctrine sur un passage des Institutes de Justinien [16]; mais ce passage doit être appliqué à l'hypothèse d'une simple promesse de faire une vente écrite ou orale [17].

[16] I. 3, 23, *de empt. et vendit.*, pr. i. f. « Ita tamen impune recedere eis concedi-« mus, nisi jam arrarum nomine aliquid fuerit datum : hoc etenim subsecuto, « sive in scriptis sive sine scriptis venditio celebrata est, is qui recusat adimplere « contractum, si quidem emptor est, perdit quod dedit, si vero venditor, duplum « restituere compellitur, licet nihil super arris expressum est. »

[17] Dans le *principium* du titre de la vente, Justinien s'occupe d'abord de la vente qui ne doit pas être mise par écrit (de emptionibus et venditionibus, quæ sine scriptura consistunt). Il déclare cette vente parfaite par le seul consentement des parties, bien que aucune arrhe n'ait été donnée; car, dit-il, l'arrhe sert seulement à la preuve du contrat, et il termine par l'observation qu'il n'a rien innové en ce qui concerne cette vente (nihil a nobis in hujusmodi venditionibus innovatum est). Passant ensuite à la vente que les parties sont convenues de mettre par écrit (In his autem quæ scriptura conficiuntur), l'empereur décide que chaque contractant est libre de s'en désister jusqu'à la rédaction de l'écrit, et cela impunément (sine pœna). Ces derniers mots déterminent Justinien à parler une seconde fois des arrhes, pour nous apprendre que si des arrhes ont été données, le désistement n'a pas lieu impunément. Il a en vue les arrhes données à l'occasion d'une simple promesse de faire une vente écrite ou orale. Cela résulte en premier lieu de ce qu'il avait déjà traité d'une manière complète l'hypothèse de la vente parfaite, avec ou sans dation d'arrhes (Sed hæc quidem de emptionibus et venditionibus, quæ sine scriptura consistunt). En second lieu, Justinien avait formellement déclaré que, dans cette hypothèse, il n'avait rien innové. Enfin, ce qu'il dit à la fin du *principium* se rattache immédiatement au cas d'une vente imparfaite et à la faculté toute naturelle qui appartient ici à chaque partie, de se désister du contrat sans encourir aucune peine. Notre interprétation réclame cependant un changement de texte; il faut lire vers la fin du *principium* « sive in scriptis sive sine scriptis venditio *celebranda* est, » au lieu de « *celebrata* est ». Justinien a rendu d'une manière inexacte l'une de ses constitutions (C. 4, 21, *de fide instrum.*, L. 17, § 2 (L. 17 i. f., édition Kriegell), qui porte « si quæ arræ super *facienda* emptione cujuscumque rei datæ sunt sive in scriptis sive sine scriptis ». Voyez en ce sens DE SAVIGNY, cité, II, § 79, MAYNZ, II, § 259, et notes 14-15, WINDSCHEID, II, § 325, et apparemment aussi UNTERHOLZNER, cité, II, § 774. — Contra MOLITOR, cité, I, nᵒˢ 172-177.

III. Des intercessions.

D. 16, 1, *ad senatus consultum Velleïanum.* — C. 4, 29, *eod.*

Girtanner, *Die Bürgschaft nach gemeinem Civilrechte*, Iéna, 1850-1851.
Hasenbalg, *Die Bürgschaft des gemeinen Rechts*, Dusseldorff, 1870.

§ 30 *Généralités.*

I. La notion de l'intercession acquit une certaine importance dans le droit romain lorsque les femmes furent déclarées incapables d'intercéder ; dès ce moment il s'agissait de préciser les actes juridiques auxquels s'appliquait cette incapacité. L'intercession (*intercessio*) est une convention conclue avec le créancier d'une autre personne, convention par laquelle on prend à sa charge la dette de cette personne [1]. Ainsi :

1° L'intercession suppose une convention conclue avec le créancier d'un tiers. Une convention conclue avec le débiteur d'un tiers, par exemple la promesse de payer sa dette, ne constitue pas une intercession ; car on ne saurait intercéder en faveur de quelqu'un auprès de lui-même [2].

2° Il faut que l'intercédant prenne à sa charge la dette d'autrui, ce qui peut se faire, soit en s'obligeant personnellement, soit en concédant une hypothèque [3]. Payer la dette d'autrui, fût-ce à titre gratuit, ce n'est pas intercéder, puisqu'on n'assume aucune obligation [4]. Pour le même motif, il n'y a pas intercession lorsque nous déléguons notre débiteur au créancier d'un tiers [5].

3° La dette d'autrui que l'intercédant prend à sa charge, ne peut pas être indirectement la sienne, sinon, au lieu d'intercéder pour autrui, il gère en réalité ses propres affaires. Le vendeur qui intervient dans un procès pour défendre l'acheteur contre l'éviction, n'intercède point, pas plus que le mandant qui s'oblige envers le

(1) Cf. D. *h. t.*, L. 8, § 1 i. f.
(2) D. *h. t.*, L. 19, pr. et § 2. Quando vix sit, dit Africain à la fin de la loi 19, pr., ut aliqua apud eundem pro eo ipso intercessisse intellegi possit.
(3) D. *h. t.*, L. 8, pr. initio.
(4) D. *h. t.*, L. 4, § 1, v^is Sed et si tibi.........., L. 5; C. *h. t.*, L. 1 i. f., L. 4, § 1 (L. 4 i. f., édition Kriegell). — (5) D. *h. t.*, L. 5 i. f., L. 8, § 5, cf. § 6.

créancier de son mandataire pour libérer ce dernier des obligations contractées dans l'exécution du mandat[6].

Tels étant les caractères de l'intercession, celle-ci n'existe pas lorsqu'on fait une donation à quelqu'un[7], lorsqu'on assume vis-à-vis de quelqu'un les risques d'une affaire, par exemple d'une adition d'hérédité[8], lorsqu'on accepte[9] ou achète[10] une succession. On ne comprend pas davantage qu'on intercède dans son intérêt personnel. Dans tous ces cas, ou bien on ne prend aucune dette à sa charge, ou bien on prend à sa charge sa propre dette. Pour ne parler que de la donation, si l'on fait une donation à un débiteur par une convention conclue avec son créancier, ou bien on ne contracte pas d'obligation, ou bien si on en contracte une, comme on gratifie le débiteur, on assume une dette personnelle. Il n'existe donc pas d'intercession *animo donandi*.

II. Les modernes distinguent des intercessions privatives et des intercessions cumulatives.

1° L'intercession est privative quand le débiteur principal est exclu de l'obligation, ce qui peut se faire de deux manières. Ou bien on peut libérer le débiteur principal de la dette qu'il a déjà contractée, et s'obliger en son lieu et place par la voie de la novation[11]. Ou bien on peut intervenir en faveur de quelqu'un de façon à l'empêcher de s'obliger, en s'obligeant soi-même dans l'intérêt du tiers. Supposons que A veuille emprunter 1000 de B; mais B, qui n'a pas confiance dans la solvabilité de A, n'entend pas lui faire le prêt; dans ces circonstances, j'emprunte moi-même les 1000 de B en vue de A, auquel je remets les écus; par mon intervention j'aurai empêché A de s'obliger[12]. De ces deux espèces, la première

---

(6) Cf. D. *h. t.*, L. 3, L. 13, pr., L. 22, L. 24, pr.

(7) D. *h. t.*, L. 4, § 1, L. 8, pr., L. 21, § 1.

(8) D. *h. t.*, L. 19, § 1; cf. D. *h. t.*, L. 8, § 1.

(9) D. *h. t.*, L. 32, pr. — (10) D. *h. t.*, L. 13, pr., L. 19, § 3.

(11) C. *h. t.*, L. 4, pr. initio (L. 4 initio, édition Kriegell).

(12) C. *h. t.*, L. 4, pr. i. f. (L. 4, édition Kriegell), L. 19; D. *h. t.*, L. 29, pr. Pour qu'il y ait intercession dans l'espèce, il faut évidemment que le créancier ait eu connaissance de la supposition de personnes (D. *h. t.*, L. 4, pr., L. 11-12, L. 27, pr.).

appartient à la théorie de la novation(13), tandis que la seconde n'a pas besoin d'un examen spécial.

2° L'intercession est cumulative quand le débiteur principal demeure tenu à côté de l'intercédant, soit qu'on se porte personnellement garant pour le débiteur, soit qu'on se borne à donner une hypothèque en sûreté de la dette d'autrui (14). La garantie personnelle qu'on fournit pour la dette d'autrui, s'appelle cautionnement, et celui qui la fournit, prend le nom de caution. A Rome le cautionnement pouvait revêtir quatre formes : la solidarité avec le débiteur principal, pour laquelle nous nous référons à la théorie de la solidarité(15), la fidéjussion (§ 31-34), le constitut de la dette d'autrui (§ 35) et le mandat en faveur d'un tiers (§ 36). Le droit classique connaissait de plus la *sponsio* et la *fidepromissio*(16). Comme dans la fidéjussion, on s'y servait de la stipulation, et ce furent les termes de celle-ci qui donnèrent lieu aux dénominations de *sponsio* et de *fidepromissio* (*Idem dari spondes? Spondeo. — Idem fidepromittis? Fidepromitto*)(17). Une autre règle applicable aux trois cautionnements est celle de la loi *Cornelia*, attribuée à Sylla; cette loi défendait de se porter caution en une seule année en faveur du même débiteur et vis-à-vis du même créancier pour une somme supérieure à 20,000 sesterces(18). Aucune des trois cautions ne pouvait d'ailleurs s'engager d'une manière plus étendue que le débiteur principal(19), et si l'une d'elles était forcée de payer le créancier, elle disposait d'un recours contre le débiteur par l'*actio mandati contraria*(20). Mais la *sponsio* et la *fidepromissio* étaient, sous plusieurs rapports, plus rigoureuses que la fidéjussion. Elles ne pouvaient servir à cautionner que des obligations verbales(21). En

(13) Cf. ci-après T. III, § 234-236. — (14) D. *h. t.*, L 8, pr. initio.

(15) D. *h. t.*, L. 17, § 2. — T. I, § 51-54.

(16) GAIUS, III, 115. — (17) GAIUS, III, 116 initio.

(18) GAIUS, III, 124, sauf quelques exceptions (GAIUS, III, 125). Cette défense n'a pas été reproduite dans les recueils de Justinien.

(19) GAIUS, III, 126. En outre, une loi *Publilia* permettait au *sponsor* d'exercer son recours pour une *actio depensi* (GAIUS, III, 127), où le demandeur était autorisé à employer la *manus injectio* (GAIUS, IV, 22 initio) et le défendeur condamné au double en cas de contestation (GAIUS, III, 127; IV, 9; PAUL., I, 19, § 1).

(21) GAIUS, III, 119.

vertu d'une loi *Cicereia*, le créancier devait déclarer l'objet précis de
la dette et le nombre des cautions[22]. De plus, la *sponsio* et la
fidepromissio ne valaient que pour deux ans[23] et ne passaient pas
aux héritiers de la caution[24]. Plusieurs *sponsores* ou *fidepromissores*
étaient dans le principe tenus solidairement envers le créancier,
et si l'un d'eux payait, il ne jouissait pas d'un recours contre les
autres. Mais plus tard une loi *Appuleia* de l'an 102 avant J.-C.,
accorda un recours partiel contre les autres *sponsores* ou *fidepromissores*[25], et une loi *Furia*, portée quelque temps après pour
l'Italie, divisa même de plein droit l'obligation résultant du cautionnement entre tous les *sponsores* ou *fidepromissores*, de telle façon
que chacun n'était plus tenu que pour partie envers le créancier[26].
En ce qui concerne les différences entre la *sponsio* et la *fidepromissio*, la première présentait cette particularité qu'elle ne pouvait
être employée que par les citoyens romains[27]. La rigueur des
théories de la *sponsio* et de la *fidepromissio* explique la disparition
de ces deux formes de cautionnement dans le droit de Justinien; la
fidéjussion, qui était plus large, demeura seule en usage. Nous nous
bornons à mentionner trois autres espèces de cautions qui remontent
à une très haute antiquité et qui interviennent fréquemment dans
l'ancienne procédure romaine, à savoir le *vas*[28], le *vindex*[29] et le
præs[30]; le nouveau droit romain ne les connaît plus.

(22) Gaius, III, 123.

(23) D'après une loi *Furia*, qui ne valait toutefois que pour l'Italie (Gaius, III,
121 initio et 121ᵃ initio). — (24) Gaius, III, 120. — (25) Gaius, III, 122 initio.

(26) Gaius, III, 121 et 121ᵃ. La loi *Appuleia* resta en vigueur dans les provinces,
puisque la loi *Furia* ne disposait que pour l'Italie; on discutait sur le point de
savoir si la loi *Appuleia* continuait à s'appliquer à l'Italie (Gaius. III, 122,
vⁱⁱ Unde quæritur.......... valde quæritur). D'autre part, après que Adrien eut
introduit en faveur des fidéjusseurs le bénéfice de division (Gaius, III, 121 i. f.),
on étendit ce bénéfice aux *sponsores* et aux *fidepromissores* dans les provinces
(Gaius, III, 121ᵃ). L'Italie était donc régie par la loi *Furia* et d'après quelques-
uns aussi par la loi *Appuleia*, les provinces par le rescrit d'Adrien et la loi
Appuleia. — (27) Arg. Gaius, III, 116 initio cbn. avec 93 initio.

(28) Loi des 12 Tables I, 10; Festus, *de verbor. signif.*, v° Vadem.

(29) Gaius, IV, 21. — (30) Gaius, IV, 91.

A) *De la fidéjussion.*

I. 3, 20, *de fidejussoribus.* — D. 46, 1, *de fidejussoribus et mandatoribus.* —
C. 8, 40 (41, édition Kriegell), *eod.*

§ 31. *Notions et espèces.*

1° La fidéjussion (*fidejussio*) est une stipulation par laquelle on
s'oblige à payer la dette d'autrui [1]. Elle emprunte son nom aux
termes qui y étaient employés (*Idem fide tua esse jubes? Idem fide
mea esse jubeo*)[2]. Comme toutes les stipulations, elle était de droit
strict[3].

2° On distingue une fidéjussion principale et une arrière-fidéjus-
sion. On peut même être arrière-fidéjusseur (*fidejussor succe-
daneus*) en deux sens différents. On peut d'abord être fidéjusseur
du fidéjusseur (*fidejussor fidejussoris*), c'est-à-dire être garant du
fidéjusseur principal vis-à-vis du créancier. Une pareille caution a,
par rapport à la caution principale, la même position que celle-ci a
par rapport au débiteur principal; le créancier a trois rangs
d'obligés : le débiteur principal, le fidéjusseur principal et le fidéjusseur du fidéjusseur [4]. On peut ensuite être garant du débiteur
principal vis-à-vis du fidéjusseur principal. Un tel cautionnement
est sans effet à l'égard du créancier; il ne confère de droit qu'au
fidéjusseur principal qui a payé la dette et qui a acquis de ce chef un
recours contre le débiteur principal; l'arrière-fidéjusseur est garant
de ce recours, et, comme tel, soumis à une action de la part du fidéjusseur principal [5].

§ 32. *Conditions de la fidéjussion.*

La fidéjussion, pour être valable, exige la réunion des conditions
suivantes :

1° Le fidéjusseur doit être capable de s'obliger, puisqu'il s'oblige
au payement de la dette d'autrui. Les impubères sont donc inca-

(1) Cf. Gaius, III, 115 et 116 initio. — (2) Gaius, III, 116 initio; I. *h. t.*, § 7.
(3) Cf. ci-après T. II, § 112, 2°. — (4) D. *h. t.*, L. 8, § 12, L. 27, § 4.
(5) D. *h. t.*, L. 4, pr.

pables de se porter fidéjusseurs. Une incapacité spéciale frappe les femmes ; il en sera question plus loin[1].

2° Il faut qu'il existe une obligation principale, sinon le cautionnement n'a pas d'objet ; l'obligation accessoire du fidéjusseur ne se comprend pas sans une obligation principale dans le chef d'une autre personne[2]. On ne cautionne donc pas valablement une dette inexistante, telle qu'une dette de jeu ou d'intérêts usuraires[3]. Que si l'obligation principale est inefficace à raison d'une exception péremptoire appartenant au débiteur, comme l'exception de dol ou de violence, le cautionnement sera atteint de la même inefficacité[4]. Mais il est permis de cautionner toute espèce de dettes valables[5]. L'obligation principale peut être conditionnelle ou à terme ; le fidéjusseur sera tenu sous la même modalité[6]. L'obligation principale peut aussi n'être que naturelle[7] ; dans ce cas, le fidéjusseur sera tenu, non pas en vertu d'une simple obligation naturelle, mais civilement ; le créancier aura une action contre lui, bien qu'il n'en ait point contre le débiteur principal. On n'est pas admis à objecter que l'accessoire doit participer de la nature du principal ; tout ce qui résulte du caractère accessoire du cautionnement, c'est qu'il suppose une obligation principale et ne peut avoir plus d'étendue que celle-ci ; il n'est aucunement nécessaire que l'accessoire ait la même nature que le principal[8]. La fidéjussion peut au reste inter-

---

(1) T. I, § 37-38bis. D'autres incapacités furent édictées sous le bas-empire contre les militaires (C. 4, 65, *de loc.*, L. 31) et les membres du clergé (Nov. 123, c. 6).

(2) Cf. D. 50, 17, *de R. J.*, L. 178.

(3) D. *h. t.*, L. 29, L. 46, L. 70, § 4-5 ; D. 45, 1, *de V. O.*, L. 1, § 2, L. 6.

(4) Cf. ci-après T. I, § 33, II initio. — (5) D. *h. t.*, L. 1, L. 8, § 6.

(6) D. *h. t.*, L. 8, § 7, L. 16, § 5, L. 57.

(7) I. *h. t.*, § 1 i. f. ; D. *h. t.*, L. 6, § 2, L. 7, L. 16, § 3.

(8) D. *h. t.*, L. 60 initio ; Théophile, Institutes, 3, 20, § 1 initio. D'après le passage des Pandectes, si un débiteur principal est libéré de manière à demeurer débiteur naturel, son fidéjusseur est tenu (teneri fidejussorem), et par là le jurisconsulte fait sans nul doute allusion à une obligation civile. Théophile est plus explicite : si, dit-il, les débiteurs principaux sont tenus naturellement, leurs fidéjusseurs le sont naturellement et civilement.

Cependant, s'il s'agit d'un débiteur naturel auquel la loi accorde une exception *in odium creditoris*, comme dans le cas d'un prêt d'argent fait à un enfant sous puissance, le fidéjusseur dispose en principe de la même exception ; car autre-

venir avant comme après l'obligation principale(9) ; seulement, dans
le premier cas, l'obligation du fidéjusseur sera future comme celle
du débiteur principal (10).

3° Le fidéjusseur ne peut pas s'engager d'une manière plus étendue que le débiteur principal ; la dette principale étant de 10,000,
le fidéjusseur ne peut promettre 12,000(11) ; de même le fidéjusseur
ne peut s'engager purement et simplement, alors que le débiteur
est tenu sous condition ou à terme(12) ; il ne peut pas non plus promettre de payer à un endroit plus défavorable(13). En effet, le cautionnement, en tant qu'il dépasse l'obligation principale, manque
d'objet ; il ne se rapporte plus à une dette principale (14). La règle
dont il s'agit est fondée sur la nature des choses. Mais à Rome elle
avait une sanction sévère, parce que la fidéjussion était de droit
strict(15) ; la fidéjussion qui était plus étendue que l'obligation principale, était nulle pour le tout, et non pas simplement réduite à la
dette principale(16). Il va de soi que le fidéjusseur peut s'engager
d'une manière moins étendue que le débiteur principal(17). D'autre
part, le fidéjusseur ne peut pas s'engager à payer autre chose que le
débiteur principal, alors même qu'il ne promettrait pas plus : si la
dette principale porte sur une somme d'argent de 10,000, la fidé-

ment la loi manquerait son but (D. 14, 6, *de scto Maced.*, L. 9, § 3 initio).
Cf. ci-après T. I, § 33, II initio.

(9) I. *h. t.*, § 3 ; D. *h. t.*, L. 6, § 2 initio. — (10) L. 6, § 2 i. f., cit.

(11) I. *h. t.*, § 5 initio. — (12) § 5 i. f., cit. ; D. *h. t.*, L. 8, § 7 i. f., L. 16, § 5.

(13) D. *h. t.*, L. 16, § 1-2.

(14) I. *h. t.*, § 5 initio. — (15) Cf. ci-dessus § 31, 1°.

(16) I. *h. t.*, § 5 ; D. *h. t.*, L. 8, § 7. L'opinion contraire manque de tout fondement ; voyez MOLITOR, cité, II, n° 1121 i. f., VANGEROW, III, § 578, *Anm.* 1 i. f.,
et MAYNZ, II, § 262, et note 8.

(17) I. *h. t.*, § 5 ; D. *h. t.*, L. 8, § 7, 10 et 11, L. 9, L. 16, § 5, L. 70, pr. et § 1.
D'après nos sources, il est permis au fidéjusseur de s'engager *in leviorem causam*, mais non *in duriorem causam* (D. *h. t.*, L. 8, § 7 initio). L'expression n'est
pas à l'abri de la critique, car il est certain que le fidéjusseur d'une obligation
naturelle est tenu *in duriorem causam* (Cf. le n° 2 i. f. du présent paragraphe).
Il vaut mieux, comme nous l'avons fait, poser la règle que le fidéjusseur ne peut
pas s'engager d'une manière plus étendue que le débiteur principal, ce qui ne
l'empêche pas d'être tenu plus étroitement, *in strictiorem causam*, dans le cas où
l'obligation principale est naturelle.

jussion ne peut avoir pour objet du blé pour une valeur de 10,000, encore à peine de null té complète du cautionnement ; c'était une autre conséquence du caractère strict de la fidéjussion [18].

4° La fidéjussion doit se contracter dans la forme de la stipulation, c'est-à-dire que les parties doivent être présentes au contrat et consentir par une question du créancier et une réponse du fidéjusseur [19].

§ 33. *Effets de la fidéjussion.*

La fidéjussion a pour effet d'obliger le fidéjusseur envers le créancier; celui-ci dispose de *l'actio ex stipulatu* [1]. Pour déterminer l'étendue de l'obligation du fidéjusseur, il faut avant tout consulter le contrat intervenu entre parties. Il est loisible au fidéjusseur de ne s'engager que jusqu'à concurrence d'une certaine somme, par exemple seulement pour la somme faisant l'objet de l'obligation principale ; et la prudence lui commande de limiter ainsi son cautionnement pour se soustraire au payement des dommages et intérêts, qui bien souvent dépassent d'une manière sensible le montant de la dette originaire [2]. Le fidéjusseur peut aussi se borner à cautionner une quote-part de l'obligation principale [3]. A l'époque classique, il arrivait que le fidéjusseur promettait seulement de payer au créancier ce qu'il ne parviendrait pas à recouvrer du débiteur principal *(quod a debitore servari non possit)* [4]; les modernes ont appelé une pareille fidéjussion *fidejussio indemnitatis.* Dans ce cas, le fidéjusseur n'était pas tenu envers le créancier qui avait négligé de poursuivre le débiteur principal à l'époque où il était encore solvable ; d'après les termes mêmes de son engagement, le fidéjusseur était libéré par suite de la négligence du créancier [5]. Mais dans le nouveau droit romain, par suite de l'introduction du bénéfice d'ordre, le fidéjusseur n'est jamais tenu qu'au payement de ce que le créancier n'a pu recouvrer du débiteur principal, comme

(18) D. *h. t.*, L. 42, L. 38, pr., L. 8, § 8-9.
(19) GAIUS, III, 116 initio; I. *h. t.*, § 7; D. *h. t.*, L. 8, pr; cf. I. *h. t.*, § 8.
(1) Arg. GAIUS, III, 116 initio. — (2) D. *h. t.*, L. 63, § 1. — (3) D. *h. t.*, L. 9.
(4) D. *h. t.*, L. 41, pr.
(5) L. 41, pr., cit. ; D. 45, 1, *de V. O.*, L. 116; cf. D. *h. t.*, L. 52, pr., L. 63.

nous le démontrerons bientôt[6], et partant la clause prémentionnée n'a plus d'objet. Sauf convention contraire, le fidéjusseur est tenu exactement de la même manière que le débiteur principal[7], ni à moins, ni à plus.

I. Il n'est pas tenu à moins. Donc il est obligé solidairement au payement de la dette, alors même qu'il y a plusieurs fidéjusseurs[8]. Indépendamment de la dette proprement dite, il est encore tenu de toutes les prestations accessoires qu'il a prévues ou pu prévoir à l'époque de la fidéjussion, car l'accessoire suit toujours la condition du principal. Mais il faut que le fidéjusseur ait prévu ou pu prévoir lors du cautionnement la prestation accessoire, sinon il n'a pas voulu la cautionner. Par application de ce principe, si l'obligation principale se résout en dommages et intérêts ou bien donne lieu à des intérêts moratoires, le fidéjusseur doit payer les uns et les autres; il a pu prévoir lors de la fidéjussion l'inexécution coupable de l'obligation et la demeure du débiteur[9]. Il répond pareillement des intérêts conventionnels et de la peine stipulée si la promesse des intérêts ou de la peine n'est pas postérieure au cautionnement; sous cette condition, il a prévu la prestation dont il s'agit[10]. Mais que décider si la chose due périt par la faute du fidéjusseur? Certes le débiteur principal est libéré, puisque, à son point de vue, la perte de la chose a un caractère accidentel; mais, nonobstant cette libération, qui devrait rigoureusement entraîner celle du fidéjusseur, celui-ci demeure tenu à raison de sa faute[11].

(6) N° II, B, 1°, du présent paragraphe.

(7) D. 26, 7, *de admin. et peric. tut.*, L. 32, pr. i. f.; D. *h. t.*, L. 56, § 2 i. f.

(8) I. *h. t.*, § 4 initio; C. *h. t.*, L. 5, L. 23.

(9) D. 19, 2, *loc.*, L. 54, pr.; D. 22, 1, *de usur.*, L. 24, § 1; D. 45, 1, *de V. O.*, L. 88 initio; D. *h. t.*, L. 58, § 1, L. 91, § 4-5. Cf. D. 13, 4, *de eo quod certo loco*, L. 8.

(10) D. *h. t.*, L. 68, pr.; D. 50, 1, *ad municip.*, L. 17, § 15; D. 50, 8, *de admin. rer. ad civit. pertin.*, L. 3, § 1 (L. 2, § 12, édition Kriegell). Cf. C. 4, 32, *de usur.*, L. 4.

(11) La question fut discutée parmi les jurisconsultes romains. Neratius Priscus, Julien et Papinien n'accordaient qu'une action de dol contre le fidéjusseur (D. 4, 3, *de dolo malo*, L. 19). Mais on finit par le soumettre à une action utile *ex stipulatu* (D. 22, 1, *de usur.*, L. 32, § 5; D. 45, 1, *de V. O.*, L. 88; D. 46, 3, *de solut.*, L. 38, § 4 i. f., L. 95, § 1 i. f.).

De même, si le fidéjusseur est mis en demeure, il devra seul les intérêts moratoires[12].

II. D'un autre côté, le fidéjusseur n'est pas tenu à plus que le débiteur principal, et notamment il dispose en général des mêmes exceptions[13]. Le créancier ne peut donc pas le poursuivre avant l'accomplissement de la condition ou l'expiration du terme ajoutés à l'obligation principale[14]. Si la convention principale a été surprise par dol ou bien extorquée par des menaces, l'exception de dol ou de violence compète au fidéjusseur comme au débiteur principal[15]. De même, si un prêt d'argent a été fait à un enfant sous puissance, contrairement au sénatus-consulte Macédonien, le fidéjusseur de l'enfant dispose en thèse générale de l'*exceptio senatus consulti Macedoniani*. Si l'on en décidait autrement, on aboutirait à cette conséquence que le créancier serait satisfait au détriment du débiteur principal, puisque celui-ci serait soumis à un recours de la part de son fidéjusseur qui aurait payé le créancier; ce résultat serait directement contraire au but du sénatus-consulte, qui accorde à l'enfant sous puissance une exception à titre de peine pour le créancier[16]. Il faut admettre aussi que le fidéjusseur profite généralement de la restitution en entier obtenue par le débiteur principal[17]; car, une fois qu'elle a été prononcée, la restitution en

(12) D. 22, 1, *de usur.*, L. 32, § 5. Voyez encore le D. 45, 1, *de V. O.*, L. 91, § 4, et L. 49, pr. i. f. cbn. avec l'initium.

(13) I. 4, 14, *de replicat.*, § 4 initio; D. 44, 1, *de except.*, L. 19; D. *h. t.*, L. 15, pr., L. 32. — (14) D. *h. t.*, L. 57.

(15) D. 44, 1, *de except.*, L. 7, § 1 initio; D. 4, 2, *quod metus causa*, L. 14, § 6.

(16) D. 14, 6, *de scto Maced.*, L. 9, § 3 initio. — Cf. ci-après nº II, A, 3º, du présent paragraphe.

(17) Remarquons qu'il ne peut pas demander lui-même la restitution en entier au nom du débiteur principal; il ne s'agit pas ici pour le fidéjusseur d'opposer une exception du débiteur, mais bien d'exercer, au nom du débiteur, une action personnelle à ce dernier (Arg. D. 46, 3, *de solut.*, L. 95, § 3; si, dans ce passage, Papinien accorde au fidéjusseur la restitution en entier pour cause de minorité, c'est uniquement parce qu'il était devenu l'héritier du débiteur principal mineur). *Non obstat* D. 44, 1, *de except.*, L. 7, § 1 i. f.; ce texte permet seulement au fidéjusseur d'un mineur d'opposer l'exception de dol *vel legis Plætoriæ* lorsque des manœuvres frauduleuses ont été employées envers le mineur (si... quis fidejusserit.. pro minore vigniti quinque annis circumscripto) ; en effet, le jurisconsulte ajoute immédiatement que si le mineur a été lésé sans la fraude de son cocontrac-

entier forme pour le débiteur principal un moyen de défense ordinaire, et partant le fidéjusseur aussi doit être autorisé à s'en prévaloir[18]. Enfin, le fidéjusseur peut en général invoquer toutes les causes d'extinction de l'obligation principale[19], et en particulier le payement[20], l'acceptilation[21], la compensation[22], la novation[23], la confusion[24], la prescription de l'obligation principale[25] et le cas fortuit. Le fidéjusseur peut même se prévaloir en thèse générale d'une remise de dette accordée au débiteur principal par simple convention, par un *pactum de non petendo*, sinon la remise ne profiterait pas même au débiteur principal qui subirait le recours de son fidéjusseur [26]. Au reste, dès que le fidéjusseur a acquis une exception, celle-ci constitue pour lui un droit qu'il n'est pas au pouvoir du débiteur principal de lui enlever, et notamment le fidéjusseur conserve le droit d'invoquer un pacte

tant (si deceptus sit in re), lui-même et son fidéjusseur ne disposent d'une exception contre le créancier qu'après que la restitution en entier a été obtenue par le mineur (VANGEROW, I, § 179, *Anm.* — MAYNZ, II, § 263, note 14).

(18) D. 4, 4, *de minor.*, L. 3, § 4, v^is « Sed an hoc auxilium patri quoque prosit, « ut solet interdum fidejussori ejus prodesse, videamus. »

D. 44, 1, *de except.*, L. 7, § 1, v^is « Quod si deceptus sit in re (*scilicet minor* « *viginti quinque annis*), tunc nec ipse ante habet auxilium, quam restitutus fuerit, « nec fidejussori danda est exceptio. »

D. 3, 3, *de procur.*, L. 51, pr. « Minor viginti quinque annis si defensor existat, « ex quibus causis in integrum restitui possit, defensor idoneus non est, quia et « ipsi et fidejussoribus ejus per in integrum restitutionem succurritur. »

Cf. ci-après n° II, A, 2°, du présent paragraphe.

(19) D. 46, 3, *de solut.*, L. 43 initio. — (20) I. 3, 29, *quib. mod. oblig. toll.*, pr. i. f.

(21) D. 46, 4, *de acceptil.*, L. 7, § 12, L. 16, pr.

(22) D. 16, 2, *de compens.*, L. 4, L. 5. — (23) D. *h. t.*, L. 60 i. f.; C. *h. t.*, L. 4.

(24) D. *h. t.*, L. 21, § 3 initio, L. 71, pr.

(25) Il faut en dire autant du jugement absolutoire (D. 44, 1, *de except.*, L. 7, § 1, initio) et de la prestation du serment litis décisoire (D. 12, 2, *de jurejur.*, L. 28, § 1 initio, cf. L. 42, pr. et § 3.).

(26) I. 4, 14, *de replicat.*, § 4 initio ; D. 2, 14, *de pact.*, L. 21, § 5. — Cf. D. 34, 3, *de liber. leg.*, L. 2, pr. i. f., L. 5, pr., et D. *h. t.*, L. 49, pr.

Dans le droit classique, comme la *litis contestatio* impliquait une novation nécessaire, le fidéjusseur était encore libéré par la seule *litis contestatio* intervenue entre le créancier et le débiteur principal (PAUL, II, 17, § 15 initio). Mais Justinien a aboli la novation résultant de la *litis contestatio* et partant la libération qu'elle procurait au fidéjusseur (C. *h. t.*, L. 28, pr., § 1 et 3 (L. 28, édition Kriegell)).

Cf. ci-après n° II, A, 1° et 3°, du présent paragraphe.

libératoire consenti au débiteur principal, bien que celui-ci ait renoncé plus tard au bénéfice de la remise[27]. Cependant :

A) Il existe plusieurs exceptions du débiteur principal qui ne compètent point au fidéjusseur. Ce sont :

1° Les exceptions personnelles au débiteur principal[28], telles que l'exception résultant d'un pacte libératoire personnel (*pactum de non petendo in personam*)[29] et le bénéfice de compétence[30].

2° Les exceptions contre lesquelles le cautionnement a eu précisément pour but de garantir le créancier. Par exemple quelqu'un se porte fidéjusseur d'un mineur, sachant qu'il est mineur ; il ne profitera pas de la restitution en entier obtenue par le mineur ; car il a évidemment voulu garantir le créancier contre le péril de cette restitution[31]. De même, le concordat accordé à un débiteur par la majorité de ses créanciers ne peut être opposé par son fidéjusseur ;

(27) D. 2, 14, *de pact.*, L. 62. « Si reus, postquam pactus sit a se non peti pecu- « niam ideoque cœpit id pactum fidejussori quoque prodesse, pactus sit ut a se « peti liceat : an utilitas prioris pacti sublata sit fidejussori, quæsitum est. Sed « verius est semel adquisitam fidejussori pacti exceptionem ulterius ei invito « extorqueri non posse. »

Cf. D. *eod.*, L. 27, § 2 initio. « Pactus, ne peteret, postea convenit ut peteret : « prius pactum per posterius elidetur, non quidem ipso jure, sicut tollitur stipu- « latio per stipulationem, si hoc actum est, quia in stipulationibus jus continetur, « in pactis factum versatur : et ideo replicatione exceptio elidetur. *Eadem ratione* « *contingit, ne fidejussoribus prius pactum prosit.* »

Pour concilier cette dernière décision avec la loi 62, on propose de l'appliquer, soit au cas d'une fidéjussion postérieure au second pacte (MAYNZ, II, § 263, note 13. — VANGEROW, III, § 578, *Anm.* 2 i. f.), soit à celui où le fidéjusseur aurait conclu lui-même le second pacte ou bien aurait adhéré à un pareil pacte du débiteur principal (*Basiliques*, XI, 1, c. 27, scolie 10, et c. 61, scolies 1 et 2 ; HEIMBACH, I, p. 602 et 640) (VANGEROW, l. c.). La seconde explication heurte le moins les termes de la loi 27, § 2. Mais, en admettant une antinomie entre la loi 62 et la loi 27, § 2, la règle consacrée par la loi 62 mériterait certainement la préférence, comme étant seule rationnelle ; elle est d'ailleurs exposée de la manière la plus explicite.

(28) D. 44, 1, *de except.*, L. 7, pr. — (29) D. 2, 14, *de pact.*, L. 22.

(30) I. 4, 14, *de replicat.*, § 4 i. f. ; D. 42, 1, *de re judic.*, L. 24, pr., L. 41, pr. i. f. ; D. 44, 1, *de except.*, L. 7, pr.

(31) PAUL, I, 9, § 6. « Qui sciens prudensque se pro minore obligavit, si id con- « sulto consilio fecit, licet minori succurratur, ipsi tamen non succurretur. »

Voyez encore le D. 4, 4, *de minor.*, L. 13, pr., et le C. 2, 23 (24, édition Kriegell), *de fidejuss. minor.*, L. 1, L. 2.

En ce sens VANGEROW, I, § 183, *Anm.* 1, et MAYNZ, II, § 263, note 14.

en effet, le concordat forcé suppose l'insolvabilité du débiteur; or le but du cautionnement est de prémunir le créancier contre cette insolvabilité (32).

3° Lorsque le fidéjusseur ne jouit pas d'un recours contre le débiteur principal, il n'est pas admis à opposer au créancier certaines exceptions qui lui compètent surtout à raison de son recours contre le débiteur principal. Telles sont l'exception résultant d'un pacte libératoire *in rem* consenti par le créancier au débiteur (33) et l'exception accordée à quelques débiteurs naturels à titre de peine pour le créancier (*in odium creditoris*), comme l'*exceptio senatus consulti Macedoniani* dans le cas d'un prêt d'argent fait à un enfant sous puissance (34).

(32) D. 17, 1, *mand.*, L. 58, § 1. Il en serait autrement si le créancier avait consenti au concordat; dans ce cas le fidéjusseur profite de la remise volontaire d'une partie de la dette comme de tout autre pacte libératoire (L. 58, § 1, cit.). Voyez d'autres applications au D. 16, 3, *depos.*, L. 1, § 14 i. f., et au D. 46, 3, *de solut.*, L. 95, § 1 i. f. (décès du débiteur principal sans héritiers), ainsi que au D. 2, 8, *qui satisd. cog.*, L. 5, pr., et au C. *h. t.*, L. 1 (*maxima* ou *media capitis deminutio* du débiteur principal).

(33) D. 2, 14, *de pact.*, L. 32. « Quod dictum est, si cum reo pactum sit, ut non « petatur, fidejussori quoque competere exceptionem : propter rei personam pla- « cuit, ne mandati judicio conveniatur. Igitur si mandati actio nulla sit, forte si « donandi animo fidejussserit, dicendum est non prodesse exceptionem fidejussori.» Cf. D. 34, 3, *de liber. leg.*, L. 5, pr.

(34) D. 14, 6, *de scto Maced.*, L. 9, § 3. « Non solum filio familias et patri ejus « succurritur, verum fidejussori quoque et mandatori ejus, qui et ipsi mandati « habent regressum, nisi forte donandi animo intercesserunt : tunc enim cum « nullum regressum habeant, senatus consultum locum non habebit. » Cf. D. *h. t.*, L. 60 initio. Mais il est erroné de soutenir que le fidéjusseur qui est sans recours contre le débiteur principal, est privé d'une manière générale des exceptions appartenant à ce dernier. Ce système est insoutenable au point de vue des principes généraux du droit; si le fidéjusseur dispose des exceptions du débiteur principal, ce n'est point à raison de son recours éventuel contre le débiteur, mais bien parce qu'il est tenu accessoirement de la même dette; le motif puisé dans le recours n'est déterminant que dans quelques cas particuliers, et l'observation contraire de Justinien (I. 4, 14, *de replicat.*, § 4 initio) ne saurait nous lier. Le D. 16, 1, *ad sctum Vell.*, L. 16, § 1, est formel : il accorde l'*exceptio senatus consulti Velleiani* même au fidéjusseur qui n'a pas l'*actio mandati contraria* contre la femme.

Voyez en ce sens VANGEROW, III, § 578, *Anm.* 2, n° II, 2°, b, MAYNZ, II, § 263, note 12 i. f., et WINDSCHEID, II, § 477, et note 6.

Contra MOLITOR, cité, II, n° 1140.

B) D'autre part, le fidéjusseur dispose d'exceptions qui n'appartiennent pas au débiteur principal. Telles sont d'abord les exceptions de droit commun qui ont pris naissance en sa propre personne; il se trouve sous ce rapport dans la même position que tout autre débiteur[35]. En outre on lui a accordé trois bénéfices, à savoir le bénéfice d'ordre, le bénéfice de division et le bénéfice de cession d'actions. Nous venons de les citer dans l'ordre rationnel; historiquement ils se présentent dans l'ordre inverse. Le bénéfice de cession d'actions est le plus ancien; il remonte au moins aux premiers temps de l'empire[36]; le bénéfice de division dut son origine à un rescrit d'Adrien[37]; et le bénéfice d'ordre ne fut introduit que par Justinien[38].

1° Le bénéfice d'ordre ou de discussion (*beneficium ordinis vel excussionis*) autorise le fidéjusseur poursuivi en premier lieu à demander la discussion préalable du débiteur principal[39], pourvu que celui-ci soit solvable, en tout ou en partie, sinon sa discussion n'a pas d'objet[40]. Ce bénéfice se fonde sur la volonté présumée des parties : le fidéjusseur est censé s'engager seulement à payer au créancier ce qu'il ne pourra pas recouvrer du débiteur principal; en d'autres termes, on présume d'une manière générale une *fidejussio*

---

(35) Cf. D. 2, 14, *de pact.*, L. 23, et D. *h. t.*, L. 21, § 3, v^is Quod si idem stipulator..... .... — (36) Arg. D. *h. t.*, L. 36, rubrique.

(37) Gaius, III, 121, v^is sed nunc..... .... partes petere; 1. *h. t.*, § 4, v^is Sed ex epistula.......... partes petere. Paul, I, 20, § 1 attribue la réforme à l'édit prétorien; il est possible qu'après le rescrit d'Adrien, le bénéfice de division ait été réglé par le préteur.

(38) Nov. 4, c. 1. Justinien fait remonter son bénéfice à Papinien; mais celui-ci n'a pu connaître que la *fidejussio indemnitatis* (D. 45, 1, *de V. O.*, L. 116). — Cf. Glück, XVIII, § 1084, p. 359-363. — (39) Nov. 4, c. 1 initio.

(40) C'est naturellement au fidéjusseur de prouver la solvabilité du débiteur principal, puisqu'il oppose une exception (Arg. D. *h. t*, L. 28, et C. 4, 19, *de probat.*, L. 3), à moins de fournir caution de ce chef (Arg. D. *h. t.*, L. 10, pr.).

Il ne faut pas non plus qu'à raison de l'éloignement du débiteur principal, sa poursuite présente des difficultés; autrement le créancier peut s'en tenir à la poursuite plus commode du fidéjusseur. C'est en ce sens que Justinien exige que le débiteur principal soit présent (Nov. 4, c. 1, v^is Atque hæc quidem.......... exigere possit). Toutefois le fidéjusseur d'un débiteur absent peut obtenir un délai du juge pour représenter le débiteur, et ce n'est que pour autant que ce dernier ne reparaît

indemnitatis [41]. D'après cela le fidéjusseur sera libéré si, à la suite du retard coupable apporté par le créancier à la poursuite du débiteur principal, celui-ci est devenu insolvable; car la condition tacite sous laquelle le fidéjusseur s'est engagé, est défaillie [42]. A plus forte raison, si le bénéfice de discussion a été régulièrement opposé par le fidéjusseur, et que plus tard le débiteur principal soit devenu insolvable avant d'avoir été discuté par le créancier, celui-ci supporte cette insolvabilité; en effet, le bénéfice d'ordre lui ayant été opposé, le créancier était engagé d'une manière spéciale à poursuivre sans retard le débiteur principal, de façon à prévenir son insolvabilité; il doit donc subir les conséquences de sa négligence [43]. Mais le bénéfice d'ordre cesse, par la nature même des choses, lorsque l'obligation principale n'est pas susceptible d'être efficacement poursuivie en justice, par exemple si le débiteur principal n'est tenu que naturellement ou bien s'il dispose d'une exception qni n'appartient pas au fidéjusseur; la discussion du débiteur principal manque ici d'objet, comme dans le cas d'insolvabilité du débiteur [44]. Le fidé-

pas dans le délai fixé que le fidéjusseur est tenu de répondre à l'action du créancier (Nov. 4, c. 1, v^is Sed et huic rei..........). Voyez GLÜCK, XVIII, § 1084, p. 377. Cf. GIRTANNER, cité, II, § 27-28, p. 439-450, et WINDSCHEID, II, § 478, et note 2.

(41) Cf. D. 45, 1, *de V. O.*, L. 116.

(42) C'était la règle suivie dans le droit classique à l'occasion d'une *fidejussio indemnitatis* (D. *h. t.*, L. 41, pr.), tandis qu'on admettait le contraire dans la fidéjussion ordinaire (D. *h. t.*, L. 62). Sous Justinien la fidéjussion ayant de plein droit le caractère d'une *fidejussio indemnitatis*, le principe qui régissait celle-ci, doit être généralisé.

Voyez en ce sens GIRTANNER, cité, II, § 36, p. 483-490, SINTENIS, II, § 129 et *Anm.* 60, VANGEROW, III, § 578, *Anm.* 4, MAYNZ, II, § 263, note 19, et WINDSCHEID, II, § 478 i. f., et note 10.

Contra PUCHTA, *Pand.*, § 405 i. f., RUDORFF, *Zu Puchta's Pand.*, § 405, note r, et ARNDTS, § 357, 2°, et *Anm.* 2.

(43) Arg. D. *h. t.*, L. 51, § 4. Ce passage consacre la règle dont il s'agit pour le bénéfice de division, et il doit évidemment être étendu par analogie au bénéfice d'ordre.

(44) Toutefois il en serait autrement si le créancier avait libéré le débiteur principal par un *pactum de non petendo in personam;* car il ne peut dépendre de la volonté arbitraire du créancier que le fidéjusseur jouisse ou non de son bénéfice. Le fidéjusseur jouirait aussi du bénéfice d'ordre si, lors du cautionnement, il avait de justes motifs de croire qu'il pourrait invoquer le bénéfice (Arg. D. *h. t.*, L. 48, pr. et § 1).

jusseur perd aussi le bénéfice s'il y a renoncé expressément ou tacitement (45).

2° Le bénéfice de division (*beneficium divisionis*) suppose qu'il y ait plusieurs fidéjusseurs, et il tend à demander la division de la poursuite entre les différents fidéjusseurs (46). Il est d'ailleurs analogue au bénéfice d'ordre et généralement soumis aux mêmes principes. Donc il est subordonné à la solvabilité des cofidéjusseurs par rapport auxquels la division de la dette est réclamée (47). De même, si par suite de l'inaction coupable du créancier, l'un des fidéjusseurs devient insolvable, le créancier supportera sa part dans la dette; la part des autres ne sera pas augmentée de ce chef (48). Le créancier supportera *a fortiori* l'insolvabilité d'un cofidéjusseur lorsqu'elle survient postérieurement à la division (49). Enfin, le bénéfice de division ne peut pas être invoqué quant à un cofidéjusseur contre lequel le créancier n'a pas d'action efficace (50), et il cesse en cas de renonciation (51).

(45) ou bien s'il nie frauduleusement la fidéjussion (Arg. D. *h. t.*, L. 10, § 1).

(46) GAIUS, III, 121, vᵢˢ sed nunc.......... partes habere; I. *h. t.*, § 4, vᵢˢ Sed ex epistula..........; D. *h. t.*, L. 26.

(47) Voyez les textes de la note précédente. Cf. D. *h. t.*, L. 28, L. 10, pr. — De plus il faut que la poursuite des cofidéjusseurs ne présente pas de difficultés à raison de leur éloignement (Arg. D. *h. t.*, L. 10, pr., vᵢˢ et omnes confidejussores, qui idonei esse dicuntur, *præsto* sint, et Nov. 4, c. 1). Contra WINDSCHEID, II, § 479, et notes 5ᵃ et 6.

(48) Arg. D. *h. t.*, L. 41, pr. — Voyez en ce sens WINDSCHEID, II, § 479 i. f., et note 11 initio, et, en principe aussi, MAYNZ, II, § 263, note 25.

(49) D. *h. t.*, L. 51, § 4, L. 52, § 1; C. *h. t.*, L. 16.

(50) Par exemple le cofidéjusseur est une femme (D. *h. t.*, L. 48, pr.) ou un mineur (L. 48, § 1 initio, cit.). Toutefois le fidéjusseur conserve son bénéfice s'il avait de justes motifs d'y compter (Arg. L. 48, pr. i. f., cit.); tel est le cas où son cofidéjusseur est un mineur qu'il croyait majeur et qui s'est porté caution avec ou avant lui (Arg. L. 48, § 1 initio, cit.); il en serait autrement si le mineur avait cautionné après coup (L. 48, § 1 initio, cit.). Le fidéjusseur conserve encore son bénéfice si l'inefficacité de l'action du créancier contre le cofidéjusseur provient d'un dol du créancier; ce dol ne doit nuire qu'à son auteur, par exemple le créancier a frauduleusement déterminé un mineur à cautionner après coup (L. 48, § 1 i. f., cit.). Cf. POTHIER, *Pandectæ Justinianeæ*, 46, 1, *de fidejuss.*, n° 57, notes *a*, *b* et *c*, et DEMANGEAT, *Des obligations solidaires*, p. 392-395.

(51) C. *h. t.*, L. 10, § 1, ou bien de dénégation frauduleuse de la fidéjussion (D. *h. t.*, L. 10, § 1). Les fidéjusseurs d'un pupille ne peuvent pas non plus s'en prévaloir (D. 46, 6, *rem pup. salv. fore*, L. 12).

3° Le bénéfice de cession d'actions (*beneficium cedendarum actionum*) a pour but d'obtenir la cession des actions qui appartiennent au créancier à raison de la dette cautionnée; telles sont l'*actio mutui* contre le débiteur principal, l'*actio ex stipulatu* contre les cofidéjusseurs, l'action hypothécaire contre les détenteurs de biens hypothéqués en sûreté de la dette[52]. Cette cession d'actions est utile au fidéjusseur, soit pour lui procurer un recours qu'il n'a pas de plein droit contre le débiteur principal ou ses cofidéjusseurs[53], soit pour garantir un pareil recours par une hypothèque qui est attachée à la créance cautionnée[54]. Mais la cession doit être réclamée avant la consommation du payement; car celui-ci éteint la dette et partant les actions du créancier; or, du moment que les actions du créancier sont éteintes, il ne peut plus être question de les céder[55]. Ajoutons encore, au point de vue du nouveau droit romain, que si les actions du créancier ont perdu de leur efficacité par sa faute, le fidéjusseur est libéré dans les limites de cette inefficacité; en effet, à raison des bénéfices d'ordre et de division, il n'est tenu envers le créancier que pour autant que celui-ci n'a pu se faire payer par le débiteur principal ou par les cofidéjusseurs. Tel est le cas où le créancier a laissé prescrire ses actions[56].

Il résulte de cet exposé que le bénéfice le plus avantageux est le bénéfice d'ordre, puisqu'il tend à repousser le créancier pour le tout. Après lui vient le bénéfice de division, qui repousse au moins partiellement le créancier. Le bénéfice de cession d'actions est le moins favorable; car il ne dispense pas le fidéjusseur du payement intégral de la dette; il a seulement pour effet de lui procurer un recours contre le débiteur principal ou les cofidéjusseurs ou bien de garantir

(52) D. *h. t.*, L. 17, L. 36; C. *h. t.*, L. 2, pr. (L. 2 initio, édition Kriegell), L. 11, L. 14, § 1-2 (L. 14, v^{is} Pignora etenim........, édition Kriegell), L. 21, cf. L. 2, § 1 (L. 2 i. f., édition Kriegell). — (53) C. *h. t.*, L. 11.

(54) C. *h. t.*, L. 2, pr. (L. 2 initio, édition Kriegell), L. 14, § 1-2 (L. 14, v^{is} Pignora etenim.........., édition Kriegell), L. 21.

(55) C. *h. t.*, L. 11, L. 14, § 1-2 (L. 14, v^{is} Pignora etenim........, édition Kriegell). Voyez ci-après T. I, § 66, II. 2°. — Cf. MAYNZ, II, § 188 i. f., et note 18.

(56) En ce sens ARNDTS, § 357, 2°, et *Anm.* 2 initio, et MAYNZ, II, § 263, A i. f.— Cf. WINDSCHEID, II, § 478, note 10 i. f. — Contra GIRTANNER, cité, II, § 33-34, p. 468-474, et § 43, p. 543-544.

ce recours. Dès lors il est évident que le fidéjusseur qui est dans les conditions voulues pour user du bénéfice d'ordre, ne manquera pas de l'invoquer de préférence aux deux autres. Subsidiairement il opposera le bénéfice de division plutôt que le bénéfice de cession d'actions. Celui-ci ne sera invoqué qu'en dernier lieu, et notamment lorsque le débiteur principal ou les cofidéjusseurs seront actuellement insolvables ; dans ce cas, le fidéjusseur les poursuivra, par les actions cédées, après qu'ils seront devenus solvables, ou bien il fera valoir immédiatement l'hypothèque qui lui a été cédée.

§ 34. *Du recours auquel la fidéjussion donne lieu.*

1° En règle générale, le fidéjusseur qui a payé le créancier, a un recours contre le débiteur principal ; car le plus souvent il a cautionné le débiteur à la suite d'un mandat[1] ou comme gérant d'affaires[2], et à ce titre il dispose des actions contraires de mandat ou de gestion d'affaires[3], indépendamment des actions du créancier qu'il a pu se faire céder[4]. Alors même que l'action contraire de gestion d'affaires est exclue par l'opposition que le débiteur a faite au cautionnement[5], le fidéjusseur peut se ménager un recours en se faisant céder les actions du créancier[6]. Mais, conformément aux principes généraux sur l'action contraire de gestion d'affaires[7], tout recours est refusé au fidéjusseur qui s'est porté caution contre le gré du débiteur principal [8] et qui n'a pas fait usage du bénéfice de cession d'actions, ainsi que au fidéjusseur qui n'a pas voulu obliger le débiteur principal, soit qu'il ait voulu lui faire une libéralité [9], soit pour tout autre motif [10]. Le recours n'est pas

(1) I. *h. t.*, § 6 ; D. 17, 1, *mand.*, L. 6, § 2.
(2) D. 3, 5, *de neg. gest.*, L. 42 (L. 43, édition Kriegell).
(3) Voyez les textes cités aux deux notes précédentes. — (4) C. *h. t.*, L. 14.
(5) D. 17, 1, *mand.*, L. 6, § 2 i. f., L. 40. — Cf. ci-après T. III, § 192.
(6) Cf. ci-dessus § 33, II, B, 3. — (7) Cf. ci-après T. III, § 192.
(8) D. 17, 1, *mand.*, L. 6, § 2 i. f., L. 40.
(9) D. 2, 14, *de pact.*, L. 32 i. f.; D. 3, 5, *de neg. gest.*, L. 4 i. f.; D. 17, 1, *mand.*, L. 6, § 2 i. f.
(10) Tel serait le cas où le fidéjusseur n'a voulu qu'exécuter un mandat qui lui avait été donné par un tiers (D. 17, 1, *mand.*, L. 53, v⁸ quod si........, L. 21 initio); il en serait autrement s'il avait reçu à la fois un mandat d'un tiers et un mandat du

non plus possible de la part du fidéjusseur si l'obligation cautionnée
a été contractée en réalité dans son propre intérêt, car alors il a
géré ses affaires personnelles et non les affaires d'autrui (11). Dans
les deux derniers cas, il n'est pas même au pouvoir du fidéjusseur
de se créer un recours en usant du bénéfice de cession d'actions;
on ne comprend pas un recours de la part d'un fidéjusseur qui n'en
a pas voulu lors du cautionnement ou qui a géré sa propre affaire.
Il va de soi que le recours du fidéjusseur contre le débiteur principal
suppose que le premier ait géré en bon père de famille, notamment
en ce qui concerne les moyens de défense à opposer au créancier (12).
Le fidéjusseur n'est admis à exercer son recours contre le débiteur
principal qu'après l'avoir libéré par le payement (13) ou par un acte
équivalent comme la compensation (14). Toutefois le fidéjusseur peut,
indépendamment de tout payement, se faire libérer par le créancier, d'abord lorsqu'il vient d'être condamné à payer, à raison de
l'imminence du payement (15), ensuite lorsque le débiteur principal
a promis de le décharger du cautionnement après un certain délai,
qui est expiré (16), enfin lorsqu'il diminue les sûretés qu'il présentait lors de la fidéjussion, de manière à mettre en péril le recours du
fidéjusseur, auquel cas ce dernier devait être autorisé à sauvegarder
son droit éventuel contre le débiteur principal (17).

2° Par contre le fidéjusseur qui paye la totalité de la dette, ne jouit
généralement de ce chef d'aucun recours contre ses cofidéjusseurs,
faute d'un rapport de mandat ou de gestion d'affaires (18). Ce n'est

débiteur principal (L. 21 i. f., L. 53 initio, cit.). — Voyez encore le D. 7, 5, *de usu*
fructu ear. rer., *quæ usu consum.*, L. 8). — Cf. WINDSCHEID, II, § 481, et note 2.

(11) D. 2, 14, *de pact.*, L. 24; D. 34, 3, *de liber. leg.*, L. 5, pr., v^is vel quid si......,
cbn. avec l'initium.

(12) D. 17, 1, *mand.*, L. 29, pr., § 1-4; D. *h. t.*, L. 67; C. 4, 35, *mand.*, L. 10 i. f.

(13) L. 10 citée, v^is Si pro ea.......... certum est.

(14) Voyez encore le D. 17, 1, *mand.*, L. 10, § 13, L. 11, L. 12, pr., § 1-2, L. 26,
§ 3, et le D. *h. t.*, L. 18, L. 64. — (15) D. *h. t.*, L. 45.

(16) Arg. C. 4, 35, *mand.*, L. 10 initio; cf. D. 17, 1, *mand.*, L. 45, § 2.

(17) D. 17, 1, *mand.*, L. 38, § 1; C. 4, 35, *mand.*, L. 10 initio.

(18) GAIUS, III, 122, v^is itaque si creditor.......... solvendo non sit; I. *h. t.*, § 4,
v^is Sed et si ab uno.........; D. *h. t.*, L. 39; C. *h. t.*, L. 11 pr. (L. 11 initio, édition
Kriegell).

que d'une manière tout à fait exceptionnelle que l'un de ces rapports existera entre cofidéjusseurs ; on conçoit que ceux-ci se soient mutuellement donné le mandat de cautionner la dette ; il se peut aussi qu'on ait voulu gérer l'affaire d'un autre fidéjusseur, soit en se portant caution avec lui, soit en s'abstenant d'opposer le bénéfice de division ; dans ces cas le fidéjusseur aura un recours contre ses cofidéjusseurs, et il l'exercera par les actions contraires de mandat ou de gestion d'affaires ou bien par les actions cédées du créancier. Mais il est au pouvoir d'un fidéjusseur quelconque de se créer un recours contre ses cofidéjusseurs en usant du bénéfice de cession d'actions (19). En ce qui concerne l'époque de ce recours, il suppose le payement de la dette, comme le recours contre le débiteur principal. Il est à peine nécessaire de faire observer que si un fidéjusseur exerce contre ses cofidéjusseurs les actions du créancier qui lui ont été cédées, il doit, aussi bien que le créancier, subir le bénéfice de division.

B) Du constitut de la dette d'autrui; § 35.

D. 13, 5, de pecunia constituta. — C. 4, 18, de constituta pecunia.

On peut caractériser la fidéjussion comme un cautionnement du droit civil ; le constitut de la dette d'autrui est un cautionnement du droit des gens ; il fut introduit par l'édit prétorien (1). Puisque le constitut de la dette d'autrui est un cautionnement, tout comme la fidéjussion, il est en général soumis aux mêmes règles (2). Le consti-tuant doit être capable de s'obliger (3) ; il faut une obligation princi-

En ce sens DE SAVIGNY, cité, I, § 25, III, p. 273-275, MAYNZ, II, § 263 i. f., et WINDSCHEID, II, § 481, 3°. Contra GIRTANNER, cité, II, § 42, p. 538-540.

(19) D. *h. t.*, L. 17, L. 36 i. f., L. 39 i. f.; C. *h. t.*, L. 11, § 1 (L. 11 i. f., édition Kriegell). En ce sens GIRTANNER, cité, II, § 42, p. 538, note 9, MAYNZ, II, § 263 i. f., et note 50, et WINDSCHEID, II, § 481, 3°. Contra DE SAVIGNY, cité, I, § 25, III, p. 275-277.

Le fidéjusseur n'a pas besoin d'un recours contre ses cofidéjusseurs s'il oppose le bénéfice de division.

(1) Cf. ci-après T. I, § 71, 2°.

(2) Cf. ci-dessus § 32-34. Voyez aussi ce qui sera dit du constitut de la dette propre ou de la dette d'autrui ci-après T. I, § 70-73.

(3) D. *h. t.*, L. 1, § 2.

pale (4) et celle du constituant ne peut pas avoir plus d'étendue (5). A l'instar du fidéjusseur, le constituant est généralement tenu de la même manière que le débiteur principal, ni à moins, ni à plus. Il est donc obligé solidairement au payement de la dette, y eût-il plusieurs constituants (6), et il répond de toutes les prestations accessoires qu'il a prévues ou pu prévoir lors du constitut. D'un autre côté, il dispose des diverses exceptions qui appartiennent au débiteur principal, et il jouit des trois bénéfices d'ordre (7), de division (8) et de cession d'actions (9). Enfin il est aussi assimilé au fidéjusseur pour le recours contre le débiteur principal et les coconstituants. Mais le constitut de la dette d'autrui étant un cautionnement du droit des gens forme une convention de bonne foi et à ce titre il est plus libre que la fidéjussion sous les rapports suivants :

1° Lorsqu'il est plus étendu que l'obligation principale, il est seulement réduit à cette obligation et non frappé de nullité complète (10). Le constituant peut même s'engager d'une manière plus onéreuse que le débiteur quant au temps (11) et au lieu (12) du payement. Il peut aussi s'engager à payer autre chose, pourvu qu'il ne promette pas davantage (13).

2° Le constitut de la dette d'autrui est un pacte prétorien, qui se parfait par le simple consentement des parties, indépendamment de la forme de la stipulation (14). Il donne lieu à l'*actio de pecunia constituta* (15), qui est de bonne foi (16).

(4) D. *h. t.*, L. 3, § 1, cf. L. 1, § 6-8, L. 3, § 2, L. 11, pr., L. 19, pr. et § 1, L. 29.
(5) D. *h. t.*, L. 11, § 1, L. 12, cf. L. 13. — (6) D. *h. t.*, L. 16, pr.
(7) Nov. 4, c. 1. Les mots ἀντιφωνητὴς, ἀντιφωνήσας, ἀντιφώνησιν ὑπελθὼν désignent manifestement le constituant et non, comme le veut la Vulgate, le *sponsor*. C'est ce que la Vulgate reconnaît elle-même dans la traduction de la Nov. 115, c. 6, et de la Nov. 136, præf. et c. 1. Voyez d'ailleurs la traduction de la Nov. 4, c. 1, par Osenbrüggen, et Théophile, I. 4, 6, § 8.
En ce sens Maynz, II, § 264, note 4, et Windscheid, II, § 478, note 1 initio. Cf. Vangerow, II, § 579, *A nm.*, n° 3.
(8) C. *h. t.*, L. 3. — (9) Nov. 4, c. 1 i. f.
(10) D. *h. t.*, L. 1, § 8 i. f., L. 11, § 1, L. 12, L. 19, pr.
(11) D. *h. t.*, L. 4. — (12) D. *h. t.*, L. 5, pr. — (13) D. *h. t.*, L. 1, § 5, L. 25, pr.
(14) I. 4, 6, *de action.*, § 9; D. *h. t.*, L. 1, pr., L. 5, § 3, I. 14, § 3, L. 15, L. 24, L. 26. — (15) I. 4, 6, *de action.*, § 9.
(16) Entre la fidéjussion et le constitut de la dette d'autrui il existe une autre

C) *Du mandat en faveur d'un tiers*; § 36.

Le mandat donné en faveur d'un tiers est nul dans son principe; le mandataire ne peut être contraint de l'exécuter, ni par le mandant, faute d'intérêt, ni par le tiers, puisqu'il n'est pas intervenu au contrat. Tel est le cas où je charge A de prêter 1000 à X [1]. Mais le mandat dont il s'agit devient valable après coup, lorsque le mandataire l'exécute spontanément, lorsqu'il fait au profit du tiers ce qu'il était chargé de faire, lorsque, dans l'espèce indiquée ci-dessus, A prête 1000 à X. L'exécution volontaire du mandat produit un cautionnement; le mandant est censé avoir voulu cautionner le tiers pour le cas où le mandat recevrait son exécution ; le mandataire est devenu créancier, le tiers est le débiteur principal, et il a pour caution le mandant [2]. Le mandat donné en faveur d'un tiers est désigné par le nom arbitraire de mandat qualifié (*mandatum qualificatum*); quant au mandant, nos sources l'appellent ici *mandator* [3], terme qui est rarement appliqué à d'autres mandants [4]. En général, les règles de la fidéjussion sont encore suivies dans l'espèce. Le mandant est tenu comme le débiteur principal, donc solidairement, alors même qu'il y a plusieurs mandants [5], et son

différence, dont on ne peut rendre compte par la liberté plus grande du second cautionnement, mais qui résulte de cette idée que le constitut de la dette d'autrui doit procurer au créancier une satisfaction proprement dite (Cf. D. *h. t.*, L. 21, § 2). Le constituant n'était pas autorisé à se prévaloir des causes d'extinction de l'obligation principale qui n'avaient pas eu pour résultat de satisfaire le créancier. A cette catégorie appartiennent la prescription de l'obligation principale (D. *h. t.*, L. 18, § 1) et, au point de vue du droit classique, la *litis contestatio* engagée par le créancier avec le débiteur principal (D. *h. t.*, L. 18, § 3). Cf. ci-dessus § 33, note 26.

(1) Arg. I. 3, 19, *de inutil. stipul.*, § 19 initio.

(2) I. 3, 26, *de mand.*, § 6 i. f. On peut aussi, après qu'un tiers a déjà contracté une obligation, donner au créancier le mandat de ne pas le poursuivre immédiatement, et si le créancier surseoit à la poursuite, le mandant devient la caution du tiers débiteur (D. 17, 1, *mand.*, L. 12, § 14).

(3) D. 46, 1, *de fidejussoribus et mandatoribus*; C. 8, 40 (41, édition Kriegell), *eod.*

(4) Voyez cependant le D. 17, 1, *mand.*, L. 22, § 11, L. 46, L. 49.

(5) C. 8, 40 (41, édition Kriegell), *de fidejuss. et mandat.*, L. 23.

obligation ne cesse que par rapport aux prestations accessoires qu'il n'a ni prévues, ni dû prévoir lors du mandat. Il jouit aussi des bénéfices d'ordre [6], de division [7] et de cession d'actions [8]. Enfin le mandant qui a payé le créancier, a contre le débiteur principal et ses comandants le même recours que le fidéjusseur [9]. Mais il existe cette différence considérable entre la fidéjussion et le cautionnement par mandat, que l'obligation du mandant n'est pas une obligation accessoire; c'est un obligation propre et indépendante de celle du débiteur principal; c'est une obligation résultant d'un mandat [10] et soumise à la théorie de ce contrat. En conséquence :

1° Le mandant n'est obligé envers le mandataire que conformément aux principes du mandat. Il n'est donc pas tenu vis-à-vis d'un mandataire qui a dépassé son mandat, en prêtant par exemple 2000 au lieu de 1000, ou du moins il n'est lié que dans les limites de ses instructions [11]. Il ne l'est pas davantage vis-à-vis d'un mandataire à qui l'exécution du mandat n'a causé aucun dommage, ce qui arrivera si le tiers emprunteur a remboursé le prêt [12]. Enfin, le mandataire ne pourrait pas non plus demander la réparation d'un dommage éprouvé par sa faute; tel serait le cas où il aurait remis la dette au débiteur principal.

2° D'un autre côté, le mandant supporte pleinement la responsabilité de son mandat. Du moment que le mandataire s'est renfermé dans les limites de son mandat, le mandant doit lui rembourser tous ses débours légitimes, réparer le dommage que l'exécution du mandat lui a causé sans sa faute, et le décharger des obligations qu'il a légitimement contractées. Il n'est pas admis à opposer des exceptions du débiteur principal qui auraient pour effet de le soustraire à la responsabilité prémentionnée. Supposons que j'aie chargé A de

[6] Nov. 4, c. 1.

[7] D. 27, 7, *de fidejuss. tut.*, L. 7 i. f.; C. 4, 18, *de constit. pec.*, L. 3 initio.

[8] D 17, 1, *mand.*, L. 27, § 5 initio ; D. 46, 1, *de fidejuss. et mandat.*, L. 13 initio.

[9] D. 17, 1, *mand.*, L. 10, § 11.

[10] D. *eod.*, L. 28, v[is] propter mandatum enim suum solvit et suo nomine.

[11] C. 8, 40 (41, édition Kriegell), *de fidejuss. et mandat.*, L. 7.

[12] Cf. D. 46, 1, *de fidejuss. et mandat.*, L. 52, § 3, L. 71, pr., et C. 8, 40 (41, édition Kriegell), *eod.*, L. 4.

prêter 1000 à X, qui était un fils de famille; je ne puis me prévaloir de *l'exceptio senatus consulti Macedoniani;* je dois rembourser à A les 1000 qu'il a prêtés et je n'ai aucun recours contre X; je suis censé y avoir renoncé [13].

3° Si le mandant paye le mandataire, ce payement à raison de la diversité des dettes, ne libère pas de plein droit le débiteur principal [14]; celui-ci peut seulement repousser par une exception de dol le créancier (le mandataire) qui lui réclame un second payement. Il s'ensuit que le mandant peut, même après avoir payé le créancier, demander la cession de ses actions [15] et qu'il lui est aussi loisible, indépendamment d'une cession effective, d'agir contre le débiteur principal par des actions utiles *quasi ex jure cesso.* En effet, même après avoir été payé par le mandant, le créancier conserve formellement ses actions contre le débiteur principal, et dès lors rien ne s'oppose à leur cession réelle ou fictive [16].

D) *Des intercessions des femmes.*

Kattenhorn, *Ueber Intercession der Frauen nach römischen Rechten*, Giessen, 1840.
Bachofen, *Ausgewählte Lehren des römischen Civilrechts*, n° 1, Bonn, 1848.
Hasenbalg, *Beiträge zur Lehre von der Intercession*, Gœttingen, 1856.

§ 37. *Historique.*

Sous la république les femmes intercédaient avec une liberté entière. A partir d'Auguste une réaction s'opéra; on considéra que les femmes sont trop naturellement portées à intercéder et on

---

(13) D. 4, 4, *de minor.*, L. 13, pr., v^is Facilius in mandatore .... contraheretur, cbn. avec le surplus du passage.

(14) D. 17, 1, *mand.*, L. 28 initio. — (15) Cf. L. 28 i. f., cit.

(16) Cf. Maynz, II, § 264 i. f. — Déjà dans le droit classique, à la différence de ce qui avait lieu pour la fidéjussion (Paul, II, 17, § 15 initio), la *litis contestatio* entre le créancier (le mandataire) et le débiteur principal ne libérait point le mandant (Paul, II, 17, § 15 i. f.; D. 17, 1, *mand.*, L. 27, § 5 i. f.; D. 46, 1, *de fidejuss. et mandat.*, L. 13 i. f., L. 52, § 3; C. 8, 40 (41, édition Kriegell), *eod.*, L. 23 i. f. Cf. D. 17, 1, *mand.*, L. 60, pr.). C'était une conséquence de la diversité des dettes. Mais en droit nouveau la même règle est suivie dans la fidéjussion (C. 8, 40 (41, édition Kriegell), *de fidejuss. et mandat.*, L. 28).

voulut les protéger contre cette faiblesse du sexe[1]. La condescendance de la femme était surtout à craindre vis-à-vis de son mari; c'est pourquoi on s'efforça d'abord de la prémunir de ce côté. La loi *Julia de adulleriis* du règne d'Auguste défendit au mari d'hypothéquer les immeubles dotaux italiques, même avec le consentement de la femme, par le motif que ce consentement à l'hypothèque formait une intercession [2]. D'autre part, des édits d'Auguste et de Claude prohibèrent une intercession quelconque de la femme en faveur de son mari [3]. Encore sous le règne de Claude, en l'an 46 de notre ère, parut le sénatus-consulte Velléien, qui frappa d'inefficacité les intercessions de la femme, même au profit de tiers autres que le mari [4]. Il est vrai que le dispositif du sénatus-consulte ne mentionnait expressément que deux modes d'intercession : les fidéjussions et les emprunts de consommation faits par la femme pour compte d'autrui [5]. Mais, à raison du préambule [6] et de l'esprit du sénatus-consulte, on l'étendit à toutes les intercessions [7]. Justinien alla plus loin encore : il déclara inexistante l'intercession de la femme, d'abord lorsqu'elle avait lieu au profit d'un tiers autrement que par un titre à la fois public et signé de trois témoins [8], ensuite et d'une manière absolue lorsqu'elle se faisait au profit du mari [9]. Nous nous occuperons successivement du sénatus-consulte Velléien et des réformes de Justinien (§§ 38 et 38bis).

---

(1) D. *h. t.*, L. 1, § 1, L. 2, § 2. On jugea encore qu'il était peu convenable que la femme intercédât pour autrui, l'intercession étant plutôt un *virile officium* (D. *h. t.*, L. 2, § 1 i. f., cf. L. 1, § 1).

(2) I. 2, 8, *quib. alien. licet*, pr. — (3) D. *h. t.*, L. 2, pr.

(4) D. *h. t.*, L. 1, pr., L. 2, § 1. Le sénatus-consulte déclare qu'il ne fait que consacrer une pratique antérieure (tametsi ante videtur ita jus dictum esse); il entend sans doute parler d'une extension que l'on s'efforçait de donner antérieurement aux édits d'Auguste et de Claude (POTHIER, *Pandectæ Justinianeæ*, 16, 1, *ad sctum Vell.*, n° 1, note *f*).

(5) D. *h. t.*, L. 2, § 1, v^is quod ad fidejussiones et mutui dationes pro aliis, quibus intercesserint feminæ, pertinet.

(6) L. 2, § 1, cit., v^is de obligationibus feminarum, quæ pro aliis reæ fierent.

(7) D. *h. t.*, L. 2, § 4, L. 6, L. 7, L. 8, § 8 et 14, L. 17, § 2; D. 13,5, *de pec. constit.*, L. 1, § 1; C. *h. t.*, L. 4, pr. (L. 4 initio, édition Kriegell), L. 5, L. 7.

(8) C. *h. t.*, L. 23, § 2-3 (L. 23, § 2, édition Kriegell). — (9) Nov. 134, c. 8.

§. 38. *Théorie du sénatus-consulte Velléien.*

I. Dans le dernier état du droit romain, la théorie du sénatus-consulte Velléien s'applique exclusivement aux intercessions de la femme faites par un titre public et signé de trois témoins, au profit de tiers autres que son mari. D'après le sénatus-consulte, l'intercession de la femme n'est pas inexistante, elle est seulement frappée d'inefficacité; elle n'oblige la femme ni civilement, ni naturellement [1]. La femme n'étant pas tenue civilement peut repousser l'action du créancier par l'exception du sénatus-consulte Velléien [2]. Et comme il n'existe pas davantage une obligation naturelle, si dans l'ignorance de son bénéfice elle a payé le créancier, elle dispose de la *condictio indebiti*; on excuse dans l'espèce son erreur de droit, par dérogation à la règle *error juris nocet* [3]. L'exception du sénatus-consulte Velléien appartient également aux héritiers de la femme [4] ainsi que à ses fidéjusseurs [5] et autres intercédants [6], alors même qu'ils ne jouissent pas d'un recours contre la femme[7]; car l'exception a un caractère réel[8]. Lorsque l'intercession de la

(1) Arg. C. *h. t.*, L. 9.

(2) D. *h. t.*, L. 25, § 1. La femme peut encore se prévaloir de son exception après avoir été condamnée, lorsqu'elle est poursuivie par l'*actio judicati* en exécution du jugement (D. 14, 6, *de scto Maced.*, L. 11).

(3) C. *h. t.*, L. 9; D. 12,6, *de condict. indeb.*, L. 40, pr. initio. Si la femme a donné sa chose en hypothèque, elle se défendra par ladite exception contre l'action hypothécaire, ou bien revendiquera sa chose contre le créancier hypothécaire ou contre le tiers auquel ce dernier a vendu la chose, en repoussant l'exception *rei obligatæ* par la *replicatio senatus consulti Velleiani* (D. 6, 1, *de rei vindic.*, L. 39, § 1, L. 40; D. *h. t.*, L. 32, § 1; C. *h. t.*, L. 7). Voyez encore le D. *h. t.*, L. 32, § 2.

(4) C. *h. t.*, L. 20. -- (5) D. 44, 1, *de except.*, L. 7, § 1 initio; C. *h. t.*, L. 14.

(6) D. 20, 3, *quæ res pignori*, L. 2. — (7) D. *h. t.*, L. 16, § 1.

(8) L. 16, § 1 i. f., cit.; D. 44, 1, *de except.*, L. 7, § 1 initio. L'exception appartient même à ceux qui ont intercédé à la suite d'un mandat de la femme, pourvu que le créancier ait eu connaissance de ce mandat. L'arrière-intercession de la femme profite ici à l'intercédant direct, parceque c'est la femme qui est la seule véritable intercédante (D. *h. t.*, L. 6, L. 30, § 1, L. 32, § 3; C. *h. t.*, L. 15). Voyez encore le D. *h. t.*, L. 8, § 4. D'autre part, l'exception du sénatus-consulte Velléien se donne contre le créancier et ses héritiers, et même contre ceux qui ont intercédé sur le mandat de la femme et qui ont dû payer le créancier parce que ce dernier ignorait l'existence du mandat (D. *h. t.*, L. 6 i. f., L. 7 initio, L. 32, § 3 i. f.).

femme avait été privative, son inefficacité causait un grave préjudice au créancier. L'*expromissio* de la femme avait libéré le débiteur originaire, ou bien la femme par son intervention avait empêché le créancier d'acquérir une créance contre le tiers en faveur de qui elle était intervenue. C'est pourquoi le préteur vint au secours du créancier. Dans le cas d'une *expromissio* de la femme, il rendait au créancier son action contre l'ancien débiteur, comme action utile (*rescissoria vel restitutoria*) [9], et avec elle tous ses accessoires [10]. Dans le cas d'une intervention de la femme, le préteur accordait utilement au créancier, contre le tiers en faveur de qui la femme était intervenue, l'action naissant du contrat conclu avec la femme, par exemple l'*actio ex stipulatu* [11].

II. Le bénéfice de la femme vient à cesser :

1° Lorsqu'elle a été payée pour intercéder; elle doit alors supporter le risque de l'intercession, comme elle en a l'avantage [12].

2° Lorsque la femme s'est rendue coupable d'un dol envers le créancier; car le sénatus-consulte veut la protéger contre sa légèreté et non contre sa fraude [13].

3° Lorsque le créancier a versé dans une erreur excusable au sujet de l'intercession de la femme, et notamment lorsque la femme qui intervenait pour un tiers, n'a pas fait connaître cette circonstance au créancier qui l'ignorait [14].

4° Lorsqu'elle a intercédé auprès d'un créancier mineur et que le débiteur principal est insolvable; l'intérêt du mineur l'emporte ici sur le privilège de la femme [15].

(9) D. *h. t.*, L. 1, § 2, L. 8, § 7 et 9, L. 13, § 2, L. 32, § 5. Cf. D. *h. t.*, L. 8, § 8.

(10) D. *h. t.*, L. 13, § 1, L. 14, L. 20 ; C. *h. t.*, L. 8, § 1 (L. 8 i. f., édition Kriegell).

(11) D. *h. t.*, L. 1, § 2, L. 8, § 14. En vertu d'une disposition spéciale, le créancier profitait de l'hypothèque que la femme s'était fait donner par le tiers au profit duquel elle était intervenue (D. *h. t.*, L. 29, pr.).

(12) C. *h. t.*, L. 23, pr. (L. 23, pr. initio, édition Kriegell); D. *h. t.*, L. 16, pr., L. 22; cf. C. *h. t.*, L. 23, § 1 et 1ᵉ (L. 23, pr. et § 1, édition Kriegell). — Cf. WINDSCHEID, II, § 486, 3°, et note 3, et VANGEROW, III, § 581, *4 nm.* 1, n° 1.

(13) D. *h. t.*, L. 2, § 3, L. 23 initio, L. 30, pr. ; C. *h. t.*, L. 5 i. f., L. 18. Deceptis, non decipientibus opitulatur (*sen*. *cons*ᵐ.), dit le premier texte.

(14) D. *h. t.*, L. 4, pr., L. 11, L. 17, pr. i. f., L. 27, pr., L. 28, § 1; C. *h. t.*, L. 1, cf. L. 13. — D. *h. t.*, L. 6 i. f., L. 32, § 3. – Cf. D. *h. t.*, L. 19, § 5.

(15) D. 4, 4, *de minor.*, L. 12.

5° Lorsque l'intercession a eu lieu au profit de la liberté [16] ou d'une constitution de dot [17], à cause de la faveur dont jouissent la liberté et la dot.

6° Lorsque la femme renonce après coup à son bénéfice, soit expressément [18], soit tacitement. Il y a renonciation tacite de la part de la femme qui accepte l'hérédité du débiteur principal [19]. Mais la femme ne renonce pas valablement à son bénéfice au moment même de son intercession. En effet, le but du sénatus-consulte Velléien est de protéger la femme contre sa légèreté et spécialement contre une confiance exagérée dans la solvabilité du débiteur; or cette légèreté, cette confiance qui la détermine à intercéder, l'entraînerait aussi à renoncer à son bénéfice. Donc si la renonciation immédiate avait été possible, le but du sénatus-consulte aurait été manqué, d'autant plus que les renonciations seraient devenues de style; elles auraient accompagné régulièrement les intercessions de la femme [20]. Néanmoins, beaucoup d'auteurs admettent sans distinction la validité de la renonciation de la femme [21]. D'autres se prononcent d'une façon générale contre cette vallidité, à part quelques exceptions [22].

[16] C. *h. t.*, L. 24. — [17] C. *h. t.*, L. 12, L. 25.

[18] D. *h. t.*, L. 32, § 4. « Si mulier pro eo, pro quo intercesserit, judicium « parata sit accipere, ut non in veterem debitorem actio detur : quoniam senatus « consulti exceptionem opponere potest, *cavere debebit exceptione se non usuram* « et sic ad judicem ire. » La renonciation est même nécessaire dans l'espèce pour que la femme soit admise à la *litis contestatio*.

[19] D. *h. t.*, L. 8, § 13; D. 46, 3, *de solut.*, L. 95, § 2 i. f. — MAYNZ, II, § 265, note 16 i. f.

[20] Arg. C. *h. t.*, L. 22, pr. (L. 22 initio, édition Kriegell).

En ce sens MAYNZ, II, § 265 i. f. — Cf. MÜHLENBRUCH, II, § 488, 2°, e, et note 15.

[21] PUCHTA, *Pand.*, § 408, 7°, GIRTANNER, cité, T. I, § 38, p. 136-139, § 30-32, p. 263-274, et T. II, § 13, p. 364-366, VANGEROW, III, § 581, *Anm.* 1 i. f., ARNDTS, § 361, 7°, et *Anm.*, n° 3, et NAMUR, II, § 331, 5.

On ne peut nous opposer ni le D. *h. t.*, L. 32, § 4, puisqu'il y s'agit d'une renonciation subséquente, ni la règle d'après laquelle la mère et l'aïeule, pour arriver à la tutelle de leurs descendants, doivent renoncer au bénéfice du sénatus-consulte Velléien (C. 5, 35, *quando mulier tut. off. fungi potest*, L. 3, pr. i. f. (L. 3 initio, édition Kriegell); Nov. 118, c. 5); car on comprend que, malgré la nullité d'une renonciation volontaire, la loi impose la renonciation dans un cas particulier.

[22] GŒSCHEN, II (2), § 572, 5°, THIBAUT, I, § 536, A, WINDSCHEID, *De valida*

7° Lorsque la femme renouvelle son intercession après deux ans [23].

§ 38bis. *Réformes de Justinien.*

Justinien a fait en cette matière une double réforme : il déclare inexistante l'intercession de la femme, d'abord lorsqu'elle a lieu au profit d'un tiers autrement que par un titre public signé de trois témoins [1], ensuite lorsqu'elle se fait au profit du mari, alors même que la formalité prémentionnée aurait été observée [2]. Dans les deux cas, l'intercession de la femme est considérée comme non avenue ; la femme est censée n'avoir rien fait et partant le recours au sénatus-consulte Velléien est inutile [3]. Pour que celui-ci soit applicable en droit nouveau, il faut que la femme ait intercédé pour un tiers autre que son mari, et par un titre public signé de trois témoins [4].

I. La nullité établie par Justinien contre les intercessions non solennelles de la femme en faveur de tiers souffre exception :

1° Lorsque la femme a été payée pour intercéder; comme elle retire un avantage de l'intercession, elle en supporte aussi le risque [5].

2° Lorsque la femme trompe le créancier au sujet de son intercession; car comment imposer au créancier l'observation d'une forme quand, à raison de la fraude, il ignore qu'il y a lieu d'observer cette forme? [6].

3° Lorsque le créancier verse dans une erreur excusable relativement à l'intercession de la femme, pour un motif analogue [6].

mulierum intercessione, Bonn, 1838, p. 57 sq., et *Lehrb.* II, § 486, 5°, b, et note 6.

(23) C. *h. t.*, L. 22. On allègue plusieurs autres exceptions au bénéfice du sénatus-consulte Velléien. Tels seraient le cas où la femme intercède dans son propre intérêt (D. *h. t.*, L. 13, pr., L. 21, pr., L. 27, § 2; C. *h. t.*, L. 2, L. 6, pr.) et celui où elle intercède dans l'intention de faire une libéralité au débiteur (D. *h. t.*, L. 4, § 1, L. 8, pr., L. 21, § 1). Mais il n'y a pas de véritable intercession dans ces cas. Voyez ci-dessus § 30, I. — Cf. WINDSCHEID, II, § 485 et notes 19 et 23, et § 486, VANGE-ROW, III, § 581, *Anm.* 1, n°s 1°, 2° et 3°, et MAYNZ, II, § 265 i. f.

(1) C. *h. t.*, L. 23, § 2-3 (L. 23, § 2, édition Kriegell). — (2) Nov. 134, c. 8.

(3) C. *h. t.*, L. 23, § 3; Nov. 134, c. 8. — (4) C. *h. t.*, L. 23, § 2 i. f.

(5) C. *h. t.*, L. 23, pr., cf. § 1a, § 1b et § 1c.

(6) WINDSCHEID, II, § 488, 1°, et note 5.

4° Dans le cas d'une intercession en faveur d'une constitution de dot (7).

II. L'intercession de la femme pour son mari est nulle alors même qu'elle est faite par un titre public signé de trois témoins(8). Il y a exception quand le mari a été trompé par la femme ou bien a versé dans une erreur excusable au sujet de l'intercession de la femme. La raison en est que le mari, par süite du dol ou de l'erreur excusable, a ignoré l'intercession de la femme (9).

Comme toutes les exceptions aux deux constitutions de Justinien sont en même temps des exceptions au bénéfice Velléien, la femme est dans les cas indiqués pleinement tenue par son intercession.

CHAPITRE II. — DES DIVERSES ESPÈCES D'OBLIGATIONS.

SECTION I. — DES OBLIGATIONS DE DONNER ET DES OBLIGATIONS DE FAIRE.

§ 39. *Objet de la division.*

En définissant l'obligation (1), nous avons eu l'occasion d'expliquer les deux sens dans lesquels on prend le *dare* et le *facere*

---

(7) C. *h. t.*, L. 25. En effet, cette loi est postérieure à la loi 23 qui a établi la solennité dont il s'agit, et elle déclare d'une manière générale que la femme intercède valablement en faveur de la dot.

La question de savoir jusqu'à quel point les exceptions au bénéfice Velléien sont aussi des exceptions à la solennité de la loi 23 est des plus controversées. Les uns admettent que, dans tous les cas où le bénéfice Velléien cesse, l'intercession non solennelle de la femme est valable. D'autres, et c'est l'opinion dominante, ne reconnaissent qu'une seule exception à la solennité de la loi 23, à savoir quand la femme a été payée pour intercéder (VANGEROW, III, § 581, *Anm.* 2. — MAYNZ, II, § 265 i. f.). Nous nous rallions à une opinion intermédiaire de GIRTANNER, cité, T. I, § 39, p. 141-142, et T. II, § 11, p. 351-357, et de WINDSCHEID, II, § 488, 1°, et note 5.

Nous ne parlons pas des cas où la femme intercède, soit dans son propre intérêt, soit *animo donandi*, parce qu'ils ne constituent pas de véritables intercessions. Cf. ci-dessus § 38, note 23. — (8) Nov. 134, c. 8.

(9) La Nov. 134, c. 8 i. f., excepte le cas où la femme a intercédé dans son propre intérêt; mais alors à vrai dire il n'y a pas intercession. Ici également on a voulu admettre les mêmes exceptions que pour le bénéfice Velléien. Mais voyez WINDSCHEID, II, § 488, 2°, et note 7. Cf. GIRTANNER, cité, I, § 33, p. 277-278, VANGEROW, III, § 581, *Anm.* 3, nos 3-4, et MAYNZ, II, § 265 i. f.

(1) § 1, 1 i. .

considérés comme objet du rapport obligatoire. A ces deux sens correspondent les deux acceptions de la division des obligations en obligations de donner et obligations de faire.

1° A proprement parler, l'obligation de donner (*obligatio dandi*) est celle qui a pour objet le transfert de la propriété d'une chose ou bien la constitution d'un autre droit réel. L'obligation de faire (*obligatio faciendi*) comprend le surplus des obligations, et par conséquent aussi celle qui a pour objet la remise d'une chose dans un but autre que celui de concéder un droit réel, c'est-à-dire l'*obligatio tradendi*. A cette catégorie appartiennent l'obligation du bailleur et même celle du vendeur [2].

2° Mais parfois on attribue une portée plus large à l'obligation de donner ; on entend par là l'obligation qui a pour objet la remise d'une chose à un titre quelconque ; à ce point de vue les *obligationes tradendi* et notamment celles du vendeur et du bailleur deviennent des obligations de donner. Alors l'obligation de faire est plus restreinte ; elle ne comprend plus que les obligations qui consistent à prester des faits proprement dits.

§ 40. *Importance de la division.*

Envisagée dans son second sens, la division des obligations en obligations de donner et obligations de faire présente une grande importance.

1° L'obligation de donner admet directement une exécution forcée ; le débiteur peut être contraint par la force publique à livrer la chose qui fait l'objet de son obligation ; cette chose peut lui être enlevée *manu militari*, pour être remise au créancier [1]. Par contre, l'obligation de faire n'est pas directement susceptible d'exécution forcée : la force matérielle est impuissante à contraindre quelqu'un à faire ce qu'il ne veut pas faire ou bien à s'abstenir d'un acte qu'il est décidé à faire ; ou ne conçoit pas que celui qui s'est engagé à faire un tableau on à ne pas troubler quelqu'un dans l'exercice d'une servitude, soit astreint par la force à exécuter ces

----

(2) D. 19, 1, *de A. E. et V.*, L. 30, § 1.
(1) D. 6, 1, *de rei vin tic.*, L. 68 initio.

obligations (2). Dès lors le seul moyen d'assurer l'exécution forcée des obligations de faire est de les convertir en obligations de donner, et ce résultat est atteint par la condamnation du débiteur à des dommages et intérêts; l'obligation de faire devient ainsi une dette d'argent (3).

2° Les obligations de donner sont presque toujours divisibles, tandis que les obligations de faire sont généralement indivisibles. Nous nous référons à cet égard à la théorie de l'indivisibilité des obligations (4).

SECTION II. — DES OBLIGATIONS D'UN CORPS CERTAIN ET DES OBLIGATIONS GÉNÉRIQUES.

§ 41. *Objet de la division.*

L'obligation d'un corps certain (*obligatio speciei*) est celle qui porte sur une chose individuellement déterminée (le cheval A)(1). L'obligation générique (*obligatio generis*) est celle qui porte sur une chose indéterminée d'un certain genre (un cheval en général)(1) ou bien sur une quantité de choses fongibles (1000 sesterces, 100 mesures de froment)(2). En parlant des dettes de choses fongibles, les Romains désignent ces choses par la circonlocution *res quæ pondere, numero vel mensura constant*(3); ce sont des choses qui se pèsent, se comptent ou se mesurent. L'expression de choses fongibles est de création moderne (4). L'obligation générique comprend l'obligation générique proprement dite et la dette de choses fongibles. Mais on peut aussi généraliser la dernière expression en l'appliquant même aux obligations génériques proprement dites.

§ 40—(2) Si cependant, dans un cas particulier, l'emploi de la force était possible, il faudrait l'admettre.

(3) D. 42, 1, *de re judic.*, L. 13, § 1; D. 5, 1, *de judic.*, L. 43. — Cf. SCHILLING, III, § 260, *Zusatz* 1. — (4) Cf. ci-après T. I, § 55-58.

§ 41—(1) D. 45, 1, *de V. O.*, L. 54, pr.

(2) D. *eod.*, L. 83, § 5, v^is vini autem non speciem, sed genus stipulari videmur; D. 12, 1, *de reb cred.*, L. 2, § 1. — (3) L. 2, § 1, cit.

(4) On l'a déduite de la loi 2, § 1, cit., où Paul dit : in genere suo *functionem* recipiunt per solutionem quam specie (*scilicet res, quæ pondere numero mensura consistunt*).

§ 42 *Importance de la division.*

1° Avant tout, la division a une importance capitale au point de vue des risques et périls : le débiteur d'un corps certain est libéré par le cas fortuit ; cette libération ne s'applique pas au débiteur d'un genre. C'est ce que nous avons expliqué ci-dessus[1].

2° Le débiteur d'un corps certain doit apporter certains soins à la garde et à la conservation de la chose due[2]. Il ne peut être question de semblables soins à l'occasion d'une obligation générique[3].

3° Dans l'obligation générique, il y a lieu de choisir la chose qui doit être payée. En principe ce choix appartient au débiteur ; car dans le doute on se prononce en sa faveur[4]. Toutefois la règle souffre une exception lorsqu'il s'agit d'un legs générique ; ici le légataire peut choisir, bien qu'il soit créancier de la chose léguée ; la raison en est qu'on interprète largement les dispositions de dernière volonté[5]. Le testateur ou les parties sont d'ailleurs libres de déroger à ces règles[6] ; rien ne les empêche même d'attribuer le choix à un tiers[7]. Mais dans l'obligation générique proprement dite, la personne qui a le choix, doit choisir une chose de valeur moyenne ; le débiteur ne peut pas offrir la plus mauvaise chose du genre, ni le créancier réclamer la meilleure ; de même, le tiers appelé à choisir doit faire porter son choix sur une chose de valeur moyenne. Ce système nous paraît seul conforme à la raison et à la volonté des parties. A moins que le contraire ne soit établi, il faut supposer que les parties ont voulu contracter en vue d'une chose de valeur moyenne, et non en vue de la meilleure ou de la plus mauvaise. Telle est la décision formelle de nos sources en ce qui concerne le legs générique[8], et il n'existe aucun motif de ne pas

---

(1) § 17. — (2) Cf. ci-dessus § 12-16. — (3) Cf. ci-dessus § 13, 1° i. f.

(4) D. 18, 1, *de contr. empt.*. L. 60. — (5) I. 2, 20, *de leg.*, § 22.

(6) § 22 i. f., cit. ; D. 45, 1, *de V. O.*, L. 93.

(7) D. *eod.*, L. 141, § 1 ; C. 6, 43, *comm. de leg. et fideic.*, L. 3, § 1ᵃ et 1ᵇ (§ 1, édition Kriegell).

(8) D. 30, *de leg. I*, L. 37, pr., L. 110 ; C. 6, 43, *comm. de leg. et fideic.*, L. 3, § 1ᵃ et 1ᵇ (§ 1, édition Kriegell).

l'étendre aux obligations génériques résultant de conventions; aucun texte ne statue en sens opposé[9]. Ici encore le testateur ou les parties peuvent convenir du contraire, expressément ou tacitement, et en particulier si la convention attribue le choix au débiteur ou bien que le testament l'attribue au légataire, le choix sera illimité; le débiteur sera en droit de présenter la plus mauvaise chose du genre, et le légataire pourra réclamer la meilleure. Le débiteur contractuel et le légataire ayant déjà le choix de plein droit, la clause relative au choix serait sans effet si on n'admettait pas qu'elle confère un choix absolu[10]. Quant aux dettes de choses fongibles, comme celles-ci ont une valeur uniforme, la personne qui a le choix, peut le faire porter sur des choses quelconques de l'espèce[11], pourvu qu'elles ne soient pas vicieuses[12]. Le choix est d'ailleurs indivisible dans l'obligation générique proprement dite, en ce sens que celui à qui il appartient, doit choisir une chose entière du genre; il ne peut pas choisir des parties de plusieurs objets, la moitié indivise du cheval A et la moitié indivise du cheval B; une pareille option serait manifestement contraire à la volonté des parties; c'est une chose entière du genre qui doit être prestée[13]. Il ne peut être

---

(9) Le D. 17, 1, *mand.*, L. 52, décide que le débiteur de froment peut offrir du froment de la dernière qualité. Mais il s'agit ici d'une dette de choses fongibles; or nous reconnaissons que, à l'occasion de pareilles dettes, il suffit que le débiteur présente des choses non vicieuses. Cette différence avec l'obligation générique proprement dite s'explique par la considération que les choses fongibles ont une valeur uniforme. Le D. 12, 6, *de condict. indeb.*, L. 32, § 3, n'est pas non plus contraire. On enseigne communément que le débiteur d'un genre est admis à payer la plus mauvaise chose du genre. Voyez en notre sens MOLITOR, cité, II, n° 977 initio. Contra MAYNZ, II, § 191 initio, et ACCARIAS, II, n° 510 i. f. Cf. DE SAVIGNY, cité, I, § 39, C, p. 401-402.

(10) D. 33, 5, *de opt. v. elect. leg.*, L. 2, pr. Nous étendons cette loi, par analogie, des legs aux conventions. — (11) D. 17, 1, *mand.*, L. 52.

(12) D. 33, 6, *de tritico vino v. oleo leg.*, L. 3, pr.

(13) D. 45, 1, *de V. O.*, L. 85, § 4. Une conséquence de cette indivisibilité est que si le débiteur paye la moitié d'une chose, ce payement n'est valable que s'il paye dans la suite l'autre moitié de la même chose. Il est nul et sujet à répétition si le second payement porte sur une autre chose, ce qui est possible puisque le débiteur a le droit de varier jusqu'à un payement valable (Arg. D. 12, 6, *de condict. indeb.*, L. 26, § 13). Cf. ci-après T. I, § 56 initio.

question de cette indivisibilité dans les dettes de choses fongibles ;
quel que soit le choix du débiteur, le créancier obtiendra la quantité
de choses à laquelle il a droit. — Peut-on varier dans son choix ? Le
débiteur est libre de changer d'avis jusqu'au payement ; ce n'est que
par le payement que le choix devient définitif [14]. De son côté, le
créancier qui a le choix, peut varier jusqu'au moment de la *litis
contestatio ;* car ce n'est qu'alors que son choix acquiert un caractère
irrévocable, à raison du quasi-contrat judiciaire impliqué dans la
litis contestatio [15]. Enfin le choix du tiers ne devient définitif que
par le payement ou la *litis contestatio* [16]. — Lorsque le débiteur
d'un genre se croyant débiteur d'un corps certain paye celui-ci,
peut-il, après avoir découvert son erreur, répéter par la *condictio
indebiti* la chose payée et en offrir une autre? Le droit romain se
prononce pour l'affirmative et avec raison. Le débiteur d'un genre
a le choix. Or, en payant le corps certain qu'il croit faussement faire
l'objet de son obligation, il ne saurait être considéré comme exerçant
le choix qui lui appartient; son erreur exclut le choix; et on ne peut
pas d'avantage soutenir qu'il doit être déchu de son choix à cause
de l'erreur. Donc il conserve la faculté de choisir une chose autre
que celle qu'il a payée, et partant il peut répéter cette dernière
comme ayant été payée indûment et par erreur [17]. — Le droit de
choisir appartenant au débiteur ou au créancier est transmissible à
leurs héritiers. En effet, il constitue un accessoire de l'obligation et

(14) Arg. D. 45, 1, *de V. O.*, L. 106, L. 138, § 1, et D. 12, 6, *de condict. indeb.*,
L. 26, § 13. — (15) Arg. D. 45, 1, *de V. O.*, L. 112, pr.

(16) Arg. des textes cités aux deux notes précédentes. Il dépend naturellement
des parties ou du testateur de modifier ces règles. Or on admettait à Rome, d'après
l'esprit de la langue latine, que si le contrat ou le testament accordait le choix
par les mots « *quem voluero* ou *volueris* », il était seulement permis de choisir une
fois ; toute variation était interdite, tandis que les mots « *quem volam* ou *voles* »
maintenaient le droit commun (D. 45, 1, *de V. O.*, L. 112, pr.). Il va aussi de soi
que si, après le choix, il est intervenu entre le débiteur et le créancier un contrat
établissant la volonté des parties de faire porter le payement sur l'objet choisi,
celui-ci doit être presté d'une manière absolue. Il est non moins évident que si
l'obligation générique comprend des prestations périodiques, le choix peut se
renouveler pour chacune de ces prestations (Arg. D. 19, 1, *de A. E. et V.*, L. 21, § 9).

(17) D. 12, 6, *de condict. indeb.*, L. 32, § 3.

cet accessoire n'a rien de personnel; dès lors il doit passer avec l'obligation elle-même aux héritiers des parties [18]. Par contre, le choix ne se transmet point aux héritiers du tiers à qui il a été attribué; après le décès du tiers, il revient en vertu de la règle générale au débiteur contractuel ou au légataire; le droit du tiers étant exceptionnel doit être interprété d'une façon restrictive [19]. Enfin, le droit de choisir du créancier passe au cessionnaire, pour le même motif pour lequel il se transmet à ses héritiers [20].

SECTION III. — DES OBLIGATIONS CONJONCTIVES, ALTERNATIVES ET FACULTATIVES.

§ 43. *Des obligations conjonctives.*

L'obligation est conjonctive lorsqu'elle porte sur plusieurs choses, qui toutes doivent être payées ; *plures res sunt in obligatione, et plures in solutione ;* par exemple je vous promets le cheval A et le cheval B. Cette obligation ne présente rien de particulier; c'est une

(18) Arg. D. 45, 1, *de V. O.*, L. 76, pr. i. f.

(19) C. 6, 43, *comm. de leg. et fideic.*, L. 3, § 1ª et 1ᵇ (§ 1, édition Kriegell).

(20) Arg. D. 30, *de leg. I*, L. 75, § 3. Aux termes de ce passage, lorsque le créancier de deux choses dues alternativement a le choix et qu'il lègue sa créance, l'héritier est tenu de céder son action au légataire et celui-ci succède au choix. Cette règle doit être étendue à toutes les cessions de créances alternatives ou génériques.

Non obstat D. 45, 1, *de V. O.*, L. 76, pr. initio, L. 141, pr. D'après ces textes, le choix qui appartient au créancier d'une obligation alternative, est personnel, et par conséquent si la stipulation a été faite par un esclave ou un fils de famille, ce sont ceux-ci qui doivent exercer le choix, et non le maître ou le père de famille. Mais cette personnalité du choix doit être entendue *pro subjecta materia.* Si, dans l'espèce, l'esclave et l'enfant sous puissance doivent exercer eux-mêmes le choix stipulé, c'est qu'il était de principe que tout ce qui était de fait dans les stipulations desdites personnes ne passait pas à leur chef (D. 35, 1, *de condit.*, L. 44, pr.; D. 45, 1, *de V. O.*, L. 130).

Voyez en ce sens MÜHLENBRUCH, *Cession*, § 24, 2ª, b, p. 263-275, MOLITOR, cité, II, nº 1188, WORMS, *Cession*, p. 19-20, SCHMID, *Cession* II, § 9, II, 2ª, p. 101, VANGEROW, III, § 569, *Anm.* 1, nº 3, et MAYNZ, II, § 191, note 10 i. f. Contra THIBAUT, *Braun's Erörterungen*, § 84, p. 109-110.

En ce qui concerne le cas où le choix appartient à un tiers, à l'occasion d'un legs générique, Justinien décide que si le tiers n'exerce pas son choix dans l'année, la faculté de choisir passe au légataire (C. 6, 43, *comm. de leg. et fideic.*, L. 3, § 1ª et 1ᵇ (§ 1, édition Kriegell)).

obligation ordinaire avec une pluralité d'objets ; les différentes choses qui y figurent, sont dues et payables de la même manière que si elles faisaient l'objet d'obligations séparées[1]. En conséquence, si l'obligation est nulle par rapport à l'une des choses, elle n'en est pas moins valable quant aux autres ; tel est le cas où l'une des choses est hors du commerce[2]. Le créancier peut réclamer et le débiteur doit payer toutes les choses sur lesquelles porte l'obligation. Enfin, la perte fortuite de l'une des choses ne dispense pas le débiteur du payement des autres.

§ 44. *Des obligations alternatives.*

L'obligation est alternative lorsqu'elle porte sur plusieurs choses, dont une seule doit être payée ; *plures res sunt in obligatione, sed una tantum in solutione ;* par exemple je vous promets le cheval A ou le cheval B. Ainsi l'obligation alternative comprend plusieurs choses ; plusieurs choses sont dues, tout comme dans l'obligation conjonctive. Mais, à la différence de celle-ci, le débiteur ne doit en payer qu'une seule. De là les règles suivantes :

I. L'obligation nulle par rapport à l'une des choses comprises dans l'alternative n'en subsiste pas moins quant aux autres[1].

II. Le créancier ne peut demander qu'alternativement les choses dues (le cheval A ou le cheval B), comme il les a stipulées[2]. Il ne peut pas les réclamer conjointement, ni faire porter sa demande exclusivement sur l'une d'elles[2]. Cette dernière demande dépouillerait le débiteur de son choix[2]. On suit en effet pour le choix presque toutes les règles de l'obligation générique ; les motifs sont analogues[3]. — Le choix appartient au débiteur[4], à moins qu'il ne s'agisse d'un legs alternatif[5] et sauf convention contraire[6] ; mais,

---

§ 43 —(1) Cf. D. 45, 1, *de V. O.*,L. 29, pr. i. f. — (2) Cf. D. *eod.*, L. 83, § 4.

§ 44 —(1) D. 46, 3, *de solut.*, L. 72, § 4 initio.

(2) I. 4, 6, *de action.*, § 33*d* initio (§ 33, édition Kriegell).

(3) Cf. ci-dessus § 42, 3°.

(4) I. 4, 6, *de action.*, § 33d initio ; D. 18, 1, *de contr. empt.*, L. 25, pr., L. 34, § 6 initio ; D. 23, 3, *de jure dot.*, L. 10, § 6 i. f.

(5) D. 30, *de leg. I*,L. 34, § 14 ; D. 31, *de leg. II*, L. 23.

(6) D. 18, 1, *de contr. empt.*, L. 34, § 6 i. f. ; D. 23, 3, *de jure dot.*, L. 10, § 6 initio ; D. 45, 1, *de V. O.*, L. 75, § 8, L. 93, L. 112, pr. initio.

par la nature même des choses, le choix peut porter d'une manière
absolue sur chacun des objets compris dans l'alternative. Ici encore
le choix est indivisible ; il doit avoir pour objet une chose entière ;
le débiteur qui a promis 2000 fr. ou bien 100 hectolitres de froment,
ne peut offrir 1000 fr. et 50 hectolitres de froment[7]. — La personne qui a le choix, a la faculté de varier comme dans l'obligation
générique[8]. — De même, si le débiteur d'une obligation alternative
paye les deux choses dans la croyance qu'elles sont dues conjointement, il peut répéter par la *condictio indebiti* l'une ou l'autre, à son
choix ; et s'il a payé une chose, croyant qu'elle était seule due, il
peut encore la répéter et offrir l'autre. Toutefois, les jurisconsultes
romains différaient d'avis sur ces deux points. Celsus, Marcellus et
Ulpien enseignaient que si le débiteur d'une obligation alternative
payait les deux choses dans la conviction qu'elles étaient dues
conjointement, il pouvait sans doute exercer la *condictio indebiti*,
mais de telle façon que le créancier avait la faculté de choisir la
chose qui devait être restituée ; le choix avait passé au créancier,
parce que celui-ci était devenu débiteur de restitution ; il devait
restituer alternativement les deux choses[9]. Celsus était encore
d'avis que si le débiteur d'une dette alternative payait l'une des
choses, la croyant seule due, la répétition était exclue ; ici également le débiteur aurait perdu son choix par l'effet du payement[10];

(7) D. 12, 6, *de condict. indeb.*, L. 26, § 14; D. 31, *de leg. II*, L. 15. Il résulte de
cette indivisibilité que si le débiteur commence par payer 1000 fr., ce payement
n'est valable que pour autant qu'il paye plus tard encore 1000 fr. Il est nul et sujet
à répétition si le débiteur paye en second lieu les 1 0 hectolitres de froment, ce
qu'il a le droit de faire, puisqu'il peut varier jusqu'à un payement valable (D. 12, 6,
de condict. indeb., L. 26, § 13). Cf. ci-après T. I, § 56 initio.

(8) D. 45, 1, *de V. O.*, L. 106, L. 112, pr., L. 138, § 1; D. 12, 6, *de condict. indeb*,
L. 26, § 13; D. 19, 1, *de A. E. et V.*, L. 21, § 6.

(9) D. 12, 6, *de condict. indeb.*, L. 26, § 13, v[is] quamvis utroque simul soluto mihi
retinendi quod vellem arbitrium daretur. Dans ce passage, Ulpien suppose que
j'avais stipulé 10 ou Stichus et que mon débiteur avait payé par erreur 5 et Stichus
en une fois. Il décide, d'après Celsus, que j'ai la faculté de garder l'une des choses
à mon choix. Voyez encore le C. 4, 5, *de condict. indeb.*, L. 10, § 1 initio (L. 10,
édition Kriegell).

(10) D. 31, *de leg. II*, L. 19. Quelqu'un avait légué alternativement Stichus ou
Pamphilus. Si le legs était fait *per vindicationem*, le choix appartenait au légataire

Par contre, Julien et Papinien maintenaient le choix au débiteur qui, par erreur, avait payé les deux choses[11], et Julien permettait aussi au débiteur qui, par erreur, avait payé une seule chose, de la répéter et d'offrir l'autre[12]. Justinien sanctionna sur le premier point l'opinion de Julien et de Papinien[13]. Il ne prévoit pas expressément le second point; mais la question étant tout à fait analogue, doit être résolue dans le même sens[14]. — Enfin, le

(L. 19 initio). Mais lorsque le legs avait été fait *per damnationem*, d'après la théorie classique, c'était l'héritier qui avait le choix; or Celsus décide que si l'héritier paye Stichus, dans la conviction qu'il était seul dû, il n'est pas admis à répéter (L. 19 i. f.).

(11) C. 4, 5, *de condict. indeb.*, 10, § 1 (L. 10, édition Kriegell).

(12) D. 12, 6, *de condict. indeb.*, L. 32, § 3. JULIANUS *libro X digestorum*. « Qui « hominem generaliter promisit, similis est ei, qui hominem aut Stichum debet : « et ideo si, cum existimaret se Stichum promisisse, eum dederit, condicet, alium « autem quemlibet dando liberari poterit. »

« Celui qui a promis un esclave en général, ressemble à celui qui doit un esclave « en général ou bien Stichus; et par conséquent si croyant avoir promis Stichus, « il a donné celui-ci, il le répétera et pourra se libérer en donnant un autre esclave « quelconque. »

Directement Julien ne statue que pour l'obligation générique. Mais il fonde sa décision sur l'analogie de l'obligation alternative. Donc il admet comme constant que si quelqu'un qui doit alternativement un esclave en général ou Stichus, paye celui-ci par erreur, il a le droit de le répéter et d'offrir un autre esclave, en vertu du premier terme de l'alternative.

(13) C. 4, 5, *de condict. indeb.*, L. 10.

(14) Il faut donc donner la préférence au D. 12, 6, *de condict. indeb.*, L. 32, § 3, sur le D. 31, *de leg. II*, L. 19 i. f. (Contra MOLITOR, cité, I, n° 219 i. f.). Il est d'ailleurs indifférent, dans le cas où les deux choses ont été payées par erreur, qu'elles l'aient été en même temps ou successivement. Justinien ne distingue pas dans sa constitution, et il n'existe pas de motif de distinguer (Contra MAYNZ, II, § 191, note 11 i. f., lequel, dans l'hypothèse de deux payements successifs, n'admet la répétition que pour le dernier).

Que décider si la dette alternative est due solidairement par deux personnes et que celles-ci payent les deux choses? Si les deux choses ont été payées successivement, le premier payement a été fait valablement, sans aucune erreur de la part du payant. Donc il a éteint la dette; la seconde chose a été payée indûment et par erreur; c'est elle qui est sujette à répétition (THIBAUT, *Fraun's Erörterungen*, § 84, p. 108-109. — VANGEROW, III, § 569, *Anm.* 1, n° 1). Cette règle est matériellement inapplicable dans l'hypothèse de deux payements simultanés faits par les débiteurs solidaires. Dès lors il faut admettre qu'ils ont le droit de répéter l'une des choses à leur choix : il n'existe aucun motif de leur refuser le choix qui appartient à un débiteur unique. Ceci suppose que les débiteurs solidaires s'entendent

droit de choisir se transmet aux héritiers des parties [15] et au cessionnaire de la créance [16], comme à l'occasion d'une obligation générique.

III. En ce qui concerne l'influence de la perte des choses dues alternativement, un grand nombre d'hypothèses doivent être distinguées.

A) La perte fortuite de l'une des deux choses comprises dans l'alternative ne dispense pas le débiteur du payement de l'autre ; car l'obligation portait sur les deux choses et dès lors le seul effet de la perte de l'une doit être de restreindre l'obligation à l'autre [17]. Toutefois le débiteur qui a le choix, peut aussi, s'il le préfère, offrir le prix de la chose qui a péri ; et il prendra ce parti lorsque la chose qui a péri, avait moins de valeur que l'objet restant; par exemple elle valait 1000 seulement, tandis que l'objet restant a une valeur de 1200. Cette dernière règle est très contestée. Elle se fonde sur les considérations suivantes. Le principe d'après lequel le débiteur ne doit pas la valeur de la chose qui a péri par accident, a été admis exclusivement dans son intérêt ; or chacun peut renoncer

sur le choix. S'ils ne s'entendent pas, si chacun veut répéter la chose qu'il a payée, il devient impossible de leur laisser le choix, car le créancier ne saurait pas ce qu'il doit restituer. C'est pourquoi le choix passe alors au créancier et il devra restituer l'une des choses au débiteur qui l'aura payée (Cf. D. 12, 6, *de condict. indeb.*, L. 21). Cf. Vangerow, III, § 569, *Anm.* 1, nᵘ 1 i. f. Contra Thibaut, *Braun's Erörterungen*, § 84, p. 109.

Quid si deux codébiteurs solidaires d'une obligation alternative ont payé l'une des choses, dans la persuasion qu'elle était seule due ? En principe, tout comme le débiteur unique, ils conservent le choix et sont autorisés à répéter la chose payée et à offrir l'autre. Mais s'ils ne sont pas d'accord sur le choix, celui-ci passe au créancier, qui pourra garder la chose reçue; si on maintenait ici le choix aux débiteurs, le créancier ne saurait pas s'il doit ou non restituer la chose reçue (Arg. D. 12, 6, *de condict. indeb.*, L. 21.).

On suivra les mêmes règles lorsque deux débiteurs non solidaires d'une obligation alternative ont fait l'un des payements prémentionnés; les motifs sont identiques.

(15) D. 45, 1, *de V. O.*, L. 76, pr. i. f.; Cf. C. 6, 43, *comm. de leg. et fideic.*, L. 3, § 1ᵃ et 1ᵇ (§ 1, édition Kriegell).

(16) D. 30, *de leg.* I, L. 75, § 3. *Non obstat* D. 45, 1, *de V. O.*, L. 76, pr. initio, L. 141, pr. — Cf. ci-dessus § 42 et note 20.

(17) D. 18, 1, *de contr. empt.*, L. 34, § 6; D. 46, 3, *de solut.*, L. 95, pr. initio et § 1 initio ; D. 13, 4, *de eo quod certo loco*, L. 2, § 3 initio.

à un droit établi en sa faveur. Si l'on en décidait autrement, la libération relative du débiteur, loin de lui profiter, lui causerait un préjudice ; elle l'obligerait à prester la chose restante d'une valeur supérieure. L'équité s'oppose d'ailleurs à ce que l'obligation du débiteur soit aggravée par une circonstance qui ne lui est pas imputable. Nous avons enfin pour nous l'autorité des textes [18].

(18) D. 30, *de leg. I*, L. 47, § 3. Ulpianus *libro XXII ad Sabinum.*

« Sed si Stichus aut Pamphilus legetur et alter ex his vel in fuga sit vel apud « hostes, dicendum erit præsentem præstari aut absentis æstimationem : totiens « enim electio est heredi committenda, quotiens moram non est facturus legatario. « Qua ratione placuit et, si alter decesserit, alterum omnimodo præstandum, « fortassis vel mortui pretium. Sed si ambo sint in fuga, non ita cavendum, ut, « ‘ si in potestate ambo redirent ’, sed ‘ si vel alter ’, et ‘ vel ipsum vel absentis « æstimationem præstandam ’. »

« Mais si on a légué Stichus ou Pamphilus, et que l'un de ceux-ci soit en fuite « ou chez les ennemis, il faut dire que l'esclave présent ou l'estimation de l'esclave « absent doit être prestée ; en effet, le choix doit être attribué à l'héritier toutes les « fois qu'il ne fait subir aucun retard au légataire. C'est pourquoi on a admis « encore que si l'un des esclaves décédait, l'autre devait être presté d'une manière « absolue, ou bien peut-être la valeur de l'esclave décédé. Que si les deux esclaves « sont eu fuite, il y a lieu de fournir une caution, non pas pour le cas où tous les « deux, mais pour le cas où l'un reviendrait, et l'on doit garantir que l'on prestera « soit cet esclave, soit l'estimation de l'absent. »

Ulpien s'occupe principalement dans ce passage de l'hypothèse où l'un des esclaves légués alternativement ou tous les deux sont fugitifs ou captifs de guerre. Si l'un des esclaves seulement est fugitif ou captif de guerre, l'héritier doit prester l'esclave présent ou bien le prix de l'absent ; il ne lui est pas permis de choisir l'esclave absent pour le prester après son retour. Si les deux esclaves sont en fuite, il doit promettre de faire la même chose du moment que l'un d'eux reviendra. Le jurisconsulte s'occupe encore de l'hypothèse où l'un des esclaves légués alternativement serait venu à décéder ; l'héritier doit, dit-il, l'esclave survivant d'une manière absolue (omnimodo) ou peut-être (fortassis) seulement le prix de l'esclave défunt. Les mots ‘ omnimodo ’ et ‘ fortassis ’ s'expliquent parfaitement par la considération que l'esclave survivant demeure *in obligatione*, tandis que le prix de l'esclave décédé est seulement *in facultate solutionis*. D'ailleurs, dans les cas analogues prévus dans le passage, Ulpien décide d'une manière explicite que l'héritier est libre de payer la valeur de l'esclave absent pour échapper à la prestation de l'esclave présent, et ces décisions catégoriques fixent le sens de celle qui est relative au décès de l'un des esclaves.

D'après le D. 46, 3, *de solut.*, L. 95, § 1 initio, si l'un des esclaves stipulés alternativement meurt par le fait du débiteur, l'esclave survivant est seul dû, et le débiteur n'est pas admis à offrir l'estimation de celui qu'il a fait périr, et cela, dit

Malgré ces motifs, plusieurs auteurs obligent absolument le débiteur à prester l'objet restant, soit dans toutes les obligations alternatives [19], soit au moins dans les obligations alternatives qui ne résultent pas d'un legs [20]. L'opinion dominante nous est favorable [21]. — Si les deux choses dues alternativement viennent à périr par accident, il va de soi que le débiteur est libéré [22].

B) En supposant une perte imputable au débiteur à raison d'une faute proprement dite ou de sa demeure, si l'une des choses seule-

Papinien, à titre de peine pour sa faute « quoniam id pro petitore in pœnam promissoris constitutum est ». Or ce motif tombe lorsque le décès de l'un des esclaves est le résultat d'un accident, et partant la règle énoncée doit cesser dans ce cas; le débiteur peut se libérer en payant l'estimation de l'esclave décédé.

(19) MAYNZ, II, § 191 et note 15.

(20) PUCHTA, *Pand.*, § 302, note d, et *Vorles.* II, ad h. l. — Cf. NAMUR, I, § 222, 3, *a*, 1°.

(21) On nous oppose le D. 18, 1, *de contr. empt.*, L. 34, § 6, le D. 31, *de leg. II*, L. 11, § 1, et le D. 9, 2, *ad leg. Aquil.*, L. 55.

Les deux premiers textes se bornent à dire que si l'un des esclaves dus alternativement vient à décéder, l'esclave survivant demeure dû, sans mentionner la faculté du débiteur de payer la valeur de l'autre. Ce silence n'a rien d'exclusif.

Le D. 9, 2, *ad. leg. Aquil.*, L. 55, soulève plus de difficulté. Parlant du cas où le créancier tue l'un des esclaves dus alternativement, Paul applique à l'esclave survivant les mots « quem necesse habeo dare »; mais surtout il permet au débiteur de réclamer par l'action Aquilienne la valeur de l'esclave tué et la plus-value de l'esclave survivant, à titre de réparation pécuniaire (*quanti mea interest*). Or, pourrait-on dire, si le débiteur avait la faculté de se libérer en payant le prix de l'esclave tué, le préjudice que lui a causé le créancier, ne saurait jamais dépasser ledit prix. Mais Paul suppose précisément que le débiteur, au lieu d'opter pour l'esclave tué, ce qui lui permettrait de se considérer comme libéré, opte au contraire pour l'esclave survivant et preste celui-ci, en même temps qu'il exerce l'action Aquilienne à raison de l'esclave tué, et, dans ce cas, le dommage subi par le débiteur comprend bien l'estimation de l'esclave tué et la plus-value de l'esclave survivant. Quant aux mots « quem necesse habeo dare » appliqués à l'esclave survivant, ils s'expliquent si l'on considère que cet esclave est l'unique objet de l'obligation facultative (Cf. ci-après note 26 du présent paragraphe).

On ne peut pas davantage restreindre le D. 30, *de leg. I*, L. 47, § 3, aux legs, puisque le D. 46, 3, *de solut.*, L. 95, § 1 initio, contient la même règle pour les conventions (Cf. ci-dessus note 18 i. f.).

Voyez en notre sens MOLITOR, cité, I, n° 224 initio, MOMMSEN, *Beiträge* 1, § 26, 1°, p. 309-314, VANGEROW, III, § 569, *Anm.* 2, n° I, 1°, et WINDSCHEID, II, § 255, I, 5°, a, et note 13.

(22) D. 18, 1, *de contr. empt.*, L 34, § 6.

ment périt, le créancier a droit à l'objet restant; le débiteur, en faisant périr l'une des choses, est censé avoir fixé son choix sur l'autre [23]. Si celle-ci périt de la même manière, comme l'obligation s'était limitée à elle, le débiteur en doit l'estimation. Que si les deux choses périssent simultanément, le débiteur est tenu de payer le prix de l'une ou de l'autre, à son choix. Dans le cas où le choix appartient au créancier, les règles énoncées se modifient en ce sens que le créancier peut demander, soit la valeur de la chose qui a péri en premier lieu, soit, si les deux pertes ont été simultanées, la valeur de l'une ou de l'autre chose ; en effet, la faute ou la demeure du débiteur n'a pu priver le créancier de son choix.

C) Lorsque les deux choses périssent successivement, la première par cas fortuit, la seconde d'une manière imputable au débiteur, l'estimation de la dernière est due, à moins que le débiteur, qui a le choix, ne préfère payer la valeur de la chose qui a péri en premier lieu. En effet, après la première perte l'obligation s'était restreinte à l'objet restant, sauf la faculté laissée au débiteur d'offrir le prix de la chose qui avait péri accidentellement [24]. Donc après la seconde perte, le débiteur doit l'estimation de la chose qui a péri en second lieu, sauf la même faculté. — Mais que décider lorsque, en sens inverse, la première perte est imputable au débiteur, tandis que la seconde est le résultat d'un accident? Au premier abord, on serait tenté de soutenir la libération du débiteur ; car la première perte a rendu son obligation pure et simple, et celle-ci, pourrait-on dire, à été éteinte par la seconde perte, qui avait un caractère accidentel. Mais le droit romain admet avec raison que le débiteur doit le prix de la chose qui a péri la dernière. En effet, l'obligation alternative procure cet avantage au créancier qu'elle n'est pas éteinte par une perte unique; or la première perte, imputable au débiteur, dépouille le créancier de cet avantage, et partant, tout en limitant l'obligation à l'objet restant, elle astreint le débiteur à payer d'une manière absolue cet objet, c'est-à-dire à en payer la valeur alors même qu'il périrait accidentellement. Cette considération explique pourquoi

---

(23) D. 46, 3, *de solut.*, L. 95, § 1, v⁽ⁱˢ⁾ Enimvero si.......... constitutum est.

(24) Cf. ci-dessus n⁰ III, A, du présent paragraphe.

le débiteur doit l'estimation de la chose qui a péri par accident, plutôt que celle de la chose qui a péri par sa faute ou après sa demeure (25). Dans la même hypothèse, si le créancier a le choix, on comprend qu'il puisse demander de préférence l'estimation de la chose qui a péri la première. — Si les deux choses ont péri simultanément, l'une par cas fortuit, l'autre d'une façon imputable au débiteur, le prix de la seconde est due, à moins que le débiteur ayant le choix n'aime mieux payer la valeur de l'autre.

D) Si l'une des choses périt par la faute du créancier, l'obligation alternative se limite à l'objet restant, le seul qui puisse encore être dû. Mais le créancier est tenu d'indemniser le débiteur à raison du préjudice qu'il lui cause. Et ce préjudice ne comprend pas seulement la valeur de la chose qu'il a fait périr. Lorsque le débiteur avait le choix, le dommage comprend en outre la plus-value de l'objet restant; car si le créancier n'avait pas fait périr la chose qui avait le moins de valeur, le débiteur aurait pu la lui payer et garder celle qui valait plus. Par exemple, quelqu'un devait alternativement Stichus valant 10 ou Pamphilus valant 20 ; le créancier tue Stichus et le débiteur paye Pamphilus. Le créancier devra une indemnité de 20 ; car, sans sa faute, le débiteur eût pu payer Stichus et conserver Pamphilus d'une valeur de 20 (26). Le créancier est soumis de ce

______

(25) D. 46, 3, *de solut.*, L. 95, § 1, v^{is} Enimvero si.......... desiderabitur.

(26) Cf. ci-après note 28 initio du présent paragraphe.

D. 9, 2, *ad leg. Aquil.*, L. 55. PAULUS *libro XXII quæstionum.*

« Stichum aut Pamphilum promisi Titio, cum Stichus esset decem milium, « Pamphilus viginti : stipulator Stichum ante moram occidit : quæsitum est de « actione legis Aquiliæ. Respondi : cum viliorem occidisse proponitur, in hunc « tractatum nihilum differt ab extraneo creditor. Quanti igitur fiet æstimatio, « utrum decem milium, quanti fuit occisus, an quanti est, quem necesse habeo « dare, id est quanti mea interest ? »

« J'ai promis à Titius Stichus ou Pamphilus, alors que Stichus valait 10,000 ses- « terces et Pamphilus 20,000 ; le stipulant tua Stichus avant la demeure ; *quid* de « l'action de la loi *Aquilia?* J'ai répondu : étant donné que le créancier a tué « l'esclave qui avait la valeur la plus faible, dans l'espèce, il ne diffère en rien d'un « tiers. Comment donc se fera l'estimation ? Sera-t-elle de 10,000, valeur de « l'esclave tué, ou bien sera-t-elle de la valeur de l'autre esclave, que je dois don- « ner, c'est-à-dire du montant de mon intérêt ? »

Bien que Paul ne réponde pas directement à la dernière question, il entend sans

chef à l'action de la loi *Aquilia* [27]. Toutefois le débiteur qui a le
choix, peut encore prendre un autre parti. Au lieu de payer l'objet
restant et d'agir en dommages et intérêts, comme il vient d'être
expliqué, il lui est loisible de se considérer comme libéré; il avait
en effet le droit de s'acquitter de sa dette en offrant la chose que le
créancier a fait périr et le créancier ne pouvait le dépouiller de ce
droit [28]. — Si les deux choses dues alternativement périssent par
la faute du créancier, le débiteur est libéré et peut agir par l'action
Aquilienne en réparation du préjudice que lui a causé le créancier.
L'objet de cette indemnité varie selon que le choix appartenait au
débiteur ou bien au créancier. Dans la première hypothèse, le
débiteur obtiendra l'estimation de la chose qui avait le plus de
valeur ; car, sans le fait du créancier, il eût pu garder cette chose

nul doute la résoudre en ce sens que le créancier doit payer 20,000, le prix de
Pamphilus.

Le jurisconsulte suppose que le créancier a tué Stichus « ante moram ». S'il était
en demeure de recevoir Stichus, le débiteur est libéré purement et simplement;
Stichus était au risque du créancier comme dans une obligation d'un corps certain (D. 45, 1, *de V. O.*, L. 105).

(27) D. 9, 2, *ad leg. Aquil.*, L. 55, v^{is} Stichum aut Pamphilum.......... quanti mea
interest?

(28) Arg. D. 30, *de leg. I*, L. 47, § 3. Mais c'est là une simple faculté pour le
débiteur, et par conséquent s'il s'arrête au premier parti, le créancier n'est pas
admis à objecter à l'action Aquilienne prémentionnée que le débiteur pouvait se
considérer comme libéré et ne pas payer Pamphilus d'une valeur de 20.

Le principe d'après lequel l'obligation alternative devient une obligation pure et
simple, lorsque la faute du créancier amène la perte de l'une des choses dues alternativement, ce principe est très contesté dans le cas où le choix appartient au
créancier. Les uns défendent cette idée peu naturelle que le créancier a choisi la
chose qu'il a détruite, et admettent la libération du débiteur (THIBAUT, *Braun's
Erörterungen*, § 85, p. 114 i. f.). D'autres enseignent que l'obligation reste alternative, en ce sens que le créancier pourrait réclamer, soit l'objet restant, en
indemnisant le débiteur pour l'autre, soit l'estimation de la chose qu'il a fait périr
(MOLITOR, cité, 1, n° 266, 1°. — MOMMSEN, *Beiträge* I, § 26, p. 317). En ce qui concerne cette dernière opinion, il suffira de faire remarquer que le créancier n'a pas
même l'option prémentionnée dans l'hypothèse de la perte accidentelle de l'une
des choses dues alternativement. Les deux systèmes ne trouvent au reste aucun
appui dans nos sources.

Voyez en notre sens SINTENIS, II, § 106, p. 483, VANGEROW, III, § 569, *Anm.* 2,
n° II, 3°, MAYNZ, II, § 191, A, et NAMUR, I, § 222, **3**, *a*, 3°.

et payer l'autre. Dans la seconde hypothèse, le créancier doit le prix de la chose qu'il a fait périr en premier lieu : telle était son obligation après la première perte, et la seconde perte n'a eu d'autre résultat que d'éteindre la dette devenue pure et simple, sans affecter l'obligation prémentionnée (29). — Que si le créancier a fait périr les deux choses simultanément, il faut admettre qu'il a perdu sa créance et doit payer au débiteur la valeur de l'une ou de l'autre des deux choses, au choix du débiteur ou du créancier, selon que le choix appartenait au premier ou au second (30).

E) Si l'une des choses dues alternativement périt d'abord par la

(29) Ici également se reproduisent les deux opinions que nous combattions à la note précédente. D'après les uns, si le créancier ayant le choix fait périr successivement les deux choses, il a choisi celle qu'il a détruite la première et doit payer la valeur de la seconde (THIBAUT, *Braun's Erörterungen*, § 85, p. 115). D'après d'autres, il conserverait le choix et pourrait payer l'estimation de la chose qu'il ne choisit point (MOLITOR, cité, I, n° 226, 2°. — MOMMSEN, *Beiträge* I, § 26, p. 317).

Voyez en notre sens SINTENIS, II, § 106, p. 483, VANGEROW, III, § 569, *Anm.* 2, n° II, 3°, C, et MAYNZ, II, § 191, note 27.

(30) Jusqu'ici il n'a été question que de dommages et intérêts. Il faut encore tenir compte de la peine établie par la loi *Aquilia* : cette peine consistait dans la plus-value que la chose endommagée pouvait avoir dans l'année ou le mois antérieurs au délit. Voici deux applications :

Quelqu'un devait alternativement le cheval A valant 1000 ou le cheval B valant 1500 ; ce dernier ayant contracté un défaut, sa valeur se réduisit à 1000, et, dans l'année après la survenance du défaut, il fut tué par le créancier. Le débiteur usant de son droit paye le cheval A. Qu'obtiendra-t-il par l'action Aquilienne à raison de la mort du cheval B ? 1° à titre de réparation pécuniaire, 1000, valeur du cheval B au moment de sa mort, 2° à titre de peine, 500, plus-value du même cheval dans l'année antérieure.

Quelqu'un devait à son choix le cheval A d'une valeur de 1000 ou le cheval B d'une valeur de 1500. Le créancier tua, à un intervalle de moins d'une année, d'abord le cheval B et puis le cheval A. Comme nous l'avons dit, le débiteur qui a le choix, peut réclamer une indemnité de 1500 pour le cheval B. Mais il est à remarquer en outre que si on remonte l'année antérieure à la mort du cheval A, celui-ci valait aussi 1500. En effet, il était alors dû alternativement avec le cheval B d'une valeur de 1500, et le débiteur pouvait se libérer de cette dette de 1500 en livrant le cheval A. Donc le créancier devra encore 500 à titre de peine pour la mort du cheval A (Arg. D. 9, 2, *ad leg. Aquil.*, L. 55 i. f., expliquée ci-après note 34 i. f. du présent paragraphe).

Cf. VANGEROW, III, § 569, *Anm.* 2, n° I, 3°, C, et MOMMSEN, *Beiträge* I, § 26, p. 317-318.

faute du créancier et l'autre ensuite par accident, il suffit de se rappeler les droits et les obligations des parties après la première perte. L'obligation alternative s'était limitée à l'objet restant; de son côté le créancier devait l'estimation de la chose dont il avait causé la perte, et si le choix appartenait au débiteur, celui-ci pouvait en outre réclamer la plus-value de l'objet restant[31]. Dès lors, après la perte accidentelle de la seconde chose, le débiteur est libéré, et il conserve le droit de se faire indemniser comme il vient d'être dit ; ce droit n'a pu lui être enlevé par le cas fortuit subséquent [32]. *Quid* si, en sens inverse, l'une des choses périt d'abord par accident, et que plus tard la faute du créancier amène la perte de l'autre ? Après la première perte, le débiteur devait l'objet restant, sauf la faculté d'offrir l'estimation de l'autre, dans le cas où le choix lui appartenait [33]. Donc après la seconde perte,

(31) Cf. ci-dessus n° III, D initio, du présent paragraphe.

(32) D. 9, 2, *ad leg. Aquil.*, L. 55. PAULUS *libro XXII quæstionum.*

« Et quid dicemus, si et Pamphilus decesserit sine mora? jam pretium Stichi « minuetur, quoniam liberatus est promissor? et sufficiet fuisse pluris cum occide- « retur vel intra annum. » (Nous plaçons, avec Théodore Mommsen, un point « d'interrogation après le mot *promissor*).

« Et que dirons-nous si Pamphilus aussi est décédé sans qu'il y eût demeure ? « Est-ce que le prix de Stichus s'abaissera maintenant, parce que le promettant « est libéré ? Il suffit qu'il ait valu plus au moment où il fut tué ou même dans « l'année antérieure. »

Au commencement de la loi 55, Paul avait admis que si le créancier tuait Stichus qui valait 10, il devait d'abord ces 10 et encore 10 du chef de la plus-value de Pamphilus; en réalité Stichus valait 20 pour le débiteur, parce que, grâce à Stichus, il pouvait garder la valeur de 20 représentée par Pamphilus (Cf. ci-dessus note 26 du présent paragraphe). Il se demande maintenant ce qui arrive si de son côté Pamphilus décède accidentellement. Certes le débiteur sera libéré; mais est-ce que, pour ce motif, la valeur de 20 qu'avait Stichus lorsqu'il fut tué, subira une diminution? Non, Stichus continue de valoir 20 comme au moment de sa mort.

Plusieurs auteurs refusent toute indemnité au débiteur, soit dans tous les cas (MOMMSEN, *Beiträge* I, § 26, p. 317), soit au moins lorsque le choix appartenait au créancier (THIBAUT, *Braun's Erörterungen*, § 85, p. 114 i. f. — MOLITOR, cité, I, n° 226, 4°).

Voyez en notre sens SINTENIS, II, § 106, p. 483, VANGEROW, III, § 569, *Anm.* 2, n° I, 3°, A, et n° II, 3°, A, MAYNZ, II, § 191, B, 6°, et NAMUR, I, § 222, 3, *b*, 3°.

(33) Cf. ci-dessus n° III, A, du présent paragraphe.

imputable au créancier, il est libéré ; son obligation déjà devenue pure et simple s'est éteinte. Néanmoins, s'il avait le choix, il conserve la faculté acquise après la première perte de présenter la valeur de la chose qui a péri accidentellement, et alors il pourra agir en dommages et intérêts à raison de la chose détruite par le créancier (34).

§ 45. *Des obligations facultatives.*

1° L'obligation dite facultative est une obligation qui porte sur une seule chose, mais avec la faculté pour le débiteur d'en donner une autre en payement ; *una res est in obligatione, et altera in facultate solutionis* (1). L'expression d'obligation facultative est impropre ; il est de l'essence d'une obligation d'impliquer une nécessité juridique ; l'épithète de facultative contredit donc le mot obligation. Aussi, dans l'obligation dite facultative, n'est-ce point l'obligation elle-même qui est facultative ; c'est la dation en payement

(34) De plus, en vertu de la loi *Aquilia*, le débiteur obtiendra à titre de peine la plus-value que la chose détruite par le créancier avait dans l'année ou le mois antérieurs au délit.

Quelqu'un devait alternativement Stichus ou Pamphilus, chacun d'une valeur de 20. Pamphilus vint à décéder. Quant à Stichus, il contracta un défaut qui réduisit son prix à 10, et dans l'année suivante il fut tué par le créancier. Non seulement le débiteur sera libéré, mais le créancier lui devra une peine de 10. En effet, si Stichus n'avait pas fait l'objet d'une obligation, son propriétaire aurait obtenu une indemnité de 10 et une peine de 10. Dans l'espèce, Stichus étant dû à celui qui le tua, le débiteur sera indemnisé par sa libération et réclamera la peine de 10.

Quelqu'un devait à son choix Stichus du prix de 10 ou Pamphilus valant 20. Pamphilus mourut de mort naturelle et dans l'année suivante le créancier tua Stichus. Le débiteur sera libéré et le créancier lui devra encore 10 à titre de peine. En effet, dans l'année avant sa mort, Stichus valait 20 pour le débiteur ; il était alors dû alternativement avec Pamphilus du prix de 20, et le débiteur pouvait se libérer de cette dette de 20 en payant Stichus (D. 9, 2, *ad leg. Aquil.*, L. 55, v^is Hac quidem ratione, etiamsi post mortem Pamphili intra annum occidatur, « pluris videbitur fuisse. » « Par ce motif aussi, lorsque Stichus est tué dans « l'année après le décès de Pamphilus, il sera considéré comme valant plus (que - le jour où il a été tué). »).

Cf. Vangerow, III, § 569, *Anm.* 2, n° I, 3°, B, et Mommsen, *Beiträge* I, § 26, p. 317-318.

(1) D. 42, 1, *de re judic.*, L. 6, § 1.

qui a ce caractère; le débiteur a la faculté de donner en payement une chose autre que la chose due [2].

2° Cette faculté suppose une convention spéciale ou bien une disposition spéciale de la loi ; car elle est éminemment exceptionnelle ; en principe le débiteur doit payer la chose due elle-même ; il ne peut contraindre le créancier à en accepter une autre en payement [2]. Il y aura donc une obligation facultative lorsque je promets le cheval A, en me réservant le droit de payer le cheval B, si je le juge convenable. Nous avons rencontré d'autres obligations facultatives conventionnelles dans les théories de la clause pénale[3] et de la dation d'arrhes [4]. D'autre part, en vertu de la loi, le tiers détenteur d'un bien hypothéqué est obligé de le restituer au créancier hypothécaire, mais il peut se libérer de cette obligation en payant la dette hypothécaire [5]. Celui qui a acheté une chose au-dessous de la moitié de sa valeur réelle, et qui pour ce motif est tenu de la restituer au vendeur, se soustrait à cette restitution en payant le supplément de la valeur réelle [6]. Enfin, si un esclave commet un délit privé, le tiers détenteur de l'esclave échappe à l'obligation de payer la peine et les dommages et intérêts dus à raison du délit, en faisant l'abandon de l'esclave coupable [7].

3° Le principe fondamental sur l'obligation facultative est qu'elle ne comprend qu'une seule chose; une chose unique est due; celle que le débiteur a la faculté de payer en son lieu et place, ne fait nullement l'objet de la dette [8]. C'est par là que l'obligation facultative se sépare des obligations conjonctives ou alternatives, lesquelles comprennent plusieurs choses. Il s'ensuit que l'obligation facultative, nulle par rapport à la chose due, est nulle pour le tout; le créancier ne peut réclamer et le débiteur ne doit payer que la chose faisant l'objet de l'obligation; enfin, la perte accidentelle de cette chose libère complètement le débiteur; notamment si la chose vendue

---

(2) Cf. ci-dessus § 6, I, 1°. — (3) § 27, I, 2°. — (4) § 29, 1, 1° i. f.

(5) D. 20, 6, *quib. mod. pignus solv.*, L. 12, § 1.

(6) C. 4, 44, *de rescind. vendit.*, L. 2. — Cf. ci-après T. II, § 110, 1°, et § 116.

(7) D. 42, 1, *de re judic.*, L. 6, § 1. — Cf. ci-après T. III, § 214.

(8) L. 6, § 1, cit.

au-dessous de la moitié de sa véritable valeur périt par accident chez l'acheteur, celui-ci ne doit plus rien au vendeur.

SECTION 1V. — DES OBLIGATIONS CIVILES ET DES OBLIGATIONS NATURELLES.

WEBER, *Systematische Entwickelung der Lehre von den natürlichen Verbindlich-keiten*, Leipzig, 1825, 5ᵐᶜ édition; 1ʳᵉ édition de 1784.

REINHARDT, *Die Lehre des römischen Rechts von der Verbindlichkeit im Allgemeinen und von der natürlichen Verbindlichkeit insbesondere*, Stuttgardt, 1827.

LELIÈVRE (A.), *De obligatione naturali ex sententia Romanorum*, Louvain, 1827.

CHRISTIANSEN, *Zur Lehre von der naturalis obligatio und condictio indebiti*, Kiel, 1844.

HOLTIUS, *den Tex's en van Hall's nederlandsche jaarboeken voor regtsgeleerdheid* VII, p. 529-562, Amsterdam, 1845. Traduit en allemand par SUTRO : *Abhand-lungen civilistischen und handelsrechtlichen Inhalts*, n° 1, Utrecht, 1852. Nous citons d'après la traduction.

SCHWANERT, *Die Naturalobligationen des römischen Rechts*, Gœttingen, 1861.

MACHELARD, *Des obligations naturelles en droit romain*, Paris, 1861.

MASSOL, *De l'obligation naturelle et de l'obligation morale en droit romain et en droit français*, p. VI-LIV, et p. 1-215, Paris, 1862, 2ᵉ édition; 1ʳᵉ édition de 1858.

§ 46. *Règles générales.*

L'obligation civile (*obligatio civilis*) est celle qui se fonde sur le droit civil; c'est à elle que s'applique la définition : *obligatio est juris vinculum, quo necessitate adstringimur alicujus solvendæ rei* SECUNDUM NOSTRÆ CIVITATIS JURA [1]. L'obligation naturelle (*obligatio naturalis*) est celle qui ne se fonde que sur le droit des gens; *is natura debet, quem jure gentium dare oportet* [2]. La division dont il s'agit est donc le produit de l'antagonisme, si fréquent dans la législation romaine, du droit civil et du droit des gens. Les obligations civiles sont celles du droit civil; les obligations naturelles sont celles du droit des gens. Mais, tandis que dans les autres théories l'institution du *jus gentium* s'est généralement confondue avec l'institution civile, dans le domaine des obligations l'antithèse est demeurée en pleine vigueur, et encore sous Justinien les obligations naturelles sont soumises à des règles propres et continuent à différer essentiellement des obligations civiles. Ce n'est pas à dire

(1) I. 3, 13, *de obligat.*, pr. — (2) D. 50, 17, *de R. J.*, L. 84, § 1.

que le droit des gens n'ait exercé dans l'espèce aucune influence ; il a fait admettre comme obligations civiles de nombreux rapports obligatoires qui n'étaient d'abord que naturels[2a] ; la sphère des obligations civiles s'est donc élargie, et il est arrivé ainsi que, parmi ces obligations, les unes sont basées exclusivement sur le droit civil et que les autres reposent à la fois sur le droit civil et le droit des gens ; ces dernières ont, par suite de leur adoption, dépouillé leur caractère primitif d'obligations naturelles, et rien ne les distingue plus des obligations purement civiles. La notion du droit des gens a un lien intime avec celle du droit naturel ; les institutions reconnues par tous les peuples civilisés sont presque toujours conformes à la raison. Si l'on tient compte de ce point de vue, les obligations naturelles se présentent à nous comme fondées sur la loi naturelle, la raison ou l'équité[3], bien qu'elles n'aient pas été

(2a) Cf. D. I, 1, *de just. et jure*, L. 5.

(3) Cette idée apparaît déjà dans les expressions *obligatio naturalis* (I. 3, 20, *de fidejuss.*, § 1 ; D. 46, 1, *de fidejuss.*, L. 8, § 3 initio, L. 16, § 3, L. 21, § 2), *natura debere* (D. 50, 17, *de R. J.*, L. 84, § 1 ; D. 16, 2, *de compens.*, L. 6 ; D. 46, 3, *de solut.*, L. 101, § 1) et autres analogues (D. 35, 1, *de condit. et demonstr.*, L. 40, § 3 ; D. 12, 6, *de condict. indeb.*, L. 59, L. 64). Mais elle est indiquée directement dans plusieurs textes :

En parlant de l'obligation naturelle du maître envers son esclave, Tryphonin dit au D. 12, 6, *de condict. indeb.*, L. 64 : *libertas naturali jure continetur* et dominatio ex gentium jure introducta est.

Dans un passage de Papinien (D. 46, 3, *de solut.*, L. 95, § 4) nous lisons : Naturalis obligatio... justo pacto... ipso jure tollitur, quod *vinculum æquitatis, quo solo sustinebatur*, conventionis æquitate dissolvitur.

La plupart des auteurs modernes admettent que les obligations naturelles des Romains sont des rapports obligatoires fondés sur le droit des gens ou le droit naturel (REINHARDT, cité, § 25-49. — GŒSCHEN, II (2), § 371, II, A, p. 4. — SCHILLING, III, § 229 initio. — PUCHTA, *Institut.* III, § 268, p. 66-69, *Pand.*, § 237 initio, et *Vorles.* II, § 237 initio. — DE SAVIGNY, cité, I, § 5-7. — SINTENIS, II, § 82, et notes 9-17. — MACHELARD, cité, p. 536-548. — MASSOL, cité, p. 6-7. — ORTOLAN, III, n° 1180. — ARNDTS, § 217. — MAYNZ, II, § 193 initio. — NAMUR, I, § 212, 1 et 2). WEBER, cité, § 4 et 54, MOLITOR, cité, I, n°s 14 et 20 initio, et WINDSCHEID, II, § 287, sont au fond du même avis.

Tout autre est le système de HOLTIUS (dissertation citée) et de SCHWANERT (cité, § 2-5). D'après ces deux interprètes, l'obligation naturelle exigerait en général les mêmes conditions que l'obligation civile. Mais ils sont forcés de reconnaître que l'incapacité du débiteur n'était pas un obstacle à la formation d'une obligation

reconnues par la loi civile. Elles se distinguent donc par deux caractères. D'un côté elles sont conformes à la raison ou à l'équité ; celles-ci commandent de leur attribuer une valeur juridique. D'un autre côté, elles ne sont pas reconnues d'une manière pleine et entière par la loi civile, et notamment elles ne produisent jamais une action ; le droit de poursuivre un débiteur en justice pour le contraindre à payer est un effet civil de l'obligation et partant ne peut résulter que d'une obligation fondée sur le droit civil ; une obligation dépourvue d'un fondement civil est impuissante à produire un effet civil(4). Mais l'action est le seul effet qui soit absolument refusé à l'obligation naturelle. Celle-ci est susceptible de produire tous les autres effets de l'obligation, car aucun d'eux n'a un caractère purement civil(5). Il ne faut pas en conclure qu'une obligation naturelle quelconque produise tous ces effets. Il y a parmi les obligations naturelles des degrés divers de puissance ; quelques-unes sont affaiblies et ne donnent lieu qu'à certains de ces effets, à ceux qui sont les moins énergiques ; nous apprendrons à connaître ces obligations naturelles affaiblies dans le paragraphe suivant. Il est donc impossible de déterminer d'une manière générale les effets des obligations naturelles ; il faut examiner chaque cas particulier(6). Les

naturelle, et nous établirons plus loin (§ 47, I) la proposition contestée que le simple pacte, c'est-à-dire la convention des parties non reconnue par le droit civil, constituait la source la plus importante des obligations naturelles (MACHELARD, cité, p. 538-547).

(4) D. 2, 14, *de pact.*, L. 7, § 4, v^{is} nuda pactio obligationem non parit, sed parit exceptionem. Le mot ' obligationem ' équivaut ici à ' actionem ' (Arg. D. 50, 16, *de V. S.*, L. 10). — THÉOPHILE, III, 20, § 1.

C'est parce que le créancier naturel n'a pas d'action que certains textes disent qu'il n'est pas créancier (D. 50, 16, *de V. S.*, L. 10 ; cf. D. 44, 7, *de O. et A.*, L. 42, § 1) ou que l'obligation naturelle n'est pas une obligation (Arg. D. 2, 14, *de pact.*, L. 7, § 4 i. f.). Voyez encore les I. 3, 13, *de oblig.*, pr.

(5) D. 2, 14, *de pact.*, L. 7, § 4 i. f. ; D. 46, 1, *de fidejuss.*, L. 16, § 3-4.

A cet autre point de vue nos sources représentent l'obligation naturelle comme une obligation véritable (D. 46, 1, *de fidejuss.*, L. 16, § 4, v^{is} licet minus proprie debere dicantur naturales debitores, per abusionem intellegi possunt debitores et, qui ab his pecuniam recipiunt, debitum sibi recepisse).

(6) DE SAVIGNY, cité, I, § 12, p. 100-106, SCHWANERT, cité, § 9-11, MACHELARD, cité, p. 18-20, 524, et WINDSCHEID, II, § 288, et note 4.

seuls effets que l'on puisse considérer comme essentiels, sont les avantages les plus affaiblis de l'obligation naturelle (7). Voyons maintenant quels sont les différents effets que les obligations naturelles sont susceptibles de produire.

1° Avant tout, l'obligation naturelle peut produire une exception ; c'est son effet capital ; aussi a-t-on défini l'obligation naturelle celle qui produit une exception, mais non une action (8). Le créancier naturel qui oppose une exception à son débiteur, ne fait que demander le maintien du statu quo ; il se borne à se défendre ; or la loi naturelle justifie cette défense. L'exception prémentionnée est utile au créancier naturel à plusieurs points de vue. — En premier lieu, le débiteur naturel qui a exécuté son obligation, n'est pas admis à répéter ce qu'il a payé ; sa *condictio indebiti* serait repoussée par voie d'exception ; car il a payé une chose due, un *debitum*, ce qui exclut la *condictio indebiti* (9). Cette exclusion n'avait pas besoin d'être prononcée dans le cas où le débiteur savait qu'il n'était tenu que naturellement ; car alors même que quelqu'un paye ce qu'il sait ne devoir en aucune façon, il ne peut pas répéter ; il est censé avoir voulu faire une libéralité (10). La véritable portée de la règle énoncée est donc que le débiteur naturel qui a cru être obligé civilement, ne peut pas répéter ce qu'il a payé (11). Mais il faut toujours qu'il ait cru exécuter l'obligation dont il s'agit et non pas une autre dont il avait admis faussement l'existence (12). — En second lieu, lorsque le

(7) L'effet le plus énergique de l'obligation naturelle est l'exception qui appartient au créancier naturel et qui lui permet notamment de repousser la *condictio indebiti*. Nous verrons au § 47 que plusieurs obligations naturelles en sont dépourvues. Il est donc inexact de soutenir que l'obligation naturelle a pour effet essentiel d'empêcher la répétition de ce qui a été payé en exécution de cette obligation (MAYNZ, II, § 193, p. 124).

(8) D. 2, 14, *de pact.*, L. 7, § 4 i. f.; D. 46, 3, *de solut.*, L. 94, § 3, v^{is} speciem obligationis, quæ habuit auxilium exceptionis.

(9) D. 12, 6, *de condict. indeb.*, L. 13, pr. initio, L. 19, pr., L. 32, § 2, L. 51, L. 64; D. 14, 6, *de scto Maced.*, L. 9, § 4-5, L. 10.

(10) D. 12, 6, *de condict. indeb.*, L. 1, § 1; D. 50, 17, *de R. J.*, L. 53.

(11) D. 12, 6, *de condict. indeb.*, L. 26, § 12, v^{is} Libertus cum.......... repetere non potest, L. 64.

(12) Arg. D. 14, 6, *de scto Maced.*, L. 20 (Cf. ci-après note 18 du présent paragraphe).

créancier naturel devient de son côté débiteur civil de la même personne, et qu'il est poursuivi en la dernière qualité, il a la faculté d'opposer en compensation sa créance naturelle ; ici encore il s'en prévaut par voie d'exception. A doit naturellement 1000 à B ; il acquiert contre lui une créance civile de 1000 ; s'il actionne B en payement de ces 1000, il sera repoussé par la compensation [13]. — En troisième lieu, et en dehors d'un payement fait par le débiteur, l'obligation naturelle, comme l'obligation civile, justifie un droit de rétention de la part du créancier naturel, s'il existe un rapport de connexité entre sa créance naturelle et la chose qu'il veut retenir. Possesseur de bonne foi de la chose d'autrui, j'y fais des impenses utiles. Le propriétaire a l'obligation naturelle de me rembourser ces impenses jusqu'à concurrence de la plus-value qu'elles ont procurée à la chose, parce que, dans cette limite, il s'enrichit à mes dépens. S'il revendique contre moi, je puis retenir la chose jusqu'à ce qu'il m'ait payé ; il existe une connexité entre ma créance naturelle et la chose que je veux retenir ; ma créance naturelle résulte précisément d'impenses faites à cette chose [14].

2° L'obligation naturelle peut être garantie par un cautionnement [15] ou par une hypothèque [16]. Elle peut aussi être reconnue comme obligation civile par la voie du constitut [17] ou bien être novée par une pareille obligation [18]. Et le débiteur naturel lui-

---

(13) D. 16, 2, *de compens.*, L. 6. « Etiam quod natura debetur, venit in compen-« sationem. »

(14) Cf. D. 12, 6, *de condict. indeb.*, L. 51. « Ex quibus causis retentionem qui-« dem habemus, petitionem autem non habemus, ea si solverimus, repetere non « possumus. »

De même, le chef de famille devenu créancier naturel de ses esclaves ou enfants sous puissance, lorsqu'il est poursuivi par l'*actio de peculio*, peut déduire du pécule le montant de sa créance naturelle contre l'esclave ou l'enfant (D. 15, 1, *de pecul.*, L. 9, § 2 ; D. 12, 6, *de condict. indeb.*, L. 38, § 1). Réciproquement, le chef de famille devenu débiteur naturel de son esclave ou de son enfant doit tenir compte de cette dette (L. 38, § 2, cit., v⁰ˢ Contra si.......... computetur).

(15) I. 3, 20, *de fidejuss.*, § 1 i. f. ; D. 46, 1, *eod.*, L. 6, § 2, L. 7, L. 16, § 3. — D. 13, 5, *de pec. constit.*, L. 1, § 7.

(16) D. 20, 1, *de pignor.*, L. 5, pr. i. f. ; D. 12, 6, *de condict. indeb.*, L. 13, pr. i. f.

(17) D. 13, 5, *de pec. constit.*, L. 1, § 7.

(18) D. 46, 2, *de novat.*, L. 1, § 1 initio ; D. 39, 5, *de donat.*, L. 19, § 4. La nou-

même peut, aussi bien qu'un tiers, fournir l'hypothèque[19], faire le
constitut[20] ou la novation[21]. Ces différents moyens par lesquels
on fortifie l'obligation naturelle, produisent au reste les mêmes effets
que s'ils étaient appliqués à une obligation civile, et surtout il en
résulte une action. Le fidéjusseur d'une obligation naturelle est
soumis à l'*actio ex stipulatu,* bien que le débiteur principal ne puisse
pas être poursuivi en justice [22]. Pareillement, le créancier naturel
qui a reçu une hypothèque, dispose de l'action hypothécaire, malgré
l'absence d'une action personnelle contre le débiteur. La dernière
proposition se justifie déjà par l'analogie de la fidéjussion. On ne peut
pas objecter que l'hypothèque étant un accessoire de l'obligation
principale, doit participer de la nature de celle-ci; l'on peut seulement conclure du caractère accessoire de l'hypothèque qu'elle exige
une obligation principale, et nullement qu'elle doit avoir la même
nature; sa nature est très différente. Peu importe aussi que le
créancier naturel ne puisse pas céder aux tiers détenteurs de la chose
hypothéquée une action personnelle contre le débiteur; ce n'est pas
là un motif de le dépouiller de son action hypothécaire; il bénificiera
de la règle qu'à l'impossible nul n'est tenu, et faute d'avoir une
créance civile, il pourra se borner à céder une créance naturelle[23].

velle obligation peut elle-même n'être que naturelle (D. 46, 2, *de novat.*, L. 1, § 1
i. f.; cf. I. 3, 29, *quib. mod. oblig. toll.*, § 3 initio). Mais il faut que les parties
aient bien voulu nover l'obligation naturelle; la novation serait nulle si le débiteur naturel avait eu en vue une autre dette (D. 14, 6, *de scto Maced.*, L. 20). Voyez
Windscheid, II, § 288, note 11 i. f.

(19) D. 12, 6, *de condict. indeb.*, L. 13, pr. i. f.

(20) Arg. D. 13, 5, *de pec. constit.*, L. 1, § 7. — (21) D. 39, 5, *de donat.*, L. 19, § 4.

(22) D. 46, 1, *de fidejuss.*, L. 60 initio; Théophile, I. 3, 20, § 1. — Cf. ci-dessus
§ 32, 2° i. f.

(23) Arg. D. 20, 1, *de pignor.*, L. 14, § 1, C. 8, 30 (31, édition Kriegell), *de luit.
pign.*, L. 2, et C. 10, 8, *de fiscal. usur.*, L. 2.

Là 1re loi pose le principe que si l'obligation hypothécaire devient naturelle,
l'hypothèque subsiste (pignus perseverare); l'hypothèque n'est donc pas affectée
par la transformation de l'obligation principale en simple obligation naturelle,
c'est-à-dire que l'action hypothécaire subsiste.

La 2de loi reconnaît aussi la persistance de l'hypothèque après que le créancier
a perdu son action personnelle (vincula pignoris durare).

La 3e s'occupe d'intérêts promis sous la garantie d'une hypothèque, mais par un

Toutefois, quelques interprètes du droit romain dénient l'action hypothécaire au créancier naturel et ne lui accordent qu'un simple droit de retention sur la chose hypothéquée, s'il l'a en sa possession (24).

simple pacte ajouté à un *mutuum* (si eas (*usuras*) dependi saltem pacto placuit). L'obligation de payer les intérêts était simplement naturelle, et néanmoins la constitution décide que les intérêts doivent être prestés (usuras præstare oportet). Cette décision implique que le créancier dispose d'une action, qui ne peut être que l'action hypothécaire.

(24) On nous oppose le Code 4, 32, *de usur.*, L. 4, pr. (L. 4 initio, édition Kriegell), et L. 22 initio. Un débiteur avait promis des intérêts par simple pacte, et avait donné une hypothèque; celle-ci ne garantissait donc qu'une obligation naturelle. Le capital fut remboursé et le débiteur voulut forcer le créancier qui possédait les biens hypothéqués, à en faire la restitution. Les deux rescrits prémentionnés décident que le créancier peut exercer un droit de rétention du chef des intérêts. On en conclut qu'il n'a que ce droit et non celui de poursuivre les biens hypothéqués. L'argument *a contrario* est sans valeur, surtout lorsqu'on considère qu'il s'agit de rescrits rendus *pro subjecta materia.*

Voyez en notre sens FRANCKE, *Zivilistische Abhandlungen*, n° 2, p. 80-85, Gœttingen, 1826, UNTERHOLZNER, cité, I, § 7-8, MOLITOR, cité, I, n° 21, DE SAVIGNY, *System* V, § 250, p. 390, et *Obligationen* I, § 8, 6°, SCHWANERT, cité, § 13, 4°, p. 210-213, MACHELARD, cité, p. 83-84, MASSOL, cité, p. 50-52, DERNBURG, *Pfandrecht* I, § 72, VANGEROW, 1, § 364, *Anm.* 2, et WINDSCHEID, I, § 225, note 8.

Cf. BRINZ, I, § 78 initio, et MAYNZ, T. I, § 155, 1°, § 168, 2° i. f., et note 17, et T. II, § 193, 5°.

Contra WEBER, cité, § 107, et HOLTIUS, cité, p. 26 sq.

A l'ensemble des effets de l'obligation naturelle se rattache le D. 46, 1, *de fidejuss.*, L. 16, § 4. JULIANUS *libro LIII digestorum.*

« Naturales obligationes non eo solo æstimantur, si actio aliqua eorum nomine « competit, verum etiam cum soluta pecunia repeti non potest : nam licet minus « proprie debere dicantur naturales debitores, per abusionem intellegi possunt « debitores et, qui ab his pecuniam recipiunt, debitum sibi recepisse. »

La première partie de ce passage est reproduite par Ulpien au D. 44, 7, *de O. et A.*, L. 10. « Naturales obligationes non eo solo æstimantur, si actio aliqua eorum « nomine competit, verum etiam eo, si soluta pecunia repeti non possit. »

A notre avis, Julien veut dire que les obligations naturelles sont utiles d'abord si (*si*) le créancier naturel dispose d'une action, par exemple contre les fidéjusseurs dont Julien s'occupe dans le § 3 de la loi 16 citée, ensuite parce que (*cum*) le débiteur naturel ne peut pas répéter.

Voyez en ce sens GLÜCK, I, § 26, p. 189-190, et note 44, WEBER, cité, § 51, et note 2, UNTERHOLZNER, cité, I, § 6, I i. f., VANGEROW, III, § 567, texte 1, et MAYNZ, II, § 193, note 10.

D'après une autre interprétation, Julien voudrait dire qu'il existe deux sortes

Tels étant les effets multiples que l'obligation naturelle est susceptible de produire, elle n'a rien de commun, soit avec l'obligation inexistante ou nulle de plein droit (*obligatio ipso jure nulla vel reprobata*), comme les dettes résultant du jeu ou de conventions usuraires, ni avec l'obligation inefficace (*obligatio inanis vel inefficax*) à raison d'exceptions péremptoires telles que l'*exceptio doli*, l'*exceptio quod metus causa*, et l'*exceptio senatus consulti Velleiani*. Ces obligations sont dépourvues de tout effet juridique[25]; elles ne constituent pas des obligations véritables[26].

§ 47. *Des diverses obligations naturelles.*

Conformément à ce que nous avons dit ci-dessus[1], il faut admettre une obligation naturelle toutes les fois qu'un rapport de la vie sociale est obligatoire au point de vue du droit des gens ou du droit naturel, sans avoir été reconnu d'une manière pleine et entière par la loi civile.

I. Avant tout se présentent les obligations naturelles naissant de simples pactes. Jusque dans le dernier état du droit romain, la simple convention des parties n'est pas en général civilement obligatoire; elle ne procure aucune action au stipulant. Les seules conventions produisant des effets civils sont celles qui ont été spéciale-

---

d'obligations naturelles, les unes fondées sur le droit des gens mais munies d'une action par le droit civil, les autres basées exclusivement sur le droit des gens et dépourvues d'action. Les termes *si* et *cum* dont se sert Julien, prouveraient qu'il entend parler de cas différents d'obligations et non pas des effets différents d'une seule et même obligation (DE SAVIGNY, cité, I, § 7, p. 39-41, et MACHELARD, cité, p. 12-15). Mais nous venons de voir que les mots *si* et *cum* s'expliquent parfaitement lorsqu'on les rapporte aux différents effets de l'obligation naturelle proprement dite.

Cf. MASSOL, cité, p. 28-31, et WINDSCHEID, II, § 288, note 11 initio.

(25) D. 12, 6, *de condict. indeb.*, L. 26, § 3, L. 54. — D. 13, 5, *de pec. constit.*, L. 3, § 1; D. 13, 7, *de pignor. act.*, L. 11, § 3 i f. cbn. avec l'initium; D. 46, 1, *de fidejuss.*, L. 29, L. 70, § 4-5.

(26) D. 40, 12, *de liber. causa*, L. 20, § 3. « Obligatum accipere debemus, si « exceptione se tueri non potest : ceterum si potest, dicendum non esse obli- « gatum. »

(1) § 46 initio.

15

ment reconnues par le droit romain et ont ainsi acquis, en quelque sorte, le droit de cité romaine. En dehors de ces espèces déterminées, il n'y a que de simples pactes, dépourvus d'action (2). Mais il en résulte au moins une obligation naturelle et ils constituent la source la plus importante des obligations naturelles du droit romain; car en principe toute convention est un *nudum pactum*. Cependant, cette solution est vivement contestée et une école nombreuse enseigne que le simple pacte ne crée pas d'obligation naturelle. Nos motifs sont les suivants. L'obligation naturelle est celle qui se fonde sur le droit des gens ou naturel; or quoi de plus conforme au *jus gentium* ou à l'équité naturelle que la force obligatoire de la libre convention des parties? la forme de la stipulation était purement nationale, inconnue du droit des gens et de la loi naturelle. C'est ce que les Romains reconnaissent d'une manière explicite (3). En outre, le simple pacte produit l'effet le plus énergique de l'obligation naturelle, à savoir une exception (4). Enfin, notre opinion est formellement consacrée dans un cas particulier d'une grande importance; la simple convention d'intérêts crée, d'après nos sources, une obligation naturelle (5); le débiteur qui paye les intérêts ainsi promis, ne peut pas les répéter (6), et ils peuvent être garantis par une hypothèque (7). En sens contraire, on fait valoir cette considération

(2) Paul, II, 14, § 1; D. 2, 14, *de pact.*, L. 7, § 4, L. 45.

(3) D. 2, 14, *de pact.*, L. 1, pr. « Hujus edicti æquitas naturalis est. Quid enim « tam congruum fidei humanæ, quam ea quæ inter eos placuerunt servare? »

D. 46, 3, *de solut.*, L. 95, § 4. « Naturalis obligatio... justo pacto... ipso jure « tollitur, quod *vinculum æquitatis, quo solo sustinebatur*, conventionis æquitate « dissolvitur. »

D. 50, 17, *de R. J.*, L. 84, § 1. « Is natura debet, quem jure gentium dare oportet, « *cujus fidem secuti sumus.* »

(4) D. 2, 14, *de pact.*, L. 7, § 4 i. f., « Nuda pactio obligationem non parit, sed « parit exceptionem. » Il nous paraît difficile de restreindre ce texte absolu au *pactum de non petendo*, et de ne pas y voir l'exclusion de la *condictio indebiti*.

(5) D. 46, 3, *de solut.*, L. 5, § 2, v^is si sint usuræ debitæ et aliæ indebitæ,.. puta « quædam earum ex stipulatione, *quædam ex pacto naturaliter debebantur*. »

(6) L. 5, § 2, cit., v^is ex pacti conventione datæ repeti non possunt; C. 4, 32, *de usur.*, L. 3, v^is ex pacti conventione solutæ neque ut indebitæ repetuntur...

(7) D. 13, 7, *de pignor. act.*, L. 11, § 3; C. 4, 32, *de usur.*, L. 4, pr. (L. 4 initio, édition Kriegel), L. 22.

que lorsque les parties ont négligé d'employer la forme de la stipulation, il y a doute sur le point de savoir si elles ont eu l'intention
sérieuse de contracter, et que ce doute doit exclure l'obligation
naturelle comme l'obligation civile. Si un pareil doute existe en
effet, il n'y aura pas de consentement réel et partant pas de pacte[8].
Mais ce doute ne se présume point; il a besoin d'être établi; toutes
les fois qu'un consentement a été donné, il doit être réputé sérieux
jusqu'à preuve contraire. On objecte encore que la convention
relative à un contrat réel innomé constitue un simple pacte et que
cependant, si l'une des parties exécute ce pacte, elle peut répéter
par la *condictio causa data causa non secuta* ce qu'elle a payé, ce
qui serait incompatible avec l'existence d'une obligation naturelle.
Mais nous n'admettons pas que, dans le cas indiqué, le payant
puisse répéter par sa seule volonté, *ex mera pœnitentia*; il ne le peut
que du chef de l'inexécution de l'obligation de la partie adverse,
comme conséquence de la rescision de la convention[9].

Au reste, l'obligation naturelle résultant du simple pacte produit

Il est arbitraire de représenter les lois citées aux notes 5-7 comme des dispositions exceptionnelles justifiées par l'équité; elles fondent l'obligation naturelle de
payer les intérêts uniquement sur le pacte; d'une exception motivée par l'équité il
n'est pas question.

(8) De cette façon s'explique le D. 45, 1, *de V. O.*, L. 1, § 2, passage auquel nos
adversaires attachent une grande importance. ·

« Si quis ita interroget ' dabis '? responderit ' quid ni '?, et is utique in ea causa
« est, ut obligetur : contra si sine verbis adnuisset. Non tantum autem civiliter,
« sed nec naturaliter obligatur, qui ita adnuit : et ideo recte dictum est non obli-
« gari pro eo nec fidejussorem quidem. »

Le signe de tête affirmatif en réponse à une question de stipulation ne crée pas
même une obligation naturelle. Pourquoi? parce qu'il n'y a pas plus simple pacte
que stipulation; les parties n'ont pas voulu contracter par simple pacte (Cf. D.
44, 7, *de O. et A.*, L. 3, § 2, L. 54).

(9) Cf. ci-après T. II, § 101, 1°.

Voyez en notre sens MOLITOR, cité, I, n° 22, DE SAVIGNY, cité, I, § 9, A, p. 53-
59, MACHELARD, cité, p. 28-82, DEMANGEAT, II, p. 455-457, VANGEROW, III, § 599,
Anm., n° IV, 2°, p. 240-241, MAYNZ, II, § 193, 2) initio, et NAMUR, 1, § 212, 6, 2°.

Contra LELIÈVRE, cité, p. 21, MEYERFELD, *Schenkungen* I, § 18, p. 344-346,
UNTERHOLZNER, cité, I, § 23, HOLTIUS, cité, p. 7-16, SCHWANERT, cité, § 11,
IHERING, *Geist des römischen Rechts* I, § 11a, note 45, et WINDSCHEID, II, § 289,
note 1 i. f.

tous les effets dont sont susceptibles les obligations naturelles en général [10].

II. Une autre source importante des obligations naturelles est l'incapacité du sujet.

1° D'après le droit positif de Rome, les esclaves n'étant pas des personnes, ne pouvaient être civilement débiteurs ou créanciers, ni vis-à-vis de leur maître [11], ni vis-à-vis des tiers [12]. Leurs délits seuls les obligeaient civilement envers les tiers [13]. — D'autre part, ces délits soumettaient leur maître à l'action noxale [14], et les conventions que les esclaves concluaient avec les tiers, procuraient une obligation civile à leur maître [15] ou bien obligeaient civilement ce dernier à l'*actio de peculio* [16]. — Même l'affranchissement de l'esclave ne le rendait pas débiteur ou créancier civils [17]. Mais, sinon en vertu du droit des gens, au moins en droit naturel, tout homme est une personne [18] et à ce titre capable de figurer dans une obligation. C'est pourquoi on admettait une obligation naturelle au profit ou à charge de l'esclave [19]. Et cette obligation naturelle produit, après que l'esclave a acquis la liberté, tous les effets attachés aux obligations naturelles en général [20].

(10) Voyez les textes cités aux notes 6 et 7 du présent paragraphe.

(11) I. 3, 19, *de inutil. stipul.*, § 6 initio ; Arg. D. 47, 2 *de furt.*, L. 16.

(12) I. 3, 19, *de inutil. stipul.*, § 6, v[is] sed servus quidem non solum domino suo obligari non potest, sed ne alii quidem ulli; D. 44, 7, *de O. et A.*, L. 14, v[is] ex contractibus autem civiliter quidem non obligantur; D. 50, 17, *de R. J.*, L. 22, pr., L. 107. — (13) D. 44, 7, *de O. et A.*, L. 14 initio. — (14) I. 4, 8, *de noxal. act.*, pr.

(15) I. 3, 28, *per quas pers. nob. oblig. adquir.*, pr. initio.

(16) I. 4, 7, *quod cum eo qui in al. potest.*, § 4 (§ 4 initio, édition Kriegel).

(17) Paul, II, 13, § 9; C. 4, 14, *an servus ex suo facto post manum. ten.*, L. 1, L. 2, L. 5.

(18) I. 1, 2, *de jure natur. et gent. et civ.*, § 2 i. f.; D. 50, 17, *de R. J.*, L. 32 i. f.

(19) D. 44, 7, *de O. et A.*, L. 14, v[is] sed naturaliter et obligantur et obligant; D. 12, 6, *de condict. indeb.*, L. 64 i. f.; D. 35, 1, *de condit.*, L. 40, § 3. On l'admettait vis-à-vis du maître ou des tiers (I. 3, 20, *de fidejuss.*, § 1 i. f.).

(20) D. 12, 6, *de condict. indeb.*, L. 64; D. 44, 7, *de O. et A.*, L. 14 i. f. — D. 40, 7, *de statulib.*, L. 20, § 2. — I. 3, 20, *de fidejuss.*, § 1 i. f. — D. 39, 5, *de donat.*, L. 19, § 4 initio. Pendant la servitude, les effets de l'obligation naturelle de l'esclave sont au contraire très restreints (D. 12, 6, *de condict. indeb.*, L. 13, pr.; I. 3, 29, *quib. mod. oblig. toll.*, § 3, v[is] Non idem juris est........ fuisset).

2° Une obligation civile était tout aussi impossible entre personnes unies par la puissance paternelle, entre le père de famille et son enfant, entre deux frères soumis à la même puissance. Dans la famille romaine régnait l'unité de personne; le chef de famille et ses enfants étaient censés ne former qu'une seule personne[21]. Or on ne saurait se trouver dans un rapport obligatoire avec soi-même[22]. Le père et ses enfants sous puissance ne devenaient pas non plus débiteurs ou créanciers civils après la dissolution de la puissance paternelle[22a]. La règle cessait seulement avec son motif pour les contrats conclus par rapport aux pécules castrain ou quasi-castrain[23]; quant à ces pécules, le fils était réputé former une personne propre, comme s'il avait été père de famille[24]. Mais l'unité de personne entre le père et ses enfants sous puissance était une fiction du droit civil; elle était étrangère au droit des gens et partant on reconnaisssait dans l'espèce l'existence d'une obligation naturelle[25]. Celle-ci jouissait immédiatement de toute l'efficacité des obligations naturelles[26].

(21) C. 6, 26, *de impub. et de al. substitut.*, L. 11, § 1 i. f. (L. 11 i. f., édition Kriegel); arg. 1. 3, 19, *de inutil. stipul.*, § 4 i. f., et D. 47, 2, *de furt.*, L. 16 i. f.

(22) I. 3, 19, *de inutil. stipul.*, § 6 initio; D. 5, 1, *de judic.*, L. 4, L. 11; D. 18, 1, *de contr. empt.*, L. 2, pr.; D. 41, 6, *pro donato*, L. 1, § 1; D. 47, 2, *de furt.*, L. 16.

(22a) D. 12, 6, *de condict. indeb.*, L. 38, pr., § 1-2.

(23) D. 5, 1, *de judic.*, L. 4 i. f.; D. 18, 1, *de contr. empt.*, L. 2, pr. i. f.

(24) D. 14, 6, *de scto Maced.*, L. 2 i. f.

(25) D. 12, 6, *de condict. indeb.*, L. 38, pr. initio, § 1 initio et 2 initio.

(26) L. 38, pr., § 1-2, cit. — D. 46, 1, *de fidejuss.*, L. 56, § 1 i. f. Voyez cependant la loi 56, § 1 initio, cit.

La loi 38 citée est la loi ' Frater a fratre ', l'une des *septem leges damnatæ;* elle est tirée d'Africain *libro IX quæstionum.* En voici ie *principium:*

« Frater a fratre, cum in ejusdem potestate essent, pecuniam mutuatus post
« mortem patris ei solvit : quæsitum est, an repetere possit. Respondit utique qui-
« dem pro ea parte, qua ipse patri heres exstitisset, repetiturum, pro ea vero, qua
« frater heres exstiterit, ita repetiturum, si non minus ex peculio suo ad fratrem
« pervenisset : naturalem enim obligationem quæ fuisset hoc ipso sublatam
« videri, quod peculii partem frater sit consecutus, adeo ut, si prælegatum filio
« eidemque debitori id fuisset, deductio hujus debiti a fratre ex eo fieret. Idque
« maxime consequens esse ei sententiæ, quam Julianus probaret, si extraneo quid
« debuisset et ab eo post mortem patris exactum esset, tantum judicio eum fami-
« liæ erciscundæ reciperaturum a coheredibus fuisse, quantum ab his creditor

3° D'après le droit civil, le pupille est seulement capable de stipuler, s'il est âgé de sept ans. Quel que soit son âge, il est incapa-

« actione de peculio consequi potuisset. Igitur et si re integra familiæ erciscundæ
« agatur, ita peculium dividi æquum esse, ut ad quantitatem ejus indemnis a
« coherede præstetur : porro eum, quem adversus extraneum defendi oportet,
« longe magis in eo, quod fratri debuisset, indemnem esse præstandum. »

« Quelqu'un ayant emprunté de l'argent de son frère, alors qu'ils étaient sous la
« puissance de la même personne, le lui remboursa après le décès du père; on a
« demandé s'il peut répéter. Africain répondit qu'il y avait certainement répéti-
« tion pour la part à raison de laquelle (l'emprunteur) lui-même était devenu
« l'héritier de son père, mais que pour la part héréditaire du frère (prêteur), il ne
« pouvait répéter que si ce dernier avait trouvé autant dans le pécule (de l'emprun-
« teur); car, par cela seul qu'il obtenait une partie de ce pécule, l'obligation
« naturelle existante s'éteignait. Cela était si vrai que si ledit pécule (du fils débi-
« teur) lui avait été légué hors part, son frère pourrait déduire la dette du pécule.
« Cette décision (disait Africain) s'accordait parfaitement avec l'opinion suivante
« de Julien : si le fils devait quelque chose à un étranger, et qu'il eût payé après le
« décès du père, il pouvait, à l'action en partage de la succession, recouvrer de ses
« cohéritiers ce que le créancier aurait pu obtenir d'eux par l'*actio de peculio;* par
« conséquent, si l'*actio familiæ erciscundæ* était intentée avant le payement, il était
« juste de partager le pécule sous la condition que l'héritier débiteur serait indem-
« nisé par son cohéritier jusqu'à concurrence du pécule. Dès lors, celui qui
« doit être protégé contre un étranger, doit à plus forte raison être indemnisé
« quand il s'agit d'une dette envers son frère. »

Quelqu'un avait prêté des fonds de son pécule profectice à son frère soumis à la même puissance paternelle. Nous appellerons le prêteur Primus et l'emprunteur Secundus, et nous supposerons un prêt de 2000. Le père de famille vint à décéder laissant comme héritiers Primus et Secundus, mettons chacun pour moitié. Secundus remboursa les 2000 à Primus. Est-il admis à les répéter par la *condictio indebiti?* Pas de doute qu'il ne puisse répéter au moins 1000. En effet, Primus a pris les 2000 dans son pécule profectice, propriété du père de famille; il a fait le prêt pour compte de ce dernier, qui était ainsi devenu le véritable créancier de Secundus. Cette créance paternelle se divise pour moitié entre ses deux héritiers Primus et Secundus, et par conséquent s'éteint par confusion pour les 1000 que Secundus doit maintenant à lui-même; ces 1000 ayant été payés indûment et par erreur sont sujets à répétition. Mais que décider quant à la moitié de la créance échue à Primus? Cette moitié de la créance naturelle contre Secundus subsiste en principe et partant Secundus ne peut pas répéter les 1000 qu'il a payés de ce chef à Primus. Mais la dernière règle souffre une exception et la répétition est encore admise lorsque Secundus avait un pécule profectice à la mort de son père. Dans ce cas, l'obligation naturelle de 1000 de Secundus envers Primus s'éteint jusqu'à concurrence du profit que Primus a retiré du pécule de Secundus. En effet, Primus n'a pas seulement recueilli dans la succession paternelle la créance pré-mentionnée de 1000 contre Secundus; il y a en outre recueilli l'obligation de

ble de s'obliger par contrat sans l'autorisation de son tuteur; sa
volonté est censée ne pas être suffisamment éclairée et partant une
lésion était à craindre; son incapacité civile le protége contre une

payer pour moitié les dettes inhérentes au pécule de Secundus, jusqu'à concurrence de la moitié de ce pécule qui lui est échue. Donc, dans cette limite, il est
débiteur de la moitié des 2000 empruntés par Secundus, soit de 1(00, et comme il
est aussi créancier de ces 1000, l'obligation s'est éteinte par confusion, ce qui
justifie la répétition. Si le pécule de Secundus n'avait procuré que 500 à Primus,
il n'y aurait répétition que pour 500. Que si Primus n'avait rien retiré du pécule
de Secundus, la répétition serait complètement exclue.

A l'appui de sa décision Africain invoque une double analogie.

Supposons d'abord, dit-il, que le pécule de Secundus ait fait l'objet d'un prélegs
en sa faveur, il ne pourra le réclamer que déduction faite de la dette résultant
du prêt fait par Primus; dans notre exemple Primus déduira 2000, qui retomberont
dans la masse partageable. Dès lors, il faut aussi qu'en l'absence du prélegs dont
il s'agit, Primus déduise de sa moitié dans le pécule de Secundus la moitié de
la dette de 2000.

Supposons encore, dit Africain d'après Julien, qu'un fils de famille soit débiteur d'un étranger et que son père décède. Si après ce décès ledit fils paye son
créancier, ses cohéritiers devront lui restituer à l'*actio familiæ erciscundæ* leur
part et portion de la dette, jusqu'à concurrence de leur part dans le pécule du
fils débiteur; car, dans cette limite, ils auraient pu être directement poursuivis
par le créancier au moyen de l'*actio de peculio*. Si, lors de l'exercice de l'*actio
familiæ erciscundæ*, le fils débiteur n'avait pas encore acquitté sa dette, ses
cohéritiers devraient lui fournir une caution en vue de la restitution prémentionnée. A plus forte raison, conclut Africain, Secundus débiteur de Primus doit-il
être défendu contre ce dernier, qui devra employer à l'acquittement de la dette le
profit qu'il a retiré du pécule de Secundus. Cf. MACHELARD, cité, p. 133-142.

De même Africain décide, dans le § 1 de la loi 38, que si un père de famille prête
à son fils et que celui-ci rembourse le prêt après son émancipation, il ne dispose
pas de la *condictio indebiti*; car il a payé une dette naturelle, que le père aurait pu
déduire du pécule du fils émancipé, si un créancier de celui-ci avait intenté l'*actio
de peculio*. Toutefois, le fils peut répéter jusqu'à concurrence du profit que le
père a retiré du pécule; pour ce profit le père est débiteur, en même temps que
créancier; il doit en effet employer le pécule à l'acquittement des dettes du fils;
donc, dans cette limite, sa créance naturelle s'est éteinte par confusion.

Enfin, dans le § 2 de la loi 38, Africain décide que si, en sens inverse, le père est
débiteur du fils de famille etqu'il le paye après son émancipation, la répétition sera
exclue, parce que le père a acquitté une dette naturelle, dont il aurait dû ajouter
l'import au pécule du fils si un créancier de celui-ci avait exercé l'*actio de peculio*.
Que si le père, débiteur de son fils, laisse pour héritier un étranger, et que celui-ci
paye la dette paternelle, la répétition ne sera pas non plus admissible. Cf. MACHE-
LARD, cité, p. 142-148.

lésion possible[27]. Le motif de cette incapacité n'existe pas dans les limites du profit que le pupille a retiré de la convention; ici, loin d'avoir subi une perte, il s'est enrichi aux dépens d'autrui, ce qui n'est permis à personne[28]; c'est pourquoi il est civilement tenu de restituer le profit que la convention lui a procuré au moment de la *litis contestatio* (*in quantum locupletior factus est*)[29]. L'incapacité de s'obliger qui frappe l'impubère, sauf pour l'enrichissement, est conforme au droit des gens ou naturel[30]. Aussi, en principe, l'impubère n'est-il pas même obligé naturellement[31]. Il est admis à répéter ce qu'il a payé en exécution du contrat[32], et celui-ci peut encore moins servir de base à la compensation[33] ou à un droit de rétention. Ainsi tombent les effets les plus puissants des obligations naturelles. Si l'impubère qui a contracté seul, a moins de sept ans, il ne peut pas même être question d'attribuer un effet quelconque au contrat, puisque celui-ci est inexistant comme ayant été conclu par une personne dépourvue de volonté; *infans nullum negotium gerere potest, quia non intellegit, quod agit*[33a]. Mais lorsque le pupille est âgé de sept ans, il a une volonté; la convention qu'il a conclue avec le tiers sans l'autorisation du tuteur, a donc une existence juridique[34]. Elle est seulement frappée d'inefficacité et encore ne l'est-elle qu'en faveur du pupille; le cocontractant ne peut pas se prévaloir de l'inefficacité, puisque à son égard la convention ne renferme aucun vice[35]. La convention conclue par l'impubère ayant une existence légale, rien n'empêche l'impubère de

---

(27) I. 1, 21, *de auctor. tut.*, pr.; I. 3, 19, *de inutil. stipul.*, § 9 et 10 cbn. avec § 8; D. 26, 8, *de auctor. et cons. tut. et curat.*, L. 9, pr. initio; D. 44, 7, *de O. et A.*, L. 43.

(28) D. 12, 6, *de condict. indeb.*, L. 14; D. 50, 17, *de R. J.*, L. 206.

(29) D. 13, 6, *commod.*, L. 3, pr. Un rescrit d'Antonin le Pieux fixa définitivement cette règle, qui ne devait pas être inconnue avant lui (D. 26, 8, *de auctor. et cons. tut. et curat.*, L. 5, pr. i. f.; D. 3, 5, *de neg. gest.*, L. 3, § 4 initio; D. 13, 6, *commod.*, L. 3, pr.). — (30) GAIUS, I, 189.

(31) D. 44, 7, *de O. et A.*, L. 58 (L. 59, édition Kriegel); D. 12, 6, *de condict. indeb.*, L. 41. — (32) L. 41 cit. — (33) Arg. D. 2, 14, *de pact.*, L. 28, pr. initio.

(33a) I. 3, 19, *de inutil. stipul.*, § 10 initio.

(34) Arg. I. 1, 21, *de auctor. tut.*, pr. i. f.; D. 19, 1, *de A. E. et V.*, L. 13, § 29.

(35) Textes cités à la note précédente.

la confirmer[36], soit expressément, soit tacitement[37], pourvu qu'il le fasse d'une manière régulière, c'est-à-dire après être devenu capable[38] ou bien, pendant son incapacité, avec l'autorisation de son tuteur[39] ou le consentement de son curateur. Sous cette condition, il y a confirmation tacite de la convention lorsque le pupille l'exécute volontairement, en pleine connaissance de cause; le payement ainsi fait ne sera donc pas sujet à répétition[40]. De même, la convention conclue par le pupille existant légalement, l'obligation qui en résulte, peut être garantie par un cautionnement[41] ou une hypothèque[42]; elle est aussi susceptible d'être reconnue comme obligation civile par la voie du constitut[43] ou bien de faire l'objet d'une novation[44]. Et le pupille lui-même peut valablement fournir l'hypothèque, faire le constitut[45] ou la novation[46], s'il est devenu capable ou bien s'il agit avec l'autorisation de son tuteur ou le consentement de son curateur. Ce sont là les effets

(36) Cf. C. 2, 45 (46, édition Kriegel), *si major fact. rat. hab.*, L. 1, L. 2

(37) Cf. C. 5, 74, *si major fact.*, L. 3.

(38) Cf. les textes cités aux deux notes précédentes.

(39) Arg. D. 18, 5, *de rescind. vendit.*, L. 7, § 1 initio, et D. 39, 5, *de donat.*, L. 19, § 4 i. f.

(40) D. 12, 6, *de condict. indeb.*, L. 13, § 1. « Item quod pupillus sine tutoris « auctoritate mutuum accepit et locupletior factus est, si pubes factus solvat, non « repetit. » L'enrichissement du pupille est indiqué ici d'une manière surabondante; si le pupille s'est enrichi, il est tenu civilement déjà pendant son impuberté.

Arg. D. 36, 2, *quando dies legat. ced.*, L. 25, § 1, D. 35, 2, *ad leg. Falc.*, L. 21, pr., et D. 46, 3, *de solut.*, L. 44, vis Item si pupillo.......... consequatur. Cf. D. 36, 1, *ad sctum Trebell.*, L. 66 pr. (L. 64, pr., édition Kriegel).

Ces passages ne sont donc pas inconciliables avec le D. 12, 6, *de condict. indeb.*, L. 41, qui exclut d'une manière générale la répétition. Cf. ci-dessus *ad not.* 32.

(41) D. 46, 1, *de fidejuss.*, L. 2, L. 25; D. 45, 1, *de V. O.*, L. 127; D. 46, 3, *de solut.*, L. 95, § 4. Toutefois la validité de la fidéjussion suppose que le fidéjusseur a su qu'il cautionnait un impubère, sinon son erreur annule la fidéjussion (Arg. D. 45, 1, *de V. O.*, L. 6 i. f.). Le fidéjusseur n'a d'ailleurs aucun recours contre le pupille (D. 46, 1, *de fidejuss.*, L. 25 i. f.). Voyez ci-après note 54. Cf. Glück, T. V, § 459, p. 564-'65, cbn. avec T. IV, § 288, note 61, et Machelard, cité, p. 272-274. (42) Arg. des textes cités au commencement de la note précédente.

(43) Arg. D. 18, 5, *de rescind. vendit.*, L. 7, § 1 initio, et D. 39, 5, *de donat.*, L. 19, § 4 i. f.

(44) Arg. 46, 2, *de novat.*, L. 1, § 1. — (45) Arg. des textes cités à la note 43.

(46) Arg. du texte de la note 44.

les plus affaiblis de l'obligation naturelle, et en ce sens restreint on peut dire que le pupille est obligé naturellement (47). En résumé, le pupille âgé de sept ans, lorsqu'il s'oblige sans l'autorisation de son tuteur, est tenu naturellement, sauf que la convention comme telle ne peut pas lui nuire ; elle ne saurait nuire qu'à des tiers ; le stipulant n'acquiert des droits véritables contre l'impubère que si celui-ci conclut régulièrement une seconde convention sur le même objet (48). Il n'existait aucun motif de repousser une obligation naturelle ainsi limitée ; la raison et l'équité commandaient même de l'admettre. Rien n'est plus controversé que la question de savoir si et jusqu'à quel point le pupille est obligé naturellement par les contrats qu'il conclut sans l'autorisation de son tuteur. Les uns contestent complètement l'existence d'une obligation naturelle (49). D'autres au contraire admettent cette obligation avec de pleins effets (50). D'autres encore ne reconnaissent à charge du pupille qu'une obligation naturelle limitée (51);

(47) Des lois très nombreuses l'affirment (D. 12, 2, *de jurejur.*, L. 42, pr.; D. 35, 2, *ad leg. Falcid.*, L. 21, pr. (Cf. D. 46, 3, *de solut.*, L. 44, v[is] in debitum suum); D. 36, 1, *ad sctum Trebell.*, L. 66, pr. (L. 64, pr., édition Kriegel); D. 36, 2, *quando dies leg. v. fideic. ced.*, L. 25, § 1; D. 46, 2, *de novat.*, L. 1, § 1 i. f.; D. 46, 3, *de solut.*, L. 95, § 4 (Cf. § 2, v[is] creditum suum). Ces mêmes lois et d'autres encore (D. 12, 6, *de condict. indeb.*, L. 13, § 1; D. 46, 1, *de fidejuss.*, L. 2; D. 45, 1, *de V. O.*, L. 127) attribuent différents effets de l'obligation naturelle au contrat conclu par le pupille sans l'autorisation de son tuteur.

(48) Cf. MACHELARD, cité, p. 230-232, et WINDSCHEID, II, § 289, 4°.

(49) PUCHTA, *Pand.*, § 237 i. f., et note h, *Vorles.* II, § 237, p. 41.

(50) RUDORFF, *Vormundschaft* II, § 122, II. — DE SAVIGNY, cité, I, § 10, 5°. — DEMANGEAT, T. I, p. 381-383, et T. II, p. 455. — SINTENIS, 1, § 17, et notes 24 et 25. — Cf. MAYNZ, T. II, § 193, 1), et T. III, § 346, note 17.

(51) Voyez en ce sens GLÜCK, IV, § 288, p. 66-71, WEBER, cité, § 71, REINHARDT, cité, § 72-73, UNTERHOLZNER, cité, I, § 78, I, MOLITOR, cité, I, n°s 23-24, SCHWANERT, cité, § 18, MACHELARD, cité, p. 203-233, VANGEROW, I, § 279, *Anm.*, ARNDTS, § 230, *Anm.*, NAMUR, I, § 98, B, 3, et WINDSCHEID, II, § 289, 4°. D'accord pour admettre une obligation naturelle limitée, ces auteurs se séparent lorsqu'il s'agit de fixer l'étendue de la limitation. Les uns accordent seulement la *condictio indebiti* au pupille lorsqu'il a payé en état d'incapacité et sans l'intervention de son tuteur ou curateur (Voyez entre autres MACHELARD, cité, p. 221-224, 230-231, et VANGEROW, I, § 279, *Anm.*, n° 2, a), et nous partageons cette manière de voir. D'autres permettent d'une manière absolue au pupille de répéter ce qu'il a payé par erreur

cette dernière opinion nous paraît être la seule vraie (52).

en exécution de son obligation (Windscheid, II, § 289, 4°, et note 16). Il nous paraît d'ailleurs certain, comme l'enseigne Vangerow, I, § 279, *Anm.*, n° 3, que si, à l'occasion d'un contrat bilatéral, le pupille veut poursuivre l'exécution des obligations de la partie adverse, il doit au préalable remplir ses propres obligations, sinon le cocontractant pourra retenir la chose due, en se fondant sur sa créance réciproque contre le pupille à raison du même contrat. Tel est le droit commun des contrats bilatéraux, et le pupille qui maintient le contrat, doit s'y soumettre (D. 18, 5, *de rescind. vendit.*, L. 7, § 1, v^is an proinde sit.......... retentiones competant). Mais il est à remarquer que le pupille qui réclame régulièrement l'exécution du contrat, le confirme; il devient donc débiteur civil et partant le droit de rétention de son cocontractant se fonde sur une créance civile.

L'état de nos sources explique la controverse qui a surgi parmi les interprètes du droit romain. La masse des textes relatifs à notre question admet l'existence d'une obligation naturelle pour le pupille et reconnaît des effets divers à cette obligation (Voyez les citations faites à la note 47); beaucoup de ces passages supposent en termes exprès que le pupille ne s'est pas enrichi; les autres le supposent virtuellement, puisque, dans l'hypothèse d'un enrichissement, l'obligation du pupille eût été civile et non simplement naturelle. Mais deux lois nient en termes énergiques l'obligation naturelle du pupille (D. 44, 7, *de O. et A.*, L. 58 (L. 59, édition Kriegel) « Pupillus mutuam pecuniam accipiendo ne quidem jure natu- « rali obligatur ». — D. 12, 6, *de condict. indeb.*, L. 41 « Quod pupillus sine tutoris « auctoritate stipulanti promiserit solverit, repetitio est, quia nec natura debet ». Admettre ou repousser d'une façon absolue l'obligation naturelle du pupille, c'est ne pas tenir compte de l'un ou de l'autre des groupes de lois prémentionnées. Au contraire on tient compte des deux groupes, en adoptant une obligation naturelle limitée, en écartant les effets les plus puissants de l'obligation naturelle, et notamment ceux qui auraient pour résultat de rendre le contrat nuisible aux intérêts du pupille, mais ceux-là seulement. Ce résultat est en même temps conforme à la raison.

(52) Jusqu'ici il n'a été parlé que des obligations naissant de contrats conclus par le pupille sans l'autorisation de son tuteur. Les mêmes règles sont applicables, pour des motifs identiques, lorsqu'il s'agit d'une obligation quasi-contractuelle qui exige de la part de l'impubère une manifestation de volonté. Tel est le cas où il gère les affaires d'autrui, reçoit un payement indu, accepte une hérédité sans l'autorisation de son tuteur (D. 3, 5, *de neg. gest.*, L. 3, § 4 initio ; D. 29, 2, *de A . v. O. H.*, L. 8, pr. ; cf. Gaius, III, 91, et D. 3, 5, *de neg. gest.*, L. 3, § 4 i. f.) Ce dernier texte se borne à étendre au quasi-contrat de gestion d'affaires une règle des contrats bilatéraux (D. 18, 5, *de rescind. vendit.*, L. 7, § 1, v^is an proinde sit.......... retentiones competant; ci-dessus note 51) ; le pupille ne peut poursuivre le maître par l'action contraire de gestion d'affaires, sans avoir au préalable rempli ses propres obligations comme gérant (Vangerow, I, § 279, *Anm.*, n° 3; cf. Windscheid, II, § 289, note 13, et Machelard, cité, p. 227-230). Par contre, le pupille est pleine-

4° Le prodigue et le faible d'esprit interdits sont capables de stipuler, mais incapables de s'obliger civilement(53), dans le même sens que l'impubère. Mais ils sont au moins tenus naturellement,

ment tenu par le quasi-contrat, s'il s'agit d'une obligation qui se forme de plein droit, en dehors de sa volonté, *si ex re actio venit:* dans ce cas le motif de son incapacité vient à cesser; par exemple les affaires du pupille ont été administrées par son tuteur ou par un tiers (D. 27, 4, *de contr. tut. et ul. act.*, L. 1, pr. et § 1, L. 3, § 7; D. 44, 7, *de O. et A.*, L. 46; D. 10, 3, *comm. divid.*, L. 29, pr. initio; D. 17, 2, *pro socio*, L. 33 i. f.). Toutefois, le pupille ne doit jamais répondre à l'action directe de gestion d'affaires que jusqu'à concurrence de ce dont il se trouve enrichi lors de la *litis contestatio* (D. 3, 5, *de neg. gest.*, L. 5, § 2, L. 36, pr. (L. 6, pr., L. 37, pr., édition Kriegel); cf. ci-après T. III, § 192).

Le pupille est aussi obligé d'une manière pleine et entière en vertu de la loi (Arg. D. 44, 7, *de O. et A.*, L. 46 initio).

En ce qui concerne les délits et les quasi-délits de l'impubère, ils ne l'obligent que s'il a agi avec discernement, *si intellegat se delinquere* (GAIUS, III, 208; I. 4, 1, *de obligat. quæ ex del. nasc.*, § 18), ce qui est en général une question de fait, dont la solution dépend du développement intellectuel de l'impubère et de la nature du délit (D. 48, 10, *de lege Corn. de fals.*, L. 22, pr.). On paraît cependant avoir admis que l'impubère approchant de la puberté (*pubertati proximus*) jouissait du discernement nécessaire (GAIUS, III, 208; I. 4, 1, *de obligat. quæ ex del. nasc.*, § 18; D. 29, 5, *de scto Silan.*, L. 14; D. 50, 17, *de R. J.*, L. 111, pr.) et que ce discernement faisait défaut à l'enfant et à l'impubère à peine sorti de l'enfance (*infantiæ proximus*) (Arg. GAIUS, III, 109, et I. 3, 19, *de inutil. stipul.*, § 10). La question d'imputabilité des délits et des quasi-délits est seulement abandonnée à l'appréciation du juge lorsque le pupille est en pleine impuberté. Ce système fut étendu au dol commis par le pupille à l'occasion d'un contrat conclu sans l'autorisation du tuteur (D. 4, 3, *de dolo malo*, L. 13, § 1; D. 44, 4, *de doli mali exc.*, L. 4, § 26 initio; D. 16, 3, *depos.*, L. 1, § 15. Cf. D. 13. 6, *commod.*, L. 1, § 2, L. 2, L. 3, pr., où l'on doit supposer l'absence de la *doli capacitas*). Cf. MACHELARD, cité, p. 200-202.

Jusqu'à quel point le mineur pubère peut-il s'obliger civilement? Il est certain qu'il est capable de s'obliger civilement lorsqu'il n'est pas pourvu d'un curateur général (D. 45, 1, *de V. O.*, L. 101, L. 141, § 2; D. 44, 7, *de O. et A.*, L. 43). Nous établirons plus loin (T. II, § 87, 2°) qu'il en est de même lorsqu'il a un pareil curateur. Nous admettons seulement que le mineur pourvu d'un curateur général est incapable de conclure sans ce curateur des contrats qui ont pour objet une aliénation (C. 2, 21 (22, édition Kriegel), *de in integr. restitut. min.*, L. 3). D'autres incapacités de s'obliger frappent les mineurs dans des cas particuliers (C. 5, 37, *de admin. tut. et curat.*, L. 26). Mais à notre avis le mineur est au moins obligé naturellement, comme l'impubère.

(53) D. 45, 1, *de V. O.*, L. 6 initio; D. 46, 2, *de novat.*, L. 3. Voyez cependant le D. 29, 2, *de A. v. O. H.*, L. 5, § 1.

comme l'impubère et avec les mêmes effets. Toutes les considérations que nous avons fait valoir pour le pupille, s'appliquent pleinement au prodigue et au faible d'esprit interdits; il ne serait pas logique de repousser pour ceux-ci l'obligation naturelle admise pour
l'impubère ou bien de lui attribuer une autre efficacité[54].

Par contre, il faut repousser toute obligation naturelle en ce qui
concerne les personnes en état d'aliénation mentale. En effet, d'après
la loi naturelle comme en vertu de la loi civile, l'insensé est absolument incapable de s'obliger toutes les fois que l'obligation requiert
de sa part une manifestation de volonté; car il n'a pas de volonté;
*furiosus nullum negotium gerere potest, quia non intellegit, quod
agit*[55]. L'obligation qu'il contracte, est inexistante; c'est un néant
juridique, et dès lors on ne comprend pas qu'elle vaille comme
obligation naturelle, pas plus que celle de l'impubère âgé de moins
de sept ans[56]. Sans doute l'aliéné est capable de se trouver grevé
d'une obligation qui se forme de plein droit, en dehors de sa volonté,
si ex re actio venit; il peut notamment être tenu par la gestion
d'affaires d'un tiers [57], et il est capable à tous égards pendant un
intervalle lucide[58]. Mais, dans l'un et l'autre cas, il est obligé
civilement, parce que le motif de son incapacité, l'absence de volonté,
n'existe point [59].

(54) D. 46, 1, *de fidejuss.*, L. 25. Ce texte admet sans réserve la fidéjussion de
l'obligation du prodigue interdit. Le D. 45, 1, *de V. O.*, L. 6 i. f., se prononce non
moins formellement contre la validité de cette fidéjussion, bien qu'il émane du
même Ulpien. L'on doit appliquer la seconde loi à un cas qui devait se présenter
assez fréquemment, à celui où le fidéjusseur avait ignoré l'interdiction du prodigue; cette erreur annule la fidéjussion. Voyez ci-dessus note 41. Cf. GLÜCK, IV,
§ 288, p. 57, et note 61, et MACHELARD, cité, p. 267 et 272-275.

L'obligation naturelle du prodigue interdit est reconnue par MACHELARD, cité,
p. 266-267 et 272-275, et MASSOL, cité, p. 159-161.

Contra GLÜCK, IV, § 288, p. 56-57, et note 61, et apparemment aussi DE SAVIGNY,
cité, I, § 10.

(55) I. 3, 19, *de inutil. stipul.*, § 8; D. 44, 7, *de O. et A.*, L. 1, § 12, L. 43 initio;
D. 9, 2, *ad. leg. Aquil.*, L. 5, § 2 initio.

(56) Arg. D. 45, 1, *de V. O.*, L. 6 i. f., et D. 46, 1, *de fidejuss.*, L. 70, § 4.

(57) D. 3, 5, *de neg. gest.*, L. 3, § 5. — (58) C. 4, 38, *de contr. empt.*, L. 2.

(59) Donc son fidéjusseur est tenu (D. 46, 1, *de fidejuss.*, L. 70, § 4 i. f.). La loi 25,
eod., qui déclare que le fidéjusseur d'un fou est obligé envers le créancier, doit être

De même l'incapacité de contracter par stipulation qui atteignait les sourds et les muets[60], ne laissait subsister aucune obligation naturelle[61].

III. Une cause très fréquente des obligations naturelles est l'enrichissement injuste aux dépens d'autrui. Toutes les fois que le droit positif refuse de reconnaître une obligation civile et que, grâce à cette circonstance et indépendamment de toute autre cause légitime, une personne s'enrichit aux dépens d'un tiers, l'équité commande qu'elle ait l'obligation naturelle de restituer ce dont elle s'est enrichie. *Jure naturæ æquum est*, dit Pomponius, *neminem cum alterius detrimento et injuria fieri locupletiorem* [62]. Les interprètes du droit romain ne mentionnent pas d'une manière spéciale cette source des obligations naturelles. Elle ne nous paraît cependant guère contestable, et elle nous permet de rattacher à un principe général de nombreux cas d'obligations naturelles, dont, à défaut de ce principe, on rend difficilement compte. En partant de l'idée prémentionnée, le droit romain a reconnu les obligations naturelles que voici :

1° L'enfant sous puissance qui emprunte de l'argent, a l'obligation naturelle de le restituer au prêteur, bien que l'action de celui-ci puisse être repoussée par l'*exceptio senatus consulti Macedoniani*[63]; en effet, l'enfant s'enrichit du capital d'autrui. Nos sources expriment la même idée lorsqu'elles disent que l'exception du sénatus-consulte Macédonien a été introduite en haine du créancier (*in odium creditoris*) plutôt qu'en faveur du débiteur[64]. On ne pouvait pas en dire autant de la femme qui intercédait pour un

restreinte aux cas particuliers indiqués ci-dessus, sinon elle serait en contradiction avec le D. 45, 1, *de V. O.*, L. 6 i. f., et surtout avec le D. 46, 1, *de fidejuss.*, L. 70, § 4.

Cf. MACHELARD, cité, p. 268-275, et MASSOL, cité, p. 156-158.

(60) I. 3, 19, *de inutil. stipul.*, § 7.

(61) La stipulation ne valait pas comme simple pacte; car les parties n'avaient pas voulu contracter à ce dernier titre (Arg. D. 45, 1, *de V. O.*, L. 1, § 2; cf. ci-dessus la note 8 du présent paragraphe).

(62) D. 50, 17, *de R. J.*, L. 206. Voyez encore le D. 12, 6, *de condict. indeb.*, L. 14.

(63) D. 14, 6, *de scto Macedon.*, L. 10.

(64) D. 12, 6, *de condict. indeb.*, L. 40, pr.; D. 14, 6, *de scto Maced.*, L. 9, § 4 i. f.

tiers contrairement au sénatus-consulte Velléien; c'est pourquoi elle n'était pas liée naturellement par son intercession [65].

2° Le débiteur de choses fongibles a l'obligation naturelle d'en payer les intérêts; car, en jouissant gratuitement du capital d'autrui, il s'enrichit des intérêts de ce capital. C'est sur le principe de cette obligation naturelle que se fonde l'antichrèse tacite; le créancier qui reçoit en gage une chose frugifère, en sûreté d'un capital non productif d'intérêts, peut retenir les fruits jusqu'à concurrence du taux légal de l'intérêt [66]. Beaucoup d'auteurs sont d'un avis opposé [67].

(65) D. 12, 6, *de condict. indeb.*, L. 40, pr. initio.

(66) L'obligation naturelle de payer les intérêts est prouvée avant tout par le D. 12, 6, *de condict. indeb.*, L. 26, pr. initio. « Si non sortem quis, sed usuras inde-« bitas solvit, repetere non poterit, si sortis debitæ solvit. »

Cette loi paraît positive en faveur de cette obligation naturelle, puisque, en l'absence d'une obligation civile (indebitas usuras), elle exclut la répétition des intérêts. Il est arbitraire de la restreindre au cas où le débiteur aurait payé les intérêts en connaissance de cause, de telle façon qu'elle ne s'opposerait pas à la répétition des intérêts payés par erreur; c'est faire violence au texte, qui n'établit pas cette distinction. On n'est pas plus fondé à soutenir que, si en vertu de la décision de la loi 26, pr., cit., les intérêts ne peuvent être répétés, le créancier devra au moins les imputer sur le capital. Non seulement le jurisconsulte ne dit rien de pareil, mais il est certain que si telle avait été sa pensée, il l'aurait exprimée, comme il l'exprime immédiatement après, à l'occasion du payement d'intérêts usuraires (repeti quidem non posse, sed sorti imputandum); ce rapprochement est décisif.

Un autre argument nous est fourni par l'antichrèse tacite (D. 20, 2, *in quib. caus. pignus tac. contr.*, L. 2). La retention des fruits, en guise d'intérêts, est complètement analogue à la rétention des intérêts eux-mêmes payés par le débiteur au créancier, et elle ne s'explique d'une manière satisfaisante que par une obligation naturelle de payer les intérêts.

Voyez encore SÉNÈQUE, *Epist.* 81, vis ingratus enim est, qui beneficium reddit sine usuris.

(67) On invoque le C. 4, 32, *de usur.*, L. 18, qui admet la répétition des ' usuræ indebitæ ', alors même qu'elles ont été payées après le capital. Mais cette constitution se propose d'abolir une distinction faite par certains jurisconsultes entre le payement d'intérêts antérieur au remboursement du capital et le payement d'intérêts postérieur à ce remboursement. Or nous ne trouvons pas de trace d'une semblable distinction dans la question qui nous occupe, tandis qu'elle était réellement faite lorsque le débiteur d'un capital payait des intérêts usuraires (PAUL, II, 14, § 2; D. 12, 6, *de condict. indeb.*, L. 26, pr., vis sed si supra........). C'est à ce dernier cas que s'applique la loi prémentionnée.

3° Le propriétaire d'une chose est tenu naturellement de rembourser les impenses utiles faites de bonne foi à sa chose, jusqu'à concurrence de la plus-value qu'elles lui ont procurée, quoique la loi positive refuse de reconnaître une obligation civile (68). En effet, dans la limite indiquée, il s'enrichit aux dépens d'autrui. De là, dans le cas d'accession, l'obligation naturelle du maître de la chose principale de payer la valeur de la chose accessoire au maître de celle-ci, qui de bonne foi a fait la combinaison des deux choses et qui néanmoins est sans action (69). De là encore, pour le propriétaire d'une chose, l'obligation naturelle de payer la valeur de son travail à celui qui de bonne foi l'a façonnée d'une manière quelconque, mais pour son compte personnel et sans que la chose façonnée lui soit acquise en vertu de la spécification (70).

4° La prescription extinctive d'une dette laisse subsister une obligation naturelle. A l'appui de cette doctrine très contestée, nous invoquons d'abord l'enrichissement du débiteur en vertu d'une règle de pur droit positif; l'équité veut qu'il demeure tenu naturellement. Ensuite, le fondement essentiel de la prescription extinctive des droits est la négligence apportée à la poursuite du droit, à l'intentement de l'action contre le tiers qui lésait le droit; dès lors la prescription ne doit éteindre que l'action et non le droit lui-même. Telle est la règle incontestablement admise à Rome pour les droits de la personnalité et la généralité des droits réels, surtout pour la propriété. Après 30 ans d'inaction, le propriétaire d'une chose perd son action revendicatoire contre le tiers possesseur de la chose et ses successeurs universels ou particuliers; mais sa propriété sub-

Voyez en notre sens Thibaut, *Versuche* II, *Abhandlung* 5, n° 3, Christiansen, cité, p. 92-96, Vangerow, I, § 76, *Anm.* 2, n°ˢ 2-3, et Namur, I, § 212, **6**, 4°.

Contra Unterholzner, cité, II, § 323, II, Sintenis, II, § 87, *Anm.* 58, et Windscheid, II, § 289, note 1.

(68) D. 6, 1, *de rei vindic.*, L. 48. « Sumptus in prædium, quod alienum esse « apparuit, a bona fide possessore facti neque ab eo qui prædium donavit neque a « domino peti possunt, verum exceptione doli posita per officium judicis æquitatis « ratione servantur,... »

(69) D. *eod.*, L. 23, § 4; 1. 2, 1, *de rer. divis.*, § 30 i. f.

(70) Arg. des textes cités à la note précédente.

siste[71]. Il faut en dire autant de la prescription des obligations; elle éteint l'action du créancier et avec elle l'élément civil de l'obligation; mais l'élément naturel demeure debout. En vain objecte-t-on que l'obligation s'identifie avec l'action du créancier[72]; c'est faire abstraction des obligations naturelles. On peut encore se prévaloir du développement historique de la prescription des obligations. En accordant en matière d'obligations une action annale, le préteur ne faisait qu'élever une obligation naturelle au rang d'une obligation civile; car déjà auparavant le simple pacte créait un lien naturel. Par conséquent, après l'expiration de l'année, l'action tombait; mais le débiteur ne devait pas être dans une condition meilleure qu'avant la réforme prétorienne; il restait tenu naturellement[73]. Or le nouveau droit romain s'est borné à généraliser le

(71) C. 7, 39, *de præscr. XXX v. XL ann.*, L. 8, § 1 i. f. et 1*a* (§ 1, édition Kriegel). Toutefois, le simple non-usage d'une servitude, soit personnelle, soit rurale, entraîne la perte du droit de servitude (C. 3, 34, *de servitut.*, L. 13).

(72) Vangerow, I, § 151, *Anm.*, p. 234.

(73) Malgré la certitude qui semble s'attacher à cette règle, elle est fortement contestée, même par quelques auteurs qui admettent la persistance d'une obligation naturelle pour les actions perpétuelles du droit civil (Brinz, I, § 113 i. f.). Il n'y a pas lieu d'attacher de l'importance aux mots ' obligatio tempore finitur ' ou autres équivalents que plusieurs textes appliquent aux actions temporaires du droit prétorien (D. 3, 5, *de neg. gest.*, L. 7, pr. (L. 8, pr., édition Kriegel); D. 27, 4, *de contr. tut. et ut. act.*, L. 1, § 7; D. 30, *de leg. I*, L. 55; D. 44, 7, *de O. et A.*, L. 6); ces mots ne visent que l'élément civil de l'obligation. On nous oppose surtout le D. 46, 8, *rat. rem hab.*, L. 25, § 1, le D. 13, 5, *de pec. constit.*, L. 18, § 1, le D. 46, 3, *de solut.*, L. 38, § 4, et le D. 46, 1, *de fidejuss.*, L. 37.

Dans l'espèce du D. 46, 8, *rat. rem hab.*, L. 25, § 1, un débiteur ' qui tempore liberaretur ', avait payé avant l'expiration du terme entre les mains d'un simple gérant d'affaires du créancier, en se faisant fournir la caution *ratam rem dominum habiturum*. La ratification du maître n'intervint qu'après l'arrivée du terme; le débiteur peut se faire restituer par le gérant ce qu'il lui a payé. Le jurisconsulte considère donc comme non avenue la ratification du créancier après l'arrivée du terme, ce qui suppose qu'en ce moment il n'existait plus d'obligation naturelle. Mais l'expression ' qui tempore liberaretur ' peut et doit être rapportée à un débiteur qui ne s'était engagé que pour un certain temps ou bien aux *sponsores* et aux *fidepromissores* de l'ancien droit romain qui, en vertu de la loi *Furia*, n'étaient tenus que pendant deux ans (Gaius, III, 121, v[is] bienno liberantur). Ni dans l'un ni dans l'autre cas, il n'y a prescription véritable; l'obligation s'éteint par l'expiration d'un terme résolutoire et d'une manière complète.

16

principe de la prescription introduit par l'édit du préteur. Nous
nous fondons également sur l'imprescriptibilité des exceptions. Cette

Le D. 13, 5, *de pec. constit.*, L. 18, § 1, reconnaît comme valable le constitut fait
par quelqu'un qui était débiteur lors du constitut, bien qu'il ait cessé de l'être au
moment où il est poursuivi par l'*actio de pecunia constituta*. En conséquence, celui
qui est obligé à une action temporaire (temporali actione obligatum), est tenu par
le constitut malgré l'expiration subséquente du terme ; il est même tenu lorsque,
en vertu du constitut, il ne doit payer qu'après l'arrivée du terme prémentionné
(quoniam eo tempore constituit, quo erat obligatio, licet in id tempus quo non
tenebatur). On a conclu de ce texte que le constitut eût été nul s'il avait été fait
après l'expiration du terme dont il s'agit, ce qui impliquerait l'absence d'une
obligation naturelle. Mais il est permis de repousser cette argumentation *a contrario*. Nous pensons avec DE SAVIGNY (*System* V, § 251, III i. f.) que la loi se rapportait, sous la plume du jurisconsulte, à un engagement des anciens *sponsores* ou
fidepromissores ; les expressions ' post tempus obligationis ' et ' eo tempore constituit, quo erat obligatio ' conviennent très bien à un pareil engagement et fort peu
à une prescription d'action ; le passage a été interpolé, et notamment les mots
' temporali actione ' et 'temporalis actionis' ont été substitués à ceux qui faisaient
expressément allusion à la loi *Furia*.

D'après le D. 46, 3, *de solut.*, L. 38, § 4, quelqu'un avait été libéré d'une action
(actione qua liberatus) à la suite d'une absence pour service public. Cette action
pouvait être rétablie par la restitution en entier (D. 4, 6, *ex quib. caus. maj.*,
L. 1, § 1, v^{is} actioneve qua solutus ob id, quod dies ejus exierit, cum absens non
defenderetur). Après le retour de l'absent, un fidéjusseur intervint en sa faveur ;
mais l'ayant droit ne demanda pas dans l'année la restitution en entier, qui se
trouva ainsi prescrite. En principe le fidéjusseur est libéré, sauf le bénéfice de
la restitution en entier qui peut compéter, le cas échéant, contre le fidéjusseur
que le créancier aurait été dans l'impossibilité de poursuivre. Cette libération prouverait encore une fois l'absence d'une obligation naturelle après l'accomplisse·
ment de la prescription. Mais il paraît impossible d'appliquer la loi à la prescription d'une action prétorienne, sinon le délai se compterait utilement ; il ne
courrait pas pendant l'absence de l'adversaire, comme l'admet le jurisconsulte.
Celui-ci doit avoir en vue l'ancienne prescription d'instance qui s'accomplissait
par un délai continu (GAIUS, IV, 104-105). Mais alors même que le passage se
rapporterait à la prescription des actions prétoriennes, il ne pourrait pas nous
être opposé. En effet, la fidéjussion n'est pas déclarée nulle, mais au contraire
valable, puisque le fidéjusseur n'est libéré que si le créancier ne se fait pas restituer en entier dans l'année ; cette circonstance tend à prouver que la fidéjussion
n'avait eu lieu que sous la condition de la restitution en entier. Nous pensons
donc qu'il s'agissait d'une fidéjussion faite sous la condition d'une restitution en
entier contre une prescription d'instance.

Reste le D. 46, 1, *de fidejuss.*, L. 37. PAULUS, *libro XVII ad Plautium.*

« Si quis, postquam tempore transacto liberatus est, fidejussorem dederit, fide·
« jussor non tenetur, quoniam erroris fidejussio nulla est. »

imprescriptibilité n'est pas douteuse lorsque, à défaut d'une obligation civile, le créancier ne dispose que d'une exception ; car il ne dépend pas de lui d'opposer cette exception ; il ne peut le faire que s'il est actionné par son adversaire ; un reproche de négligence ne se comprend donc pas et cette négligence est le fondement essentiel de la prescription extinctive [74]. Mais le même motif commande la même décision lorsqu'il s'agit d'un créancier civil disposant à la fois d'une action et d'une exception ; celle-ci ne doit pas se prescrire, parce qu'il n'est pas au pouvoir du créancier d'en user ; au point de vue de l'exception, le reproche d'une négligence n'existe point et partant la prescription doit être exclue [75]. Enfin, et cet argument est

Un débiteur libéré par l'effet du temps avait donné un fidéjusseur, lequel ignorait la libération du débiteur. A raison de cette erreur, Paul décide que le fidéjusseur n'est pas tenu. Il admet implicitement qu'il aurait été obligé s'il avait cautionné en connaissance de cause. Cette loi paraît bien se rapporter à la prescription des actions honoraires, bien qu'elle puisse aussi avoir en vue l'ancienne prescription d'instance, et pour ce motif elle ne saurait être considérée comme décisive ni pour ni contre notre opinion. Mais pour autant qu'elle appartient à la prescription des actions honoraires, elle nous est favorable plutôt que contraire. D'une part, s'il est vrai que la prescription laisse subsister une obligation naturelle, le fidéjusseur est intervenu valablement ; il est tenu de plein droit (Cf. D. *eod.*, L. 60 initio). Mais d'autre part il faut dire qu'il peut opposer la prescription extinctive, comme toute autre exception du débiteur principal (non tenetur), à moins qu'il n'ait su que la prescription était acquise au débiteur ; car dans ce dernier cas, il a voulu précisément garantir le créancier contre la prescription (Cf. ci-dessus § 33, II, A, 2°). Par contre, si on admet que la prescription détruit aussi l'obligation naturelle, la fidéjussion d'une dette prescrite doit être nulle, alors même que la caution est intervenue en connaissance de cause ; car elle est relative à un néant juridique.

Voyez en notre sens DE SAVIGNY, *System* V, § 251, n° II, p. 398-399, et note h initio, n° III, p. 401-403, et n° VI, note p, et MAYNZ, II, § 298, et notes 4, 10 et 13.

Contra MACHELARD, cité, p. 464-488, et VANGEROW, I, § 151, *Anm.*, n° 4, p. 235-236.

On reconnaît d'ailleurs (VANGEROW, l. c.) que si la prescription annale des actions prétoriennes détruisait l'élément naturel de l'obligation, il n'y aurait pas là une preuve directe en faveur du même effet de la prescription Théodosienne ; celle-ci éteint l'action déjà née, tandis que l'action honoraire est plutôt accordée suspensivement pendant un an.

(74) D. 44, 4, *de doli mali et metus exc.*, L. 5, § 6.

(75) La loi citée à la note précédente proclame d'ailleurs la perpétuité de l'exception de dol, en l'opposant à la prescription de l'action de dol ; elle ne suppose nullement que la personne trompée ne jouissait que de l'exception ; elle admet

décisif, dans la législation de Justinien le débiteur est soumis à l'action hypothécaire pendant 40 ans[76], donc encore 10 ans après la prescription de l'obligation principale[77]; or l'action hypothécaire suppose au moins une obligation naturelle; sans celle-ci, on ne conçoit ni le droit d'hypothèque, ni l'action hypothécaire[78]; la conclusion qui s'impose, est qu'une obligation naturelle a survécu à la prescription[79]. En faveur de l'extinction complète de l'obligation

donc que l'exception est perpétuelle, nonobstant son concours avec l'action et la prescription de celle-ci.

On peut généraliser l'argument déduit de l'imprescriptibilité des exceptions et l'étendre à l'ensemble des effets des obligations naturelles. Une obligation simplement naturelle a une durée indéfinie; il doit en être de même de l'élément naturel d'une obligation civile. Il serait étrange qu'un simple pacte produisît une obligation naturelle imprescriptible, tandis qu'un contrat n'en produirait plus après l'accomplissement de la prescription.

(76) C. 7. 39, *de præscr. XXX v. XL ann.*, L. 7, § 1. Avant Justinien l'action hypothécaire était même imprescriptible de la part du débiteur (Arg. C. *eod.*, L. 3, pr. i. f.). — (77) C. *eod.*, L. 7, § 1 i. f., cbn. avec L. 3, pr. initio.

. (78) C. 8, 32 (33, édition Kriegel), *si pign. conv. numer. sec. non sit*, L. 1, L. 2; D. 20, 1, *de pignor.*, L. 5, pr. i. f.

(79) Cf. D. *eod.*, L. 14, § 1 « Ex quibus casibus naturalis obligatio consistit, « pignus perseverare constitit. »

La persistance de l'hypothèque après la prescription de l'obligation rencontre encore un appui dans le D. 4, 4, *de minor.*, L. 50, le D. 9, 2, *ad leg. Aquil.*, L. 30, § 1, et le C. 8, 30 (31, édition Kriegel), *de luit. pign.*, L. 2.

Dans la première loi, il s'agit de la restitution en entier contre la perte d'une créance qui devait se prescrire dix jours plus tard (qui temporali actione tenebatur, tunc cum adhuc supererant decem dies) et qui était garantie par une hypothèque. Pomponius décide que l'action personnelle n'est restituée que pour les dix jours qui restaient à courir; il ajoute que l'hypothèque aussi est rétablie (ideoque et pignus, quod dederat prior debitor, manet obligatum), mais sans faire mention de la même limitation. L'on peut en conclure que l'hypothèque subsiste après la prescription de l'action personnelle.

Il résulte du second passage que le créancier hypothécaire qui ' litem tempore amisit', dispose de l'action Aquilienne parce qu'il y a intérêt (quia potest interesse ejus); donc son hypothèque subsiste. Toutefois il se peut que Paul ait en vue l'ancienne péremption d'instance plutôt que la prescription d'action (Cf. D. 46, 8, *rat. rem hab.*, L. 8, § 1 i. f.).

La troisième loi, qui est un rescrit de Gordien, porte « Intelligere debes vincula « pignoris durare personali actione submota ». Le texte est formel en faveur du maintien de l'hypothèque; il est vraisemblable que l'espèce soumise à l'empereur concernait une prescription d'action; c'est l'explication la plus vraisemblable des

prescrite, on a fait valoir cette considération que, par analogie de la chose jugée, la prescription a pour but de fixer les droits, de mettre un terme aux procès, et que si l'on veut atteindre ce but, il faut fermer la voie à tout nouveau débat, qu'il se présente sous la forme d'une action ou sous celle d'une exception [80]. Mais l'analogie de la chose jugée n'existe point. La prescription extinctive repose avant tout sur la négligence du créancier, et si elle tend aussi à mettre fin aux procès, c'est en ce sens qu'elle veut empêcher le débiteur d'être poursuivi indéfiniment [81].

mots ' personali actione submota', (Arg. C. 8, 44 (45, édition Kriegel), *de evict.*, L. 21, pr. (L. 21 initio Kriegel). Mais il est aussi possible que la décision de Gordien s'applique à une prescription d'instance.

Pour combattre l'argument tiré de la persistance de l'hypothèque après la prescription de la dette, on dit que l'hypothèque ne s'éteint pas toujours avec l'obligation principale, mais seulement lorsque l'extinction de la dette a satisfait le créancier ou bien a eu lieu avec son consentement (D. 20, 1, *de pignor.*, L. 13, § 4 ; D. 36, 1, *ad sctum Trebell.*, L. 61 (L. 59, édition Kriegel), pr.). La prescription de la dette ne présente ni l'un ni l'autre de ces caractères, et partant elle laisserait subsister l'hypothèque ; or, comme l'hypothèque suppose au moins une obligation naturelle, on aurait admis celle-ci à cause de l'hypothèque (Remanet ergo propter pignus naturalis obligatio, L. 61, pr., cit.); on n'aurait pas admis l'hypothèque à cause de l'obligation naturelle. Cette thèse implique contradiction. D'un côté, on repousse la persistance d'une obligation naturelle après l'accomplissement de la prescription; on admet que l'extinction complète de l'obligation est conforme à l'équité. Et d'un autre côté on fait ressusciter la dette comme dette naturelle, par un motif qui ne peut être que l'équité, et cette résurrection présente ce phénomène que, bien que la dette soit la chose principale, elle n'existerait cependant qu'à cause de son accessoire, l'hypothèque! Aussi cette explication n'a-t-elle aucune base dans nos sources. Dans certains cas autres que celui de la prescription, et par des considérations d'équité, des textes maintiennent une hypothèque qui rigoureusement est éteinte, et l'un d'eux (L. 61, pr., cit.) maintient en outre l'élément naturel de l'obligation principale, qui était également éteinte d'après la rigueur du droit; les mots ' Remanet ergo propter pignus naturalis obligatio ' de ce texte signifient que l'hypothèque *prouve* la persistance d'une obligation naturelle; celle-ci existe donc d'une manière complète et l'hypothèque n'est maintenue que par voie de conséquence, avec d'autres effets de l'obligation naturelle (D. 36, 1, *ad sctum Trebell.*, L. 61, pr. (L. 59, pr., édition Kriegel), vis et solutum non repetetur). Cf. ci-après n° III, 6°, du présent paragraphe.

(80) MACHELARD, cité, p. 500-501.

(81) Voyez en notre sens WEBER, cité, § 92, GŒSCHEN, I, § 154, UNTERHOLZNER, cité, I, § 247, II, et *Gesammte Verjährungslehre* II, § 258, DE SAVIGNY, *System* V, § 248 251, et *Obligationen* I, § 11, 10°, MÜHLENBRUCH, II, § 481 i. f., et *Glück's*

5° Par voie d'analogie, l'ancienne péremption d'instance (82) laissait incontestablement subsister une obligation naturelle (83), et en droit nouveau, il faut en dire autant de la prescription de la litispendance (84) et de la péremption triennale de la procédure (85).

6° Lorsqu'un créancier était institué héritier par son débiteur, à charge de restituer la succession à un tiers, et que, sur son refus d'accepter l'hérédité, il était réputé héritier à la demande du fidéicommissaire, en vue du maintien du fidéicommis, sa créance était rigoureusement éteinte par confusion. Mais elle persistait comme obligation naturelle, sinon le fidéicommissaire aurait été libéré aux dépens du fiduciaire et se serait enrichi du montant de la dette, contrairement à toute équité (86).

7° Dans le droit classique romain, lorsqu'un débiteur subissait une petite diminution de tête, il était libéré (87). Ici encore il y avait enrichissement injuste aux dépens des créanciers du *capite deminutus*; aussi subsistait-il une obligation naturelle (88), pour ne pas parler de la restitution en entier que les créanciers pouvaient obtenir contre la diminution de tête de leur débiteur (89). Sous Justinien, ils conservent de plein droit leurs créances civiles (90).

Commentar XXXV, § 1421ᶜ, note 67, PUCHTA, *Instit.* II, § 208 i. f., *Pand.*, § 92, et *Vorles.* I, § 92, et *Beilage* VI, KELLER, § 89, DEMANGEAT, II, p. 650, et MAYNZ, II, § 298, I. Cf. BRINZ, I, § 113 i. f. et 114 i. f.

Contra THIBAUT, I, § 205, I, SCHILLING, II, § 116, 4°, MOLITOR, cité, T. I, nᵒˢ 33-37, et T. II, nᵒˢ 1102-1103, SCHWANERT, cité, § 22, MACHELARD, cité, p. 450-501, MASSOL., cité, p. 92-104, SINTENIS, I, § 31, III, et *Anm.* 57, VANGEROW, 1, § 151, *Anm.*, NAMUR, II, § 508, **2**, et WINDSCHEID, I, § 112 initio. Cf. ARNDTS, § 277, *Anm.* 1.

(82) GAIUS, IV, 104-105.

(83) D. 46, 8, *rat. rem hab.*, L. 8, § 1 i. f., vⁱˢ quia naturale debitum manet. Cf. D. 9, 2, *ad leg. Aquil.*, L. 30, § 1, et C. 8, 30 (31, édition Kriegel), *de luit. pign.*, L. 2, et ci-dessus note 79 initio.

(84) C. 7, 39, *de præscr. XXX v. XL ann.*, L. 9. — (85) C. 3, 1, *de judic.*, L. 13.

(86) D. 36, 1, *ad sctum Trebell.*, L. 61, pr. (L. 59, pr., édition Kriegel). — Cf. ci-dessus note 79 i. f. — (87) GAIUS, III, 84; IV, 38.

(88) D. 4, 5, *de cap. min.*, L. 2, § 2, vⁱˢ Hi qui capite minuuntur ex his causis, « quæ capitis deminutionem præcesserunt, manent obligati naturaliter ».

(89) GAIUS, III, 84 i. f.

(90) I. 3, 10, *de adquis. per adrog.*, § 3, et arg. de ce texte. — Cf. ci-après T. I, § 52, IV, 10.

8° Si un créancier est déchu de son droit à titre de peine, il conserve une créance naturelle, à moins que celle-ci ne soit contraire aux termes ou à l'esprit de la loi qui prononce la déchéance; en effet, le débiteur libéré à titre de peine pour le créancier s'enrichit injustement aux dépens de ce dernier [91]. Tel est le cas où quelqu'un perdait sa créance par application de cette disposition de l'édit prétorien que, si un magistrat investi d'une juridiction avait statué d'après une règle nouvelle et arbitraire, la même règle pouvait être rétorquée dans les causes ultérieures contre ce magistrat [92] et contre le plaideur qui en avait profité [93], soit par l'autre plaideur [93], soit par un tiers [94]. Il faut en dire autant lorsqu'un créancier est déchu de son droit pour s'être emparé de vive force de la chose due [95], ou bien pour ne pas avoir déclaré sa créance contre un incapable au moment où il a été appelé à sa tutelle ou à sa curatelle [96].

(91) D. 12, 6, *de condict. indeb.*, L. 19, pr. « Si pœnæ causa ejus cui debetur « debitor liberatus est, naturalis obligatio manet et ideo solutum repeti non « potest ».

(92) D. 2, 2, *quod quisque jur. in al. stat.*, L. 1, pr. et § 1.

(93) D. *eod.*, L. 1, § 1. — (94) D. *eod.*, L. 3, § 2, L. 3, § 7 « Ex hac causa solutum « repeti non posse Julianus putat : superesse enim naturalem causam, quæ inhibet « repetitionem ».

(95) Cf. D. 48, 7, *ad leg. Jul. de vi priv.*, L. 7, D. 4, 2, *quod met. causa*, L. 12, § 2, L. 13, et arg. Nov. 52, c. 1, v^is actionem..amittat, et Nov. 60, c. 1, pr., v^is actione.. cadat.

En ce sens UNTERHOLZNER, cité, I, § 239, I, 1°, et § 240, IV, et SCHWANERT, cité, § 23, p. 474.

Contra WEBER, cité, § 94, VANGEROW, I, § 133, *Anm.*, p. 189, et WINDSCHEID, II, § 289, et note 22, apparemment aussi DE SAVIGNY, *System* V, § 249, p. 375-377, et *Obligationen* I, § 11, n° 12, et MAYNZ, II, § 287, note 8.

Cf. MACHELARD, cité, p. 514-516.

(96) Arg. Nov. 72, c. 4, v^is omni actione adversus minorem, etsi vera sit, se casurum esse sciat.

En ce sens WEBER, cité, § 94, UNTERHOLZNER, cité, I, § 239 i. f. et 240, IV, SCHWANERT, cité, § 23, p. 478, MACHELARD, cité, p. 518-520, et VANGEROW, I, § 270, *Anm.*, n° 3, a, p. 503.

Contra DE SAVIGNY et WINDSCHEID aux endroits cités à la note précédente.

La persistance de l'obligation naturelle nous paraît aussi devoir être admise lorsqu'un créancier perdait le procès pour avoir donné frauduleusement de l'argent au juge ou bien à l'adversaire (Arg. D. 3, 6, *de calumn.*, L. 1, § 3, v^is litem perire,

Quels sont les effets attachés à ces différentes obligations naturelles fondées sur l'enrichissement? Elles peuvent être garanties par un cautionnement[97] ou une hypothèque[98]; elles sont aussi susceptibles d'être reconnues comme obligations civiles au moyen du constitut[99] ou bien d'être novées par de pareilles obligations [100]. Là ne s'arrête pas leur efficacité. Le débiteur qui les paye, fût-ce par erreur, n'est pas admis à répéter [101]. Mais en général les effets plus puissants de l'obligation naturelle, la compensation [102] et le

et D. 12, 5, *de condict. ob turp. v. inj. caus.*, L. 2, § 2, v^{is} litem eum perdere). Cf. MACHELARD, cité, p. 516-517.

Mais il ne reste point d'obligation naturelle lorsque, par application de la loi Anastasienne, le débiteur est libéré de sa dette pour la différence entre son montant nominal et le prix de la cession (C. 4, 35, *mand.*, L. 22, L. 23), lorsqu'un incapable est libéré de sa dette à raison d'une cession faite à son tuteur ou curateur (Nov. 72, c. 5), enfin lorsqu'un débiteur est libéré à raison d'une cession faite à un homme puissant (C. 2, 13 (14, édition Kriegel), *ne liceat potent.*, L. 1, L. 2). Dans ces différents cas, la loi veut avant tout protéger le débiteur; voyez ci-après T. I, § 67, et note 48, et § 69, V, E, 3°.

(97) D. 14, 6, *de scto Maced.*, L. 9, § 3-4, cf. L. 18. — D. 46, 1, *de fidejuss.*, L. 37 (cf. ci-dessus note 73 i. f.). — Mais en principe la caution peut, comme le débiteur principal, repousser l'action en payement (D. 14, 6, *de scto Maced.*, L. 9, § 3; D. 46, 1, *de fidejuss.*, L. 37). Cf. ci-dessus § 33, II initio et 3°, et la note 73 i. f. du présent paragraphe.

(98) D. 20, 1, *de pignor.*, 14, § 1 « Ex quibus casibus naturalis obligatio consistit, « pignus perseverare constitit ». — D. 20, 3, *quæ res pign.*, L. 2. — D. 36, 1, *ad sctum Trebell.*, L. 61, pr. (L. 59, pr., édition Kriegel).

(99) Cf. C. 4, 28, *ad sctum Maced.*, L. 2, v^{is} vel alias agnovit debitum, et D. 14, 6, *de scto Maced.*, L. 7, § 15-16. Pour le D. 13, 5, *de pec. constit.*, L. 18, § 1, voyez ci-dessus note 73.

(100) D. 46, 2, *de novat.*, L. 19; C. 4, 28, *ad sctum Maced.*, L. 2; cf. D. 14, 6, *de scto Maced.*, L. 20.

(101) D. 14, 6, *de scto Maced.*, L. 9, § 4; D. 12, 6, *de condict. indeb.*, L. 26, § 9, L. 40, pr. — D. eod., L. 26, pr. initio. — D. 36, 1, *ad sctum Trebell.*, L. 61, pr. (L. 59, pr., édition Kriegel). — D. 2, 2, *quod quisque jur. in al. statuerit*, L. 3, § 7.

(102) Cf. D. 16, 2, *de compens.*, L. 14. « Quæcumque per exceptionem peremi « possunt, in compensationem non veniunt. »

Pour les prêts d'argent faits à un enfant sous puissance, voyez en ce sens UNTERHOLZNER, cité, 1, § 72, note n, 5°, MOLITOR, cité, I, n° 32 i. f., MACHELARD, cité, p. 131-132, DERNBURG, *Compensation*, § 55, p. 471, SINTENIS, II, § 108, p. 522, et WINDSCHEID, II, § 289, 5°, et note 21.

Contra GLÜCK, XIV, § 900 initio, et SCHWANERT, cité, § 17, p. 361-362.

Cf. DE SAVIGNY, cité, I, § 10, 6°.

droit de rétention(103), viennent à tomber; accorder ces droits au créancier naturel, ce serait lui permettre d'exiger indirectement la chose due, alors que la loi a voulu exclure toute contrainte.

IV. Enfin, certains devoirs de morale universellement reconnus servent aussi de base à une obligation naturelle.

1° La femme est obligée naturellement de constituer une dot à son mari, pour l'aider à supporter les charges de la vie commune(104). Le montant de cette obligation naturelle dépend de la fortune de la femme et des besoins de la famille(105).

.2° L'affranchi a l'obligation naturelle de fournir à son patron des services d'honneur et de reconnaissance (*operæ officiales*, de *officium*,

Au point de vue de la dette prescrite, voyez en notre sens Unterholzner, *Gesammte Verjährungslehre* II, § 258, p. 299-300, Mühlenbruch, II, § 481 i. f., et Schwanert, cité, § 22, p. 462. — Cf. Keller, § 89 i. f.

Contra de Savigny, *System* V, § 251, IV, Puchta, *Instit.* II, § 208, et note *oo*, *Pand.*, § 92 i. f., et Maynz, II, § 298, I i. f.

(103) L'obligation naturelle qui incombe au propriétaire, de restituer les impenses utiles faites de bonne foi à sa chose jusqu'à concurrence de la plus-value (cf. ci-dessus n° III, 3°), produit cependant un droit de rétention (D. 6, 1, *de rei vindic.*, L. 48), et dès lors il est difficile de ne pas y attacher aussi la faculté de compenser.

(104) D. 12, 6, *de condict. indeb.*, L. 32, § 2 « Mulier si in ea opinione sit, ut « credat se pro dote obligatam, quidquid dotis nomine dederit, non repetit : « sublata enim falsa opinione relinquitur pietatis causa, ex qua solutum repeti « non potest. »

Quelques auteurs appliquent le mot ' mulier ' à la mère de la femme mariée. Pareille désignation serait bien impropre (En notre sens de Savigny, cité, I, § 12, 1°, Maynz, III, § 310 initio, et Windscheid, II, § 289, note 6 initio. — Contra Molitor, cité, I, n° 30 initio, Vangerow, III, § 625, *Anm.* 1, n° I, 1°, a, et Machelard, cité, p. 282, et note 1).

On a contesté aussi l'existence de toute obligation naturelle; il n'y aurait pour la femme qu'un simple devoir moral qui s'opposerait à la répétition de la chose payée (Puchta, *Instit.* III, § 268, p. 65-66, et note *h.* — Maynz, II, § 293, note 13). Mais le seul devoir moral n'explique point l'exclusion de la *condictio indebiti*; s'il la justifiait, beaucoup d'autres devoirs moraux qui, sans nul doute, ne s'opposent pas à la répétition, devraient y faire également obstacle. La rétention d'une chose payée par erreur est le signe certain d'une obligation proprement dite (Molitor, cité, I, n° 30. — de Savigny, I, § 12, note a. — Machelard, cité, p. 282. — Vangerow, III, § 625, *Anm.* 1, n° I, 1°, a).

(105) Arg. D. 25, 3, *de agnosc. et al. lib.*, L. 5, § 10 initio. — Voyez encore le D. 23, 3, *de jure dot.*, L. 46, § 2.

devoir), tandis qu'il ne devait prester d'autres services (*operæ fabriles*) qu'en vertu d'un engagement spécial(106).

Ces deux obligations naturelles produisent les différents effets possibles des obligations naturelles(107), sauf la compensation et le droit de rétention(108).

(106) D. 12, 6, *de condict. indeb.*, L. 26, § 12 " Libertus cum se putaret operas " patrono debere, solvit : condicere eum non posse, quamvis se putans obligatum " solvit, Julianus libro decimo digestorum scripsit : *natura enim operas patrono* " *libertus debet.* Sed et si non operæ patrono sunt solutæ, sed cum officium ab eo " desideraretur, cum patrono decidit pecunia et solvit, repetere non potest. Sed si " operas patrono exhibuit non officiales, sed fabriles, veluti pictorias vel alias, " dum putat se debere, videndum an possit condicere... Sic et in proposito, ait, " posse condici, quanti operas essem conducturus... sed si solverit officiales dele- " gatus, non potest condicere neque ei cui solvit creditori, cui alterius contem- " platione solutum est quique suum recipit, neque patrono, *quia natura ei debentur* ". Cf. D. 38, 1, *de oper. libert.*, L. 6, L. 9, § 1.

Contra Puchta, *Instit.* III, § 268, p. 65-66, et note *h*, et Maynz, II, § 193, note 13. Mais voyez Molitor, cité, I, n° 30 i. f., de Savigny, cité, I, § 12, 2°, Machelard, cité, p. 281-282, et Vangerow, III, § 625, *Anm.* I, n° I, 1°, a.

(107) D. 12, 6, *de condict. indeb.*, L. 32, § 2, L. 26, § 12. de Savigny, cité, I, § 12, 1° et 2°, n'admet que la non-répétition de la chose payée (Cf. Vangerow, III, § 625, *Anm.* I, n° I, 1°, a). Nous ne voyons pas pourquoi on exclurait par exemple le constitut (Machelard, cité, p. 282-283).

(108) de Savigny, cité, I, § 12, 1° et 2°. — Machelard, cité, p. 282-283.

Par contre, on n'est pas obligé naturellement, soit de fournir des aliments à des collatéraux (*Non obstat* D. 3, 5, *de neg. gest.*, L. 26, § 1 (L. 27, § 1, édition Kriegel). En notre sens de Savigny, cité, I, § 12, note a, et Maynz, II, § 293, note 13. Cf. Molitor, cité, I, n° 30, Machelard, cité, p. 285-288, Windscheid, II, § 289, 3°, et note 6. Contra Vangerow, III, § 625, *Anm.*, n° I, 1°, a), soit d'exécuter une libéralité testamentaire irrégulièrement faite, soit de remplir une charge testamentaire régulière, sans opérer les retenues autorisées par le testament ou la loi, notamment la quarte Falcidie (*Non obstant* Paul, IV, 3, § 4, D. 24, 1, *de donat. inter V. et U.*, L. 5, § 15, C. 6, 42, *de fideic.*, L. 2. En notre sens de Savigny, cité, I, § 12 i. f., et Maynz, II, § 293, note 13. Cf. Machelard, cité, p. 285-288 et Windscheid, II, § 293, 3°, et note 6). En théorie, on ne peut pas dire qu'il existe, dans ces cas, un devoir moral universellement reconnu, pouvant servir de base à une obligation naturelle, et nos sources n'admettent ni une obligation naturelle, ni un seul effet de celle-ci. Aucun texte ne refuse expressément la *condictio indebiti* à celui qui, dans les espèces indiquées, aurait fait un payement par erreur; plusieurs lois permettent au contraire à l'héritier de répéter la quarte Falcidie qu'il a oublié par erreur de retenir (D. 36, 1, *ad sctum Trebell.*, L. 22, L. 70, § 1 (L. 21, L. 68, § 1, édition Kriegel)). Quant aux lois qu'on nous oppose et qui accordent la *condictio indebiti*, elles doivent être restreintes au cas d'un payement fait en connaissance de

V. Nous ne pensons pas qu'un jugement d'absolution injustement rendu laisse subsister une obligation naturelle. Si donc le débiteur absous paye par erreur après son absolution, il est admis à répéter par la *condictio indebiti* ce qu'il a payé(109). Ce système respecte seul l'autorité de la chose jugée. Celle-ci est réputée l'expression de la vérité(110), c'est-à-dire qu'elle ne peut plus être remise en question(111); car les procès doivent avoir une fin(112). Or, si l'absolution laissait subsister une obligation naturelle, la loi reconnaîtrait un état

cause; un pareil payement ne donne jamais lieu à répétition et par conséquent l'exclusion de la *condictio indebiti* ne prouve pas l'existence d'une obligation naturelle; ce que ledit payement présente de particulier, c'est qu'on y voit l'accomplissement d'un devoir moral, de telle sorte qu'il n'y a pas donation.

(109) Mais il n'y aurait pas lieu à répétition si le débiteur absous avait fait le payement en connaissance de cause (D. 12, 6, *de condict. indeb.*, L. 28) ou bien s'il avait payé avant l'absolution (D. *eod.*, L. 60, pr.). Dans le premier cas il a voulu faire une libéralité à la partie adverse; dans le second, il a payé une dette civile existant encore lors du payement et que l'absolution subséquente n'a pu éteindre rétroactivement. A cette hypothèse se réfère le

D. 12, 6, *de condict. indeb.*, L. 60, pr. PAULUS *libro III quæstionum.*

« Julianus verum debitorem post litem contestatam manente adhuc judicio
« negabat solventem repetere posse, quia nec absolutus nec condemnatus repetere
« posset : licet enim absolutus sit, natura tamen debitor permanet : similemque
« esse ei dicit, qui ita promisit, sive navis ex Asia venerit sive non venerit, quia
« ex una causa alterius solutionis origo proficiscitur ».

« Julien niait que le véritable débiteur, payant après la *litis contestatio* et pen-
« dant le procès, pût répéter, parce que, absous ou condamné, il ne pouvait
« répéter; en effet, alors même qu'il est absous, il n'en demeure pas moins obligé
« par la nature des choses, et (Julien) dit qu'il ressemble à celui qui a promis en
« ces termes ' soit que le navire vienne de l'Asie, soit qu'il n'en vienne pas '; car
« quel que soit l'événement, le payement a une cause légitime. »

Un débiteur véritable avait payé après la *litis contestatio*, mais avant le jugement. Il ne peut répéter pendant le procès. En effet, s'il est condamné plus tard, il est évident que la répétition est exclue. Mais elle l'est également s'il est absous; car l'absolution n'opérant que pour l'avenir et non pour le passé, ne l'a pas empêché d'être debiteur au moment du payement. Les mots « natura tamen debitor permanet » ne font pas allusion à une obligation naturelle qui survivrait à l'absolution injuste; ils signifient que, malgré l'absolution, le débiteur était lors du payement obligé par la nature des choses. La fin du passage veut dire qu'il y a payement valable, que l'on admette l'alternative de la condamnation ou celle de l'absolution; le mot ' alterius ' équivaut à ' alterutrius ' (Arg. D. 12, 2, *de jurejur.*, L. 34, § 6).

(110) D. 50, 17, *de R. J.*, L. 207. — (111) D. 42, 1, *de re judic.*, L. 56.

(112) D. 44, 2, *de exc. rei judic.*, L. 6.

de choses contraire à celui qui est établi par la chose jugée; celle-ci cesserait donc d'être l'expression de la vérité ; elle serait remise en question par le créancier débouté qui pourrait encore opposer sa créance naturelle en compensation, et les procès seraient éternisés. Nous nous fondons en outre sur l'analogie du serment décisoire; même l'élément naturel de l'obligation est détruit par la prestation de ce serment[113]; or la chose jurée, comme la chose jugée, est réputée l'expression de la vérité ; elle ne peut plus être remise en question [114].

VI. Le bénéfice de compétence et l'*actio de peculio* ne donnent pas davantage lieu à une obligation naturelle. Lorsque, en vertu du bénéfice de compétence, un débiteur ne paye qu'une partie de sa dette, le surplus subsiste comme obligation civile ; le créancier peut reprendre les poursuites contre le débiteur qui a fait de nouvelles acquisitions [115], preuve certaine de la persistance d'une obligation civile pour la partie restante de la dette. Si le débiteur paye par

---

(113) D. 12, 2, *de jurejur.*, L. 39, L. 40; D. 12, 6, *de condict. indeb.*, L. 43.

(114) D. 42, 1, *de re judic.*, L. 56.

Notre doctrine est consacrée d'une manière implicite, mais certaine, par le D. 20, 6, *quib. mod. pignus solv.*, L. 13. TRYPHONINUS *libro VIII disputationum.*

« Si deferente creditore juravit debitor se dare non oportere, pignus liberatur,
« quia perinde habetur, atque si judicio absolutus esset : nam et si a judice quam-
« vis per injuriam absolutus sit debitor, tamen pignus liberatur. »

« Si, le créancier déférant le serment, le débiteur a juré qu'il ne doit pas donner,
« l'hypothèque s'éteint, parce que le débiteur est assimilé à celui qui aurait été
« absous en justice; car, si le débiteur a été absous par le juge, bien que injuste-
« ment, l'hypothèque n'en est pas moins éteinte. »

Ainsi, l'absolution injuste du débiteur entraîne l'extinction de l'hypothèque qui garantissait la dette. Donc après l'absolution il n'est pas resté d'obligation naturelle, sinon l'hypothèque serait aussi demeurée debout (D. 20, 1, *de pignor.*, L. 14, § 1).

Non obstat D. 12, 6, *de condict. indeb.*, L. 60, pr.; cf. ci-dessus note 109.

Voyez en notre sens GLÜCK, XIII, § 830, p. 101-103, WEBER, cité, § 94, THIBAUT, I, § 562 initio, MOLITOR, cité, I, n° 38, MACHELARD, cité, p. 414-442, VANGEROW, I, § 173, *Anm.*, n° I, et WINDSCHEID, I, § 129, 2°, et note 7.

Contra UNTERHOLZNER, cité, I, § 233 initio, et note a, MÜHLENBRUCH, II, § 330, 6°, et note 21, PUCHTA, *Pand.*, § 270, note g, DE SAVIGNY, *System* V, § 249, p. 376, et note c, et *Obligationen* I, § 11, 9°, SCHWANERT, cité, § 21, p. 443-451, et MAYNZ, II, § 298, II.

(115) C. 5, 18, *sol. matrim.*, L. 8 initio; Cf. C. 7, 71, *qui bonis cedere poss.*, L. 1 initio.

erreur cette partie, il ne peut pas la répéter[116], par le motif qu'il la devait civilement, et non à raison de l'existence d'une simple obligation naturelle[117]. De même, le maître ou le père de famille qui, poursuivi par l'*actio de peculio*, payait les créanciers de son esclave ou de son enfant sous puissance jusqu'à concurrence du contenu du pécule, demeurait civilement tenu du déficit; car il était en principe débiteur civil de la totalité de la dette, sauf que momentanément la condamnation se restreignait aux forces du pécule[118]. Si plus tard le pécule venait à augmenter, l'*actio de peculio* pouvait être intentée de nouveau[119], ce qui atteste l'obligation civile; et si le maître ou le père de famille payait par erreur au delà du montant du pécule, c'était encore l'obligation civile, et non l'obligation naturelle, qui lui interdisait la répétition [120].

SECTION V. — DES OBLIGATIONS DE BONNE FOI ET DES OBLIGATIONS DE DROIT STRICT.

§ 48. *Notions et historique.*

1° Les obligations de bonne foi sont celles où l'on suit les principes de l'équité; les obligations de droit strict sont celles où l'on suit les principes rigoureux du droit[1]. Dans les premiers siècles de

---

(116) D. 12, 6, *de condict. indeb.*, L. 8, L. 9.

(117) Cf. ci-dessus § 6, II, 2°, et dans le même sens UNTERHOLZNER, cité, I, § 182, VII, DE SAVIGNY, cité, I, § 12, 4°, et VANGEROW, I, § 174, *Anm.* 1, n° 1. Contra MACHELARD, cité, p. 505-511.

(118) Arg. D. 15, 1, *de peculio*, L. 30, § 4.

(119) L. 30, § 4, cit. La novation résultant de la *litis contestatio* du droit classique faisait obstacle à la reprise de l'action, et pour rendre possible cette reprise, on ne s'aidait pas même de cautions dans l'espèce, comme lorsqu'il s'agissait du bénéfice de compétence (D. 15, 1, *de peculio*, L. 47, § 2). Il faut donc supposer que le jugement réservait une poursuite ultérieure; c'est peut-être pour ce motif que la loi 47, § 2 i. f., cit., paraît dire que le défendeur à l'*actio de peculio* n'est pas débiteur pour le tout. DE SAVIGNY, cité, I, § 12, 3° i. f., craint encore que la seconde *actio de peculio* ne soit repoussée par l'exception de chose jugée; mais on ne peut raisonnablement voir ici dans la condamnation partielle du défendeur une absolution pour la partie restante de la dette.

(120) D. 12, 6, *de condict. indeb.*, L. 11. Cf. DE SAVIGNY, cité, I, § 12, 3°, et MACHELARD, cité, p. 507.

(1) CICÉRON, *pro Roscio comœdo* 4 " Hic tu si amplius [H-S.] nummo petisti,

Rome, toutes les obligations étaient de droit strict. Les obligations
de bonne foi n'apparurent que plus tard, sous l'influence du droit des
gens[2]; c'étaient en même temps des obligations naturelles; mais
dans la suite un grand nombre de ces dernières furent reçues dans
la classe des obligations civiles[3], sans dépouiller pour cela leur
caractère d'obligations de bonne foi[4]. Il s'ensuit que, après ce
développement du droit romain, les obligations civiles sont les unes
de bonne foi, les autres de droit strict, tandis que les obligations
naturelles sont toutes de bonne foi. Dans la procédure anté-dioclé-
tienne, le juge d'une action de bonne foi s'appelait de préférence
arbiter, parce qu'il avait un pouvoir plus large d'appréciation[5],
et le juge d'une action de droit strict *judex*[6] ; de là les dénominations d'*arbitria* et de *judicia* pour désigner respectivement les
actions de bonne foi et les actions de droit strict[7]. A l'époque des
formules, ces deux classes d'actions étaient reconnaissables à la
formule. L'*intentio* de la formule d'une action de bonne foi contenait

« quam tibi debitum est, causam perdidisti : propterea quod aliud est judicium,
« aliud arbitrium. Judicium est pecuniæ certæ, arbitrium incertæ. Ad judicium
« hoc modo venimus, ut totam litem aut obtineamus, aut amittamus.. .. Quid est
« in judicio? directum, asperum, simplex... Quid est in arbitrio? mite, modera-
« tum, *quantum æquius melius, id dari.* »

I. 4, 6, *de action.*, § 30 initio ; THÉOPHILE, *eod.* ; D. 17, 1, *mand.*, L. 29, § 4,
« v^is de bona fide enim agitur, cui non congruit de apicibus juris disputare, sed de
« hoc tantum, debitor fuerit nec ne. »

(2) MOLITOR, cité, I, n°s 18 et 250, p. 321, note 2. — MAYNZ, I, § 51, p. 522. —
Contra DE SAVIGNY, *System* V, § 220 initio, *Beilage* XIII, n° XIII, et *Beilage* XIV,
n° XLVII. — (3) Cf. D. 1, 1, *de just. et jure*, L. 5.

(4) Les obligations de bonne foi proviennent donc toutes du droit des gens. Mais
les obligations de droit strict descendent du droit civil ou du droit des gens; le
mutuum était *stricti juris* et *juris gentium* (GAIUS, III, 132).

Cf. DE SAVIGNY, *System* V, *Beilage* XIII, n° XIII, et *Beilage* XIV, n° 3 i. f.,
PUCHTA, *Instit.* III, § 269, p. 69-71, et MOLITOR, cité, I, n°s 18 et 250, p. 321, note 2,

(5) FESTUS, *de verbor. signif.*, v° ARBITER « dicitur judex, quod totius rei habeat
« arbitrium et facultatem » ; CICÉRON, *pro Roscio com.* 4-5.

(6) CICÉRON, l. c. Mais le mot ' *judex* ' s'applique aussi à un juge quelconque
(GAIUS, IV, 163 initio).

(7) CICÉRON, *pro Roscio com.* 4-5. Parfois cependant le mot *judicium* désigne une
action quelconque (CICÉRON, *Topica* 17, et *de offic.* III, 15; D. 18, 5, *de rescind.*
vendit., L. 3; D. 24, 3, *sol. matrim.*, L. 21 i. f.).

les mots ' *ex fide bona* ' (8) ou une expression équivalente(6) ; le juge recevait l'ordre de décider la contestation d'après les règles de la bonne foi. L'*intentio* de la formule d'une action de droit strict ne renfermait rien de pareil ; le magistrat ordonnait purement et simplement au juge de condamner ou d'absoudre le défendeur, selon que le demandeur aurait prouvé ou non le fondement de son action, donc d'après la rigueur du droit et sans avoir égard à l'équité. Notamment le juge d'une action de bonne foi pouvait tenir compte de toutes les exceptions opposées par le défendeur, alors même qu'elles n'avaient pas été insérées dans la formule ; les mots ' *ex fide bona* ' l'y autorisaient virtuellement ; de là la maxime : *bonæ fidei judiciis exceptio doli mali inest*(10). Par contre, le juge d'une action de droit strict ne pouvait prendre en considération que les exceptions dont la formule lui donnait spécialement le pouvoir de s'occuper, sinon il était lié par la conception absolue de la formule(11).

2° La division dont il s'agit a été maintenue par Justinien ; mais elle n'a plus dans sa législation la même importance que dans le droit classique. D'un côté, le domaine des obligations de droit strict s'est rétréci : l'obligation littérale, l'une des plus importantes obligations de droit strict, a disparu(12) ; l'obligation d'exécuter un legs, laquelle était aussi de droit strict, est devenue une obligation de bonne foi(13). D'un autre côté, le système des obligations de droit strict a perdu de sa rigueur ; comme il n'y a plus de formules, le défendeur à une action de droit strict peut faire valoir ses exceptions de la même manière qu'à une action de bonne foi(14).

---

(8) Gaius, IV, 47. — (9) Cicéron, *Topica* 17, *de offic.* III, 15, et *ad famil.*VII, 12.

(10) D. 18, 5, *de rescind. vendit.*, L. 3 ; D. 24, 3, *sol. matrim.*, L. 21 i. f. ; D. 30, *de leg. I*, L. 84, § 5 initio ; 1. 4, 6, *de action.*, § 30 initio.

(11) § 30 cit., vⁱˢ Sed et in strictis judiciis............ inducebatur.

(12) I. 3, 21, *de litter. oblig.*, initio. — Cf. ci-après T. II, § 82.

(13) Arg. C. 6, 43, *comm. de leg. et fideic.*, L. 2.

(14) Cf. I. 4, 6, *de action.*, § 30.

§ 49. *Indication des obligations de bonne foi et des obligations de droit strict.*

En général, les obligations de bonne foi ont un caractère synallagmatique ou bilatéral ; elles sont réciproques pour les deux parties. Les obligations de droit strict sont unilatérales ; une seule partie est obligée. C'est ainsi que la vente, le louage, la société et l'échange sont des contrats bilatéraux; ils produisent des obligations de bonne foi. La stipulation est un contrat unilatéral ; l'obligation qui en résulte, est de droit strict[1]. Les obligations de bonne foi constituent la règle[2]; dès lors nous pouvons nous dispenser d'en faire

(1) Le précaire fait exception à la règle; bien que unilatéral, il produit une obligation de bonne foi (D. 43, 26, *de prec.*, L. 2, § 2 i. f.). Ici comme ailleurs le précaire est affranchi de la rigueur du droit (Cf. ci-après T. III, § 152). — Le point de vue auquel nous venons d'apprécier les obligations de bonne foi et les obligations de droit strict, est généralement admis (MOLITOR, cité, I, n° 19, 1°. — VANGEROW, I, § 139, *Anm.*, n° I, 7°, et n° II, 3° i. f. — ORTOLAN, III, n° 1986. — NAMUR, II, § 503, **4**). On a soutenu (MÜHLENBRUCH, I, § 138, II. — MAYNZ, T. I, § 51, II, et Observation, T. II, § 195, et § 246 avec l'Observation) que les actions de droit strict étaient plutôt celles qui avaient pour objet un *certum*, c'est-à-dire un corps certain ou une quantité déterminée de choses fongibles ; les actions de bonne foi porteraient sur un *incertum*, sur une chose déterminée seulement quant à son genre ou bien sur une quantité indéterminée de choses fongibles ou encore sur un fait de l'homme. Mais il résulte de témoignages multiples et positifs que la formule d'une *condictio incerti* ne contenait pas les mots ' *ex fide bona* ' ; elle était conçue d'une manière absolue (*quidquid paret N^m N^m A^o A^o dare facere oportere*) (GAIUS, IV, 41, 131 et 136); la *condictio incerti* était donc une action de droit strict. Si, par suite de l'indétermination de son objet, le juge avait nécessairement un certain pouvoir d'appréciation, il n'en était pas moins tenu d'exercer ce pouvoir d'une façon rigoureuse. Il est vrai que nous lisons dans CICÉRON, *pro Roscio com.* 4 « Aliud est judicium, aliud arbitrium. Judicium est pecuniæ certæ, arbitrium incertæ. » Mais l'orateur a pu avoir exclusivement en vue les *condictiones certi* et les actions de bonne foi; il est très probable que les *condictiones incerti* furent créées après les *condictiones certi* et rien ne prouve qu'elles fussent déjà connues à l'époque de Cicéron. — D'après DE SAVIGNY (*System* V, § 219, et *Beilage* XIV, n°ˢ III à XVIII et XIX initio, cf. n°ˢ XIX i. f., XX à XLVII), les actions de droit strict tiendraient lieu d'une revendication perdue. Mais l'application de cette idée aux différents cas particuliers rencontre les plus grandes difficultés; il suffira de citer la stipulation (VANGEROW, 1, § 139, *Anm.*, n° II, 3° i. f.).

(2) I. 4, 6, *de action.*, § 28 et 29 initio. Si, au § 28 cité, Justinien représente

l'énumération, et nous borner à indiquer celles qui sont de droit strict. Les sources de ces dernières sont :

1° Parmi les conventions, la stipulation [3], le prêt de consommation [4] et les pactes légitimes [5] (donation [6] et constitution de dot [7]).

2° Les quasi-contrats qui obligent à la restitution d'un payement indu [8].

3° Les délits, du moins au point de vue des actions civiles qu'ils produisent [9].

l'action *præscriptis verbis* comme étant de bonne foi lorsqu'elle résulte de l'échange ou du contrat estimatoire, ce ne sont là que des exemples (Arg. D. 19, 3, *de æstimat.*, L. 1, pr. i. f., et D. 39, 6, *de mort. causa donat.*, L. 42, pr., v^{is} bonæ fidei autem judicio constituto). En ce sens DE SAVIGNY, *System* V, *Beilage* XIII, n° XII, note f, VANGEROW, I, § 139, *Anm.*, n° II, 2°, et T. III, § 599, *Anm.*, n° III i. f., et MAYNZ, II, § 243, n° I i. f. Contra PUCHTA, *Instit.* II, § 165, note *kkk*). — GAIUS, IV, 62, et CICÉRON, *de offic.* III, 17, ajoutent à l'énumération l'ancienne *actio fiduciæ*. — L'*actio emphyteuticaria* est aussi incontestablement de bonne foi (DE SAVIGNY, *System* V, *Beilage* XIII, n° XII i. f.), de même que l'*actio de pecunia constituta* (Arg. D. 13, 5, *de pec. constit.*, L. 1, pr.; voyez SCHILLING, III, § 338, note g).

(3) D. 12, 3, *de in lit. jur.*, L. 5, § 4, L. 6; C. 5, 13, *de rei ux. act.*, L. un., § 2 (§ 2 initio, édition Kriegel). — (4) THÉOPHILE, I. 4, 13, § 3 initio.

(5) Arg. D. 13, 2, *de condict. ex lege*, L. un.

(6) C. 8, 53 (54, édition Kriegel), *de donat.*, L. 35, § 5^b et 5^c (§ 5 initio, édition Kriegel). — (7) C. 5, 11, *de dotis promiss.*, L. 6.

(8) Arg. D. 12, 4 à 7. Cf. D. 13, 1, *de condict. furt.*, et D. 25, 2, *de act. rer. amot.*, L. 24, L. 26.

(9) En effet, il est de l'essence des délits de produire des obligations unilatérales. En particulier l'action Aquilienne, si elle n'était pas une *condictio* (Cf. D. 12, 1, *de reb. cred.*, L. 9, § 1. Pour ce caractère RUDORFF, *zu Puchta's Instit.* II, § 165, note *w*), était au moins une action stricte (DE SAVIGNY, *System* V, *Beilage* XIII, n° VIII, et *Beilage* XIV, n° XX, p. 569). L'*actio furti nec manifesti*, sans être une *condictio*, puisqu'elle avait pour objet un *damnum decidere oportere*, et non un *dare oportere* (GAIUS, IV, 37 et 45), était aussi stricte; sa formule ne contenait pas le tempérament ' *ex fide bona* ' (GAIUS, l. c.). L'*actio de tigno juncto* (D. 47, 3, *de tigno juncto*), l'*actio arborum furtim cæsarum* (D. 47, 7, *arbor. furt. cæs.*) et l'*actio injuriarum ex lege Cornelia* (I. 4, 4, *de injur.*, § 8), étaient pareillement des actions strictes, bien que n'appartenant pas sans doute à la classe des *condictiones*. Toutes les actions civiles naissant de délits étaient donc des actions strictes. A la vérité, il semble qu'elles n'étaient pas *formellement* considérées comme *actiones stricti juris*, parce que leur *intentio* ne portait ni sur un *dare oportere* ni sur un *dare facere oportere* (DE SAVIGNY, *System* V, *Beilage* XIII, n° VIII, et *Beilage* XIV, n° XX, p. 567-572. — PUCHTA, *Instit.* II, § 165, note *bb*. — VANGEROW, I, § 139,

17

et 4° La loi, lorsqu'elle crée une obligation sans y attacher une action spéciale, et que partant il y a lieu à une *condictio ex lege* [10].

§ 50. *Importance de la division.*

1° Dans l'interprétation d'une convention de bonne foi, on a égard à la volonté des parties plutôt qu'aux termes de la convention ; les termes doivent céder devant la volonté contraire des parties, si elle est dûment établie [1]. Dans les conventions de droit strict on se tient rigoureusement aux termes [2]. C'est ainsi que la convention de garantie du chef d'éviction, lorsqu'elle était faite dans la forme de la stipulation, ne s'appliquait point à l'éviction partielle de la chose, si l'éviction partielle n'avait pas été prévue d'une manière spéciale dans la stipulation [3]. Il ne pouvait pas non plus être question de

Anm., n° II, 3° i. f.). Mais *matériellement* elles constituaient des actions strictes et on les appréciait strictement (VANGEROW, l. c.); l'obligation qu'elles poursuivaient, était bien une obligation stricte.

(10) D. 13, 2, *de condict. ex lege*, L. un. Cf. DE SAVIGNY, *System* V, *Beilage* XIV, n°s XII à XIV.

A proprement parler, la division des actions en actions de bonne foi et actions de droit strict ne concerne que les actions personnelles qui, naissant de conventions ou de quasi-contrats, se poursuivaient par une formule *in jus concepta*. Sont donc exclues de la division :

1° les actions personnelles naissant de délits, de quasi-délits ou de la loi.

2° celles qui naissent de conventions ou de quasi-contrats, mais qui se poursuivaient par une *cognitio extraordinaria*, ou bien

3° par une formule *in factum concepta*, c'est-à-dire les actions honoraires. (DE SAVIGNY, *System* V, § 218-220 (surtout § 218 i. f.), et *Beilagen* XIII et XIV. — PUCHTA, *Instit.* II, § 165, et surtout la note *bb*. — VANGEROW, I, § 139, *Anm.*, n° II, 1° à 4°).

Mais en fait toutes ces actions, sauf les actions civiles résultant de délits (cf. la note précédente), sont des actions libres; on y suit les règles de la bonne foi (DE SAVIGNY, *System* V, § 218 i. f. — VANGEROW, I, § 139, *Anm.*, n° II, 4°). Les obligations auxquelles se rapportent ces actions, sont gouvernées par l'équité; nous les avons donc rangées parmi les obligations de bonne foi.

Les obligations naturelles sont aussi de bonne foi, bien que la division des actions de bonne foi et des actions de droit strict leur soit étrangère; leur fondement, le droit des gens ou l'équité, ne laisse aucun doute à cet égard.

(1) D. 50, 16, *de V. S.*, L. 219; D. 3, 5, *de neg. gest.*, L. 6 (L. 7, édition Kriegel); D. 21, 1, *de ædil. ed.*, L. 31, § 20.

(2) D. 45, 1, *de V. O.*, L. 99, pr. — (3) D. 21, 2, *de evict.*, L. 56, § 2.

sous-entendre une clause d'usage dans une convention de droit strict[4].

2° Les pactes accessoires ajoutés à un contrat de bonne foi donnent lieu à l'action naissant de ce contrat; ils sont censés faire partie intégrante du contrat principal[5]. Les pactes accessoires ajoutés à un contrat de droit strict ne sont pas garantis par l'action résultant de ce contrat ; on les considère comme des conventions distinctes ; et puisque par eux-mêmes ils n'ont pas de force civile, ils sont dépourvus de toute action[6]. — Ainsi encore, lorsque l'une des parties a été trompée ou bien a subi une violence morale à l'occasion d'un contrat de bonne foi, il lui est loisible d'agir par l'action du contrat, soit en rescision, soit en dommages et intérêts[7]. S'il s'agit d'un contrat de droit strict, il faut recourir à d'autres voies de droit[8].

3° Dans les obligations de bonne foi, les fruits sont dus par le seul effet de l'obligation[9] et les intérêts au moins à partir de la demeure[10]. Dans les obligations de droit strict, la *litis contestatio* seulement donne droit aux fruits et aux intérêts[11].

4° Le serment *in litem* admis à l'occasion des actions arbitraires, lorsque l'*arbitrium* demeure sans exécution par le dol ou la faute lourde du défendeur, ne s'étend pas aux actions arbitraires de droit strict[12].

5° Dans les obligations de bonne foi, l'estimation des dommages

(4) Arg. D. 21, 1, *de ædil. ed.*, L. 31, § 20.
(5) D. 2, 14, *de pact.*, L. 7, § 5 initio.
(6) Arg. L. 7, § 5 initio, cit. — Cf. ci-après T. III, § 185.
(7) I. 3, 23, *de empt. et vendit.*, § 5, et arg. D. 50, 17, *de R. J.*, L. 116, pr.
(8) Cf. ci-après T. II, § 94, II, et § 95, II. — (9) D. 22, 1, *de usur.*, L. 38, § 8 et 15.
(10) D. *eod.*, L. 1, pr., L. 32, § 2. — Cf. ci-dessus § 21, I, 1° i. f.
(11) L. 38, § 7, cit.; D. 39, 5, *de donat.*, L. 22. Cette règle s'appliquait-elle aussi aux *condictiones incerti*? Oui, jusqu'au commencement de la période classique ; Pomponius est formel à cet égard (D. 19, 1, *de A. E. et V.*, L. 3, § 1). Non, d'après les jurisconsultes postérieurs, comme nous l'apprend Papinien (D. 22, 1, *de usur.*, L. 4, pr.), et tel est le nouveau droit romain ; les *condictiones incerti* se sont donc rattachées sous ce rapport aux actions de bonne foi. — Cf. ci-dessus § 6, III, 4°, A.
(12) D. 12, 3, *de in lit. jur.*, L. 5, pr., L. 6 cbn. avec L. 5, § 4.

et intérêts se fait d'après l'époque du jugement, tandis que, dans les obligations de droit strict, on considère le moment de la *litis contestatio* (13).

6° Lorsqu'une obligation est payable à un lieu convenu, cette circonstance n'empêche pas de poursuivre le débiteur, devant le juge de son domicile, par l'action naissant de l'obligation, si celle-ci est de bonne foi(14). Si elle est de droit strict, il faut recourir à à l'action *de eo quod certo loco dari oportet* (15).

SECTION VI. — DES OBLIGATIONS SOLIDAIRES.

I. 3, 16, *de duobus reis stipulandi et promittendi*.

D. 45, 2, *de duobus reis constituendis*.

C. 8, 39 (40, édition Kriegel), *de duobus reis stipulandi et duobus reis promittendi*.

RIBBENTROP, *Zur Lehre von den Correal-Obligationen*, Gœttingen, 1831.

VON HELMOLT, *Die Correal-Obligationen*, Giessen, 1857.

DEMANGEAT, *Des obligations solidaires en droit romain*, Paris, 1858.

FITTING, *Die Natur der Correalobligationen*, Erlangen, 1859.

SAMHABER, *Zur Lehre von der Correalobligation im römischen und heutigen Recht,* Erlangen, 1861.

SIEBENHAAR, *Correalobligationen nach römischem, gemeinem und sächsischem Rechte, Erste Abtheilung*, p. 1-134, Leipzig, 1868.

§ 51. *Notion et conditions de la solidarité*.

Il y a solidarité ou corréalité lorsque, dans une seule et même obligation, plusieurs sont débiteurs ou créanciers chacun pour le tout(1). La solidarité peut donc exister du côté des débiteurs ou du côté des créanciers; dans le premier cas, nos sources parlent de *correi vel duo rei promittendi*, et dans le second, de *correi vel duo rei stipulandi*(2); de leur côté, les auteurs modernes distinguent

---

(13) D. 13, 6, *commod.*, L. 3, § 2; D. 12, 1, *de reb. cred.*, L. 22 ; D. 13, 3, *de condict. tritic.*, L. 4, cf. L. 3 (cf. ci-dessus § 16, et note 43). Même en cas de demeure du débiteur, l'époque de la *litis contestatio* reste décisive pour les obligations de droit strict (cf. ci-dessus § 21, II), mais non pour les obligations de bonne foi (cf. ci-dessus § 21, I, 2°). — (14) D. 13, 4, *de eo quod certo loco*, L. 7, pr.

(15) D. *eod.*, L. 1. — Cf. ci-dessus § 7, III.

(1) Cf. I. *h. t.*, pr.

(2) I. *h. t.*, et C. *h. t.*, rubriques. Assez souvent aussi les codébiteurs ou cocréan-

une solidarité active et une solidarité passive. Aux termes de la définition donnée ci-dessus, le caractère essentiel de l'obligation solidaire consiste dans l'unité de l'obligation, malgré la pluralité des débiteurs ou des créanciers[3]; chacun est débiteur ou créancier pour le tout; chacun doit toute la dette ou bien a droit à la totalité de la créance[4]. C'est là une exception au droit commun. En principe, lorsque plusieurs interviennent, activement ou passivement, dans une obligation, celle-ci se divise; chacun n'est débiteur ou créancier que pour partie; il se forme plusieurs obligations propres et indépendantes, et dans chacune d'elles il n'y a qu'un débiteur unique et un créancier unique. Si donc A et B promettent ensemble une somme de 1000, en général chacun sera débiteur de 500 seulement[5]. La solidarité déroge à cette règle. Nonobstant l'intervention de plusieurs débiteurs ou de plusieurs créanciers, elle maintient l'obligation entière sur la tête de chacun, de telle sorte qu'une seule et même dette est due pour le tout par plusieurs ou à plusieurs. C'est pourquoi la solidarité exige les conditions suivantes :

I. Chacun doit être débiteur ou créancier de la même chose. Pas de solidarité si plusieurs sont débiteurs ou créanciers de choses différentes; cette pluralité de choses entraîne nécessairement une pluralité de dettes, et la solidarité suppose une obligation unique[6]. A et B ne seront donc pas codébiteurs solidaires si l'un promet

ciers solidaires sont appelés *correi vel duo rei* tout court (D. *h. t.*, rubrique, L. 3, § 1, L. 6, § 1 et 3, L. 8, L. 9, § 1, L. 12, pr.) ou bien *duo rei. ejusdem debiti vel pecuniæ*, etc. (D. 30, *de leg. I*, L. 82, § 5; D. 31, *de leg. II*, L. 13, pr.; D. 46, 1, *de fidejuss.*, L. 21, § 4). L'on rencontre encore les expressions de *duo rei debendi vel credendi* (D. 4, 8, *de recept.*, L. 34, pr.)

(3) D. 2. 14, *de pact.*, L. 9, pr., v[is] unum debitum est; D. *h. t.*, L. 3, § 1, v[is] cum una sit obligatio; D. 45, 1, *de V. O.*, L. 116, v[is] duo rei.. ejusdem obligationis. Cf. I. *h. t.*, § 1, v[is] in utraque tamen obligatione una res vertitur; ce dernier passage veut dire simplement que l'obligation de l'un des débiteurs ou créanciers solidaires est la même que celle de l'autre. Cf. MOLITOR, cité, II, nº 1158 initio, DEMANGEAT, cité, p. 399-400, VANGEROW, III, § 573, *Anm.* 1, nº I, MAYNZ, II, § 186, note 5, et WINDSCHEID, II, § 293, et note 1.

(4) I. *h. t.*, § 1 initio; D. *h. t.*, L. 2, L. 3, § 1.

(5) D. *h. t.*, L. 11, § 1-2; D. 38, 1, *de oper. libert.*, L. 15, § 1 i. f.

(6) D. *h. t.*, L. 3, § 1, v[is] cum una sit obligatio, una et summa est, L. 9, § 1, v[is] verius est non esse duos reos, a quibus impar suscepta est obligatio.

1000 et l'autre aussi 1000, sans ajouter que ce sont les mêmes, ou bien si l'un promet 10 ou Stichus, et l'autre 10[7], ou bien encore si l'un répond de sa faute et l'autre de son dol seulement[8]. Mais rien n'empêche les divers débiteurs ou créanciers de promettre ou de stipuler sous des modalités différentes; l'un peut contracter purement et simplement, l'autre sous condition ou à terme[9]; on peut convenir de lieux différents pour le payement[10]; ces modalités ont un caractère accessoire et partant ne donnent pas lieu à des obligations distinctes. Il est encore moins nécessaire que les différents débiteurs ou créanciers promettent ou stipulent simultanément[11].

II. La solidarité ne doit être admise que moyennant une cause spéciale, et cette cause peut être une convention, une disposition de dernière volonté, un jugement ou bien la loi. En effet la solidarité constitue une exception au droit commun, et les exceptions ne se présument point[12].

A) La convention relative à la solidarité peut être expresse ou tacite[13]. En ce qui concerne la forme de la convention, il suffit d'un simple pacte lorsque le contrat principal est de bonne foi; c'est ainsi qu'en vendant une chose à deux personnes, on peut convenir, par un pacte accessoire ajouté au contrat de vente, que les deux acheteurs seront tenus solidairement de payer le prix[14]. Si le contrat principal est de droit strict, il faut recourir à la stipulation; celle-ci est donc indispensable dans le prêt de consommation pour

______

(7) Arg. D. *h. t.*, L. 15, v^{is} Idem ait......... debeantur. Si A paye Stichus, B ne sera point libéré. Si A ou B paye les 10, la dette de l'autre ne s'éteindra pas de plein droit, mais seulement par voie d'exception (Arg. L. 15 i. f., cit.). Cf. Pothier, *Pandectæ Justinianeæ*, 45, 2, *de duob. reis*, n° 11).

(8) D. *h. t.*, L. 9, § 1, v^{is} Sed si......... obligatio, cf. v^{is} Non idem......... Si l'un des débiteurs paye, l'autre ne sera libéré que par voie d'exception (voyez la note précédente). Voyez encore le D. *h. t.*, L. 15 initio, et Pothier, *Pandectæ Justinianeæ*, 45, 2, *de duob. reis*, n° 11.

(9) I. *h. t.*, § 2; D. *h. t.*, L. 7. — (10) D. *h. t.*, L. 9, § 2.

(11) Arg. I. 3, 20, *de fidejuss.*, § 3. La stipulation proprement dite ne faisait pas exception (Cf. note 19 du présent paragraphe).

(12) D. *h. t.*, L. 11, § 1-2; D. 38, 1, *de oper. libert.*, L. 15, § 1 i. f.

(13) Arg. D. 30, *de leg. I*, L. 8, § 1.

(14) D. *h. t.*, L. 9, pr., v^{is} utriusque fidem in solidum secutus.

obliger solidairement deux emprunteurs à la restitution du prêt[15]. En fait les Romains n'employaient guère que la stipulation, même à l'occasion des contrats de bonne foi[16]. Cette forme de contracter se prêtait d'ailleurs facilement à l'établissement tacite de la solidarité. On admettait une solidarité tacite entre codébiteurs par cela seul que le créancier ayant demandé successivement à chacun d'eux s'il promettait telle ou telle chose (la même), les divers débiteurs répondaient, après l'achèvement de toutes les questions, qu'ils le promettaient (*Mævi, spondesne mihi centum dare? — Sei, spondesne mihi eadem centum dare? — Spondeo. — Spondeo*)[17]. De même il y avait solidarité tacite entre cocréanciers lorsque tous ayant interrogé le débiteur sur la prestation d'une chose (la même), celui-ci répondait affirmativement (*Spondesne mihi centum dare? — Spondesne mihi eadem centum dare? — Utrique vestrum dare spondeo*)[18]. Toutes les questions étant ainsi réunies en un seul faisceau, de même que les réponses s'il y avait plusieurs promettants, l'ensemble ne formait qu'un seul tout, et l'on en déduisait la volonté des parties de contracter solidairement. Si au contraire chaque question était suivie d'une réponse, il se formait autant d'obligations distinctes qu'il y avait eu de questions, ce qui était incompatible avec la solidarité[19].

***

(15) C. 4, 2, *si certum pet.*, L. 5, pr. (L. 5 initio, édition Kriegel), L. 9, L. 12. Cette règle s'applique au *mutuum* (Ribbentrop, cité, § 17, note 13. Contra de Savigny, cité, I, § 17, c, p. 155-157).

(16) Arg. I. et C. *h. t.*, rubrique. — (17) I. *h. t.*, pr. i. f. — (18) Pr. initio, cit.

(19) Pr. cit., vⁱˢ nam si prius Titio spoponderit, deinde alio interrogante spon- « deat, alia atque alia erit obligatio nec creduntur duo rei stipulandi esse. » Puisqu'il y avait plusieurs dettes, le payement de l'une n'éteignait pas l'autre de plein droit; mais en général l'autre s'éteignait par voie d'exception, conformément à l'intention des parties (Demangeat, cité, p. 409-411).

L'établissement de la solidarité par stipulation pouvait encore se faire autrement que de la manière indiquée, c'est-à-dire par des stipulations séparées (Arg. D. 26, 8, *de auctor. et cons. tut. et curat.*, L. 7, § 1, D. *h. t.*, L. 3, pr., L. 9, § 2), expressément ou tacitement (Arg. Nov. 99, c. 1, pr. initio). En effet, la stipulation subséquente par laquelle quelqu'un se portait fidéjusseur (I. 3, 20, *de fidejuss.*, § 3), produisait une solidarité légale entre le débiteur principal et le fidéjusseur. Or, la stipulation de solidarité ne doit pas avoir moins de puissance que la loi, qu'il s'agisse d'un engagement accessoire ou d'un engagement principal comme codébiteur solidaire. En ce sens Ribbentrop, cité, § 17, p. 113-116, Vangerow, III,

B) La solidarité peut encore résulter d'une disposition de dernière volonté, en ce qui concerne l'obligation d'acquitter les legs. Le testateur peut obliger solidairement plusieurs personnes au payement d'un legs[20] ou bien léguer solidairement une chose à plusieurs[21], d'une manière expresse ou tacite. Si un testament porte : mon héritier A *et* mon héritier B payeront 1000 à X, chaque héritier sera seulement tenu pour sa part et portion [22]. Mais si le testateur a dit : mon héritier A *ou* mon héritier B payera 1000 à X, A et B seront obligés solidairement ; c'est le seul moyen d'attribuer de l'effet à la disposition testamentaire et notamment à l'emploi de la particule *ou*[23].

C) Un jugement crée la solidarité lorsqu'il condamne solidairement plusieurs personnes au payement des frais du procès ou bien lorsque, par suite d'une erreur, il admet une obligation solidaire qui en fait n'existe point ; car, à défaut d'erreur, il se borne à constater l'existence d'une obligation solidaire ; il ne la crée point[24].

D) Enfin la solidarité résulte dans certains cas de la loi.

Il existe une solidarité légale passive :

§ 573, *Anm.* 2, n° 1, et Windscheid, II, § 297 et note 3. Contra Demangeat, cité, p. 102-109. Cf. de Savigny, cité, 1, § 17, p. 146-147.

(20) D. 30, *de leg. I*, L. 8, § 1. — (21) D. 31, *de leg. II*, L. 16.

(22) D. 30, *de leg. I*, L. 86, § 3 ; D. 31, *de leg. II*, L. 33, pr.

(23) D. 30, *de leg. I*, L. 8, § 1 ; D. 32, *de leg. III*, L. 25, pr. Cf. D. *h. t.*, L. 9, pr. i. f., où il faut certainement lire : Titius *aut* (et non *et*) Mævius Sempronio decem dato, comme le prouve le singulier *dato* (Cujas, *ad quæst. Papin. lib.* XXVII, *ad h. l.* — Ribbentrop, cité, § 18 i. f. — Demangeat, cité, p. 155). — Il paraît y avoir eu doute parmi les jurisconsultes romains sur le point de savoir si de son côté le legs fait ' *Titio aut Mævio* ' créait une solidarité active entre les légataires. Justinien décida peu heureusement qu'un pareil legs se diviserait (C. 6, 38, *de V. S.*, L. 4, pr., § 1ᵃ, 1ᵇ, 1ᶜ, et § 3 (L. 4, pr., § 1 et 2 i. f., édition Kriegel)). Donc, pour qu'il y ait solidarité dans l'espèce, il faut une volonté spéciale du testateur d'établir la solidarité ; par exemple il a fait le legs ' *Titio aut Mævio, utri heres vellet* ' ; dans ce cas, les légataires deviennent créanciers solidaires du moment que l'héritier est en défaut de se déclarer (D. 31, *de leg. II*, L. 16, cf. L. 24, L. 67, § 7). Voyez Ribbentrop, cité, § 18 i. f., et Demangeat, cité, p. 157 et 159).

(24) Molitor, cité, II, n° 1165. — de Savigny, cité, I, § 17, e. — Windscheid, II, § 297, 3°. Mais en principe les condamnations se divisent ; la solidarité n'existe que moyennant une disposition spéciale (D. 49, 1, *de appellat.*, L. 10, § 3 ; D. 42, 1, *de re judic.*, L. 43 ; C. 7, 55, *si plures una sent. condemn. sunt*, L. 1, L. 2.

1º Entre les codélinquants, au point de vue de la réparation du dommage causé par le délit ou le quasi-délit [25]. Mais il n'y a pas de solidarité entre codélinquants en ce qui concerne l'obligation de payer la peine d'un délit privé. La solidarité suppose une obligation unique. Or ici il existe plusieurs obligations ; chacun des coupables doit une peine distincte, bien que toutes les peines soient d'une somme égale ; chacun doit une autre somme de 1000 que la somme de 1000 due par ses codélinquants. Les différentes obligations pénales ayant chacune un objet propre, sont elles-mêmes distinctes les unes des autres [26]. Aussi le créancier a-t-il droit autant de fois au payement de la peine qu'il y a de débiteurs [27]. Par contre, chacun des coupables doit les mêmes dommages et intérêts, les mêmes 1000 par exemple, mais solidairement ; il n'y a qu'une seule obligation, qui s'éteint par un payement unique [28].

2º Entre plusieurs personnes qui s'engagent en commun par une convention quelconque, au point de vue des dommages et intérêts dus à raison d'une faute commune. Cette solidarité légale s'applique entre autres aux comandataires [29], aux copreneurs [30], aux cocommodataires [31] et aux codépositaires [32], ainsi qu'aux héritiers d'un

(25) D. 2, 10, *de eo per quem fact.*, L. 1, § 4 ; D. 4, 2, *quod metus causa*, L. 14, § 15, L. 15 ; D. 4, 3, *de dolo malo*, L. 17, pr. ; D. 9, 1, *si quadrupes paup.*, L. 1, § 14 ; D. 9, 3, *de his, qui effud.*, L. 1, § 10, L. 2-4 ; D. 9, 4, *de noxal. act.*, L. 5 ; D. 11, 6, *si mensor fals. mod. dix.*, L. 3, pr. ; D. 27, 6, *quod falso tut.*, L. 7, § 4, L. 8 ; D. 43, 16, *de vi*, L. 1, § 13 ; C. 4, 8, *de condict. furt.*, L. 1.

(26) L. 1 initio, cit. — (27) Arg. L. 1 cit. — (28) L. 1 cit.

(29) D. 17, 2, *mand.*, L. 60, § 2 « Duobus quis mandavit negotiorum administra- « tionem : quæsitum est, an unusquisque mandati judicio in solidum teneatur. « Respondi unumquemque pro solido conveniri debere, dummodo ab utroque « non amplius debito exigatur » Ces derniers mots prouvent qu'il s'agissait de dommages et intérêts. — Voyez encore le D. 27, 3, *de tut. et ration. distr.*, L. 15.

(30) D. 13, 6, *commod.*, L 5, § 15 « Si duobus vehiculum commodatum sit vel « locatum simul, Celsus filius scripsit libro sexto digestorum quæri posse, utrum « unusquisque eorum in solidum an pro parte teneatur... Sed esse verius ait et « dolum et culpam et diligentiam et custodiam in totum me præstare debere : « quare duo quodammodo rei habebuntur et, si alter conventus præstiterit, libera- « bit alterum... ».

(31) L. 5, § 15, cit. ; D. 27, 3, *de tut. et ration. distr.*, L. 15.

(32) D. 16, 3, *depos.*, L. 1, § 43 ; D. 27, 3, *de tut. et ration. distr.*, L. 15.

preneur, commodataire ou dépositaire unique[33]. En principe, chacun de ces débiteurs n'est tenu que pour partie et ne peut être actionné que pour partie en exécution des obligations contractuelles[34]. Mais s'ils commettent une faute commune à l'occasion de leur obligation, ils sont tenus solidairement des dommages et intérêts, par analogie des codélinquants[35].

3° Entre cotuteurs[36] et cocurateurs[37] ainsi qu'entre magistrats collègues[38], en ce qui concerne l'obligation de réparer le dommage causé par une faute commune, par suite de la même analogie des délits[39].

4° Entre comandants. En effet, les diverses obligations des mandants se ramènent à une obligation de réparer les pertes que l'exécution du mandat a causées au mandataire; cette obligation a sa source dans le contrat de mandat; de là la même solidarité légale que dans les deux cas précédents[40]. — De plus, le mandant et le mandataire sont de plein droit tenus solidairement envers les tiers,

---

(33) D. 13, 6, *commod.*, L. 3, § 3, L. 17, § 2; D. 16, 3, *depos.*, L. 22.

(34) Arg. D. *eod.*, L. 1, § 36 et 44, L. 14, pr.

(35) RIBBENTROP, cité, § 19, p. 121-149. — DE SAVIGNY, cité, 1, § 20, B. — VANGEROW, III, § 573, *Anm.* 2 i. f., n° 4. — WINDSCHEID, II, § 298 i. f., et note 15. — Cf. MAYNZ, II, § 221, A, 4°, lequel n'admet qu'une indivisibilité de l'obligation des comandataires. Voyez ci-après T. I, § 55, note 41.

(36) D. 26, 7, *de admin. et peric. tut. et curat.*, L. 18, § 1, L. 33, pr. et § 1, L. 42; C. 5, 52, *de divid. tut.*, L. 2. — (37) L. 2 cit.

(38) D. 26, 7, *de admin. et peric. tut. et curat.*, L. 45.

(39) DE SAVIGNY, cité, 1, § 20, C. — WINDSCHEID, II, § 298 i. f., et note 15. — VANGEROW, III, § 573, *Anm.* 2 i. f., n°s 2-3.

(40) D. 17, 1, *mand.*, L. 59, § 3 « Paulus respondit unum ex mandatoribus in « solidum eligi posse, etiamsi non sit concessum in mandato : post condemnatio- « nem autem in duorum personam collatam necessario ex causa judicati singulos « pro parte dimidia conveniri posse et debere. »
Rien ne prouve que dans ce passage le mot '*mandator*' doive être restreint à celui qui donne un mandat en faveur d'un tiers. D'ailleurs plusieurs mandants sont, tenus solidairement à l'égard des *tiers* avec lesquels le mandataire contracte (cf. ci-après *ad not.* 48 à 51 du présent paragraphe), et cette solidarité devait entraîner leur responsabilité solidaire envers le *mandataire* (WINDSCHEID, II, § 298 i. f., et note 16, § 410, 2°. — MAYNZ, II, § 221, B, 3°. — NAMUR, II, § 291, 3°). VANGEROW, III, § 573, *Anm.* 2 i. f., n° 5, paraît restreindre la solidarité légale à ceux qui donnent un mandat dans l'intérêt d'un tiers.

toutes les fois qu'à raison des engagements du mandataire, les tiers ont contre le mandant les actions exercitoire[41], institoire[42] quasi-institoire[43], *Quod jussu*[44], *de peculio*[45], *tributoria*[46] ou *de in rem verso*[47], et s'il y a plusieurs mandants, ils sont, encore en vertu de la loi, obligés solidairement aux actions exercitoire[48], institoire[49], quasi-institoire[50] ou *Quod jussu*[51].

5° Entre le débiteur principal et sa caution, que le cautionnement soit une fidéjussion[52], un constitut de la dette d'autrui[53] ou bien un mandat en faveur d'un tiers[54], ainsi qu'entre plusieurs personnes qui ont cautionné la même dette par la voie de la fidéjussion[55], du constitut[56] ou du mandat[57].

6° Entre covendeurs associés, au point de vue des actions édilitiennes[58].

7° Lorsque l'obligation de constituer une servitude indivisible se

(41) D. 14, 1, *de exerc. act.*, L. 1, § 17 et 24, L. 5, § 1.

(42) D. 14, 3, *de instit. act.*, L. 1 initio, L. 5, § 2, 11 et 12.

(43) D. *eod.*, L. 19, pr.; C. 4, 25, *de exerc. et instit. act.*, L. 5.

(44) D. 15, 4, *quod jussu*, L. 1, pr. et § 1. — (45) D. 15, 1, *de peculio*, L. 44.

(46) I. 4, 7, *quod cum eo qui in al. potest.*, § 3.

(47) I. *eod.*, § 4, 4*a* et 4*b* (§ 4, édition Kriegel). Il va de soi que pour les actions *de peculio, tributoria* et *de in rem verso* la solidarité n'existe entre le représentant et le principal que jusqu'à concurrence de l'obligation de ce dernier. Voyez en faveur de cette solidarité légale DE SAVIGNY, cité, I, § 21, SAMHABER, cité, § 17, 5°, VANGEROW, III, § 573, *Anm.* 2, n° 3, p. 68, et WINDSCHEID, II, § 297, 4°. Contra MAYNZ, II, § 223, Observation 3.

(48) D. 14, 1, *de exerc. act.*, L. 1, § 25, L. 2, L. 3 initio, L. 4, § 1.

(49) D. 14, 3, *de instit. act.*, L. 13, § 2, L. 14 initio.

(50) D. 15, 4, *quod jussu*, L. 5, § 1 i. f. cbn. avec l'initium; Arg. D. 14, 3, *de instit. act.*, L. 19, pr. — (51) D. 15, 4, *quod jussu*, L. 5, § 1.

(52) Arg. I. 3, 20, *de fidejuss.*, § 4 initio.

(53) Arg. D. 13, 5, *de pec. constit.*, L. 16, pr.

(54) Arg. C. 8, 40 (41, édition Kriegel), *de fidejuss. et mandat.*, L. 23. Il est probable que dans le principe la caution s'engageait à payer solidairement; mais il est certain qu'on finit par admettre qu'elle serait tenue solidairement en dehors d'une convention spéciale. Cf. RIBBENTROP, cité, § 17, p. 108-109.

(55) I. 3, 20, *de fidejuss.*, § 4 initio. — (56) D. 13, 5, *de pec. constit.*, L. 16, pr.

(57) C. 8, 40 (41, édition Kriegel), *de fidejuss. et mandat.*, L. 23. — RIBBENTROP, cité, § 17, p. 108-109. Cf. MAYNZ, II, § 186, p. 70, § 263 et note 7.

(58) D. 21, 1, *de ædil. ed.*, L. 41, § 1. — Cf. ci-après T. I, § 55, note 16 i. f.

résout en dommages et intérêts, ceux-ci sont dus solidairement par chaque débiteur[59].

Enfin il existe une solidarité légale, à la fois active et passive, entre banquiers associés, à raison des conventions conclues avec les tiers relativement à la banque, soit par tous les associés, soit par l'un ou quelques-uns d'entre eux[60].

§ 52. *Effets de la solidarité.*

L'obligation solidaire est essentiellement une obligation unique due pour le tout par plusieurs ou à plusieurs[1]. De là dérivent tous ses effets.

I. Chaque débiteur peut être poursuivi pour le tout[2] et chaque créancier peut poursuivre pour le tout[3]. Le créancier qui, en poursuivant un premier débiteur, n'est pas parvenu à en obtenir un payement intégral, est d'ailleurs admis à demander solidairement le surplus à un autre débiteur solidaire[4]. Mais si l'un des débiteurs ou créanciers décède en laissant plusieurs héritiers, l'obligation solidaire se divise entre les héritiers en proportion de leurs parts héréditaires respectives; en effet, il n'existe aucun motif de ne pas appliquer à l'obligation solidaire la règle sur le partage des créances et des dettes héréditaires. Seulement le partage aura pour objet la totalité de l'obligation, tandis que, s'il s'agit d'une obligation non solidaire, le partage portera sur une obligation déjà divisée. A et B devaient 1000; A décède en laissant deux héritiers chacun pour moitié. Si la dette est solidaire, chacun des héritiers de A devra

----

(59) D. 10, 2, *fam. ercisc.*, L. 25, § 10. — Cf. ci-après T. I, § 56, III, A, 2°.

(60) AUCTOR *ad Herennium* II, 13, v^is Consuetudine jus est... id, quod argentario tuleris expensum, a socio ejus recte repetere possis; Arg. D. 2, 14, *de pact.*, L. 25, pr., cbn. avec L. 21, § 5. — D. *eod.*, L. 9, pr. initio, L. 27, pr., v^is tantum enim constitutum, ut solidum alter petere possit.

(1) Cf. ci-dessus § 51 initio.

(2) I. *h. t.*, § 1 initio; D. *h. t.*, L. 3, § 1 initio; C. *h. t.*, L. 1, pr. (L. 2 initio, édition Kriegel). — (3) I. *h. t.*, § 1 initio; D. 31, *de leg. II*, L. 16.

(4) C. 8, 40 (41, édition Kriegel), *de fidejuss.*, L. 28. Tel est le droit de Justinien. A l'époque classique, la novation que produisait la *litis contestatio*, libérait les codébiteurs non poursuivis; le créancier qui n'était pas satisfait, ne pouvait donc plus les actionner (GAIUS, III, 180-181, IV, 106-108; L. 28 cit.).

500, B continuant de devoir 1000. A défaut de solidarité, chaque héritier de A ne devra que 250, B restant débiteur de 500. Toutefois, le débiteur attaqué pour le tout jouit de deux bénéfices importants.

A) En vertu de la Novelle 99, si la solidarité est conventionnelle et que la dette ait été contractée dans l'intérêt commun, le débiteur poursuivi pour le tout peut mettre en cause ses codébiteurs solvables et présents, à l'effet de faire diviser la condamnation.

1° L'objet du bénéfice accordé par la Novelle 99 n'est pas douteux. Il est certain que Justinien permet (d'une manière plus ou moins large) au débiteur d'une dette de mettre en cause ses codébiteurs solidaires, à l'effet de faire diviser la condamnation. On ne peut mettre en cause que les codébiteurs présents, c'est-à-dire habitant au lieu de la poursuite(5). Le juge les cite en justice(6), constate leur solvabililité ou leur insolvabilité(7) et condamne ceux qui ont été reconnus solvables, y compris le défendeur originaire à payer une part et portion de la dette(8). Le bénéfice établi par Justinien est donc au fond un bénéfice de division, combiné avec un droit de mise en cause des codébiteurs.

2° Mais quels sont les débiteurs qui jouissent de ce bénéfice? A notre avis, ce sont tous les débiteurs solidaires(9), sous les deux conditions suivantes. Il faut d'abord que la solidarité soit conventionnelle(10). Il faut surtout que la dette ait été contractée dans l'intérêt commun; chacun des obligés doit en avoir retiré un profit partiel, de telle façon que si un seul payait la totalité, il disposerait d'un recours contre les autres (11). Ainsi entendue, la

---

(5) Nov. 99, c. 1, pr. initio et § 1 initio.

(6) Nov. 99, c. 1, § 1 initio, cf. § 2 initio.

(7) Nov. 99, c. 1, pr. initio et § 1 initio. — (8) Nov. 99, c. 1, pr. i. f. et § 1.

(9) Mais ceux-là seulement. Justinien décide formellement qu'à défaut d'une clause de solidarité, chacun des débiteurs n'est tenu que pour partie, alors même qu'ils se seraient portés cautions les uns des autres (Nov. 99, c. 1, pr. initio). Dans cette dernière hypothèse, le débiteur attaqué à la fois comme débiteur principal et comme caution, peut, en la seconde qualité, user du bénéfice de division qui appartient aux cautions.

(10) Nov. 99, c. 1, pr. initio. Si, vers le milieu du *principium* du chapitre 1, Justinien parle spécialement du prêt de consommation, ce n'est qu'à titre d'exemple.

(11) Nov. 99, c. 1, pr. initio. Il ne faut pas, dit Justinien, qu'une dette com-

Novelle 99 tient compte des rapports juridiques existant entre codébiteurs solidaires; elle permet d'opposer ces rapports au créancier
qui réclame de l'un d'eux le payement de la dette entière (12).
Elle a pour avantage de supprimer les actions récursoires entre
débiteurs solidaires et de terminer en un seul et même procès
toutes les contestations relatives à la dette(13). Mais les systèmes
abondent sur la portée de la loi de Justinien. La plupart des anciens
interprètes du droit romain l'appliquaient à tous les débiteurs solidaires, à la seule exception du cas où l'obligation résultait d'un
délit(14). D'après l'opinion dominante aujourd'hui, la loi s'applique-
rait au moins à tous les cas de solidarité conventionnelle(15).
D'autres interprètes restreignent au contraire la Novelle 99 au cas
spécial où des débiteurs solidaires se seraient en outre portés cautions les uns des autres; Justinien n'aurait fait que consacrer pour
ces cautions réciproques le bénéfice de division introduit par Adrien,
sauf quelques modifications secondaires(16). Nous avons donné la

mune à plusieurs (κοινὸν χρέος) soit à la charge d'un seul. — (12) Nov. 99, c. 1, pr. i. f.

(13) Nov. 99, c. 1, § 1 i. f. Lorsque plusieurs, n'ayant qu'un intérêt partiel,
s'engagent néanmoins solidairement, en fait, ils se cautionnent les uns les autres.
De là les expressions de Justinien : Περὶ ἀλληλεγγύων (de ἀλλήλους ἐγγυάω)
(Rubrique de la Nov. 99), ἀλληλεγγύως ὑπευθύνους (Nov. 99, c. 1 pr. initio), et
ἀλληλεγγύως δανεισθέν (Nov. 99, c. 1, pr., vers le milieu), désignant toutes une
fidéjussion réciproque.

Justinien établit un rapprochement entre la Novelle 99 et la Novelle 4, c. 1
(Nov. 99, præf., et c. 1, § 1 i. f.). La Novelle 4 suppose un débiteur principal et
une caution; elle accorde à la caution le bénéfice d'ordre. La Novelle 99 suppose
plusieurs débiteurs solidaires dont chacun est en fait la caution des autres, parce
que chacun n'a qu'un intérêt partiel dans la dette. Justinien leur accorde le bénéfice de division, par analogie du cautionnement, avec le droit de mettre les coobligés en cause. En ce qui concerne le bénéfice de division des cautions, voyez
ci-dessus § 33, II, B, 2º.

(14) ANTOINE FAVRE, *Conjecturarum juris civilis liber* XI, c. 4. — GLÜCK, IV,
§ 339 i. f., p. 525-527.— MÜHLENBRUCH, II, § 492, II.— MOLITOR, cité, II, nᵒˢ 1170
et 1174. — SINTENIS, II, § 89, et *Anm.* 47.

(15) RIBBENTROP, cité, § 17, note 18. — GŒSCHEN, II (2), § 374, 5º. — UNTER-
HOLZNER, cité, I, § 176, I, et note i. — PUCHTA, *Pand.*, § 235, et note o, *Vorles.* II,
§ 235 i. f. — ARNDTS, § 215, et *Anm.* — BRINZ, II, § 253 i. f.

(16) DE SAVIGNY, cité, I, § 26. — DEMANGEAT, cité, p. 325-337. — SIEBENHAAR,
cité, § 10. — MAYNZ, II, § 186, note 19, § 263, A, 2º, et notes 30-31.

préférence à un quatrième système(17). Les deux premières opinions
ont contre elles le texte de la Novelle 99; Justinien ne parle que
d'une dette contractée dans l'intérêt commun de tous les obligés et
avec clause de solidarité(18). En ce qui concerne la troisième théorie,
on se demande dans quel but deux personnes pourraient être
amenées à s'obliger solidairement et d'une manière principale et
comme cautions(19). L'on ne comprend pas davantage que le créancier ait moins de droit contre des débiteurs solidaires qui seraient
en outre cautions réciproques, que contre de simples débiteurs
solidaires; et tel est le résultat auquel aboutissent ceux qui restreignent la Novelle 99 et son bénéfice de division aux débiteurs solidaires cautions réciproques.

B) Le débiteur solidaire actionné pour le tout dispose encore du
bénéfice de cession d'actions. Il peut, comme condition du payement, exiger du créancier la cession des actions qui lui appartiennent à raison de la dette(20). La cession doit être réclamée
avant la consommation du payement; après que celui-ci a été effectué, les actions du créancier sont éteintes et partant ne peuvent
plus être cédées(21). Mais pour que le débiteur solidaire jouisse du
bénéfice de cession d'actions, il faut qu'il ait un recours contre
ses coobligés ou du moins que ce recours ne lui soit pas directement
refusé. Dans le premier cas, la cession d'actions lui sera utile si le
créancier a une hypothèque; son recours contre ses codébiteurs se

---

(17) Il est soutenu par Vangerow, III, § 573, *Anm.* 4, et par Windscheid, II,
§ 293, et note 10. — (18) Nov. 99, c. 1, pr. — Cf. ci-dessus *ad not.* 10 et 11.

(19) On a voulu trouver un semblable rapport juridique dans le D. *h. t.*, L. 11,
pr., v^{is} Reos promittendi vice mutua fidejussores non inutiliter accipi convenit.
Mais les *rei promittendi* dont il s'agit ici, sont des débiteurs non solidaires (Arg.
D. *h. t.*, L. 1); ils sont distincts des *duo rei promittendi* dont il est question inci-
demment à la fin de la loi 11, pr.

(20) D. 19, 2, *locati*, L. 47 i. f.; D. 21, 2, *de evict.*, L. 65, v^{is} Nec remedio.........
proponerentur; D. 27, 3, *de tut. et ration. distr.*, L. 1, § 13, 14 et 18; C. 4, 65, *de
locat.*, L. 13, § 1 cbn. avec le pr. (L. 13 i. f. cbn. avec l'initium, édition Kriegel).

(21) C. 8, 40 (41, édition Kriegel), *de fidejuss. et mandat.*, L. 11, L. 14, § 1-2
(L. 14, v^{is} Pignora etenim.............., édition Kriegel). Toutefois, indépendamment
d'une cession faite lors du payement, le tuteur peut agir contre ses cotuteurs par
des actions utiles *quasi ex jure cesso* (D. 27, 3, *de tut. et ration. distr.*, L. 1, § 13).
Cf. ci-après T. I, § 66, II, 2°.

trouvera ainsi garanti[22]. Dans le second cas, il se créera un recours par la cession des actions du créancier [23].

II. Si la prescription est interrompue vis-à-vis de l'un des débiteurs solidaires, notamment par la citation en justice ou par la reconnaissance de la dette, l'interruption nuit à tous les autres [24], et l'interruption opérée à l'égard de l'un des créanciers solidaires profite à tous les autres [24]. En effet, par suite de la solidarité, l'interruption de la prescription entre l'un des débiteurs et l'un des créanciers solidaires porte sur l'obligation entière, et celle-ci étant la même pour les autres débiteurs ou créanciers, l'interruption devait aussi valoir à leur égard. Lorsque l'obligation solidaire s'est divisée entre plusieurs héritiers de l'un des débiteurs ou de l'un des créanciers, l'interruption opèrera encore vis-à-vis de tous les intéressés dans le cas où elle a lieu entre l'un des débiteurs solidaires survivants et le créancier commun ou bien entre l'un des créanciers solidaires encore en vie et le débiteur commun. Mais si elle a lieu entre l'un des héritiers d'un débiteur solidaire et le créancier commun, ou bien entre l'un des héritiers d'un créancier solidaire et le débiteur commun, elle n'opèrera en aucune façon vis-à-vis des autres héritiers, qui se trouvent placés dans un rapport obligatoire distinct, et elle n'aura de l'effet vis-à-vis des autres débiteurs ou créanciers solidaires que pour la partie commune de l'obligation. — Par contre, si la prescription est suspendue vis-à-vis de l'un des créanciers solidaires, elle n'en court pas moins contre les autres ; la suspension de la prescription vis-à-vis d'un créancier constitue un avantage personnel [25].

(22) D. 21, 2, *de evict.*, L. 65, v^{is} Nec remedio......... proponerentur ; C. 4, 65, *de locat.*, L. 13, § 1.

(23) Cf. Vangerow, III, § 573, *Anm.* 3, p. 74-78 Maynz, II, § 186 i. f., et Windscheid, II, § 294 i. f.

Contra de Savigny, cité, I, § 23-25, et Demangeat, cité, p. 225-267.

Nous reviendrons sur ce point à l'occasion du recours entre codébiteurs solidaires (T. I, § 53, 1°, et note 15)

(24) C. *h. t.*, L. 4 (L. 5, édition Kriegel).

(25) *Non obstat* D. 8, 6, *quemadm. servit. amitt.*, L. 10, pr. — En ce sens de Savigny, cité, I, § 19, 12° i. f., et Demangeat, cité, p. 424.

III. Lorsqu'il y a inexécution de l'obligation solidaire par la faute de l'un des débiteurs, il est évident que ce dernier doit solidairement et d'une manière pleine et entière les dommages et intérêts[26]. Mais, à notre avis, les codébiteurs non coupables ne sont pas libérés de leur obligation solidaire, comme si à leur point de vue la chose avait péri accidentellement. Par cela seul que plusieurs s'engagent à payer la même dette comme débiteurs solidaires principaux, ils s'engagent aussi à la payer pour le cas où la chose due viendrait à périr par la faute de l'un d'eux; cette faute ne saurait être pour les débiteurs non coupables une cause de libération[27]. Toutefois, ils ne doivent payer que l'estimation de la dette et non les dommages et intérêts proprement dits qui excèdent cette estimation. Si donc la chose qui faisait l'objet de l'obligation, avait une valeur de 1000, les débiteurs non coupables ne seront pas tenus au delà de 1000, bien que le total des dommages et intérêts s'élève à 1200. Cette solution nous paraît seule juridique. L'obligation de payer des dommages et intérêts à un créancier est subordonnée à la condition essentielle qu'une faute ait été commise par le débiteur, et dans l'espèce cette faute n'existe point. Vainement objecterait-on la solidarité de l'obligation; tout ce que l'on peut en conclure, c'est que les débiteurs non coupables sont tenus de payer solidairement la chose due elle-même ou bien son équivalent, son estimation. Peu importe aussi la faute du codébiteur; cette faute produit ses effets ordinaires pour le coupable; mais elle ne peut avoir raisonnablement pour conséquence d'aggraver la position des autres obligés; elle ne peut avoir qu'un effet forcé : la conversion de la dette primitive en une dette pécuniaire équivalente[28]. La doctrine moderne est loin d'être fixée sur

(26) Arg. D. 22, 1, *de usur.*, L. 32, § 4.

(27) A la vérité, si la chose due périt par la faute du fidéjusseur, le débiteur principal est libéré. Mais cette règle s'explique par le caractère accessoire de la fidéjussion; on ne peut pas dire que le débiteur qui donne une caution, s'engage à payer malgré la faute de la caution (cf. ci-dessus § 33, I i. f.).

(28) Sans doute, lorsque la chose due périt par la faute du débiteur principal, le fidéjusseur est pleinement tenu des dommages et intérêts; mais ce n'est là qu'une application de la règle que l'accessoire suit la condition du principal (cf. ci-dessus § 33, I i. f.).

ce point. Tandis que les uns enseignent que les dommages et intérêts sont dus sans restriction par les débiteurs solidaires non
coupables (29), les autres admettent la libération complète de ces
derniers, comme si à leur égard il y avait eu perte accidentelle de la chose (30). Nous défendons une opinion intermédiaire:

En ce qui concerne les textes, nous pouvons invoquer l'analogie de la demeure ;
si l'un des débiteurs solidaires est constitué en demeure, lui seul doit les intérêts moratoires (D. 22, 1, *de usur.*, L. 32, § 4 ; D. 50, 17, *de R. J.*, L. 173, § 2).

On nous oppose le D. *h. t.*, L. 18. POMPONIUS *libro VII ex Plautio.*

« Ex duobus reis ejusdem Stichi promittendi factis alterius factum alteri
« quoque nocet. »

« Lorsque deux personnes sont devenues débitrices solidaires du même Stichus,
« le fait de l'une nuit aussi à l'autre. »

Dans cette loi Pomponius pose un principe qui nous serait bien certainement
contraire s'il fallait l'accepter d'une manière absolue. Mais il faut renoncer à cette
application absolue ; il est certain que, dans le cas de demeure de l'un des débiteurs solidaires, lui seul doit les intérêts moratoires (D. 22, 1, *de usur.*, L. 32,
§ 4 ; D. 50, 17, *de R. J.*, L. 173, § 2); donc à ce point de vue son fait ne nuit qu'à
lui-même. Dès lors il est constant que le principe de la loi 18 n'est pas absolu.
La loi s'applique au cas où une peine a été stipulée pour l'inexécution de l'obligation solidaire (cf. ci-après n° III i. f. du présent paragraphe). Elle est encore
vraie en ce sens que si la chose due périt accidentellement après la demeure de
l'un des débiteurs solidaires, mais de telle façon que, sans la demeure, la perte ne
serait pas survenue ou bien que le créancier eût vendu la chose avant sa perte, les
autres débiteurs devront payer la valeur de la chose, tandis qu'ils auraient été libérés sans la demeure (cf. ci-après n° III i. f. du présent paragraphe). Enfin lorsque, à
défaut d'une clause pénale et d'une demeure, la chose périt par la faute de l'un des
débiteurs solidaires, l'estimation est due par les codébiteurs; or il peut être plus
onéreux pour eux de payer cette estimation que la chose due elle-même. A ces différents points de vue, le fait de l'un des débiteurs solidaires nuit aux autres. Mais
il ne leur nuit pas en ce sens qu'ils devraient payer des dommages et intérêts
proprement dits ou des intérêts moratoires. On a tenté de concilier la loi 18 avec
les décisions relatives à la demeure, en la restreignant à des faits positifs d'inexécution d'une obligation solidaire résultant d'une *stipulation ;* en effet, l'on soutient
ici que le débiteur ne répond que de sa *culpa in faciendo.* Nous nous sommes déjà
prononcé contre cette dernière proposition (§ 14, I i. f.), et le mot ' *factum* ' dont
se sert Pomponius dans la loi 18, comprend les faits positifs et les faits négatifs.

(29) En ce sens RIBBENTROP, cité, § 5, p. 27-34, DE SAVIGNY, cité, I, § 18, A,
MOLITOR, cité, II, n° 1176, MOMMSEN, *Beiträge* III, § 29, 3°, DEMANGEAT, cité,
p. 374-378, SAMHABER, cité, § 12, 7°, VANGEROW, III, § 573, *Anm.* I, n° I initio, et
MAYNZ, II, § 186, p. 72-73. Cf. MÜHLENBRUCH, II, § 492, II i. f.

(30) WOLFF, *Mora,* § 12, p. 191-199. — GIRTANNER, *Bürgschaft* II, § 20, p. 402-
409. — FRITZ, *Zeitschrift für Zivilrecht und Prozess, Neue Folge* XIX, p. 80 sq. —

la persistance de l'obligation solidaire pour les débiteurs non coupables, dans les limites de la valeur de la chose due. — De même, si l'un des débiteurs solidaires est constitué en demeure, il supportera toutes les conséquences de sa demeure, et notamment il sera tenu des intérêts moratoires [31]. Quant à ses codébiteurs, ils continueront d'être tenus comme auparavant. Donc ils ne devront pas payer des intérêts moratoires [32]. Mais ils devront l'estimation de la chose qui périt accidentellement chez le débiteur en demeure, si elle n'eût pas péri chez le créancier ou bien si celui-ci l'eût vendue avant sa perte. La raison en est que, dans les deux cas, la faute du débiteur en demeure cause un dommage au créancier ; elle le prive de la chose d'une manière absolue ou bien au point de vue de la vente et des avantages de celle-ci [33]. Or cette faute ne saurait avoir pour effet de libérer les codébiteurs ; par la nature de la solidarité, chacun d'eux est censé s'être engagé à payer la dette alors même que le créancier serait privé de la chose due par la faute d'un codébiteur [34]. — Mais si une peine a été stipulée pour le cas d'inexécution de l'obligation et que l'un des débiteurs vienne à y manquer, la peine est due sans restriction par tous les débiteurs, y compris ceux auxquels on ne peut reprocher aucune faute. C'est l'effet naturel de la convention des parties ; chaque débiteur a promis la peine entière pour le cas d'inexécution de l'obligation, donc alors même que l'inexécution serait imputable à un coobligé [35].

IV. L'extinction de l'obligation solidaire pour l'un des débiteurs ou pour l'un des créanciers profite à tous les autres débiteurs ou

BARON, *Die Gesammtrechtsverhältnisse*, Marbourg, 1864, p. 285 sq. — WINDSCHEID, II, § 295 i. f., et note 13.

(31) D. 50, 17, *de R. J.*, L. 173, § 2.

(32) D. 22, 1, *de usur.*, L. 32, § 4. — (33) Cf. ci-dessus § 21, I, 1° initio.

(34) En ce sens MOLITOR, cité, II, n° 1177. Cf. MÜHLENBRUCH, II, § 492, II i. f.

(35) Arg. D. *h. t.*, L. 18 ; cf. ci-dessus note 28 du présent paragraphe. Pour que la règle énoncée soit applicable, il n'est nullement nécessaire, comme le pense MÜHLENBRUCH, II, § 492, II i. f. (cf. MOLITOR, cité, II, n° 1176), que les codébiteurs solidaires soient associés. Le D. 4, 8, *de recept.*, L. 34, pr., cité par MÜHLENBRUCH, suppose un compromis conclu par le créancier avec un seul des débiteurs solidaires (cf. ci-après note 44 i. f. du présent paragraphe).

nuit à tous les autres créanciers. C'est encore une conséquence de l'unité du rapport obligatoire; l'obligation étant la même pour tous, du moment qu'elle est éteinte pour l'un des débiteurs ou créanciers, elle doit l'être pour tous. Cette règle suppose naturellement que la dette elle-même se soit éteinte, d'une manière objective. Elle n'est pas applicable aux modes d'extinction personnels à l'un des débiteurs ou à l'un des créanciers; de pareils modes d'extinction ne peuvent produire qu'une libération personnelle. En définitive, il faudra se demander dans chaque cas particulier si l'extinction a un caractère réel ou bien un caractère personnel.

1° Le payement de la dette de la part de l'un des débiteurs soli-daires ou bien entre les mains de l'un des créanciers solidaires a de l'effet à l'égard de tous les débiteurs ou créanciers; il y a évidemment extinction objective de la dette [36]. Il faut en dire autant de la dation en payement [37] et de la consignation de la chose due [38].

2° L'acceptilation faite à l'un des débiteurs ou par l'un des créan-ciers solidaires a le même effet, car elle repose sur l'idée d'un paye-ment fictif [39]. — Lorsque, par une simple convention libératoire, par un *pactum de non petendo*, la dette est remise à l'un des débiteurs solidaires, il y a lieu de distinguer. Si les autres débiteurs jouissent d'un recours contre celui à qui la remise a été accordée, eux aussi sont admis à se prévaloir de la convention libératoire, sinon celle-ci ne profiterait pas même au débiteur libéré; il serait soumis à un recours de la part de ses coobligés, après que ceux-ci auraient dû payer le créancier; l'intérêt même du débiteur libéré commande donc d'étendre à tous le bénéfice de la remise [40]. Cependant rien n'empêche le créancier d'accorder une libération purement person-nelle; il peut réserver ses droits contre les autres débiteurs. Alors l'on doit entendre la remise en ce sens que le créancier remet seule-ment au débiteur la part que ce dernier doit supporter dans la dette

---

(36) I. *h. t.*, § 1 i. f. cbn. avec l'initium; I. 3, 29, *quib. mod. oblig. toll.*, pr. i. f.
(37) Arg. pr. i. f., cit., cbn. avec l'initium. — (38) Cf. D. 17,1, *mand.*, L. 56, § 1.
(39) D. *h. t.*, L. 2 i. f. cbn. avec l'initium; D. 46, 4, *de acceptil.*, L. 13, § 12, L. 16.
(40) La remise consentie au débiteur principal profitera donc à son fidéjusseur (D. 2, 14, *de pact.*, L. 21, § 5, L. 24, L. 25, pr., L. 32 initio).

solidaire, et par conséquent il conserve le droit de poursuivre solidairement les coobligés, déduction faite de cette part. Si on permettait au créancier d'actionner sans restriction les coobligés, ceux-ci exerceraient leur recours contre le débiteur libéré, lequel ne profiterait pas de la remise. Moyennant la déduction prémentionnée, les coobligés qui payent le surplus, n'auront pas de recours contre le débiteur libéré, puisqu'ils n'auront pas payé sa part [41]. Mais si les autres débiteurs ne disposent d'aucun recours contre celui à qui la remise a été consentie, on s'en tient à la règle fondamentale que les conventions n'ont d'effet qu'entre les parties contractantes; car il n'existe aucun motif de s'en écarter [42]. — Pour la même raison, la convention libératoire intervenue entre le débiteur et l'un des créanciers solidaires ne peut jamais être opposée aux autres créanciers [43]; le débiteur sera donc tenu envers ces derniers à un payement intégral. Mais si le créancier qui a accordé la remise, jouit d'un recours contre ses cocréanciers, il devra céder son action récursoire au débiteur libéré ou bien lui tenir compte du produit de son recours; il est soumis de ce chef à une action *in factum*. En effet, la conven-

---

(41) En ce sens Bülow, *Abhandlungen über einzelne Materien des römischen bürgerlichen Rechts* II, n° 19, Brunswick, 1818. Cf. Demangeat, cité, p. 235-237, 301-303, et 425. Contra Vangerow, III, § 573, *Anm.* 5, n° II, 2°, a, et l'opinion commune. Si on ne suivait pas les mêmes règles dans le cas d'une remise pure et simple, c'est que celle-ci porte sur la totalité de la dette; on ne peut donc pas y voir une simple remise de la part que le débiteur libéré doit supporter dans la dette.

Quid si le créancier remet la dette au débiteur principal, en réservant son droit contre le fidéjusseur? Ici la réserve ne peut signifier qu'une chose, c'est que le créancier conservera pleinement son action contre le fidéjusseur (D. 2, 14, *de pact.*, L. 22).

(42) La remise consentie à un fidéjusseur ne profitera donc pas au débiteur principal (D. 2, 14, *de pact.*, L. 23). Il y a exception quand le débiteur libéré a aussi stipulé pour ses codébiteurs (D. *eod.*, L. 25, § 2, L. 26). Cf. Windscheid, II, § 295, note 4.

(43) D. *eod.*, L. 21, § 5 initio, L. 27, pr.; Arg. D. 46, 3, *de solut.*, L. 93, pr. *Non obstat* D. 4, 8, *de recept*, L. 34, pr. Cette loi ne permet aucunement d'opposer le compromis au créancier solidaire qui n'y est pas intervenu (cf. la note suivante i. f.). En notre sens de Savigny, cité, I, § 18, B, 6°, p. 173-176, Demangeat, cité, p. 303-306, et Vangerow, III, § 573, *Anm.* 5, n° II, 2°, b. Contra Windscheid, II, § 295, note 4.

tion libératoire ne permet pas au créancier qui l'a consentie, de retirer encore un avantage de la dette [44].

3° La compensation régulièrement *opposée* par l'un des débiteurs solidaires ou à l'un des créanciers solidaires profite à tous les autres débiteurs ou nuit à tous les autres créanciers. En effet, la compensation opposée implique l'idée d'un payement réciproque ; elle équivaut à un payement de la dette solidaire, et dès lors elle devait avoir le même résultat. Si donc le créancier à qui l'un des débiteurs solidaires a opposé la compensation, poursuit plus tard un autre débiteur, celui-ci invoquera, non pas la compensation au nom d'autrui, mais l'extinction de la dette solidaire. Et il en sera de même lorsque le débiteur, après avoir compensé vis-à-vis de l'un des créanciers solidaires, est poursuivi ensuite par un autre créancier [45]. Mais si le créancier actionne d'abord un débiteur solidaire qui n'a pas de créance réciproque contre lui, peut-il compenser avec une créance de son codébiteur contre le créancier commun ? Il faut distinguer s'il a ou non un recours contre le codébiteur. Dans le premier cas, il est admis à compenser pour sa part récursoire ;

[44] Arg. D. 4, 4, *de recept.*, L. 34, pr. Les règles relatives à la remise conventionnelle d'une dette solidaire s'appliquent en général au legs de libération, à la transaction et au compromis. — Le legs de libération fait à l'un des débiteurs solidaires profite aux autres débiteurs s'ils jouissent d'un recours contre le premier (D. 34, 3, *de liber. leg.*, L. 3, § 4, cf. § 3). Mais fait par l'un des créanciers solidaires, il ne peut être opposé aux autres ; le légataire de libération a seulement le droit de se faire indemniser par l'héritier qui dispose d'un recours contre le créancier payé. — La transaction revêtue de la forme de l'acceptilation a des effets absolus. Dans le cas d'un simple pacte, elle ne profite aux autres débiteurs que pour autant qu'ils ont un recours contre le débiteur libéré par la transaction (C. 2, 4, *de transact.*, L. 1 ; D. 2, 15, *eod.*, L. 7, § 1 ; D. 46, 1, *de fidejuss.*, L. 68, § 2), et elle ne nuit point aux autres créanciers ; mais le créancier qui l'a consentie et qui a un recours contre le créancier payé, doit indemniser le débiteur. — Enfin, le compromis profite seulement aux autres débiteurs jouissant d'un recours contre le débiteur victorieux en vertu de la sentence arbitrale, et il ne nuit pas aux autres créanciers, sauf la même indemnité (Arg. D. 4, 8, *de recept.*, L. 34, pr.). De plus, si un autre créancier force le débiteur commun à payer, le créancier qui a conclu le compromis, doit la peine convenue ; car la peine est censée stipulée pour le cas d'inexécution de la sentence arbitrale même par le fait d'un cocréancier (L. 34, pr., cit.). Cf. DE SAVIGNY, cité, I, § 19, 11°.

[45] Arg. D. 20, 4, *qui potiores*, L. 4.

car, pour cette part, il n'est à vrai dire qu'une simple caution de son
coobligé ; or la caution dispose de tous les moyens de défense du débiteur principal, donc aussi du droit de compenser avec les créances
de ce dernier [46]. Dans le second cas, la compensation est exclue ;
car en principe on ne peut compenser avec la créance d'un tiers [47].
De même le débiteur poursuivi par l'un des créanciers solidaires est
admis à compenser avec une créance réciproque contre un autre
créancier solidaire, dans les limites du recours de celui-ci contre le
demandeur ; dans ces limites, le demandeur fait valoir en réalité la
créance de son cointéressé, et par conséquent il est juste qu'il subisse
la compensation en son lieu et place [48]. A défaut du recours prémentionné, on applique la règle qu'on ne peut pas compenser avec
des créances contre des tierces personnes [49].

4° La novation de la dette solidaire éteint celle-ci vis-à-vis de
tous les débiteurs ou créanciers solidaires, qu'elle ait été conclue
par le débiteur commun avec l'un des créanciers, ou bien par le
créancier commun avec l'un des débiteurs, ou même par le créancier
ou l'un des créanciers avec une tierce personne. En effet, la novation substituant une dette nouvelle à la dette ancienne, anéantit

---

(46) D. *h. t.*, L. 10 « Si duo rei promittendi socii non sint, non proderit alteri,
« quod stipulator alteri reo pecuniam debet ». Il est difficile de ne pas attacher de
l'importance à l'argument *a contrario* que fournit cette loi.

Cf. D. 16, 2, *de compens.*, L. 5, L. 9, § 1.

En notre sens DE SAVIGNY, cité, I, § 18, B, 4°, DERNBURG, *Compensation*, § 54,
p. 461-463, VANGEROW, III, § 573, *Anm.* 5, n° I, 1°, MAYNZ, II, § 291 i. f., et WIND-
SCHEID, II, § 350, 6°, b, et note 19. Cf. DEMANGEAT, cité, p. 277-280.

(47) D. *h. t.*, L. 10.

(48) On peut en outre invoquer l'analogie du cas précédent. Voyez encore le
D. 16, 2, *de compens.*, L. 9, pr. « Si cum filio familias aut servo contracta sit
« societas et agat dominus vel pater, solidum per compensationem servamus,
« quamvis, si ageremus, dumtaxat de peculio præstaretur ».

En ce sens UNTERHOLZNER, cité, I, § 257, II, 2°, E, et note m, DERNBURG, *Compensation*, § 54, p. 463-464, MAYNZ, II, § 291, note 23 i. f., et WINDSCHEID, II,
§ 350, 6°, c, et note 20.

Contra KRUG, *Compensation*, § 63, p. 163, DE SAVIGNY, cité, I, § 18, B, 4°,
DEMANGEAT, cité, p. 283-284, DESJARDINS, *De la compensation*, etc., n° 25, p. 98,
et VANGEROW, III, § 573, *Anm.* 5, n° I, 1° i. f.

(49) Arg. D. *h. t.*, L. 10.

celle-ci d'une manière objective [50]. Les parties qui font la novation, ne pourraient pas même convenir que les codébiteurs de l'ancienne

(50) D. 46, 2, *de novat.*, L. 31, § 1. Venuleius *libro III stipulationum.*

« Si duo rei stipulandi sint, an alter jus novandi habeat, quæritur et quid juris « unusquisque sibi adquisierit. Fere autem convenit et uni recte solvi et unum judi- « cium petentem totam rem in litem deducere, item unius acceptilatione peremi « utrisque obligationem : ex quibus colligitur unumquemque perinde sibi adqui- « sisse, ac si solus stipulatus esset, excepto eo quod etiam facto ejus, cum quo « commune jus stipulantis est, amittere debitorem potest. Secundum quæ si unus « ab aliquo stipuletur, novatione quoque liberare eum ab altero poterit, cum id « specialiter agit, eo magis cum eam stipulationem similem esse solutioni existi- « memus. Alioquin quid dicemus, si unus delegaverit creditori suo communem « debitorem isque ab eo stipulatus fuerit? aut mulier fundum jusserit doti promit- « tere viro, vel nuptura ipsi doti eum promiserit? nam debitor ab utroque libera- « bitur. »

On ne peut guère être plus positif que ne l'est Venuleius dans ce passage; l'un des créanciers solidaires, en faisant une novation avec le débiteur commun, libère celui-ci vis-à-vis du cocréancier; il faut seulement que les parties aient eu la volonté de nover (cum id specialiter agit) (C. 8, 41 (42, édition Kriegel), *de novat.*, L. 8.

D. 16, 1, *ad sctum Vell.*, L. 20. Africanus *libro VIII quæstionum.*

« Si pro uno reo intercessit mulier, adversus utrumque restituitur actio credi- « tori. »

Ainsi celui qui, ayant deux débiteurs solidaires, a accepté en leur remplace- ment une femme comme débitrice, a besoin d'être restitué contre les deux coobligés. Il s'ensuit que la novation conclue par le créancier avec la femme les avait libérés.

Pour la libération des cautions voyez le D. 46, 1, *de fidejuss.*, L. 60 i. f., et le C. 8, 40 (41, édition Kriegel), *eod.*, L. 4.

Par contre le D. 2, 14, *de pact.*, L. 27, pr., Paulus *libro III ad edictum*, paraît ne pas admettre que l'un des créanciers solidaires puisse nover au préjudice de son cocréancier. « Si unus ex argentariis sociis cum debitore pactus sit, an etiam « alteri noceat exceptio? Neratius Atilicinus Proculus, nec si in rem pactus sit, « alteri nocere : tantum enim constitutum, ut solidum alter petere possit. Idem « Labeo : nam nec novare alium posse, quamvis ei recte solvatur : sic enim et his, « qui in nostra potestate sunt, recte solvi quod crediderint, licet novare non pos- « sint. Quod est verum. Idemque in duobus reis stipulandi dicendum est. »

Si ce passage consacrait effectivement la règle que la novation conclue entre le débiteur et l'un des créanciers solidaires ne nuit pas à l'autre créancier, il n'en devrait pas moins céder devant le D. 46, 2, *de novat.*, L. 31, § 1, qui est seul con- forme à la nature de la solidarité et qui traite la question *ex professo*. Mais il nous paraît certain que Paul ne s'occupe pas de la novation au point de vue de la généralité des créanciers solidaires, mais seulement quant aux banquiers associés; les mots « Idemque in duobus reis stipulandi dicendum est » se rapportent à la

dette seront tenus de la nouvelle; cette convention spéciale n'empêche pas la novation de libérer les coobligés, et elle ne peut leur être opposée, puisqu'ils n'y sont pas intervenus (51). Mais rien n'empêche de faire la novation sous la condition que les coobligés accèderont à la nouvelle dette, auquel cas, s'ils n'accèdent point, la condition ajoutée à la novation sera défaillie; la novation sera réputée non avenue et l'ancienne dette n'aura jamais été éteinte(52). Comme dans le droit classique la *litis contestatio* impliquait une novation nécessaire, elle avait le même effet que la novation conventionnelle (53); mais le nouveau droit romain ne connaît plus cette novation (54).

5° Lorsque la dette solidaire s'éteint par confusion entre l'un des débiteurs et le créancier commun, — nous supposerons que le créancier est devenu l'héritier d'un débiteur — il faut, pour déterminer

remise d'une dette solidaire consentie par l'un des créanciers au débiteur commun; c'est là l'hypothèse qui fait l'objet direct de la loi. Nous ne pensons pas même que notre passage signifie que la novation intervenue entre l'un des banquiers associés et le débiteur commun est inopérante à l'égard de l'autre banquier. Paul se demande si l'un des banquiers associés peut remettre la dette au débiteur commun de manière à libérer ce dernier vis-à-vis de son coassocié. Il répond que non (Quod est verum) d'après Neratius, Atilicinus, Proculus et Labéon. Qu'on n'objecte pas, disait Labéon, que l'un des banquiers peut recevoir le payement. Il est encore d'autres personnes à qui l'on paye valablement, sans qu'elles puissent faire une simple novation (nam nec novare alium posse, quamvis ei recte solvatur), par exemple les personnes sous puissance qui ont fait un prêt pour compte de leur chef (cf. D. 46, 2, *de novat.*, L. 25). Or, puisque du droit de recevoir le payement il n'est pas permis de conclure au droit de nover, on peut encore moins en conclure au droit plus important de remettre la dette.

Cf. DE SAVIGNY, cité, I, § 18, B, 6°, p. 173-176, DEMANGEAT, cité, p. 303-311, VANGEROW, III, § 573, *Anm.* 5, n° I, 2°, et MAYNZ, II, § 294, note 5.

(51) C. 8, 40 (41, édition Kriegel), *de fidejuss.*, L. 4, et arg. de cette loi.

(52) Cf. D. 46, 2, *de novat.*, L. 14, pr. initio. Mais le constitut n'implique pas novation; cf. ci-après T. I, § 73, 1°, et note 2.

(53) GAIUS, III, 180-181; IV, 106-108; C. 8, 40 (41, édition Kriegel), *de fidejuss.*, L. 28.

(54) L. 28 cit. On l'a contesté pour la solidarité active, mais sans motif concluant (DE SAVIGNY, cité, I, § 19, note f. — SINTENIS, II, § 89, et note 53. — MAYNZ, II, § 186, note 16 i. f. — Contra MOLITOR, cité, II, n° 1179 A i. f., DEMANGEAT, cité, p. 83-84, VANGEROW, III, § 573, *Anm.* 5, n° I i. f., et WINDSCHEID, II, § 296, et note 1).

l'effet de cette extinction vis-à-vis des autres débiteurs, distinguer si le débiteur auquel le créancier a succédé, était soumis ou non à un recours de la part de ses coobligés. Dans le premier cas, le débiteur attaqué par le créancier n'est tenu de le payer que déduction faite du montant du recours auquel le créancier serait soumis, en sa qualité de débiteur, s'il recevait un payement intégral; en effet, si le créancier recevait la totalité de la dette, il devrait, après avoir reçu d'une main le montant du recours prémentionné, le restituer immédiatement de l'autre; il y a donc lieu de compenser dans les limites du recours (55). Par contre, dans le second cas, le débiteur solidaire actionné par le créancier doit payer la dette entière; il faut s'en tenir à la règle que la réunion sur la même tête des qualités de débiteur et de créancier n'éteint la dette que pour autant qu'il en résulte une impossibilité de payer; or, dans l'espèce, un payement est possible entre les débiteurs solidaires survivants et le créancier devenu l'héritier du débiteur décédé (56). — De même, lorsque la dette solidaire s'éteint par confusion entre l'un des créanciers et le débiteur commun, — supposons que ce dernier soit devenu l'héritier de l'un des créanciers — les autres créanciers n'ont plus action contre le débiteur commun que déduction faite du montant du recours auquel ils sont soumis de la part du débiteur en sa qualité de cocréancier solidaire (57).

6° La prescription de la dette solidaire profite à tous les débi-

---

(55) D. 46, 1, *de fidejuss.*, L. 71, pr., surtout la fin du passage, v^is cum altero autem reo... in partem, si socii fuerunt, posse creditorem agere.

L'action du créancier tombera complètement si, comme débiteur, il est passible d'un recours pour le tout; tel est le cas où le créancier est devenu l'héritier du débiteur principal; la caution sera libérée envers lui (D. 46, 1, *de fidejuss.*, L. 21, § 3 initio, L. 71, pr., v^is Et quidem si unus debitor fuisset.......... mandator esse, v^is sed et accessiones ex ejus persona.......... remaneant, et v^is Plane quia is.......... conveniri.

(56) D. 46, 1, *de fidejuss.*, L. 21, § 3, v^is Quod si idem stipulator............, L. 71, pr., v^is « Igitur alterum reum ejusdem pecuniæ non liberari et per hoc nec « fidejussorem vel mandatorem ejus... Cum altero autem reo... in solidum, si non « fuerit societas,... posse creditorem agere, et v^is Quod si creditor fidejussori heres « fuerit vel fidejussor creditori, puto convenire confusione obligationis non libe- « rari reum. » — (57) Arg. D. 46, 1, *de fidejuss.*, L. 21, § 3, L. 71, pr.

teurs ou nuit à tous les créanciers; car elle affecte l'obligation elle-même, sauf ce qui a été dit ci-dessus de la suspension de la prescription (58).

7° Il faut en dire autant du jugement d'absolution rendu en faveur de l'un des débiteurs solidaires (59) ou contre l'un des créanciers solidaires(60), et de la prestation du serment décisoire de la part de l'un des débiteurs (61) ou vis-à-vis de l'un des créanciers (62), à moins que le jugement ou le serment n'ait pas porté sur la dette elle-même, mais seulement sur le point de savoir si un tel était débiteur ou créancier (63). En effet, par leur nature, ces modes d'extinction de l'obligation n'ont aucun caractère personnel (64).

8° Le cas fortuit libère encore tous les débiteurs solidaires ou vis-à-vis de tous les créanciers solidaires; il ne renferme rien de personnel (65).

9° Mais lorsque l'un des débiteurs solidaires se fait restituer en entier contre sa dette, par exemple pour cause de minorité, ses cooobligés demeurent tenus; la restitution en entier constitue une libération purement personnelle (66).

(58) N° II du présent paragraphe.
(59) D. 12, 2, *de jurejur.*, L. 42, § 3 i. f. Cf. D. 44, 1, *de except.*, L. 7, § 1 initio.
(60) Arg. D. 12, 2, *de jurejur.*, L. 42, § 3 i. f.
(61) D. *eod.*, L. 28, § 3 et § 1, v^{is} A fidejussore.........., cf. L. 28, § 1 initio, L. 42, pr. et § 3. — (62) D. *eod.*, L. 28, pr.
(63) D. *eod.*, L. 28, § 1 i. f., et L. 42, pr.
(64) D. *eod.*, L. 27, L. 28, § 1. Par contre, le jugement de condamnation et le serment décisoire prêté par le créancier ou par l'un des créanciers n'ont d'effet qu'entre parties. Ces actes juridiques, loin d'éteindre la dette solidaire, la consacrent, et il n'existe aucun motif d'étendre leurs effets à des tierces personnes (Arg. C. 8, 40 (41, édition Kriegel), *de fidejuss.*, L. 28).
(65) Pour le cas de faute ou de demeure de l'un des débiteurs solidaires, voyez le n° III du présent paragraphe.
(66) D. 4, 4, *de minor.*, L. 48, pr. « Minor se in id, quod fidejussit vel mandavit, « in integrum restituendo reum principalem non liberat », et arg. de ce texte. Il n'y a pas lieu de se demander si le débiteur restitué est ou non soumis à un recours de la part de ses codébiteurs; car la restitution en entier peut être obtenue par le mineur même contre ce recours (Arg. D. *eod.*, L. 13, pr.), de telle sorte que le mineur n'est pas exposé à un recours de ses coobligés. Pour la restitution en entier obtenue par un débiteur principal ou par un cofidéjusseur cf. ci-dessus § 33, II initio, A, 2°, et note 50.

10° De même, au point de vue de l'ancien droit romain, lorsque l'un des débiteurs solidaires était libéré par une petite diminution de tête [67] telle qu'une adrogation [68] ou une émancipation [69], ses codébiteurs restaient obligés. Il s'agit évidemment ici d'une libération personnelle [70]. Mais déjà le droit prétorien avait enlevé sa valeur pratique à l'extinction de l'obligation par suite d'une petite diminution de tête, en accordant la restitution en entier au créancier du *capite deminutus* [71], et dans la législation de Justinien, la dette subsiste de plein droit [72].

V. Le créancier peut renoncer à la solidarité [73]. Cette renonciation laisse subsister la dette, mais comme dette non solidaire. Elle est donc bien distincte de la remise de l'obligation. Elle peut d'ailleurs être expresse ou tacite [74]; mais, comme toute autre renonciation, elle ne saurait se présumer [75] et doit être strictement interprétée. Il s'ensuit que le simple fait de recevoir ou de réclamer de l'un des débiteurs solidaires sa part dans la dette ne peut être considéré comme une renonciation à la solidarité; il se peut que le créancier n'ait entendu recevoir ou réclamer la part du débiteur qu'à titre d'a compte [76]. Il faut que le créancier ait déclaré en outre qu'il recevait ou réclamait le payement partiel pour la part du débiteur dans la dette. De même, le créancier qui renonce à la solidarité pour les intérêts, ne renonce pas pour cela à la soli-

(67) Gaius, IV, 38; Arg. D. 4, 5, *de cap. min.*, L. 2, pr. et § 1.

(68) Gaius, III, 84, et IV, 38.

(69) Arg. Gaius, IV, 38 initio, et D. 4, 5, *de cap. min.*, L. 2, pr. et § 1, L. 8, L. 9.

(70) D. *h. t.*, L. 19. — (71) Gaius, III, 84 i. f., et IV, 38 i. f.

(72) I. 3, 10, *de adquis. per adrog.*, § 3, et arg. de ce texte. Si le D. 4, 1, *de in integr. restit.*, L. 2 cbn. avec L. 1, et le D. 4, 5, *de cap. min.*, L. 2, pr. et § 1, font encore allusion à la théorie classique, ce n'est que par rapport à son résultat matériel : la concession d'une action aux créanciers du *capite deminutus* (En ce sens Burchardi, *Wiedereinsetzung in den vorigen Stand*, § 17, p. 278-283, et Maynz, I, § 74, 5°. — Contra Vangerow, I, § 34, *Anm.* 2, n° 3, a, et l'opinion commune). — Si l'un des débiteurs solidaires subissait une grande ou une moyenne diminution de tête, sa dette passait à celui qui recueillait son patrimoine, généralement au fisc (Cf. D. *h. t.*, L. 19 i. f., et D. 4, 5, *de cap. min.*, L. 2, pr., L. 7, § 2-3).

(73) C. 2, 3, *de pact.*, L. 18. — (74) Arg. L. 18 cit.

(75) Arg. D. 30, *de leg. I*, L. 8, § 1 i. f. cbn. avec l'initium.

(76) L. 8, § 1 i. f., cit.; Cf. D. *h. t.*, L. 11, pr. i. f. cbn. avec l'initium.

darité pour le capital, et s'il se borne à recevoir divisément des
intérêts échus, pour la part du débiteur, il conserve de plus l'avantage de la solidarité quant aux intérêts à échoir. Enfin, la remise
de la solidarité à l'un des débiteurs ne prive pas le créancier de la
solidarité vis-à-vis des autres. Toutefois, le créancier ne peut poursuivre les autres débiteurs que déduction faite de la portion de la
dette qui incombe au débiteur libéré de la solidarité, du moins si ce
débiteur est soumis à un recours de ses coobligés. En effet, le créancier lui a remis la solidarité avec ses conséquences naturelles; or
un débiteur non solidaire ne subit pas de recours de la part des
autres débiteurs; le seul moyen de prévenir ce recours était de
forcer le créancier à déduire la part du débiteur libéré de la
solidarité.

§ 53. *Du recours auquel la solidarité donne lieu.*

1° En principe, le débiteur solidaire qui paye le créancier, a un
recours contre ses codébiteurs toutes les fois que la dette leur a
profité et dans la mesure du profit qu'ils en ont retiré. Rien de plus
naturel que ce principe : en ce qui concerne les rapports des codébiteurs solidaires entre eux, chacun est en réalité débiteur du profit
que la dette commune lui a procuré [1]. Il résulte de là que tantôt le
recours existera, tantôt il n'existera pas, et dans le cas où il existe,
son montant sera éminemment variable. Si une dette de 1000, contractée solidairement par A et par B, a profité pour 500 à chacun
d'eux, celui qui payera la dette entière, aura un recours de 500 contre l'autre. Mais si la même dette a profité pour 700 à A et pour
300 à B, A payant le tout n'aura qu'un recours de 300 contre B,
tandis que B payant le tout jouira d'un recours de 700 contre A.
Que si la dette avait profité exclusivement à A, il faudrait lui refuser
tout recours et accorder un recours intégral à B. Le plus sou-

---

(1) C. *h. t.*, L. 1 (L. 2, édition Kriegel) « Creditor prohiberi non potest exigere
« debitum, cum sint duo rei promittendi ejusdem pecuniæ, a quo velit. § 1. Et
« ideo si probaveris te conventum in solidum exsolvisse, rector provinciæ juvare
« te adversus eum, *cum quo communiter mutuam pecuniam accepisti*, non cuncta-
« bitur. »

souvent ce sera à cause de l'existence d'une société entre les codébiteurs solidaires que la dette aura profité à tous; chacun en aura
retiré un avantage proportionné à sa part sociale; par exemple les
associés ont emprunté de l'argent en vue de la société (2). Mais le
profit commun se rencontrera encore dans d'autres circonstances(3).
Sans être associés, A et B peuvent avoir emprunté une somme de
1000 pour compte commun et l'avoir partagée d'une manière égale
ou inégale. En supposant que A se soit obligé solidairement avec B,
mais à sa demande, uniquement pour déterminer le créancier à faire
le prêt et sans en avoir retiré aucun avantage personnel, il pourra,
après le payement de la dette, exercer un recours pour le tout contre
B, tandis qu'il sera à l'abri d'un recours de B (4). — Entre cotuteurs
et cocurateurs ainsi qu'entre magistrats collègues, il n'existe pas
de communauté d'intérêt, au point de vue de la dette dont ils sont
solidairement tenus; mais il y a une communauté de faute et partant
ici également on admit le recours (5). Par contre, entre codélin-

(2) Arg. D. 2, 14, *de pact.*, L. 25, pr. (cbn. avec L. 21, § 5), D. 34, 3, *de liber. leg.*,
L. 3, § 3 i. f., et D. 35, 2, *ad leg. Falc.*, L. 62, pr. « In lege Falcidia hoc esse ser-
« vandum Julianus ait, ut, si duo rei promittendi fuerint vel duo rei stipulandi, si
« quidem socii sint in ea re, dividi inter eos debere obligationem, atque si singuli
« partem pecuniæ stipulati essent vel promisissent : quod si societas inter eos
« nulla fuisset, in pendenti esse, in utrius bonis computari oporteat id quod debe-
« tur vel ex cujus bonis detrahi ». Donc, en ce qui concerne le calcul de la quarte
Falcidie, si la succession renferme une dette due solidairement par le *decujus*
et une autre personne, il faudra, si ces derniers étaient associés, comprendre la
dette dans le passif héréditaire en proportion de la part sociale du *decujus*; c'est
la preuve que l'obligation solidaire incombe à chaque associé eu égard à sa part
sociale. A défaut d'un rapport de société (et d'autres causes de recours) entre les
codébiteurs solidaires, celui qui aura dû payer le créancier, supportera tout le
poids de la dette; on ne sait pas dans l'espèce si la dette sera supportée par
l'héritier ou par son codébiteur ; c'est pourquoi notre loi décide qu'il y a lieu de
négliger provisoirement la dette héréditaire dont il s'agit.

(3) C. *h. t.*, L. 1 (L. 2, édition Kriegel); C. 4, 65, *de loc.*, L. 13.

(4) Cf. D. 14, 6, *de scto Maced.*, L 7, § 1.

(5) D. 3, 5, *de neg. gest.*, L. 29 (L. 30, édition Kriegel); D. 27, 3, *de tut. et rat.
distr.*, L. 1, § 13; C. 5, 44, *de in lit. dando tut. v. curat.*, L. 4; C. 5, 58, *de contr.
judic.*, L. 2. Voyez encore le D. 9, 3, *de his, qui effud.*, L. 4. Le cas de dol fait
exception (D. 3, 5, *de neg. gest.*, L. 29 i. f.; D. 27, 3, *de tut. et rat. distr.*, L. 1,
§ 14; le recours accordé par le D. 9, 3, *de his, qui effud.*, L. 4, n'appartient pas non
plus au débiteur coupable de dol).

quants, il n'existe aucune espèce de communauté aux yeux de la loi ;
il n'y a pas de communauté de délits ; le recours manque donc de
base ; celui des codélinquants qui paye intégralement les dommages
et intérêts dus à raison du délit, supporte seul ce payement [6]. —
A défaut de toute communauté entre codébiteurs solidaires, le
recours pourra encore résulter d'un autre rapport obligatoire qui
se sera formé entre eux, et notamment d'un mandat ou d'une
gestion d'affaires ; c'est sur ce fondement qu'il y aura parfois lieu
à un recours entre cofidéjusseurs [7]. — Enfin, l'usage du bénéfice
de cession d'actions créera parfois un recours entre codébiteurs
solidaires, par exemple entre cofidéjusseurs [7]. Mais le débiteur
solidaire attaqué par le créancier ne peut jamais réclamer la cession de ses actions pour se créer un recours directement refusé, soit
parce qu'il a seul profité de la dette, soit parce qu'un délit a été
commis par plusieurs, soit à raison des rapports obligatoires existant entre parties ; le bénéfice de cession d'actions ne saurait servir
à éluder les règles sur le recours entre codébiteurs solidaires ; il peut
seulement compléter ces règles [8]. — Si l'un des débiteurs soumis
au recours est insolvable, sa part contributoire se répartit entre
tous les autres, lorsqu'il existe un rapport de société entre les codébiteurs ; conformément au contrat social, cette perte, comme toute
autre causée par la gestion des affaires communes, doit être supportée par les coassociés en proportion de leurs parts respectives
dans les pertes [9]. Mais, à défaut d'un contrat de société, l'insol-

(6) D. 27, 3, *de tut. et rat. distr.*, L. 1, § 14.

(7) Cf. ci-dessus § 34, 2°. — Voyez encore le D. 3, 5, *de neg. gest.*, L. 29 (L. 30,
édition Kriegel).

(8) Le D. 21, 2, *de evict.*, L. 65, n'est pas contraire ; il en résulte seulement que
si, *dans le cas particulier de cette loi*, les débiteurs avaient été tenus solidairement,
celui d'entre eux qui aurait payé le tout, aurait eu droit à la cession des actions du
créancier. De leur côté le D. 19, 2, *locati*, L. 47, le C. 4, 65, *de loc.*, L. 13, et le D.
27, 3, *de tut. et rat. distr.*, L. 1, § 13, se rapportent à des espèces spéciales.

Cf. VANGEROW, III, § 573, *Anm.* 3, p. 74-78, MAYNZ, II, § 186 i. f., et WIND-
SCHEID, II, § 294 i. f.

Contra DE SAVIGNY, cité, I, § 23-25, et DEMANGEAT, cité, p. 225-267.

(9) Arg. D. 17, 2, *pro socio*, L. 67, pr. Même le débiteur que le créancier a
déchargé de la solidarité (cf. ci-dessus § 52, V), doit intervenir pour sa part et

vabilité retombe exclusivement sur le débiteur qui a payé le créancier; aucun motif juridique n'oblige ses cobligés à intervenir dans cette perte. — En ce qui concerne les actions par lesquelles s'exerce le recours, ce sont avant tout celles qui naissent des rapports obligatoires existant entre parties, comme l'action *pro socio* (10), l'action *communi dividundo* (11), l'action *familiæ erciscundæ* (12) l'action contraire de mandat ou de gestion d'affaires (13). Le débiteur solidaire qui a usé du bénéfice de cession d'actions, pour se créer un recours ou pour le garantir, peut exercer les actions du créancier dont il a obtenu la cession, par exemple l'*actio mutui* ou l'action hypothécaire (14). Dans tous les cas, il y aura lieu à une action *in factum* (15).

portion dans l'insolvabilité; le créancier n'a pas voulu lui remettre cette conséquence tout accidentelle de la solidarité; il ne l'a pas prévue, et d'ailleurs les renonciations sont de stricte interprétation.

(10) D. 9, 3, *de his, qui effud.*, L. 4; D. 4, 3, *de instit. act.*, L. 14 initio. Cf. ci-dessus *ad not.* 2 du présent paragraphe.

(11) L. 14 initio, cit. — (12) Cf. D. 21, 2, *de evict.*, L. 65.

(13) D. 3, 5, *de neg. gest.*, L. 29 (L. 30, édition Kriegel). Cf. ci-dessus *ad not.* 7 du présent paragraphe.

(14) Cf. C. 4, 65, *de loc.*, L. 13, § 1 (L. 13 i. f., édition Kriegel), et ci-dessus § 52, I, B, et § 53, 1°. Parfois le débiteur qui a payé sans se faire céder les actions du créancier, n'en obtient pas moins ces actions utilement *quasi ex jure cesso* (D. 27, 3, *de tut. et rat. distr.*, L. 1, § 13; D. 9, 3, *de his, qui effud.*, L. 4); cf. ci-après T. I, § 66, II, 2°.

(15) On ne peut accorder d'une façon générale l'action contraire de gestion d'affaires; car le payement de la dette entière de la part de l'un des débiteurs solidaires constitue la gestion d'une affaire personnelle (Cf. POTHIER, *Pandectæ Justinianeæ*, 27, 3, *de tut. et rat. distr.*, n° 17, note *e*).

Cette théorie sur le recours entre codébiteurs solidaires est adoptée, dans ses éléments principaux, par la presque unanimité des interprètes du droit romain (Voyez entre autres MOLITOR, cité, II, nos 1171-1174, VANGEROW, III, § 573, *Anm.* 3, MAYNZ, II, § 186 i. f., et WINDSCHEID, II, § 294). Néanmoins on a soutenu (DE SAVIGNY, cité, I, § 23-25. — DEMANGEAT, cité, p. 225-267, et p. 428-433) que le débiteur solidaire qui payait la dette entière, jouit d'un recours général contre ses cobligés. On se fonde sur ce qu'il disposerait d'une manière générale du bénéfice de cession d'actions (Arg. D. 21, 2, *de evict.*, L. 65, D. 19, 2, *locati*, L. 47, C. 4, 65, *de loc.*, L. 13, et D. 27, 3, *de tut. et rat. distr.*, L. 1, § 13) et sur la prétendue règle que quiconque a droit à une cession d'actions, peut, alors même qu'il n'a pas usé de ce droit, recourir à des actions utiles *quasi ex jure cesso* (L. 1, § 13, cit.). Ce système est inadmissible. Le D. 35, 2, *ad leg. Falc.*, L. 62, prouve péremptoirement

2º De même, lorsque l'un des créanciers solidaires a reçu le payement intégral de la dette, il est soumis à un recours de la part de ses cocréanciers, si, d'après les circonstances, le payement devait leur profiter et dans la mesure du profit qu'ils devaient en retirer. Ainsi, tandis que entre codébiteurs solidaires c'est le profit que chacun d'eux a retiré de la dette, qui est décisif, entre cocréanciers solidaires c'est le profit que le payement devait procurer à chacun. A et B prêtent 1000 avec stipulation de solidarité active. Si chacun a contribué pour 500 dans le prêt, celui qui recevra le payement des 1000, devra restituer 500 à l'autre; chacun ayant avancé 500, il est clair que le payement doit profiter à chacun pour 500. Si A a contribué au prêt pour 700 et B pour 300, le recours de A contre B sera de 700, celui de B contre A de 300 seulement. Si tous les fonds prêtés appartenaient à A, il aurait un recours de 1000 contre B, et celui-ci n'en aurait pas du tout contre A. Ici également le recours aura surtout lieu dans le cas de société[16], bien qu'il puisse très bien se produire en dehors d'un lien de société. Il s'exercera aussi par les actions qui naissent des rapports obligatoires existant entre parties : action *pro socio*, action *communi dividundo*, action *familiæ erciscundæ*, action directe de mandat ou de gestion d'affaires; subsidiairement il y aura lieu à une action *in factum*.

qu'il n'existe point un recours général entre codébiteurs solidaires (cf. ci-dessus note 2 du présent paragraphe) et le fait reconnu que le recours était en général exclu entre cofidéjusseurs est non moins décisif. Il n'est pas exact que tout débiteur solidaire dispose du bénéfice de cession d'actions; s'il en était ainsi, ce bénéfice servirait à éluder les principes généraux sur le recours entre codébiteurs solidaires (cf. ci-dessus *ad not.* 8 du présent paragraphe); les textes invoqués ne le concèdent que dans des cas particuliers (cf. note 8 citée). Et il est tout aussi inexact d'accorder des actions utiles aux débiteurs solidaires qui n'ont pas usé du bénéfice; ces actions utiles ne sont concédées qu'à certains débiteurs solidaires (cf. ci-dessus note 14 du présent paragraphe et ci-après T. I, § 66, II, 2º).

(16) Arg. D. 35, 2, *ad leg. Falc.*, L. 62, pr. Cette loi, s'occupant du calcul de la Falcidie, ordonne de procéder de la même manière quant aux créances héréditaires dues solidairement au *decujus* et à un tiers que pour les dettes héréditaires dues solidairement par le *decujus* et par un tiers (cf. ci-dessus note 2 du présent paragraphe).

§ 54. *De la prétendue distinction de la solidarité et de la corréalité.*

I. D'après une théorie qui a été soutenue pour la première fois au commencement de ce siècle, mais qui de nos jours est complètement dominante, la notion de la solidarité affecterait deux formes différentes. Le droit romain connaîtrait une obligation solidaire corréale, appelée encore obligation corréale, et une obligation solidaire simple ou sans corréalité ; de Savigny nomme cette dernière une obligation corréale impropre (unächt). L'obligation corréale se caractériserait par l'unité du lien obligatoire, tandis que dans l'obligation solidaire simple il y aurait une pluralité de dettes, autant de dettes que de débiteurs ou de créanciers ; chacun serait placé dans un rapport obligatoire distinct ; seulement toutes ces dettes auraient le même objet et partant seraient éteintes par un payement unique. Les obligations solidaires simples auraient toutes leur source dans la loi[1]. Elles se rencontreraient entre les codélinquants au point de vue de la réparation du dommage causé par le délit, entre cotuteurs ou magistrats collègues, entre plusieurs personnes qui ont donné un mandat dans l'intérêt d'un tiers, entre ceux qui s'engagent en commun par une convention quelconque quant aux dommages et intérêts dus à raison d'une faute commune, entre plusieurs habitants de la même maison au point de vue de l'action *de effusis vel dejectis*[2]. Cette solidarité simple se séparerait de la corréalité sous les rapports suivants :

1° En principe les débiteurs simplement solidaires ne jouiraient pas du bénéfice de division, parce que, si l'un d'eux est poursuivi pour le tout, le créancier ne lui demande que le payement de sa

____

(1) Molitor, cité, I, n° 257 initio.

(2) On est d'ailleurs loin d'être d'accord sur les limites de la solidarité simple; beaucoup d'espèces sont attribuées par les uns à la corréalité, par les autres à la solidarité simple. Il y a aussi contestation sur le point de savoir s'il existe une solidarité simple entre cocréanciers (Molitor, cité, I, n° 257 initio.— Vangerow, III, § 573, *Anm.* 2 i. f. — Windscheid, II, § 298).

propre dette [3]. Mais on est forcé de reconnaître que, malgré ce motif, le bénéfice de division du droit classique appartient aux cotuteurs et aux comandants dans l'intérêt d'un tiers.

2° L'interruption de la prescription vis-à-vis de l'un des débiteurs simplement solidaires serait sans effet à l'égard des autres, encore à raison de la diversité des dettes.

3° Lorsque l'un des débiteurs simplement solidaires manque à son obligation, lui seul devrait payer des dommages et intérêts; ses codébiteurs seraient libérés. Leur obligation étant distincte s'éteindrait par un cas fortuit.

4° L'extinction de l'obligation simplement solidaire entre le créancier et l'un des débiteurs ne libèrerait les autres que pour autant que le créancier a été satisfait; moyennant cette satisfaction, toutes les dettes s'éteindraient comme ayant le même objet. Mais si le créancier n'a pas été satisfait, les dettes distinctes des autres débiteurs subsisteraient. Ne profiteraient donc pas aux codébiteurs l'acceptilation, la chose jugée, le serment décisoire, la novation en tant que la nouvelle obligation aurait moins d'étendue que l'ancienne. En ce qui concerne la *litis contestatio*, déjà dans le droit classique elle n'aurait procuré qu'une libération personnelle [4].

5° Enfin, entre codébiteurs simplement solidaires le recours serait de droit, sauf le cas de dol. En effet, le débiteur qui paye toute la chose, acquitterait à la fois sa dette et les dettes de ses coobligés; il gèrerait donc l'affaire de ces derniers, et de ce chef acquerrait contre eux l'action contraire de gestion d'affaires [5].

II. Quel que soit le crédit dont jouit aujourd'hui cette doctrine, nous la croyons mal fondée. Déjà la notion elle-même de la solidarité simple nous paraît inacceptable. Si l'obligation dite purement solidaire comprenait plusieurs dettes, le payement de l'une de ces dettes serait impuissant à éteindre les autres; peu importe qu'elles

---

(3) Cf. Nov. 99, c. 1.

(4) PAUL, II, 17, § 15; D. 46, 1, *de fidejuss.*, L. 52, § 3. — D. 13, 6, *commod.*, L. 5, § 15 i. f.; D. 16, 3, *depos.*, L. 1, § 43 initio. — D. 9, 3, *de his, qui effud.*, L. 1, § 10, L. 2, L. 3, L. 4. — Voyez VANGEROW, III, § 573, *Anm.* 5 i. f., p. 97-99

(5) D. 3, 5, *de neg. gest.*, L. 29 (L. 30, édition Kriegel); D. 9, 3, *de his, qui effud.*, L. 4. — Voyez VANGEROW, III, § 573, *Anm.* 3, p. 73.

aient le même objet; cette identité d'objet ne justifie pas leur extinction, pas plus que, dans le cas où deux personnes ont promis séparément la même chose à une troisième, le payement fait par l'un des débiteurs n'entraîne l'extinction des deux dettes. Il nous semble que la circonstance qu'un seul payement libère tous les débiteurs dits simplement solidaires, prouve clairement l'unité du rapport obligatoire. En ce qui concerne les textes, aucun n'établit *in terminis* la prétendue distinction de la corréalité et de la solidarité, et certes cette distinction méritait une mention. Il y a plus : de tous les effets propres attribués aux obligations dites simplement solidaires deux à peine seraient, d'après la théorie dominante, attestés par nos sources. Il est certain qu'à l'époque classique, la *litis contestatio* engagée entre le créancier commun et l'un des débiteurs solidaires ne libérait pas toujours les autres et notamment pas les comandants dans l'intérêt d'un tiers [6]. D'un autre côté, quelques codébiteurs tels que les cotuteurs jouissaient d'une manière générale d'un recours les uns contre les autres [7]. Ces deux règles dérogent, il faut le reconnaître, au droit commun de la solidarité ; encore la première est-elle tombée dans la législation de Justinien [8]. Mais ces deux règles du droit classique, cette règle unique du nouveau droit romain n'exige en aucune façon la création de toute une théorie. Ce sont de simples dérogations aux principes généraux de la solidarité, et ces dérogations s'expliquent aisément. Pourquoi, déjà à l'époque classique, n'aurait-on pas pu abandonner, dans certains cas, la règle que la *litis contestatio* opérait une novation, par le motif que cette règle était trop rigoureuse ? [9]. De même, si l'on accorde un recours au tuteur contre ses cotuteurs, c'est que l'équité commandait ce recours [10]. Ce n'est pas tout. Le système que nous combattons, contient une inconséquence ; le bénéfice de division est incompatible avec l'obligation simplement solidaire, et cependant ce bénéfice appartenait aux cotuteurs et aux comandants dans l'in-

---

(6) Voyez les textes de la note 4. — (7) Voyez les textes de la note 5.
(8) C. 8, 40 (41, édition Kriegel), *de fidejuss.*, L. 28.
(9) Cf. Maynz, II, § 186, Observation i. f.
(10) Cf. ci-dessus § 53, 1°, *ad not.* 5.

térêt d'un tiers, même à une époque où les codébiteurs corréaux n'en jouissaient que d'une manière exceptionnelle (11).

SECTION VII. — DES OBLIGATIONS INDIVISIBLES.

UBBELOHDE, *Die Lehre von den untheilbaren Obligationen*, Hanovre, 1862.

DANIÉLOPOULO, *Des obligations divisibles et indivisibles en droit romain et en droit français*, p. 1-203, Paris, 1864.

KLEYER, *Des obligations divisibles et indivisibles*, Bruxelles, 1873.

§ 55. *Des causes de l'indivisibilité des obligations.*

L'indivisibilité de l'obligation tient à son objet ou à sa forme.

I. A raison de son objet, l'obligation est indivisible lorsque la prestation due par le débiteur est indivisible, lorsqu'elle n'est pas susceptible d'être partagée en parts et portions de même nature que la prestation entière. D'après cela :

A) Sont indivisibles à raison de leur objet :

1° Les obligations qui tendent à la constitution d'une servitude indivisible, et toutes les servitudes, à part l'usufruit, sont indivisibles ; les constituer pour partie est une impossibilité (1).

(11) Les apôtres de la nouvelle théorie sont KELLER (*Ueber Litis Contestation und Urtheil nach classichem und römischem Recht*, § 49, p. 413-419 et 52-54, Zurich, 1827) et surtout RIBBENTROP, cité. A eux se sont ralliés entre autres MOLITOR, cité, I, n°⁸ 256-257, et T. II, n°⁸ 1157 et 1158 initio, DE SAVIGNY, cité, I, § 16, et note c, § 17-26, DEMANGEAT, cité, p. 11-13, p. 97-99, et p. 397-433, SAMHABER, cité, § 1-16, VANGEROW, III, § 573, *Anm.* 1, 2 et 3, n° 4, p. 73, et *Anm.* 5 i. f., p. 97-99, ACCARIAS, II, n° 556, et WINDSCHEID, II, § 292 i. f. et 293-298.

Voyez en notre sens FRITZ, *Zeitschrift für Zivilrecht und Prozess, Neue Folge,* XVII, p. 165, XVIII, p. 377, ORTOLAN, III, n°⁸ 1822-1823, MAYNZ, II, § 186, Observation, NAMUR, I, § 214, 4°, et au fond aussi BRINZ, II, § 235 et 253.

(1) D. 45, 1, *de V. O.*, L. 2, § 1 initio, L. 72, pr. initio ; D. 7, 8, *de usu et habit.*, L. 19. A l'occasion de la servitude *oneris ferendi*, qui permet de laisser reposer une construction sur le mur du voisin, le droit romain admet que le propriétaire du fonds servant est, en cette seule qualité, tenu d'entretenir le mur de soutènement (D. 8, 5, *si serv. vindic.*, L. 6, § 2) Il faut voir dans cette règle une obligation légale imposée à un propriétaire du chef de voisinage. Mais elle diffère des autres obligations de même nature en ce qu'elle est réputée un accessoire de la servitude. Notamment elle peut être poursuivie par l'action confessoire (L. 6, § 2, cit.) et elle participe de l'indivisibilité de la servitude ; si le fonds dominant appartient à plusieurs copropriétaires, chacun d'eux peut agir pour le tout en réparation

2° Les obligations qui ont pour objet des faits positifs ou négatifs indivisibles. En général les faits ont ce caractère d'indivisibilité. Un fait positif n'existe que lorsqu'il existe pour le tout; aussi longtemps qu'il n'est pas complet, il n'existe en aucune façon; il suffit de songer à la construction d'une maison [2]. De même un fait négatif, une abstention n'existe que lorsqu'il y a abstention complète; une abstention partielle n'est point une abstention; le fait négatif qui consiste à ne pas troubler un voisin dans l'exercice d'une servitude prédiale, suppose l'absence complète de trouble; il est exclu par un trouble quelconque [3]. En particulier sont indivisibles les obligations de construire une maison [4], d'aménager un jardin, de creuser un fossé, de ne pas troubler un voisin dans l'exercice d'une servitude prédiale [5]. L'obligation d'exhiber a le même caractère; exhiber une chose, c'est la mettre en présence de l'adversaire pour qu'il en prenne inspection [6]; or une chose n'est vraiment en présence de quelqu'un que si elle y est tout entière. Il faut en dire autant de l'obligation qui a pour objet le rétablissement d'un état des lieux antérieur; cet état des lieux ne saurait être considéré comme rétabli que s'il est rétabli d'une manière complète; telle est l'obligation naissant de la stipulation *ex operis novi nuntiatione*, qui porte sur la démolition d'un nouvel œuvre [7]. Enfin est indivisible l'obligation de défendre quelqu'un contre l'éviction; une défense partielle ne se comprend pas; on n'est réellement défendu que quand on l'est pour le tout. Notamment plusieurs vendeurs ou plusieurs héri-

---

du mur inférieur (L. 6, § 4 initio, cit.). Toutefois, s'il y a plusieurs copropriétaires du fonds servant, la poursuite se divise (L. 6, § 4 i. f., cit.), apparemment par le motif que chacun avait la faculté de se soustraire à la réparation du mur inférieur en faisant l'abandon de sa quote-part dans ce mur (L. 6, § 2 i. f., cit.); si l'un d'eux avait pu être contraint d'entreprendre toute la réparation, il aurait eu un recours contre les autres, lesquels auraient été dépouillés de leur droit d'abandon. Voyez des explications différentes dans POTHIER, *Pandectæ Justinianeæ*, 8, 5, *si serv. vindic.*, n° 21, note g, et MOLITOR, *La possession... et les servitudes en droit romain*, n° 40 *des servitudes*.

(2) D. 45, 1, *de V. O.*, L. 72, pr. initio, L. 85, § 2; D. 35, 2, *ad leg. Falc.*, L. 80, § 1. — (3) D. 45, 1, *de V. O.*, L. 85, § 3. — (4) D. *eod.*, L. 72, pr. initio.

(5) D. *eod.*, L. 85, § 3. — (6) D. 10, 4, *ad exhib.*, L. 2.

(7) D. 46, 5, *de stipul. præt.*, L. 2, § 1; D. 45, 1, *de V. O.*, L. 4, § 2 i. f.

tiers d'un vendeur unique sont tenus de défendre l'acheteur contre l'éviction, chacun pour le tout; il ne suffit pas que l'un deux défende l'acheteur pour sa part et portion; si l'acheteur est évincé de la partie restante de la chose, tous les vendeurs ou héritiers du vendeur ont manqué à leur obligation, même celui qui a défendu pour sa part [8]. Mais l'obligation d'indemniser l'acheteur à raison d'une éviction totale ou partielle est parfaitement divisible, car elle porte sur une somme d'argent; chaque vendeur ou héritier du vendeur n'est donc soumis au recours en garantie que pour sa part et portion [9].

3° Peuvent encore être indivisibles, en vertu d'une convention expresse ou tacite, les obligations portant sur la remise de choses corporelles [10]. Il est au pouvoir des parties de rendre indivisibles ces obligations naturellement divisibles, de convenir qu'elles seront régies par les règles des obligations indivisibles; cette indivisibilité conventionnelle ne rencontre aucun obstacle. Nous admettons dans l'espèce une indivisibilité à raison de l'objet de la dette; par suite de la convention des parties, il se forme une véritable obligation portant sur un fait indivisible [11]. — C'est ainsi que, sur le fondement de la volonté tacite des contractants, l'on doit réputer indivisibles l'obligation de payer des aliments et celle de payer une somme d'argent destinée à tirer quelqu'un de la prison pour dettes; à vrai dire, ces obligations ont pour objet l'alimentation ou la libération du créancier [12]. — De même, lorsqu'une chose déposée est physiquement indivisible et qu'il y a, soit plusieurs déposants, soit plusieurs héritiers d'un déposant unique, la majorité des déposants ou des héritiers du déposant [13] peut réclamer la restitution de toute la chose déposée [14]. Cette indivisibilité repose encore sur la volonté

(8) D. 21, 2, *de evict.*, L. 62, § 1 initio, L. 65 initio; D. 45, 1, *de V. O.*, L. 85, § 5, L. 139.

(9) D. 45, 1, *de V. O.*, L. 85, § 5 i. f., L. 139 i. f.; C. 8, 44 (45, édition Kriegel), *de evict.*, L. 2. Cf. D. 45, 1, *de V. O.*, L. 4, § 2. — Voyez ci-après T. I, § 56, III, A, 2° initio.

(10) ou bien sur des choses incorporelles divisibles ou sur des faits de l'homme divisibles. — (11) Cf. MAYNZ, II, § 192, note 25 i. f.. — (12) MAYNZ, note 25 citée.

(13) D. 16, 3, *depos.*, L. 14, pr. initio. La majorité se détermine non par le nombre des ayants droit, mais par l'importance des parts (L. 14, pr. i. f., cit.).

(14) D. 16, 3, *depos.*, L. 1, § 36, L. 14, pr. Bien que ces lois ne parlent que

tacite des parties; le caractère absolu de l'obligation de restituer la chose déposée la rend indivisible dans le sens indiqué; le dépositaire manquerait à la confiance qu'on a placée en lui, s'il ne faisait qu'une restitution d'une part indivise à l'un des ayants droit; il doit restituer la chose entière de manière à répondre à cette confiance (15). — Pareillement, l'obligation de reprendre une chose vendue qui est vicieuse ou qui n'a pas les qualites promises, est indivisible lorsqu'il y a plusieurs acheteurs ou plusieurs héritiers d'un acheteur unique. L'un d'eux n'est pas admis à agir pour sa part et portion en rescision du contrat ou bien en diminution du prix; tous doivent agir en commun et pour le tout, soit en rescision, soit en réduction du prix. En effet la vente est indivisible; elle doit être maintenue pour le tout ou rescindée pour le tout; or, si les différents acheteurs ou héritiers de l'acheteur pouvaient agir séparément, il arriverait que l'un d'eux réclamerait pour sa part la rescision du contrat, tandis qu'un autre le maintiendrait en se contentant d'une simple diminution du prix (16).

d'une pluralité d'héritiers, elles doivent être étendues à une pluralité de déposants; il y a tout au moins parité de motifs.

(15) Mais il a le droit d'exiger une caution contre une poursuite ultérieure des autres déposants ou héritiers du déposant (D. 16, 3, *depos.*, L. 1, § 36 i. f., L. 14, pr. i. f.). Nous ne comprenons pas que MOLITOR, cité, I, n° 250, *c*, conclue de ces deux lois que la majorité des héritiers du déposant peut poursuivre pour le tout sans fournir caution (la loi 14, pr., dit précisément le contraire), tandis que la minorité jouirait du même droit moyennant caution. Les deux textes exigent la caution et le second veut en outre que la majorité des héritiers agisse (POTHIER, *Pandectæ Justinianeæ*, 16, 3, *depos.*, n° 11).

Si la chose déposée admet une division physique, la poursuite se divise. De l'argent déposé est divisible, bien qu'il soit renfermé dans un sac cacheté (D. 16, 3, *depos.*, L. 1, § 36, v^is Si pecunia.......... in æde deponendo).

(16) D. 21, 1, *de ædil. ed.*, L. 31, § 5 et 7, cf. § 10, v^is Item si plures singuli........ Le motif de cette indivisibilité n'existe point lorsqu'il y a plusieurs vendeurs ou plusieurs héritiers d'un vendeur unique. Chacun d'eux peut être poursuivi pour sa part et portion, soit en rescision du contrat, soit en réduction du prix; car à l'égard de chacun la vente sera rescindée pour le tout ou maintenue pour le tout (D. *eod.*, L. 31, § 10, v^is Si venditori.......... dicendum, L. 44, § 1, v^is quamvis actio ex empto cum singulis sit pro portione, qua socii fuerunt). A la vérité les actions édilitiennes se donnent pour le tout contre l'un des vendeurs associés, pourvu qu'il ait une part sociale aussi forte qu'aucun de ses covendeurs (D. *eod.*, L. 44, § 1, L. 31, § 10, v^is nam si unus a pluribus.......... in solidum redhibendum, cf. v^is si

-- Enfin, lorsqu'une obligation a pour objet la restitution d'un corps certain et qu'elle incombe à plusieurs dont un seul détient la chose, elle est indivisible à l'égard de ce dernier. A la rigueur il ne devrait payer que sa part. Mais il est à remarquer qu'il est aussi tenu de faire avoir à ses codébiteurs leurs parts respectives, soit en vertu du contrat qui oblige à la restitution, soit à raison de la communauté héréditaire ; puis les codébiteurs devraient payer leur part au créancier. Dès lors il était conforme à l'intention des contractants que le détenteur pût être poursuivi pour le tout, de manière à simplifier l'exécution de l'obligation. Tel étant le motif de la règle, celle-ci doit être suivie que la restitution ait pour objet la propriété, la possession ou la détention de la chose, mais elle est inapplicable aux obligations de restituer des choses fongibles et aux obligations de livrer des choses quelconques (17).

L'indivisibilité qui tient à l'objet de l'obligation, est-elle essentielle ou simplement naturelle? L'obligation de constituer des servitudes indivisibles est essentiellement indivisible ; on ne conçoit pas qu'elle soit partagée, pas plus qu'on ne conçoit une portion d'une servitude indivisible ; il n'est pas au pouvoir des parties de déroger à cette indivisibilité de l'obligation (18). Dans les autres cas, l'indivisibilité résultant de l'objet de l'obligation n'est que naturelle ; il est possible aux parties d'y déroger. Cela est évident lorsqu'il s'agit d'une obligation qui porte sur des choses corporelles et que la con-

tamen partes........ quanto minoris); mais il y a dans l'espèce solidarité légale. Si l'on admettait une indivisibilité, celle-ci ne pourrait être que légale. Une indivisibilité naturelle ou conventionnelle serait commune aux actions édilitiennes et à l'*actio empti;* or cette dernière poursuite se divise (L. 44, § 1 i. f., cit.). Et une indivisibilité légale ne se comprend point; la loi ne peut pas faire qu'une obligation divisible devienne indivisible (Cf. RIBBENTROP, *Correal-Obligationen*, § 20, p. 158-169, SCHILLING, III, § 299, et note r, MOLITOR, cité, 1, n° 499 i. f., et VANGEROW, III, § 609, *Anm.* 2, n° III i. f. — Contra MAYNZ, II, § 213, note 42 i. f., et § 227, note 10 i. f.). — Voyez ci-après T. II, § 108.

(17) D. 13, 6, *commod.*, L. 3, § 3 « Heres ejus qui commodatum accepit pro ea « parte qua heres est convenitur, nisi forte habeat facultatem totius rei resti- « tuendæ nec faciat: tunc enim condemnatur in solidum, quasi hoc boni judicis « arbitrio conveniat. »
Cf. MOLITOR, cité, I, n° 250, *b*.
(18) D. 8, 1, *de servit.*, L. 17 initio.

vention seule a rendue indivisible. Mais il faut en dire autant des obligations ayant pour objet des faits indivisibles ; rien n'empêche les parties de convenir que la prestation du fait se divisera d'une certaine manière [19].

B) Par contre sont divisibles à raison de leur objet :

1° Les obligations qui ont pour objet la remise de choses corpo·relles, alors même que ces choses n'admettent pas de division phy-sique, et peu importe qu'il s'agisse de faire une dation, c'est-à-dire de transférer la propriété (*dare*), ou de faire une simple tradition, c'est-à-dire de transférer seulement la possession ou la détention de la chose (*tradere*). L'obligation de donner un cheval ou une statue est aussi divisible que celle de donner un fonds de terre, nonob-stant l'indivisibilité physique du cheval et de la statue [20]. De même l'obligation de livrer une chose corporelle en vertu d'une vente ou d'un louage de choses est parfaitement divisible. En effet, dans tous ces cas, un payement partiel est possible ; on peut transférer une copropriété, une copossession, une codétention ; si l'obligation de donner ou de livrer le cheval A comprend deux débiteurs, chacun peut transférer au créancier une moitié indivise de la propriété, de la possession ou de la détention du cheval A, et le créancier obtiendra par ces deux payements partiels le cheval auquel il a droit. En ce qui concerne spécialement l'obligation de livrer, nous ajouterons qu'elle est impliquée dans l'obligation de donner une chose corpo-relle [21] ; et comme il est certain que celle-ci se divise d'une façon générale, il doit en être de même de l'obligation de livrer qui s'y trouve contenue. Or il serait contradictoire d'admettre que l'obliga-tion de livrer serait divisible ou indivisible selon qu'elle est accessoire ou principale ; si par sa nature elle n'était pas susceptible de division, comment se partagerait-elle quand elle est l'accessoire d'une autre obligation ? Il est encore à remarquer que la tradition d'une chose,

(19) *Non obstat* D. 45, 1, *de V. O.*, L. 72, pr., vⁱˢ horum enim divisio corrumpit stipulationem. Ces mots prouvent seulement qu'en principe et sauf convention contraire l'obligation de faire est indivisible.

(20) D. 45, 1, *de V. O.*, L. 54, pr. initio ; D. 46, 3, *de solut.*, L. 9, § 1 initio.

(21) D. 19, 1, *de A. E. et V.*, L. 3, § 1, vⁱˢ qui fundum dari stipularetur, vacuam quoque possessionem tradi oportere stipulari intellegitur.

lorsqu'elle est faite dans le but de transférer la propriété, devient
en réalité une dation, laquelle est divisible ; notamment, la tradition
de la chose vendue constitue une dation divisible. Or cette divisibilité
de la dation suppose celle de la tradition ; une tradition indivisible ne
saurait donner lieu à une dation divisible ; on ne comprend pas que
la tradition partielle faite par le vendeur soit à la fois valable comme
dation partielle et nulle comme tradition partielle. On objecte que
les obligations de livrer sont des obligations de faire et que celles-ci
sont indivisibles. Mais les obligations de faire sont les unes indivisibles, les autres divisibles, peu importe que la plupart aient le premier
caractère. Pour que l'argument invoqué fût concluant, on devrait
établir que l'obligation de livrer est une obligation de faire indivisible, et nous venons de prouver le contraire ; le fait de la tradition est susceptible d'être décomposé en parts et portions de même
nature que le fait entier [22]. Néanmoins l'opinion dominante se pro-

(22) Il semble que cette doctrine n'aurait jamais été douteuse si un fragment
d'Ulpien ne comprenait l'obligation ' *fundum tradi* ' parmi les obligations indivisibles.

D. 45, 1, *de V. O.*, L. 72, pr. initio. « Stipulationes non dividuntur earum rerum,
« quæ divisionem non recipiunt, veluti viæ itineris actus aquæ ductus cetera-
« rumque servitutium. Idem puto et si quis faciendum aliquid stipulatus sit,
« ut puta *fundum tradi* vel fossam fodiri vel insulam fabricari, vel operas vel
« quid his simile : horum enim divisio corrumpit stipulationem. »

Mais il est possible de concilier cette loi avec les principes généraux, en la rapportant à une stipulation ' *fundum tradi* ' accompagnée d'une clause pénale. En
effet, l'habitude romaine était de joindre cette clause aux stipulations de faire
(I. 3, 15, *de V. O.*, § 7 ; D. 45, 1, *eod.*, L. 137, § 7 initio). Or, dans ce cas, la peine
ne peut être évitée que par la tradition totale du fonds ; la tradition est indivisible
au point de vue de la clause pénale (D. 19, 1, *de A. E. et V.*, L. 47). DE SAVIGNY,
cité, I, § 32, II, C, p. 339-343, pense qu'Ulpien entend parler de la stipulation *« fundum tradi, et nisi traditus erit, centum dari »*, où il était admis que la peine était
seule ' *in obligatione* ' et la tradition du fonds seulement ' *in conditione* ' (D. 44, 7,
de O. et A., L. 44, § 6) ; cf. ci-dessus § 27, I, 3°, et note 12.

On peut au reste se prévaloir de plusieurs lois en faveur de la divisibilité de
l'obligation de livrer.

1° D. 45, 1, *de V. O.*, L. 52, § 1 « Si quis vacuam possessionem tradi promiserit,
« non nudum factum hæc stipulatio continebit, sed causam bonorum. »

Ainsi, d'après Ulpien, l'auteur de notre fragment, la stipulation « *vacuam possessionem tradi* » n'a pas pour objet un pur fait, mais « *causam bonorum* », c'est-à-

nonce pour l'indivisibilité de l'obligation de livrer (23). — Cette obligation étant à notre avis divisible, il en est de même de l'obligation de restituer la possession ou la détention d'une chose corporelle (24).

2° Sont aussi divisibles les obligations de constituer des droits d'usufruit (25), d'emphytéose, de superficie ou d'hypothèque. Ces différents droits réels sont divisibles au point de vue de leur constitution (26) et partant l'obligation de les constituer doit avoir le même caractère. Si on dit de l'hypothèque qu'elle est indivisible (27), cette indivisibilité concerne la poursuite de l'hypothèque et nullement sa

dire une chose corporelle, donc une chose divisible, et dès lors la stipulation est divisible quant à son objet.

2° D. *eod.*, L. 137, § 3, v^{is} sicut liberatur, qui se daturum spopondit, si quandoque tradit.

Le *tradere* est considéré ici comme l'équivalent du *dare*.

De même au D. *eod.*, L. 85, § 6, les deux expressions sont employées comme synonymes.

3° Un argument direct nous est fourni par le D. 13, 6, *commod.*, L. 3, § 3, et par le D. 16, 3, *depos.*, L. 1, § 36, qui déclarent divisibles l'obligation de restituer une chose reçue en commodat ou en dépôt, du moins en règle générale ; or cette obligation n'est autre qu'une obligation de livrer. Les deux lois précitées sont inexplicables pour nos adversaires. Cf. ci-après note 24 du présent paragraphe.

(23) Voyez en notre sens DE SAVIGNY, cité, I, § 32, II, C. Cf. MOLITOR, cité, I, n° 250, *b* et *c*, et UBBELOHDE, cité, § 7 cbn. avec § 2, 1° initio, et avec § 29.

Contra MÜHLENBRUCH, II, § 326, note 6 i. f., DANIÉLOPOULO, cité, p. 114-137, MAYNZ, II, § 192, II initio, et Observation 1, et KLEYER, cité, § 13.

(24) D. 13, 6, *commod.*, L. 3, § 3; D. 16, 3, *depos.*, L. 1, § 36. D'après ces lois, l'obligation de restituer une chose reçue en commodat ou en dépôt ne peut être poursuivie contre l'un des héritiers du commodataire ou par l'un des héritiers du déposant que pour sa part héréditaire, à moins que l'un des héritiers du commodataire ne détienne seul la chose empruntée ou qu'il ne s'agisse d'une chose déposée physiquement indivisible (cf. ci-dessus n° I, A, 3°, du présent paragraphe). Les auteurs qui soutiennent l'indivisibilité de l'obligation de livrer, doivent, pour être conséquents, admettre que l'obligation de restituer est divisible ou indivisible selon que la restitution a pour objet la propriété ou la possession (ou la détention). L'obligation de restituer une chose reçue en commodat ou en dépôt devrait donc être indivisible, tandis que les textes prémentionnés la déclarent divisible, sauf certaines restrictions.

(25) D. 7, 1, *de usufr.*, L. 5 i. f. — (26) L. 5 initio, cit.

(27) D. 21, 2, *de evict.*, L. 65, v^{is} propter indivisam pignoris causam.

constitution; on peut hypothéquer une partie divise ou indivise d'une chose (28).

3° Il faut en dire autant des obligations qui ont pour objet des faits positifs ou négatifs divisibles. En effet, il y a des faits positifs ou négatifs de l'homme qui sont susceptibles d'être décomposés en parts et portions de même nature que le fait entier, et dans ces cas l'obligation de faire ou de ne pas faire est pareillement divisible. Telle est l'obligation de prester un certain nombre de journées d'ouvrier; étant donnée une prestation de 10 journées d'ouvrier, chaque journée forme la dixième partie de la prestation totale (29). Telle est encore l'obligation de ne pas revendiquer une chose (*amplius non agi rei vindicatione*); si la chose est revendiquée pour moitié, l'abstention qui fait l'objet de l'obligation, le *non vindicare*, existe pour l'autre moitié (30). L'obligation de remettre une dette est aussi parfaitement divisible; on peut remettre une dette pour partie (31), pourvu qu'elle soit divisible (32). Il en est de même de l'obligation de céder une créance divisible; rien ne s'oppose à la cession partielle de cette créance. Mais surtout les obligations de faire ou de ne pas faire deviennent divisibles, en vertu de la convention des parties, lorsque celles-ci ont eu en vue moins la prestation du fait que le payement d'une somme d'argent pour le cas de non-prestation du fait; l'obligation de faire ou de ne pas faire se convertit alors en une obligation de donner éminemment divisible (33). De là la divisibilité de nombreuses stipulations nécessaires ou cautions (34), entre autres des

(28) C. 8, 20 (21, édition Kriegel), *si comm. res pignor. sit*, L. un.

(29) D. 38, 1, *de oper. libert.*, L. 15, § 1; D. 45, 1, *de V. O.*, L. 54, § 1.

(30) D. *eod.*, L. 4, § 1. — Cf. ci-dessus § 27, note 16.

(31) D. 34, 3, *de liber. leg.*, L. 7, pr.; D. 46, 4, *de acceptil.*, L. 9, L. 10, L. 17; D. 45, 1, *de V. O.*, L. 2, § 3 i. f. — (32) D. 46, 4, *de acceptil.*, L. 13, § 1.

(33) D. 46, 5, *de stipul. præt.*, L. 2, § 2 initio. « Incertam quantitatem continet « stipulatio judicatum solvi et rem ratam dominum habiturum et damni infecti et « his similes, in quibus respondetur scindi eas in personas heredum, quamvis « possit dici ex persona heredum promissoris non posse descendentem a defuncto « stipulationem diversam condicionem cujusque facere. At in contrarium summa « ratione fit, ut uno ex heredibus stipulatoris vincente in partem ejus committatur « stipulatio : hoc enim facere verba stipulationis ' quanti ea res est ' ».

(34) L. 2, § 2 initio, cit. En général les auteurs ne parlent que de la divisibilité

cautions *damni infecti* (35), *legatorum servandorum causa* (36), *rem pupilli salvam fore* (37), *judicatum solvi* (38), *ratam rem dominum habiturum* (38), *judicio sisti* (39), *et dolum malum abesse afuturumque esse* (40). Ainsi encore l'obligation de faire ou de ne pas faire résultant d'une stipulation volontaire ou bien d'une convention quelconque peut être rendue divisible par la volonté des parties, et tel sera notamment le cas de la stipulation volontaire *dolum malum abesse afuturumque esse*, laquelle n'est au fond qu'une stipulation de dommages et intérêts pour l'éventualité d'un dol (41).

des stipulations prétoriennes; mais plusieurs stipulations judiciaires ou communes sont tout aussi divisibles. Telles sont les cautions *de dolo* (D. 45, 1, *de V. O.*, L. 121, pr.) et *ratam rem dominum habiturum* (D. 46, 5, *de stipul. præt.*, L. 2, § 2 initio), dont la première est certainement judiciaire (I. 3, 18, *de divis. stipul.*, § 1; THÉOPHILE, *eod.*, § 1 initio; D. 45, 1, *de V. O.*, L. 5, pr. initio), tandis que la seconde est commune (I. 3, 18, *de divis. stipul.*, § 4 i. f., et THÉOPHILE, *eod.*; si le D. 46, 5, *de stipul. præt.*, L. 2, pr. et § 2 initio, la représente comme prétorienne, c'est parce qu'elle était généralement fournie devant le magistrat). C'est pourquoi nous avons substitué l'expression de stipulations nécessaires (prétoriennes, judiciaires ou communes) à celle de stipulations prétoriennes. Au reste il y a aussi des stipulations volontaires ou conventionnelles qui, quoique portant sur un fait, sont divisibles (cf. ci-après *ad not.* 41 du présent paragraphe), comme il y a des stipulations nécessaires indivisibles à raison du fait sur lequel elles portent (cf. ci-dessus *ad not.* 7).

(35) D. 46, 5, *de stipul. præt.*, L. 2, § 2 initio.

(36) Arg. I. 3, 18, *de divis. stipul.*, § 2 initio, et D. 46, 5, *de stipul. præt.*, L. 1, § 2, L. 2 pr., § 1-2.

(37) Arg. I. 3, 18, *de divis. stipul.*, § 4, et D. 46, 5, *de stipul. præt.*, L. 1, § 2, L. 2, pr., § 1-2. — (38) L. 2, § 2 initio, cit.

(39) Arg. D. 46, 5, *de stipul. præt.*, L. 1, § 3, L. 2, pr., § 1-2.

(40) Arg. I. 3, 18, *de divis. stipul.*, § 1, D. 45, 1, *de V. O.*, L. 121, pr., et D. 46, 5, *de stipul. præt.*, L. 2, pr., § 1-2. — Voyez encore le D. 45, 1, *de V. O.*, L. 4, § 2.

(41) Arg. D. 45, 1, *de V. O.*, L. 38, § 13, L. 121, pr., et D. 46, 5, *de stipul. præt.*, L. 2, § 2 initio.

Quid si l'objet d'une obligation est en partie divisible, en partie indivisible, comme dans le cas où l'obligation porte à la fois sur la dation d'une chose corporelle et sur l'établissement d'une servitude prédiale? L'obligation elle-même sera en partie divisible, en partie indivisible. Pas de doute possible sur le second point, et le premier ne paraît pas plus contestable; en tant qu'une dette est susceptible de partage, elle doit se diviser conformément au droit commun (cf. MAYNZ, II, § 192, III initio). Il s'entend de soi que si l'obligation s'éteint quant à son élément divisible ou quant à son élément indivisible, elle devient purement

II. A raison de sa forme et nonobstant la divisibilité de son objet, l'obligation devient, à certains égards, indivisible lorsqu'elle est alternative ou générique proprement dite. En effet, dans ces obligations, le payement doit porter sur une chose entière comprise dans l'alternative ou le genre; il ne peut avoir pour objet des parties de plusieurs choses ; le payement de ces parties serait ouvertement en opposition avec la volonté des contractants. Si quelqu'un a promis alternativement 2000 fr. ou 100 hectolitres de froment, il doit payer l'argent ou le froment [42], et le débiteur d'un cheval en général est tenu de payer un cheval pour le tout [43]. De là la conséquence que le payement de la dette est indivisible; un payement partiel est impossible. S'il était possible, s'il entraînait une extinction partielle de la dette, le débiteur qui ne serait plus obligé que pour partie, pourrait compléter sa libération en payant une partie d'une autre chose; le créancier serait donc exposé à recevoir des parties de plusieurs choses, contrairement à la convention [44]. Les obligations alternatives ou génériques proprement dites sont donc indivisibles quant au payement. Mais les obligations de choses fongibles telles que les dettes d'argent, de blé, de vin, etc., sont pleinement divisibles; rien ne s'oppose ici à la division du payement; plusieurs payements partiels procureront au créancier la quantité de choses à laquelle il a droit [45].

et simplement indivisible ou divisible. Il est indifférent au reste que l'élément indivisible de la dette soit accessoire ou principal; même dans le dernier cas, la dette sera divisible pour son élément divisible, malgré son caractère accessoire ; le motif est identique. Donc l'obligation du mandataire de rendre compte et de payer le reliquat de compte est divisible sous le second rapport (Cf. D. 35, 1, *de condic.*, L. 82, et D. 40, 7, *de statulib.*, L. 6, § 7, ci-dessus § 51, II, D, 2°, et notes 29 et 35, et MAYNZ, II, § 192, note 21).

(42) D. 12, 6, *de condict. indeb.*, L. 26, § 14; D. 31, *de leg. II*, L. 15. — Cf. ci-dessus § 44, II initio.

(43) D. 45, 1, *de V. O.*, L. 85, § 4. — Cf. ci-dessus § 42, *ad not.* 13.

(44) L. 85, § 4, cit.

(45) D. 45, 1, *de V. O.*, L. 2, § 1 initio, L. 85, § 1. Quant à l'obligation générique proprement dite, son indivisibilité subsiste avec son motif, alors même qu'elle a pour objet plusieurs choses d'un genre, et que, dans le cas d'une pluralité de débiteurs ou de créanciers, les choses dues se divisent numériquement entre les divers débiteurs ou les divers créanciers (cf. D. 45, 1, *de V. O*, L. 54, pr.);

L'indivisibilité qui tient à la forme de l'obligation, est-elle essentielle? Fondée sur la volonté présumée des parties, comme nous venons de le constater, elle ne saurait être que naturelle. Il est donc permis aux contractants d'y déroger; ils peuvent convenir que le débiteur aura la faculté de payer des parties de plusieurs choses dues *in genere* ou alternativement.

§ 56. *Importance de l'indivisibilité des obligations.*

L'indivisibilité de l'obligation à raison de son objet est absolue, en ce sens qu'elle affecte l'obligation à tous égards; elle concerne à la fois la promesse [1], la poursuite et le payement de la dette. L'indivisibilité de l'obligation à raison de sa forme est une indivisibilité de payement; elle n'affecte que le payement; à tous les autres points de vue, et notamment quant à la promesse et à la poursuite, la dette demeure divisible [2]. Nous réunirons ces deux indivisibilités dans un seul exposé, en indiquant les règles spéciales à la seconde. — L'indivisibilité de l'obligation ne présente guère d'intérêt s'il n'y a qu'un seul débiteur et un seul créancier. Car le créancier n'est jamais tenu d'accepter un payement partiel, pas même dans le cas où la dette est parfaitement divisible [3]; il s'ensuit que, entre un débiteur unique

ici encore le payement partiel de l'une des choses est impossible, sinon le créancier pourrait recevoir des parts indivises dans plusieurs choses. Il faut en dire autant de l'obligation alternative. Cf. ci-après T. I, § 56 initio.

(1) Sans doute, dans beaucoup de cas (cf. ci-dessus § 55, I, A i. f.), il est au pouvoir des parties d'établir une division de la dette entre les divers débiteurs ou créanciers. Mais alors la dette devient purement et simplement divisible.

(2) Du Moulin (*Extricatio Labyrinthi dividui et individui*, Paris, 1562) distingue une indivisibilité absolue (*individuum contractu vel natura*), une indivisibilité d'obligation (*individuum obligatione*) et une indivisibilité de payement (*individuum solutione*), selon que l'obligation est indivisible par elle-même ou bien en vertu de la volonté des parties, ou bien seulement quant au payement. A la première notion l'auteur rattache l'obligation de constituer une servitude indivisible, à la seconde l'obligation de construire une maison. Mais les deux indivisibilités qu'il sépare ainsi, sont soumises aux mêmes principes, sauf que la prétendue indivisibilité d'obligation cesse par l'effet d'une convention contraire. Dès lors la seule distinction pratique est celle de l'indivisibilité absolue (c'est-à-dire complète) et de l'indivisibilité de payement.

(3) Arg. D. 22, 1, *de usur.*, L. 41, § 1. — Cf. ci-dessus § 6, II.

et un créancier unique, toute obligation a un certain caractère d'indivisibilité. Toutefois, lorsque l'obligation est divisible, il est au pouvoir du créancier d'accepter, s'il le veut, un payement partiel [4]; la
promesse et la poursuite partielles sont tout aussi possibles. Par
contre, lorsque l'obligation est absolument et essentiellement indivisible, comme l'obligation de constituer une servitude prédiale,
la division de la promesse [5], de la poursuite [6] ou du payement [6]
ne se conçoit point. Elle n'est possible que s'il s'agit d'une indivisibilité absolue mais naturelle, par exemple de l'obligation de
construire une maison. En ce qui concerne l'indivisibilité de payement, le créancier est certes maître d'accepter une partie d'une
chose; mais il n'y a pas dans l'espèce un payement partiel, ni une
libération partielle du débiteur; la dette subsiste pour le tout; le
débiteur continue de devoir deux choses alternativement [7] ou une
chose *in genere* [8], sauf au créancier à tenir compte de la prestation déjà effectuée [9]. Dans le cas d'une obligation alternative, le
créancier pourra donc encore réclamer les choses dues alternativement, déduction faite de ce qu'il a reçu; étant donnés une obligation
alternative portant sur 10 ou Stichus et un payement de 5, il de-
mandera 5 ou Stichus [10]. Si le débiteur paye encore 5, les deux
prestations de 5 se compléteront de manière à constituer un payement intégral [11]. Que si le débiteur paye en second lieu Stichus,
ce qui lui est permis à raison de son droit de varier jusqu'à un payement valable, sa prestation de 5 est sujette à répétition [12]. Le sort

---

(4) D. 46, 3, *de solut.*, L. 9, § 1 initio.

(5) D. 8, 1, *de servit.*, L. 17 initio. — (6) Cf. L. 17 cit.

(7) D. 12, 6, *de condict. indeb.*, L. 26, § 13 initio.

(8) D. 46, 3, *de solut.*, L. 9, § 1, v[is] Qui autem hominem debet, partem Stichi
« dando nihilo minus hominem debere non desinit : denique homo adhuc ab eo
« peti potest. »

(9) D. 12, 6, *de condict. indeb.*, L. 26, § 13 i. f.; D. 46, 3, *de solut.*, L. 9, § 1,
« v[is] Sed si debitor reliquam partem Stichi solverit vel per actorem steterit, quo
« minus accipiat, liberatur. »

(10) D. 12, 6, *de condict. indeb.*, L. 26, § 13, v[is] petique ab eo posse reliqua quinque aut Stichum.

(11) L. 26, § 13, cit., v[is] et, si præstiterit residua quinque, videri eum et priora
debita solvisse. — (12) L. 26, § 13, cit., v[is] si autem Stichum præstitisset..........

du premier payement est donc provisoirement tenu en suspens ; il vaut comme payement partiel ou bien est nul selon que le débiteur paye en second lieu la partie restante de la même chose ou bien l'autre chose due alternativement [13]. S'agit-il d'une obligation générique, le créancier qui a reçu une partie d'une chose, continuera de pouvoir réclamer un genre [14] et pour le surplus on suivra les mêmes règles qu'à l'occasion de l'obligation alternative [15]. Pour que le

(13) L. 26, § 13, cit., v^{is} ideoque eum, qui quinque solvit, in pendenti habendum, an liberaretur ; D. 45, 1, *de V. O.*, L. 2, § 1 i. f.

(14) D. 46, 3, *de solut.*, L. 9, § 1, v^{is} cit^{is} à la note 8 du présent paragraphe.

(15) D. 45, 1, *de V. O.*, L. 2, § 1, v^{is} quædam partis quidem dationem........ donec alius detur.

Le texte capital sur notre question est le D. 12, 6, *de condict. indeb.*, L. 26, § 13. Ulpianus *libro XXVI ad edictum.*

« Si decem aut Stichum stipulatus solvam quinque, quæritur, an possim condi-« cere : quæstio ex hoc descendit, an liberer in quinque : nam si liberor, cessat « condictio, si non liberor, erit condictio. Placuit autem, ut Celsus libro sexto et « Marcellus libro vicensimo digestorum scripsit, non peremi partem dimidiam « obligationis ideoque eum, qui quinque solvit, in pendenti habendum, an libera-« retur, petique ab eo posse reliqua quinque aut Stichum et, si præstiterit residua « quinque, videri eum et priora debita solvisse, si autem Stichum præstitisset, « quinque eum posse condicere quasi indebita. Sic posterior solutio comprobabit, « priora quinque utrum debita an indebita solverentur. Sed et si post soluta quin-« que et Stichus solvatur et malim ego habere quinque et Stichum reddere, an « sim audiendus, quærit Celsus. Et putat natam esse quinque condictionem, « quamvis utroque simul soluto mihi retinendi quod vellem arbitrium daretur. »

« Si ayant promis par stipulation 10 ou Stichus je paye 5, on demande si je puis « répéter. La question dépend de cette autre si je suis libéré pour 5 ; car si je suis « libéré, la répétition n'a pas lieu ; si je ne suis pas libéré, il y aura répétition. « Comme l'ont écrit Celsus au livre 6 et Marcellus au livre 20 de leur Digeste, « il a été admis que l'obligation ne s'éteint pas pour moitié et que par conséquent « la libération du débiteur qui a payé 5, doit être tenue en suspens. Le créancier « peut réclamer de lui les 5 restants ou bien Stichus. S'il paye les 5 qui restent, « il est considéré comme ayant payé dûment les premiers 5 ; mais s'il paye Stichus, « il peut répéter les 5 comme indus. Donc le payement subséquent montrera si les « premiers 5 ont été payés dûment ou indûment. Mais lorsque, après le payement « de 5, Stichus est aussi payé, et que moi (créancier) j'aime mieux garder les 5 et « restituer Stichus, Celsus demande si ma prétention est admissible, et il estime « que la *condictio* est née pour les 5, bien que, dans le cas où les deux choses ont « été payés simultanément, on me donne la faculté de garder l'une d'elles à mon « choix. »

payement d'une partie d'une chose implique un payement partiel et une extinction partielle de l'obligation alternative ou générique, il faut que le créancier ait renoncé d'une manière spéciale à l'avantage de l'indivisibilité de payement; l'obligation restante devient alors pleinement divisible, comme elle l'eût été tout entière dès le principe si les parties avaient fait à cet égard une convention spéciale [16]. Mais la renonciation prémentionnée ne se présume point; elle ne résulte nullement de la simple acceptation d'une partie d'une chose; le créancier est censé n'accepter cette partie qu'à la condition de recevoir la partie restante de la même chose. Rien ne s'oppose non plus à la division de la poursuite d'une obligation alternative ou générique qui ne renferme qu'un débiteur unique et un créancier unique. — L'indivisibilité de l'obligation acquiert une grande importance s'il y a plusieurs débiteurs ou plusieurs créanciers, soit dès l'origine, soit par l'effet de la succession héréditaire. A la vérité chacun d'eux n'est débiteur ou créancier que pour partie; car il n'y a pas solidarité [17]. Seulement ce principe est en conflit avec un obstacle matériel; à raison de son objet ou de sa forme, la dette ne peut pas se partager ou tout au moins le payement est indivisible. De là deux principes fondamentaux. D'un côté, partout où se rencontre l'obstacle de l'indivisibilité, chacun des débiteurs ou créanciers doit être traité comme débiteur ou créancier pour le tout [18]. D'un autre côté, toutes les fois que l'obstacle de l'indivisibilité n'apparaît point, le partage de la dette reprend son empire; chacun n'est débiteur ou créancier que pour partie [19]. C'est en appliquant

La question spécialement traitée par Ulpien est celle de la répétition des 5 payés d'abord. Cette répétition n'est admise qu'après le payement subséquent de Stichus; car ce n'est qu'alors qu'il apparaît que les 5 ont été payés indûment.

En ce qui concerne le payement simultané de 5 et de Stichus, dont s'occupe la fin du passage, cf. ci-dessus § 44, et note 9.

(16) Cf. ci-dessus § 55 i. f.

(17) Si des textes disent que les débiteurs sont tenus *in solidum* (D. 45, 1, *de V. O.*, L. 2, § 2, v^{is} singuli in solidum tenentur; D. 50, 17, *de R. J.*, L. 192, pr. « Ea, quæ in partes dividi non possunt, solida a singulis heredibus debentur »), ils ont en vue la poursuite solidaire.

(18) Arg. des deux lois citées à la note précédente.

(19) D. 45, 1, *de V. O.*, L. 72, pr. i. f., L. 85, § 5 i. f.

d'après les circonstances l'un ou l'autre de ces principes que se déterminent les règles de l'obligation indivisible due par plusieurs ou à plusieurs.

I. En ce qui concerne d'abord la poursuite, si l'obligation est absolument indivisible, chaque débiteur peut être poursuivi pour le tout [20] et chaque créancier peut poursuivre pour le tout [21]; la poursuite pour partie conduirait à un payement partiel impossible. Par voie de conséquence et à raison de la même impossibilité, la condamnation [22] et l'exécution de la dette [22] ont lieu pour le tout [23]. Mais le débiteur actionné pour le tout a le droit de mettre ses codébiteurs en cause [24]; le juge doit lui accorder un délai à cette fin. Le but de la mise en cause ne saurait être de faire diviser la condamnation entre les différents débiteurs; pareille division est impossible [25]. La mise en cause tend à faire condamner chaque débiteur pour le tout et à faire statuer d'avance sur le recours de celui des débiteurs qui exécuterait l'obligation entière. Le créancier pourra donc s'adresser pour le tout à chacun des débiteurs condamnés, en vue d'obtenir le payement de la dette [26]. L'avantage qui résulte de

(20) D. 8, 1, *de servit.*, L. 17 i. f.; D. 45, 1, *de V. O.*, L. 2, § 2 initio.

(21) D. 8, 1, *de servit.*, L. 17; D. 10, 2, *fam. ercisc.*, L. 25, § 9 i. f.

(22) D. 32, *de leg. III*, L. 11, § 23-24; Arg. D. 10, 2, *fam. ercisc.*, L. 25, § 10 i. f., et D. 45, 1, *de V. O.*, L. 2, § 2, vis sed quo casu.......... judicio.

(23) On aurait pu s'arrêter à un autre système : obliger le créancier commun à poursuivre tous les débiteurs *conjointement* ou forcer tous les créanciers à agir *ensemble*. Ce système est même le plus conforme à la nature de l'obligation indivisible; chacun n'étant débiteur ou créancier que pour partie, on respectait parfaitement ce principe au moyen d'une poursuite collective. Mais celle-ci présentait de graves inconvénients pratiques; l'insolvabilité ou l'absence de l'un des débiteurs, le mauvais vouloir de l'un des créanciers aurait rendu impossible la poursuite collective et paralysé le droit du créancier. Il fallait permettre au créancier d'actionner *séparément* chaque débiteur et autoriser chaque créancier à agir *seul*; cette solution prévalut chez les jurisconsultes romains, bien qu'on trouve dans leurs écrits des traces de l'autre manière de voir (D. 21, 2, *de evict.*, L. 62, § 1; D. 30, *de leg. I*, L. 84, § 13; D. 16, 3, *depos.*, L. 14, pr.).

(24) Arg. D. 32, *de leg. III*, L. 11, § 23, vis tempus tamen coheredi præstituerunt, intra quod mittat ad opus faciendum, et § 24.

(25) Quant à la condamnation collective des débiteurs, chacun pour une partie, elle présenterait les mêmes difficultés que la poursuite collective dont il a été question à la note 23 de ce paragraphe. — (26) KLEYER, cité, § 18, p. 75-76.

la mise en cause pour le défendeur originaire, est double. En fait, les différents débiteurs seront amenés à exécuter l'obligation en commun, et si cette éventualité se réalise, tout sera terminé entre parties; il n'y aura pas lieu à un recours. Que si le défendeur originaire doit exécuter seul l'obligation par suite de l'inaction des autres débiteurs, ceux-ci sont condamnés d'avance envers lui, et peuvent être exécutés comme tels par l'*actio judicati*; le défendeur originaire aura donc évité une action récursoire [27]. D'un autre côté, s'il existe plusieurs créanciers, celui d'entre eux qui poursuit pour le tout le débiteur commun, est tenu de lui fournir caution contre la poursuite ultérieure des autres créanciers [28]. — Si l'obligation est

(27) D. 32, *de leg. III*, L. 11, § 23 « Si in opere civitatis faciendo aliquid relic-
« tum sit, unumquemque heredem in solidum teneri divus Marcus et Lucius Verus
« Proculæ rescripserunt : tempus tamen coheredi præstituerunt, intra quod mittat
« ad opus faciendum, post quod solam Proculam voluerunt facere imputaturam
« coheredi sumptum pro parte ejus. »

§ 24 « Ergo et in statua et in servitute ceterisque, quæ divisionem non recipiunt,
« idem divus Marcus rescripsit. »

Procula et son cohéritier avaient été chargés par testament de la construction d'un ouvrage, donc d'une obligation indivisible. Procula fut poursuivie pour le tout. Elle sollicita un rescrit des empereurs Marc-Aurèle et Lucius Verus. Ceux-ci répondirent que la défenderesse était tenue pour le tout, mais qu'elle était autorisée à mettre son cohéritier en cause, et qu'elle ne devait exécuter seule l'ouvrage que si son cohéritier ne contribuait pas dans un certain délai à l'exécution. Le § 24 étend cette règle à toutes les obligations indivisibles. Il faut admettre que le cohéritier de Procula avait été condamné à un payement intégral, aussi bien que Procula (Arg. des mots « unumquemque heredem in soli-dum teneri » et des mots « tempus tamen coheredi præstituerunt, intra quod mittat ad opus faciendum »). Quoique le jurisconsulte garde le silence à cet égard, Procula aurait pu également faire condamner son cohéritier envers elle pour le cas où il n'aurait pas contribué à l'exécution de l'ouvrage.

La règle d'après laquelle chaque débiteur d'une obligation indivisible peut être poursuivi pour le tout, éprouve une modification lorsqu'il s'agit de l'obligation de défendre quelqu'un contre une éviction. L'acheteur menacé d'éviction doit appeler en garantie *tous* les vendeurs ou héritiers du vendeur, sous peine de perdre son recours partiel en dommages et intérêts contre celui auquel l'appel n'a pas été fait (D. 21, 2, *de evict.*, L. 62, § 1 initio). On remarquera que l'obligation de défendre contre l'éviction se poursuit par voie d'appel en garantie et non par voie d'action. L'acheteur qui ne somme pas l'un des vendeurs ou héritiers du vendeur, perd son recours contre lui à raison de sa faute.

(28) D. 16, 3, *depos.*, L. 1, § 36 i. f., L. 14, pr.

simplement indivisible quant au payement, chaque débiteur ne peut être poursuivi que pour partie [29] et chaque créancier n'a action que pour partie [30]; la condamnation se divise également [31]. Mais le payement fait par l'un des débiteurs ou à l'un des créanciers doit porter sur une chose entière; le créancier peut refuser un payement partiel, sinon on payerait valablement des parties de choses différentes, ce qui serait contraire au contrat [32]. Le créancier n'est tenu de recevoir de l'un des débiteurs la moitié d'une chose que pour autant que l'autre débiteur offre en même temps l'autre moitié de la même chose, et dans le cas d'une pluralité de créanciers, le débiteur commun ne présente valablement à l'un des créanciers la moitié d'une chose que s'il présente en outre l'autre moitié au second créancier; dans les deux hypothèses le payement offert est en réalité total. Mais *quid* si le créancier accepte de l'un des débiteurs une partie d'une chose ? Ce fait ne constitue pas un payement partiel; il ne libère pas le payant; les deux débiteurs demeurent obligés, sauf au créancier à tenir compte de la prestation déjà effectuée [33], comme lorsque celle-ci a été faite par un débiteur unique [34]. Le créancier n'est censé l'avoir acceptée que sous la condition que l'autre débiteur payerait la partie restante de la même chose; une renonciation à l'avantage de l'indivisibilité de payement ne saurait se présumer [35]. — Au reste, si l'un des débi-

(29) D. 45, 1, *de V. O.*, L. 85, § 4 initio et i. f.
(30) Arg. L. 85, § 4 initio et i. f., cit. — (31) Arg. L. 85, § 4, cit.
(32) D. 45, 1, *de V. O.*, L. 85, § 4.« Pro parte autem peti, solvi autem nisi totum « non potest, veluti cum stipulatus sum hominem incertum : nam petitio ejus « scinditur, solvi vero nisi solidus non potest. Alioquin in diversis hominibus « recte partes solventur : quod non potuit defunctus facere, nec quod stipulatus « sum consequar. Idem juris est, et si quis decem milia aut hominem promiserit.» Voyez encore le D. 12, 6, *de condict. indeb.*, L. 26, § 14.
(33) D. 46, 3, *de solut.*, L. 34, § 10 « Si decem aut hominem dari stipulatus « fuero et duos fidejussores accepero Titium et Mævium et Titius quinque sol- « verit, non liberabitur, priusquam Mævius quoque quinque solvat : quod si « Mævius partem hominis solverit, uterque obligatus remanebit. » Voyez encore le § 1 i. f. de la même loi.
(34) Cf. le commencement du présent paragraphe.
(35) Il en est de même s'il y a plusieurs créanciers et que l'un d'eux reçoive du

teurs ou créanciers vient à décéder en laissant plusieurs héritiers, l'indivisibilité absolue ou de payement se transmet aux héritiers du défunt, comme elle se transmet aux héritiers d'un débiteur ou d'un créancier unique. En effet son motif subsiste pour les héritiers; l'objet ou la forme de l'obligation s'oppose à sa division.

II. Si l'obligation est absolument indivisible, l'interruption de la prescription vis-à-vis d'un seul débiteur ou de la part d'un seul créancier nuit à tous les autres débiteurs ou profite à tous les autres créanciers. En effet, l'interruption a porté sur la dette entière et non pas sur une simple partie de la dette; cette partie ne se comprend pas à raison de l'indivisibilité de l'obligation; la prescription de la dette entière ayant été interrompue, l'interruption doit opérer à l'égard de tous les débiteurs et de tous les créanciers. Et il faut en décider ainsi alors même que la prescription n'aurait été interrompue que vis-à-vis d'un seul des héritiers de l'un des débiteurs ou bien de la part d'un seul des héritiers de l'un des créanciers; le motif est identique. — Mais lorsqu'il s'agit d'une simple indivisibilité de payement, l'interruption de la prescription est sans effet vis-à-vis des débiteurs ou des créanciers qui n'y sont pas intervenus; la dette étant à vrai dire divisible et le payement seul étant indivisible, l'interruption de la prescription n'a affecté qu'une portion de la dette, la portion due par le débiteur et au créancier entre lesquels la prescription a été interrompue. — Quant à la suspension de la prescription en faveur de l'un des créanciers d'une obligation indivisible quelconque, elle n'empêche point la prescription de courir contre les autres créanciers; la suspension est un avantage personnel.

III. Lorsque l'obligation indivisible se résout en dommages et

débiteur commun une partie d'une chose (D. 46, 3, *de solut.*, L. 34, § 1, v^{is} Si duo rei......... esse videatur; D. 12, 6, *de condict. indeb.*, L. 26, § 14 i. f.).

A notre avis, le débiteur qui est seul actionné, peut aussi mettre ses codébiteurs en cause, dans le but de les faire condamner conjointement avec lui et de faire statuer d'avance sur le recours, et le créancier qui poursuit seul le débiteur commun, lui doit caution contre la poursuite ultérieure des autres créanciers. A raison de la nécessité d'un payement intégral, il y a lieu d'appliquer ici par analogie les règles de l'indivisibilité absolue de l'obligation.

intérêts ou bien qu'une peine est encourue, comment sont dus les dommages et intérêts ou la peine par les différents débiteurs ou aux différents créanciers ?

A) Occupons-nous d'abord de l'indivisibilité absolue. Plusieurs hypothèses peuvent se présenter.

1° Au moment où il a été manqué à l'obligation indivisible, celle-ci ne comprenait encore qu'un seul débiteur et un seul créancier; plus tard ce débiteur ou ce créancier est venu à décéder en laissant plusieurs héritiers. — Ici pas de difficulté. Les dommages et intérêts, comme la peine, ne sont dus par chaque héritier du débiteur ou à chaque héritier du créancier qu'en proportion de sa part héréditaire. En effet, l'obligation de payer les dommages et intérêts ou la peine a pris naissance entre un seul débiteur et un seul créancier; par suite du décès du débiteur ou du créancier, elle est devenue une dette héréditaire, et cette dette porte sur une somme d'argent ou sur une autre chose corporelle. A ce titre elle est éminemment divisible et partant elle doit se diviser entre les héritiers du défunt, eu égard à leurs parts héréditaires respectives (36).

2° Au moment où il a été contrevenu à l'obligation indivisible, il y avait déjà plusieurs débiteurs. — En principe les dommages et intérêts, comme la peine, ne sont dus par chaque débiteur que pour sa part individuelle ou héréditaire ; car ils consistent en une somme d'argent ou bien en d'autres choses corporelles ; or les obligations qui ont un pareil objet, sont divisibles ; la dette s'est transformée avec son objet (37). Notamment l'obligation de défendre l'acheteur

---

(36) Arg. D. 45, 1, *de V. O.*, L. 72, pr. i. f.; cette loi est expliquée à la note suivante. Cependant il n'est pas impossible que l'obligation de payer la peine soit indivisible à raison de son objet ou de sa forme, et dans ce cas elle ne se partagerait pas entre les héritiers.

(37) sauf la réserve qui termine la note précédente.

D. 45, 1, *de V. O.*, L. 72, pr. i. f. Ulpianus *libro XX ad edictum.*

« Celsus tamen libro trigensimo octavo digestorum refert Tuberonem existi-
« timasse, ubi quid fieri stipulemur, si non fuerit factum, pecuniam dari oportere
« ideoque etiam in hoc genere dividi stipulationem : secundum quem Celsus ait
« posse dici justa æstimatione facti dandam esse petitionem. »

« Toutefois Celsus rapporte au livre trente-huitième de son Digeste que Tuberon
« avait été d'avis que si nous stipulons un fait, une somme d'argent doit être

contre l'éviction est indivisible, et néanmoins si, faute d'avoir été défendu comme il devait l'être, l'acheteur est évincé, son action en dommages et intérêts se divise entre les différents vendeurs ou héritiers du vendeur [38]. Mais la règle énoncée est soumise à deux exceptions. En premier lieu, lorsque l'obligation indivisible consiste à ne pas faire et que l'un des débiteurs y contrevient, par exemple en troublant le créancier dans l'exercice d'une servitude, les dommages et intérêts, comme la peine, ne se divisent qu'à l'égard de ses coobligés; le débiteur coupable les doit pour le tout. La raison en est que c'est par son seul fait que les dommages et intérêts ou la peine a été encourue ; il doit supporter pleinement la conséquence de sa faute [39]. En second lieu, lorsqu'il s'agit de l'obligation de

« donnée dans le cas où le fait n'est pas presté, et que partant, à ce point de vue « encore, la stipulation se divise. Celsus dit d'après Tubéron qu'une poursuite « doit être accordée pour la juste estimation du fait. »

Ainsi l'obligation de faire, lorsqu'elle n'est pas exécutée, se résout en une dette pécuniaire et devient divisible. Telle est l'opinion de Tubéron, de Celsus et d'Ulpien. Elle conduit à la conséquence nécessaire que s'il y a plusieurs débiteurs, chacun n'est tenu des dommages et intérêts que pour partie. Pour écarter cette loi si claire, DE SAVIGNY (cité, I, § 34, n° II, p. 359-365) est réduit à soutenir que la doctrine de Tubéron, loin d'être adoptée par Ulpien, n'est citée que comme une curiosité littéraire! D'autres interprètes (UBBELOHDE, cité, § 12, p. 76-82. — WINDSCHEID, II, § 299, note 7, c) appliquent le passage au cas où un débiteur unique aurait manqué à l'obligation de faire et serait décédé dans la suite en laissant plusieurs héritiers; il s'agirait seulement de la division non douteuse de l'obligation *héréditaire* de payer des dommages et intérêts. Mais la loi pose d'une manière générale le principe de la division des dommages et intérêts (etiam in hoc genere dividi stipulationem), et par conséquent ce principe doit recevoir son application lorsque plusieurs débiteurs figuraient déjà dans l'obligation au moment où les dommages et intérêts ont été encourus; il est arbitraire de le restreindre au cas où les dommages et intérêts ont commencé à être dus par un débiteur unique.

(38) D. 45, 1, *de V. O.*, L. 85, § 5, L. 139; C. 8, 44 (45, édition Kriegel), *de evict.*, L. 2.

(39) Quant aux dommages et intérêts, les textes sont muets; mais les principes généraux du droit sont décisifs. En ce qui concerne la peine, nous nous appuyons sur les mêmes principes généraux ; d'ailleurs il serait illogique d'admettre des règles différentes pour les dommages et intérêts et pour la peine. Le D. 45, 1, *de V. O.*, L. 4, § 1, semble contraire (ab omnibus heredibus pœnam committi pro portione hereditaria... si id factum, de quo cautum est, individuum sit). Nous croyons que ces mots doivent être restreints aux héritiers non coupables. En effet, Paul se

constituer une servitude indivisible, les dommages et intérêts résultant de l'inexécution de cette obligation peuvent être poursuivis pour le tout contre chaque débiteur (40). Le droit romain s'en tenait ici à la rigueur du principe de l'indivisibilité de l'obligation; après comme avant l'inexécution, chacun devait la totalité de la servitude; la condamnation pécuniaire n'était que subrogée à la servitude; les dommages et intérêts étaient dus pour le tout par chaque débiteur en vertu d'une véritable solidarité légale(41). On se relâchait de cette rigueur à l'occasion des obligations de faire ou de ne pas faire, parce qu'elles ont moins pour objet le fait positif ou négatif de l'homme qu'une somme d'argent; ce n'est qu'à ce dernier point de vue qu'elles sont susceptibles d'exécution forcée (42).

Les règles que nous venons d'établir au sujet des dommages et intérêts et de la peine dus du chef de l'inexécution d'une obligation indivisible, ne laissent pas d'être controversées. En ce qui concerne les dommages et intérêts, on est d'accord s'il s'agit de l'obligation de constituer une servitude indivisible. Mais pour les obligations de faire ou de ne pas faire, les uns admettent la division des dommages et intérêts entre tous les débiteurs indistinctement(43), les autres

demande avant tout si le fait de l'un des héritiers oblige les autres au payement de leur part dans la peine, ou bien si le coupable est seul tenu (aut *ab omnibus* heredibus pœnam committi pro portione hereditaria, aut *ab uno* pro portione sua) et il se prononce dans le premier sens si l'obligation principale est indivisible; il ne s'occupe pas d'une manière spéciale de l'héritier coupable.

(40) D. 10, 2, *fam. ercisc.*, L. 25, § 10.

« Contra si promissor viæ decesserit pluribus heredibus institutis, nec dividitur « obligatio nec dubium est quin duret, quoniam viam promittere et is potest, qui « fundum non habet. Igitur quia singuli in solidum tenentur, officio judicis cau- « tiones interponi debere, ut, si quis ex his conventus litis æstimationem præsti- « terit, id pro parte a ceteris consequatur ».

Il résulte de la disposition finale de ce texte que si l'un des héritiers du débiteur d'une *via* paye l'*æstimatio litis*, il jouit d'un recours partiel contre ses cohéritiers; donc il avait payé la totalité de l'*æstimatio litis* et non pas simplement sa part.

Cf. le D. 45, 1, *de V. O.*, L. 2, § 2, vⁱˢ Et ideo si......... judicio. Ce passage est moins concluant; il se peut qu'il ait en vue la constitution de la servitude elle-même, plutôt que la prestation de dommages et intérêts.

(41) Cf. ci-dessus § 51, II, D, 7°.

(42) Cf. D. 45, 1, *de V. O.*, L. 68 i. f., et ci-dessus § 40, 1°.

(43) Ribbentrop, *Correal-Obligationen*, § 21-24. — Sintenis, II, § 84, et *Anm.* 27.

enseignent que chaque débiteur est tenu pour le tout [44]. Nous avons préféré une opinion intermédiaire d'après laquelle les dommages et intérêts se divisent, sauf que, dans le cas d'une obligation de ne pas faire, le débiteur coupable doit les payer pour le tout [45]. Quant à la peine, communément on la divise entre les débiteurs [46]. Nous pensons que cette règle n'est vraie qu'avec cette restriction que s'il s'agit d'une obligation de ne pas faire, le débiteur coupable est obligé au payement intégral de la peine [47].

3° Lorsqu'il a été manqué à l'obligation indivisible, celle-ci comprenait déjà plusieurs créanciers; le débiteur commun y a contrevenu vis-à-vis de l'un des créanciers, par exemple il a troublé dans l'exercice d'une servitude prédiale l'un des copropriétaires du fonds dominant. — Les dommages et intérêts, comme la peine, ne sont dus qu'au créancier lésé et seulement pour sa part individuelle ou héréditaire; dans le cas spécial que nous venons d'indiquer, le créancier troublé dans l'exercice de la servitude obtiendra la réparation du dommage qu'il a subi comme copropriétaire du fonds dominant ou bien sa quote-part de la peine [48]. En effet, l'obligation de payer la peine ou les dommages et intérêts est divisible, et le créancier lésé n'avait qu'un intérêt partiel dans la dette originaire; il ne peut agir au delà de son intérêt. Les autres créanciers n'ont droit à aucune portion des dommages et intérêts ou de la peine, faute d'un intérêt quelconque [49].

—Vangerow, III, § 567, *Anm.* 2, n° I. — Maynz, II, § 192 i. f., et note 54. — Namur, I, § 220, 1, 1°. — Cf. Molitor, cité, I, n°ˢ 246, 247 et 255 initio.

(44) de Savigny, cité, I, § 34. — Daniélopoulo, cité, p. 100-114 et p. 161-173. — Arndts, § 216, 2°, et *Anm.* 2, du moins à partir de la 7ᵐᵉ édition. — Windscheid, II, § 299, et note 7.

Cf. Ubbelohde, cité, § 12, p. 76-95, § 14, p. 105, note 1ᵃ, et § 33, p. 251-256, et Brinz, II, § 232, II, 3°, et § 233, I, 1°, c. Ubbelohde défend la thèse injustifiable que les dommages et intérêts se diviseraient entre les débiteurs s'il s'agit d'obligations de ne pas faire, tandis que, à l'occasion des obligations de faire, chacun serait tenu pour le tout.

(45) Cf. ci-dessus *ad not.* 39 du présent paragraphe.

(46) Vangerow, III, § 567, *Anm.* 2, n° I, 3°. — Maynz, II, § 258 i. f. — Cf. Molitor, cité, I, n°ˢ 165-167. — (47) Cf. ci-dessus *ad not.* 39 du présent paragraphe.

(48) D. 45, 1, *de V. O.*, L. 2, § 6, L. 3, pr.

(49) Cf. D. *eod.*, L. 3, § 1. A la rigueur la peine est aussi encourue au profit des

B) En ce qui concerne l'indivisibilité de payement, la règle générale est que les dommages et intérêts et la peine ne sont dus que pour partie par le débiteur coupable ou bien au créancier lésé, comme dans une obligation complètement divisible (50). C'est que les obligations alternatives ou génériques considérées en elles-mêmes sont divisibles; il n'y a que le payement qui doive porter sur une chose entière. Or cette circonstance ne saurait modifier l'obligation de payer les dommages et intérêts ou la peine, lorsqu'il y a plusieurs débiteurs ou plusieurs créanciers.

IV. Quel est l'effet de l'extinction de l'obligation indivisible entre l'un des débiteurs et le créancier commun ou bien entre l'un des créanciers et le débiteur commun ? Il faut distinguer :

1° Lorsque, par suite de l'extinction de l'obligation entre l'un des débiteurs et le créancier commun, celui-ci a été pleinement satisfait, tous les débiteurs sont libérés; le créancier qui poursuivrait encore un second débiteur, serait repoussé par une exception de dol. Tel est le cas où le créancier commun a été payé par l'un des débiteurs (51) ou bien a conclu avec lui une novation qui substitue à l'obligation indivisible une obligation nouvelle d'une étendue au moins égale (52). De même l'extinction de la dette entre l'un des créanciers et le débiteur commun libère celui-ci à l'égard des autres créanciers lorsqu'elle leur a profité; le débiteur dispose ici encore d'une exception de dol. Notamment lorsqu'il a payé de bonne foi l'un des créanciers, — et sa bonne foi sera évidente s'il a payé sur l'ordre du magistrat — il n'est plus tenu de répondre à l'action des

autres créanciers pour leur part et portion; car la condition sous laquelle ils ont stipulé la peine, s'est réalisée. Mais le débiteur peut les repousser par une exception de dol (D. *eod.*, L. 2, § 6, L. 3, § 1, vᶦᵃ nisi pœna........ cujus intersit).

Si le débiteur manque à son obligation vis-à-vis de tous les créanciers, chacun de ceux-ci a action pour partie (Cf. D. 10, 2, *fam. ercisc.*, L. 25, § 9).

(50) Cf. ci-dessus § 27, II, et sauf l'exception indiquée à cet endroit.

(51) Arg. D. 46, 3, *de solut.*, L. 81, § 1.

(52) MOLITOR, cité, I, n° 249, déclare cette novation impossible dans le cas d'une indivisibilité absolue, parce que la remise ne peut se faire que pour le tout, à tous les débiteurs. Mais la novation que nous avons admise, porte précisément sur la totalité de l'obligation indivisible.

autres; le payement leur profite, puisqu'ils jouissent d'un recours contre le créancier payé (53).

2° Mais toutes les fois que le créancier commun n'a pas été satisfait ou bien que les autres créanciers n'ont pas profité de l'extinction, celle-ci n'opère que d'une manière personnelle; elle est sans effet à l'égard des autres débiteurs ou créanciers; les autres débiteurs demeurent tenus et les autres créanciers conservent leur action. La raison en est que chacun étant seulement débiteur ou créancier pour partie, se trouvait placé dans une obligation propre et distincte; dès lors l'extinction de l'une de ces obligations ne peut entraîner l'extinction des autres. Dans le cas d'une indivisibilité absolue, non seulement l'obligation, active ou passive, des autres créanciers ou débiteurs subsiste, mais elle subsiste pour le tout; elle n'est pas éteinte pour la part du débiteur ou du créancier qui est sorti de l'obligation; son indivisibilité complète s'y oppose. L'obligation de construire une maison, par exemple, n'a pu s'éteindre pour partie à l'égard des débiteurs ou des créanciers qui ont conservé cette qualité; par cela seul qu'une action subsistait dans l'espèce, elle devait subsister pour le tout. Il n'en est pas moins vrai que le créancier commun ou celui des créanciers qui obtient l'exécution intégrale de l'obligation, reçoit plus qu'il ne reste réellement dû; il reçoit indûment la part du débiteur libéré ou du créancier qui est sorti de l'obligation; donc il est tenu de restituer en argent la valeur de cette part. Supposons que A et B se soient engagés à bâtir une maison; le créancier remet la dette à A. B demeurera tenu de construire la maison entière; mais s'il dépense 10,000 de ce chef, le créancier devra lui restituer 5,000 (54). Ces règles s'appliquent entre autres à une remise de dette consentie à l'un des débiteurs ou par l'un des créanciers (55), alors

(53) D. 46, 3, *de solut.*, L. 81, § 1.

(54) B pourrait aussi exercer contre A un recours pour 5,000; après quoi, A n'ayant pas profité de la remise de la dette, serait en droit de se faire indemniser par le créancier. Mais il est plus commode pour B de se faire payer 5,000 par le créancier qui le poursuit.

(55) MOLITOR, cité, I, n° 249, et MAYNZ, II, § 192, Observation 3, n° 4, refusent toute efficacité à cette remise de dette, en se fondant sur ce que l'obligation absolument indivisible ne peut s'éteindre pour partie (Arg. D. 46, 4, *de acceptil.*,

même qu'elle aurait eu lieu par acceptilation, puis au jugement d'absolution rendu en faveur de l'un des débiteurs ou contre l'un des créanciers (56), à la prestation du serment décisoire de la part de l'un des débiteurs ou vis-à-vis de l'un des créanciers, etc. — Dans le cas d'une simple indivisibilité de payement, l'extinction de l'obligation entre l'un des débiteurs et le créancier commun ou bien entre l'un des créanciers et le débiteur commun produit de l'effet à l'égard des autres débiteurs ou créanciers. L'obligation générique ou alternative s'éteint, vis-à-vis d'eux également, pour la part du débiteur ou du créancier qui est sorti de l'obligation ; rien ne s'oppose à cette extinction partielle, puisque la dette elle-même est divisible ; dès lors l'extinction de l'obligation pour l'un des débiteurs ou créanciers devait produire toutes ses conséquences à l'égard des autres. Supposons que A, B et C doivent un cheval en général ; le créancier remet la dette à A. B et C ne devront plus que les deux tiers d'un cheval en général (57). Mais l'obligation ainsi réduite demeure indi-

L. 13, § 1). Nous reconnaissons l'impossibilité de cette extinction partielle, conformément au texte précité. Mais la remise accordée à l'un des débiteurs porte sur toute sa dette, et la remise accordée par l'un des créanciers a pour objet sa créance entière ; pourquoi donc la convention libératoire serait-elle inopérante entre parties ? et comment en outre ne donnerait-elle pas lieu à la restitution pécuniaire dont il a été question ci-dessus ?

(56) D'après MOLITOR, cité, I, n° 249 initio, l'absolution du débiteur unique vis-à-vis de l'un des créanciers pourrait être opposée aux autres créanciers (Arg. D. 8, 5, *si serv. vindic.*, L. 19). Cf. MAYNZ, I, § 69, et note 46, cbn. avec le T. II, § 192. Mais il résulte seulement du texte invoqué que le jugement qui dénie une servitude prédiale à l'un des copropriétaires du fonds dominant, a effet à l'égard des autres ; c'est qu'il dénie nécessairement la servitude pour le tout, et il y aurait contrariété entre ce jugement et une sentence nouvelle qui reconnaîtrait la même servitude à un autre copropriétaire. Par contre, chaque créancier d'une obligation indivisible n'est créancier que pour partie, et le débiteur commun peut être sans contradiction absous vis-à-vis de l'un des créanciers et condamné envers l'autre, de la même manière qu'à l'occasion d'une obligation divisible. Cf. VANGEROW, I, § 173, *Anm.*, n° V.

(57) D. 45, 1, *de V. O.*, L. 2, § 3 « Si tamen hominem stipulatus cum uno ex « heredibus promissoris egero, pars dumtaxat ceterorum obligationi supererit, ut « et solvi potest. Idemque est, si uni ex heredibus accepto latum sit. »

§ 4 « Idemque est in ipso promissore et fidejussoribus ejus, quod diximus in « heredibus. »

visible quant au payement, comme toute autre obligation générique
ou alternative, et partant elle continue d'être soumise aux règles
de l'indivisibilité de payement (58). Il en sera ainsi d'une remise de
dette consentie à l'un des débiteurs ou par l'un des créanciers (59),
d'un jugement d'absolution rendu en faveur de l'un des débiteurs ou
contre l'un des créanciers (60), d'une prestation du serment décisoire, etc.

§ 57. *Du recours auquel donne lieu l'obligation indivisible.*

1° Le débiteur qui a payé pour le tout la dette indivisible, a toujours un recours contre ses codébiteurs. En effet, chacun n'étant
débiteur que pour partie, celui qui exécute l'obligation entière, paye
à la fois sa dette et celle de ses coobligés; à ce second point de vue
le payant gère l'affaire de ses codébiteurs, et comme tel il dispose
contre eux de l'action contraire de gestion d'affaires (1). Mais le plus
souvent les codébiteurs seront des cohéritiers, et celui d'entre eux
qui aura payé intégralement le créancier, exercera son recours contre
les autres par l'action *familiæ erciscundæ* (2). Il pourra aussi y avoir
lieu à l'action *communi dividundo* (3), à l'action *pro socio* (4) ou à
l'action contraire de mandat. Le recours sera ouvert contre chaque
codébiteur pour une part individuelle ou pour la part héréditaire,
selon que la pluralité des débiteurs existait dès le principe ou seulement par suite de la succession héréditaire (5).

Cf. D. 46, 4, *de acceptil.*, L. 17 « Qui hominem aut decem stipulatus est, si
« quinque accepto fecerit, partem stipulationis peremit et petere quinque aut
« partem hominis potest. »
(58) Arg. L. 17 cit.
(59) D. 45, 1, *de V. O.*, L. 2, § 3 i. f. cbn. avec l'initium; cf. D. 46, 4, *de acceptil.*, L. 17. — (60) D. 45, 1, *de V. O.*, L. 2, § 3 initio.
(1) D. 3, 5, *de neg. gest.*, L. 30 (31, édition Kriegel), § 7.
(2) D. 45, 1, *de V. O.*, L. 2, § 2, v^{is} sed quo casu.......... judicio. Cela suppose que
l'hérédité n'est pas encore partagée. Mais si le partage précède l'exécution de
l'obligation indivisible, chacun des héritiers peut, à l'*actio familiæ erciscundæ*,
exiger une caution des autres pour le cas où il payerait seul la dette entière
(Arg. D. 10, 2, *fam. ercisc.*, L. 25, § 9, 10 et 13, v^{is} Idem juris est......... partem
præstiturum). — (3) D. 39, 3, *de aqua et aq. pluv. arc.*, L. 11, § 1.
(4) Arg. D. 14, 3, *de instit. act.*, L. 14 initio.
(5) sauf s'il existe entre parties des rapports obligatoires spéciaux. En ce qui

2° De même celui des créanciers qui reçoit le payement intégral de la dette indivisible, est d'une manière générale soumis à un recours de la part de ses cocréanciers, pour une portion virile ou héréditaire. Le motif en est qu'il n'était en réalité créancier que pour partie ; donc il a reçu sa créance et celle de ses cointéressés ; sous ce dernier rapport, il s'est enrichi aux dépens et à l'aide de la créance des autres, ce qui justifie une *condictio sine causa* de la part des cocréanciers (6).

§ 58. *Différences entre la solidarité et l'indivisibilité des obligations.*

La différence fondamentale est celle-ci. La solidarité tient à la nature de la dette, c'est-à-dire que chacun des débiteurs ou créanciers solidaires est vraiment débiteur ou créancier pour le tout. L'indivisibilité tient seulement à l'objet ou à la forme de l'obligation ; si plusieurs débiteurs ou créanciers interviennent dans une obligation indivisible, chacun n'est en réalité débiteur ou créancier que pour partie. Mais la division de la dette est impossible à raison d'un obstacle matériel résultant de l'objet ou de la forme du rapport obligatoire ; partout où se rencontre cet obstacle, chacun des débiteurs ou créanciers doit être traité comme débiteur ou créancier pour le tout (1). De là les différences suivantes :

1° L'obligation solidaire se divise entre les héritiers des parties(2).

concerne le recours du chef du payement des dommages et intérêts ou de la peine, il doit être admis entre les codébiteurs pour autant qu'il s'agit de faire supporter à chacun d'eux sa part individuelle ou héréditaire dans la dette (D. 10, 2, *fam. ercisc.*, L. 25, § 10). Dans le cas d'une obligation de ne pas faire, si l'un des débiteurs vient à y manquer, lui seul supportera les dommages et intérêts ou la peine ; après les avoir payés intégralement au créancier, il sera sans recours contre ses coobligés (D. *eod.*, L. 44, § 5 initio), et ceux-ci qui auraient dû payer leur part et portion, jouiront d'un recours contre lui (L. 44, § 5 i. f., cit. ; D. 45, 1, *de V. O.*, L. 2, § 5). Cf. ci-dessus § 56, III, A, 2°, et DE SAVIGNY, cité, I, § 34, p. 366.

(6) Cf. ci-après T. III, § 198. Une action *in factum* serait aussi fondée.

(1) Cf. ci-dessus § 56 initio. Dans l'exposé qui va suivre, nous nous attacherons à l'indivisibilité absolue de l'obligation ; pour les particularités de l'indivisibilité de payement nous nous référons au § 56. — (2) Cf. ci-dessus § 52, I initio.

L'obligation indivisible conserve ce caractère à l'égard des héritiers [3]; l'indivisibilité a ici plus de force que la solidarité.

2° Si la solidarité est conventionnelle et que la dette ait été contractée dans l'intérêt commun, le débiteur poursuivi pour le tout peut mettre en cause ses codébiteurs solvables et présents, à l'effet de faire diviser la condamnation [4]. Si l'obligation est indivisible, le débiteur actionné pour le tout peut d'une manière absolue mettre en cause ses codébiteurs, dans le double but de les faire condamner chacun pour le tout et de faire statuer d'avance sur le recours de celui des débiteurs qui exécuterait l'obligation entière [5].

3° Les débiteurs solidaires sont tenus pour le tout des dommages et intérêts et de la peine, sauf que les débiteurs non coupables ne doivent les dommages et intérêts que jusqu'à concurrence de l'estimation de la dette [6]. Dans le cas d'une obligation indivisible, chacun des débiteurs est tenu pour partie des dommages et intérêts comme de la peine, sauf que, dans le cas d'une obligation de ne pas faire, le débiteur coupable doit les payer pour le tout [7].

4° L'extinction de l'obligation solidaire entre l'un des débiteurs et l'un des créanciers a effet à l'égard de tous, à moins que le mode d'extinction ne soit personnel à l'un des débiteurs ou à l'un des créanciers [8]. Dans le cas d'une obligation indivisible, l'extinction profite seulement aux codébiteurs si le créancier commun a été satisfait, et elle nuit seulement aux cocréanciers si elle a tourné à leur profit. En dehors de ces espèces, l'obligation indivisible subsiste pour le tout vis-à-vis des autres débiteurs ou créanciers [9].

5° Le débiteur solidaire qui a payé intégralement le créancier commun, ne dispose d'un recours contre ses codébiteurs que si la dette leur a profité, et le créancier solidaire qui a reçu le payement intégral du débiteur commun, n'est soumis à un recours de la part de ses cocréanciers que si le payement devait leur profiter [10]. Entre

<hr>

(3) Cf. ci-dessus § 56, I i. f. — (4) Cf. ci-dessus § 52, I, A.

(5) Cf. ci-dessus § 56, I initio. — (6) Cf. ci-dessus § 52, III.

(7) et les dommages et intérêts résultant de l'inexécution de l'obligation de constituer une servitude indivisible sont dus solidairement par chaque débiteur. — Cf. ci-dessus § 56, III, A, 2°. — (8) Cf. ci-dessus § 52, IV.

(9) Cf. ci-dessus § 56, IV. — (10) Cf. ci-dessus § 53.

débiteurs comme entre créanciers d'une obligation indivisible, le recours existe d'une manière absolue (11).

SECTION VIII. — DES DETTES D'ARGENT; § 59.

I. Le débiteur d'une somme d'argent doit payer en espèces ayant cours à l'époque du payement; des espèces n'ayant pas cours à ce moment ne sauraient être considérées comme de l'argent (1). D'après l'intention présumée des parties, les pièces de monnaie présentées par le débiteur doivent aussi avoir cours au lieu du payement (2). Pour le surplus, le débiteur est libre de payer en espèces quelconques. Les parties peuvent déroger à ces règles et notamment convenir que le payement se fera en une sorte déterminée de monnaie (3). Mais, même dans ce dernier cas, le débiteur a la faculté de payer en toute sorte de pièces de monnaie, lorsque le créancier n'a pas d'intérêt à recevoir la monnaie convenue (4), lorsque celle-ci n'existe plus ou bien est devenue tellement rare qu'il n'est possible de se la procurer qu'à un prix excessif (5). A l'aide des espèces indiquées, le débiteur doit payer la somme numérique qui fait l'objet de son obligation, 1000, 10000, 100000 sesterces; de là dérive l'ex-

(11) Cf. ci-dessus § 57.

(1) D. 13, 7, *de pignor. act.*, L. 24, § 1 « Qui reprobos nummos solvit creditori, « an habet pigneraticiam actionem quasi soluta pecunia, quæritur : et constat « neque pigneraticia eum agere neque liberari posse, quia reproba pecunia non « liberat solventem, reprobis videlicet nummis reddendis. » Voyez encore le D. 46, 3, *de solut.*, L. 102, pr.

Quid si des pièces sont sensiblement détériorées? Elles doivent être réputées hors cours (Arg. D. 13, 7, *de pignor. act.*, L. 24, § 1, et C. 11, 11 (10, édition Kriegel), *de vet. numism. potest.*, L. 1).

(2) Arg. D. 46, 3, *de solut.*, L. 102, pr.

(3) D. 46, 3, *de solut.*, L. 99 « Respondit debitorem non esse cogendum in aliam « formam nummos accipere, si ex ea re damnum aliquid passurus sit. » Le sens de ce texte est que le débiteur éventuel, celui qui doit recevoir un prêt par exemple, peut refuser de recevoir des pièces de monnaie autres que celles qui ont été convenues. A côté de la leçon florentine « debitorem non esse » adoptée par Mommsen, existe la leçon vulgate « creditorem non esse, » qu'ont suivie Haloander et les frères Kriegel; elle conduit au même résultat.

(4) Arg. D. 46, 3, *de solut.*, L. 99, v^{is} si ex ea re damnum aliquid passurus sit.

(5) Arg. D. 30, *de leg. I*, L. 71, § 3.

pression de *pecunia numerata* [6]. En d'autres termes la valeur nominale de la monnaie est décisive; sa valeur intrinsèque ou métallique n'est pas prise en considération [7]. Ce système conduit aux conséquences suivantes :

1° Si la valeur métallique de la monnaie vient à changer, soit que sa valeur marchande diminue ou augmente, soit que l'État frappe des pièces de monnaie d'un titre différent, ces circonstances n'exercent aucune influence sur le payement, aussi longtemps que la valeur nominale de la monnaie ne varie point. Le créancier recevra le même nombre de pièces de monnaie, et comme leur valeur intrinsèque a changé, il obtiendra une valeur supérieure ou inférieure à celle qu'il eût obtenue sans le changement.

2° Si la valeur nominale de la monnaie subit un changement, l'État ayant élevé ou abaissé la valeur de la monnaie existante, ce changement influe sur le payement. Le débiteur profitera de l'augmentation, puisqu'il devra payer un nombre moins considérable de pièces pour parfaire la somme numérique qui fait l'objet de son obligation, et il souffrira de la diminution, car il devra payer de ce chef plus de pièces de monnaie.

Toutefois, la valeur intrinsèque de la monnaie doit être prise en considération, lorsque le système monétaire a été modifié dans l'intervalle entre le contrat et le payement. C'est ainsi que l'*aureus* ou *solidus* des Romains subit des réductions successives; jusqu'à Néron il constituait la quarantième partie de la livre d'or; à partir de Constantin cette livre fournit 72 solides [8]. S'il survient un changement dans le système monétaire, il est évident que pour maintenir la valeur économique de l'obligation, il faut convertir la somme due d'après l'ancien système en une somme nouvelle, eu

(6) Cf. D. 13, 3, *de condict. tritic.*, L. 1, pr. Il en était autrement de la monnaie primitive des Romains (GAIUS, I, 122, v^{is} olim æreis tantum nummis utebantur...; « eorumque nummorum vis et potestas *non in numero erat sed in pondere...* Qui « dabat olim pecuniam, non numerabat eam, sed appendebat. »

(7) D. 18, 1, *de contr. empt.*, L. 1, pr., v^{is} electa materia est, cujus publica ac « perpetua æstimatio difficultatibus permutationum æqualitate quantitatis sub- « veniret. Eaque materia forma publica percussa *usum dominiumque non tam ex* « *substantia præbet quam ex quantitate.* »

(8) C. 10, 72 (70, édition Kriegel), *de susceptor.*, L. 5.

égard au changement intervenu, et le débiteur doit payer cette dernière somme à l'aide des espèces nouvelles [9].

II. Si une dette a pour objet un nombre déterminé de pièces de monnaie d'une certaine catégorie, par exemple 100 pièces d'un solide, il se peut que les parties n'aient eu en vue qu'une dette d'argent avec indication de l'espèce de monnaie qui doit être payée, et dans ce cas on se conformera aux règles indiquées ci-dessus [10]. Mais, en thèse générale, il y aura une dette ordinaire de choses fongibles; le débiteur devra payer l'espèce et le nombre convenus de pièces de monnaie. L'espèce convenue sera celle qui existait le jour du contrat, alors même que depuis lors elle aurait cessé d'avoir cours, et le débiteur devra le nombre promis de ces pièces, quelle que soit leur valeur nominale au jour du payement. Si les pièces convenues n'existent plus ou qu'à raison de leur rareté leur prix soit devenu excessif, la dette se convertit en une dette d'argent proprement dite [11], dont le montant sera déterminé par la valeur nominale des pièces lors du payement, si elles ont encore cours, et dans le cas contraire par leur valeur intrinsèque [12].

III. Parfois une dette a pour objet des pièces de monnaie déterminées, notamment dans le dépôt et le commodat [13]. C'est là une dette ordinaire d'un corps certain, soumise à toutes les règles qui régissent cette sorte d'obligation [14]. Le débiteur ne doit que les pièces déterminées qui font l'objet de son obligation; il répond de sa faute et est libéré par la perte accidentelle des choses dues.

SECTION IX. — DE L'OBLIGATION DE RÉPARER UN DOMMAGE; § 60.

COHNFELDT, *Die Lehre vom Interesse nach römischem Recht*, Leipzig, 1865.

I. L'obligation de réparer un dommage peut, comme toute autre obligation, résulter d'une convention, d'un quasi-contrat, d'un délit d'un quasi-délit ou de la loi.

---

(9) Cf. PUCHTA, *Pand.*, § 38, DE SAVIGNY, cité, I, § 40-42, 44 et 45, KELLER, § 247, VANGEROW, III, § 570, *Anm.*, nos I et II, ARNDTS, § 205, et WINDSCHEID, II, § 256, nos 1 à 4. — (10) *Ad not.* 3 à 5 du présent paragraphe.

(11) Arg. D. 30, *de leg. I*, L. 71, § 3.

(12) Cf. DE SAVIGNY, cité, I, § 43, p. 465-468, et VANGEROW, III, § 570, *Anm.*, no III. — (13) D. 13, 6, *commod.*, L. 4. — (14) D. 30, *de leg. I*, L. 34, § 4.

1° Lorsqu'un débiteur contractuel manque à son obligation, c'est en vertu de la convention qu'il doit des dommages et intérêts à son créancier [1]. Si le bâtiment ruineux du voisin s'écroule sur notre immeuble après que le voisin nous a fourni la *cautio damni infecti*, c'est encore sur le fondement d'une convention que nous avons droit à la réparation du dommage causé par la chute de la construction ruineuse [2]. De même, le mandat, le dépôt, le commodat et le contrat de gage obligent, d'une manière plus ou moins générale, le mandant, le déposant, le commodant et celui qui constitue le gage, à réparer les pertes que le contrat cause à la partie adverse [3].

2° D'autre part, c'est à raison d'un quasi-contrat que le gérant d'affaires, le tuteur et le curateur ainsi que les communistes accidentels peuvent se faire indemniser du préjudice que leur cause l'administration des affaires d'autrui [4]. L'obligation de restituer l'indu est une autre obligation quasi-contractuelle de réparer un dommage [5]. Il en est de même de la responsabilité des hôteliers et bateliers quant aux effets des voyageurs ou passagers reçus dans leur hôtel ou bateau [6], et c'est encore sur un quasi-contrat que se base l'obligation de contribuer aux pertes maritimes faites dans le but de sauver un navire, conformément à la loi *Rhodia de jactu* [7].

3° L'obligation de réparer le dommage naît fort souvent d'un délit, public ou privé; le délit prévu par la loi *Aquilia*, le vol, la rapine et l'injure produisent une pareille obligation [8].

4° Les quasi-délits obligent également à la réparation du dommage qu'ils ont pu causer; il suffira de citer ici les actions noxales et l'action *de pauperie* [9].

5° Enfin, dans des cas nombreux, celui qui s'enrichit injustement

(1) Cf. ci-dessus § 16.

(2) D. 39, 2, *de damno inf.*, L. 7, pr. et § 1. — Cf. ci-après T. III, § 221.

(3) D. 17, 1, *mand.*, L. 12, § 9. — Cf. ci-après T. II, § 121, II, 2°, T. III, § 136, II, § 142, II, et § 151, II.

Une autre application, qui de nos jours a acquis un développement considérable, est le contrat d'assurance contre l'incendie ou la perte d'un navire. Elle n'était guère connue des Romains que sous la forme du prêt à la grosse (T. III, § 184).

(4) Cf. ci-après T. III, § 192 initio. — (5) Cf. ci-après T. III, § 198-199.

(6) Cf. ci-après T. III, § 197. — (7) Cf. ci-après T. III, § 194-196.

(8) Cf. ci-après T. III, § 202-212. — (9) Cf. ci-après T. III, § 213-217.

aux dépens d'autrui, est obligé, en vertu de la loi, de restituer ce dont il s'est enrichi [10]; c'est une obligation restreinte de réparer un dommage. Notamment les personnes incapables de s'obliger sont au moins tenues de restituer le profit qu'elles ont retiré du contrat conclu sans l'autorisation de leur tuteur ou le consentement de leur curateur [11]. De même les héritiers de l'auteur d'un délit sont obligés de rendre l'émolument qu'ils en ont retiré [12], etc. [13].

II. En ce qui concerne l'objet de l'obligation de réparer un dommage, comme nous l'avons déjà expliqué à l'occasion des dommages et intérêts dus pour inexécution d'une obligation [14], le débiteur doit généralement réparer tout le dommage causé. Il est indifférent qu'il soit direct ou indirect [15], intrinsèque ou extrinsèque [16], positif ou négatif [17]; le débiteur est tenu alors même que dans la suite il se produit un autre événement qui eût amené la perte dont il s'agit si elle n'avait déjà été causée par le debiteur [18]. Mais il faut que le dommage soit réel [19]. Surtout il est essentiel qu'il ait été véritablement causé par l'acte dont on se plaint; l'auteur de cet acte n'est pas tenu de réparer le préjudice résultant d'une autre cause, bien que son acte, s'il avait pu développer tous ses effets, aurait amené le même dommage [20]. Puisque le préjudice doit avoir été causé par le fait de l'adversaire, on n'est pas admis à demander la réparation d'un dommage qu'on a éprouvé par sa propre faute, *qui sua culpa damnum sentit, damnum sentire non videtur* [21], à moins que l'adversaire ne se soit rendu coupable d'un dol [22]. Enfin,

(10) D. 12, 6, *de condict. indeb.*, L. 14; D. 50, 17, *de R. J.*, L. 206.

(11) D. 26, 8, *de auctor. et cons. tut. et curat.*, L. 5, pr. i. f. — Cf. ci-dessus § 47, II, 3°.

(12) D. 47, 8, *vi bonor. rapt.*, L. 2, § 27 i. f. cbn. avec l'initium (cf. ci-après T. III, § 203, 1° i. f.). — Voyez encore le D. 4, 3, *de dolo malo*, L. 15, pr., § 1-2, et le D. 13, 1, *de condict. furt.*, L. 4. — (13) Cf. ci-dessus § 47, III. — (14) § 16, I.

(15) § 16, p. 69. — (16) § 16, p. 70-71. — (17) § 16, p. 71. — (18) § 16, p. 71-72.

(19) § 16, p. 72-73. — (20) § 16, p. 73-74.

(21) D. 50, 17, *de R. J.*, L. 203; D. 9, 2, *ad leg. Aquil.*, L. 9, § 4, v^is sed si cum alii.......... facere.

(22) L. 9, § 4 i. f., cit. (cf. ci-dessus § 16, p. 74-75). Le cas de convention contraire déroge naturellement aussi à la règle générale; c'est ainsi que

celui qui agit en réparation d'un dommage, doit fournir la preuve
que ce dommage a été causé réellement ét par le fait de l'adversaire [23]. — L'obligation de réparer le dommage n'a pas toujours
une étendue aussi générale. Parfois l'on est seulement tenu de
restituer ce dont on est devenu plus riche; c'est ce qui arrive toutes
les fois que la loi accorde une action contre quelqu'un uniquement
parce qu'il s'est enrichi sans droit aux dépens d'autrui [24]; de même
celui qui a reçu de bonne foi un payement indu, n'est tenu de le
restituer que jusqu'à concurrence du profit [25]. D'un autre côté,
quand il s'agit de l'inexécution d'une obligation contractuelle ou
quasi-contractuelle, le débiteur ne doit réparer que le dommage qu'il
a prévu ou que tout au moins il aurait pu et dû prévoir au moment
où il a contracté son obligation [26]. Enfin, dans certains cas, la partie
lésée n'a droit qu'à la valeur de la chose perdue, à l'exclusion de
toutes autres indemnités [27].

III. Au point de vue de l'évaluation des dommages et intérêts, les
règles à suivre sont encore celles qui ont été indiquées dans le cas
d'inexécution d'une obligation [28]. Le juge doit avoir égard au
dommage concret éprouvé par la partie lésée, mais non à un simple
intérêt d'affection. Les dommages et intérêts doivent être estimés
d'après l'époque du jugement ou d'après celle de la *litis contestatio*,
selon qu'il s'agit d'obligations de bonne foi ou d'obligations de droit
strict [29]. Le lieu d'après lequel se fait l'estimation, est celui où
le payement doit s'effectuer. En vertu d'une décision spéciale de
Justinien, les dommages et intérêts dus pour inexécution d'une obligation ne peuvent jamais dépasser la double valeur de la chose
due [30].

IV. L'auteur d'un dommage peut-il opposer en compensation le
bénéfice que, sous un autre rapport, il a procuré à la partie lésée ?

l'assurance contre l'incendie comprend, d'après la volonté présumée des parties,
l'incendie dû à la simple faute de l'assuré. — (23) Cf. ci-dessus § 16, p. 75.

(24) Cf. le n° I, 5°, du présent paragraphe. — (25) Cf. ci-après T. III, § 199.

(26) Cf. ci-dessus § 16, II. — (27) D. 14, 2, *de lege Rhodia de jactu*, L. 2, § 4 initio.

(28) § 16, III initio.

(29) Pour le cas de demeure, voyez ci-dessus § 21, I, 2°, et § 22, 1° i. f.

(30) Cf. ci-dessus § 16, p. 82-84.

Il faut distinguer. La compensation n'est pas admise si le bénéfice résulte d'un autre acte qui constituait l'exécution d'une obligation; si par un pareil acte on a procuré un profit, on n'a fait que ce qu'on était tenu de faire; dès lors on ne peut l'invoquer à sa décharge. Tel est le cas d'un mandataire qui fait un acte de mauvaise gestion et un acte de gestion profitable au mandant [31]. Mais on est autorisé à compenser avec le bénéfice qu'on a procuré par un autre acte purement volontaire; l'équité commande ici la compensation de la perte et du gain; par exemple un gérant d'affaires cause une perte au maître par un acte de mauvaise gestion, tandis que, par un autre acte qu'il n'était en aucune façon tenu de faire, il lui procure un gain [32]. Il se peut aussi que le dommage et le bénéfice résultent d'un seul et même acte; quelqu'un s'est chargé de transporter des marchandises par le vaisseau A; il les place sur le vaisseau B, et les deux navires viennent à périr. Ici il n'y a pas de responsabilité, parce que l'acte dont il s'agit n'a causé en réalité aucun dommage [33].

SECTION X. — DE L'OBLIGATION DE PAYER DES INTÉRÊTS.

D. 22, 1, *de usuris et fructibus et causis et omnibus accessionibus et mora.*
C. 4, 32, *de usuris.*

§ 61. *Notions générales.*

I. Les intérêts (*usuræ*, de *usus*, usage; encore *fænus*[1]) sont la valeur d'usage d'une quantité de choses fongibles; cette dernière quantité s'appelle capital (*sors*). Les choses fongibles d'une espèce déterminée ont une valeur uniforme, et partant leur usage a une valeur également uniforme; cette valeur représente un tantième

---

(31) D. 17, 2, *pro socio*, L. 23, § 1, L. 25, L. 26.

(32) D. 3, 5, *de neg. gest.*, L. 10 i. f. (L. 11 i. f., édition Kriegel).
Voyez en ce sens COHNFELDT, cité, § 14, 2°, p. 168-174, et VANGEROW, III, § 571, *Anm.* 1.

(33) D. 14, 2, *de lege Rhodia de jactu*, L. 10, § 1 initio. Voyez encore le D. 43, 24, *quod vi aut clam.*, L. 7, § 4, v*ᵇ Est et alia exceptio.......... æque perituris ædibus. — Cf. ci-dessus § 16, p. 72-73.

(1) VARRON, *de lingua lat.* V, 183, v*ᵇ ex usu usura dicta; ISIDORE, *Origines* V, 25, v*ᵇ Usura est incrementum fœnoris, ab usu æris crediti nuncupata.

pour cent du capital ; de là la notion spéciale des intérêts pour désigner la valeur d'usage d'une quantité de choses fongibles. Mais si le
débiteur d'un capital doit payer des intérêts, c'est moins à raison de
l'usage que lui-même fait du capital que parce qu'il en prive
le créancier ; car les intérêts sont dus indépendamment de tout
usage ; ils représentent vis-à-vis du créancier la valeur d'usage
de son capital. Au reste une dette quelconque de choses fongibles,
une dette d'argent, de blé, de vin, etc., est susceptible de produire
des intérêts (2), bien que l'application usuelle concerne les sommes
d'argent. La dette d'intérêts est dominée par ce principe qu'elle forme
l'accessoire de l'obligation de payer le capital (3) ; or l'accessoire suit
toujours la condition du principal. En conséquence :

1º Si l'obligation principale est nulle, la même nullité affecte la
dette d'intérêts. Donc les intérêts payés par erreur sont sujets à
répétition (4).

2º La dette d'intérêts est soumise aux mêmes règles que l'obligation principale ; l'hypothèque, la fidéjussion et la peine conventionnelle garantissent à la fois le principal et les intérêts (5).

3º Si l'obligation principale s'éteint, les intérêts cessent de courir (6) ; mais les intérêts déjà nés demeurent évidemment dus (7).

(2) C. *h. t.*, L. 11 (L. 12, édition Kriegel), L. 16, L. 23.

(3) C. 4, 28, *ad sctum Maced.*, L. 3 initio ; C. 5, 37, *de admin. tut.*, L. 24, § 1 i. f.
(L. 24 i. f., édition Kriegel).

(4) D. 12, 6, *de condict. indeb.*, L. 26, § 2. Mais le payement prolongé des intérêts ne doit-il pas faire présumer l'existence d'une obligation principale ? Il
n'existe aucun motif d'admettre une semblable présomption (Arg. C. *h. t.*, L. 7). *Non
obstat* D. *h. t.*, L. 6, § 1. Dans l'espèce de cette loi il y avait une obligation principale ; le père est tenu de doter sa fille sans fortune (D. 23, 2, *de ritu rupt.*, L. 19) ;
il résulte seulement de la loi 6, § 1, cit., que le payement des intérêts de la part du
père de la femme prouve le non-payement de la dot et sert à en déterminer le
montant.

(5) D. 13, 7, *de pignor. act.*, L. 8, § 5 ; D. 50, 8, *de admin. rer. ad civil. pertin.*,
L. 3, § 1 (L. 2, § 12, édition Kriegel). Cf. ci-dessus § 33, I. — Voyez encore le
D. 20, 4, *qui potiores*, L. 18.

(6) D. *h. t.*, L. 7 initio ; D. 46, 2, *de novat.*, L. 18. — Cf. ci-dessus § 11, II, 3º.

(7) sauf que si l'obligation principale s'est éteinte par prescription, les intérêts
sont également prescrits en vertu d'une décision de Justinien (C. *h. t.*, L. 26, pr.).
L'obligation de payer les intérêts a en outre ses causes d'extinction propres, et

II. A la notion de l'intérêt se lie celle de l'escompte.

A) Il est manifeste qu'une dette à terme et improductive d'intérêt ne vaut pas son montant nominal; car le débiteur peut placer son argent à intérêt jusqu'à l'expiration du terme, percevoir des intérêts et les faire servir à l'acquittement de sa dette le jour de l'échéance, de manière à diminuer l'étendue de l'obligation. Cette différence entre la valeur nominale d'une dette à terme et improductive d'intérêt et sa valeur réelle constitue l'escompte, l'*interusurium* (8), le *commodum medii temporis* (8) *vel repræsentationis* (9). Il y a lieu au calcul de l'escompte dans bien des circonstances et principalement dans les suivantes :

1° Le débiteur à terme ne peut pas en général contraindre le créancier d'accepter un payement anticipé, en déduisant l'escompte; s'il a le droit de payer avant l'échéance, c'est parce qu'il lui est loisible de renoncer au bénéfice du terme; donc il doit aussi renoncer à l'escompte (10). Mais le débiteur peut, par une convention spéciale intervenue lors du contrat principal ou après coup, se réserver la faculté de payer avant l'échéance, déduction faite de l'escompte (11).

2° Lorsqu'un débiteur à terme paye avant l'échéance, en fraude de ses autres créanciers, ceux-ci peuvent par l'action Paulienne réclamer la restitution de l'escompte (12).

entre autres elle est remise tacitement, en tout ou en partie, lorsque le créancier s'est abstenu pendant longtemps de demander les intérêts (D. *h. t.*, L. 17, § 1; D. 24, 1, *de donat. inter V. et U.*, L. 54) ou bien s'est contenté d'intérêts moindres que ceux qui lui étaient dus (D. *h. t.*, L. 13, pr.; C. *h. t.*, L. 5, L. 8).

(8) c'est-à-dire l'avantage des intérêts pendant la période intermédiaire.

(9) l'avantage du payement fait avant l'échéance.

(10) Arg. D. 31, *de leg. II*, L. 88, § 5, et D. 45, 1, *de V. O.*, L. 122, pr.

(11) D'après le D. 24, 3, *sol. matrim.*, L. 24, § 2, le mari qui ne peut ou ne veut fournir caution, est déchu du bénéfice du délai dont il jouit pour la restitution de certains biens dotaux; il doit payer immédiatement. Toutefois s'il n'a pu se procurer la caution, il est autorisé à déduire l'escompte. Il ne s'agit pas ici d'un débiteur offrant le payement avant l'échéance, mais d'un débiteur contraint par la loi à un payement anticipé et obtenant par une juste réciprocité le bénéfice de l'escompte (VANGEROW, III, § 587, *Anm.*, n° VII i. f., et WINDSCHEID, II, § 274, note 1. Cf. MOLITOR, cité, II, n° 988, 1°i. f., et MAYNZ, T. II, § 185, note 7, et T. III, § 313 i. f.). — (12) D. 42, 8, *quæ in fraud. credit.*, L. 10, § 12, L. 17, § 2.

3° Au point de vue de la quarte Falcidie, il est indispensable de recourir à l'escompte pour connaître la valeur véritable des legs[13], des créances[14] et des dettes[14] à terme, ainsi que des legs de servitudes personnelles[15] ou de rentes temporaires[16].

4° Pour l'estimation de la légitime, les créances et les dettes héréditaires à terme sont soumises à l'escompte.

5° Dans le cas d'une vente faite avec une *in diem addictio*, lorsqu'il se produit une offre à terme, il faut l'escompter pour savoir si elle est meilleure qu'une offre pure et simple[17].

B) Mais comment se détermine l'escompte? L'on doit chercher un capital qui, placé à intérêt jusqu'à l'échéance de la dette qu'il s'agit d'escompter, reproduise à ce dernier moment le montant nominal de cette dette. Le capital ainsi trouvé représentera bien la valeur réelle de la dette, puisque, en y ajoutant les intérêts qu'il peut produire jusqu'à l'échéance, on obtient le montant nominal de la dette. Ce mode de calculer l'escompte fut préconisé au commencement du dix-huitième siècle par un jurisconsulte allemand appelé Hoffmann[18], qui donna son nom au système. On lui donne encore la qualification d'escompte en dedans[19]. Quelques interprètes, tout en acceptant le principe fondamental de cette théorie, proposent d'avoir égard aux intérêts composés, donc de rechercher un capital qui, placé à intérêts composés jusqu'à l'échéance, reproduise le montant nominal de la dette, tandis que Hoffmann ne tient compte que des intérêts simples. Ce calcul de l'escompte fut soutenu par Leibnitz[20]; de là le nom de système de Leibnitz[21]. Il est irréprochable au point de vue mathématique; mais sa rigueur ne convient guère à la vie pratique. Il suppose que les intérêts sont tou-

(13) D. 35, 2, *ad leg. Falc.*, L. 45, pr., L. 73, § 4.
(14) Arg. L. 45, pr., L. 73, § 4, cit.
(15) Cf. D. *eod.*, L. 68, pr. i. f. — (16) L. 68, pr., cit.
(17) D. 18, 2, *de in diem addict.*, L. 15, § 1 i. f. — (18) POLACK, *Mathes. forens.*
(19) Voyez dans le sens de Hoffmann UNTERHOLZNER, cité, I, § 132, MOLITOR, cité, II, n° 988 i. f., SINTENIS, II, § 91, *Anm.* 25, et MAYNZ, II, § 185.
(20) *Medit. jur. math. de interus. in Actis eruditorum*, 1683.
(21) Voyez dans le sens de Leibnitz ŒTTINGER, *Archiv für die zivilistische Praxis* XXIX, n° 2, § 1-19, p. 33-100.

jours acquittés à jour fixe et qu'ils sont toujours placés le même jour, quelque minimes qu'ils soient et jusqu'au dernier sesterce; autant de pures hypothèses. On ne pourrait adopter le système de Leibnitz qu'avec des tempéraments relatifs au délai et à la somme à partir desquels les intérêts simples seraient censés placés. Mais l'idée même des intérêts composés est contraire à l'esprit du droit romain [22]. Il nous reste à parler d'un troisième mode de calculer l'escompte, qui fut défendu au dix-septème siècle par Carpzow [23], et qui est connu sous le nom de système de Carpzow ou d'escompte en dehors. Il escompte la dette à terme en déduisant les intérêts que le capital nominal de la créance peut produire jusqu'à l'expiration du terme. Il est évident que ce calcul réduit trop la valeur de la créance à terme; si on place à intérêt jusqu'à l'échéance la prétendue valeur réelle de la dette, on n'obtiendra nullement le capital nominal; car, au lieu de percevoir les intérêts du capital nominal, on ne percevra que les intérêts du capital escompté. Ainsi 10,000 sont payables dans 10 ans; l'escompte en dehors à 5 % réduit la créance à 5,000; si l'on place ces 5,000 à l'intérêt de 5 % pendant 10 ans, on n'obtiendra nullement 10,000, mais seulement 7,500 [24].

---

(22) Arg. D. *h. t.*, L. 15. — KEIL, *Das Interusurium*, Iéna, 1854, VANGEROW, III, § 587, *Anm.*, n^{os} I-VI, et WINDSCHEID, II, § 274, proposent d'appliquer selon les circonstances le système de Hoffmann ou celui de Leibnitz.

(23) *Decision.*, P. III, d. 275.

(24) Ce calcul vicieux est cependant adopté par Africain au D. 35, 2, *ad leg. Falc.*, L. 88, § 3. Quelqu'un avait laissé un patrimoine de 200, dont 100 avaient été légués à A purement et simplement et 100 à B sous condition. L'héritier paya 100 à A, et pendant que la condition apposée au legs de B était en suspens, retira 25 d'intérêts des 100 restants (L. 88, § 3 initio, cit.). La condition s'étant accomplie, *quid* de la Falcidie? Elle était originairement de 50 (1/4 de 200). Mais l'héritier a droit en outre aux intérêts de sa quarte à partir du jour du décès du testateur; supposons, dit Africain, que ces intérêts soient de 5; la Falcidie s'élèvera à 55. L'héritier n'ayant perçu que 25 d'intérêts, il lui manque 30 pour avoir sa quarte; c'est de 30 que les légataires A et B devront être réduits (L. 88, § 3, cit., v^{is} Legis Falcidiæ ratio.......... conferenda). Dans quelle mesure chacun d'eux le sera-t-il? En proportion du montant de son legs. Or Africain décide que la réduction de 30 doit être subie par A pour les 4/7 et par B pour les 3/7 (L. 88, § 3 i. f., cit.). Le legs de A étant de 100, celui de B est donc estimé à 75; l'escompte est de

§ 62. *Des causes de l'obligation de payer des intérêts.*

I. L'obligation de payer des intérêts peut résulter, soit d'une convention ou d'un quasi-contrat, soit de la loi.

A) La source principale est la convention. Si le contrat principal est de bonne foi, un simple pacte ajouté immédiatement à ce contrat fait naître l'obligation civile de payer des intérêts [1]; mais si le contrat principal est de droit strict, la convention relative aux intérêts doit être revêtue de la forme de la stipulation [2]. L'obligation de payer des intérêts peut dériver aussi d'un quasi-contrat; notamment on peut léguer à quelqu'un une somme d'argent avec les intérêts jusqu'au jour du payement [3]; le grevé devra ces intérêts au légataire en vertu d'un quasi-contrat. Les intérêts fondés sur une convention ou un quasi-contrat sont appelés volontaires (*usuræ voluntariæ*) [4]. Dans les premiers siècles de Rome on paraît les avoir calculés par an; mais vers la fin de la république s'introduisit l'habitude de les fixer au mois [5]. Quand l'intérêt s'abaissait au-dessous de 1 °/₀ par mois, on le désignait par les fractions de l'*as*, donc par

25, précisément l'intérêt des 100 constituant la valeur nominale du legs. Il est certain qu'Africain escompte d'après la méthode de Carpzow. Mais le fragment ne formule aucune règle juridique et partant ne nous impose pas un mode d'escompte; on est d'accord sur ce point.

(1) D. 16, 3, *depos.*, L. 24 i. f., L. 26, § 1; D. 17, 1, *mand.*, L. 34, pr.

(2) C. *h. t.*, L. 3 initio. Voyez cependant ci-après T. III, § 149, I. — Si pendant de longues années le débiteur paye les intérêts, ce payement implique une reconnaissance tacite de l'obligation naturelle de payer les intérêts; le débiteur est maintenant tenu civilement de continuer à les servir (D. *h. t.*, L. 6, pr.). Mais il faut un payement prolongé des intérêts (C. *h. t.*, L. 7; C. 2, 3, *de pact.*, L. 28). C'est évidemment à tort qu'on a voulu voir ici une obligation créée par la prescription. Cf. Schilling, III, § 243, et note q, Maynz, II, § 183, note 4 i. f., et Windscheid, II, § 259, note 7 i. f. — (3) D. 33, 1, *de ann. leg.*, L. 3, § 6.

(4) Ils sont conventionnels ou testamentaires; mais cette division est dépourvue d'utilité pratique.

(5) Cf. ci-après § 63, note 2. Ils étaient d'ordinaire payables aux calendes (Horace, *Epodes* II, v. 70; *Satyres* I, 3, v. 87); de là le nom de *kalendarium* donné au livre où l'on tenait note des intérêts à recevoir (D. 12, 1, *de reb. cred.*, L. 41 initio; D. 31, *de leg. II*, L. 88, pr.).

les onces; s'il s'élevait au-dessus de 1 °/₀ par mois, on recourait aux multiples de l'*as* (6).

B) La loi est une autre source de l'obligation de payer des intérêts; on parle alors d'intérêts légaux (*usuræ legales vel necessariæ*) (7). En général les intérêts légaux sont dus par le débiteur qui prive injustement le créancier de l'usage de son capital, et en particulier :

1° A l'occasion de toutes les obligations de bonne foi portant sur une somme d'argent, les intérêts courent à partir de la demeure jusqu'au jugement(8). Les autres défendeurs condamnés doivent au moins les intérêts à dater de la *litis contestatio* jusqu'au jugement (9). Dans les deux cas, les intérêts recommencent à courir après l'expiration des quatre mois accordés pour l'exécution de la condamnation (10).

2° Tout administrateur des biens d'autrui, mandataire, tuteur, curateur ou gérant d'affaires doit les intérêts des fonds de son principal, lorsqu'il les applique à son usage personnel (11) ou les laisse improductifs (12) ou néglige de les faire rentrer (13), et réciproque-

(6) Les principaux tantièmes d'intérêts étaient dénommés comme suit :

1 °/₀	par mois,	donc	12 °/₀	par an,		*centesimæ usuræ.*	
3/4 °/₀	»	»	9 °/₀	»	»	*dodrantes*	»
2/3 °/₀	»	»	8 °/₀	»	»	*besses*	»
1/2 °/₀	»	»	6 °/₀	»	»	*semisses*	»
1/3 °/₀	»	»	4 °/₀	»	»	*trientes*	»
1/4 °/₀	»	»	3 °/₀	»	»	*quadrantes*	»
1/6 °/₀	»	»	2 °/₀	»	»	*sextantes*	»
1/12 °/₀	»	»	1 °/₀	»	»	*unciariæ*	»
2 °/₀	»	»	24 °/₀	»	»	*binæ*	»
3 °/₀	»	»	36 °/₀	»	»	*trinæ*	»

Voyez encore le D. *h. t.*, L. 17, § 8, et le C. *h. t.*, L. 26, § 2 (§ 1 initio, édition Kriegel), et SCHILLING, III, § 242 i. f.

(7) On distingue sans nécessité des intérêts légaux proprement dits et des intérêts dus à titre de peine (*usuræ punitoriæ*).

(8) D. *h. t.*, L. 1, pr., L. 32, § 2; D. 30, *de leg. I*, L. 39, § 1. — Cf. ci-dessus § 21, I, 1° i. f., et SCHILLING, III, § 238, *ad not.* r.

(9) D. *h. t.*, L. 35; C. 6, 47, *de usur. et fruct. legat.*, L. 2, § 2 i. f. (L. 2 i. f., édition Kriegel).

(10) C. 7, 54, *de usur. rei judic.*, L. 2, L. 3, § 2 i. f. (pr. i. f., édition Kriegel).

(11) D. 3, 5, *de neg. gest.*, L. 37 (L. 38, édition Kriegel); D. 17, 1, *mand.*, L. 10, § 3 i. f.; C. 5, 56, *de usur. pupill.*, L. 1.

(12) D. 3, 5, *de neg. gest.*, L. 18, § 4 initio, L. 30, § 3 (L. 19, § 4 initio, L. 31, § 3, édition Kriegel); D. 17, 1, *mand.*, L. 12, § 10; D. 26, 7, *de admin. et peric. tut.*, L. 7, § 8, L. 15. — (13) L. 15 citée.

ment il peut réclamer les intérêts de ses débours légitimes [14].

3° L'acheteur doit les intérêts du prix à partir de la tradition de la chose [15] et même à partir du jour du contrat si la chose étant frugifère, il réclame les fruits [16], à moins que la vente n'ait été faite à crédit [17].

4° D'un autre côté, si une vente est rescindée, l'acheteur a droit à la restitution du prix avec les intérêts [18].

5° Les intérêts courent de plein droit en faveur des mineurs [19] et du fisc [20] à raison de créances quelconques, en faveur des établissements de bienfaisance dans le cas où un legs leur a été fait [21], ainsi qu'en faveur de la dot; le constituant d'une dot adventice doit les intérêts à partir de la promesse [22], et le mari qui ne restitue pas les biens dotaux autres que les immeubles dans l'année après la dissolution du mariage, doit les intérêts de leur estimation [23].

Quel est le taux de l'intérêt légal ? En général c'est le taux résultant de l'usage des lieux ; en effet, il est probable que si le créancier avait eu à sa disposition le capital dû, il en aurait retiré les intérêts usuels dans la localité. Et le créancier ne doit pas établir qu'il aurait réellement placé son capital au taux ordinaire; il est dispensé de cette preuve à raison des grandes difficultés qu'elle présente [24]. Toutefois le créancier ne peut jamais obtenir plus de

---

(14) D. 17, 1, *mand.*, L. 12, § 9; D. *h. t.*, L. 37; D. 27, 4, *de contr. tut. et ut. act.*, L. 3, § 1 et 4.

(15) D. 19, 1, *de A. E. et V.*, L. 13, § 20 i. f.; C. 4, 49, *eod.*, L. 5; D. *h. t.*, L. 18, § 1. — (16) *Vatic. fragm.* 2, v^is vice mutua.

(17) Cf. ci-après T. II, § 116, II, 1°.

(18) D. 21, 1, *de ædil. ed.*, L. 29, § 2; D. 4, 4, *de minor.*, L. 27, § 1 i. f. Cf. D. *h. t.*, L. 18, pr. — Cf. ci-après T. II, § 108.

(19) Arg. D. 40, 5, *de fideic. libert.*, L. 26, § 1 i. f.; C. 2, 40 (41, édition Kriegel), *in quib. caus. in integr. restit.*, L. 3.

(20) D. *h. t.*, L. 17, § 5; D. 39, 4, *de public.*, L. 10, § 1.

(21) C. 1, 3, *de episc. et cler.*, L. 45 (L. 46, édition Kriegel), § 4; Nov. 131, c. 12.

(22) C. 5, 12, *de jure dot.*, L. 31, § 5-8 (§ 2, édition Kriegel).

(23) C. 5, 13, *de rei uxor. act.*, L. un., § 7b initio (§ 7 i. f., édition Kriegel).

(24) D. *h. t.*, L. 1, pr., L. 37 i. f.; D. 17, 1, *mand.*, L. 10, § 3 i. f.; D. 26, 7, *de admin. et peric. tut.*, L. 7, § 10 i. f.

6 °/₀ (25); car il est défendu de stipuler des intérêts d'un taux supérieur et on ne saurait avoir égard à une coutume locale qui déroge à une loi générale (26). Dans plusieurs cas particuliers, le taux de l'intérêt légal est fixé d'une manière absolue par la loi, indépendamment de l'usage des lieux ; le créancier se trouve ainsi dispensé de la preuve du taux usuel de l'intérêt (27).

Ajoutons encore qu'à défaut de toute cause spéciale, la débiteur de choses fongibles a au moins l'obligation naturelle de payer des intérêts (28) ; de là l'antichrèse tacite (29).

II. L'importance de la division des intérêts en intérêts volontaires et intérêts légaux concerne la poursuite. Les intérêts volontaires peuvent être réclamés par voie d'action séparée, même après l'extinction de l'obligation principale (30). Par contre, les intérêts légaux ne peuvent être poursuivis que par l'action principale et en même temps que le principal ; car ils sont si intimement liés à l'obligation principale qu'ils apparaissent comme une dépendance de l'action principale (31) ; *non obligatione, sed officio judicis continentur* (32). Si donc le créancier reçoit le capital sans les intérêts légaux, il perd

(25) D. *h. t.*, L. 1, pr. i. f., et D. 17, 1, *mand.*, L. 10, § 3 i. f., cbn. avec C. *h. t.*, L. 26, § 2 i. f. et 3 (§ 1, édition Kriegel).

(26) C. 8, 52 (53, édition Kriegel), *quæ sit longa consuet.*, L. 2. — Cf. ci-dessus § 21, I, 1ᵒ i. f.

(27) Le taux est de 12 °/₀ pour les intérêts judiciaires qui courent après l'expiration des quatre mois accordés pour l'exécution des condamnations (C. 7, 54, *de usur. rei judic.*, L. 2) ; voyez encore le C. 8, 10, *de ædif. priv.*, L. 4. Il est de 6 °/₀ au profit du fisc (D. *h. t.*, L. 17, § 6), et dans l'espèce du D. 3, 5, *de neg. gest.*, L. 37 (L. 38, édition Kriegel), où les *maximæ usuræ* désignent, au point de vue de la législation de Justinien, l'intérêt de 6 °/₀. Il est de 4 °/₀, lorsqu'il s'agit de l'intérêt légal relatif à la dot (nᵒ I, B, 5ᵒ, du présent paragraphe ; C. 5, 12, *de jure dot.*, L. 31, § 5 i. f. et 6 initio (§ 2 initio, édition Kriegel) ; C. 5, 13, *de rei uxor. act.*, L. un., § 7ᵇ initio (§ 7 i. f. édition Kriegel)) ; voyez encore le D. 35, 2, *ad leg. Falc.*, L. 3, § 2, et Nov. 22, c. 44, § 4. Enfin il est de 3 °/₀ seulement dans le cas du C. 3, 31, *de petit. heredit.*, L. 12, § 1 i. f. (pr. i. f., édition Kriegel).

(28) Arg. D. 12, 6, *de condict. indeb.*, L. 26, pr. initio.

(29) D. 20, 2, *in quib. caus. pignus tac. contr.*, L. 2. — Cf. ci-dessus § 47, III, 2ᵒ.

(30) D. 13, 4, *de eo quod certo loco*, L. 8, vⁱˢ neque enim hæc causa recte comparabitur obligationi usurarum : ibi enim duæ stipulationes sunt ; D. 45, 1, *de V. O.*, L. 75, § 9 ; C. 3, 1, *de judic.*, L. 1. Voyez cependant ci-dessus § 61, note 7.

(31) C. 4, 34, *depos.*, L. 4. — (32) D. 19, 1, *de A. E. et V.*, L. 49, § 1 i. f.

tout droit à ceux-ci (33), à moins d'avoir fait des réserves formelles. De même il perd les intérêts légaux si ayant poursuivi le débiteur en justice, il a négligé de demander la condamnation aux intérêts(34).

§ 63. *Des restrictions apportées aux dettes d'intérêts.*

I. Les intérêts volontaires ne peuvent pas dépasser un certain taux déterminé par la loi ; les intérêts conformes à ce taux légal sont appelés *usuræ legitimæ*(1). Leur montant varia à de nombreuses reprises dans le cours de l'histoire du droit romain. La loi des 12 tables paraît avoir permis de stipuler 10 °/₀ (2). Une loi non

(33) L. 49, § 1, cit. — (34) C. 4, 34, *depos.*, L. 4; C. *h. t.*, L. 13.

(1) D. 22, 2, *de naut. fænore*, L. 4, § 1 i. f.; D. 26, 7, *de admin. et peric. tut.*, L. 7, § 4 initio, 7 i. f. et 10; C. *h. t.*, L. 14-16. Voyez encore le D. 12, 6, *de condict. indeb.*, L. 26, pr., le D. 13, 7, *de pignor. act.*, L. 11, § 3 i. f., le D. *h. t.*, L. 29, et le D. 33, 1, *de ann. leg.*, L. 3, § 6.

(2) TACITE, *Ann.* VI, 16, vⁱˢ primo duodecim tabulis sanctum, ne quis *unciario fænore* amplius exerceret; CATON, *de re rustica, præfatio.*

L'*uncia* étant le douzième de l'*as*, le *fænus unciarium* est l'intérêt d'un douzième, et notamment ici d'un douzième du capital par an, ce qui donne 8 1/3 °/₀. La loi des 12 Tables avait en vue l'ancienne année romaine, celle de Romulus, qui ne comptait que 10 mois, et non l'année de 12 mois introduite par Numa, apparemment parce que l'expression d'*unciarium fænus* remontait à l'époque où l'année de 10 mois était encore en usage, et l'on continuait de s'en servir, bien que l'intérêt ne fût plus d'un douzième, mais d'un dixième. L'intérêt fixé par la loi des 12 Tables était donc de 10 °/₀ par an. Cette explication suppose que, lors de la publication de ladite loi, l'intérêt se comptait par an; il semble en effet que le mode de calculer l'intérêt par mois ne commença à être usité à Rome que vers la fin de la république. L'intérêt de 10 °/₀ du capital par an trouve un appui dans FESTUS, *de verborum significatione*, vⁱˢ « *Unciaria* lex appellari cœpta est, quam L. Sulla et Pompeius Rufus tulerunt, qua sanctum est, ut debitores decimam partis.. », où il faut probablement suppléer les mots : sortis annuis usuris penderent. Il est de plus confirmé par l'inscription n° 1862 d'ORELLI, où la *decuma* est représentée comme un *donum moribus antiquis pro usura.* Telle est l'explication défendue surtout par NIEBUHR, *Römische Geschichte*, T. II, p. 431-439, et T. III, p. 63 sq., et assez généralement admise par la doctrine moderne (Voyez entre autres SCHILLING, III, § 244 initio, et MAYNZ, II, § 181 initio). D'après d'autres auteurs, le taux légal des intérêts en vertu de la loi des 12 Tables, aurait été, soit de 100 °/₀ par an, soit de 1 °/₀ seulement, soit de 12 °/₀. Dans les trois systèmes, on applique les mots *unciarium fænus* à un calcul des intérêts par mois. Ceux qui préconisent l'intérêt

dénommée de l'an 346 avant J. C. réduisit à 5 °/₀ le taux des intérêts conventionnels [3], et une *Genucia* de l'an 341 semble même
avoir défendu complètement le prêt à intérêt[4]; mais cette défense ne
fut sans doute pas longtemps observée [5]. Enfin un sénatus-consulte
de l'an 51 avant J. C. fixa le maximum des intérêts conventionnels
à 12 °/₀ [6]. Ce taux se maintint sans-modification pendant toute la
période classique [7] et sous le bas-empire [8]. Dans la législation de
Justinien, les intérêts les plus élevés qu'il soit permis de stipuler,
sont généralement de 6 °/₀ [9]. Si des intérêts supérieurs ont été

de 100 °/₀, rapportent l'*uncia* au capital; l'*unciarium fœnus* serait un intérêt d'un
douzième du capital par mois, donc de 100 °/₀ par an. Les partisans de l'intérêt de
1 °/₀ par an rapportent l'*uncia* à l'intérêt de 1 °/₀ par mois, aux *centesimæ usuræ* de
la période classique; l'*unciarium fœnus* aurait été dès la loi des 12 Tables, ce qu'il
fut certainement plus tard, un intérêt d'1/12 °/₀ par mois, donc de 1 °/₀ par an.
Enfin les défenseurs de l'intérêt de 12 °/₀ rapportent l'*uncia* à l'année; l'*unciarium
fœnus* serait un intérêt de 1 °/₀ pour chaque douzième d'année, donc de 12 °/₀ pour
l'année entière. Mais on ne comprend pas que la loi des 12 Tables ait permis de
stipuler un intérêt de 100 °/₀ par an, et aucun auteur ancien ne parle d'un intérêt
aussi extravagant. En sens contraire on se demande comment la loi aurait pu
restreindre l'intérêt conventionnel au taux insignifiant de 1 °/₀ par an et comment
un tel intérêt aurait donné lieu à des plaintes si vives de la part des débiteurs
(Tite-Live, VI, 14). Quant à l'hypothèse d'un intérêt de 12 °/₀ par an, elle revient
à identifier l'expression d'*unciarium fœnus* avec celle d'intérêt mensuel; or une
pareille dénomination n'indique en aucune façon le taux de l'intérêt.

L'*unciarium fœnus* étant tombé en désuétude ou ayant été abrogé par une loi
expresse fut rétabli par une loi *Mænia* de l'an 356 avant J. C. (Tite-Live, VII, 16).

(3) Cette loi établit le *semiunciarium fœnus*. Tite-Live, VII, 27; Tacite, *Annal.*
VI, 16. — (4) Tite-Live, VII, 42; Tacite, *Annal.* VI, 16.

(5) Il en fut de même d'une loi *Cornelia Pompeia* qui, selon toute vraisemblance, avait fixé un taux de 10 °/₀ (Festus, *de verborum significatione*, v° *Unciaria*;
cf. ci-dessus note 2 du présent paragraphe). — (6) Cicéron, *ad Attic.* V, 21 i. f.

(7) Paul, II, 14, § 2.

(8) C. 4, 2, *si certum pet.*, L. 8; C. Théod. 2, 33, *de usur.*, L. 1, L. 2. Toutefois,
à l'occasion d'un prêt de choses fongibles autres que de l'argent, il était permis
de stipuler 50 °/₀ (C. Théod. 2, 33, *de usur.*, L. 1) et il n'y avait pas de maximum
pour le prêt maritime (*pecunia trajectitia*); dans ce dernier cas, les intérêts contiennent une prime d'assurance (Paul, II, 14, § 3).

(9) C. *h. t.*, L. 26, § 2 i. f. (§ 1 initio, édition Kriegel). Par exception à cette règle,
les commerçants peuvent stipuler 8 °/₀ (L. 26, § 2 initio, cit. (§ 1 initio, édition
Kriegel)) et les *personæ illustres* seulement 4 °/₀ (même texte); les laboureurs ne
peuvent non plus promettre que 4 °/₀ (Nov. 32 et 34). Par contre le maximum est

stipulés, la convention est réduite au taux légal ; pour l'excédant elle est nulle, comme convention usuraire [10] ; elle ne produit donc aucun effet [10], pas même une obligation naturelle [11]. Les intérêts usuraires payés par le débiteur doivent être imputés sur le capital[12]; que si le capital est déjà intégralement payé, les intérêts usuraires sont sujets à répétition [13].

II. Une autre restriction apportée aux dettes d'intérêts est la défense de l'anatocisme (de ἀνὰ réduplicatif, et τόκος, intérêts), c'est-à-dire que les intérêts ne peuvent produire des intérêts [14]. La prohibition de l'anatocisme se fonde sur un motif d'humanité. Les intérêts composés sont ruineux pour le débiteur; un capital produisant des intérêts composés à 5 °/₀ est doublé après 14 ans et quelques mois, quadruplé après 28 ans et quelques mois ; pour doubler un capital produisant des intérêts composés à 6 °/₀, il ne faut pas même 12 ans, et en moins de 24 ans le capital est quadruplé. Beaucoup de débiteurs ignorent ces effets désastreux de la capitalisation des intérêts, et par conséquent, sans la défense de l'anatocisme, ils pourraient être ruinés à leur insu. Aussi la prohibition de l'anato-

---

porté à 12 °/₀ pour le prêt de choses fongibles autres que de l'argent et pour le prêt maritime (C. *h. t.*, L. 26, § 2, vᶦˢ in trajecticiis autem....... concessum (§ 1, iisdem verbis, édition Kriegel)).

Les *centesimæ usuræ* représentent-elles encore dans le nouveau droit romain 12 °/₀, ou bien équivalent-elles à 12 1/2 °/₀? les *semisses usuræ* valent-elles 6 ou 6 1/4 °/₀? etc. En présence des Nov. 32, c. 1, Nov. 34, c. 1, Nov. 106, *præfatio*, et de la loi romaine des Visigoths, ad C. Théod. 2, 33, *de usur.*, L. 2, on serait tenté de se prononcer pour les 12 1/2 °/₀, 6 1/4 °/₀, etc.; mais la chose n'est pas certaine (SCHILLING, III, § 242, *Zusatz*).

(10) D. *h. t.*, L. 29; C. *h. t.*, L. 26, § 4 initio (§ 1, édition Kriegel).

(11) Arg. L. 26, § 4 initio, cit., et D. 12, 6, *de condict. indeb.*, L. 26, pr., vᶦˢ sed si supra legitimum modum........

(12) C. *h. t.*, L. 26, § 4 (§ 1, édition Kriegei), vᶦˢ sed et si acceperit, in sortem hoc imputare compelletur; D. 12, 6, *de condict. indeb.*, L. 26, pr., vᶦˢ sed si supra legitimum modum.......... imputandum.

(13) comme capital indûment payé (L. 26, pr., cit., vᶦˢ et, si postea..........; C. *h. t.*, L. 18).

(14) Cette règle remonte à l'époque de la république (CICÉRON, *ad Attic.* V, 21, § 13). Pour le droit classique voyez le D. 12, 6, *de condict. indeb.*, L. 26, § 1, et pour la législation de Justinien le C. *h. t.*, L. 28.

cisme est-elle absolue. Elle s'applique aux intérêts volontaires et aux intérêts légaux [15]. Et non seulement le débiteur ne peut promettre d'avance de payer les intérêts des intérêts pour le cas où ces derniers ne seraient pas acquittés au jour convenu, mais alors même que les intérêts sont échus, il ne peut s'engager à en payer les intérêts [16], peu importe que les intérêts directs soient ajoutés au capital originaire (*anatocismus conjunctus*) ou bien convertis en un capital nouveau (*anatocismus separatus*) [17]; car dans le dernier cas encore il s'agit de rendre des intérêts productifs d'intérêts. Toute convention contraire est nulle [18]; elle n'oblige ni civilement [19], ni naturellement; le débiteur qui a payé les intérêts des intérêts, est autorisé à les répéter [20]. La défense de l'anatocisme n'admet que des exceptions apparentes :

1° Le débiteur qui paye des intérêts, peut les emprunter immédiatement à intérêt [21]. En réalité, les intérêts ainsi empruntés constituent un capital.

2° Celui qui paye les intérêts de la dette d'un tiers, peut se les faire rembourser par ce tiers avec les intérêts [22]. Ici encore la somme payée du chef d'intérêts au créancier du tiers est un capital dû par ce tiers au payant.

3° L'administrateur des biens d'autrui, mandataire, tuteur, curateur ou gérant d'affaires, s'il applique à son profit des intérêts reçus pour son principal ou les laisse improductifs ou bien s'il néglige de faire rentrer des intérêts dus à son principal, doit les intérêts de ces

---

(15) D. 42, 1, *de re judic.*, L. 27; C. 7, 54, *de usur. rei judic.*, L. 3, pr., § 1-2 (pr., édition Kriegel). Cf. C. Théod. 4, 19, *eod.*, L. un. i. f.

(16) D. 12, 6, *de condict. indeb.*, L. 26, § 1; C. h. t., L. 28. Il faut en décider ainsi, bien qu'il s'agisse des intérêts échus d'une année entière (*anatocismus anniversarius*). Cicéron, comme gouverneur de Cilicie et de Chypre, avait permis cet anatocisme dans son édit (Cicéron, *ad Attic.* V, 21, § 11, VI, 1, § 5, VI, 3, § 5); mais un sénatus-consulte de l'an 51 avant J. C. le défendit (Cicéron, *ad Attic.* V, 21, § 13).

(17) C. h. t., L. 28. Voyez Schilling, III, § 245 initio, et Windscheid, II, § 261, et note 2 initio. — (18) D. h. t., L. 29.

(19) L. 29 cit. ; D. 12, 6, *de condict. indeb.*, L. 26, § 1.

(20) L. 26, § 1, cit. Cf. D. 42, 1, *de re judic.*, L. 27.—(21) *Non obstat* C. h. t., L. 28.

(22) Arg. D. 17, 1, *mand.*, L. 12, § 9, et D. h. t., L. 37.

intérêts [23]. Et l'obligation s'applique même aux intérêts dus personnellement par l'administrateur à son principal [24]. Mais, dans les deux cas, l'obligation de payer les intérêts des intérêts forme une obligation distincte de celle de payer les intérêts simples [25]; elle porte à vrai dire sur des intérêts simples; ce n'est autre chose qu'une obligation de réparer le dommage causé au principal par le dol ou la négligence du représentant [26].

III. Lorsque le total des intérêts *arriérés* atteint le montant du capital, le cours ultérieur des intérêts est suspendu; le créancier ne peut jamais réclamer en capital et intérêts arriérés au delà du double du capital (*ultra alterum tantum*) [27]. Il s'ensuit qu'un capital prêté à 5 °/₀ cessera de produire des intérêts si le débiteur est redevable de 20 années d'intérêts; le prêt étant fait à 6 °/₀, il en sera ainsi après 16 ²/₃ années. C'est encore une disposition d'équité; le créancier pourrait ruiner le débiteur en s'abstenant de lui réclamer régulièrement les intérêts, pour lui demander en une fois une somme qui dépasse ses ressources [28]. La convention contraire des parties est nulle et de nul effet [29].

IV. Lorsqu'un débiteur paye les intérêts par anticipation, deux hypothèses se présentent :

1° Le payement anticipé des intérêts a lieu au moment même de

(23) D. 17, 1, *mand.*, L. 10, § 3 i. f.; D. 26, 7, *de admin. et peric. tut.*, L. 7, § 12, L. 58, § 1 et 4. — (24) Arg. des mêmes textes.

(25) Elle incombe du reste à une personne autre que le débiteur des intérêts simples, savoir à l'administrateur et non au tiers débiteur, ou bien à l'administrateur comme tel et non à l'administrateur en nom personnel.

(26) Cf. D. 26, 7, *de admin. et peric. tut.*, L. 58, § 1 i. f. et 4 i. f.

(27) D. 12, 6, *de condict. indeb.*, L. 26, § 1; D. 22, 2, *de naut. fœn.*, L. 4, § 1 initio; C. *h. t.*, L. 10, L. 27, § 1-2 (§ 1, édition Kriegel).

(28) La règle remonte à l'époque classique (voyez les deux premiers textes de la note précédente). Justinien eut la malencontreuse idée de l'étendre aux intérêts payés; il décida que le cours des intérêts serait suspendu dès que les intérêts échus, arriérés ou payés, s'élèveraient au chiffre du capital (C. *h. t.*, L. 29, L. 30, édition Kriegel; Nov. 121, c. 2 cbn. avec c. 1; Nov. 138; cf. Nov. 160). Il est évident que ce système qui a pour but de favoriser le débiteur, se retourne contre lui; le créancier ne manquera pas de réclamer le remboursement de son capital qui ne produit plus d'intérêts. Aussi les lois de Justinien sur la matière n'ont-elles pas été glosées. — (29) D. 12, 6, *de condict. indeb.*, L. 26, § 1.

la remise du capital; par exemple A prête 20,000 à B à 5 °/₀, en retenant 1000 pour les intérêts de la première année. Ici la somme payée en guise d'intérêts vient en déduction du capital; dans l'espèce prémentionnée, le prêt se réduit à 19,000, et par conséquent si l'emprunteur paye la seconde fois 1000 d'intérêts au lieu de 950, le capital se réduit à 18,950 et ainsi de suite. Telle est la décision de Justinien [30].

2° Le payement des intérêts se fait après la remise du capital, mais avant l'échéance. Ce payement anticipé des intérêts est valable [31] et produit tous les effets ordinaires. Néanmoins il ne peut pas renfermer une convention usuraire et il aura ce caractère si les intérêts payés, augmentés des intérêts de ces intérêts jusqu'à l'échéance, dépassent le taux légal; les intérêts en tant qu'usuraires sont imputés sur le capital [32].

SECTION XI. — DES OBLIGATIONS PRIVILÉGIÉES.

D. 42, 5, *de rebus auctoritate judicis possidendis seu vendundis.*

§ 64. *Notions générales.*

1° Les obligations privilégiées dont il s'agit ici, sont des dettes chirographaires qui doivent être payées avant les autres dettes chirographaires [1]. Les créanciers chirographaires privilégiés sont primés par les créanciers hypothécaires [2]; mais ils l'emportent sur les créanciers chirographaires simples [3]. Le privilège dont nous parlons, est donc bien distinct de celui qui est attaché à certaines hypothèques; le premier rang appartient aux créanciers

---

(30) C. *h. t.*, L. 26, § 4 i. f. (§ 1, édition Kriegel).

(31) Arg. D. 2, 14, *de pact.*, L. 57, pr., et D. 44, 4, *de doli mali except.*, L. 2, § 6.

(32) Cf. ci-dessus n° I i. f. du présent paragraphe. — VANGEROW, I, § 77, *Anm.* 2, n° 2.

(1) Cf. D. *h. t.*, L. 38, § 1.

(2) C. 8, 17 (18, édition Kriegel), *qui potiores*, L. 9. Toutefois les frais funéraires, bien que ne donnant lieu qu'à une obligation chirographaire privilégiée, sont dayés avant les dettes hypothécaires, privilégiées ou simples; la faveur que méritent ces frais, explique l'exception (PAUL, I, 21, § 15; D. 11, 7, *de relig.*, L. 14, § 1, L. 45). C'est l'opinion commune. Contra VANGEROW, III, § 594, *Anm.*, n° II, 1°, p. 222-223. — (3) D. *h. t.*, L. 38, § 1.

hypothécaires privilégiés, le second aux créanciers hypothécaires simples, le troisième aux créanciers chirographaires privilégiés, le quatrième aux créanciers chirographaires simples. Pour séparer notre privilège de celui de l'hypothèque privilégiée, on l'appelle privilège de payement, *privilegium exigendi* (4). En droit nouveau, plusieurs privilèges de payement ont disparu, parce que la créance à laquelle ils se rapportaient, a été munie d'une hypothèque légale générale; or cette hypothèque étant plus avantageuse que le privilège de payement, le rend inutile. Ainsi sont tombés les privilèges de payement de l'État, de l'empereur et de l'impératrice, de la femme mariée, des pupilles, des mineurs et des aliénés interdits (5).

2° Les privilèges de payement sont réels ou personnels (*privilegia causæ vel personæ*), selon qu'ils se fondent sur la nature de la créance ou sur la qualité du créancier (6). Les premiers se transmettent à tous ceux qui succèdent à la créance (7). Les seconds ne peuvent être invoqués que par le créancier à la personne duquel ils sont attachés (8); ils ne passent ni aux héritiers (9), ni au cessionnaire (10).

§ 65. *Énumération des obligations privilégiées.*

Voici les obligations privilégiées du droit de Justinien, dans l'ordre où elles sont classées entre elles en cas de concours :

(4) D. 12, 1, *de reb. cred.*, L. 25; D. 42, 3, *de cess. honor.*, L. 1; D. *h. t.*, L. 24, § 1.

(5) Si les recueils de Justinien les mentionnent encore, c'est à titre de réminiscence historique (D. 49, 14, *de jure fisci*, L. 6, pr. et § 1 ; C. 7, 74, *de privil. dot.*, L. un. ; D. *h. t.*, L. 19, § 1 initio).

D'autre part, le prêteur d'une somme d'argent pour la reconstruction d'une maison a obtenu, à côté de son privilège de payement (D. 12, 1, *de reb. cred.*, L. 25), une hypothèque légale privilégiée sur la maison (D. 20, 2, *in quib. caus. pignus v. hyp. tac. contr.*, L. 1). Mais cette hypothèque spéciale n'empêche pas le privilège de payement de lui être utile si la maison ne lui procure pas un payement intégral.

(6) D. 50, 17, *de R. J.*, L. 196 initio.

(7) D. *eod.*, L. 68 i. f., L. 196, v[is] et ideo quædam ad heredem transmittuntur, quæ causæ sunt. Voyez encore le D. *h. t.*, L 24, § 3, et le D. 42, 3, *de cess. honor.*, L. 2. — (8) D. 50, 17, *de R. J.*, L. 68 initio. — (9) D. *eod.*, L. 196 i. f.

(10) D. 26, 7, *de admin. et peric. tut.*, L. 42. — Cf. ci-après T. I, § 69, V, A, 1° i. f.

Au premier rang se placent les créances de frais funéraires [1].

Au second rang figurent les créances des villes [2], celle de la fiancée [3] et de la femme putative [4] à raison de la dot, celles des incapables autres que les pupilles, mineurs ou aliénés interdits contre leur curateur du chef de sa gestion [5], la créance en remboursement soit d'un prêt d'argent pour la reconstruction d'une maison [6], soit d'un prêt pour l'achat, la construction ou l'équipement d'un navire [7], enfin la créance en payement du prix de vente d'un navire [8]. Si plusieurs de ces créanciers privilégiés concourent entre eux, ils sont payés en proportion du montant de leurs créances respectives [9].

Au troisième rang vient la créance en restitution d'un dépôt d'argent fait sans stipulation d'intérêts chez un banquier ou changeur [10].

(1) PAUL, I, 21, § 15; D. 11, 7, *de relig.*, L. 45. — (2) D. *h. t.*, L. 38, § 1.

(3) D. 23, 3, *de jure dot.*, L. 74; D. *h. t.*, L. 17, § 1 initio, L. 19, pr.

(4) D. 23, 3, *de jure dot.*, L. 74; D. 24, 3, *sol. matrim.*, L. 22, § 13; D. *h. t.*, L. 17, § 1 i. f., L. 19, pr.

(5) D. *h. t.*, L. 19, § 1 i. f., L. 20, L. 21, L. 22, pr. Voyez encore le D. *h. t.*, L. 23. — Cf. ci-dessus § 64, 1° i. f.

(6) D. 12, 1, *de reb. cred.*, L. 25; D. 42, 3, *de cess. bonor.*, L. 1; D. *h. t.*, L. 24, § 1. Voyez encore le D. 17, 2, *pro socio*, L. 52, § 10. — (7) D. *h. t.*, L. 26, L. 34.

(8) L. 34 cit. — (9) Cf. D. *h. t.*, L. 32 i. f.

(10) D. *h. t.*, L. 24, § 2. Si les fonds d'un déposant existent encore en nature chez le dépositaire, il peut les revendiquer (L. 24, § 2 i. f., cit.). Si les fonds de plusieurs déposants se sont confondus entre eux, mais non avec d'autres fonds de la masse, les divers déposants sont encore admis à la revendication (D. 16, 3, *depos.*, L. 7, § 2). Dans les deux cas, les déposants en vertu de leur droit de propriété excluent tous les autres créanciers. Si les deniers des déposants n'existent plus en nature qu'en partie et se sont confondus pour le surplus avec ceux de la masse, les déposants peuvent revendiquer les espèces non confondues; quant aux autres, ils sont réduits à leur privilège (D. *eod.*, L. 7, § 3, L. 8). Cf. VANGEROW, III, § 594, *Anm.*, n° II, 4, b, p. 225-228, MAYNZ, II, § 300, note 22, et WINDSCHEID, II, § 271, notes 20 et 22.

CHAPITRE III. — DE LA CESSION DES CRÉANCES.

D. 18, 4, *de hereditate vel actione vendita.* — C. 4, 39, *eod.*

MÜHLENBRUCH, *Die Lehre von der Cession der Forderungsrechte,* Greifswald, 1836,
3me édition ; 1re édition de 1817.

PUCHTA, *Weiske's Rechtslexikon* II, p. 636-664, Leipzig, 1840, reproduit dans les
Kleine civilistische Schriften de l'auteur, no 27, Leipzig, 1851. Nous citons
d'après le *Weiske's Rechtslexikon.*

BÆHR, *Jahrbücher für die Dogmatik des heutigen römischen und deutschen Privat-
rechts* I, no 8, p. 351-502, Iéna, 1857.

WORMS, *De la cession des créances en droit romain, et de l'endossement en droit
français,* p. 3-57, Paris, 1863.

WIERSMA, *Bydrage tot de leer der overdragt van schuldvorderingen,* Leyde, 1863.

SCHMID (ALBERT), *Die Grundlehren der Cession, nach römischem Recht dargestellt,*
2 vol., Brunswick, 1863-1866.

GIDE, *Etudes sur la novation et le transport des créances en droit romain,* p. 231-
376, Paris, 1879.

SECTION I. — NOTION ET CONDITIONS.

§ 66. *Notion de la cession*

I. Pour bien faire comprendre la théorie de la cession des créances, il est indispensable d'exposer au préalable les principes généraux sur le mandat *ad litem.*

1° Sous l'empire des actions de la loi, ou ne pouvait pas, en
général, se faire représenter en justice [1]. La règle contraire prévalut dans le système formulaire [2]. On permit aux plaideurs de
constituer un mandataire en termes solennels [3] et en justice, devant
le magistrat et l'adversaire [4]; un tel mandataire s'appelait *cognitor* [5]. Il représentait pleinement le principal, le *dominus litis*;
celui-ci était censé soutenir lui-même le procès; le *cognitor* n'était
que son organe (*loco domini*) [6]. De là cette conséquence que la nomi-
nation d'un *cognitor* de la part du demandeur ne donnait lieu à
aucune caution [7], et si le défendeur constituait un *cognitor,* c'était
à lui-même qu'incombait l'obligation de donner les cautions exigées

(1) GAIUS, IV, 82 i. f. — (2) GAIUS, IV, 82. — (3) GAIUS, IV, 83.
(4) GAIUS, IV, 83 initio. — (5) GAIUS, IV, 83. — (6) GAIUS, IV, 97 i. f. et 98 i. f.
(7) GAIUS, IV, 97 et 100.

des défendeurs (cautions *judicatum solvi* ou *pro præde litis et vin-diciarum*, s'il s'agissait d'actions réelles (8) ; caution *judicatum solvi* en matière d'actions personnelles (9)) (10). En ce qui concerne la rédaction de la formule, l'*intentio* était conçue au nom du principal (11), et si la *condemnatio* était nécessairement conçue au nom du *cognitor*, puisqu'il estait en justice (12), ce n'était là qu'une formalité sans valeur pratique; l'*actio judicati* se donnait exclusivement au principal ou contre lui (13).

2° Les solennités qui entouraient la constitution d'un *cognitor*, étaient une entrave. C'est pourquoi on admit de bonne heure un mandat *ad litem* affranchi de toute forme; de là le *procurator ad litem*. On pouvait constituer celui-ci en termes quelconques, judiciairement ou extrajudiciairement, en l'absence du magistrat et de l'adversaire (14). Mais il ne représentait pas vraiment le plaideur; il était réputé soutenir le procès en nom propre ; il était lui-même partie au procès, *dominus litis* (15). Il s'ensuivait que le *procurator* du demandeur devait fournir une caution spéciale, la *cautio ratam rem dominum habiturum* ; car le demandeur aurait pu exercer ultérieurement une nouvelle action du même chef (16). Que si le défendeur plaidait par un *procurator,* c'était ce dernier qui avait l'obligation de fournir les cautions usuelles *judicatum solvi* ou *pro præde litis et vindiciarum* (17). D'autre part, si l'*intentio* de la formule portait ici encore le nom du principal, et la *condemnatio* celui du *procurator* (18), cette dernière règle avait dans l'espèce un effet pratique : l'*actio judicati* était acquise au *procurator* ou contre lui, à l'exclusion du principal (19), sauf évidemment le recours entre le mandataire et le mandant.

3° La constitution d'un *procurator,* tout en jouissant d'une liberté

---

(8) Gaius, IV, 89-91. — (9) Gaius, IV, 101 initio.

(10) Gaius, IV, 101 i. f. et 90; *Vatic. fragm.* 317 initio.

(11) sauf naturellement que l'*intentio* d'une action réelle ne contenait le nom ni du défendeur, ni de son représentant. — (12) Gaius, IV, 86-87.

(13) *Vatic. fragm.* 317 i. f. — (14) Gaius, IV, 84 initio. — (15) Arg. Gaius, IV, 98.

(16) Gaius, IV, 98 et 100; *Vatic. fragm.* 333; *Consultatio vet. jurisc.* III, I, § 6-9. — (17) Gaius, IV, 101 et 90; *Vatic. fragm.* 317 initio.

(18) Gaius, IV, 86-87. — (19) *Vatic. fragm.* 317 i. f. et 332.

entière, ne produisait donc que des effets incomplets ou indirects, tandis que le *coguitor* solennellement nommé représentait le principal d'une manière complète. Chaque institution offrait un avantage et un inconvénient. Pour achever le développement du droit romain, il restait à admettre un mandat *ad litem* libre et produisant une représentation véritable. C'est ce que l'on fit. Dès l'époque classique, le *procurator præsentis*, c'est-à-dire le *procurator* nommé par le principal devant le tribunal (*apud acta*), représentait le principal, aussi pleinement que s'il avait été *cognitor* [20]; le *procurator absentis*, nommé extrajudiciairement, continuait d'être considéré comme plaidant en nom propre [21]. Mais, sous le bas-empire [22], un mandataire quelconque d'une partie fut envisagé comme son représentant, du moment que le mandat était régulièrement établi. Maintenant les *cognitores* n'avaient plus de raison d'être; on cessa de les employer et les *procuratores* demeurèrent seuls en usage. C'est pourquoi les recueils de Justinien ne mentionnent plus que des *procuratores ad litem*; partout où dans les écrits classiques se rencontrait le mot *cognitor*, il a été remplacé par celui de *procurator* [23].

II. La théorie elle-même de la cession des créances subit, dans le cours des temps, des changements considérables.

1° Anciennement, lorsqu'un créancier voulait transférer à un tiers le bénéfice de sa créance, il le nommait son mandataire à l'effet de poursuivre le débiteur en justice. Seulement, par dérogation au droit commun du mandat, le mandataire dont il s'agit n'était pas tenu de restituer au mandant le produit de son action; il pouvait le garder pour lui; il était *cognitor* ou *procurator in rem suam* [24]; le mandat lui-même était désigné par les expressions de *cedere* [25],

---

(20) *Vatic. fragm.* 317 initio, 331 et 333 i. f.; voyez cependant 317, v[is] cum vero procurator......... constituerit.

(21) *Vatic. fragm.* 332 et 333 initio; *Consultatio vet. jurisc.* III, 1, § 6-9.

(22) Une constitution de Dioclétien et Maximien de l'an 294 (C. 2, 56, *de satisd.*, L. un.) fait encore allusion à une différence entre le *procurator præsentis* et le *procurator absentis*.

(23) I. 4, 11, *de satisd.*, pr., § 3-4; D. 3, 3, *de procurat. et defens.*; C. 2, 12 (13, édition Kriegel), *de procurat.*

(24) C. 4, 10, *de O. et A.*, L. 6 initio; C. 5, 58, *de contr. jud.*, L. 1 i. f.

(25) D. 15, 3, *de in rem verso*, L. 3, § 5 i. f.; D. 46, 3, *de solut.*, L. 76 initio.

mandare [26] ou *præstare* [27] *actionem*. Nous avons vu [28] que ce n'est qu'après l'introduction de la procédure formulaire que la représentation judiciaire fut reconnue à Rome ; le mode prémentionné de cession des créances ne peut donc dater que de la même époque. Comme dans le cas d'un mandat judiciaire donné dans l'intérêt du mandant [29], l'*intentio* de la formule était conçue au nom du cédant et la *condemnatio* au nom du cessionnaire [30]. Mais l'*actio judicati* appartenait exclusivement au cessionnaire, qu'il eût été constitué *cognitor* ou *procurator* [31]. Il s'ensuivait que, par la *litis contestatio* avec le débiteur cédé, le cessionnaire acquérait un droit définitif à la créance ; il devenait *dominus litis* [32]. Son mandat était rendu irrévocable [33] et ne prenait plus fin ni par le décès du cédant [34], ni par le sien propre [35]. En même temps que la *litis contestatio* liait le débiteur envers le cessionnaire, elle le dégageait vis-à-vis du cédant.

2° Une réforme très importante consiste dans la concession d'actions utiles fictices au cessionnaire. La nécessité de donner un mandat à celui-ci, pour lui permettre de poursuivre le débiteur en justice, constituait une formalité inutile, d'autant plus que le créancier était tenu de donner le mandat en vertu d'une obligation préexistante. Dès lors pourquoi ne pas remettre ce mandat et autoriser le cessionnaire à poursuivre le débiteur sur le seul fondement de la juste cause de cession ? De bonne heure, lorsqu'un mandataire exécutant son mandat s'était fait promettre quelque chose par un tiers, le mandant obtint contre ce tiers des actions utiles [36], et comme la ratification d'une gestion d'affaires équivaut à un mandat, il fallait en dire autant lorsqu'un gérant d'affaires avait stipulé d'un tiers. En vertu d'un

---

(26) D. 46, 3, *de solut.*, L. 76 i. f. ; D. 27, 3, *de tut. et rat. distr.*, L. 1, § 13-14.

(27) D. 19, 1, *de A. E. et V.*, L. 31, pr ; D. 44, 7, *de O. et A.*, L. 7.

(28) N° I, 1°, du présent paragraphe.

(29) N° I, 1° i. f. et 2° i. f., du présent paragraphe.

(30) GAIUS, IV, 86, cbn. avec II, 39. — (31) *Vatic. fragm.* 317 i. f.

(32) D. 49, 1, *de appellat.*, L. 4, § 5 i. f. ; C. 2, 12 (13, édition Kriegel), *de procurat.*, L. 22, L. 23. — (33) L. 22 cit.

(34) C. 2, 12 (13, édition Kriegel), *de procurat.*, L. 23. — (35) Arg. L. 23 cit.

(36) D. 3, 3, *de procurat.*, L. 68.

rescrit d'Antonin le Pieux, l'acheteur d'une hérédité put agir par voie d'action utile contre les débiteurs héréditaires(37). Pareillement, des actions utiles furent accordées à l'acheteur d'une créance (38), au créancier qui avait reçu en payement un droit de créance (39), au mari qui l'avait reçu en dot(40) et au légataire d'une créance(41). Ces nombreuses applications d'un principe nous autorisent à le généraliser, et au point de vue du droit de Justinien, il faut admettre que toutes les fois qu'il existe une juste cause de cession d'une créance, le cessionnaire peut, indépendamment d'un mandat *ad litem*, agir par voie d'action utile contre le débiteur qu'il s'agit de céder; le cessionnaire est investi de plein droit des actions du créancier. Cette acquisition d'actions se fonde sur un mandat *ad litem* fictif, sur une cession fictive d'actions ; les actions utiles qui compètent au cessionnaire, sont donc des actions utiles fictices, *quasi ex jure cesso*. A ces actions s'opposent les actions directes que le cessionnaire peut acquérir à la suite d'un mandat *ad litem* réellement donné (41). Toutefois, il est un groupe important de cessions de créances auxquelles le système des actions utiles n'a pas été étendu. Ne peuvent pas recourir à ces actions les personnes qui jouissent du bénéfice de cession d'actions; tels sont surtout les codébiteurs solidaires, dans les limites que nous avons indiquées (42), et le tiers détenteur de bonne foi d'une chose hypothéquée lorsqu'il paye le créancier hypothécaire (43). Ces personnes ont droit à une cession de créance à l'occasion du payement qu'elles font de la dette qu'il s'agit de céder. Si avant la consommation du payement elles réclament la cession, elles disposent d'une action directe contre le débiteur cédé. Que si elles payent sans exiger la cession, elles ne peuvent plus la réclamer; on se trouve en présence d'un payement qui a éteint la dette et avec elle les actions du créancier; celui-ci n'ayant plus d'actions, il ne saurait plus être question de les céder (44). A la vérité, on

(37) D. 2, 14, *de pact.*, L. 16, pr. — (38) C. *h. t.*, L. 8.
(39) C. 4, 15, *quando fiscus v. priv.*, L. 5. — (40) C. 4, 10, *de O. et A.*, L. 2.
(41) C. 6, 37, *de leg.*, L. 18. — (42) Cf. § 52, I, B, et § 53, 1ᵒ, et note 15.
(43) Cf. ci-après T. I, § 67, III, B, 2ᵒ.
(44) D. 46, 3, *de solut.*, L. 76; C. 8, 40 (41, édition Kriegel), *de fidejuss.*, L. 11, L. 14.

aurait pu admettre la fiction d'un mandat *ad litem* lors du payement, et partant accorder une action utile. Mais des textes positifs
attestent que ce point de vue ne prévalut point (45), si ce n'est dans
quelques cas particuliers, notamment en faveur des cotuteurs (46) et
du tiers détenteur de bonne foi d'une chose hypothéquée (47). L'action
directe et l'action utile du cessionnaire ont d'ailleurs le même caractère et sont soumises aux mêmes règles. L'une et l'autre reposent
sur un mandat *ad litem* donné par le cédant au cessionnaire ; pour
l'action directe le mandat est réel ; il est fictif pour l'action utile ; la
différence est donc purement formelle et elle-même prouve l'identité
de nature des deux poursuites. A l'époque de la procédure formulaire, le cessionnaire qui exerçait l'action directe, agissait au nom
d'autrui, *alieno nomine* ; son nom ne figurait pas dans l'*intentio*, mais
seulement dans la *condemnatio* (48). Par contre, à l'action utile le
cessionnaire agissait en nom propre, *suo nomine* ; l'*intentio* de l'action utile était conçue au nom du cessionnaire (49) ; elle contenait
sans doute la fiction d'un mandat *ad litem* au profit de ce dernier.
La compilation de Justinien représente encore l'action utile comme

(45) L'action utile est refusée aux fidéjusseurs tant contre le débiteur principal
(Arg. C. 8, 40 (41, édition Kriegel), *de fidejuss.*, L. 14) que contre les cofidéjusseurs (C. *eod.*, L. 11 ; D. 46, 1, *eod.*, L. 39). Voyez encore le D. 4, 9, *nautæ
caupones*, L. 6, § 4 initio, le D. 19, 2, *locati*, L. 25, § 8, le D. 42, 1, *de re judic.*, L.
12, et le D. 47, 2, *de furt.*, L. 54 (53, édition Kriegel), § 3.

(46) D. 27, 3, *de tut. et ration. distr.*, L. 1, § 13 ; C. 5, 58, *de contr. jud.*, L. 2.

(47) D. 30, *de leg. I*, L. 57. Il serait arbitraire de restreindre cette loi aux legs ;
le jurisconsulte n'argumente nullement de la volonté du testateur et comment
pourrait-il en argumenter alors qu'il s'agit de faire acquérir au légataire l'action
hypothécaire du *tiers* créancier ? En ce sens SCHMID, cité, I, § 28, p. 283-289, et
WINDSCHEID, I, § 233ᵃ, note 1. Contra MÜHLENBRUCH, cité, § 44, 7°, et note 542.—
Voyez encore le D. 9, 3, *de his, qui effud.*, L. 4.— Le défendeur de bonne foi à l'action revendicatoire, lorsqu'il n'a pas usé du bénéfice de cession d'actions au moment
de payer l'estimation de la chose, obtient aussi des actions utiles (D. 6, 1, *de rei
vindic.*, L. 63, vⁱˢ cum autem prætor.......... adficietur) ; mais ici le payement n'est
pas extinctif des actions de la partie adverse. — (48) GAIUS, IV, 86, cbn. avec II, 39.

(49) Cette antithèse entre l'action directe et l'action utile est indiquée dans nos
sources aussi clairement que possible (D. 3, 3, *de procurat.*, L. 55 ; C. 4, 15, *quando
fiscus v. priv.*, L. 5 ; C. h. t., L. 9 ; C. 6, 37, *de leg.*, L. 18). Voyez DE SAVIGNY, cité,
I, § 23, IV, C, p. 248-249, VANGEROW, III, § 574, *Anm.* 1, n° 1 initio, et ARNDTS,
§ 254.

une poursuite exercée par le cessionnaire *suo nomine* (50); mais tout
ce que l'on peut conclure de là depuis la disparition des formules,
c'est que l'action utile ne se fonde pas sur un mandat *ad litem* réellement donné; le cessionnaire agit comme créancier personnel, en
vertu du transfert qui lui a été fait de la créance (51).

3° Il fallait encore protéger, avant la *litis contestatio*, le droit du
cessionnaire contre le cédant qui, demeuré créancier en titre, pouvait
poursuivre le débiteur en justice et le libérer de sa dette; il fallait
encore, pour la même période, rendre le droit du cessionnaire
indépendant de sa mort et de celle du cédant (52). Après l'introduction des actions utiles en faveur du cessionnaire, il fut admis que le
cédant ne pourrait plus poursuivre le débiteur en justice; celui-ci
obtint une exception de dol contre cette poursuite (53); si le cédant
et le cessionnaire attaquaient en même temps le débiteur, le cessionnaire était préféré (54). Mais surtout on admit, vers la fin de la période
classique (55), que le cessionnaire pourrait lier le débiteur envers lui
en faisant la notification de la cession. Le cessionnaire disposait
maintenant d'un moyen commode de garantir son droit contre le
débiteur, aussitôt après la cession et sans devoir recourir à une
poursuite judiciaire. D'un autre côté, il avait été reconnu avant
Justinien que le cessionnaire à titre onéreux qui avait été constitué
procurator in rem suam et qui décédait avant la *litis contestatio*,
transmettrait son droit à ses héritiers (56). Justinien étendit cette
règle aux cessions à titre gratuit (57) et elle doit être appliquée par
analogie à l'action utile fictice et à l'éventualité de la mort du cédant.

4° Les règles que nous venons d'exposer, sont combattues à plusieurs points de vue.

(50) Voyez les lois citées à la note précédente.
(51) Cf. ci-après n° III du présent paragraphe. Voyez encore le § 69, IV.
(52) C. 4, 35, *mand.*, L. 3. Cf. ci-dessus n° II, 1° i. f., du présent paragraphe.
(53) D. 2, 14, *de pact.*, L. 16, pr. — (54) D. 3, 3, *de procurat.*, L. 55.
(55) C. 8, 16 (17, édition Kriegel), *quæ res pignori*, L. 4 (constitution de l'an 225);
C. 8, 41 (42, édition Kriegel), *de novat.*, L. 3, pr. (L. 3 initio, édition Kriegel) (constitution de l'an 239).
(56) C. 8, 53 (54, édition Kriegel), *de donat.*, L. 33, pr. i. f. (L. 33, édition Kriegel).
(57) L. 33, pr., cit., cf. § 1 (L. 33, édition Kriegel).

a) On a contesté que les actions utiles accordées au cessionnaire se basent sur la fiction d'un mandat *ad litem* donné au cessionnaire *in rem suam*. Les uns soutiennent que leur fondement est plutôt la fiction que le cessionnaire est créancier en nom personnel[58]. D'autres refusent tout caractère fictif aux actions utiles du cessionnaire ; ce seraient des actions propres et indépendantes [59], que certains adhérents de cette opinion appellent une action *in factum* [60]. L'opinion à laquelle nous avons donné la préférence, présente l'avantage de rattacher logiquement l'action utile du cessionnaire à son action directe ; la fiction d'un mandat *ad litem* devait s'offrir tout naturellement au préteur lorsqu'il voulut permettre au cessionnaire d'agir contre le débiteur sans avoir reçu procuration à cet effet [61]. Quant à la prétendue fiction d'après laquelle le cessionnaire agissant par l'action utile serait envisagé comme créancier, nous prouverons plus loin que cette fiction est une réalité, que le cessionnaire est vraiment créancier au lieu et place du cédant [62]. Il nous paraît aussi certain que l'action utile du cessionnaire n'était pas une action propre, ni en particulier une action *in factum* ; l'expression d'*actio utilis* établit que l'action du cessionnaire lui fut accordée par analogie d'une autre, qui ne peut être que celle du cédant [63].

b) Un grand nombre d'auteurs ne concèdent l'action utile au

[58] Schmid, cité, I, § 3, p. 8-10.

[59] Vangerow, III, § 574, *Anm.* 1, n° 1 initio. — Windscheid, II, § 329, notes 6-7. — [60] Vangerow, l. c.

[61] Cf. C. *h. t.*, L. 8, v^{is} utilis... exemplo creditoris persecutio tribuitur.

[62] L'auteur qui défend cette fiction (Schmid), reconnaît lui-même que le cessionnaire succède à l'action du créancier (Schmid, T. I, § 3, et T. II, § 18).

Ne sont pas contraires le D. 2, 14, *de pact.*, L. 13, § 1, le D. 4, 7, *de alien. jud. mut. causa*, L. 4, § 3, et le C. *h. t.*, L. 7, L. 8. Les deux premiers passages appliquent au cessionnaire les mots « domini loco habetur » et « dominio (scilicet actionis) in eos plerumque ex justa causa translato); mais il s'agit ici d'un mandataire *ad litem* ayant reçu une procuration réelle, et l'on veut simplement dire qu'il est *procurator in rem suam*. Les deux dernières lois parlent d'actions utiles accordées au cessionnaire « sic... vel ipsi creditori » et « exemplo creditoris »; tout ce qu'il est permis d'en conclure, c'est que le cessionnaire agit à l'instar du cédant.

[63] Voyez en notre sens Mühlenbruch, cité, § 16, p. 179-181, p. 192-194, et p. 198-201, Molitor, cité, II, n°s 1183 i. f. et 1184, de Savigny, cité, I, § 23, IV, C, p. 243-249, Worms, cité, p. 11-15, et Maynz, II, § 188, p. 84.

cessionnaire que dans les cas expressément prévus par la loi [64], et non pas d'une manière générale toutes les fois qu'il existe une juste cause de cession. Mais cette généralisation de l'action utile est commandée par les applications extrêmement nombreuses qui en sont faites dans nos sources et qu'il n'est guère possible de ne pas considérer comme des applications d'un principe général. Elle est de plus conforme au développement habituel du droit romain; comme tant d'autres règles, l'institution de l'action utile a été admise d'abord dans un cas particulier; elle a été ensuite étendue à d'autres hypothèses; les applications se sont multipliées et l'on a fini par aboutir à une règle générale [65].

III. Quelle est la véritable nature de la cession d'une créance ? Nous pensons que c'est une aliénation du droit de créance, une succession à titre particulier à ce droit; la créance est tranférée du cédant au cessionnaire; ce dernier devient créancier en nom propre, au lieu et place du cédant, et avec le droit de créance il acquiert aussi des actions en nom propre. Cette proposition très contestée se justifie par les motifs suivants :

1° En théorie, rien ne s'oppose à l'aliénation d'une créance. La personnalité du *débiteur* est un élément essentiel de l'obligation; la valeur d'une dette dépend éminemment de la solvabilité du débiteur, pour ne pas parler des cas nombreux où son habileté personnelle est la cause déterminante du contrat. Mais il n'en est pas de même de la personnalité du *créancier*. Celle-ci est indifférente au point de vue du rapport obligatoire; l'obligation conserve le même caractère, la même efficacité pratique, quel que soit le créancier, que le créancier originaire soit maintenu ou remplacé par un autre; je suis obligé de la même manière, que je sois débiteur de 1000

[64] Cf. ci-dessus n° II, 2°, du présent paragraphe.

[65] Voyez en notre sens PUCHTA, cité, p. 641-642, *Pand.*, § 281, et *Vorles.* II, § 281-282, 2°, MOLITOR, cité, II, n° 1183 i. f., DE SAVIGNY, cité, I, § 23, IV, C, p. 243-249, WORMS, cité, p. 13-14, et MAYNZ, II, § 168 i. f.

Contra UNTERHOLZNER, cité, I, § 277, III, MÜHLENBRUCH, *Lehrb.* II, § 498, II, et *Cession*, § 43, p. 464-466, et § 44, p. 466-469, SCHMID, cité, I, § 19, p. 189-192, VANGEROW, III, § 574, *Anm.* 1, n° 1, ARNDTS, § 255, et *Anm.* 4, et WINDSCHEID, II, § 330, 3°, et note 12.

envers A ou B ou C. Sans doute, l'obligation ne se comprend pas sans un créancier déterminé ; on ne peut pas devoir 1000 sans désignation de la personne du créancier. Mais si un créancier doit nécessairement figurer dans une obligation, la personnalité de celui qui y figure, n'a rien d'essentiel, et son remplacement n'apporte aucun changement essentiel au rapport obligatoire.

2° Nous concédons que l'ancien droit romain repoussait l'aliénation de la créance ; il considérait cette aliénation comme incompatible avec la nature du rapport obligatoire ; il partait de ce point de vue que le débiteur devait à une personne déterminée, à A, et que substituer B à A, c'était changer le contenu de l'obligation. Mais ce système fut abandonné après que le cessionnaire eut obtenu des actions utiles (66). En effet, ces actions utiles lui compètent en nom propre, *suo nomine* (67), donc comme créancier personnel, en vertu du transfert qui lui a été fait de la créance. A la vérité, nous avons reconnu que la base de ces actions utiles est un mandat *ad litem* fictif ; mais cette fiction est de pure forme ; il ne faut y voir qu'un mode d'aliénation de la créance ; elle ne saurait prévaloir contre le fait que le cessionnaire agit en nom propre (68). On est encore moins autorisé à objecter que le cessionnaire n'a contre le débiteur que les droits du cédant ; cette règle est l'application du principe général que nul ne peut transmettre à autrui plus de droit qu'il n'en a lui-même. Nous invoquons en outre les passages très nombreux qui parlent de la

(66) Cf. D. 2, 14, *de pact.*, L. 16, pr.

(67) Des textes nombreux ne laissent aucun doute à cet égard.

D. 3, 3, *de procurat.*, L. 55, vis « qui enim *suo nomine* utiles actiones habet, rite eas intendit. »

C. 4, 15, *quando fiscus v. priv.*, L. 5. « In solutum nomine dato, non aliter nisi « mandatis actionibus ex persona sui debitoris adversus ejus debitores creditor « experiri potest. *Suo autem nomine* utili actione recte utetur. »

C. *h. t.*, L. 9, vis « ad similitudinem ejus, qui personalem redemerit actionem et « utiliter eam movere *suo nomine* conceditur...... »

C. 6, 37, *de leg.*, L. 18. « Ex legato nominis, actionibus ab his qui successe- « runt non mandatis, directas quidem actiones legatarius habere non potest, « utilibus autem *suo nomine* experietur. »

(68) D'ailleurs, tandis que nos sources insistent sur le *suo nomine agere*, à notre connaissance elles ne mentionnent pas une seule fois d'une manière expresse le mandat *ad litem* fictivement attribué au cessionnaire.

vente ou du transfert d'une créance (*vendere vel transferre nomen*)(69).
Cette terminologie est tellement usuelle qu'il n'est pas permis de
l'écarter comme inexacte, et elle est d'autant plus décisive que nos
sources ne représentent jamais la cession d'une créance comme une
vente ou un transfert du simple exercice de la créance.

3° L'opinion commune enseigne néanmoins que le droit de créance
est inaliénable, qu'il ne saurait donner lieu à une succession à titre
particulier. L'acheteur d'une créance ne deviendrait pas créancier
en nom propre; il ne ferait qu'exercer à son profit le droit de
créance du vendeur, de la même manière, dit-on, que l'acheteur d'un
usufruit acquiert seulement l'exercice de ce droit. On se fonde sur
le caractère personnel de l'obligation; celle-ci est. prétend-on, un rapport juridique entre deux personnes *déterminées*, et dès lors la substitution d'un créancier à un autre serait contraire à sa nature. On
invoque encore cette considération que, même en droit nouveau,
le cessionnaire poursuit le débiteur comme simple mandataire, réel
ou fictif, du cédant (70). Nous avons déjà répondu à cette argumentation (71). Nous nous bornerons à ajouter qu'il n'existe aucune analogie entre l'usufruit et une créance. L'usufruit est établi au profit
d'une personne déterminée; il doit prendre fin avec cette personne; le transférer à une autre, serait le dénaturer. On ne rencontre rien de pareil dans le droit de créance. — Quelques interprètes distinguent entre le droit d'obligation et l'action qui en dérive.
Le droit d'obligation serait inaliénable, et malgré la cession, il
demeurerait attaché à la personne du cédant; le cessionnaire ne
deviendrait pas créancier en son lieu et place. Mais l'action du
créancier serait susceptible d'aliénation; le créancier la perdrait

(69) D. 18, 1, *de contr. empt.*, L. 35, § 4; D. *h. t.*, L. 4, L. 6, L. 14, pr., L. 17,
L. 19, L. 23, § 1; D. 20, 6, *quib. mod. pignus solv.*, L. 5, § 2; D. 24, 3, *sol. matrim.*,
L. 64, § 4; D. 36, 1, *ad sctum Trebell.*, L. 66, pr. (L. 64, pr., édition Kriegel);
C. 4, 35, *mand.*, L. 23, pr.; C. *h. t.*, L. 3, L. 7, L. 8; C. 5, 58, *de contr. judicio*,
L. 1 i. f.

(70) Voyez en ce sens MÜHLENBRUCH, cité, § 18, p. 223-224, DE SAVIGNY, *System*
III, § 105, 3°, et note f, PUCHTA, *Instit.* III, § 267, *Pand.*, § 280, *Vorles.* II, § 280, et
Weishe's Rechtslexikon II, p. 636-639, MOLITOR, cité, II, n° 1184, et WORMS, cité,
p. 14-15. — (71) N° III, 1° et 2°, du présent paragraphe.

par l'effet de la cession; elle passerait au cessionnaire, lequel poursuivrait le débiteur en nom propre. La persistance de l'obligation dans le chef du cédant serait dépourvue de valeur pratique; le cédant ne demeurerait créancier que pour la forme [72]. Ce système manque de logique. Il revient à dire que, par suite de la cession, le cédant aurait un droit sans action et le cessionnaire une action sans droit. Mais qu'est-ce qu'un droit sans une action qui le garantit ? un non-sens. Et qu'est-ce qu'une action sans droit qui la produit ? un non-sens encore. Si le cessionnaire dispose d'une action en nom propre, cette action doit avoir pour fondement un droit propre, et ce droit ne peut être que la créance transférée par la cession. — Enfin, d'après quelques auteurs, le cessionnaire serait vis-à-vis du cédant un successeur, et vis-à-vis du débiteur un simple mandataire du cédant [73]. Mais cette doctrine implique contradiction. Si entre le cédant et le cessionnaire le droit d'obligation est transféré, il doit l'être également vis-à-vis du débiteur; si, sous le premier rapport, une aliénation est compatible avec la nature du droit de créance, il doit en être de même sous le second rapport. — La question de savoir si le droit d'obligation peut donner lieu à une succession à titre particulier ne présente au reste qu'un intérêt théorique; car il est certain que le cessionnaire jouit seulement des droits du cédant, nul ne pouvant transférer à autrui plus de droit qu'il n'en a lui-même [74].

IV. Avec la cession d'une créance ne doit pas être confondue la novation par laquelle on substitue un nouveau créancier à l'ancien. La cession ne fait que transférer au cessionnaire la créance existante; c'est pourquoi elle peut avoir lieu sans le consentement et malgré l'opposition du débiteur [75]. La novation substitue une obli-

---

(72) En ce sens Schmid, cité, T. II, § 18, cbn. avec T. I, § 3, Windscheid, II, § 329, et notes 7, 8 et 10, et Brinz, II, § 284.

(73) Bæhr, cité, § 8, p. 406-411, et *passim*, Vangerow, III, § 574, *Anm.* 1, n° 1 i. f., et Maynz, II, § 187, 188 et 189, et note 2.

(74) L'aliénabilité complète du droit de créance est admise par Rudorff, *Zu Puchta's Pandekten*, § 280, note a, et par Gide, cité, p. 231-376.

Cf. Salpius, *Die Novation und Delegation nach römischem Recht*, § 55, et Arndts, § 254, et *Anm.* 5.

(75) C. *h. t.*, L. 3; C. 8, 41 (42, édition Kriegel), *de novat.*, L. 1 i. f.

gation nouvelle à l'ancienne; elle éteint l'obligation préexistante et en crée une autre; or cette nouvelle obligation exige le consentement du débiteur [76].

§. 67. *Conditions de la cession.*

La cession des créances exige les conditions suivantes :

I. Le cédant doit avoir dans son patrimoine la créance qu'il s'agit de céder, et être capable d'aliéner; car la cession de la créance implique son aliénation.

II. La créance doit être cessible. Quelles sont les créances cessibles ? Avant de répondre à cette question, il importe de remarquer qu'elle ne se présente pas seulement pour les obligations en général et pour les actions personnelles qui en dérivent, mais aussi pour les actions réelles. En effet, l'action considérée comme droit est elle-même un droit de créance, qu'il s'agisse d'actions personnelles ou d'actions réelles; elle suppose toujours la lésion d'un droit de la part d'une personne déterminée, contre laquelle seule la poursuite peut être dirigée. L'action réelle est donc un droit de créance. Elle est bien distincte du droit réel qui lui sert de base [1]; le droit réel est absolu, il existe vis-à-vis de tous les membres de la société; l'action réelle, comme tout autre rapport obligatoire, est un droit relatif; elle n'a d'existence qu'à l'égard du tiers qui a lésé le droit réel. Dès lors la question de la cessibilité des actions réelles est aussi indépendante de celle de l'aliénabilité des droits réels, et la cession d'une action réelle n'implique pas nécessairement l'aliénation du droit réel correspondant, bien qu'elle puisse avoir cette portée. Mais il résulte de ces observations que la cessibilité des créances s'identifie avec celle des actions; aussi nos sources parlent-elles indifféremment de la vente d'une créance et de la vente d'une action [2]. — On peut dire que la cessibilité des actions est la règle, la non-cessibilité l'exception. En général les actions sont cessibles. Cependant

---

[76] C. *eod.*, L. 1 initio, L. 6.

[1] La même observation s'applique aux actions réelles fondées sur des droits de la personnalité. — [2] D. *h. t.*; C. *h. t.*

plusieurs d'entre elles sont déclarées incessibles par des dispositions spéciales de la loi; d'autres sont soustraites à la cession à raison de leur nature. Quelles sont ces dernières? Il n'existe pas à cet égard un principe général. Autrefois on posait la règle qu'une créance transmissible aux héritiers était cessible, et que celle qui était intransmissible, n'admettait pas non plus de cession; de là les brocards : « *quæ ad heredem sunt transmissibilia, sunt etiam cessi-* « *bilia,* » et « *quæ ad heredem non sunt transmissibilia, non* « *transeunt per cessionem* ». Dans les temps modernes ces idées ne rencontrent plus de défenseurs et avec raison. La cession d'une créance et sa transmission aux héritiers sont deux notions essentiellement différentes; on cherche en vain un rapport entre elles. Et en fait beaucoup de créances transmissibles sont incessibles; il suffira de citer les actions arrivées à la *litis contestatio*. D'autres qui sont intransmissibles, sont cessibles; si quelqu'un stipule une prestation à faire durant sa vie seulement, sa créance périra avec lui, sans que cette circonstance mette obstacle à la cession. Il faut donc se résoudre à déterminer d'une manière spéciale les actions incessibles. Appartiennent avant tout à cette catégorie les actions qui ont été introduites en justice, à partir de la *litis contestatio;* céder une pareille action, c'est trafiquer d'un procès ; ce trafic tend à prolonger les procès, en les faisant soutenir par quelqu'un qui se rend cessionnaire dans ce but, ce qui est contraire à l'intérêt général [3]. Restent les actions non encore arrivées à la *litis contestatio*. Nous considérerons séparément les actions réelles et les actions personnelles.

A) Parmi les actions réelles sont absolument incessibles celles qui résultent des droits attachés à la personnalité ; car ces droits ne peuvent jamais être exercés que par la personne à laquelle ils appartiennent. Le mari, le père, le tuteur ou le curateur doit exercer lui-même les droits inhérents à sa qualité ; aucun autre ne peut

---

(3) C. 8, 36 (37, édition Kriegel), *de litig.*, L. 2. C'est pour un motif analogue qu'il est défendu de céder une action non litigieuse à un homme puissant, dans l'intention de nuire à l'adversaire (C. 2, 13 (14, édition Kriegel), *ne lic. potent.*, L. 1, L. 2).

le remplacer dans cet exercice. Or la cession de l'action constituerait un abandon de l'exercice du droit. Le mari ne pourrait donc pas céder son interdit *de uxore exhibenda et ducenda*, ni le père de famille son interdit *de liberis exhibendis et ducendis* ou sa *vindicatio filii*(4). Mais *quid* des actions réelles naissant de droits réels?

1° Il n'est pas douteux que la revendication ne soit cessible à tous égards(5). Le cessionnaire pourra se faire restituer la chose et par cette restitution en deviendra propriétaire(6); car il en aura acquis la possession en vertu d'une juste cause; le cédant a voulu lui en transférer la propriété(7). Nous constatons ici que la cession de l'action revendicatoire amène, par voie de conséquence, l'aliénation de la chose. Ces règles s'appliquent en tous points à la pétition d'hérédité(8).

2° Le but de l'action négatoire est complexe. Si le demandeur obtient gain de cause, le juge reconnaît le libre exercice de sa propriété, condamne le défendeur aux restitutions nécessaires, et, le cas échéant, à des dommages et intérêts ainsi qu'à la prestation d'une caution *de non amplius turbando*. L'action négatoire n'est cessible que pour les dommages et intérêts; sous tous les autres rapports elle est incessible. Si le propriétaire la cède à un tiers, celui-ci agira en général pour compte du cédant; c'est au profit de ce dernier que seront prononcées la reconnaissance de la liberté de la propriété et la condamnation aux restitutions nécessaires et à la prestation de la caution *de non amplius turbando*. Le cessionnaire n'agira pour son compte personnel que quant aux dommages et inté-

---

(4) L'ancien droit romain autorisait le tuteur légitime et non fiduciaire des femmes à céder l'exercice de sa tutelle par la voie de l'*in jure cessio* (GAIUS, I, 168 initio, 169 et 170; ULPIEN, XI, 6-7). Mais la tutelle prémentionnée avait un caractère patrimonial plutôt que personnel.

(5) D. 6, 1, *de rei vindic.*, L. 21, L. 63; D. 18, 1, *de contr. empt.*, L. 35, § 4; C. h. t., L. 9. — (6) D. 6, 1, *de rei vindic.*, L. 46, L. 47, et arg. L. 69, L. 70.

(7) D. 6, 2, *de Publ. act.*, L. 7, § 1 initio. La revendication était déjà cessible à l'époque classique (arg. des textes des Pandectes de Justinien cités aux notes 5 à 7). MÜHLENBRUCH, cité, § 22, II, p. 246-252, MOLITOR, cité, II, n° 1190, et MAYNZ, II, § 190, B, 1°, et note 6. Cf. GLÜCK, XVI, § 1016, p. 380-381.

(8) En ce sens SCHMID, cité, T. II, § 33, III p. 344-345. Cf. MAYNZ, II, § 190, D.

rêts. Il n'existe en effet aucun motif pour que, à ce dernier point de vue, l'action négatoire ne soit pas cessible. Mais elle ne devait l'être qu'à ce point de vue. Le propriétaire qui cède son action négatoire, ne veut nullement se dépouiller de sa chose au profit du cessionnaire ; sinon il lui en ferait tradition et l'*accipiens* devenu propriétaire exercerait l'action négatoire en cette dernière qualité. Puisque le cédant entend conserver la propriété de la chose, la reconnaissance de la liberté de sa propriété et la condamnation à des restitutions ou à la caution *de non amplius turbando* ne pouvaient faire l'objet de la cession [9].

3° L'action confessoire est cessible dans le même sens que l'action négatoire, c'est-à-dire pour les dommages et intérêts ; elle est incessible sous tous les autres rapports. Les considérations que nous avons fait valoir à l'occasion de l'action négatoire, s'appliquent pleinement à l'action confessoire, *mutatis mutandis ;* ici il s'agit non pas du droit de propriété et de la reconnaissance de sa liberté, mais du droit de servitude et de sa reconnaissance [10].

4° Très délicate est la cessibilité de l'action hypothécaire. Il est clair que la cession de l'obligation principale garantie par l'hypothèque entraîne le transfert de l'hypothèque et de l'action hypothécaire qui en sont des accessoires [11]. Mais peut-on céder l'action hypothécaire sans l'obligation principale ? Evidemment il n'est pas possible de la transférer de cette obligation à une autre. Mais nous pensons que, l'action hypothécaire demeurant attachée à l'obligation primitive, est susceptible d'être cédée à un tiers. Le cédant restera créancier ; le cessionnaire succèdera seulement à son action hypothécaire. Il pourra poursuivre par cette action les tiers détenteurs de la chose hypothéquée et se faire restituer celle-ci. En outre, de même que la cession de l'action revendicatoire implique la volonté de transférer la propriété, la cession de l'action hypothécaire suppose l'intention d'aliéner le droit d'hypothèque. Donc le cessionnaire pourra aussi vendre la chose hypothéquée et retenir sur le produit de la vente le montant de l'obligation principale ; il ne devra pas

(9) En ce sens Maynz, II, § 190, B, 1°.
(10) En ce sens Maynz, II, § 190, B, 2°. — (11) C. *h. t.*, L. 8.

compte au cédant de cette retenue, car il a agi dans son propre intérêt. De son côté le débiteur sera libéré envers le cédant, et la cession de l'action hypothécaire aura eu pour conséquence l'extinction de l'obligation principale [12].

B) En ce qui concerne les actions personnelles :

1° Les interdits conservatoires de la possession, appartenant au possesseur simplement troublé, ne sont cessibles que pour les dommages et intérêts ; ils sont incessibles pour autant qu'ils tendent à faire reconnaître la possession et à obtenir une caution *de non amplius turbando*. Les motifs sont les mêmes que ceux que nous avons indiqués à l'occasion de l'action négatoire [13]. Par contre, les interdits récupératoires de la possession, ainsi que les interdits conservatoires fondés sur une dépossession, sont pleinement cessibles [14], par analogie de l'action revendicatoire [15]. Ici également le cessionnaire pourra se faire restituer la possession et la garder pour lui ; car le cédant a voulu l'aliéner à son profit [16].

2° Sont complètement incessibles les actions publiques, par lesquelles tout citoyen pouvait se porter accusateur d'un crime (*accusatio criminis, in crimen subscribere*) [17], et les actions populaires, c'est-à-dire les actions qui, étant censées intéresser la société entière, appartenaient à tous les citoyens, comme l'action *de sepulcro violato*, l'action *de albo corrupto*, l'interdit *de homine libero exhibendo* [18]. La raison en est que, avant la *litis contestatio*, ces actions ne font pas partie du patrimoine d'un citoyen déterminé ; elles sont

(12) Admettent la cession de l'action hypothécaire sans celle de la créance Molitor, cité, II, n°ˢ 1190 i. f. et 1199, Schmid, cité, T. II, § 33, III, p. 345, Vangerow, III, § 574, *Anm.* 2, p. 108-109, et Windscheid, II, § 335, 1° i. f.

Contra Mühlenbruch, cité, § 28, 2°, p. 332-348, Puchta, cité, p. 644-645, Dernburg, *Pfandrecht* I, § 78, p. 561-562, Sintenis, II, § 128, et note 39¹, et Maynz, II, § 190, D.

(13) Cf. ci-dessus n° II, A, 2°, du présent paragraphe.

(14) D. 5, 3, *de heredit. petit.*, L. 16, § 4, vⁱˢ « habet interdictum unde vi, quo « victus cedere debet. »

(15) Cf. ci-dessus n° II, A, 1°, du présent paragraphe.

(16) Cf. Maynz, II, § 190, C i. f.

(17) Arg. D. 48, 1, *de publ. judic.*, L. 13, § 1 initio.

(18) Arg. D. 47, 23, *de popul. act.*, L. 5 i. f. cbn. avec l'initium.

dans le patrimoine du peuple entier [19]. Elles ne commencent à appartenir à un citoyen déterminé qu'à partir de la *litis contestatio,* et alors encore elles sont incessibles comme actions litigieuses.

3° N'admettent pas non plus de cession les actions qui tendent à une réparation morale plutôt que pécuniaire, d'après l'expression romaine les *actiones vindictam spirantes,* telles que l'action d'injures [20], l'action en révocation d'une donation pour cause d'ingratitude du donataire [21], et la *querela inofficiosi testamenti* [22]. Une réparation morale ne peut être demandée que par celui dans l'intérêt de qui elle a été établie ; un tiers est sans qualité pour la réclamer.

4° Sont encore incessibles les créances ayant pour objet une prestation dont le contenu dépend de la personne du créancier. A cette catégorie appartiennent les créances qui ont pour objet, soit des services en général, comme dans la *locatio operarum* [23], soit la constitution d'une servitude personnelle, soit des aliments [24]. Le contenu de ces créances étant déterminé par la personne du créancier, leur cession à un tiers changerait l'obligation [25].

5° Les tuteurs et curateurs ne peuvent se rendre cessionnaires d'une créance contre la personne soumise à leur tutelle ou curatelle. On a craint qu'ils ne fussent entraînés par la cession à détruire les moyens de défense de l'incapable [26]. C'est pourquoi, même après que leur tutelle ou curatelle a pris fin, il ne leur est pas permis de se rendre cessionnaires de créances déjà nées contre l'incapable pendant la gestion ; car des fraudes eussent été possibles en vue d'une cession future [27].

---

(19) Cf. D. *eod.,* L. 7, § 1, et D. 50, 16, *de V. S.,* L. 12, pr. i. f.

(20) Arg. D. 47, 10, *de injur.,* L. 28, et D. 37, 6, *de collat. bon.,* L. 2, § 4.

(21) Arg. C. 8, 55 (56, édition Kriegel), *de revoc. donat.,* L. 7, § 3 (L. 7, édition Kriegel). — (22) Arg. D. 5, 2, *de inoffic. testam.,* L. 4.

(23) Arg. D. 12, 6, *de condict. indeb.,* L. 26, § 12, v^{is} Sed si delegatus sit......... non teneri eum, et D. 38, 1, *de oper. libert.,* L. 9, § 1 initio.

(24) Arg. D. 2, 15, *de transact.,* L. 8, § 10.

(25) D. 38, 1, *de oper. libert.,* L. 9, § 1, v^{is} proprietas earum et in edentis persona et in ejus cui eduntur constitit. — (26) Nov. 72, c. 5, pr. et § 1 i. f.

(27) Nov. 72, c. 5, § 1 initio.

6° Peut-on céder sa créance contre un fidéjusseur ? Si on cède sa créance contre le débiteur principal, on cède virtuellement celle que l'on a contre le fidéjusseur ; l'accessoire suit la condition du principal (28). Mais il est aussi possible de céder la créance contre le fidéjusseur, sans la créance principale. Le droit du cédant contre la caution passera tel quel au cessionnaire, et notamment celui-ci pourra être repoussé par le bénéfice de discussion. Que si la caution paye le cessionnaire, ce payement ayant été fait valablement en vertu de la cession libèrera le débiteur principal ; la cession de l'accessoire aura amené l'extinction du principal. Il va de soi d'ailleurs que la cession séparée de la créance contre la caution n'est possible qu'à la condition que le cautionnement continue de garantir la même obligation principale, dans le sens que nous venons d'indiquer ; il ne peut être question de transférer l'obligation du fidéjusseur à une autre obligation principale. Ainsi entendue, la cession séparée de la créance contre le fidéjusseur semble ne soulever aucune objection ; elle n'en est pas moins très contestée (29).

7° Peut-on céder des créances naissant de conventions bilatérales? Pareille cession est possible à tous égards, qu'il s'agisse de conventions bilatérales parfaites ou de conventions bilatérales imparfaites, de conventions transmissibles ou de conventions intransmissibles aux héritiers des parties. L'associé, le mandant et le mandataire peuvent céder leur créance contre le cocontractant, bien que la société et le mandat ne passent pas aux héritiers ; la cessibilité des obligations n'a rien de commun avec leur transmissibilité (30). Peu importe aussi que le contractant ne puisse pas se substituer un tiers dans l'exécu-

---

(28) D. *h. t.*, L. 23, pr.

(29) Voyez en notre sens MOLITOR, cité, II, n° 1199, VANGEROW, III, § 574, *Anm.* 2, p. 108-109, et WINDSCHEID, II, § 335, 1° i. f.

Contra MÜHLENBRUCH, cité, § 28, 2°, p. 332, UNTERHOLZNER, cité, T. I, § 280, VI, 7°, et PUCHTA, cité, p. 644.

(30) D. 17, 2, *pro socio*, L. 68, pr.; cf. D. 10, 3, *comm. divid.*, L. 14, § 3.

En ce sens SCHMID, cité, II, § 32, A, 1°, p. 314, VANGEROW, III, § 574, *Anm.* 2, n° 1, MAYNZ, II, § 190, note 15, et WINDSCHEID, II, § 335, note 13.

Contra MÜHLENBRUCH, cité, § 27, II, 1°, a, b et c, p. 307-309.

tion de ses obligations; il ne saurait résulter de là une impossibilité
de céder les créances qui lui appartiennent; l'associé peut
pleinement céder ses créances contre ses coassociés [31]. Il est non
moins indifférent que la créance naissant du contrat bilatéral ait
pour objet des prestations continues ou des prestations successives.
Le bailleur et le preneur d'une chose sont admis à céder, en tout ou
en partie, leurs créances respectives à raison du bail [32]; ces créances n'ont aucun caractère personnel. La même cession est permise
au maître de l'ouvrage et à l'entrepreneur, lorsque des services ont
été loués en vue d'un ouvrage déterminé (*locatio operis*) [33]. Nos
sources reconnaissent au reste la cessibilité de l'*actio locati* [34] et de

[31] D. 17, 2, *pro socio*, L. 68, pr.; cf. D. 10, 3, *comm. divid.*, L. 14, § 3.

[32] sauf que la cession est impossible de la part d'un preneur à qui le contrat
défend de sous-louer.

[33] Dans le louage de services en général (*locatio operarum*), l'ouvrier peut
encore céder sa créance contre le maître. Mais celui-ci ne peut pas céder sa
créance contre l'ouvrier; car le contenu de cette créance dépend de la personne
du maître (cf. ci-dessus le n° II, B, 4°, du présent paragraphe).

[34] D. 7, 1, *de usufr.*, L. 59, § 1. PAULUS *libro III sententiarum.*

« Quidquid in fundo nascitur vel quidquid inde percipitur, ad fructuarium per-
« tinet, pensiones quoque jam antea locatorum agrorum, si ipsæ quoque speciali-
« ter comprehensæ sint. Sed ad exemplum venditionis, nisi fuerint specialiter
« exceptæ, potest usufructuarius conductorem repellere. »

« Tout ce qui naît sur le fonds de terre ou tout ce qu'on en retire appartient à
« l'usufruitier, même les fermages de terres antérieurement louées, s'ils ont été
« compris d'une manière spéciale (dans l'usufruit). Mais, comme dans le cas de
« vente, l'usufruitier peut expulser le fermier, à moins que les fermages n'aient
« été spécialement exceptés (de l'usufruit). »

Paul se demande dans ce passage quel est le droit de l'usufruitier d'un fonds de
terre sur les fruits naturels de ce fonds et sur les fermages de terres déjà louées
au commencement de l'usufruit. Les fruits naturels lui appartiennent. Mais en
principe il ne peut prétendre aux fermages; il a seulement le droit d'expulser le
fermier. Toutefois, les fermages lui reviennent si le testateur les lui a accordés
d'une manière spéciale (L. 59, § 1 initio), et le jurisconsulte veut nous apprendre
par là que l'usufruitier dispose alors de l'*actio locati* pour réclamer le payement
des fermages, ce qui n'est possible que si cette action lui a été cédée par l'héritier
D'un autre côté, l'usufruitier doit s'abstenir d'expulser le fermier si le testateur
lui refuse directement les fermages (L. 59, § 1 i. f.); à la vérité cette disposition ne
le prive pas de son droit d'expulsion, puisqu'il a un droit réel sur l'immeuble; mais,
s'il expulse le fermier, il est obligé à des dommages et intérêts envers l'héritier
(SCHMID, cité, II, § 32, A, I, 4°, p. 319-320).

l'*actio conducti* [35] et presque tous nos auteurs s'entendent sur ce
point [36]. Enfin la cessibilité des créances fondées sur des conventions bilatérales ne rencontre pas d'obstacle dans la circonstance
que le débiteur cédé est encore créancier réciproque du cédant et
qu'il ne peut être contraint de payer qu'après avoir été payé lui-
même par le cédant. C'est ainsi que le vendeur peut, avant la livraison de la marchandise, céder sa créance contre l'acheteur. Mais
tant que la chose ne lui aura pas été livrée, l'acheteur cédé repoussera le cessionnaire, comme il eût pu repousser le vendeur; car il
dispose contre le cessionnaire de tous les moyens de défense qui
lui compétaient vis-à-vis du cédant [37]. — Ce que nous venons de
dire précise le sens dans lequel les conventions synallagmatiques

(35) D. 32, *de leg. III*, L. 30, § 1. Labeo *libro II posteriorum a* Javoleno *epitomatorum.*

« Qui hortos publicos a re publica conductos habebat, eorum hortorum fructus
« usque ad lustrum, quo conducti essent, Aufidio legaverat et heredem eam conduc-
« tionem eorum hortorum ei dare damnaverat sinereque uti eum et frui. Respondi
« heredem teneri sinere frui : hoc amplius heredem mercedem quoque hortorum
« rei publicæ præstaturum. »

« Quelqu'un, qui tenait en bail d'une ville des jardins publics, avait légué à
« Aufidius les fruits de ces jardins jusqu'à l'expiration des cinq années pour les-
« quelles ils avaient été pris en bail, et il avait condamné son héritier à lui céder
« le bail des jardins et à lui permettre d'en user et d'en jouir. J'ai répondu que
« l'héritier est tenu de laisser jouir et que de plus il devra payer à la ville le fer-
« mage des jardins. »

Le legs dont il est question dans cette loi, avait pour objet la cession d'un
louage de choses de la part du preneur, en d'autres termes la cession de l'*actio
conducti* (conductionem... dare damnaverat), et le jurisconsulte la déclare valable.

(36) Voyez Molitor, cité, II, nº 1197, Worms, cité, p. 22, Schmid, cité, II,
§ 32, A, I, p. 314-323, Vangerow, III, § 574, *Anm.* 2, nº 1, Maynz, II, § 190, note
15, et Windscheid, II, § 335, note 14.

Contra Mühlenbruch, cité, § 27, II, 1º, p. 310-323. L'auteur admet qu'à l'occasion du louage, la cession peut porter sur des créances spéciales telles que le payement du prix, des dommages et intérêts ou la restitution de la chose; mais il
conteste la cessibilité de l'ensemble du droit résultant du louage. Cette distinction
n'est pas soutenable. Si on peut céder la partie, pourquoi serait-il impossible de
céder le tout? Mühlenbruch lui-même (§ 24, A, 1º, p. 259-262) reconnaît la cessibilité de créances futures.

(37) Cf. D. 17, 2, *pro socio*, L. 68, pr., cbn. avec D. 10, 3, *comm. divid.*,
L. 14, § 3.

donnent lieu à la cession. Celle-ci a pour objet la créance résultant de ces conventions, et nullement la dette corrélative à la créance; cette dette continue de reposer sur la tête du cédant. La cession ne porte pas sur l'ensemble du rapport obligatoire; le cessionnaire ne devient pas vendeur, bailleur, associé, mandant, etc., au lieu et place du cédant. Il ne succède qu'à l'une des faces du rapport obligatoire, à la face active et non à la face passive, et il ne succède d'ailleurs à la créance du cédant que telle qu'elle appartenait à ce dernier (38).

8° Peut-on céder une obligation naturelle ? Oui, avec les droits qui y sont inhérents : exception contre la *condictio indebiti*, compensation, action *ex stipulatu* contre les fidéjusseurs, action hypothécaire, etc. Dans le cas de cession d'une obligation civile, le cessionnaire jouit de ces différents droits, et dès lors la cession d'une obligation naturelle doit être valable dans le même sens (39). Toutefois, le cessionnaire d'une obligation naturelle ne peut l'opposer en compensation que s'il est devenu débiteur civil du cédé postérieurement à la cession; s'il lui était permis de compenser avec la créance naturelle ses dettes civiles antérieures à la cession, celle-ci lui fournirait un moyen de se libérer de sa dette civile en achetant à vil prix une créance naturelle contre son créancier. Les interprètes du droit romain sont divisés sur la cessibilité de l'obligation naturelle et sur la faculté de l'opposer en compensa-

______

(38) Cf. C. *h. t.*, L. 2.

(39) Arg. D. 36, 1, *ad sctum Trebell.*, L. 41 (L. 40, édition Kriegel), pr. PAULUS *libro XX ad edictum.* « Quamvis senatus de his actionibus transferendis loquatur, « quæ jure civili heredi et in heredem competunt, tamen honorariæ actiones « transeunt : nulla enim separatio est : immo et causa naturalium obligationum « transit. »

D'après Paul, même les obligations naturelles appartenant au *decujus* passent du fiduciaire au fidéicommissaire; or cette transmission est tout à fait analogue à la cession (D. *eod.*, L. 6, § 2 i. f.), tellement que le fidéicommissaire a des actions utiles contre les débiteurs héréditaires (I. 2, 23, *de fideic. heredit.*, § 4 i. f.). A la vérité, on pourrait songer à appliquer la disposition finale de notre passage à des obligations civiles fondées sur le droit des gens; mais les mots ' *immo et* ' indiquent une transition à un nouvel ordre d'idées.

Voyez encore le D. 36, 2, *quando dies leg. v. fideic. ced.*, L. 25, § 1. Il résulte de ce texte que les obligations naturelles peuvent faire l'objet d'un legs.

tion. Plusieurs repoussent la cessibilité (40); d'autres qui l'acceptent, admettent (41) ou excluent (42) d'une façon trop générale la compensation (43).

9° Enfin, est-il permis de céder à un enfant sous puissance une créance contre son père de famille, ou bien à celui-ci une créance contre celui-là, ou bien encore à un enfant sous puissance une créance contre un autre enfant soumis à la même puissance ? Cette cession ne rencontre aucun obstacle dans les principes généraux du droit romain, alors même que la créance cédée n'est pas relative aux pécules castrain ou quasi-castrain. Toutefois comme, en dehors de ces pécules, une obligation naturelle est seule possible entre personnes unies par la puissance paternelle (44), la créance cédée sera réduite à l'état d'obligation naturelle aussi longtemps que subsistera le lien de la puissance paternelle entre le cessionnaire et le cédé (45).

Quid si une cession est faite contrairement à l'une des règles prémentionnées ? La cession est nulle, considérée comme non avenue. Donc la créance ne passe pas au cessionnaire; elle reste au cédant(46). Par exception à cette règle, dans le cas d'une cession faite au tuteur

(40) Tels sont Schwanert, *Naturalobligatio*, § 12, p. 176-186, et Schmid, cité, T. I, § 9, III.

L'opinion commune nous est favorable (Mühlenbruch, cité, § 22, III. — Molitor, cité, II, n° 1186. — Worms, cité, p. 16-17. — Vangerow, III, § 574, *Anm*. 2 initio. — Maynz, II, § 190, C, et note 12. — Windscheid, II, § 335, 1° i. f.)

(41) Molitor, cité, II, n° 1186 i. f.

(42) D'Avis et Arndts, *Zeitschrift für Civilrecht und Prozess, Neue Folge*, X, n° 5, p. 114-125, la repoussent à la seule exception du cas où le cessionnaire est poursuivi par le cédé en payement d'une créance ayant appartenu originairement au cédant.

(43) Worms, cité, p. 17, Vangerow, III, § 574, *Anm*. 2 initio, et Windscheid, II, § 335, note 16, admettent la compensation en règle générale; le dernier ajoute qu'il y a lieu d'excepter le cas où la cession a été faite dans le but de nuire au débiteur. — (44) Cf. ci-dessus § 47, II, 2°.

(45) D. 44, 7, *de O. et A.*, L. 7. « Actiones adversus patrem filio præstari non « possunt, dum in potestate ejus est filius. »

On n'est nullement autorisé à fonder sur cette loi une incessibilité au fils des créances contre le père. Vangerow, III, § 574, *Anm*. 2, n° 4, p. 108.

(46) C. 8, 36 (37, édition Kriegel), *de litig.*, L. 2 i. f.

ou au curateur du débiteur cédé, celui-ci est libéré. Le créancier de l'incapable est déchu de son droit à titre de peine ; s'il était demeuré créancier, rien n'eût été plus facile que d'éluder la prohibition de la loi, en faisant poursuivre l'incapable par le cédant pour compte du tuteur ou du curateur [47]. L'incapable n'est plus même obligé naturellement envers le cédant [48].

III. La cession d'une créance exige une juste cause, et celle-ci se présente sous deux formes différentes : c'est ou bien un acte juridique ayant pour objet l'aliénation de la créance, ou bien la loi qui, indépendamment de tout acte juridique, impose au créancier l'obligation de transférer sa créance.

A) L'acte juridique ayant pour objet l'aliénation de la créance peut être une vente [49], une donation [50], une constitution de dot [51], une société [52], une convention de partage [53], une dation en payement [54], une transaction, un legs [55], un jugement rendu, soit à l'action en partage [56], soit à une autre action ; notamment

(47) Nov. 72, c. 5, § 1 i. f.

(48) Arg. Nov. 72, c. 5, § 1, v^{is} lucrum sit minoris.......... minor lucretur.

En ce sens MOLITOR, cité, II, n° 1201 i. f., SCHWANERT, *Naturalobligatio*, § 23, p. 478-479, MACHELARD, *Obligations naturelles*, p. 520-521, et VANGEROW, III, § 574, *Anm.* 2, n° 2, p. 111-112.

Contra MÜHLENBRUCH, cité, § 32, p. 392-393.

De même, dans le cas d'une cession faite méchamment à un homme puissant (cf. ci-dessus note 3 du présent paragraphe), le débiteur est libéré pour un motif analogue (Arg. C. 2, 13 (14, édition Kriegel), *ne lic. potent.*, L. 2), sans qu'il subsiste une obligation naturelle (Arg. L. 2 cit., v^{is} *debiti* creditoris jactura multentur). On a soutenu cependant que la créance profitait ici au fisc (MÜHLENBRUCH, cité, § 30, p. 377-378); mais voyez WEBER, *Natürliche Verbindlichkeiten*, § 94 initio, MOLITOR, cité, II, n° 1200 initio, SCHWANERT, *Naturalobligatio*, § 23, p. 476, MACHELARD, *Obligations naturelles*, p. 517, et VANGEROW, III, § 574, *Anm.* 2, n° 1, p. 110-111. Et l'on a aussi défendu la persistance d'une obligation naturelle (SCHWANERT, l. c.); mais voyez WEBER, l. c., MOLITOR, cité, II, n° 1200 i. f., et VANGEROW, III, § 574, *Anm.* 2, n° 1, p. 111. Cf. MACHELARD, l. c.

(49) C. h. t., L. 8.

(50) C. 8, 53 (54, édition Kriegel), *de donat.*, L. 33, pr. (L. 33 initio, édition Kriegel). — (51) C. 4, 10, *de O. et A.*, L. 2. — (52) D. 17, 2, *pro socio*, L. 3, pr.

(53) D. 10, 2, *fam. ercisc.*, L. 2, § 5.

(54) C. 4, 15, *quando fisc. v. priv.*, L. 5. — (55) C. 6, 37, *de leg.*, L. 18.

(56) D. 10, 2, *fam. ercisc.*, L. 3.

le demandeur victorieux peut être autorisé par le magistrat à saisir des créances appartenant au défendeur, à l'effet de poursuivre comme cessionnaire les débiteurs du défendeur [57]. En général, ces actes juridiques demeurent soumis aux principes du droit commun. S'agit-il de donner une créance supérieure à 500 solides, la donation, pour être valable, devra être insinuée [58], et si c'est un époux qui fait donation de la créance à son conjoint, la libéralité ne produira ses effets que si le donateur décède dans le mariage sans l'avoir révoquée [59]. De son côté, le legs d'une créance doit réunir les conditions ordinaires requises pour la confection d'un legs, et il ne devient efficace que si l'hérédité a été acquise par ceux qui y étaient appelés en premier lieu [60]. Mais, dans le cas de vente, pour que la créance vendue soit transférée à l'acheteur, il ne faut pas que celui-ci ait payé le prix de la cession, quoique, dans le cas de vente d'une chose corporelle, la propriété ne soit transférée à l'acheteur que par le tradition et le payement du prix [61]. Cette dernière règle a un caractère exceptionnel et partant n'admet pas d'extension analogique [62].

B) La loi oblige à la cession d'une créance dans les cas suivants :

1º Le débiteur solidaire poursuivi pour le tout peut exiger du créancier la cession des actions qui lui appartiennent à raison de la dette, à moins que le recours contre ses coobligés ne lui soit directement refusé [63].

2º Le tiers détenteur de bonne foi d'une chose hypothéquée, c'est-à-dire celui qui a acquis cette chose sans avoir connu l'hypothèque, peut, lorsqu'il est poursuivi par le créancier hypothécaire, réclamer de celui-ci la cession de ses droits et actions, en lui offrant le payement de sa créance [63a].

---

(57) D. 42, 1, *de re judic.*, L. 15, § 8 et 10. — (58) Cf. I. 2, 7, *de donat.*, § 2.

(59) Cf. D. 24, 1, *de donat. inter V. et U.*, L. 32, pr., § 1, 2 et 14 initio, L. 62, § 1 initio. — (60) Cf. D. 31, *de leg. II*, L. 81, et D. 32, *de leg. III*, L. 1, § 9.

(61) D. 18, 1, *de contr. empt.*, L. 19.

(62) En ce sens MÜHLENBRUCH, cité, § 42, p. 456-457, et SCHMID, cité, I, § 21, A, 2º, p. 203-204. Cf. PUCHTA, *Vorles.* II, § 281-282, 2º initio, et *Weiske's Rechtslexikon* II, p. 640-641. — (63) Cf. ci-dessus § 52, I, B, § 53, 1º, et note 15.

(63a) D. 20, 4, *qui potiores*, L. 19.

3° Lorsque le défendeur à une action quelconque se trouve par sa faute empêché de restituer en nature la chose réclamée, et qu'il est condamné à en payer l'estimation, il peut contraindre le demandeur à lui céder ses actions relatives à la chose. Le demandeur obtenant la valeur de la chose, il est juste qu'il se dépouille de ses droits par rapport à elle. En réalité la chose qui fait l'objet de la demande, est réputée vendue au défendeur pour le montant de l'estimation [64]. Ce principe s'applique à la revendication [65], à la pétition d'hérédité [66] et aux actions personnelles [67]. En général, le défendeur a droit à la cession des actions du demandeur, alors même qu'il est condamné pour dol [68]. Il faut en excepter le cas où il s'agit d'un défendeur à la revendication [69] ou à la pétition d'hérédité [70]; autrement, disent nos sources, le défendeur disposerait d'un moyen commode de s'approprier le bien d'autrui, en se faisant condamner au payement de sa valeur [71].

Dans les trois cas prémentionnés, la cession de créance imposée au demandeur vis-à-vis du défendeur constitue pour ce dernier un moyen de défense; de là le nom de bénéfice de cession d'actions (*beneficium cedendarum actionum*).

4° Lorsque le débiteur d'une chose à un titre quelconque est libéré de son obligation, parce qu'il est dans l'impossibilité de livrer la chose par suite d'une circonstance qui ne lui est pas imputable, il doit au moins céder à son créancier les actions qu'il a pu acquérir par rapport à la chose. La règle s'applique entre autres à la vente [72], au

(64) D. 6, 2, *de Public. act.*, L. 7, § 1 initio.

(65) D. 6, 1, *de rei vindic.*, L. 63 initio. — (66) Arg. L. 63 initio, cit.

(67) D. 4, 9, *nautæ caupones*, L. 6, § 4 initio; D. 19, 2, *locati*, L. 25, § 8; D. 42, 1, *de re judic.*, L. 12; D. 47, 2, *de furt.*, L. 54 (L. 53, édition Kriegel), § 3.

(68) D. 42, 1, *de re judic.*, L. 12; D. 11, 3, *de servo corrupto*, L. 14, § 9.

(69) D. 6, 1, *de rei vindic.*, L. 69, L. 70. — (70) Arg. L. 69, L. 70, cit.

(71) L. 70 i. f., cit. L'exception dont il s'agit n'est expressément consacrée que pour le possesseur fictif qui a cessé de posséder par dol et au point de vue de la revendication spéciale. Mais il paraît difficile de ne pas l'appliquer d'une manière générale à tous les cas de dol commis par un défendeur à la revendication ou à la pétition d'hérédité (Voyez en notre sens MAYNZ, T. I, § 119, et notes 21, 23, 24, et T. II, § 409, B, et note 45. Contra MOLITOR, cité, II, n° 1207, et VANGEROW, III, § 574, *Anm.* 4, n° 4.

(72) I. 3, 23, *de empt. et vendit.*, § 3ᵃ i. f. (§ 3 i. f., édition Kriegel).

dépôt (73), à l'obligation d'exécuter un legs (74), ainsi qu'au défendeur à la revendication (75), à la pétition d'hérédité (76) et à l'action hypothécaire (77).

5° Quiconque acquiert une créance dans l'administration des affaires d'autrui, comme mandataire, gérant d'affaires, tuteur ou curateur, est tenu de la céder à son principal (78). L'administrateur devra même céder la restitution en entier qu'il a pu acquérir; notamment le gérant d'affaires mineur sera obligé de céder au maître la restitution en entier pour cause de minorité (79). Toutefois, le principal n'aurait pas droit à la cession de la restitution en entier s'il avait renoncé à ce bénéfice, par exemple en donnant un mandat à un mineur, alors qu'il connaissait son âge (80).

C) Comme la juste cause de cession est tantôt un acte juridique,

(73) D. 16, 3, *depos.*, L. 16.

(74) D. 9, 2, *ad leg. Aquil.*, L. 15, pr. Si la chose léguée périt totalement par la faute d'un tiers avant l'adition d'hérédité, le legs n'ayant plus d'objet ne peut plus être acquis au légataire lors de l'adition d'hérédité, et partant l'action de la loi *Aquilia* reste à l'héritier (L. 15, pr. initio, cit.). Mais si un tiers détériore la chose léguée ou bien la fait périr en partie avant l'adition d'hérédité, le légataire n'en acquerra pas moins son legs, et l'héritier devra lui céder l'action Aquilienne (L. 15, pr. i. f., cit.). — (75) D. 6, 1, *de rei vindic.*, L. 21 initio.

(76) D. 5, 3, *de heredit. petit.*, L. 20, § 17, L. 40, § 2.

(77) Arg. des textes cités aux deux notes précédentes.

(78) D. 17, 1, *mand.*, L. 43; D. 13, 7, *de pignor. act.*, L. 13, pr.; l'action in *factum* dont il est question à la fin du dernier texte, est l'*actio venditi utilis quasi ex jure cesso.* Cf. D. 26, 9, *quando ex facto tut. v. curat.*, L. 2.

(79) D. 4, 4, *de minor.*, L. 24, pr. PAULUS *libro I sententiarum.*

« Quod si minor sua sponte negotiis majoris intervenerit, restituendus erit, ne
« majori damnum accidat. Quod si hoc facere recusaverit, tunc si conventus fuerit
« negotiorum gestorum, adversus hanc actionem non restituitur : sed compellen-
« dus est sic ei cedere auxilio in integrum restitutionis, ut procuratorem eum in
« rem suam faciat, ut possit per hunc modum damnum sibi propter minorem
« contingens resarcire. »

Le gérant d'affaires mineur peut se faire restituer en entier et le maître profitera de cette restitution. Si le gérant se refuse à réclamer la restitution, le maître le poursuivra par l'action directe de gestion d'affaires, dans le but de se faire céder le bénéfice de la restitution en entier, et le défendeur ne pourra pas invoquer la restitution contre cette demande.

Cf. PAUL, I, 9, § 2 i. f.

(80) PAUL., I, 9, § 2 initio.

tantôt la loi, les auteurs ont l'habitude de distinguer des cessions volontaires et des cessions nécessaires [81]. Cette division n'est pas rationnelle. La cession est nécessaire alors même qu'elle est imposée au créancier par un acte juridique ; elle a lieu en vertu d'une nécessité juridique [82]. Dans tous les cas, la division est inutile et nos sources s'abstiennent de l'établir.

SECTION II. — EFFETS DE LA CESSION.

Les effets de la cession doivent être considérés d'abord entre le cédant et le cessionnaire, ensuite vis-à-vis du débiteur.

§ 68. *Effets entre le cédant et le cessionnaire.*

Il faut partir de ce principe que la cession d'une créance est une aliénation ; le droit commun des aliénations lui est applicable. En conséquence :

I. Le cédant est obligé de procurer au cessionnaire le bénéfice de la créance, et notamment de lui céder ses actions [1]. A plus forte raison, ne peut-il pas dépouiller le cessionnaire de l'avantage de la cession en amenant par son fait l'extinction de la dette, en recevant le payement, en remettant la dette au débiteur, en concluant une novation avec lui, etc. ; sinon il doit payer des dommages et intérêts au cessionnaire [2].

II. En ce qui concerne la garantie due par le cédant au cessionnaire, il y a lieu de séparer les cessions à titre onéreux des cessions à titre gratuit.

A) Dans le cas d'une cession à titre onéreux, le cédant doit garantir l'existence [3] et l'efficacité [4] de la créance ; il sera donc soumis à un recours de la part du cessionnaire si la créance cédée n'est que naturelle ou bien si le débiteur dispose d'une exception de dol ou de violence [5]. Le cédant doit encore garantir le montant de

(81) MÜHLENBRUCH, cité, § 40-45, PUCHTA, *Pand.*, § 281 initio, et *Vorles.* II, § 281-282 initio, MOLITOR, cité, II, nᵒˢ 1203-1210, WORMS, cité, p. 31-34, et VANGEROW, III, § 574, *Anm.* 4.

(82) ARNDTS, § 255, *Anm.* 3. — Cf. WINDSCHEID, II, § 330, 1ᵒ, et note 6 initio.

(1) D. *h. t.*, L. 23, pr. — (2) L. 23, § 1, cit. — (3) D. *h. t.*, L. 4 i. f.

(4) D. *h. t.*, L. 5 initio. — (5) L. 5 i. f., cit.

la créance, si, comme il arrive d'habitude, ce montant est indiqué au contrat ; car par cette mention il affirme une qualité spéciale de la créance [6]. Mais en règle générale il ne répond pas de la solvabilité du débiteur. Cette solvabilité n'affecte pas le droit même du créancier ; c'est un fait que le cessionnaire peut et doit vérifier avant de contracter ; s'il a négligé de s'en enquérir, il supporte la peine de son incurie [7]. Par dérogation à la règle :

1° Le cédant peut, par une clause spéciale du contrat, garantir la solvabilité du débiteur [8]. Il doit alors garantir que le débiteur est solvable au moment de la cession ; mais il ne répond pas de son insolvabilité subséquente. En droit, en affirmant que le débiteur peut payer, le cédant se borne à affirmer qu'il peut payer actuellement ; et en supposant même que la clause fût douteuse, le doute devrait profiter au promettant. En fait, si le débiteur devient insolvable après coup, c'est par suite de la négligence apportée à la poursuite que le cessionnaire subit une perte. Toutefois, si la créance cédée est conditionnelle ou à terme, la garantie de la solvabilité du débiteur se réfère à l'époque de l'accomplissement de la condition ou de l'expiration du terme ; ce n'est qu'à cette époque que la solvabilité du débiteur présente de l'intérêt ; c'est donc à elle que les parties ont entendu se rapporter [9].

2° Le cédant qui connaît l'insolvabilité du débiteur au moment de la cession, doit la déclarer au cessionnaire, sinon il est passible d'un recours à raison de son dol [10].

On résume les règles prémentionnées, en disant que le cédant doit prester le *nomen verum* mais non le *nomen bonum*.

(6) Arg. L. 5 i. f., cit. — (7) D. *h. t.*, L. 4 initio ; D. 21, 2, *de evict.*, L. 74, § 3.

(8) D. *h. t.*, L. 4.

(9) En ce sens MOLITOR, cité, II, n° 1217 initio, et MAYNZ, II, § 189, note 15.

(10) D. 21, 2, *de evict.*, L. 74, § 3. On a prétendu que celui qui donnait une créance en dot, devait garantir de plein droit la solvabilité du débiteur cédé. Mais la seule faveur du mariage ou de la dot ne nous autorise pas à admettre cette exception. Quant au D. 24, 3, *sol. matrim.*, L. 49, pr., il rend seulement le mari responsable de l'insolvabilité d'un débiteur dotal, lorsqu'il a négligé de le poursuivre pendant qu'il était solvable, ce qui n'a rien de commun avec notre question. En ce sens MAYNZ, III, § 310, et note 35. Contra MÜHLENBRUCH, cité, § 64, II, p. 630, cbn. avec § 38, II, 10°, p. 431-434, et MOLITOR, cité, II, n° 1216 i. f.

Doit-il garantir les accessoires de la créance cédée, tels que les intérêts, la peine conventionnelle, l'hypothèque ou la fidéjussion? En principe non; ces accessoires ne font pas l'objet de la cession, et le cessionnaire doit s'imputer à lui-même d'en avoir supposé gratuitement l'existence. Le cédant n'est soumis à la garantie des accessoires de la créance que s'ils ont été compris dans la cession d'une manière spéciale, et cette garantie est régie par les mêmes règles que celle de l'obligation principale. Elle porte donc sur l'existence et l'efficacité du droit accessoire, ainsi que sur son montant si le contrat l'indique. Mais le cédant ne répond pas de la solvabilité du fidéjusseur, sauf les cas de convention spéciale et de dol. Il ne répond pas davantage du rang de l'hypothèque, sauf les mêmes exceptions; comme la solvabilité du débiteur, à laquelle elle ressemble, la priorité de l'hypothèque est indépendante du droit même d'hypothèque dont le cédant a affirmé l'existence, et s'il y avait un doute à cet égard, il faudrait encore se prononcer en faveur du promettant [11].

B) Si la cession de la créance s'est faite à titre gratuit, le cédant ne doit aucune garantie au cessionnaire; l'auteur d'une libéralité ne veut transférer au gratifié que les droits qu'il peut avoir lui-même [12]. Le cas de dol déroge comme toujours au droit commun [13].

§ 69. *Effets vis-à-vis du débiteur.*

I. La cession comme telle est sans effet vis-à-vis du débiteur; elle est pour lui une *res inter alios acta*. Donc en principe la dette persiste entre le cédant et le cédé; elle peut s'éteindre entre eux par le payement, la remise, la novation, etc., et si, après cette extinc-

[11] D. 20, 1, *de pignor.*, L. 30 « Periculum pignorum nominis venditi ad emp-
« torem pertinet, si tamen probetur eas res obligatas fuisse. »

D. 21, 2, *de evict.*, L. 68, § 1. « Creditor, qui pro pecunia nomen debitoris per
« delegationem sequi maluit, evictis pignoribus quæ prior creditor accepit nullam
« actionem cum eo qui liberatus est habebit. »

Ce dernier texte doit être étendu, par analogie, de la dation en payement d'une créance au moyen d'une novation (per delegationem) à la cession de la créance.

[12] D. 30, *de leg. I*, L. 75, § 1 initio et 2 i. f.; arg. D. 39, 5, *de donat.*, L. 18, § 3 initio. — [13] Arg. L. 18, § 3 i. f., cit.

tion, le cessionnaire se présente, le débiteur libéré de sa dette n'est plus tenu de le payer[1]. Mais le débiteur est lié envers le cessionnaire lorsque la cession lui a été notifiée[2] ou qu'il l'a reconnue[3]. La notification peut se faire d'une façon quelconque : judiciairement, par la notification de l'exploit, ou extrajudiciairement, par écrit ou de vive voix, par le cessionnaire ou par le cédant. De même, la reconnaissance de la cession n'est assujettie à aucune forme; elle peut avoir lieu tacitement, par exemple si le débiteur cédé fait un payement partiel au cessionnaire[4]; elle peut aussi se faire vis-à-vis du cédant[5]. Mais il ne suffit point que de fait le débiteur ait acquis connaissance de la cession; un avertissement doit lui être donné par le cédant ou par le cessionnaire; il n'a pas besoin d'ajouter foi à un bruit de cession. A partir de la notification ou de la reconnaissance de la cession, le cédé cesse d'être débiteur du cédant; son véritable créancier est maintenant le cessionnaire et par conséquent il ne se libère plus en payant le cédant[6]. Si le cédant et le cessionnaire actionnent simultanément le débiteur, le cessionnaire l'emporte[7].

II. Quel est l'effet, vis-à-vis du débiteur, de deux cessions successives ? Le principe à suivre est que la seconde cession transfère au cessionnaire tous les droits qui pouvaient encore appartenir au cédant, mais rien que ces droits. D'après cela, si la seconde cession a eu lieu *après* la notification (ou la reconnaissance) de la première, le second cessionnaire sera sans droit aucun contre le débiteur; car le cédant n'en avait plus lui-même. Si la seconde cession intervient *avant* la notification de la première, la dette pourra encore s'éteindre entre le cédé et le second cessionnaire, comme entre le cédé et le cédant, puisque le second cessionnaire a tous les droits du cédant.

---

(1). C. 4, 35, *mand.*, L. 3; C. 8, 16 (17, édition Kriegel), *quæ res pign.*, L. 4, v[is] nisi ei cui debuit solvit nondum certior a te de obligatione tua factus; C. 8, 41 (42, édition Kriegel), *de novat.*, L. 3, pr. (L. 3 initio, édition Kriegel); D. 2, 15, *de transact.*, L. 17. — (2) C. 8, 41, *de novat.*, L. 3, pr.

(3) Arg. L. 3, pr., cit., v[is] vel aliquid ex debito accipiat.

(4) L. 3, pr., cit., v[is] cit[is].

(5) Cette reconnaissance équivaut à une notification faite par le cédant.

(6) Arg. C. 8, 41, *de novat.*, L. 3, pr. — (7) D. 3, 3, *de procurat.*, L. 55.

Mais une notification du second cessionnaire ne lie pas le débiteur envers lui; le cédant ne peut, par une notification faite au débiteur, dépouiller le premier cessionnaire du bénéfice de la cession [8]; le second cessionnaire ne le peut pas davantage. Par contre, si le premier cessionnaire notifie sa cession, fût-ce après la notification du second cessionnaire, il exclut celui-ci, comme il exclut le cédant; la dette ne peut plus s'éteindre qu'entre lui et le cédé. C'est à tort qu'on enseigne parfois que si le second cessionnaire notifie avant le premier, il l'emporte sur celui-ci [9]. Si les deux cessionnaires poursuivent en même temps le débiteur, le premier en date doit donc être préféré.

III. Si le cessionnaire d'une créance la cède de son côté à une autre personne, il faut encore voir si l'arrière-cession s'est faite *après* ou *avant* la notification (ou la reconnaissance) de la cession principale. Dans le premier cas, la notification de la cession principale a déjà exclu le cédant, et par conséquent le cessionnaire principal et l'arrière-cessionnaire apparaissent respectivement vis-à-vis du débiteur comme cédant et comme cessionnaire. Dans le second cas, l'arrière-cession par elle-même n'empêche pas la dette de pouvoir s'éteindre, soit entre le cédé et le cédant, soit entre le cédé et le cessionnaire principal; elle est pour le débiteur une *res inter alios acta*, non moins que la cession principale. Si le cessionnaire principal notifie le transport au débiteur, il exclut le cédant; mais la dette continue de pouvoir s'éteindre entre le cédé et le cessionnaire principal. Que si l'arrière-cessionnaire fait la notification au débiteur, il exclut à la fois le cédant et le cessionnaire principal, alors même que ce dernier aurait déjà notifié antérieurement au débiteur le transport consenti en sa faveur; cette notification doit céder devant la notification subséquente de l'arrière-cession. Si l'arrière-

(8) Arg. D. 3, 3, *de procurat.*, L. 55.

(9) Voyez en notre sens Mühlenbruch, cité, § 48, a i. f., Molitor, cité, II, nᵒ 1218 i. f., Bæhr, cité, § 12, p. 435-439, Dernberg, *Pfandrecht* I, p. 472, Worms, cité, p. 49-50, Schmid, cité, II, § 31, 1ᵒ, p. 297-298. Vangerow, III, § 575, *Anm.* 4, et Windscheid, II, § 331, et note 10.

Contra Gœschen, II, § 380, Puchta, *Vorles.* II, § 283 initio, et Sintenis, II, § 128, et note 77.

cessionnaire poursuit en même temps que le cédant ou le cessionnaire principal, il obtient la préférence (10).

IV. Le cessionnaire qui poursuit le débiteur, doit naturellement
établir sa qualité. S'il agit par l'action directe (*alieno nomine*), il
est soumis à la caution *ratam rem dominum habiturum* exigée des
mandataires *ad litem* qui ne sont pas nommés en justice et ne sont
pas munis d'une procuration écrite, à moins que la juste cause de
cession ne soit une disposition de la loi (11). Tout cessionnaire doit
encore fournir caution au débiteur de le défendre contre une poursuite ultérieure du créancier primitif ou d'un autre cessionnaire qui
pourrait contester la validité du payement fait par le débiteur;
le créancier primitif peut soutenir que la cession est nulle; un
autre cessionnaire peut prétendre que le débiteur était lié envers
lui à raison d'une cession plus ancienne et dûment notifiée (12).
Dans tous les cas, le cessionnaire payé est tenu de défendre le débiteur contre des poursuites subséquentes (13). — De même si le
cédant réclame le payement, en contestant la validité d'une cession
notifiée au débiteur, il doit fournir caution de le défendre contre une
poursuite ultérieure du cessionnaire et, le cas échéant, le défendre
effectivement (14).

V. En règle générale, le cessionnaire jouit vis-à-vis du débiteur
de tous les droits du cédant, puisque la créance a été aliénée en
sa faveur (15). Mais il n'a pas des droits plus étendus, nul ne pouvant transférer à autrui plus de droit qu'il n'en a lui-même (16).

A) Il a tous les droits du cédant, qu'ils soient principaux ou accessoires. A cette dernière catégorie appartiennent les intérêts conventionnels, la peine stipulée, l'hypothèque ou la fidéjussion qui garan-

(10) Arg. D. 3, 3, *de procurat.*, L. 55. — Cf. WINDSCHEID, II, § 334 i. f.

(11) D. 3, 3, *de procurat.*, L. 33, § 5, cbn. avec I. 4, 11, *de satisd.*, § 3 ; cf. GAIUS,
IV, 98 et 100.

(12) Arg. D. 31, *de leg. II*, L. 8, § 3, et D. 32, *de leg. III*, L. 11, § 21. Cf. le n° II
du présent paragraphe.

(13) Arg. D. 31, *de leg. II*, L. 8, § 3. — Cf. WINDSCHEID, II, § 334 initio.

(14) Arg. D. 16, 3, *depos.*, L. 1, § 37, et D. 31, *de leg. II*, L. 8, § 3. — Cf. WIND-
SCHEID, II, § 334, et note 4. — (15) D. *h. t.*, L. 23, pr.

(16) C. 4, 10, *de O. et A.*, L. 7, § 1 (L. 7 i. f., édition Kriegel); D. 2, 15, *de
transact.*, L. 17.

tissait la créance cédée; l'accessoire suit la condition du principal(17).
Le cessionnaire profite de ces avantages de la créance même si le
cédant les a stipulés après la cession, auquel cas ils constituent un
commodum rei(18). Mais :

1° Le cessionnaire a-t-il droit aux privilèges du cédant? L'affirmative ne semble pas douteuse pour les privilèges réels, c'est-à-dire
inhérents à la créance; le privilège est un accessoire de la créance;
le caractère exceptionnel de l'accessoire est indifférent. Mais, alors
même qu'il s'agit d'un privilège personnel au cédant, les effets que
ce privilège a déjà produits au moment de la cession, passent au
cessionnaire; car ils sont devenus un accessoire ordinaire de la
créance; l'émolument acquis par le cédant en vertu de son privilège n'a rien de personnel. Quant au privilège personnel considéré
en lui-même, il ne profite pas au cessionnaire; il ne produit plus de
nouveaux effets en sa faveur; sa nature s'y oppose; il était attaché à
une personne déterminée et inséparable de celle-ci. D'après cela, si
le fisc cède une de ses créances, le cessionnaire pourra réclamer les
intérêts qui ont couru jusqu'au jour de la cession, à raison du privilège personnel qui rend les créances fiscales productives d'intérêts
de plein droit; mais à partir de la cession le cours des intérêts sera
arrêté(19). De même, le cessionnaire d'une créance fiscale succèdera

(17) D. *h. t.*, L. 23, pr.; C. 4, 10, *de O. et A.*, L. 7, pr. (L. 7 initio, édition
Kriegel).

(18) D. *h. t.*, L. 6. — S'il s'agit d'une créance générique ou alternative, le cessionnaire succède au choix du cédant (cf. ci-dessus § 42 et note 20, et § 44, II i. f.)

(19) *Non obstat* D. 22, 1, *de usur.*, L. 43. MODESTINUS *libro XVIII responsorum*.
« Herennius Modestinus respondit ejus temporis quod cessit, postquam fiscus
« debitum percepit, eum, qui mandatis a fisco actionibus experitur, usuras quæ
« in stipulatum deductæ non sunt, petere posse. »
« Herennius Modestinus a émis l'avis que celui qui agit par les actions que le
« fisc lui a cédées, peut, pour le temps écoulé après l'acquisition de la créance de
« la part du fisc, réclamer des intérêts non stipulés. »
Le fisc avait recueilli une succession qui comprenait une créance non productive d'intérêts. En vertu de son privilège, il a droit aux intérêts à partir du
jour où la succession lui est échue. Plus tard le fisc céda cette créance. Question de
savoir si le cessionnaire peut se faire payer des intérêts par le débiteur pour
l'époque postérieure à la succession du fisc. Oui, selon Modestin. Mais il faut
restreindre sa décision en ce sens que les intérêts auront cessé de courir avec la

à l'hypothèque privilégiée du fisc; car le privilège du fisc, malgré son caractère personnel, a produit son effet; les biens du débiteur sont frappés de l'hypothèque privilégiée[20]. Il faut en dire autant du bénéfice de la restitution en entier acquis au cédant pour une cause personnelle, telle que la minorité[21]. Mais un simple privilège personnel de payement (*privilegium exigendi*)[22] ou de procédure, par exemple un *forum* privilégié, ne profite en rien au cessionnaire; d'un droit acquis au cédant lors de la cession il ne saurait être question dans l'espèce[23].

cession. Si le jurisconsulte ne le dit pas expressément, on peut supposer que, dans l'espèce qui lui était proposée, il ne s'agissait que des intérêts pour l'intervalle compris entre la succession du fisc et la cession de la créance. MOMMSEN intercale un ' *non* ' entre ' *petere* ' et ' *posse* ', conformément aux Basiliques (23, 3, c. 43). Mais cette correction est arbitraire. Les Basiliques ne lui donnent aucun appui, car elles ont changé l'espèce de notre fragment; elles statuent que si un tiers paye le fisc au lieu et place du débiteur et obtient la cession des actions du fisc, il n'a pas droit aux intérêts pour l'époque postérieure à la cession.

(20) C. 7, 73, *de privil. fisci*, L. 7; cf. C. 8, 18 (19, édition Kriegel), *de his qui in prior. credit.*, L. 2.

(21) Cf. D. 4, 4, *de minor.*, L. 24, pr., et ci-dessus § 67, III, B, 5°, et note 79.

(22) D. 26, 7, *de adm. et peric. tut.*, L. 42. « Ex pluribus tutoribus in solidum « unum tutorem judex condemnavit. In rem suam judicatus procurator datus pri- « vilegium pupilli non habebit, quod nec heredi pupilli datur : non enim causæ, « sed personæ succurritur, quæ meruit præcipuum favorem. » Il s'agit dans ce passage du privilège de payement dont jouissait le pupille à l'époque classique et qui, en droit nouveau, a été élevé au rang d'hypothèque légale.

(23) Ces règles sont assez généralement adoptées par les interprètes modernes du droit romain, et il ne règne guère entre eux que des divergences de détail (PUCHTA, cité, p. 656-658. — MOLITOR, cité, II, n°ˢ 1220-1222. — WORMS, cité, p. 44-47. — SCHMID, II, § 36, p. 379-387 et p. 391-392. — VANGEROW, III, § 575, *Anm.* 2 initio. — WINDSCHEID, II, § 332, 2°).

Cf. UNTERHOLZNER, cité, T. I, § 282, II, 1°, MÜHLENBRUCH, cité, § 56, THIBAUT, I, § 464 initio, et MAYNZ, II, § 189, B, 1°. Les deux premiers accordent au cessionnaire les privilèges personnels du cédant, dès que ce dernier y a intérêt. THIBAUT refuse lesdits privilèges au cessionnaire, à moins que la cession ne soit faite par le fisc. MAYNZ attribue au cessionnaire les privilèges acquis au cédant au moment de la notification du transport.

On a cessé de soutenir un ancien système accordant seulement les privilèges du cédant au cessionnaire lorsque celui-ci intentait l'action directe cédée à la suite d'un acte juridique, à l'exclusion du cas où il exerçait soit l'action directe cédée en vertu de la loi, soit l'action utile.

2° Une question connexe est celle de savoir si le cessionnaire peut appliquer ses propres privilèges à la créance cédée. La négative est seule fondée en droit et en équité; en droit, la cession d'une créance n'étant qu'une aliénation, ne saurait transférer au cessionnaire des droits qui n'appartenaient pas au cédant, et l'équité défend d'aggraver la position du débiteur sans son consentement. Donc le cessionnaire ne peut pas invoquer un privilège de payement qui lui compète à titre personnel, ni le cessionnaire mineur le bénéfice de la restitution en entier (24), ni le fisc cessionnaire son hypothèque privilégiée

(24) Arg. D. 4, 4, *de minor.*, L. 38, pr. PAULUS *libro I decretorum.*

« Æmilius Larianus ab Ovinio fundum Rutilianum lege commissoria emerat data
« parte pecuniæ, ita ut, si intra duos menses ab emptione reliqui pretii partem
« dimidiam non solvisset, inemptus esset, item si intra alios duos menses reli-
« quum pretium non numerasset, similiter esset inemptus. Intra priores duos
« menses Lariano defuncto Rutiliana pupillaris ætatis successerat, cujus tutores
« in solutione cessaverunt. Venditor denuntiationibus tutoribus sæpe datis post
« annum eandem possessionem Claudio Telemacho vendiderat. Pupilla in inte-
« grum restitui desiderabat : victa tam apud prætorem quam apud præfectum urbi
« provocaverat. Putabam bene judicatum, quod pater ejus, non ipsa contraxerat :
« imperator autem motus est, quod dies committendi in tempus pupillæ incidisset
« eaque effecisset, ne pareretur legi venditionis. Dicebam posse magis ea
« ratione restitui eam, quod venditor denuntiando post diem, quo placuerat
« esse commissum, et pretium petendo recessisse a lege sua videretur : non
« me moveri quod dies postea transisset, non magis quam si creditor pignus
« distraxisset, post mortem debitoris die solutionis finita. Quia tamen lex com-
« missoria displicebat ei, pronuntiavit in integrum restituendam. Movit etiam
« illud imperatorem, quod priores tutores, qui non restitui desiderassent, sus-
« pecti pronuntiati erant. »

Ovinius avait vendu à Æmilius Larianus le fond Rutilien avec un pacte commissoire. Peu de temps après ce contrat, l'acheteur vint à décéder laissant pour
héritière sa fille impubère Rutiliana. Les tuteurs de celle-ci ne payèrent pas le prix
dans les délais convenus, nonobstant des sommations nombreuses faites après
l'expiration des délais convenus, et le vendeur, considérant la vente comme résolue,
vendit l'immeuble à Claudius Telemachus. Les tuteurs de Rutiliana furent destitués de la tutelle et remplacés par d'autres, qui demandèrent la restitution en entier.
Repoussée en première instance devant le préteur et en appel devant le préfet de
la ville, Rutiliana forma un second appel auprès de l'empereur. Le jurisconsulte
Paul, qui assistait le prince, pensait qu'on aurait pu maintenir la vente en faveur
de la pupille, parce que le vendeur ayant sommé les tuteurs de payer le prix après
l'expiration des délais fixés, avait renoncé au bénéfice du pacte commissoire (D. 18,
3, *de lege commiss.*, L.7). Mais le jurisconsulte se prononçait contre la restitution
en entier implorée par la pupille; il se fondait sur ce que l'achat de l'immeuble

ou son droit aux intérêts légaux [25]. Toutefois, le cessionnaire est admis à invoquer ses privilèges de procédure, tels qu'un *forum* privilégié, et même la restitution en entier des mineurs contre un acte de procédure[26]. Ces privilèges ne touchant pas au fond de la créance, le cessionnaire qui en use, n'exerce pas à vrai dire des droits plus étendus que ceux du cédant[27].

B) En ce qui concerne les exceptions du débiteur, il convient de séparer les exceptions dont le débiteur disposait contre le cédant, de celles qui ont leur cause dans la personne du cessionnaire.

1° Le débiteur peut opposer au cessionnaire les différentes excep-

avait été fait par le père et non par la fille (quod pater ejus, non ipsa contraxerat); la fille ne pouvait pas avoir plus de droit que son auteur. Or ce motif s'applique en tous points au cas d'une cession de créance faite à un mineur; il faut donc refuser au cessionnaire mineur le bénéfice de la restitution en entier. Sans doute l'empereur accorda à Rutiliana la restitution demandée, mais sans s'attaquer au motif de Paul. Il se laissa déterminer par d'autres considérations, à savoir que le pacte commissoire ne méritait pas de faveur, que les premiers tuteurs de la pupille avaient été destitués et surtout que la vente avait été résiliée vis-à-vis de la pupille et non vis-à-vis de son père. Paul remarque avec raison que ce fait est indifférent; s'il était relevant, il faudrait dire aussi que lorsqu'un créancier hypothécaire du père n'est pas payé par la fille héritière et qu'il vend la chose hypothéquée, la restitution en entier est possible contre cette vente, ce qui n'est pas soutenable.

(25) Cf. D. 22, 1, *de usur.*, L. 17, § 6, L. 43, et D. 49, 14, *de jure fisci*, L. 6, pr. initio. D'après ces textes, le fisc qui succède à quelqu'un à titre universel, peut exiger des débiteurs de son auteur 6 % d'intérêts, malgré l'absence d'une stipulation, et il jouit d'un privilège de payement au moins vis-à-vis des créanciers qui ont contracté avec son auteur postérieurement à la succession à titre universel (cf. POTHIER, *Pandectæ Justinianeæ*, 49, 14, *de jure fisci*, n° 38, note *g*). Mais ces dispositions ayant un caractère exceptionnel ne sauraient être étendues de l'hérédité à la cession des créances.

(26) Arg. D. 4, 4, *de minor.*, L. 7, § 2.

(27) Bien que ces règles relatives aux privilèges personnels du cessionnaire soient professées par la majorité des auteurs, sauf des divergences secondaires (PUCHTA, cité, p. 659-660. — MOLITOR, cité, II, n° 1223. — WORMS, cité, p. 47-49. — SINTENIS, II, § 128, et *Anm.* 91. — VANGEROW, III, § 575, *Anm.* 2 i. f.), on a aussi voulu accorder au cessionnaire l'usage complet de ses privilèges (THIBAUT, I, § 464 initio, et *Braun's Erörterungen*, p. 99-100. — SCHMID, cité, II, § 36, p. 387-391 et p. 392-393. — WINDSCHEID, II, § 332 i. f.) ou tout au moins concéder pareille faveur au fisc (MÜHLENBRUCH, cité, § 58. — Cf. MAYNZ, II, § 189, B, 1° i. f., et note 25).

tions qu'il avait contre le cédant[28], méme celles qui étaient personnelles à ce dernier. En effet, la substitution du cessionnaire au créancier primitif a été amenée par le fait du cessionnaire; c'est celui-ci qui a mis le débiteur dans l'impossibilité d'user vis-à-vis du cédant de son exception personnelle, et dès lors il ne saurait être admis à se prévaloir de la personnalité de l'exception[29]. Notamment, le débiteur peut opposer au cessionnaire l'exception de dol qu'il a acquise contre le cédant[30], l'exception fondée sur une

(28) D. 2, 15, *de transact.*, L. I7.

(29) On admet très généralement que le cessionnaire doit subir les exceptions personnelles au cédant (voyez MÜHLENBRUCH, cité, § 59, p. 584-588, MOLITOR, cité, II, n° 1228, SCHMID, cité, II, § 15, p. 136-144, et § 37, p. 393-406, et VANGEROW, III, § 575, *Anm.* 1, p. 114-115. WINDSCHEID, II, § 332, 1°, et note 2, exige que la cession ait été faite dans le but de priver le débiteur de son exception). Mais on déroge souvent à la règle pour certaines exceptions déterminées (cf. ci-après notes 30 à 32 du présent paragraphe).

(30) *Non obstat* D. 44, 4, *de doli mali et met. except.*, L. 4, § 27-28. ULPIANUS *libro LXXVI ad edictum.*

§ 27. « De auctoris dolo exceptio emptori non objicitur. Si autem accessione « auctoris utitur, æquissimum visum est ei, qui ex persona auctoris utitur « accessione, pati dolum auctoris et peræque traditur rei quidem cohærentem « exceptionem etiam emptori nocere, eam autem, quæ ex delicto personæ oriatur, « nocere non oportere. »

§ 28. « Si cum legitima hereditas Gaii Seii ad te perveniret et ego essem heres « institutus, persuaseris mihi per dolum malum, ne adeam hereditatem, et « posteaquam ego repudiavi hereditatem, tu eam Sempronio cesseris pretio accepto « isque a me petat hereditatem : exceptionem doli mali ejus, qui ei cessit, non « potest pati. »

§ 27. « Une exception ne peut pas être opposée à l'acheteur du chef du dol de « son auteur. Mais si l'acheteur invoque la possession de son auteur, il a paru « très juste que celui qui se prévaut de cette possession, souffre du dol de son « auteur; et l'on admet d'une manière générale qu'une exception inhérente à la « chose nuit aussi à l'acheteur, tandis que l'exception qui naît du délit d'une « personne, ne doit pas nuire (à l'acheteur). »

§ 28. « Si, alors que la succession ab intestat de Gaius Seius vous revenait, et « que moi j'étais institué héritier, vous m'avez persuadé frauduleusement de ne « pas accepter l'hérédité, qu'après ma répudiation, vous l'ayez cédée à Sempronius « contre payement d'un certain prix, et que ce dernier ait revendiqué la succession « contre moi, il ne doit pas subir l'exception déduite du dol du cédant. »

Voici l'espèce du § 27. A avait vendu une chose à B à la suite de manœuvres frauduleuses de ce dernier. Le dol ne rendant pas le contrat inexistant, B n'en avait pas moins acquis, par la tradition et le payement du prix, la propriété de la

remise de dette personnelle au cédant(31), et le bénéfice de compétence qui se fonderait sur des relations personnelles entre le

chose. Plus tard il revendit la chose à C et la lui livra. Mais A finit cependant par recouvrer la possession de la chose. C ayant revendiqué contre lui, se présentait la question de savoir si A pouvait opposer à C le dol de B. Évidemment non ; le dol de B n'avait exercé aucune influence sur son droit de propriété, ni partant sur celui de C. On a voulu étendre cette règle à la cession des créances, de telle sorte que le débiteur cédé ne pourrait pas se prévaloir, vis-à-vis du cessionnaire, du dol du cédant; on perd de vue que si le dol d'un propriétaire ne limite en rien son droit de propriété, le dol d'un créancier entache parfaitement son droit de créance. Le § 27 refuse d'ailleurs à C le bénéfice de la possession de mauvaise foi de son auteur B.

Le § 28 se borne à appliquer la règle du § 27 à la pétition d'hérédité.

Voyez en notre sens FRANCKE, *Archiv für die zivil. Praxis* XVI, p. 430-433, PUCHTA, *Vorles.* II, § 284, 3⁰ initio, MOLITOR, cité, II, n⁰ 1228, WORMS, cité, p. 40-42, SCHMID, cité, II, § 15, p. 137-138, 141-144, 145-152, et § 37, A, a, p. 399-400, VANGEROW, III, § 575, *Anm.* 1, n⁰ 1, p. 115-116, MAYNZ, II, § 189, B, 2⁰, et note 28, et WINDSCHEID, II, § 332, note 5.

MÜHLENBRUCH, cité, § 60, 1⁰, p. 592-596, abandonnant dans sa dernière édition son opinion antérieure, accorde au débiteur l'exception de dol du chef du cédant, à moins que l'exception n'ait aucune connexité avec la dette. A notre avis, cette absence de connexité est impossible; un dol étranger à l'obligation ne donnerait pas lieu à une *exceptio doli* contre le cédant; dans le cas cité par MÜHLENBRUCH, p. 593, note 135ᵇ, le cédé peut compenser avec le cessionnaire, comme il eût pu le faire avec le cédant.

(31) *Non obstat* D. 2, 14, *de pact.*, L. 28, § 2, L. 57, § 1.

L. 28, § 2. GAIUS *libro I ad edictum provinciale.*

« Si filius aut servus pactus sit, ne ipse peteret, inutile est pactum. Si vero in rem « pacti sunt, id est ne ea pecunia peteretur, ita pactio eorum rata habenda erit « adversus patrem dominumve, si liberam peculii administrationem habeant et ea « res, de qua pacti sint, peculiaris sit. Quod et ipsum non est expeditum : nam « cum verum est, quod Juliano placet, etiamsi maxime quis administrationem « peculii habeat concessam, donandi jus eum non habere : sequitur ut, si donandi « causa de non petenda pecunia pactus sit, non debeat ratam haberi pactum « conventum. Quod si pro eo ut ita pasciceretur aliquid, in quo non minus vel « etiam amplius esset, consecutus fuerit, rata habenda est pactio. »

L. 57, § 1. FLORENTINUS *libro VIII institutionum.* « Si ex altera parte in rem, « ex altera in personam pactum conceptum fuerit, veluti ne ego petam vel ne a te « petatur : heres meus ab omnibus vobis petitionem habebit et ab herede tuo « omnes petere poterimus. »

Ces textes sont étrangers à la cession des créances.

Dans le premier, un fils de famille (ou un esclave) placé à la tête d'un pécule avait consenti un pacte libératoire en faveur d'un débiteur péculiaire. Ce pacte ne

cédant et le débiteur et n'existant pas entre le cessionnaire et le débiteur. Vainement objecte-t-on que le bénéfice de compétence est relatif à la procédure, qu'il n'affecte pas le droit du créancier, et que partant, en le refusant au débiteur vis-à-vis du cessionnaire, on ne lui enlève aucun droit. La vérité est que le bénéfice de compétence restreint le droit même du créancier; celui-ci n'est en réalité créancier que jusqu'à concurrence du superflu du débiteur. Et il serait d'autant plus injuste de priver le débiteur cédé de son bénéfice de compétence que celui-ci est une faveur de pure équité[32].

pouvait enlever au fils une action qu'il n'avait point; la seule question qui se présentait, était celle de savoir si le pacte libératoire empêchait le père d'agir. Bien certainement il n'a point cet effet si le fils a promis de ne pas agir en nom personnel. Mais alors même que le pacte est réel, en général il ne formera pas obstacle à l'action du père; car il constitue un acte de disposition et en principe le fils n'a pas qualité pour faire des actes de cette nature. Il y a plus : supposons que ce pouvoir lui ait été accordé, ce qui a lieu tacitement si le père a abandonné au fils la libre administration du pécule. La remise de la dette n'aura de l'effet vis-à-vis du père que si elle a été consentie à titre onéreux; car le pouvoir donné à un administrateur de faire des actes de disposition ne comprend que les actes de disposition à titre onéreux. On le voit : le texte n'a rien de commun avec la cession des créances. Il y s'agit d'un pacte libératoire qui ne peut être opposé à un père, parce que le fils n'avait pas qualité pour le consentir. Dans le cas d'une cession de créance, il s'agit de savoir si on peut invoquer contre le cessionnaire un pacte libératoire régulièrement consenti par le cédant.

Le second texte décide que si un créancier s'est engagé en nom personnel à ne pas poursuivre le débiteur, celui-ci peut être actionné par les héritiers du créancier, de même que si un débiteur a stipulé en nom personnel qu'il ne serait pas attaqué, ses héritiers peuvent être attaqués. C'est bien là l'effet naturel du pacte libératoire. On se demande quelle analogie existe entre ce cas et celui de la cession; dans l'un, les héritiers du créancier respectent le pacte en poursuivant le débiteur; dans l'autre, le cessionnaire actionne le débiteur au mépris du pacte.

Voyez en ce sens FRANCKE, *Archiv für die zivil. Praxis* XVI, p. 424-425, MÜHLENBRUCH, cité, § 60, 2°, b, p. 599, PUCHTA, *Vorles.* II, § 284, 3° initio, MOLITOR, cité, II, n° 1227 i. f., WORMS, cité, p. 42-43, SCHMID, cité, II, § 37, A, a i. f., p. 401, VANGEROW, III, § 575, *Anm.* 1, n° 2, p. 116, et MAYNZ, II, § 189, B, 2°. WINDSCHEID, II, § 332, 1°, et note 4, se prononce en sens contraire, sauf si le cédant a voulu dépouiller le débiteur de son exception ou bien si le but du pacte était de mettre le débiteur à l'abri d'une poursuite du vivant du créancier.

(32) En ce sens MOLITOR, cité, II, n° 1226, SINTENIS, II, § 128, et note 97, et VANGEROW, III, § 575, *Anm.* 1, n° 3, p. 117. Cf. WORMS, cité, p. 43-44.

Contra MÜHLENBRUCH, cité, § 59, p. 590, note 133ᵃ, PUCHTA, *Vorles.* II, § 284, 3°,

La règle d'après laquelle le débiteur conserve vis-à-vis du cessionnaire les exceptions qu'il avait contre le cédant, admet seulement deux modifications :

a) Il ne peut opposer au cessionnaire les exceptions acquises contre le cédant après la notification (ou la reconnaissance) de la cession. En effet, à partir de la notification le cédant cesse d'être le créancier du cédé, et dès lors on ne comprend pas que le cédé acquière encore des exceptions contre lui. Cette règle s'applique entre autres au payement, à la remise de dette et à la novation qui seraient intervenus entre le cédant et le cédé après la notification de la cession [33]. En ce qui concerne la compensation, si elle a été régulièrement opposée au cédant avant la notification, elle a libéré le cédé de sa dette, et partant il est clair que le cessionnaire est sans action contre lui [34]. Mais de plus le débiteur peut compenser vis-à-vis du cessionnaire avec les créances qu'il avait contre le cédant lors de la notification de la cession et qui, à ce moment, réunissaient toutes les conditions de la compensabilité, ce qui suppose des créances réciproques exigibles. La raison en est que le débiteur possédant contre le cédant une créance compensable à l'époque de la notification, avait le droit de se libérer envers le cédant par la voie de la compensation, et ce droit n'a pu lui être enlevé par la notification subséquente de la cession [35]. Par contre, le cédé ne peut pas compenser vis-à-vis du cessionnaire avec des créances acquises contre le cédant ou devenues seulement compensables après la notification de la cession [36].

b) Le débiteur n'est pas non plus admis à se prévaloir, à l'égard du cessionnaire, des exceptions de procédure dont il disposait contre

---

SCHMID, cité, T. II, § 3, VIII, p. 36-40, § 15, 2°, B, b, p. 151-152, et § 37, B, c, α, p. 411-412, et MAYNZ, II, § 189, B, 2°, et note 30. WINDSCHEID, II, § 332, 1°, et note 3, est aussi contraire, mais en exceptant le cas où le cédant aurait voulu priver le débiteur du bénéfice de compétence.

(33) Arg. C. 8, 41 (42, édition Kriegel), *de novat.*, L. 3, pr. (L. 3 initio, édition Kriegel). — (34) Cf. D. *h. t.*, L. 23, § 1.

(35) Arg. D. 16, 2, *de compensat.*, L. 4, L. 5.

(36) Voyez MÜHLENBRUCH, cité, § 60, 2°, a, p. 596-599, et MOLITOR, cité, II, n° 1224.

le cédant. Ces exceptions n'affectent pas le droit même de créance, et, en les refusant au débiteur contre le cessionnaire, on ne lui enlève à vrai dire aucun droit. Si donc le cédant devait fournir caution à raison d'une qualité spéciale, cette caution n'est pas due par le cessionnaire en la personne de qui la même qualité ne se rencontre point (37).

2° Le débiteur peut encore invoquer les exceptions qui ont leur cause dans la personne du cessionnaire, alors même qu'elles auraient un caractère personnel, comme l'exception de dol (38) ou un bénéfice de compétence fondé sur des relations personnelles entre le cédé et le cessionnaire. En effet, le cessionnaire devient par la notification de la cession le véritable créancier du cédé, et tout débiteur peut opposer à son créancier les exceptions acquises contre lui, fussent-elles personnelles. Par un motif analogue, le débiteur invoque valablement contre le cessionnaire des exceptions acquises avant la notification de la cession et même avant la cession, par exemple une remise de dette ou une novation intervenues entre lui et le cessionnaire en prévision de la cession, et il est admis à compenser avec des créances acquises contre le cessionnaire avant la cession (39). Il suffit que l'exception soit fondée. Ne serait pas

(37) Le cessionnaire, à la demande faite par le cédé au début du procès, devait lui fournir la caution *super excipienda lite*, par laquelle il s'engageait à subir les exceptions ayant leur cause dans le chef du cédant (C. 2, 56 (57, édition Kriegel), *de satisdando*, L. un., § 2 (L. un., édition Kriegel); cf. D. 3, 3, *de procurat.*, L. 70).

Mais d'un autre côté une exception mal fondée vis-à-vis du cédant est aussi mal fondée à l'égard du cessionnaire, alors même que son non-fondement tient à un privilège personnel du cédant; car ce privilège a déjà produit ses effets en faveur du cédant (cf. ci-dessus le n° V, A, 1°, du présent paragraphe). C'est ainsi que certaines créances du fisc n'admettent pas la compensation (C. 4, 31, *de compensat.*, L. 1, L. 7); si le fisc cède une pareille créance, le cessionnaire ne doit pas subir la compensation du chef du fisc.

(38) D. 44, 4, *de doli mali et met. exc.*, L. 4, § 18 initio.

(39) Arg. D. 16, 2, *de compensat.*, L. 18, pr. Ce texte admet le *cessionnaire* à compenser vis-à-vis du débiteur, lorsque, ayant poursuivi le cédé en payement et après la *litis contestatio*, il est actionné reconventionnellement par le cédé (cf. ci-après le n° V, D, 2°, et note 49 du présent paragraphe). Sans aucun doute le cessionnaire aurait aussi le droit de compenser vis-à-vis du cédé, si ce dernier intentait contre lui une demande principale. Le jurisconsulte suppose une poursuite préalable de

fondée l'exception de chose jugée déduite d'un jugement obtenu contre le cessionnaire avant la notification de la cession; on ne comprend pas qu'un pareil jugement se rapporte à la créance cédée. Il faut en dire autant de l'exception déduite d'un serment décisoire prêté par le débiteur vis-à-vis du cessionnaire avant la notification de la cession [40].

C) De quelles répliques dispose le cessionnaire ?

1° Tout d'abord des répliques appartenant au cédant, puisqu'il jouit des droits de celui-ci. Si donc le cédant a commencé par consentir un pacte libératoire au débiteur et que plus tard ce pacte ait été résilié de commun accord, à l'exception déduite du pacte libératoire le cessionnaire, comme le cédant, répondra par une réplique fondée sur la résiliation de la remise conventionnelle [41]. Le cessionnaire dispose même des répliques du cédant qui se basent sur un privilège réel ou sur les effets acquis d'un privilège personnel [42]. Le fisc cède une créance qui n'admet pas de compensation de la part du débiteur [43]; le cessionnaire repoussera la compensation par une réplique fondée sur le privilège du fisc; car ce privilège, bien que personnel, a produit ses effets en faveur du fisc, lequel a cédé une créance non compensable [44].

2° Le cessionnaire jouit en outre des répliques qu'il a acquises lui-même contre le débiteur, par exemple s'il a résilié de commun accord avec ce dernier le pacte libératoire consenti par le cédant ou par le cessionnaire. La réplique peut se baser sur un privilège personnel du cessionnaire, s'il est relatif à la procédure, notamment sur un *forum* privilégié [45]. Elle peut aussi avoir été acquise avant la notification de la cession et même avant la cession [46].

la part du cessionnaire et une *litis contestatio*, parce que autrement il ne saurait être question d'une demande reconventionnelle (MÜHLENBRUCH, cité, § 62, p. 612). Réciproquement, le *cédé* doit être admis à compenser vis-à-vis du cessionnaire.

[40] Cf. MÜHLENBRUCH, cité, § 61, 1°, p. 601-602, et MOLITOR, cité, II, n° 1225 initio. — [41] Cf. 4, 14, *de replicat.*, pr.

[42] Cf. ci-dessus le n° V, A, 1°, du présent paragraphe.

[43] C. 4, 31, *de compensat.*, L. 1, L. 7.

[44] Cf. ci-dessus la note 37 du présent paragraphe.

[45] Cf. ci-dessus le n° V, A, 2°, du présent paragraphe.

[46] Cf. ci-dessus le n° V, B, 2°, du présent paragraphe.

D) Jusqu'à quel point le débiteur peut-il former des demandes reconventionnelles contre le cessionnaire ? On appelle ainsi les actions intentées réciproquement par le défendeur contre le demandeur devant le même juge, ce qui exige seulement de la part de ce dernier une compétence *ratione materiæ* (47). Séparons de nouveau deux cas.

1° En principe, le débiteur ne peut pas faire contre le cessionnaire des demandes reconventionnelles fondées sur des créances contre le cédant. En effet, au moment de la notification de la cession, le droit de former la demande reconventionnelle contre le cédant n'était pas acquis au cédé ; ce droit ne prend naissance au profit du débiteur que lorsqu'il est actionné, auquel cas il constitue pour lui un privilège de procédure ; en définitive, le cédé ne perd donc aucun droit ; après comme avant la cession, il doit poursuivre le cédant devant le juge compétent (48). Il y a exception quand la cession a eu pour but de frustrer le cédé de sa demande reconventionnelle ; cette fraude ne doit pas nuire au débiteur (48).

(47) D. 5, 1, *de judic.*, L. 22 ; D. 2, 1, *de jurisd.*, L. 11, § 1 ; C. 3, 13, *eod.*, L. 3.

(48) D. 3, 3, *de procurat.*, L. 34. Les anciens commentateurs n'adoptaient cette théorie que pour l'action directe du cessionnaire. A l'action utile, ils obligeaient ce dernier à subir la reconvention du chef du cédant, à moins que la juste cause de cession ne fût une disposition de la loi (Arg. D. *eod.*, L. 33, § 5, L. 34, L. 35, pr.). SCHMID, cité, II, § 16, p. 152-167, et § 38, p. 419-426, soutient, en sens inverse, que le cessionnaire doit répondre à une demande reconventionnelle du chef du cédant s'il exerce l'action directe, mais non s'il recourt à l'action utile ; et il invoque ce motif que le cessionnaire intente l'action directe *alieno nomine* et l'action utile *suo nomine*. Ces deux systèmes sont également erronés ; ils attribuent à l'action directe et à l'action utile du cessionnaire une différence de nature qui n'existe point (cf. ci-dessus § 66, II, 2° i. f.). Quant au D. 3, 3, *de procurat.*, L. 33, § 5, L. 34, L. 35, pr., qu'on nous oppose, le *defendere* dont il y est question, signifie garantir, donner caution (Arg. D. *eod.*, L. 33, § 3, L. 43, § 4, et D. 46, 7, *judic. solvi*, L. 5, § 3). Les lois 33, § 5, et 35, pr., ont en vue la caution *ratam rem dominum habiturum* exigée du mandataire du demandeur, lorsqu'il n'est ni nommé en justice, ni muni d'une procuration écrite (I. 4, 11, *de satisdat.*, § 3 ; cf. GAIUS, IV, 98 et 100) ; le cessionnaire d'une créance agissant par l'action directe (*alieno nomine*) est tenu de fournir cette caution, à moins que la juste cause de cession ne soit une disposition de la loi (cf. ci-dessus le n° III du présent paragraphe). De son côté, la loi 34 précitée entend parler de la caution *judicio sisti* due par le défendeur à une action (I. 4, 11, *de satisd.*, § 2 ; cf. GAIUS, IV, 89, 91 et 102) ; elle suppose qu'un débiteur cédé

2° Par contre, rien n'empêche le cédé d'actionner reconventionnellement le cessionnaire, en se basant sur une créance réciproque contre ce dernier (49).

E) Une constitution de l'empereur Anastase apporta une restriction considérable aux droits du cessionnaire vis-à-vis du débiteur. Elle décida que l'acheteur d'une créance ayant pour objet une somme d'argent ne pourrait réclamer du débiteur que le prix de la cession avec les intérêts à partir du jour du payement (50). Le but de la loi était d'empêcher le trafic des créances et de protéger les débiteurs contre les vexations auxquelles ce trafic les expose de la part des acheteurs (51).

1° La loi Anastasienne ne s'applique qu'aux ventes de créances portant sur de l'argent (52). Elle est inapplicable aux cessions à titre gratuit; celles-ci ne se font pas dans un but de spéculation, et par conséquent le motif de la loi n'existe point (53). Nous supposons une donation véritable de la créance; si la donation est simulée, si elle déguise une vente, il y a vente et non donation; donc la cession est

forme contre le cessionnaire une demande reconventionnelle du chef du cédant; en principe le cessionnaire ne doit pas subir une telle demande, et partant la caution *judicio sisti* est sans objet; toutefois, si la cession a été faite de mauvaise foi, le cessionnaire est soumis à la reconvention et à ladite caution.

Cf. Mühlenbruch, cité, § 62, p. 609-620, et Molitor, cité, II, n° 1230.

(49) D. 16, 2, *de compensat.*, L. 18, pr. « In rem suam procurator datus post litis « contestationem, si vice mutua conveniatur, æquitate compensationis utetur. »

Ce fragment admet comme constant que le cessionnaire doit subir les demandes reconventionnelles du cédé qu'il a poursuivi en justice; il suppose que la reconvention se base sur une créance réciproque du cédé contre le cessionnaire. Ainsi actionné reconventionnellement, le cessionnaire jouit, d'après le jurisconsulte, du droit de compenser avec la créance cédée.

Schmid, cité, II, § 16, p. 167-168, et § 38, p. 425-427, n'admet la reconvention contre le cessionnaire de son propre chef que s'il a poursuivi le cédé par l'action utile (*suo nomine*). Mais la loi 18, pr., citée, parle précisément de la reconvention contre un cessionnaire à qui l'action du créancier avait été cédée d'une manière réelle (In rem suam procurator datus) et qui partant intentait contre le débiteur l'action directe.

(50) C. 4, 35, *mand.*, L. 22, § 1 (L. 22, édition Kriegel).

(51) L. 22, pr., cit. (L. 22 initio, édition Kriegel).

(52) L. 22, § 1 et 3, cit. (L. 22 initio et i. f., édition Kriegel).

(53) L. 22, § 3, cit. (L. 22 i. f., édition Kriegel).

soumise à la loi Anastasienne (54). Tel sera le cas où un créancier déclare vendre sa créance en partie pour une certaine somme et faire donation de l'autre partie au cessionnaire; cette donation partielle de la créance est purement apparente (55). La loi Anastasienne n'est pas même applicable à toutes les cessions à titre onéreux, mais seulement à la vente des créances; c'est le contrat à l'occasion duquel se manifeste de préférence l'esprit de spéculation que la loi veut réprimer (56). De plus, la vente d'une créance produit ses pleins effets, lorsque par un partage une créance est mise dans le lot de l'un des communistes (57), et lorsqu'une créance est donnée en payement à un créancier (58) ou bien achetée d'un créancier hypothécaire par le tiers détenteur de la chose hypothéquée pour prévenir une éviction (59); dans ces divers cas l'esprit de spéculation fait défaut; les parties veulent simplement procéder à un partage, éteindre une dette ou conclure un arrangement au sujet de l'hypothèque. Enfin la loi Anastasienne ne s'applique qu'aux créances ayant pour objet une somme d'argent; c'est surtout par rapport à celles-ci que le trafic était à craindre (60).

2° S'il y a contestation sur le montant du prix de vente de la créance, c'est au cessionnaire d'établir ce prix par le titre de vente ou de toute autre manière. Mais si le débiteur soutient que le prix énoncé dans le titre de vente est simulé, qu'il y a eu collusion entre le cédant et le cessionnaire, la collusion doit être prouvée par lui; car elle ne se présume point. Pour imposer au cessionnaire la preuve du prix de vente, nous nous fondons sur les considérations

(54) C. 4, 35, *mand.*, L. 23, § 2. — (55) L. 23, pr. et § 1, cit.

(56) C. 4, 35, *mand.*, L. 22, § 1 (L. 22, édition Kriegel), v[is] si quis *datis pecuniis* hujusmodi subierit cessionem, L. 22, § 2 i. f. (L. 22, édition Kriegel), v[is] qui alienas *pecuniis præstitis* subiit actiones (MOLITOR, cité, II, n° 1231 i. f., et WINDSCHEID, II, § 333, et notes 2 et 8).

(57) L. 22, § 2 initio et i. f., cit. (L. 22, édition Kriegel).

(58) L. 22, § 2, cit., v[is] et his, quascumque... creditor... pro debito... acceperit.

(59) L. 22, § 2, cit., v[is] et his, quascumque... is qui res aliquas possidet pro... rerum apud se constitutarum munimine ac tuitione acceperit.

(60) Arg. C. 4, 35, *mand.*, L. 22, L. 23. Ces lois supposent constamment une vente pour une somme d'argent inférieure au montant de la créance (voyez surtout L. 22, § 1 i. f.), ce qui implique une créance pécuniaire.

suivantes. La loi Anastasienne restreint les droits du cessionnaire ;
elle lui accorde seulement une action contre le débiteur pour le prix
de la cession[61]. L'action du cessionnaire a donc à la fois pour fondement la cession et son prix ; le demandeur doit établir ces deux points.
A la vérité, la loi Anastasienne accorde un bénéfice au débiteur ;
elle le libère de sa dette pour la différence entre son montant nominal et le prix de vente, et celui qui allègue un bénéfice ou une libération, supporte la charge de la preuve. Mais le bénéfice et la libération dont il s'agit ne sont que des conséquences de la restriction
apportée aux droits du cessionnaire. En second lieu, autant il est
facile au cessionnaire d'établir le prix de la cession, comme nous
l'avons montré, autant cette preuve serait onéreuse pour le débiteur ; fort souvent celui-ci n'aurait que la ressource précaire de la
délation du serment décisoire ; que deviendrait dans ce système la
protection que la loi veut lui assurer ? — On objecte que la loi Anastasienne repose sur une présomption de spéculation malhonnête, de
dol, et que le dol ne se présume pas. Mais le dol, si dol il y a, est
présumé par la loi, ce qui dispense de le prouver. On présente encore
un argument subtil. En supposant, dit-on, que la preuve incombe
au cessionnaire, s'il échoue, il faut admettre qu'il n'a rien payé,
qu'il y a donation de la créance ; la loi Anastasienne serait écartée ;
on aboutirait à une conséquence absurde. La vérité est que si le cessionnaire ne prouve pas le prix de la cession, il perdra le procès pour
ne pas avoir établi le fondement de sa demande [62].

(61) L. 22, § 1, cit., v^{is} « usque ad ipsam tantummodo solutarum pecuniarum
« quantitatem et usurarum ejus actiones exercere permittatur. »

L. 23, § 1, cit., v^{is} ut neque ei qui cedit actiones neque ei qui eas suscipere
« curavit aliquid vel lucri fieri vel remanere vel aliquam contra debitorem... esse
« utrique eorum actionem. »

(62) On s'est encore prévalu de l'analogie de la théorie de la quarte Falcidie. Si
l'héritier poursuivi en payement d'un legs veut le réduire en vertu de la loi Falcidie, il doit établir que sa quarte n'est pas intacte (D. 22, 3, *de probat.*, L. 17).
L'analogie n'est qu'apparente. La loi Anastasienne restreint l'action de l'acheteur
d'une créance ; la loi Falcidie ne limite pas celle des légataires ; elle permet seulement à l'héritier de retenir vis-à-vis des légataires le quart de la succession, et
partant il doit justifier cette retenue.

Voyez en notre sens MÜHLENBRUCH, cité, § 61, 2°, b, p. 605, UNTERHOLZNER,

3° En vertu de la loi Anastasienne, le débiteur cédé doit seulement payer au cessionnaire le prix de la cession avec les intérêts à partir du jour du payement du prix ; de cette manière le cessionnaire est complètement désintéressé [63]. Le cédé est libéré du surplus de sa dette. Pas de doute qu'il ne doive pas le surplus au cessionnaire ; la loi veut précisément que la cession ne produise d'effet que jusqu'à concurrence du prix de vente [63]. Mais il faut aussi tenir pour certain qu'il ne doit pas le surplus au cédant. D'abord celui-ci, en faisant la cession, a renoncé d'une façon complète à son droit ; il n'a plus qualité pour agir contre le cédé. Ensuite, la loi Anastasienne a été portée dans l'intérêt des débiteurs, et dès lors il est naturel qu'elle profite à ces derniers. On peut ajouter que si le cédant pouvait encore poursuivre le cédé, on ne voit pas comment il pourrait refuser de tenir compte au cessionnaire du produit de son action ; il a vendu toute sa créance, et ce serait un véritable dol de sa part que de retenir une partie de son produit ; le cessionnaire obtenant ainsi la totalité de la dette, que deviendrait la loi Anastasienne [64]? Le cédé n'est plus même tenu naturellement de payer au cédant la différence entre le montant de sa dette et la somme payée au cessionnaire ; une obligation naturelle manque de base ; la loi a voulu avantager le débiteur et le cédant a obtenu le prix véritable de sa créance. — Presque tous les auteurs modernes acceptent ces solutions [65].

cité, T. I, § 280, XI, Puchta, cité, p. 651, Molitor, cité, II, n° 1231, Worms, cité, p. 55-57, Schmid, cité, I, § 8, p. 38, Sintenis, II, § 128, et note 57, Vangerow, III, § 576, *Anm.* 2, Arndts, § 259, et *Anm.* 3, et Maynz, II, § 190 i. f.

Contra Weber, *Beweisführung*, n° VI, § 29, p. 190-191, Bethmann-Hollweg, *Versuche über einzelne Theile der Theorie des Civilprozesses*, n° 5, p. 357-358, Burchardi, *Archiv für die zivil. Praxis* XVIII, n° 8, p. 197-224, et Windscheid, II, § 333, et note 7.

(63) C. 4, 35, *mand.*, L. 22, § 1 (L. 22, édition Kriegel).

(64) Justinien est formel en ce sens dans le cas où la vente de la créance est accompagnée d'une donation simulée d'une partie de la créance (C. 4, 35, *mand.*, L. 23, § 1 i. f.). Or il est évident que, par cette constitution, l'empereur n'a pas voulu établir des principes nouveaux quant à la vente d'une créance au-dessous de son montant nominal. Son but unique est de décider que l'espèce dont il s'occupe, sera réputée une vente pure et simple ; il veut la faire rentrer dans le système Anastasien ; il se borne donc à lui appliquer les règles de ce système.

(65) Mühlenbruch, cité, § 53 i. f., p. 550-551. — Molitor, cité, II, n° 1231

Cependant, quelques-uns enseignent que si une créance a été vendue purement et simplement au-dessous de son montant nominal, le débiteur demeure tenu de la différence envers le cédant; il ne serait libéré à l'égard de ce dernier que si la vente de la créance se combine avec la donation simulée d'une partie de la créance [66]. Cette diversité de règles est injustifiable. Sans doute, dans le second cas, le cédant est de mauvaise foi; il veut frauder la loi Anastasienne; mais, dans le premier cas aussi, l'on doit refuser une action au cédant pour les motifs indiqués ci-dessus [67]. D'autres interprètes admettent qu'une cession quelconque tombant sous l'application de la loi Anastasienne laisse au moins subsister une obligation naturelle [68].

CHAPITRE IV. — DE LA RECONNAISSANCE D'UNE DETTE.

D. 13, 5, *de pecunia constituta*. — C. 4, 18, *de constituta pecunia*.

BRUNS, *Zeitschrift für Rechtsgeschichte* I, n° 2, p. 28-130, Weimar, 1861.
BÆHR, *Die Anerkennung als Verpflichtungsgrund*, Cassel, 1867, 2de édition; 1re édition de 1855.

§. 70. *Utilité de la reconnaissance d'une dette.*

La reconnaissance d'une dette peut être utile à plusieurs points de vue.

1° Elle sert à la preuve de la dette, et notamment si un écrit récognitif a été dressé et qu'il mentionne la cause de la dette, en portant par exemple « je reconnais devoir 1000 du chef d'un prêt », cet écrit vaudra comme preuve de l'obligation préexistante [1].

2° La reconnaissance d'une dette interrompt sa prescription;

initio. — WORMS, cité, p. 55. — VANGEROW, III, § 576, *Anm.* 1. — MAYNZ, II, § 190 i. f. — WINDSCHEID, II, § 333, et note 4.

(66) SCHMID, cité, I, § 8, p. 38-39.

(67) N° V, E, 3° initio, du présent paragraphe. Voyez aussi la note 64.

(68) VON DER PFORDTEN, *De obligationis civilis in naturalem transitu*, p. 40, Leipzig, 1843. — Cf. MACHELARD, *Obligations naturelles*, p. 518.

(1) D. 16, 3, *depos.*, L. 26, § 2; D. 22, 3, *de probat.*, L. 25, § 4 i. f.

du moment que le droit du créancier est reconnu, il n'y a plus lieu pour lui d'agir en justice et ainsi tombe le reproche de négligence qui servait de base à la prescription (2).

3° L'obligation créée par la reconnaissance peut être plus avantageuse que l'ancienne quant au temps (3) ou au lieu (4) du payement; elle peut porter sur autre chose (5) ou bien donner force civile à une obligation simplement naturelle (6).

4° La reconnaissance peut se faire de la part d'un nouveau débiteur (7) ou bien vis-à-vis d'un nouveau créancier (8).

§ 71. *Historique*.

1° Dans les premiers siècles de Rome, la reconnaissance d'une dette se faisait généralement dans la forme de la stipulation (1). A côté de celle-ci se plaçait le *receptum* des banquiers, de *recipere* pris dans le sens de promettre (2). C'était, comme la stipulation, un contrat à termes solennels (3) et exigeant probablement la présence des parties (4), mais non une question du créancier et une réponse du débiteur (5). Le plus souvent le *receptum* se concluait comme suit. Celui qui avait des fonds ou du crédit chez un banquier, lui adressait les personnes auxquelles il avait un payement à faire, et le banquier s'engageait à les payer à jour fixe (6); c'était une reconnais-

---

§ 70. — (2) C. 7, 39, *de præscr. XXX v. XL ann.*, L. 7, § 5ᵃ (§ 5 i. f., édition Kriegel).

(3) D. *h. t.*, L. 3, § 2, L. 4. — (4) D. *h. t.*, L. 5, pr.

(5) D. *h. t.*, L. 1, § 5. — Cf. ci-après T. I, § 72, 3°.

(6) D. *h. t.*, L. 1, § 7. — Cf. ci-après T. I, § 72, 2°. — (7) D. *h. t.*, L. 5, § 2.

(8) L. 5, § 2, cit. Le débiteur cédé qui reconnaît la cession envers le cessionnaire, reconnaît en définitive la dette vis-à-vis d'un nouveau créancier. Mais cette reconnaissance présente ceci de particulier qu'elle exclut l'ancien créancier de l'obligation (cf. ci-dessus § 69, 1 initio).

§ 71. — (1) Cf. I. 4, 6, *de action.*, § 9 i. f.

(2) Nonius Marcellus, *de propr. serm.*, vᵒ *Recipere*, c. 4, § 399 (édition Godefroi, *Auct. lat. linguæ*, p. 701, lin. 11); Asconius, vᵒ *Recipitur* (Godefroi, p. 1363, lin. 24).

(3) C. *h. t.*, L. 2, pr. initio. — (4) Arg. L. 2, pr. initio, cit.

(5) sinon cette forme de contracter se serait identifiée avec la stipulation. Cf. Schilling, III, § 338, note n.

(6) Ortolan, III, nᵒˢ 1613 initio et 2,104 initio. — Maynz, II, § 251, note 13.

sance de la dette d'autrui. Le *receptum* donnait lieu à l'*actio recepticia*[7], qui était perpétuelle [8]. Il s'appliquait d'ailleurs à toute espèce de choses [9].

2ª Sans doute vers la fin de la république, le préteur admit la reconnaissance d'une dette par simple convention ; c'est le constitut, *constitutum* [10], de *constituere* qui signifie ici fixer jour pour un payement [11]. Il y attacha l'*actio de pecunia constituta* [12]. Mais l'institution nouvelle était restreinte sous deux rapports : elle ne s'appliquait qu'aux dettes de choses fongibles [13], et dans certains cas, qui nous sont inconnus, l'*actio de pecunia constituta* se prescrivait par un an [14].

3° Justinien généralisa le constitut en l'étendant à toute sorte de dettes [15]. Il soumit aussi d'une manière générale l'*actio de pecunia constituta* à la prescription de trente ans [16]. Quant au *receptum* des banquiers, il était déjà tombé en désuétude avant Justinien [17]. Il en résulte que, dans le nouveau droit romain, la reconnaissance d'une dette peut se faire au moyen d'une stipulation [18] ou par un

(7) C. *h. t.*, L. 2, pr. initio; I. 4, 6, *de action.*, § 8 initio.

(8) Arg. C. *h. t.*, L. 2, pr. et § 1 (L. 2, pr., édition Kriegel).

(9) Théophile, I. 4, 6, § 8. Mais il n'était pas subordonné à la condition d'une dette préexistante (C. *h. t.*, L. 2, § 1 i. f. (L. 2, pr. i. f., édition Kriegel)); on ne peut donc pas y voir d'une manière absolue une reconnaissance de dette.

(10) D. *h. t.*, L. 1, pr.

(11) Tacite, *Germania* 11, v^{is} Sic constituunt, sic condicunt, cbn. avec D. *h. t.*, L. 21, § 1. — (12) I. 4, 6, *de action.*, § 8 initio.

(13) C. *h. t.*, L. 2, § 1 initio (L. 2, pr. initio, édition Kriegel); Théophile, I. 4, 6, § 8. Il est même probable que dans le principe le constitut supposait une dette d'argent (Arg. C. *h. t.*, L. 2, § 1^b (L. 2, § 1 initio, édition Kriegel)).

(14) C. *h. t.*, L. 2, § 1 initio (L. 2, pr. initio, édition Kriegel). Dans le droit classique le demandeur à cette action pouvait exiger du défendeur la promesse de lui payer à titre de peine, pour le cas de condamnation, la moitié de la somme réclamée, (Gaius, IV, 171 i. f.). Cf. D. *h. t.*, L. 18, § 2. Aussi avait-on hésité à accorder l'action contre les héritiers du constituant (C. *h. t.*, L. 2, § 1 i. f. (L. 2, pr. i. f., édition Kriegel)).

(15) C. *h. t.*, L. 2, § 1 initio, § 1ª, § 1^b, § 1c et § 1^d (L. 2, pr. et § 1, édition Kriegel). — (16) L. 2, § 1, cit. (L. 2, pr., édition Kriegel).

(17) L. 2, pr. initio, cit.; cf. I. 4, 6, *de action.*, § 8.

(18) Promettez-vous de me payer les 1000 que vous reconnaissez avoir reçus en prêt? Je le promets. Arg. I. 4, 6, *de action.*, § 9 i. f. *Non obstant* Théophile, I. 4, 6, § 8 initio, ni les *Basiliques* XXVI, 7, c. 1, scolie.

simple pacte de constitut. Mais le constitut était seul usité à Rome, et c'est à lui que nous nous attacherons dans la suite. Nous l'avons représenté comme une reconnaissance de dette ; c'est en effet son caractère essentiel [19] et il n'y en a pas d'autre [20].

§ 72. *Conditions de la reconnaissance d'une dette.*

La reconnaissance d'une dette exige les conditions suivantes :

1° L'auteur de la reconnaissance doit être capable de s'obliger [1], puisqu'il s'agit de créer une obligation à sa charge [2].

2° Il faut une dette préexistante ; autrement la reconnaissance n'a pas d'objet [3]. On ne reconnaît donc pas valablement une dette inexistante, telle qu'une dette de jeu ou d'intérêts usuraires [4], ni même une créance inefficace par suite d'une exception péremptoire appartenant au débiteur [5]. Mais une dette valable quelconque est susceptible de reconnaissance ; l'obligation qu'il s'agit de reconnaître, peut être naturelle [6] ; elle peut aussi être conditionnelle ou à terme [7], auquel cas la reconnaissance sera affectée de la même modalité [8], etc., [9]. L'on peut reconnaître sa propre dette ou la

---

(19) Cf. SCHILLING, III, § 338, *Erinnerung* initio, et NAMUR, II, § 314, **2**.

(20) Cf. ci-après T. I, § 72, 4°. Le constitut pouvait aussi avoir pour objet de garantir une dette par une fidéjussion ou une hypothèque (D. *h. t.*, L. 14, § 1-2, L. 21, § 2). Voyez SCHILLING, III, § 337, et note d. Mais même dans ce cas il implique une reconnaissance de la dette (cf. ci-après T. I, § 72, 4°, et note 30)

(1) D. *h. t.*, L. 1, § 2, cf. § 1 et 3. — (2) Cf. le paragraphe suivant.

(3) D. *h. t.*, L. 1, § 1 initio, L. 5, § 2 initio ; C. *h. t.*, L. 2, § 1 i. f. et § 1ᵃ initio (L. 2, pr. i. f., édition Kriegel). — (4) Arg. D. *h. t.*, L. 3, § 1. — (5) L. 3, § 1, cit.

(6) D. *h. t.*, L. 1, § 7, à moins que la reconnaissance de l'obligation naturelle ne soit inopérante, parce que le débiteur naturel ne peut pas renoncer à son bénéfice. C'est ainsi que, dans le cas d'un prêt d'argent fait à un enfant sous puissance, celui-ci ne peut pas renoncer au bénéfice du sénatus-consulte Macédonien avant d'être libéré de la puissance paternelle (C. 4, 28, *ad sctum Maced.*, L. 2).

(7) D. *h. t.*, L. 3, § 2, L. 4, L. 19, pr. ; C. *h. t.*, L. 2, § 1 (L. 2, pr., édition Kriegel). Justinien représente cette règle comme douteuse dans le droit antérieur (L. 2, § 1, cit.).

(8) D. *h. t.*, L. 19, pr., et arg. de ce texte ainsi que du D. 45, 1, *de V. O.*, L. 47. — SCHILLING, III, § 337, note nn.

(9) D. *h. t.*, L. 1, § 6 et 8 initio, L. 3, pr., L. 11, pr., L. 21, pr., L. 23, L. 25, § 1, L. 29. Peu importe que la dette reconnue soit venue à s'éteindre après la reconnais-

dette d'autrui ; de là un constitut de la dette propre et un constitut de la dette d'autrui (*constitutum debiti proprii — constitutum debiti alieni*) ; ce dernier est une intercession dont il a déjà été parlé [10]. En sens inverse il est possible de reconnaître sa dette vis-à-vis d'un nouveau créancier, avec le consentement de l'ancien [11]. Tout demandeur devant prouver le fondement de son action, celui qui poursuit l'exécution de la reconnaissance, est tenu d'établir qu'il y avait une dette préexistante, un prêt de consommation, un dépôt, une vente, ou bien toute autre cause d'obligation. Si un écrit récognitif a été dressé et qu'il mentionne la cause de la dette, en portant par exemple « je reconnais devoir 1000 du chef d'un prêt », l'écrit prouvera pleinement la dette préexistante [12], sans préjudice de la preuve contraire de la part du signataire du billet [13]. Mais si l'écrit récognitif ne spécifie pas la cause de la dette, s'il porte simplement « je reconnais devoir 1000 [14] », le demandeur devra établir par un

sance, fût-ce avant l'arrivée du terme ajouté au constitut (D. *h. t.*, L. 18, § 1 (cf. ci-dessus § 47, note 73), L. 19, § 2, L. 20).

(10) I. 4, 6, *de action.*, § 9 initio ; D. *h. t.*, L. 2, L. 5, § 2-3, L. 31 ; C. *h. t.*, L. 1, L. 3. — Cf. ci-dessus § 35.

(11) D. *h. t.*, L. 5, § 2, cbn. avec L. 7, § 1. — Voyez POTHIER, *Pandectæ Justinianeæ*, 13, 5, *de pecunia constituta*, n° 12, et SCHILLING, III, § 337 i. f.

(12) D. 22, 3, *de probat.*, L. 25, § 4, v[is] nisi ipse specialiter qui cautionem « exposuit causas explanavit, pro quibus eandem conscripsit : tunc enim stare « eum oportet suæ confessioni. »

Voyez encore le C. 4, 30, *de non numer. pec.*, L. 13.

(13) D. 22, 3, *de probat.*, L. 25, § 4, v[is] nisi evidentissimis probationibus in « scriptis habitis ostendere paratus sit sese hæc indebite promisisse. »

C. 4, 30, *de non numer. pec.*, L. 13, v[is] nisi certe ipse e contrario per apertis- « sima rerum argumenta scriptis inserta religionem judicis possit instruere, quod « in alium quemquam modum et non in eum quem cautio perhibet negotium « subsecutum sit. »

Si le signataire du billet réussit à prouver l'absence de dette, il n'y aura ni reconnaissance de dette, ni écrit récognitif. Mais rien n'empêche quelqu'un de s'engager à payer ce qu'il sait ne pas devoir et de faire ainsi une libéralité à autrui. Donc l'écrit pourra encore être invoqué à ce dernier point de vue, sauf au porteur du billet de prouver que le signataire connaissait l'absence d'une dette, puisque tel est le fondement de sa nouvelle demande (cf. VANGEROW, III, § 612ᵃ, *Anm.*, n° 2 i. f.).

(14) Dans le cas précédent on parle d'une *cautio discreta*, ici d'une *cautio indiscreta* (Arg. D. 22, 3. *de probat.*, L. 25, § 4, v[is] indiscrete loquitur (*scilicet cautio*)).

autre mode de preuve que, lors de la reconnaissance, il était créancier en vertu d'une certaine cause (15). Que si aucun écrit récognitif n'a été dressé, la même preuve incombera au demandeur (16).

3° La reconnaissance ne peut pas avoir plus d'étendue que l'obligation originaire; si celle-ci est de 10,000, la reconnaissance ne peut porter sur 12,000. En tant qu'elle dépasse l'ancienne dette, elle manque d'objet; elle ne concerne plus une dette préexistante; elle est donc réduite à cette dernière, à 10,000(17). Toutefois la règle admet des tempéraments quant aux accessoires de l'obligation; la reconnaissance peut être plus avantageuse au créancier quant au temps (18) et au lieu (19) du payement. Elle peut aussi porter sur autre chose, pourvu qu'elle ne comprenne pas plus (20). Enfin, si la dette reconnue est simplement naturelle, le créancier acquerra, sur le fondement de la reconnaissance, une obligation civile (21). Il va

(15) D. 22, 3, *de probat.*, L. 25, § 4, vi⁴ Sin autem cautio indebite exposita esse « dicatur et indiscrete loquitur, tunc eum, in quem cautio exposita est, compelli « debitum esse ostendere, quod in cautionem deduxit. »

Si l'on rapproche les mots « indiscrete loquitur » de ceux qui leur sont opposés « nisi ipse specialiter qui cautionem exposuit causas explanavit, pro quibus ean- « dem conscripsit », on ne peut les appliquer qu'à un écrit ne mentionnant pas la cause de la dette. Voyez en ce sens VANGEROW, III, § 612ᵃ, *Anm.*, nᵒˢ 2 et 3, cbn. avec § 600, *Anm.* initio, et WINDSCHEID, II, § 412ʰ, et note 2. BÆHR, cité, § 63, p. 280-288, voit dans la *cautio indiscreta* un contrat formel subsistant par lui-même, aussi longtemps que le signataire du billet ne prouve pas le défaut de cause. Le créancier prétendu ne devrait donc pas établir qu'il y avait une dette préexistante. Ce système est inconciliable avec la loi 25, § 4, cit.

Ici également la preuve fournie par le demandeur admet la preuve contraire de la part du défendeur (cf. ci-dessus note 13 i. f.).

(16) sauf encore la preuve contraire (cf. ci-dessus note 13 i. f.).

(17) D. *h. t.*, L. 1, § 8 i. f., L. 11, § 1 initio, L. 12. On ne pouvait pas même rendre la dette productive d'intérêts (D. *h. t.*, L. 11, § 1 i. f., L. 24). Toutefois le débiteur devra le supplément, en vertu d'un nouveau titre indépendant de la reconnaissance, s'il l'a promis sachant qu'il ne le devait point, preuve à fournir par le créancier (cf. ci-dessus note 13 i. f., GLÜCK, XIII, § 850, p. 396-397, et SCHILLING, III, § 337, note cc).

(18) D. *h. t.*, L. 3, § 2, L. 4. — (19) D. *h. t.*, L. 5, pr.

(20) D. *h. t.*, L. 1, § 5. Même avec la réserve indiquée, elle peut être plus utile au créancier que l'ancienne obligation. Voyez d'ailleurs le D. *h. t.*, L. 25, pr.

(21) D. *h. t.*, L. 1, § 7 (cf. ci-dessus note 6 du présent paragraphe). La recon-

de soi que la reconnaissance peut avoir moins d'étendue que l'ancienne obligation [22].

4° Il faut le consentement des parties, et notamment les parties doivent avoir eu en vue une reconnaissance de dette ; car celle-ci ne se présume point [23]. Donc le débiteur doit avoir eu l'intention de contracter une obligation nouvelle ; la promesse que le créancier serait satisfait, sans que l'on dise par qui (*Fiet tibi satis*), n'a pas ce caractère [24]. Il faut de plus que les parties n'aient pas voulu faire une convention autre qu'une reconnaissance de dette [25]. La simple stipulation d'une chose qui faisait déjà l'objet d'une obligation, ne vaut pas comme reconnaissance de dette, si le promettant ne manifeste pas l'intention de consacrer ou d'assurer l'ancienne dette [26]. Au reste le seul consentement des parties suffit pour que la dette soit valablement reconnue. Aucune formalité n'est nécessaire, et en particulier celle de la stipulation est inutile ; car le constitut est un pacte prétorien [27]. Le consentement peut être tacite ; la promesse de payer une chose que l'on déclare due en vertu d'une cause antérieure, implique une reconnaissance de cette dette [28]. Il n'est pas essentiel que la reconnaissance soit accompagnée de la fixation d'un

naissance d'une dette peut encore procurer au créancier cet avantage de garantir la dette par un fidéjusseur ou par une hypothèque (D. *h. t.*, L. 14, § 1-2, L. 21, § 2). Cf. ci-dessus § 71, note 20, et ci-après note 28 du présent paragraphe.

(22) D. *h. t.*, L. 13, L. 19, § 1.

(23) D. *h. t.*, L. 1, § 4. « Eum, qui inutiliter stipulatus est, cum stipulari voluerit, « non constitui sibi, dicendum est de constituta experiri non posse, quoniam non « animo constituentis, sed promittentis factum sit. »

(24) Nov. 115, c. 6. — (25) D. *h. t.*, L. 1, § 4, passage transcrit à la note 23.

(26) A la différence de la reconnaissance, cette stipulation forme une convention indépendante. Elle ne suppose pas qu'il préexiste une dette valable ; si l'ancienne obligation était paralysée par des exceptions, la nouvelle convention qui réunit toutes les conditions requises, n'en serait pas moins efficace (D. 45, 1, *de V. O.*, L. 25). Voyez encore le D. *eod.*, L. 18, L. 47, et SCHILLING, III, § 338, *Erinnerung*.

(27) I. 4, 6, *de action.*, § 9 ; D. *h. t.*, L. 1, pr., L. 5, § 3, L. 14, § 3, L. 15, L. 24, L. 26.

(28) D. *h. t.*, L. 5, § 3, L. 24. Il en est de même de la promesse de donner un fidéjusseur ou une hypothèque en sûreté d'une dette déterminée (D. *h. t.*, L. 14, § 1-2, L. 21, § 2). Les mots « *Fiet tibi satis a me* » contiennent aussi une reconnaissance de dette (Nov. 115, c. 6).

jour pour le payement [29]. Mais, comme l'indique le nom de constitut [30], un terme était usuel, tellement que si le constitut avait été fait d'une manière pure et simple, le constituant avait droit, d'après la volonté présumée des parties, à un délai modéré que le juge fixait dans chaque cas particulier et dont le minimum était de dix jours [31]. Il n'est pas même de l'essence du constitut que le constituant promette de payer; le fait d'avoir reconnu la dette est suffisant et implique du reste la promesse de payer [32]. La reconnaissance d'une dette peut encore se faire conditionnellement [33], comme elle peut être à terme ou pure et simple [34]. Conformément aux principes généraux sur les conventions [35], le débiteur ne peut pas promettre qu'un tiers payera [36], ni le créancier stipuler le payement au profit d'un tiers [37]. Mais la reconnaissance peut se faire par un nouveau débiteur (*constitutum debiti alieni*) [38], ou bien vis-à-vis d'un nouveau créancier avec le consentement de l'ancien [39], pourvu que le payement de la dette soit promis ou stipulé en nom propre [40].

---

(29) D'après Justinien cette règle était autrefois douteuse (C. *h. t.*, L. I, § 1 initio (L. 1, pr. initio, édition Kriegel)). L'empereur l'admet implicitement (Arg. L. 1, § 1, cit. (L. 1, pr., édition Kriegel)). — (30) Cf. ci-dessus § 71, 2° initio.

(31) D. *h. t.*, L. 21, § 1. — Cf. SCHILLING, III, § 337, et note nn.

(32) D. *h. t.*, L. 26. « Quidam ad creditorem litteras ejusmodi fecit : ' Decem, ' quæ Lucius Titius ex arca tua mutua acceperat, salva ratione usurarum habes ' penes me domine. ' Respondit secundum ea quæ proponerentur actione de con- « stituta pecunia eum teneri. „

D'autre part, la reconnaissance d'une dette peut résulter de la promesse de la payer (cf. ci-dessus *ad not.* 28).

(33) D. *h. t.*, L. 19, § 1. — (34) Voyez encore le D. *h. t.*, L. 14, pr.

(35) Cf. ci-après T. II, § 111. — (36) D. *h. t.*, L. 5, § 4.

(37) L. 5, § 5 i. f., cit. Le débiteur serait seulement tenu s'il s'était porté fort pour le tiers (I. 3, 19, *de inutil. stipul.*, § 3 i. f.) ou bien s'il avait promis de le donner comme fidéjusseur (D. *h. t.*, L. 14, § 2). Voyez encore Nov. 115, c. 6. Et si le créancier stipule pour lui *ou* pour un tiers, celui-ci devient *adjectus solutionis causa* (D. *h. t.*, L. 8 initio, cbn. avec L. 7, § 1). — (38) D. *h. t.*, L. 5, § 2, cf. § 8.

(39) D. *h. t.*, L. 5, § 2, cbn. avec L. 7, § 1, cf., L. 5, § 6 initio et 7.

(40) Cf. D. *h. t.*, L. 5, § 6 i. f. Voyez cependant la loi 5, § 9, cit.

§ 73. *Effets de la reconnaissance d'une dette.*

1° Le principal effet de la reconnaissance d'une dette est de créer une obligation nouvelle donnant lieu à *l'actio de pecunia constituta* (1). Mais elle ne produit point une novation de l'ancienne dette; celle-ci subsiste à côté de la nouvelle. Non seulement la novation ne se présume point, et dans le doute l'on doit se prononcer contre elle, mais dans l'espèce les parties, loin de vouloir nover l'ancienne obligation, veulent la consacrer et l'assurer (2). Par suite de la

(1) I. 4, 6, *de action.*, § 8 initio; D. *h. t.*, L. 26. On l'appelle encore *actio pecuniæ constitutæ* (D. *h. t.*, L. 22, L. 30), *actio de constituta* (D. *h. t.*, L. 5, § 1 i. f., L. 31 i. f.), et *constitutoria actio* (D. *h. t.*, L. 20).

(2) Pour que l'on puisse admettre une novation, il faut que les parties aient manifesté d'une manière spéciale la volonté de nover, auquel cas l'ancienne obligation sera éteinte non pas à raison de la reconnaissance, mais par l'effet de la novation.

D. *h. t.*, L. 18, § 3. « Vetus fuit dubitatio, an qui hac actione egit *sortis obliga-* « *tionem* consumat. Et tutius est dicere solutione potius ex hac actione facta « liberationem contingere, non litis contestatione, quoniam solutio ad *utramque* « *obligationem* proficit. » La *sortis obligatio* dont parle le jurisconsulte, est l'ancienne obligation (D. 12, 2, *de jurejur.*, L. 36 i. f.).

Voyez encore le D. 12, 2, *de jurejur.*, L. 36, et pour le constitut de la dette d'autrui le D. *h. t.*, L. 28, et le D. 15, 3, *de in rem verso*, L. 15.

Contra D. *h. t.*, L. 10. « Idem est et si ex duobus reis stipulandi post alteri con- « stitutum, alteri postea solutum est, quia loco ejus, cui jam solutum est, haberi « debet is cui constituitur. »

Aux termes de ce texte de Paul, si l'un des créanciers solidaires fait un constitut avec le débiteur commun et que celui-ci paye ensuite l'autre créancier, il peut répéter (v^{is} Idem est, cbn. avec le D. *eod.*, L. 9), parce que le constitut équivaut à un payement. Paul admet donc comme certain que le constitut de l'obligation solidaire avait amené son extinction, par l'effet d'une novation tacite ou plutôt présumée. Mais Justinien a condamné d'une manière générale les novations présumées que quelques anciens jurisconsultes romains s'efforçaient de faire prévaloir (C. 8, 41 (42, édition Kriegel), *de novat.*, L. 8); celle que Paul propose dans l'espèce, tombe sous le coup de cette condamnation; sa division est contraire aux principes généraux sur la novation et dès lors elle doit céder devant les autres passages des Pandectes qui sont conformes à ces principes.

Voyez en ce sens Schilling, III, § 337, 1°, de Savigny, cité, I, § 18, B, 3° i. f., Maynz, II, § 251 i. f., et Windscheid, II, § 284 i. f.

Contra Kuntze, *Die Obligation und die Singularsuccession des römischen und heutigen Rechts*, § 48, Leipzig, 1856, et Demangeat, *Des obligations solidaires*, p. 84-90.

reconnaissance il y a donc deux obligations, et, dans le cas de reconnaissance d'une dette civile, deux actions. Toutefois, comme la reconnaissance ne fait que consacrer la dette antérieure, l'obligation nouvelle qu'elle crée, est plutôt formelle que matérielle ; en réalité il n'existe qu'une seule obligation, à savoir l'ancienne obligation, fortifiée par la reconnaissance [3]. Il s'ensuit qu'un seul payement est dû et éteint à la fois les deux obligations [4]. — Considérons maintenant en particulier chacune de ces obligations. L'ancienne reste généralement soumise aux règles antérieures, entre autres au point de vue de son extinction [5]. Cependant si, lors de la reconnaissance, le débiteur avait stipulé certains avantages restreignant la dette originaire et que le créancier voulût poursuivre celle-ci au mépris de la convention nouvelle, il serait repoussé par l'*exceptio doli vel pacti conventi;* tel serait le cas où le créancier aurait accordé au débiteur un terme plus long pour le payement ; tel serait encore celui où les parties auraient restreint une obligation alternative à un objet unique [6]. Quant à l'obligation créée par la reconnaissance, en principe et sauf convention contraire, elle est régie par les mêmes règles que l'obligation primitive. Donc la reconnaissance d'une dette conditionnelle ou à terme est de droit conditionnelle [7] ou à terme [8]; la responsabilité du débiteur dans l'exécution de l'obligation nouvelle est aussi la même [9] et le débiteur conserve le bénéfice de compétence qui lui appartenait par rapport à la dette originaire [10]. Mais,

(3) Arg. D. 12, 2, *de jurejur.*, L. 36, v^{is} de sorte, id est de priore obligatione, et D. *h. t.*, L. 18, § 3 initio, L. 22 initio. Le mot *sors* appliqué à l'ancienne dette prouve que c'est là l'obligation principale.

(4) D. *h. t.*, L. 18, § 3. Mais on ne peut en dire autant des autres causes d'extinction des obligations, et notamment si l'ancienne dette s'éteint par la perte accidentelle de la chose due ou par l'expiration d'un terme résolutoire, le débiteur demeure tenu en vertu de la reconnaissance, à moins que la même cause d'extinction ne se rencontre pour cette dernière (D. *h. t.*, L. 18, § 1 (cf. ci-dessus § 47, note 73), L. 19, § 2, L. 20). — (5) D. *h. t.*, L. 18, § 1.

(6) D. *h. t.*, L. 25, pr. — Voyez SCHILLING, III, § 337, 1°, et note bb, et WINDSCHEID, II, § 284 i. f. — (7) D. *h. t.*, L. 19, pr.

(8) Arg. L. 19, pr., cit., et D. 45, 1, *de V. O.*, L. 47. — SCHILLING, III, § 337, note nn. — (9) Cf. D. *h. t.*, L. 16, § 2-3, L. 18, pr. — Cf. MAYNZ, II, § 251 i. f.

(10) D. *h. t.*, L. 3, pr.; D. 39, 5, *de donat.*, L. 33, pr.

quelle que soit la durée de la prescription de l'ancienne dette, la nouvelle dure trente ans ; l'*actio de pecunia constituta* est l'une des rares actions prétoriennes qui est soumise à la prescription trentenaire (11). L'action est d'ailleurs de bonne foi (12).

2° La reconnaissance d'une dette est aussi interruptive de sa prescription (13).

(11) C. *h. t.*, L. 2, § 1 (L. 2, pr., édition Kriegel); cf. ci-dessus § 71, 2° i. f. et 3° initio. — Voyez encore le D. *h. t.*, L. 18, § 1 ; cf. ci-dessus § 47, note 73.

(12) Arg. D. *h. t.*, L. 1, pr. (SCHILLING, III, § 338, note g). Justinien la déclare transmissible aux héritiers des parties (C. *h. t.*, L. 2, § 1 i. f. (L. 2, pr., édition Kriegel)).

(13) C. 7, 39, *de præscr. XXX v. XL ann.*, L. 7, § 5ᵃ (§ 5 i. f. édition Kriegel). — Cf. ci-dessus § 70, 2°.

FIN DU TOME PREMIER.

CORRECTIONS.

Page 5, lignes 8 et 9, supprimez le mot « accessoires ».
Pages 7 à 224, *passim*, au lieu de « Kriegell », lisez « Kriegel ».
Page 16, note 7, au lieu de « L. 6, § 2 », lisez « L. 6, § 1 ».
   »   18, ligne 8, au lieu de « eut », lisez « eût ».
   »   106, ligne 11, et page 107, ligne 1, au lieu de « louées » lisez « loués. »
   »   138, lignes 13 et 14, au lieu de « accidentelles », lisez « accidentelle ».
   »   143, ligne 3, au lieu de « intrinsèques », lisez « intrinsèque ».
   »   149, lignes 15 et 18, supprimez le mot « accessoires ».
   »   160, note 16, ligne 15, au lieu de « seulement », lisez « seul ».
   »   171, note 19, après « Gaius, III, 126. », lisez « — (20) En
        outre,... ».
   »   186, ligne 23, au lieu de « que au », lisez « qu'au ».
   »   203, ligne 18, au lieu de « d'avantage », lisez « davantage ».
   »   207, note 12, ligne 7, au lieu de « répétera », lisez « répétera ».
   »   214, note 30, ligne 3, et page 216, note 34, ligne 3, au lieu de
        « antérieurs », lisez « antérieur ».
   »   229, ligne 16, au lieu de « toile », lisez « toute ».
   »   238, note 64, au lieu de « D. 12, 2 », lisez « D. 12, 6 ».
   »   264, ligne 6, au lieu de « hritier », lisez « héritier ».
   »   274, note 28, ligne 13, au lieu de « nnit », lisez « nuit ».
   »   284, ligne 19, lisez « a compte » en un mot.
   »   289, lignes 16 et 17, effacez les mots « très bien ».
   »   332, ligne 8, au lieu de « dix-septème », lisez « dix-septième ».

TABLE DES MATIÈRES

CONTENUES DANS LE TOME PREMIER.

	Pages.
TITRE I. — DES OBLIGATIONS EN GÉNÉRAL.	
§§ 1. Notions	2
CHAPITRE I. — *Des effets des obligations.*	
2. Aperçu de la matière	5
SECTION I. — *Du payement.*	
3. Généralités	5
4. De la personne qui paye	6
5. De la personne à qui l'on paye	9
6. De l'objet du payement	15
7. Du lieu du payement	30
8. Du temps du payement	38
9. De la preuve du payement	40
10. De l'effet du payement	41
11. Des droits du débiteur empêché de payer par des circonstances relatives au créancier	43
SECTION II. — *De l'inexécution des obligations.*	
12. Des causes d'inexécution des obligations	50
13. Règles générales sur la responsabilité du débiteur	58
14. Modifications de la responsabilité ordinaire du débiteur	60
15. De la preuve	68
16. Effets de l'inexécution coupable de l'obligation	68
17. Effets de l'inexécution non coupable de l'obligation	84
SECTION III. — *De la demeure.*	
18. Observations générales	115
19. Conditions de la demeure du débiteur	121
20. Conditions de la demeure du créancier	133
21. Effets de la demeure du débiteur	138
22. Effets de la demeure du créancier	145
23. De la cessation de la demeure	148
SECTION IV. — *Des moyens d'assurer l'exécution des obligations.*	
24. Énumération	149

Pages

I. *De la clause pénale.*

§§ 25. Notions générales 150

26. A quel moment la peine est encourue. 153

27. Effets de la peine encourue 156

II. *De la dation d'arrhes.*

28. Notions générales 163

29. Effets des arrhes. 165

III. *Des intercessions.*

30. Généralités 169

A) *De la fidéjussion.*

31. Notions et espèces 173

32. Conditions de la fidéjussion 173

33. Effets de la fidéjussion 176

34. Du recours auquel la fidéjussion donne lieu. 186

B) *Du constitut de la dette d'autrui; § 35* 188

C) *Du mandat en faveur d'un tiers; § 36* 190

D) *Des intercessions des femmes.*

37. Historique 192

38. Théorie du sénatus-consulte Velléien 194

38bis. Réformes de Justinien 197

CHAPITRE II. — *Des diverses espèces d'obligations.*

SECTION I. — *Des obligations de donner et des obligations de faire.*

39. Objet de la division 198

40. Importance de la division 199

SECTION II. — *Des obligations d'un corps certain et des obligations géné-*
riques.

41. Objet de la division 200

42. Importance de la division 201

SECTION III. — *Des obligations conjonctives, alternatives et facultatives.*

43. Des obligations conjonctives 204

44. Des obligations alternatives 205

45. Des obligations facultatives 216

SECTION IV. — *Des obligations civiles et des obligations naturelles.*

46. Règles générales 218

47. Des diverses obligations naturelles 225

SECTION V. — *Des obligations de bonne foi et des obligations de droit strict.*

48. Notions et historique 253

49. Indication des obligations de bonne foi et des obligations de droit strict 256

50. Importance de la division 258

SECTION VI. — *Des obligations solidaires.*

51. Notion et conditions de la solidarité 260

52. Effets de la solidarité 268

53. Du recours auquel la solidarité donne lieu 285

54. De la prétendue distinction de la solidarité et de la corréalité . . . 290

SECTION VII. — *Des obligations indivisibles.*

55. Des causes de l'indivisibilité des obligations 293

56. Importance de l'indivisibilité des obligations 304

Pages.

§§ 57. Du recours auquel donne lieu l'obligation indivisible. 319

58. Différences entre la solidarité et l'indivisibilité des obligations . . 320

    SECTION VIII. — *Des dettes d'argent ;* § 59 322

    SECTION IX. — *De l'obligation de réparer un dommage ;* § 60 324

    SECTION X. — *De l'obligation de payer des intérêts.*

61. Notions générales 328

62. Des causes de l'obligation de payer des intérêts 333

63. Des restrictions apportées aux dettes d'intérêts 337

    SECTION XI. — *Des obligations privilégiées.*

64. Notions générales 342

65. Énumération des obligations privilégiées 343

    CHAPITRE III. — *De la cession des créances.*

    SECTION I. — *Notion et conditions.*

66. Notion de la cession. 345

67. Conditions de la cession. 357

    SECTION II. — *Effets de la cession.*

68. Effets entre le cédant et le cessionnaire 372

69. Effets vis-à-vis du débiteur. 374

    CHAPITRE IV. — *De la reconnaissance d'une dette.*

70. Utilité de la reconnaissance d'une dette 393

71. Historique. 394

72. Conditions de la reconnaissance d'une dette 396

73. Effets de la reconnaissance d'une dette 401